AF378188

Todos los que se han ido están aquí

Todos los que se han ido están aquí

Estados Unidos, Centroamérica
y la gestación de una crisis

JONATHAN BLITZER

TRADUCCIÓN DE
Laura Lecuona

El papel utilizado para la impresión de este libro ha sido fabricado a partir de madera procedente de bosques y plantaciones gestionadas con los más altos estándares ambientales, garantizando una explotación de los recursos sostenible con el medio ambiente y beneficiosa para las personas.

Todos los que se han ido están aquí
Estados Unidos, Centroamérica y la gestación de una crisis

Título original: *Everyone who is gone is here:*
The United States, Central America, and the Untold Story of the Border Crisis

Primera edición: septiembre, 2025

D. R. © 2024, Jonathan Blitzer
Esta edición se publica bajo acuerdo con The Foreing Office Agencia Literaria, S. L.
y McCormick Literary

D. R. © 2025, derechos de edición mundiales en lengua castellana:
Penguin Random House Grupo Editorial, S. A. de C.V.
Blvd. Miguel de Cervantes Saavedra núm. 301, 1er piso,
colonia Granada, alcaldía Miguel Hidalgo, C. P. 11520,
Ciudad de México

penguinlibros.com

D. R. © 2025, Laura Lecuona, por la traducción

ISBN: 978-607-385-971-4

Impreso en México – *Printed in Mexico*

A Alex y Ben; a mis padres

País mío no existes
solo eres una mala silueta mía
una palabra que le creí al enemigo.

Roque Dalton,
"El gran despecho"

De vez en cuando camino al revés:
es mi modo de recordar.

Si caminara solo hacia adelante,
te podría contar
cómo es el olvido.

Humberto Ak'abal
"Camino al revés"

Índice

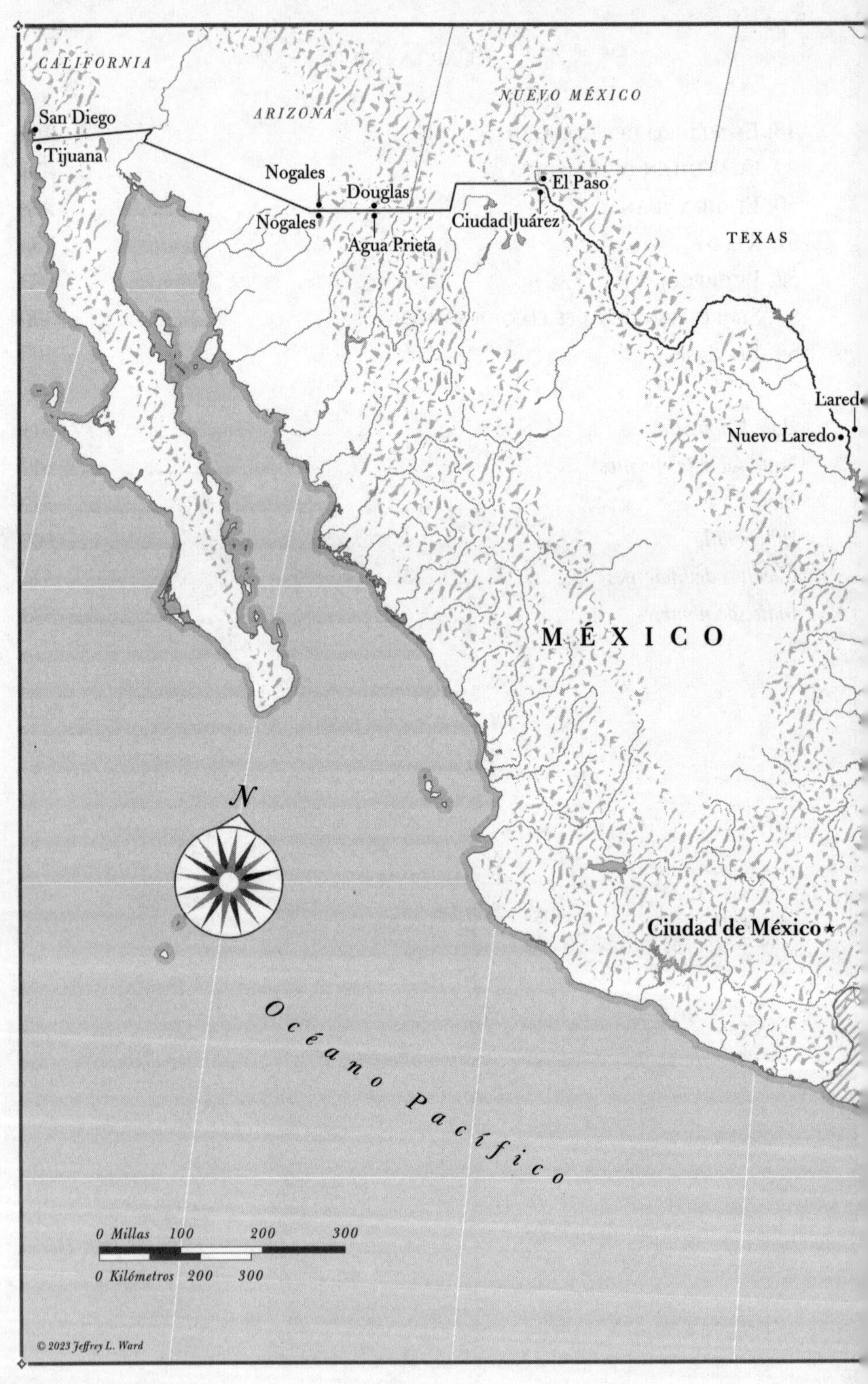

CALIFORNIA
ARIZONA
NUEVO MÉXICO
San Diego
Tijuana
Nogales
Douglas
El Paso
TEXAS
Nogales
Agua Prieta
Ciudad Juárez
Laredo
Nuevo Laredo
MÉXICO
Ciudad de México
Océano Pacífico
N
0 Millas 100 200 300
0 Kilómetros 200 300
© 2023 Jeffrey L. Ward

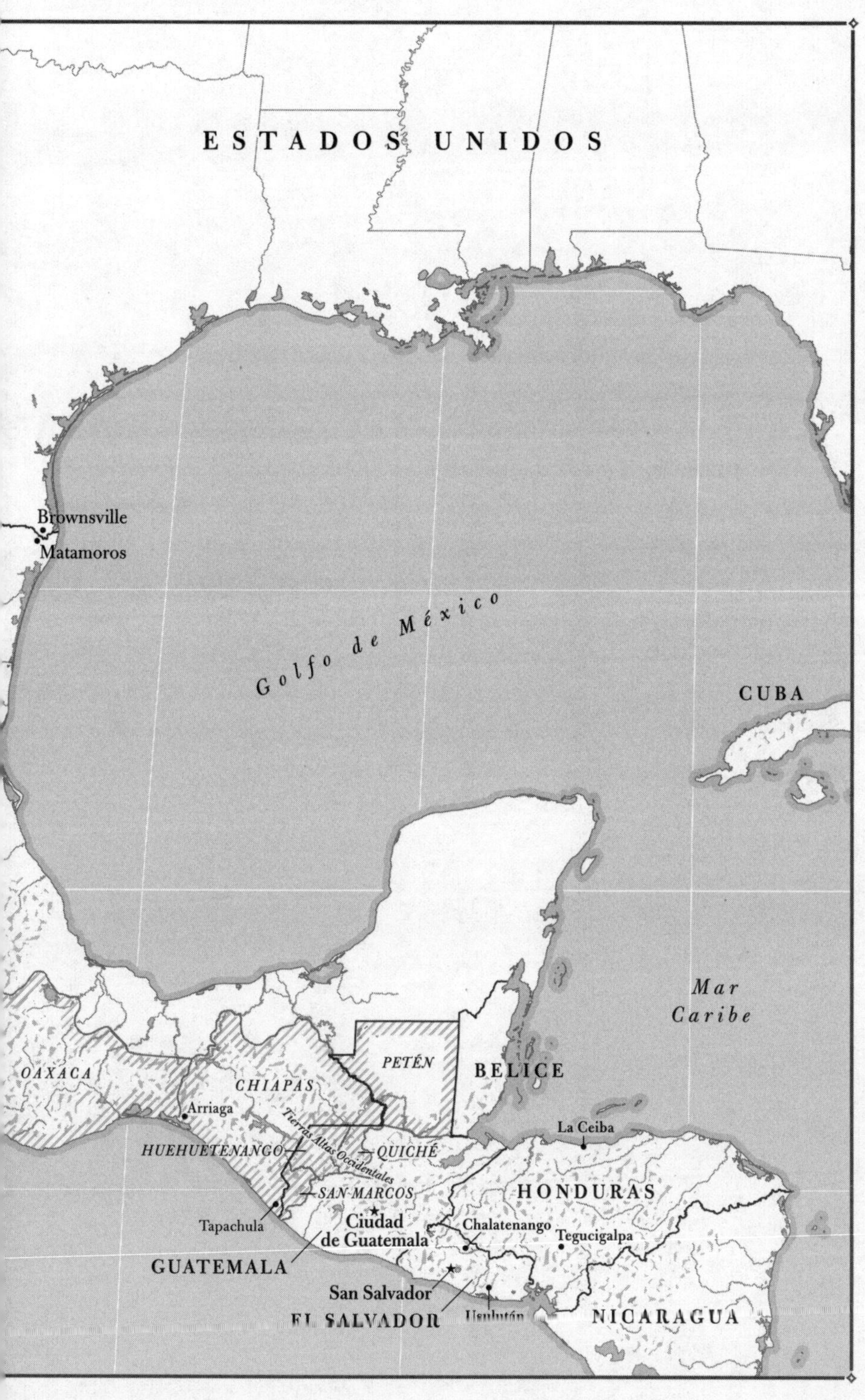

ESTADOS UNIDOS
Brownsville
Matamoros
Golfo de México
CUBA
Mar Caribe
PETÉN
BELICE
OAXACA
CHIAPAS
Arriaga
Tierras Altas Occidentales
QUICHÉ
La Ceiba
HUEHUETENANGO
SAN MARCOS
HONDURAS
Tapachula
Ciudad de Guatemala
Chalatenango
Tegucigalpa
GUATEMALA
San Salvador
EL SALVADOR
Usulután
NICARAGUA

Introducción

En una brillante y húmeda tarde de principios de agosto de 2019, unos 10 migrantes hondureños se reunieron para rezar en el sótano de un conjunto habitacional mexicano llamado Solidaridad 2000. Estaban lejos de casa y más lejos aún de su destino. La mayoría de ellos habían sido previamente deportados de Estados Unidos, pero como ninguno podía quedarse en Honduras estaban haciendo el viaje de nuevo. Sus razones eran diversas. A uno lo perseguían unos delincuentes; otro había estado pasando hambre. Cuando los conocí, ocupaban ilegalmente un edificio semiabandonado en Tapachula, ciudad que se extiende por la frontera guatemalteca, mientras aguardaban el momento oportuno.

Muchos integrantes del grupo de oración habían estado antes en Tapachula. Conocían a gente de la ciudad: amigos que hicieron en cárceles de inmigrantes en Estados Unidos o en el país que dejaron atrás. Honduras ya no era su hogar. Ahora su hogar era el camino que habían tenido que andar, y reandar, a través de Guatemala, México y el sistema de detención de Estados Unidos. Puede ser que los migrantes de Tapachula fueran hondureños, pero eran, sobre todo, deportados y solicitantes de asilo con muy pocas posibilidades de ser admitidos en territorio estadounidense. Su estatus migratorio se había convertido en un hecho inmutable y definitorio de quienes eran ahora. En las noticias sobre las "oleadas" o los "torrentes" de migrantes viajando en masa hacia la Unión Americana ellos eran las personas de borrosos rostros anónimos. A la larga se convertirían en números de hojas de cálculo en alguna oficina de gobierno y en temas de conversación en temporada electoral. Eran "removibles", en el frío lenguaje burocrático del Departamento de Seguridad Nacional. Los que conseguían atravesar México y cruzar la frontera norteamericana adquirirían un nuevo estatus por las molestias sufridas. Serían, por ley, infractores reincidentes y, por lo tanto, delincuentes.

El cuarto de Solidaridad 2000, pequeño y mal iluminado, tenía los suelos desnivelados y las paredes vacías. En una esquina resollaba un ventilador rosa. A mí me había invitado la pastora que dirigía la sesión de rezos, una mujer a la que un año antes conocí en un centro de detención de Texas. Uno por uno, cada integrante del grupo se fue presentando. En el lugar de donde venían no había nadie a quien no le concerniera la inmigración, ni siquiera a los que se habían quedado. Algunos podían permitirse no salir de casa, pero solo porque otros miembros de la familia ya habían emigrado y les mandaban dinero para cubrir sus necesidades. Esos eran los afortunados. Las familias con las que me senté en México veían una sola, descarnada, posibilidad. La gente a la que conocían y seguía en Honduras estaba enferma, atrapada o resignada; todos los que se encontraban en su sano juicio se iban. "Hasta Juan Orlando va a tener que irse cuando termine su mandato —dijo un joven aludiendo al presidente hondureño—. También él pedirá asilo en Estados Unidos, ya lo verán".

Esa tarde todos tenían una historia estadounidense: un trauma, un recuerdo o, en algunos casos, un *souvenir*. Un hombre fornido y extrovertido, con camiseta roja y un sombrero de ala plana ladeado, sacó una fotografía de Eloy, el centro de detención de Arizona donde lo habían encerrado el año anterior. En el economato, por unos cuantos dólares, podías comprar una foto contigo y tus amigos posando en la *yarda*. Al verla, el sobrino de la pastora sacó de su cartera su propia versión de la misma foto. Compararon las poses e intercambiaron historias sobre la cárcel.

Durante más de un siglo Estados Unidos ha inventado una política tras otra para mantener a la gente fuera del país. Durante más de un siglo ha fracasado. La última década ha demostrado la inutilidad de esa aspiración y ha puesto al descubierto su incalculable costo humano. Hay más gente desplazándose que nunca antes, desarraigada por la guerra, el hambre, la persecución, los desastres naturales, la pandemia, el cambio climático, los regímenes corruptos y el colapso económico. Ha comenzado una nueva era de migraciones masivas. Algunos políticos han ganado elecciones exacerbando el miedo a las fronteras abiertas y al irreversible cambio demográfico. La inmigración, según me dijo recientemente un funcionario de la Casa Blanca, se ha convertido en una "cuestión democrática": si los gobiernos democráticos liberales alrededor del mundo no saben encarar la situación, esta seguirá avivando el ascenso del autoritarismo populista.

Desde la década de 1980 hasta principios de la de 2000, la historia de la frontera sur trató sobre Estados Unidos y México. En esa época, los migrantes que entraban a Estados Unidos solían ser hombres mexicanos solteros en busca de trabajo. Alrededor de 2014, sin embargo, una población distinta empezó a llegar en unas proporciones nunca antes vistas por los estadounidenses. Eran niños y familias de El Salvador, Guatemala y Honduras —el llamado Triángulo Norte de Centroamérica— que viajaban al norte para pedir asilo. Estados Unidos no estaba preparado para ese cambio, prácticamente en ningún aspecto. Se enfrentaban dos realidades imposibles de ignorar. En primer lugar, las condiciones de vida en Centroamérica se habían vuelto tan malas que la gente no podía quedarse ahí ni aunque quisiera; la región estaba en la caída libre de un éxodo. En segundo lugar, el sistema de inmigración de Estados Unidos solo podía hacer una cosa: priorizar.

El 31 de julio de 2019, unos días antes de que los hondureños se juntaran a rezar, se congregó otro grupo, este en la embajada estadounidense en la Ciudad de Guatemala, donde el secretario interino del Departamento de Seguridad Nacional de Estados Unidos (DHS) había recibido a un grupo selecto de políticos, líderes empresariales y periodistas guatemaltecos. Estaba lanzando la última estrategia del gobierno estadounidense: un trato que obligaba a cualquier migrante que en su camino a Estados Unidos atravesara Guatemala a hacer allí mismo su solicitud de asilo. Los altos funcionarios del DHS tendrían poco después las mismas conversaciones con las autoridades de El Salvador, Honduras y Panamá. El objetivo era, en efecto, mover más al sur la frontera estadounidense. Algunos la llamaron "el muro invisible".

Los estadounidenses sentían que se estaban quedando sin alternativas. Más inmigrantes que nunca antes trataban de entrar a la Unión Americana y tenían menos medios legales para hacerlo. Para finales de 2019, un millón de migrantes —la mayoría de Centroamérica— fueron detenidos en la frontera sur, lo que representó un aumento del 90 % respecto del año anterior y el total más alto en 12 años. "Estas son cifras que ningún sistema de inmigración en el mundo está pensado para manejar", dijo el jefe de la Oficina de Aduanas y Protección Fronteriza. Los funcionarios estadounidenses creían que se estaba abusando del sistema. Solo una parte de quienes solicitaban asilo lo recibirían, según señaló el secretario interino en la embajada de la Ciudad de Guatemala. Las normas legales eran rigurosas y esotéricas. Escaparse de una pandilla, por ejemplo, era jurídicamente distinto de escaparse de un gobierno represivo, incluso si la pandilla tenía el dominio de un país a la manera de un Estado sombra. Huir de un país que se había vuelto demasiado peligroso no era fundamento para solicitar asilo; sí lo era, en cambio, huir de él por haber recibido amenazas específicas de tortura o muerte inminente. Tratar de no morir de hambre no contaba como forma de persecución. Las leyes de inmigración no se alineaban con las confusas exigencias de la región, y la mayoría de los solicitantes, por agradables que fueran, se topaban con que se les impedía la entrada.

La última vez que el Congreso había reformado el sistema de inmigración fue en 1990, y se hizo sin mucha coherencia. El sistema de asilo se convirtió en una de las últimas puertas abiertas para la inmigración ilegal, y estas no dejaban abierta más que una rendija. Sin embargo, la burocracia federal carecía de la capacidad de manejar a tanta gente, y los mecanismos del gobierno estaban fallando. En 2009, cuando Barack Obama tomó posesión de la presidencia, había un atraso de medio millón de casos de asilo. A finales del mandato de Trump, la fila alcanzó 1 300 000. Tomaba 24 meses, en promedio, resolver una petición de asilo. En el ínterin llegaban más solicitantes. A algunos se les permitía entrar al país, alegando que tarde o temprano tendrían que aparecer frente a un juez; a otros los encarcelaban, los deportaban sumariamente o los expulsaban directamente a México. La aleatoriedad del sistema era de suyo una crueldad.

Las normas de inmigración están determinadas por una política de crisis permanente, con la frontera como escenario. Una de las premisas centrales de la política inmigratoria de Estados Unidos —tanto para los demócratas como para los republicanos— es la disuasión: rechaza a las suficientes personas, y otras dejarán de intentar venir. La práctica se llama Sistema de Gestión de Consecuencias, expresión con cierta carga orwelliana. En 2018, el gobierno de Trump decidió separar a los hijos de los padres cuando llegaban juntos a solicitar asilo. La idea surgió de una frenética sesión gubernamental de lluvia de ideas durante una emergencia fronteriza, en 2014, pero los altos funcionarios la descartaron por considerarla inhumana. Durante el mandato de Trump, el gobierno gestionó las más brutales consecuencias imaginables, pero no se logró disuadir a los migrantes. Quedarse en casa era peor que irse y enfrentarse al castigo.

Daba la casualidad de que yo estaba de camino a Tapachula cuando me enteré de la reunión en la Ciudad de Guatemala, así que me desvié al aeropuerto de la Ciudad de México. A raíz de eso, pasé un día con personal del DHS, y el día siguiente en México, con la mismísima gente que esta dependencia estadounidense trataba de desalentar. Esos dos mundos estaban profundamente entrelazados y, sin embargo, parecía que apenas si se tocaban. La misión de este libro es ser una especie de intermediario. Con él quiero contarle a cada lado la historia del otro; encontrar la manera de llevar a los funcionarios de Seguridad Nacional al sótano del conjunto habitacional y permitirles a los migrantes del sótano participar, por una vez, en las privilegiadas conversaciones secretas mediante las cuales se decide su destino.

★ ★ ★

Cada uno de los tres últimos presidentes de Estados Unidos se ocupó de una seria emergencia humanitaria en la frontera, y cada vez el público estadounidense lo vivió como un incidente separado. Una ocurrió en 2014, la siguiente en 2019 y la tercera en 2021. La última crisis siempre era la peor, hasta que llegaba la siguiente. Pero todas estas eran diferentes capítulos de la misma historia, que se remontaba a 1980.

Ese fue el año en que Estados Unidos codificó por primera vez la ley de asilo y refugio, y al mismo tiempo intensificó su participación en dos importantes guerras civiles en Centroamérica. Los primeros solicitantes de asilo estaban huyendo de regímenes que Estados Unidos armaba y apoyaba en nombre de la lucha contra el comunismo. Las políticas estadounidenses de inmigración seguían en gran parte centradas en legalizar a los indocumentados y lidiar con la llegada de mexicanos a la frontera. Pero la política exterior de Estados Unidos estaba cambiando eso. El gobierno creaba nuevas categorías de inmigrantes y, a la vez, reestructuraba la vida estadounidense desde Los Ángeles hasta Washington, D. C. Los inmigrantes tienen un arte de transformar dos sitios a la vez: sus hogares nuevos y sus hogares viejos. En lugar de separar los mundos de Estados Unidos, El Salvador, Guatemala y Honduras, los estadounidenses estaban atándolos irrevocablemente.

En la década de 1980, los gobiernos de Washington vieron a Centroamérica a través del prisma totalizador de la Guerra Fría. A lo largo de las siguientes décadas, el miedo a la diseminación del izquierdismo se transformó en un miedo a la diseminación de la gente. Se extiende una línea recta entre los dos, tensada a lo largo de los años de emigración forzada, deportaciones masivas y oportunismo político. Las leyes de inmigración trazan límites definidos en torno de la ciudadanía y la identidad, dejando de lado esta historia. La política es una forma de amnesia selectiva. Las personas que sobreviven a ella son nuestro único seguro contra el olvido.

PRIMERA PARTE

1

El médico del corazón

Cuando era niño, en Usulután, en el oriente de El Salvador, Juan Romagoza creció sabiendo que un día se convertiría en doctor o bien en sacerdote. Llegó primero el llamado de la Iglesia, con la relajada fuerza de la inevitabilidad. Las señales de una vida futura en el sacerdocio católico estaban por doquier, empezando por la calle donde vivía, en una casa colonial, con sus padres, ocho hermanos, los abuelos, una tía y un tío. Estaba a la vuelta de la iglesia principal de la ciudad, un edificio sencillo pero imponente con dos torres y unas amplias escalinatas. Temprano, cada mañana, la familia asistía a misa. Los domingos, el obispo solía ir a comer a casa de los bisabuelos de Juan. Era un hombre severo y corpulento que se vestía con una amplia túnica blanca. Llevaba las manos y el cuello cubiertos de joyas. Los adultos les pedían a Juan y a los otros niños que se arrodillaran ante él y le besaran uno de los anillos. Toda la familia era muy beata, como decían los vecinos. Eran gente de iglesia, sumamente devotos. En 1964, cuando Juan tenía 13 años, le anunció a la familia que quería irse de la casa para asistir al seminario en Santiago de María, un pueblo de montaña cercano. "Una boca menos que alimentar y un santo más en la familia", decía su madre.

No pasó mucho tiempo antes de que se diera cuenta de su error. A Juan le encantaba la vibrante sensación de comunidad; los vecinos estaban unidos en una atmósfera de amigable complicidad. El seminario se sentía apartado y drenado de vida comunitaria. También era peligroso en un sentido que no había previsto. Aprendió a apretarse en las sábanas y las cobijas por las noches para eludir las atenciones de un sacerdote, conocido entre los jóvenes seminaristas por sus rondas nocturnas. Cuando Juan fue a casa, seis meses después, no solo se negó a regresar al seminario, sino que pensó que quizá era ateo.

La medicina se convirtió en la religión perdurable de Juan. Como con la iglesia, su atracción a ella era profunda; se remontaba al día en que vio a su abuelo morir de un infarto a los 52 años. Juan, que en ese entonces tenía ocho años, se quedó junto a su abuelo mientras la familia esperaba tres horas a que llegara un médico. Enfermedades no atendidas deterioraron a otros miembros de la familia, que adquirieron afecciones crónicas: ceguera en un ojo, una cojera pronunciada, problemas estomacales vitalicios. "Un doctor es una especie de sumo sacerdote", le dijo a su familia tiempo después. La profesión respondía a un llamado superior.

Juan era bajo de estatura y escuálido, con pelo oscuro ralo, piel aceitunada y ojos despiertos. Un discreto carisma colgaba de él como una camiseta suelta. En la escuela y en las calles siempre encontraba el camino al centro de las actividades grupales. En su niñez hubo partidos de futbol y travesuras con los vecinos, y, cuando creció, manifestaciones contra las autoridades municipales. La actitud prevaleciente en el pueblo era de una inmediata simpatía hacia los obreros y los campesinos entre los suyos y una correspondiente frialdad hacia los hombres de desmesurada autoridad. Las figuras eclesiásticas a veces eran una excepción polarizante.

La madre de Juan era costurera, y su padre, profesor de gimnasia. No podían permitirse enviar a más de un hijo simultáneamente a la universidad, pero Juan, el estudiante con las mejores calificaciones de su escuela, ganó una beca de la Casa Presidencial en San Salvador. Llegó en 1970 a la Universidad de El Salvador a estudiar medicina, una carrera de siete años que terminó durando 10.

La política de El Salvador estaba dominada por una alianza entre la elite empresarial y las fuerzas armadas, que se volvió más turbulenta en la década de 1970, cuando se rebeló la gente en general. Las protestas y las prolongadas huelgas de trabajadores dieron lugar a enérgicas medidas del gobierno. La universidad permaneció cerrada meses enteros. Durante esos paros Juan era voluntario en diferentes hospitales del país, en sitios como Usulután y Sonsonate, donde tenía conocidos, y de esa manera recibió cierta capacitación antes de que la escuela reabriera. Ya había elegido su subespecialidad. Quería ser cirujano cardiaco.

La residencia quirúrgica llegaba casi al final de sus estudios; era una de las últimas rotaciones antes de completar la carrera. Esa era la razón por la que una calurosa y húmeda tarde de febrero de 1980 Juan se encontraba en el Hospital Nacional San Rafael, en Santa Tecla, a 30 kilómetros al poniente de San Salvador. Era su cuarta semana en ese centro y empezaba a sentirse a gusto allí. El edificio era viejo pero encantador; de un solo piso, estaba organizado en torno de un patio interior, con una fachada de piedra pintada de blanco y azul, los colores nacionales, y flanqueado por ventanas de amplio alféizar y columnas ornamentales. Como cualquier médico residente, Juan pasaba más tiempo en el hospital que en la covacha que rentaba en San Salvador. Trabajaba largas horas y tomaba siestas cada vez que podía, entre sus tareas de asistente de cirugía y atendiendo solicitudes de los médicos.

Alrededor de las cinco de la tarde una camilla entró estrepitosamente por las puertas de la sala de urgencias. En ella estaba el cuerpo, ensangrentado e inmóvil, de un estudiante que había participado en una manifestación. Más tarde Juan supo cuál era la identidad del paciente. Era líder de una asociación de estudiantes de preparatoria llamado Movimiento Estudiantil Revolucionario Salvadoreño (MERS), organización hermana del sindicato de maestros. Con frecuencia se movilizaban por la capital en manifestaciones contra el gobierno.

El estudiante había sido ametrallado en el cuello y en el estómago por la policía, y sus amigos lo sacaron a toda prisa del lugar del tiroteo para llevarlo con sus padres. Todos se mostraron reacios a llevarlo al hospital. Las fuerzas de seguridad del Estado tenían fama de buscar a los manifestantes heridos en los hospitales después de incidentes violentos para sacarlos por la fuerza. Era común que nunca se volviera a saber nada de esos manifestantes, o que sus cuerpos mutilados se dejaran uno o dos días después en una esquina como advertencia a sus cómplices. La familia había decidido llevarlo a San Rafael porque el hospital estaba en las afueras de la ciudad y, por lo tanto, esperaban ellos, fuera de la vigilancia inmediata de la policía.

Durante cuatro horas Juan ayudó en la cirugía; más tarde el estudiante se estabilizó y lo trasladaron de la sala de operaciones. En San Rafael, el área de cuidados intensivos era un corredor de forma rectangular con hileras de camas separadas de las demás con cortinas. Juan acercó una silla a la cama del paciente. Revisó su presión arterial, le ajustó el catéter y anotó sus signos vitales. Eran pasadas las 10 de la noche cuando terminó con su primera ronda de tareas; el hospital estaba en silencio. En el sitio no quedaban más que Juan y una enfermera. Sentado derecho junto a la cama, se fue quedando dormido con el ruido que hacía la enfermera al caminar por el piso de losa.

Minutos después lo despertó un fuerte ruido. El área de cuidados intensivos estaba en el ala este del hospital, y la sala de urgencias y el estacionamiento, en el lado oeste. Le tomó a Juan unos pocos segundos darse cuenta de que lo que oía era el ritmo de unas botas de soldados marchando por el hospital, a través del pasadizo abovedado flanqueado por columnas, hacia donde él permanecía sentado con su paciente.

—Vienen por ti —se descubrió diciéndole en voz alta al muchacho que dormía a su lado. Se levantó y vio a la enfermera, de pie, con la espalda erguida. Antes de que ninguno de ellos pudiera hacer nada, hubo un fuerte grito gutural. Juan se dio la media vuelta y vio entrar por la puerta a media docena de hombres con la cara cubierta con pasamontañas y armados con rifles y pistolas. Algunos llevaban los uniformes verdes asociados con las fuerzas de seguridad nacional; otros iban vestidos de civiles.

—Tírese al suelo. Si intenta levantarse, le disparamos —gritó uno de ellos.

Juan se dejó caer al piso. Mantuvo los ojos fijos en las botas mientras los hombres caminaban hacia su paciente y se detenían frente a la cama. Conocían a su objetivo. Probablemente un empleado del hospital les había avisado.

Sin decir palabra, los hombres abrieron fuego. Llovían alrededor de Juan casquillos que al caer en el piso hacían un ruido metálico. La cama se sacudía y traqueteaba por la fuerza de las balas. Y luego, tan rápido como habían entrado, los hombres armados se fueron marchando por el mismo camino.

—¿Ya se fueron? —le preguntó Juan a la enfermera.

Era una mujer de cincuenta y tantos años, tranquila y experimentada, pero estaba llorando.

—Creo que sí —respondió.

Entonces Juan se puso de pie de un brinco y en vano tomó la muñeca de su paciente para sentir un pulso que ya no estaba ahí. Con la mirada fija en la ventana, se acercó a ella con cautela antes de asomarse. Alcanzó a ver una flota de camiones verdes antes de que se encendieran sus luces traseras —un destello rojo en la oscuridad— y desaparecieran en la noche. Se puso a recoger los casquillos, aún calientes al tacto.

—¿Para qué se los lleva? —preguntó la enfermera.

—Para recordar esto —respondió Juan.

2

La verdadera identidad
de pueblo de Dios

Un solo acontecimiento, conocido como la Matanza, definió la historia moderna salvadoreña. El 22 de enero de 1932, campesinos de la zona poniente del país, armados con machetes y azadones, organizaron una insurrección contra la elite cafetalera de la nación, que por varias décadas había subyugado a los pobres del campo. A finales de la década de 1870, gran parte de las tierras de cultivo de El Salvador habían estado en manos públicas. Pertenecían a comunidades cuya población dependía de ellas para sobrevivir. El aumento en los precios mundiales del café, junto con la necesidad de una mano de obra explotable, indujo al gobierno a embargar y a privatizar esas tierras. Podía hacerse mucho dinero, así que empezó a subastar las parcelas a los acaudalados dueños de las grandes plantaciones conocidas como fincas. Cientos de miles de campesinos fueron desposeídos y después obligados a trabajar a cambio de nada en tierras que antes les pertenecían.

En 1932, a un diplomático estadounidense en El Salvador le parecía que un contraataque era inevitable, si bien inútil. "Un animal de granja tiene por lo general mayor valor que el obrero, pues de este último suele haber un abundante suministro", les escribió en una carta a sus superiores del Departamento de Estado. El zapatero y activista Miguel Mármol fundó el Partido Comunista Salvadoreño en 1930, un año después del crack financiero global. Viajó al campo para investigar los daños y descubrió que a los campesinos les daban "trato de esclavistas a esclavos en fincas y haciendas" y eran obligados a soportar "salarios de hambre, rebajas de salarios en forma arbitraria e inconsulta, despidos masivos injustificados, desalojos [...] y represión directa y

29

enconada de la Guardia Nacional en forma de encarcelamientos, expulsiones de domicilio, quema de viviendas".

La revuelta de 1932 chisporroteó y se detuvo en cuestión de días, pero la represión a que dio lugar continuó varias semanas. El ejército intervino del lado de los terratenientes. Se le unieron miembros de la Guardia Nacional, que llevaban años reprimiendo disputas laborales. Los soldados asesinaron a cerca de 30000 personas: aproximadamente el 2% de la población salvadoreña. Cualquiera que pareciera vagamente indígena o se vistiera como campesino era calificado de rebelde y ejecutado. Se tiraban los cadáveres en público o se dejaban colgados para infundir terror. En un pueblo, las tropas reunían a los prisioneros en grupos de 50 y los llevaban frente a pelotones de fusilamiento.

La Matanza congeló al país en el tiempo durante las siguientes cuatro décadas y media. El gobierno sustituyó la historia real de lo ocurrido con fastuosa propaganda sobre cómo el ejército había rechazado a las sanguinarias hordas comunistas. La Biblioteca Nacional eliminó de sus registros las referencias a esos acontecimientos. Se destruyeron las crónicas de los periódicos. Los archivos gubernamentales de la época fueron escondidos o quemados. Lo que quedó, según escribió el historiador estadounidense Thomas Anderson en 1971, fue "un miedo paranoico al comunismo del que la nación es presa desde entonces. Este miedo se expresa en que constantemente se etiqueta hasta a los movimientos reformistas más modestos de comunistas o de inspirados en el comunismo". Roque Dalton, poeta y activista salvadoreño, lo expresó de manera más sucinta: "Todos nacimos medio muertos en 1932".

Cuando Juan Romagoza asistía al seminario, a principios de la década de 1960, se calculaba que el 90% de la riqueza de El Salvador estaba en manos de 75 personas pertenecientes a 25 familias. La elite había expandido su alcance del café a otros cultivos comerciales, entre ellos el algodón y el azúcar de caña, y también había incursionado en la banca. De adolescente, Juan viajaba entre Usulután y la universidad en San Salvador. Pasaba gran parte de la semana en la capital y los fines de semana volvía a casa en autobús.

Cuando los campesinos visitaban la ciudad natal de Juan, él observaba que casi siempre tenían los dedos y las manos amoratados, nudosos y magullados. Sus golpeadas extremidades y sus dígitos faltantes eran señales de tortura. Habían reclamado salarios más altos, tratado de organizar un sindicato o sencillamente les parecieron sospechosos a las autoridades. Las fuerzas de seguridad estatales habían identificado amplias categorías de personas a las que consideraban una amenaza al orden social, como maestros rurales, catequistas católicos y habitantes de una zona del país poblada por conocidos activistas políticos.

Había una taxonomía de uniformes que Juan aprendió a detectar y a eludir. La Guardia Nacional, que patrullaba el campo, usaba vestimenta de faena, cascos y protectores de piernas color verde y grandes hebillas de latón. La Policía Nacional, a cargo de las ciudades, tenía camisas de manga corta y pantalones verde oliva. La Policía de Hacienda, encargada de combatir el contrabando, usaba chaquetas y sombreros caqui con la insignia PH. Todos ellos recibían armas y entrenamiento de Estados Unidos. Desde finales de la década de 1950, y a lo largo de la de 1960, asesores militares estadounidenses ayudaron a reestructurar la academia de policía salvadoreña. También escribieron un manual para la Policía de Hacienda y capacitaron en control de disturbios a integrantes de la Guardia Nacional y de la Policía Nacional.

El gobierno de Estados Unidos nunca se había interesado seriamente en El Salvador, pero después de la Revolución cubana, en 1959, la inquietud por la propagación del comunismo trajo consigo una nueva postura en la región. La administración de Kennedy creó un centro de comando militar, llamado Southcom, para coordinar las llamadas operaciones de contrainsurgencia llevadas a cabo por fuerzas especiales a lo largo de Latinoamérica. Siguiendo el modelo de las maniobras estadounidenses en Vietnam, esas actividades se pensaron como "acciones guerrilleras en apoyo del Estado". El paradigma estadounidense les planteaba un dilema urgente a los salvadoreños comunes y corrientes. El Estado mismo era sumamente represor, pero los asesores norteamericanos que lo capacitaban y lo armaban consideraban que cualquier oposición pública era motivo de una respuesta militarizada. Como escribió el Estado Mayor Conjunto de Estados Unidos en 1962, la "insurgencia" se definía como cualquier "oposición ilegal a un gobierno existente". En El Salvador, eso englobaba huelgas de trabajadores, intentos de sindicalización y manifestaciones públicas.

Uno de los primeros encuentros de Juan con las fuerzas de seguridad del Estado empezó con una inocente celebración en la plaza principal de Usulután una cálida tarde de 1968. La ciudad acababa de realizar sus primeras elecciones de alcalde y Juan estaba en casa esperando los resultados cuando oyó gritos y aclamaciones en la calle. Se puso un par de huaraches y salió corriendo. Se encontró a una multitud de vecinos reuniéndose a celebrar. La gente estaba bailando y tocando música; algunos petardos caseros producían breves estallidos entrecortados. Su candidato le había ganado al oponente del Partido de Conciliación Nacional (PCN), el que contaba con el respaldo del gobierno militar. Juan acababa de unirse a las celebraciones cuando unos camiones llenos de soldados de la Guardia Nacional se detuvieron ahí.

Los efectivos se reunieron alrededor de la plaza y pusieron una barricada para intimidar a los juerguistas. Luego, algunos empezaron a empujar a un grupo de ancianas que estaban tomando plácidamente el aire eufórico de la tarde sentadas en unas bancas dispuestas en círculo. Las señoras casi eran sagradas en Usulután; veneradas y atendidas, eran como las abuelas de todo el mundo. Cuando Juan y algunos de sus amigos vieron lo que estaba pasando, corrieron a interceder. Los soldados, en respuesta, dispararon sus armas al aire para dispersar a la multitud. Como la casa de Juan estaba cerca, dejó que entraran algunas personas a aguardar a que acabara el alboroto.

Unos días después, el candidato a alcalde ganador fue sustituido por un miembro del PCN. En 1972, una coalición llamada Unión Nacional Opositora, que representaba a un amplio abanico de izquierdistas, iba adelante en las encuestas cuando el gobierno detuvo abruptamente el conteo de votos. Después de una misteriosa tardanza se anunció que había ganado el candidato preferido por el ejército, el del PCN. Un grupo de funcionarios descontentos dio, en vano, un golpe de Estado. A continuación hubo unas protestas nacionales, durante las cuales el ejército disparó y mató a 200 manifestantes, mientras que el candidato de oposición fue detenido y golpeado. Cuando se exilió, unos días después, tenía la nariz y el pómulo destruidos.

Una de las ironías de la represión gubernamental era que, lejos de intimidar a la oposición, la impulsaba. Antes de las elecciones de 1972, la gente todavía tenía cierta confianza en el proceso electoral. Por consiguiente, los elementos armados de la extrema izquierda atraían a pocos adeptos. Había solamente una organización guerrillera, y era demasiado pequeña y desordenada como para realizar secuestros o ataques directos a los funcionarios gubernamentales. Sin embargo, cuando el gobierno interfirió con las elecciones y cometió más abusos contra el público, estudiantes universitarios, líderes sindicales, campesinos y miembros de la Iglesia católica engrosaron las filas de los grupos guerrilleros y de las organizaciones populares. "Los grupos guerrilleros y revolucionarios, casi sin excepción, empezaron como asociaciones de maestros, sindicatos de trabajadores y de campesinos u organizaciones parroquiales que se organizaron en torno del firme propósito de que se construyera una escuela en la calle del mercado —según observó un diplomático estadounidense—. Cuando trataron de aprovechar su poder de asociación para obtener sus fines, primero les hicieron una advertencia y después los persiguieron, los torturaron y les dispararon".

★ ★ ★

Juan llevó los casquillos en la bolsa de la camisa el resto de la semana. Conocía los riesgos. Si un agente de policía lo detenía y lo registraba en la calle con cualquier pretexto, estaba sentenciado. O lo identificarían como el testigo de un asesinato militar o bien lo acusarían de subversión. En San Salvador, en 1980, a la gente la mataban por mucho menos. El domingo en la mañana salió para entregarle los cartuchos de bala vacíos a la única persona que pensó que podía ayudar: Óscar Arnulfo Romero, arzobispo de San Salvador.

Tuvieron que pasar décadas para que Romero obtuviera la canonización, pero incluso entonces no había quien lo igualara en importancia. En El Salvador lo conocían como "la voz de los sin voz" por su inquebrantable defensa de los pobres. Abrió las iglesias a los miles de desplazados y expuso actos de agresión del gobierno y de sus aliados de derecha. En un país ensombrecido que se había vuelto del todo indescifrable por la opresión y la desinformación, sus llamamientos se convirtieron en un punto de referencia nacional e internacional. Mostraban la realidad de un país que estaba entrando en una guerra civil.

La Catedral Metropolitana era una majestuosa estructura de cemento y ladrillo pintada de blanco en el corazón del centro histórico. Juan siempre la contemplaba sobrecogido. Esa vez, en lugar de detenerse en la puerta principal a observarla, entró por un acceso lateral. Era temprano, una hora antes de la misa matutina. Juan estaba solo; caminaba ansioso de un lado a otro afuera de la puerta de la sacristía esperando la llegada de monseñor Romero. Unos minutos después, Romero atravesó el pasillo a grandes zancadas. Era un hombre delgado, diminuto, que se peinaba para atrás el pelo cano y usaba unos anteojos de armazón grueso. Cuando vio a Juan, dijo:

—Algo malo ha pasado, ¿verdad?

Juan y él tenían una historia juntos, o más bien dos historias. La primera empezó en 1974, cuando monseñor Romero era obispo de Santiago de María, distrito del municipio de Usulután. En ese entonces Juan estudiaba en la universidad y había ido a pasar el fin de semana en su pueblo. El domingo, en la casa de sus bisabuelos, conoció al nuevo obispo. Cuando Juan llegó, Romero estaba sentado en una hamaca rodeado de gente, con un plato de comida en el regazo. Al arrodillarse a besarle el anillo según la costumbre, Juan se dio cuenta de que era la única joya que llevaba Romero, un adorno solitario en las manos del obispo. Observó a Romero mientras este buscaba a un campesino amigo de la familia, un hombre de alrededor de 60 años que se mantenía al margen de la reunión. Esa persona estaba despeinada y tenía las manos sucias y encallecidas por su trabajo, que consistía en tallar pequeñas esculturas de santos en madera. Romero miraba a aquel individuo a los ojos mientras hablaban.

Pero algo más seguía inquietando a Juan acerca del obispo. Romero defendía a los pobres en sus sermones y en sus escritos, pero era más conciliatorio cuando se trataba de los asuntos de gobernanza. Era reacio a confrontar abiertamente al presidente del país o a pedir reformas agrarias.

Juan pasó la década de 1970 moviéndose en la dirección opuesta, hacia el compromiso político absoluto. En San Salvador, junto a la universidad, había una serie de barriadas llenas de campesinos que huyeron de sus hogares en el campo debido a la represión, que iba empeorando. Muchos de ellos vagaban por las calles de la ciudad descalzos y desorientados. Se tambaleaban entre el tráfico en las principales intersecciones alrededor de la universidad y provocaban accidentes. Juan se unió a un grupo de estudiantes de medicina que abrieron una clínica para ofrecer asistencia médica gratuita. Los pacientes habían sido torturados y mutilados por las fuerzas de seguridad del Estado y por los escuadrones de la muerte de la extrema derecha. Tenían familiares asesinados y desaparecidos.

La relación más perdurable entre Juan y monseñor Romero empezó después, en la capital del país, cuando ambos eran activistas que respondían al nuevo estado de emergencia. En 1977, cuando Romero se convirtió en arzobispo, la violencia estatal se estaba saliendo de control. Cientos de sacerdotes y trabajadores católicos de todo el país habían sido asesinados, heridos o amenazados; entre ellos, una víctima especialmente prominente: un sacerdote jesuita de 49 años, célebre defensor de los pobres, llamado Rutilio Grande. Amigo cercano de Romero, unos asesinos de derecha lo mataron a tiros un mes antes de que Romero se mudara a San Salvador.

El asesinato de Grande desengañó al arzobispo de la promesa de una diplomacia más moderada con el gobierno. Monseñor Romero nunca más volvió a sonar igual. Sus discursos eran francos y atrevidos, pronunciados con una voz llena de espiritualidad, en la que resonaba un sentido de urgencia. Condenaba la violencia y hacía un llamamiento a una reforma agraria nacional que les diera a los pobres del campo la posibilidad de sobrevivir. Cuando Romero se enteró del trabajo que estaban haciendo Juan y otros estudiantes de medicina, solicitó una reunión. "Quiero que me ayuden a atender a esta población —les dijo a un grupo de ellos— y quiero que me ayuden trayéndome información sobre lo que les ha estado pasando. Ustedes son mis ojos y mis oídos". Los estudiantes empezaron a pasar por la iglesia cada pocas semanas, llevando consigo hojas escritas a mano llenas de los nombres de personas que habían sido torturadas o asesinadas. Trabajar en la clínica les daba acceso directo a las víctimas, y el arzobispo frecuentemente citaba en sus sermones la información que ellos le proporcionaban.

Juan acudió a ver a monseñor Romero antes de la misa matutina porque no había ningún otro lugar adonde denunciar un crimen. El gobierno negó ante la prensa que sus soldados hubieran matado a alguien esa semana. En los periódicos locales no se había publicado ninguna noticia del incidente. Era como si el asesinato nunca hubiera ocurrido.

—Yo fui testigo, padre, yo estaba allí —le dijo Juan. Le habló del sonido de las botas marchando por el corredor, de los gritos y de los disparos—. Estas son las balas que usaron —añadió, sacándolas del bolsillo.

Juan observó unas lágrimas en el rostro de Romero.

—Niños, son apenas unos niños —dijo el arzobispo, más para sus adentros que para que lo oyera Juan.

En ese momento estaba preparándose para la misa, pero prometió registrar el incidente ante Socorro Jurídico, unos vigilantes de los derechos humanos

Monseñor Romero saliendo de la Catedral Metropolitana
después de la misa dominical en San Salvador, El Salvador, 1979.

asociados con la Iglesia. Juan dejó las balas en la sacristía con Romero y fue a buscar lugar entre los feligreses.

Cada vez que monseñor Romero decía misa, la iglesia se llenaba. Estaban ahí los fieles habituales, vestidos con ropa limpia pero modesta, así como campesinos con atuendos hechos jirones y llenos de polvo, que habían viajado desde el campo para escucharlo. En la parte trasera del templo, identificables por sus camisas almidonadas y sus pequeños séquitos personales, se encontraban los diplomáticos, los políticos de oposición e, invariablemente, los reporteros.

Cada sermón de Romero era una proeza literaria en tres secciones. La primera era la más francamente teológica, una amplia exégesis bíblica con acotaciones contemporáneas intercaladas. Enseguida, una sección que llamaba "Vida de la Iglesia", con anuncios sobre iniciativas y actividades de la parroquia, muchas de las cuales se estaban viendo directamente amenazadas por los escuadrones de la muerte. Pero era la última parte, que el arzobispo titulaba "Acontecimientos de la semana", la que más llamaba la atención. En parte análisis forense del terrorismo estatal y en parte acusación penal, era, por encima de todo, una apasionada imploración de clemencia al gobierno. En esa parte el sermón se espesaba con información sobre la violencia y el caos que estaban apoderándose del país. Durante media hora, o a veces más, enumeraba de manera metódica los nombres de personas asesinadas o desaparecidas, las fechas de asesinatos y arrestos masivos y las ubicaciones de ofensivas recientes.

En esos informes eran ampliamente consideradas las descripciones más definitivas de la represión reinante y llamaban la atención de todo el mundo. Para quienes no podían asistir en persona, los sermones se transmitían por la radio. Llegaban a tres cuartas partes de la población del campo y a casi la mitad de los habitantes de las ciudades. En sus prédicas dominicales, que duraban hasta dos horas, una persona podía oír todas sus palabras mientras paseaba por la calle. En los hogares lo escuchaban a alto volumen en radios de transistores.

Juan estaba sentado más o menos en medio de los bancos cuando Romero salió vestido con una túnica blanca. Con voz firme y retumbante, felicitó a todos los asistentes. Por estar ahí en la iglesia, dijo, le daban a ese momento "la verdadera identidad de pueblo de Dios". Los críticos conservadores acusaban a Romero de convertir sus misas en mítines políticos. "Lo que yo intento de ninguna manera es hacer política", dijo a modo de introducción. La iglesia estaba en silencio, y los asistentes, embelesados. Empezó a hablar más alto; su cadencia se aceleró. "Si por una necesidad del momento estoy iluminando la política de mi patria, es como pastor, es desde el Evangelio, es una luz que tiene la obligación de iluminar los caminos del país".

Más allá de la prominencia pública de monseñor Romero, Juan le atribuía un logro más personal: el milagro de haberle devuelto la creencia en Dios. La conversión del propio Romero al activismo había sido el ímpetu para ello. Con los riesgos que él mismo tomaba reflejados y amplificados en las acciones del arzobispo, Juan empezó a ver con otros ojos su propia militancia y también a sí mismo. Ya no era un tipo humanitario aislado tratando de orientarse de manera instintiva entre el caos. Lo que más fe le dio fue que Romero se hubiera permitido cambiar. Había pasado de ser un obispo de pueblo, extraordinariamente amable pero astuto, a ser un líder nacional que se jugaba la vida.

"¿Qué más guerra civil que la que estamos viviendo y que se matan de uno y otro lado?", continuó Romero. Hizo una pausa para toser, pero antes de que pudiera proseguir, toda la iglesia estalló en aplausos. Los meses anteriores habían sido los más violentos en varias décadas. Las fuerzas de seguridad del Estado habían matado a cientos de civiles: 159 en octubre de 1979, unos 281 en diciembre y 320 en enero de 1980.

Lo que tornaba aún más trágica la sangría era que ese mismo otoño había habido un esfuerzo sin precedentes, pero condenado al fracaso, de reformar el ejército desde dentro. El 15 de octubre de 1979, decenas de militares jóvenes perpetraron un golpe de Estado para expulsar del ejército a los más extremos partidarios de la línea dura y establecer un gobierno civil por primera vez desde antes de la Matanza. Una junta de gobierno reemplazaría entonces al gobierno y a los altos cargos del gabinete. Sus demandas eran, en teoría, sencillas. Llamaban a la abolición de Orden, el escuadrón de la muerte más famoso del país que tenía vínculos con oficiales de alto rango del ejército; al reconocimiento de los derechos de los campesinos a organizarse, y a la aprobación de una ley de reforma agraria que facilitara, en sus palabras, una "distribución igualitaria de la riqueza nacional".

A unas horas del golpe, sin embargo, un cuadro de oficiales conservadores de alto rango tomó el control de la nueva junta. Al menos uno de ellos estaba en la nómina de la Central Intelligence Agency (CIA). Cuando a la extrema derecha le quedó claro que los principales mandamases del ejército estaban consolidando de nuevo su poder, hubo una nueva erupción de asesinatos y represalias. Tuvo lugar una lucha de poder en el interior de la junta. Romero había estado asesorando a los miembros del nuevo gobierno, pero el abismo entre las facciones militar y civil se estaba volviendo insalvable. Los oficiales militares de alto rango se negaban a recibir órdenes de nadie que no fuera el ministro de Defensa. A principios de enero, después de una oleada de renuncias de líderes civiles que no tenían ningún poder real, el gobierno se vino abajo.

Podría decirse que el que lo reemplazó era peor. Concertada por el Departamento de Estado de Estados Unidos, la nueva junta era una unión entre el ejército y un partido de centroizquierda conocido como el Demócrata Cristiano, que les gustaba a los estadounidenses por su abierto anticomunismo. Las opiniones de los demócratas cristianos sobre su participación en un gobierno que de hecho estaba dirigido por el ejército se encontraban divididas. La mitad del partido desconfiaba del arreglo, mientras que la otra mitad, ávida del poder que durante tantos años se le había escapado, quería seguir adelante. Resultó que los escépticos tenían razón: con la pátina de legitimidad que les conferían los demócratas cristianos, los militares pronto intensificaron la represión.

"El poder político está en manos de militares sin escrúpulos", dijo Romero en el sermón, y la gente prorrumpió en aplausos. La mayoría de los asistentes sabía de lo que hablaba. Funcionarios de la extrema derecha trabajaban directamente con escuadrones de la muerte para planear ataques clandestinos a políticos y a organizadores de la oposición. Pero Romero se refería también a los altos oficiales del ejército que aducían no estar enterados de las peores atrocidades. Estaban Carlos Eugenio Vides Casanova, el inteligente y adinerado director de la Guardia Nacional, y José Guillermo García, el más desenvuelto ministro de Defensa y presidente *de facto*. Ambos sabían que miembros del ejército participaban en los asesinatos extrajudiciales. Y cada uno, a su manera, los condonaba al bloquear las investigaciones y negarse a castigar a los oficiales involucrados. Esa violencia les resultaba demasiado útil como para tratar de detenerla. La extrema derecha estaba haciéndoles el trabajo sucio al exterminar a sus rivales políticos. Al mismo tiempo, el creciente número de muertos le sirvió al ejército como pretexto para conservar el poder. Sin la jerarquía militar intacta, aducían, el país sucumbiría al caos.

"El actual gobierno carece de sustentación popular; solo está basado en las fuerzas armadas y en el apoyo de algunas potencias extranjeras —dijo Romero a los feligreses—. Movido por esta inquietud es que me he atrevido a hacer una carta para el mismo presidente Carter y que la voy a mandar después de que ustedes me digan su opinión —añadió, y empezó a leerla en voz alta—: Señor presidente: por ser usted cristiano y por haber manifestado que quiere defender los derechos humanos, me atrevo a exponer mi punto de vista pastoral".

Sin consultar a los miembros civiles de la junta, Estados Unidos había dado ayuda directa a los militares. Las últimas oleadas de asesinatos no disuadieron a Washington. El dinero estadounidense se estaba usando para adquirir máscaras antigases, chalecos protectores y otros suministros, que el presidente estadounidense justificaba llamándolos formas de "ayuda no letal". Romero quería sacar a Carter de su error. Ahora las fuerzas de seguridad estaban sencillamente mejor equipadas y reprimían "aún con más violencia al pueblo", decía, citando el borrador de su carta. Si Carter en verdad quería defender los derechos humanos, continuaba Romero, podía hacer dos cosas. La primera era prohibir "esta ayuda militar al gobierno salvadoreño". La segunda consistía en garantizar que su gobierno no interviniera "en determinar el destino del pueblo salvadoreño".

En su campaña electoral, en 1976, Carter armó su plataforma de política exterior sobre la idea de que su gobierno respetaría los derechos humanos internacionales. Como cristiano que se postulaba después del Watergate y Vietnam, a Carter le gustaba citar al teólogo Reinhold Niebuhr: "El triste deber de la política es instaurar la justicia en un mundo pecador". Hubo apoyo a esa visión tanto entre el electorado como en el Congreso. Anteriormente, ese mismo año, los legisladores le solicitaron al Departamento de Estado que publicara informes anuales sobre los derechos humanos en cada uno de los países que recibieran ayuda militar estadounidense. Si en alguno de ellos se permitían "atropellos flagrantes a los derechos humanos", el Congreso detendría la ayuda económica.

Cuando Carter asumió la presidencia, prometió con solemnidad: "Nuestro compromiso con los derechos humanos debe ser absoluto". Sin embargo, su gobierno tuvo dificultades para definir los atropellos a los derechos humanos y para imponer las sanciones adecuadas. En virtud del anterior mandato del Congreso, unos cuantos países —como Uruguay y Etiopía— perdieron la ayuda estadounidense al principio de la presidencia de Carter. Varios otros, entre ellos El Salvador, prefirieron rechazar por completo la ayuda estadounidense a someterse al escrutinio del Congreso. Al principio eso le dio a Carter un respiro en Centroamérica. Su compromiso era más tangible y tenía un sentido más inmediato en el contexto de la Unión Soviética. La Casa Blanca defendía a los disidentes y recibía con los brazos abiertos a los refugiados judíos. En otras partes del mundo, sin embargo, la agenda se complicaba considerablemente. Estaban en juego miles de millones de dólares en ayuda estadounidense, y a pesar de las declaraciones de Carter, predominó la biopolítica afianzada. Las ortodoxias de la Guerra Fría eran sacrosantas. En julio de 1979, los izquierdistas sandinistas en Nicaragua derrocaron al dictador Anastasio Somoza, un aliado de Estados Unidos. Funcionarios de las altas esferas del Departamento de Estado, de la CIA y del Departamento de Defensa se preguntaban si El Salvador caería a continuación. La postura en Washington era que el ejército necesitaba apoyo estadounidense para que el centro se mantuviera en El Salvador.

Los soldados salvadoreños, mientras tanto, inventaron un nuevo nombre para una vieja técnica de tortura. Se amarraba a una víctima de pies y manos, mientras sus interrogadores le aplicaban una intensa presión en los testículos con un alambre. La llamaban "la Carter".

3

El general y sus botas

La tarde del 24 de marzo de 1980 Juan estaba trabajando en el consultorio estudiantil cuando oyó a alguien gritar. Los alaridos venían de otra sala, y todo lo que logró entender al principio fueron las palabras "¿Qué pasó? ¿Qué pasó?" Unos segundos después de la conmoción, con una voz trémula sacudida por sollozos, llegó una respuesta: "Mataron a monseñor Romero".

No tuvo tiempo de procesar las noticias más allá del inmediato imperativo. Si acababan de dispararle a Romero, los militares y los escuadrones de la muerte probablemente se encontraban en medio de un asalto más amplio a toda la ciudad. En momentos así, a veces los soldados iban directamente a la universidad a hacer redadas de estudiantes. Juan y las demás personas de la clínica se apresuraron a terminar lo que estuvieran haciendo y a cerrar el consultorio.

Mientras Juan corría a su casa, las calles estaban vacías y el tráfico vehicular se iba reduciendo. Los taxistas parecían haber acortado sus turnos nocturnos. Era como si la ciudad estuviera en un toque de queda no oficial, pensó Juan. Cuando llegó a la pequeña pensión en la que vivía, fue directamente al aposento de una vecina, una anciana que tenía una televisión. En el momento en que Juan entró, la mujer estaba lívida viendo el noticiario. El asesinato había ocurrido en la capilla de un hospital llamado La Divina Providencia, donde desde las seis de la tarde Romero se encontraba oficiando misa ante un pequeño y sereno grupo de fieles, con la puerta abierta para que entrara la brisa. Se detuvo un coche rojo del que salió un hombre armado con un rifle. Nadie reparó en él hasta que apuntó a Romero y le disparó en el pecho.

—Si pueden con monseñor Romero, nadie puede estar a salvo —dijo la vecina de Juan con voz monótona.

Estaba demasiado aturdida para llorar. En ese momento Juan no lo sabía, pero funcionarios estadounidenses compartían el análisis de su vecina. Telegramas enviados desde la embajada estadounidense en San Salvador habían descrito la posibilidad del asesinato de Romero como el probable fin de una "solución moderada" a la crisis política del país; lo único que quedaba era una "solución militar", la perspectiva de un terror sin ataduras.

El asesinato marcó el comienzo de una crisis que ya era profunda incluso para los macabros parámetros del país. Más pacientes se presentaban en la clínica en condiciones críticas con heridas de tortura. A una profesora a la que dieron por muerta la dejaron en un contenedor, cubierta de alquitrán caliente, con quemaduras en todo el cuerpo y sangrando por los pezones, la vagina y el recto. Un estudiante de preparatoria llegó con los genitales marcados por una picana eléctrica; el trauma le impedía hablar.

Juan asistía a las protestas con un pequeño maletín médico. Siempre había pensado que ser doctor era la profesión que más lo acercaba a uno a Dios. Sin embargo, con frecuencia encontraba a gente con heridas que él no tenía la capacidad de curar. Hubo una joven desplomada a la que trató de levantar, solo para descubrir que le habían volado la parte de atrás de la cabeza. Algunos activistas daban su último y desesperado aliento antes de expirar en sus brazos.

En algún momento, a él y a sus colegas les llegó la noticia de que sus nombres figuraban en una lista negra recopilada por los escuadrones de la muerte y distribuida entre los oficiales del ejército. En palabras de un funcionario estadounidense durante esos días: "Si tu nombre resulta estar en esa lista y te detienen, tu futura esperanza de vida es de aproximadamente una hora". En el hospital, Juan empezó a llegar e irse a horas extrañas, a menudo disfrazado. Se ponía uniforme de camillero, un gran sombrero o ropa de electricista. Cuando podía, se metía en la parte trasera de una ambulancia para entrar a hurtadillas a la sala de urgencias por el garaje del hospital. Sus colegas montaban guardia en las esquinas de la calle y le hacían señales con la mano para advertirle si observaban a personal de seguridad dando vueltas por la entrada del hospital.

Para Juan todo eran tácticas y cálculos preparativos: nada cercano a una verdadera estimación del peligro real que corría. Si te movías lo suficientemente rápido y trabajabas de manera constante, como él, era posible arriesgar tu vida casi sin sentir el miedo concomitante. El aluvión de amenazas diarias llegó a parecer un estorbo cotidiano, unos problemas de rutina que eludir y resolver. En ese entonces tenía una pareja. El último año había mantenido una relación con otra estudiante de medicina y activista. Se llamaba Laura; era una mujer sin pelos en la lengua, integrante de una familia conservadora de Santa Ana, que tenía la intensidad intransigente de una conversa con algo que demostrar. Era más baja que Juan y regordeta, con pelo oscuro y piel clara. Si Juan era alguien de habla dulce y reservado, Laura era directa y rigurosa; eran una pareja revolucionaria dispareja.

En la primavera de 1980, una mañana marchaban por la calle con un grupo de universitarios cuando Laura se acercó a darle una noticia: estaba embarazada. Juan se mostraba tan eufórico que empezó a gritarlo ahí mismo, en medio de la multitud. Otros activistas entendieron de inmediato su emoción y se sumaron. Por uno o dos minutos fue como si el grupo hubiera olvidado la sombría razón por la que se encontraban ahí reunidos y los manifestantes se abrazaron y celebraron. Esa noche, y en los meses siguientes, a Juan y a Laura les tocó enfrentar una desconcertante realidad: ¿qué significaba traer una nueva vida a su mundo actual? No había respuesta, pero llegaron a considerar que la fecha del parto sería una especie de plazo para hacer todas las mejoras sociales posibles en el mundo que aguardaba a su bebé.

Entre enero y marzo, fuerzas gubernamentales habían matado al menos a 900 civiles, más que en todo 1979. A finales de febrero, el procurador general de Pobres, un demócrata cristiano llamado Mario Zamora, fue asesinado en su casa, en medio de una celebración familiar. Varios días después, unos miembros civiles del gobierno renunciaron en señal de protesta. La extrema derecha había tramado una estrategia especialmente siniestra: como los capos militares necesitaban que los máximos líderes de la Democracia Cristiana permanecieran en el gobierno como tapadura política, los escuadrones de la muerte asesinaban de manera selectiva a miembros de las bases del partido. Era un plan para "domesticar" al partido, de acuerdo con un exfuncionario; Zamora fue uno de los 64 demócratas cristianos asesinados ese año. El nuevo embajador estadounidense, un diplomático excepcionalmente lúcido llamado Robert White, que asumió el cargo a mediados de marzo, envió un telegrama

Dolientes en la plaza frente a la Catedral Metropolitana en el funeral de Óscar Arnulfo Romero.
San Salvador, El Salvador, 30 de marzo de 1980.

La plaza después de que fuerzas de seguridad del Estado abrieran fuego
sobre la multitud de dolientes durante el funeral de monseñor Romero.
San Salvador, El Salvador, 30 de marzo de 1980.

al Departamento de Estado: "La mayor amenaza inmediata a la existencia de este gobierno es la violencia de la derecha".

Seis días después del asesinato de Romero, en Domingo de Ramos, tuvo lugar su funeral en la Catedral Metropolitana. Ese día, luminoso y sin brisa, hacía un calor sofocante. Como 200 sacerdotes y clero de más de una docena de países se congregaron dentro de la iglesia, mientras un grupo de obispos permanecía afuera, junto al féretro, que estaba sobre un altar rodeado de flores frente a la plaza. Decenas de miles de salvadoreños se reunieron durante esas horas calurosas a presentar sus respetos, con otros miles volcándose a las calles cercanas.

Juan y los otros estudiantes de medicina esperaban violencia, pero no sabían cómo, o cuándo, estallaría. Con un grupo de taxistas organizaron una unidad de respuesta rápida para atender a los heridos y trasladarlos a un sitio seguro. Cada uno llevaba botellas de agua y bicarbonato, por si echaban gas pimienta, y una camiseta negra encima de otra de un color diferente. Si alguien los seguía, se quitarían la camiseta de arriba para dificultarles a sus perseguidores reconocerlos entre la multitud. El grupo se instaló en el lado norte de la catedral, junto a una base de taxis, en una callejuela que daba a una calle principal.

Veinte minutos antes del mediodía, un cardenal mexicano hacía el panegírico de monseñor Romero cuando de repente una explosión estremeció el otro extremo de la plaza. Enseguida hubo disparos y luego una serie de explosiones. La multitud, presa del pánico, corrió en desbandada tratando de ponerse a salvo. Cientos se precipitaron a la escalinata de la catedral, mientras los sacerdotes y los obispos alejaban el altar de la puerta y cargaban el féretro de Romero hacia dentro. Juan corrió entre los cuerpos de la plaza. Alcanzó a una anciana que había sido pisoteada y la trasladó a un taxi, que salió a toda velocidad hacia la clínica de la universidad. Las aceras estaban llenas de zapatos, prendas de ropa y grandes hojas de palma que los dolientes habían llevado para la ocasión y luego, con el *shock,* dejaron tiradas. Se topó con otros heridos, con sangre salpicada en su ropa y en torno de ellos, aturdidos y doblados sobre el pavimento. Cuando ya no hubo taxis para llevarse a los heridos, los estudiantes los metieron a la catedral por una puerta lateral.

Ahora había tanta gente adentro que Juan no podía pasar por la entrada principal. Alguien tuvo que jalarlo y luego cruzarlo en volandas por el umbral para meterlo. A lo largo de dos horas estuvieron metiendo y sacando cadáveres.

Por la tarde, cuando el terror había amainado, el número de víctimas al menos era de 40 muertos y varios centenares de heridos.

★ ★ ★

La noche de las elecciones en Estados Unidos, el 4 de noviembre, la embajada ofreció una reunión para ver los resultados en el Hotel Presidente, en San Salvador. Los diplomáticos estadounidenses estaban abatidos al conocer las cifras, pero sus invitados salvadoreños las celebraban. Se encontraban presentes miembros de la comunidad empresarial y oficiales del ejército, que afuera se turnaban para disparar sus pistolas al aire en señal de júbilo. Cuando un grupo de enviados estadounidenses se retiraba para volver a casa, la esposa de un empresario los abordó de manera agresiva:

—¡Fuera de aquí, comunistas! —gritó.

Otros metieron su cuchara:

—Muerte a White. ¡Viva Reagan!

Las actitudes de la derecha salvadoreña ya estaban endureciéndose cuando un grupo del equipo de transición de Ronald Reagan hizo su primera visita oficial a El Salvador y a Guatemala para anunciar el fin de las políticas de Carter en torno de los derechos humanos. Ya no se necesitaría el ejército para guardar las apariencias y mostrarse comedidos. A mediados de noviembre, el general Guillermo García, ministro de Defensa, convocó a los miembros civiles de la junta a la Casa Presidencial, donde hizo una larga presentación mediante la cual detallaba los resultados de lo que según él era una investigación militar. Todas las monjas y los sacerdotes de Chalatenango, región inestable al norte de la capital, estaban confabulados con las organizaciones guerrilleras, decía, y era necesario obrar en consecuencia. Pocas semanas después, un hombre llegó una noche a la parroquia de Chalatenango con un mensaje: todos los que se encontraban ahí, incluidas cuatro misioneras estadounidenses que hacían trabajo de socorro, figuraban en las listas negras del gobierno.

—Empezaremos esta noche —dijo.

En El Salvador, la izquierda política englobaba mucho más que a los demócratas cristianos e incluía a un espectro de partidos más pequeños que iban de grupos guerrilleros armados a marxistas, socialistas y sindicalistas no violentos, cuyas posturas estaban a la izquierda de la junta gobernante. El 27 de noviembre, seis líderes de la izquierda no democrática —llamada formalmente Frente Democrático Revolucionario (FDR)— se preparaban para hacer unas declaraciones en un colegio jesuita de San Salvador. Decidieron negociar con la junta; eso era significativo, porque los demócratas cristianos del gobierno habían estado luchando por conseguir el apoyo de los izquierdistas del país. Antes de que los líderes pudieran hablar, sin embargo, 200 agentes de las fuerzas de seguridad combinadas del Estado rodearon la escuela, mientras dos docenas de hombres irrumpían en el edificio para secuestrarlos. Poco después, sus cuerpos fueron hallados cerca del lago de Ilopango, a escasos kilómetros al este de la capital, con señales de tortura. Telegramas de la CIA de aquellos días citaban información de que García y otros oficiales de alto rango del ejército habían respaldado la operación. El embajador White envió un mensaje a Washington: "Los militares han rechazado explícitamente el diálogo y han anunciado una política de exterminio".

En la tarde del 2 de diciembre, la monja ursulina Dorothy Kazel y la misionera laica Jean Donovan llegaron al aeropuerto de San Salvador. Iban a recoger a dos hermanas dominicas de Maryknoll, Maura Clarke e Ita Ford, ambas de cuarenta y tantos años, que volvían de una conferencia en Nicaragua. El funeral de los líderes del FDR asesinados tendría lugar al día siguiente. Las cuatro mujeres acababan de incorporarse a la carretera para salir del aeropuerto cuando un camión de las fuerzas de seguridad nacionales las detuvo y las arrestó. Esa noche las violaron y las asesinaron y arrojaron sus cuerpos en una zanja al lado de la carretera.

El director de la Guardia Nacional, el general Vides Casanova, negó tener conocimiento de los asesinatos. Era, sin embargo, inconcebible que soldados de rango inferior cometieran un crimen así sin una orden de sus superiores. El primo de Vides Casanova era el coronel a cargo del territorio cercano al aeropuerto donde secuestraron a las mujeres.

Finalmente, Stanley Pimentel, principal agregado jurídico del Federal Bureau of Investigation (FBI) en Centroamérica, trabajó junto con un funcionario de la embajada estadounidense para reducir la lista a cinco sospechosos. Pimentel visitó a Vides Casanova en el cuartel general de la Guardia Nacional para pedirle que entregara las armas usadas en los asesinatos. Él luego enviaría los rifles a un laboratorio del FBI, donde analistas forenses buscarían huellas digitales y examinarían las balas recogidas en la escena del crimen. Vides

Casanova se mostró hermético pero servicial. Sin embargo, unos días después Pimentel se enteró de que Vides Casanova había ordenado a unos subordinados que ocultaran las armas, con la intención de sustituirlas por otros rifles y darles estos a los estadounidenses.

Años después, un telegrama de la CIA, que citaba a un informante cuyo nombre fue tachado, confirmó que el primo de Vides Casanova había dado la orden de asesinar a las misioneras. Pero en diciembre de 1980, con una creciente violencia en El Salvador, y mientras el gobierno de Estados Unidos avanzaba tambaleante en su transición presidencial, descendió una renovada cortina de impunidad. En El Salvador se prometieron investigaciones que después se prorrogaban. Tras una breve interrupción, volvió a llegar dinero de ayuda de Estados Unidos al ejército. Las cantidades crecían mientras el equipo saliente de Carter buscaba evitar la crítica de que se había mostrado suave con la izquierda guerrillera.

Jeane Kirkpatrick, profesora de ciencia política en la Universidad de Georgetown, ya desde entonces bien conocida por su neoconservadurismo inflexible, era una de las principales asesoras en política exterior del presidente Ronald Reagan. Tras el asesinato de los líderes del FDR, soltó ante un grupo de periodistas la ocurrencia de que eso era "un recordatorio de que quien a hierro mata, a hierro muere". Cuando le preguntaron sobre la postura del gobierno entrante respecto del brutal asesinato de las misioneras estadounidenses, respondió: "Evidentemente las monjas no eran solo monjas: también eran activistas políticas".

★ ★ ★

Varios días después del asesinato de las misioneras, Juan emprendió camino a un pequeño poblado de Chalatenango junto con un grupo de otros seis médicos y enfermeras. Era un sábado temprano por la mañana y el viaje consistió en un trayecto por autobús seguido de una excursión a pie de dos horas y media por caminos escarpados y llenos de piedras. Cada pocos días visitaban un pueblo diferente del campo para hacerles exámenes médicos a los habitantes, atrapados debido a las escaramuzas entre las fuerzas del gobierno y los guerrilleros de izquierda. Para cada salida, activistas de la iglesia les informaban a Juan y a los demás adónde ir y cómo llegar.

Esa vez Juan había recibido instrucciones especiales sobre un residente herido que necesitaba cirugía abdominal. Solo sabía que al hombre le habían dado dos disparos en el estómago. Por la seguridad de Juan, mientras menos supiera, mejor. Sin embargo, eso significaba llenar su maletín con instrumentos y medicamentos adicionales, para abarcar diferentes contingencias quirúrgicas. Se suponía que Juan y los demás llegarían al pueblo inmediatamente después de la misa matutina y recibirían a los pacientes en una clínica improvisada dentro de la casa de alguien, a unos pasos de la plaza principal. En el momento oportuno, una persona guiaría a Juan en otra excursión de dos horas hacia el poniente, a una casita en un pueblo aún más pequeño, en la frontera con Honduras. Después de realizar la operación, pasaría ahí la noche y a la mañana siguiente regresaría a la capital.

La misa acababa de terminar cuando llegaron. Niños y familias desbordaban las calles celebrando el festival anual en honor de la Virgen de Guadalupe. Había piñatas colgadas de las ramas de los árboles que flanqueaban una pequeña plaza junto a la iglesia, y mesas llenas de bandejas de tamales y pupusas. Pasaba por ahí una pequeña procesión. Los residentes se detuvieron frente a la iglesia; muchos se fueron alejando de los grupos más grandes y entraron a la casa para sus consultas médicas.

Al empezar a realizar los exámenes médicos, Juan alcanzó a ver dos camiones verde olivo que parecían vehículos militares. Una onda de charla nerviosa se movió entre la multitud. Justo en el momento en que los médicos salían para instar a los pacientes a que se quedaran, las puertas del camión se abrieron y de él salió una tropa con las armas desenfundadas. Los soldados empezaron a acribillar a la gente a balazos. Un fragmento de bala le rozó la frente a Juan y le abrió una herida superficial, que, sin embargo, sangraba mucho. Otra bala le dio directamente en el tobillo derecho. La fuerza del impacto le arrancó la bota. Él cayó al suelo.

Un soldado se le acercó para liquidarlo y le presionó el cañón de su pistola contra la sien. A Juan se le tensó el pecho y se le empañó la vista del pánico. El soldado jaló el gatillo y sonó un veloz clic. Tenía puesto el seguro.

Con un gruñido, el militar retiró el mecanismo. Estaba amartillando la pistola una segunda vez cuando reparó en los zapatos de Juan. Uno aún permanecía en el pie; el otro se encontraba tirado junto a él en el suelo. Era un par de resistentes botas de excursionismo; se las había regalado un primo de los Boy Scouts. Su buena calidad le dio al soldado que pensar. Luego vio el maletín médico de Juan; parte de su contenido se había desparramado.

—Equipo médico —intentó explicar Juan, pero el soldado no le creyó. Nunca antes había visto tenazas o fórceps. Los instrumentos parecían pedazos de un arma que se hubiera desmontado.

—Eres comandante guerrillero, ¿verdad? —le preguntó a Juan, quien desesperadamente negó la acusación y, buscando a tientas su credencial de médico, insistió en que era doctor. Pero el militar ya había llamado a otros. Entre todos pusieron de pie a Juan y lo llevaron al camión.

Lo tiraron en el piso de la parte trasera y lo taparon con una lona. Transcurrieron cinco minutos antes de que el vehículo se detuviera. Lo pasaron a un helicóptero. Mientras estaban en el aire, los soldados abrieron la puerta de la cabina y amenazaron con arrojar a Juan.

Cuando aterrizaron, él se dio cuenta de que estaba en un cuartel militar de Chalatenango llamado El Paraíso. Ahí lo dejaron en ropa interior, con los ojos vendados, y lo colocaron en un bloque de cemento. Los interrogatorios duraron 24 días. Nada que dijera o hiciera parecía importar; el castigo estaba predecretado. Le hacían una pregunta sobre su participación secreta en la guerrilla, él la negaba, y lo golpeaban y le daban descargas eléctricas. Sus heridas de bala se enconaron y el dolor lo dejaba en un estado adormecido y descorporeizado. Se vio a sí mismo como un médico vería a un paciente y se dio un diagnóstico imparcial. Pensó que probablemente perdería la pierna derecha.

Un día después de llegar a El Paraíso lo condujeron en una aeronave a la capital y lo llevaron al cuartel general de la Guardia Nacional, lo que alcanzó a ver gracias a un espacio en la tela con la que le habían vendado los ojos.

—Te estamos llevando al mejor hotel de El Salvador —le dijo un soldado.

Los métodos de tortura eran más barrocos e intrincados en San Salvador. Ataron a Juan a unos travesaños de hierro en el piso, en una posición pensada para inflamar aún más sus heridas. Los militares lo sodomizaron con una barra de metal; le aplicaron descargas eléctricas; apagaron cigarrillos por todo su cuerpo; lo colgaron de los dedos, las muñecas y las piernas hasta que los alambres le cortaron la piel y le atravesaron los huesos y los músculos de los dedos de las manos y los pies.

Los gritos y los alaridos de otras salas de interrogatorios atronaban y se callaban según él perdía y recobraba la conciencia. Cada mañana, hacia el amanecer, oía una banda castrense a lo lejos practicando su diaria interpretación del himno nacional. Un día sus torturadores sacaron una pistola y le dispararon en el antebrazo izquierdo, destrozándolo.

—Esta será tu marca por haber ayudado a esa gente —le dijo un soldado—. Siempre llevarás una marca de izquierdista, para que nunca más vuelvas a practicar la medicina.

Poco después de Navidad, los soldados le informaron a Juan que lo visitaría alguien muy importante, a quien se referían como "el jefe". Lo sacaron de la celda mientras la limpiaban antes de que llegara el visitante, y por primera vez un médico miró, por encima, sus heridas de bala en la pierna y en el brazo. Cuando el invitado se presentó, con torpeza colocaron de costado a Juan, que estaba encadenado al suelo de ambos brazos y de la pierna izquierda.

Lo primero que alcanzó a ver por el pequeño espacio de la venda de los ojos fueron las botas recién lustradas del hombre y los dobladillos bien definidos de sus pantalones. La tela, recién planchada, era más gruesa y opulenta que los ligeros uniformes caqui que usaban los otros interrogadores de Juan. A todas luces era un hombre de alto rango. Las otras voces en el cuarto sonaban tranquilas y deferentes.

—Apestas a muerte —dijo el tipo, y unas risas obsequiosas estallaron en respuesta a sus palabras.

Juan reconocía aquella voz por los noticiarios de televisión. Pertenecía a Carlos Eugenio Vides Casanova, el director de la Guardia Nacional. Alto, de pelo oscuro y ojos verdes, Vides Casanova tenía modales majestuosos y aristocráticos. Rezumaba cierto poder comedido que los estadounidenses interpretaban como prueba de su moderación. Entre las fuerzas de seguridad, sin embargo, tenía fama de ser un obseso que vigilaba a sus colegas y estudiaba minuciosamente todos los detalles relativos al personal y a las operaciones. Su trayectoria era impecable: segundo de su clase en la academia militar, la más alta calificación en los exámenes de oficiales, seguida de un prestigioso nombramiento de principal instructor en la academia. Era, sin embargo, sumamente conservador, y el elegante porte profesional no siempre podía disimular sus verdaderos sentimientos. Un año antes, en la Casa Presidencial, donde se habían reunido líderes civiles y militares para discutir el futuro del país tras el golpe de Estado de octubre, señaló: "Hemos gobernado a este país durante 50 años y estamos muy preparados para seguir haciéndolo". Añadió

Caspar Weinberger (derecha), exsecretario de Defensa de Estados Unidos, camina con el entonces ministro de Defensa de El Salvador, Carlos Eugenio Vides Casanova (izquierda), frente a soldados salvadoreños. San Juan Opico, El Salvador, 7 de septiembre de 1983.

que los asesinatos de la Matanza habían sido una medida necesaria que podía, y debía, repetirse "para impedir que el país se vuelva comunista".

A diferencia de los otros interrogadores de Juan, que repetían la misma lista de preguntas genéricas y las mismas insinuaciones, Vides Casanova quería saber de su familia. Dos tíos de Juan del lado materno eran coroneles en el ejército. En un país tan pequeño como El Salvador, eso no era raro. Cuando la militancia de Juan se intensificó, en la década de 1970, las relaciones familiares en ocasiones se volvían tirantes, sin dejar de ser corteses. Vides Casanova conocía a uno de los tíos de Juan y confiaba en él, pero sobre el otro albergaba sospechas.

El tío que le caía bien a Vides Casanova era odontólogo y director adjunto del principal hospital militar del país. Había estudiado en Londres con uno de los hermanos de Vides Casanova. El otro tío, con el que Juan mantenía una relación más estrecha, era un economista titulado, llamado Manuel Rafael Arce. Una noche, seis años antes, su hijo mayor se había salido de la casa a hurtadillas para enrolarse en las filas guerrilleras en el campo. Nunca volvió a hablarles a sus padres. Es posible que esa ruptura total haya salvado la vida de su padre, pues era una prueba de que él no había tenido nada que ver con la decisión de su hijo de pelear contra el gobierno. Pero desde entonces Arce estaba solo y aislado; sus colegas nunca volvieron a confiar en él. Años después lo observaron atentamente para ver cómo reaccionaba cuando el ejército capturaba y mataba a su hijo. La prueba era si Arce se quedaría callado, y así fue.

Vides Casanova no era una persona confiada. Interrogó a Juan sobre Arce, en busca de cualquier pista de que estuvieran confabulados. Quería saber si desviaban armas del ejército para dárselas a las organizaciones guerrilleras. Juan lo negó con tanta energía que su propia voz le empezó a sonar extraña. Cuando Vides Casanova hizo una pausa, los otros soldados patearon a Juan en las costillas y en el pecho. Alguien había sacado un cepillo de cerdas rígidas y se lo pasó a Juan por la herida de bala putrefacta en el tobillo derecho. Unos gusanos salieron de la lesión y los soldados, riendo, se los lanzaron al pecho mientras Vides Casanova observaba.

La tortura empeoró durante los días posteriores a la visita de Casanova. Una mañana, cuando los militares le informaron que lo trasladarían a otra parte por última vez, Juan se convenció de que finalmente lo matarían. Pensó en su familia en Usulután, y en Laura y en su bebé, que habían estado moviéndose entre la clínica universitaria de San Salvador y puestos de salud en Chalatenango. Todos ellos debían pensar que Juan ya estaba muerto.

Los soldados lo condujeron por un pasillo a un cuarto más amplio, donde le quitaron la venda de los ojos. El espacio era grande y tenebroso, vacío, salvo por unos cuantos ataúdes en medio del piso. Abrieron la tapa de uno y lo metieron a empujones.

4

Vietnam en español

La carta llegó un jueves de abril de 1976. A Margo Cowan, de 26 años, directora de una organización de servicios sociales en Tucson llamada Manzo Area Council (Consejo del Área de Manzo), la despidieron de su trabajo. Remitía la misiva, dirigida a ella, el organismo gubernamental que controlaba el presupuesto de Manzo. Decía que había desprestigiado a la dependencia. Su conducta era "desleal" e "incompatible" con su misión. Le daban 30 días para llevarse sus pertenencias de una oficina que había dirigido durante tres años.

La tarde siguiente estaba en casa de una amiga del otro lado de la ciudad, tratando de entender su despido, cuando sonó el teléfono. Era uno de los empleados de Cowan en estado de pánico. Una docena de agentes federales del Servicio de Inmigración y Naturalización, de la Patrulla Fronteriza y del despacho del fiscal acababa de llegar a las instalaciones del Manzo Area Council, un edificio de estuco de una planta, que antes era una tienda de comestibles, en el lado poniente de Tucson.

—Algunos visten traje —dijo. Estaban llevándose 10 cajas de documentos. En su interior había casi 800 expedientes de clientes, entre ellos 500 solicitudes de inmigración. El fiscal asistente acusaba al consejo de esconder a inmigrantes ilegales y ayudarlos a inscribirse en la asistencia social. Algunos de esos agentes habían llevado escobas y barrían papeles sueltos en el suelo para asegurarse de que nada hubiera escapado a su atención.

El Manzo Area Council era un pequeño equipo irregular con cuatro empleados de planta, un grupo de aproximadamente 12 voluntarios leales y un presupuesto que a duras penas llegaba a 27 000 dólares al año. Se había fundado en la década de 1960 con financiamiento de la "guerra contra la pobreza" de Lyndon Johnson, y cuando Cowan asumió su dirección, en 1973, el personal esperaba en cierto modo que el gobierno de Nixon acabara con las operaciones en cualquier momento. Para su tranquilidad y continua sorpresa, nunca lo hizo. Modesta pero implacablemente, siguió adelante a lo largo de la presidencia de Gerald Ford. Algunas de sus tareas diarias consistían en organizar reuniones entre la comunidad y la policía local, preparar solicitudes de asistencia social y otros servicios, y ayudar a personas de la tercera edad. El activismo del grupo tendía a ser prominente. Integrantes del consejo organizaban protestas en un campo de golf privado para que el alcalde lo convirtiera en un parque público. Cuando un grupo de estudiantes de preparatoria organizó una retirada para exigir la mejora de la educación bilingüe en las escuelas del barrio, había miembros de Manzo dispuestos a ayudar.

Durante los primeros años de la dirección de Cowan, Manzo no realizó trabajo migratorio. Nunca había gran necesidad de hacer eso. La comunidad a la que Manzo servía era principalmente de mexicano-estadounidenses, y no importaba que muchos residentes del lado poniente, que llevaban décadas viviendo ahí, hubieran dejado que su estatus migratorio se perdiera o que nunca se hubiesen molestado en solicitarlo. ¿De qué servían los documentos si nadie los pedía? En una ciudad como Tucson, a escasos 100 kilómetros al norte de México, la mayoría de las familias tenía profundos lazos binacionales. Pasaban con naturalidad del inglés al español, y viceversa, y hablaban ambas lenguas con un cadencioso acento fronterizo. Más que por una línea divisoria que debiera respetarse, lo que unía a ambos países era una puerta giratoria que se atravesaba a menudo y sin pensarlo, en ambas direcciones, para ir y volver del trabajo, de la escuela, de las compras y de las visitas a la familia. Físicamente había poco que separara a los dos países o que señalara la frontera misma, fuera de algunos anillos de concertina barbada que las autoridades locales sujetaron a unos postes de madera junto al puerto de entrada entre Douglas y Agua Prieta.

En 1974, todo eso cambió: empezaron a aparecer agentes de la Patrulla Fronteriza. Con sus uniformes verdes y sus revólveres enfundados, los policías se volvieron una presencia desconocida en Tucson. En el pasado se habían ceñido a sus controles aislados a lo largo de la carretera interestatal o deambulaban por las austeras ciudades fronterizas de Ajo y Douglas. Pero ahora se quedaban sentados en sus patrullas estacionadas, aguardando a que terminara la misa en la iglesia de St. Margaret, en un vecindario llamado Barrio Hollywood. Cuando los feligreses salían en fila, los agentes tenían listas las esposas. Interrumpían partidos de futbol para subir a los jugadores a la parte trasera de camiones verdes. Una mañana tuvo lugar una redada migratoria en El Rio Bakery, una panadería que era un puntal del barrio, en la misma cuadra donde estaban las oficinas de Manzo, en la avenida Grande.

En Tucson, la avalancha de detenciones parecía venir de la nada, pero a 3 200 kilómetros, en Washington, unas personas responsables de formular políticas estaban llegando al nuevo consenso de que la frontera comenzaba a ser rebasada. La cantidad de gente que cruzaba ilegalmente a Estados Unidos aumentaba en la década de 1970, de 420 000 al año a aproximadamente un millón, mientras el personal del Servicio de Inmigración y Naturalización (INS), el organismo responsable de hacer cumplir las leyes en este ámbito, rondaba los 10 000 agentes en todo el país, cantidad insuficiente para ocuparse de la situación. "El INS simplemente no conoce la cantidad de inmigrantes ilegales, ni quiénes son ni dónde están", escribió la Oficina de Contabilidad General.

Algo sí sabía el INS: la mayoría de la gente que cruzaba la frontera sur era de origen mexicano que iba al norte por razones predecibles. La población de México estaba superando los 70 millones de personas, mucho más de lo que la anémica economía del país podía sostener. En la Ciudad de México, el salario mínimo ascendía a cerca de cuatro dólares diarios, la mitad de lo que un obrero en una urbe estadounidense podía ganar en tan solo una hora; los agricultores de subsistencia en el México rural podían obtener 40 dólares al mes por sus cosechas, equivalente a los ingresos de un día en una granja estadounidense. En algún momento de 1975, la Suprema Corte resolvió que la Patrulla Fronteriza tenía justificación para basarse en la apariencia de una persona como motivo legítimo para detenerla por haber ingresado de manera ilegal, dado que "hay una alta probabilidad de que cualquier persona de ascendencia mexicana sea un inmigrante".

Las fuerzas policiales tenían mucho margen de acción para vigilar la frontera. A Estados Unidos lo superaban en número, tenía un presupuesto insuficiente y se enfrentaba a una "creciente invasión silenciosa de inmigrantes ilegales", según escribió el director saliente del INS, un excomandante del Cuerpo de Marines de nombre Leonard Chapman, en un grandilocuente ensayo en *Reader's Digest,* en 1976. Los funcionarios migratorios no eran los únicos que exageraban los peligros de una frontera porosa. William Colby, director de la CIA, llamaba al paso de mexicanos indocumentados al país "una mayor amenaza al futuro de Estados Unidos que la Unión Soviética".

Los residentes comenzaron a acudir a Manzo en busca de ayuda legal, y Cowan y los demás empezaron un curso intensivo respecto del sistema migratorio. Sobre todo, presentaban trámites burocráticos —cientos de páginas de documentos cada vez, en configuraciones caras y vertiginosas— para formalizar la condición de niños, padres y cónyuges con lazos familiares en Estados Unidos. El costo de presentar una solicitud de inmigración individual típicamente era de 1 000 dólares, pero el personal de Manzo las tramitaba de manera gratuita. Era un trabajo arduo, lento y pesado. En la primavera de 1976 solo 25 solicitudes, de las 500 que habían presentado, fueron aceptadas.

Pocos días después de la redada, la Patrulla Fronteriza empezó a ir de puerta en puerta por el vecindario para detener y hostigar a gente que había presentado trámites a Manzo. A una mexicana, madre de cuatro hijos, que poseía una tarjeta de residencia permanente, le dijeron que tenía una semana para enviar a sus hijos de vuelta a México porque ellos no contaban con permiso de residencia. A un hombre de cincuenta y tantos, que había vivido muchos años en Tucson y que estaba casado con una ciudadana estadounidense, le dieron un mes para abandonar el país. Una joven de 16 años con un prometido estadounidense y que acababa de dar a luz a un hijo, se enteró de que tenía tan solo una semana para concluir sus trámites matrimoniales, a pesar de que al gobierno le tomaba varias semanas procesarlos. A los residentes que confiaron en Manzo, esas visitas y esos ultimátums les parecían un monstruoso incumplimiento, pero el director de la unidad anticontrabando de la Patrulla Fronteriza no ocultó lo que sus agentes estaban haciendo. "Con esa información, nos vemos obligados por ley a averiguar cuál es su estatus migratorio —dijo—. Dependiendo del caso, los detenemos, los procesamos y los mandamos a México". Cuando llegó el verano, la Patrulla Fronteriza ya había deportado a 50 personas, todas ellas mexicanas.

La situación enojó a Cowan, pero la volvió metódica. Oriunda de Tucson, tenía un consumado y disciplinado apetito por la lucha social. Había pasado la primera parte de la década en California, ganando 25 dólares a la semana trabajando a las órdenes de Cesar Chavez y Dolores Huerta en la Unión de

Campesinos. Fue golpeada en un piquete y acusada de incitar un disturbio; el sindicato de camioneros la había hostigado y amenazado. "De Cesar aprendí sobre no violencia —le dijo Cowan en una ocasión a un reportero local—, y también a no estar a la defensiva". Los residentes del poniente de Tucson se unieron a su causa y organizaron una serie de protestas para que se restituyera a Cowan en su cargo. La junta comunitaria que supervisaba a Manzo transigió y celebró una votación; en unos días Cowan estaba de vuelta en su viejo puesto.

Aún tenían el problema, de más difícil solución, de cómo recuperar los archivos confiscados. Esa era una lucha más lenta, que se libró en los tribunales en la primavera y en el verano, con resultados variados. Lupe Castillo era una estudiante de posgrado de la Universidad de Arizona e integrante de un grupo activista del campus llamado Comité de Liberación Mexicano-Estadounidense. Unos años después, Cowan y ella se hicieron pareja, además de colaboradoras, y fueron un dúo reconocible que viajaba por México y por las zonas fronterizas para representar a los inmigrantes. Pero en 1976, Castillo, como muchos otros activistas de Tucson, vio el allanamiento a Manzo como un ataque a la comunidad mexicana, y al día siguiente decidió tomar parte en el consejo.

Para Castillo y Cowan, las respuestas de la Patrulla Fronteriza y del fiscal asistente eran prueba de que su trabajo estaba teniendo algún impacto. Pero nadie se esperaba las deportaciones que vinieron después. Continuaron a diario, mientras Manzo trataba de convencer a un juez de que obligara al gobierno a devolver los archivos.

El alivio llegó cuando Jimmy Carter ganó la presidencia y se removió a la dirigencia del INS. Para entonces, Cowan y otras cuatro personas en Manzo habían sido acusadas por un gran jurado de ayudar a inmigrantes indocumentados a eludir la detención. Estaban en espera del juicio. A finales de 1977, sin embargo, se retiraron los cargos, y William Vogel, el fiscal asistente que había llevado el proceso, fue despedido. La primera plana del *Tucson Citizen* resumió el resultado en términos grandilocuentes y parciales: "Era inevitable que se trazara una nítida línea entre quienes 'quieren detener o sacar del país a los espaldas mojadas' y quienes creen que 'los trabajadores indocumentados merecen todos los derechos protegidos por nuestra ley, además de una amable recepción'", escribieron los editores del periódico. Vogel, el "partidario de la línea dura", había perdido frente a Cowan, la humanitaria. Leonel Castillo, el nuevo director del INS en el gobierno de Carter, dio el paso adicional de proporcionarle a Manzo una certificación formal para que pudiera representar a los inmigrantes indocumentados en los procesos judiciales en su contra. Irónicamente, al final todo ese prolongado y feo incidente había liberado a Manzo, al permitirle convertirse en una organización autorizada para la defensa de los inmigrantes.

★ ★ ★

El 4 de julio de 1980, las temperaturas en el monumento nacional Organ Pipe Cactus, una extensión de desierto de 130 000 hectáreas entre Yuma y Tucson, superó los 49 grados Celsius. Veintisiete refugiados salvadoreños estaban cruzándolo para tratar de llegar a Estados Unidos. No eran los típicos viajeros de la zona fronteriza. Las mujeres iban de falda y tacones y los hombres llevaban portafolios. Eran profesionales de clase media, estudiantes universitarios, amas de casa, un zapatero, algunos obreros. Casi todos habían tenido confrontaciones directas con las fuerzas de seguridad salvadoreñas o con los escuadrones de la muerte, y los demás habían observado cómo sus medios de vida se desmoronaban en el aturdimiento de las huelgas, las paralizaciones y el violento caos que enturbiaban el país. El transporte ilegal de personas afloró en El Salvador durante los meses anteriores al estallido oficial de la guerra civil. Cada miembro del grupo había visto en un pequeño periódico un anuncio puesto por un "coyote" de 26 años que tenía su negocio en un taller de reparación de televisiones en la capital. Cobraba 1 200 dólares por persona por un viaje en autobús por Guatemala, que supuestamente iría seguido de un vuelo de México a Los Ángeles.

Los viajeros se dieron cuenta de que no era una operación fiable cuando el autobús continuó por México. Se detuvo cuatro días después en Sonoyta, una deprimente ciudad fronteriza de Sonora, donde un negocio de transporte ilegal de personas llamado Los Muñecos esperaba guiarlos por la etapa final, la más difícil del trayecto. Un día después, cuando ya habían pagado, sus guías mexicanos los abandonaron. No se contaba con suficiente comida o agua para que el grupo pudiera ir más lejos. Los salvadoreños llegaron a Estados Unidos, pero estaban perdidos. En todas direcciones, por kilómetros y kilómetros, no existían más que matorrales, macizos de cactus y ralos árboles palo verde que no daban sombra.

Para el segundo día, algunos miembros del grupo comenzaron a morir de sed. Los demás se arrancaron la ropa, bebieron sus propios orines y se llenaron la boca de piedritas para no dejar de producir saliva. Tenían la piel chamuscada por el sol, las manos y los brazos llenos de verdugones y cortadas por las espinas de los cactus en los que se recargaban cuando trataban de mantenerse erguidos. El grupo se dispersó para buscar ayuda. El tercer día, agentes de la Patrulla Fronteriza encontraron a dos de los rezagados y al final cercó al grupo más amplio. Solo la mitad de los viajeros seguía con vida. A los sobrevivientes los llevaron a toda prisa a la sala de urgencias de un hospital de Tucson.

Margo Cowan y Lupe Castillo fueron unas de las primeras en conocer la noticia. Nunca antes habían ayudado a nadie como a los salvadoreños. Una cosa era que alguien entrara en la oficina de Manzo y les hablara de una injusticia en Barrio Hollywood, y otra muy distinta que un salvadoreño, en una cama de hospital, describiera las depredaciones de los escuadrones de la muerte y las complejidades del aparato de seguridad de un gobierno extranjero.

Castillo, que había estado expuesta al contexto general de la intervención estadounidense en Centroamérica como parte de sus estudios de posgrado, podía preparar a Cowan y a los demás. Les dijo que Estados Unidos estaba apuntalando una máquina de guerra en El Salvador; por mucho tiempo había tratado a la región como un laboratorio geopolítico. La CIA había derrocado al gobierno guatemalteco en 1954 a instancias de una corporación que quería, entre otras cosas, mayores amnistías fiscales en el extranjero. Honduras había llegado a conocerse en la región como USS Honduras (por *United States Ship,* buque de Estados Unidos), una instalación militar estadounidense *de facto*. Durante muchos años, el hombre de Estados Unidos en Nicaragua fue un dictador. En los círculos de Castillo, como decía el dicho, El Salvador era Vietnam en español.

Mientras los supervivientes se recuperaban lentamente en el hospital, el cónsul salvadoreño, un tipo llamado Hugo Orantes, voló desde Los Ángeles. Se apareció en la oficina del *sheriff* del condado de Pima, donde de inmediato les dio a él y a sus ayudantes la impresión de ser sospechosamente solícito. Orantes no dejaba de pedir fotografías de la gente que había muerto. Cuando el *sheriff* le preguntó por qué eran tan importantes esas fotos, el cónsul dijo que necesitaban publicarse en los periódicos salvadoreños para que las familias de las víctimas pudieran presentarse a reconocerlas. Sin embargo, al mismo tiempo, también había llegado a esa oficina un mensaje desde El Salvador, enviado por cinco parientes de quienes murieron, con la petición de que los cuerpos fueran cremados, en lugar de que los devolvieran al país para ser identificados. Era evidente que algo pasaba. Después de que el *sheriff* despachara con amabilidad al cónsul, Orantes se retiró furioso de la oficina y aseguró que "algo malo" iba a pasar y que "el Departamento de Estado lo haría". Cuando el *sheriff* hizo una declaración a los reporteros locales, no comentó nada acerca de Orantes, pero dejó clara su propia postura. "La tragedia que se desarrolló aquí en el desierto se debe en parte a problemas sociales y políticos en El Salvador —señaló—. Esta no es una situación normal de entrada ilegal. No creo que el enfoque legalista sea la respuesta apropiada de nuestro gobierno".

El arribo de salvadoreños no era una sorpresa para Cowan y Castillo. Ellas habían empezado a oír historias de salvadoreños que se acercaban a la frontera estadounidense y que provocaban un cuello de botella en el norte de México. Pero su principal informante era un amigo llamado Ramón Dagoberto Quiñones, un sacerdote mexicano de cuarenta y tantos años, que usaba anteojos y dirigía una iglesia llamada el Santuario de Nuestra Señora de Guadalupe. Ocupaba una capilla de estuco blanco encaramada en una pequeña montaña de Nogales, que se podía ver desde la frontera con Arizona.

A lo largo de varios meses habían estado apareciéndose salvadoreños en Nogales, y Quiñones les ofrecía alimento y refugio mientras planeaban su cruce a Estados Unidos. Cada día, la empleada de limpieza de la iglesia subía por unas desvencijadas escaleras al segundo piso, junto a un modesto campanario, y estaba atenta al momento en el que los agentes de la Patrulla Fronteriza estadounidense tomaran su descanso para comer. "Muy bien, ya se fueron", gritaba, y docenas de salvadoreños, con sus posesiones empacadas, salían de los cuartos y los dormitorios del templo para cruzar la frontera. Quiñones trabajaba con Cowan y Castillo en los casos migratorios de Manzo, y solía ayudar a encontrar papeles mexicanos, como actas de nacimiento y documentos de custodia, necesarios para solicitar residencia legal. Padecía una enfermedad cardiaca y su médico radicaba en Tucson, así que cada pocos meses, cuando estaba en la ciudad, visitaba a Cowan y a Castillo.

Ese verano, las dos activistas recibieron una llamada telefónica de alguien de Ajo con una información. Un par de adolescentes salvadoreños se encontraban varados en el desierto camino de Phoenix. Por medio de un contacto en Manzo, Cowan había oído que su madre, que seguía en El Salvador, envió a sus hijos al norte por su seguridad. Cowan y Castillo los recogieron una tarde en un puesto de la cerveza de raíz A&W en el desierto. Unos días después, otra mujer de El Salvador fue directamente a la oficina de Manzo, en la avenida Grande, con una bala alojada en la cadera. Estaba cubierta de sangre y había hecho el viaje a través de México por autobús sin detenerse. Los casos salvadoreños repuntaban en Tucson; en el lapso de unos meses, la cantidad de solicitantes de asilo creció varios centenares. Castillo decidió abandonar la escuela de posgrado para dedicarse de tiempo completo al trabajo migratorio.

La Patrulla Fronteriza separaba a los inmigrantes detenidos a lo largo de la frontera en dos categorías: mexicanos, que constituían el 80% de toda la gente a la que se sorprendía cruzando la frontera, y todos los demás. México tenía un lugar tan preponderante para la seguridad fronteriza que estaba incorporado en la manera abreviada como el organismo se refería al resto del mundo: los migrantes de cualquier otro lugar —India, Brasil o El Salvador, daba lo mismo— se conocían como OTM, "other than Mexican", o no mexicanos. Había una razón práctica para hacer una distinción tan general. El protocolo para tratar con mexicanos atrapados cruzando a Estados Unidos no era deportarlos de manera formal, para lo que se necesitaría primero detenerlos y luego anotar la infracción en sus antecedentes. En lugar de eso, en un proceso que tomaba como cinco minutos de principio a fin, los agentes simplemente los cruzaban de regreso por la frontera. Casi no había papeleo en la oficina: tan solo unas cuantas notas someras escritas a mano sobre el terreno.

Los OTM eran mucho más difíciles para la Patrulla Fronteriza. Los agentes no podían simplemente enviarlos al otro lado de la frontera: necesitaban detenerlos mientras anotaban su información y preparaban sus deportaciones. Tan solo completar el papeleo les tomaba horas a los oficiales. En la estación de la Patrulla Fronteriza en Douglas había por lo general cuatro agentes de turno vigilando 100 kilómetros de frontera. Cuando uno o dos de ellos detenían a un grupo de salvadoreños, todo el siguiente turno se quedaba en la oficina, en el primer piso del edificio de gobierno de tres plantas, en el puerto de entrada, y tomaban posiciones en una improvisada cadena de montaje. La persona que más rápido tecleaba se sentaba frente a la única máquina de escribir de la oficina, otra se encargaba de registrar las huellas digitales, mientras una tercera tomaba fotos Polaroid para cada archivo. Había que llamar a un supervisor de

Tucson para que autorizara fijar la fianza. Los salvadoreños se sentaban en el suelo horas y horas. A veces uno de los agentes llamaba a un sitio de hamburguesas para darles de comer a todos los que estuvieran en custodia y mandaba pedir una "comida sana" que se cargaba a la cuenta del INS.

Castillo se pasaba el día manejando entre estaciones de la Patrulla Fronteriza, cárceles del condado y otras instalaciones en las que hubiera salvadoreños detenidos por las autoridades. A donde fuera llevaba consigo una pila de formularios denominados G-28, que un migrante tenía que firmar para ser representado por el consejo legal. No era suficiente que Castillo o Cowan exigieran ver a todos los salvadoreños en custodia; los agentes las rechazaban a menos que tuvieran el nombre completo de una persona y un número oficial de detenido. Solo entonces podían conseguir que la gente firmara los G-28 e iniciaba el proceso de pagar la fianza para liberarlos.

Manzo tenía fama de tomar medidas rápidas y decisivas en el desierto de Arizona, así que entraban llamadas de familiares en Estados Unidos o en El Salvador, o de Quiñones, en Nogales. Cada llamada traía una pista: un nombre, un número de detenido y una ubicación. Castillo y Cowan se apresuraban a conseguir el dinero para pagar las fianzas y luego se iban en coche a los centros de detención. Pero en los últimos meses de 1980, cuando el INS informaba de un aumento en las nuevas llegadas de El Salvador, las mujeres de Manzo se toparon con un problema. A menudo, cuando lograban llegar a un centro de detención del gobierno en la frontera ya no estaban ahí los migrantes cuya fianza habían ido a pagar.

5

Algo inmigrante y hambriento

A lo largo del siglo xx, las autoridades estadounidenses promocionaron a su país como una nación de inmigrantes, pero la mayor parte de esa etapa, Estados Unidos nunca tuvo una política formal de refugio o asilo consignada en las leyes. No fue hasta 1965, al aprobarse la Ley de Inmigración y Nacionalidad (INA), cuando el Congreso contempló oficialmente la idea. Las medidas, sin embargo, eran mezquinas: cada año se les concedía una "entrada condicional" a 17 400 personas, siempre y cuando estuvieran huyendo del comunismo o tratando de escapar de un país del Oriente Medio. Era la Guerra Fría, más que algún principio legal o humanitario, lo que explicaba la estrechez de esas condiciones. Cientos de miles de refugiados del resto del mundo quedaban excluidos. Otra disposición de la INA le otorgaba al fiscal general el poder de dejar entrar "condicionalmente" a extranjeros en Estados Unidos caso por caso. Para finales de 1970, un millón de refugiados habían entrado al país de esa manera. En qué se basaba el fiscal general para admitir según a qué personas, y cuándo, era una regla geopolítica no escrita. Estados Unidos prefería aceptar a la gente que abandonaba países de izquierda o socialistas y pasar por alto a disidentes de países aliados estratégicos. Hubo 38 000 húngaros, desplazados por la invasión soviética, en 1956; 240 000 cubanos entre 1959 y 1962; 1 500 ugandeses a principios de la década de 1970; cerca de 80 000 judíos soviéticos en la década de 1970, y 130 000 refugiados vietnamitas y camboyanos en 1975.

Darles entrada condicional a Estados Unidos no ponía a los inmigrantes automáticamente en el camino de obtener la residencia legal. Para eso, el Congreso tenía que aprobar una "ley de ajuste" cada vez que el fiscal general dejaba

64

entrar a una nueva población al país, de manera que pudieran presentar una solicitud para quedarse. Varias de esas leyes vinieron a continuación: una ley de ajuste húngara, la Ley de Ajuste Cubano y una serie de leyes de ajuste indochino.

En marzo de 1980, el Congreso y el gobierno de Carter pusieron fin al caos en las políticas y aprobaron la Ley de Refugiados. Para entonces, Estados Unidos estaba dejando entrar, en promedio, a cerca de 90 000 refugiados cada año. Ahora el gobierno ya tendría un proyecto real, que armonizaría las leyes estadounidenses con acuerdos internacionales que venían de largo. De acuerdo con la ley, un refugiado era alguien fuera de su tierra natal que no pudiera o no quisiera regresar a ella debido a una abierta persecución, o bien a un "miedo justificado de persecución". Según se definía, esa persecución estaría basada en la raza, la religión, la nacionalidad, la opinión política o la pertenencia a un grupo social específico. Los abogados migratorios, los jueces, los legisladores y los funcionarios del gobierno pasarían décadas disputando por las ambigüedades subyacentes, pero por el momento la ley representaba un indudable avance en la práctica jurídica estadounidense. Como señaló en la Cámara de Representantes un miembro del Congreso, esas definiciones identificaban a los refugiados de acuerdo con "una norma más universal, basada no tanto en la ideología, sino en el desarraigo".

Como la ley de refugiados era nueva en Washington, los principales funcionarios de la burocracia federal que empezaron a darle forma se volvieron protagonistas accidentales de un drama del que solo eran vagamente conscientes. La inmigración importaba como problema político, pero aún no era de primera categoría; en la década de 1970, quienes trabajaban en esas políticas llegaban a ellas por una combinación de casualidad, intuición y suerte.

Doris Meissner, que tenía 29 años cuando llegó a Washington, al principio no estaba segura de si su suerte era buena o mala. En 1973 empezó como *fellow* de la Casa Blanca asignada a la oficina del fiscal general, un trabajo prestigioso que duró un año. El año de su pertenencia al programa de White House Fellows coincidió con Watergate. Un mes después de haber empezado su periodo ocurrió la Masacre del Sábado por la Noche de Nixon (la rápida renuncia del fiscal general y del fiscal general adjunto) y luego, en agosto siguiente, la renuncia del presidente mismo.

Meissner era una presencia tranquila en una oficina muy agitada. Implacable y competente, con un estilo franco y directo, podía ser de convicciones firmes, pero también diplomática con los hombres traficantes de influencias que dominaban los pasillos del gobierno. Cuando acabó su periodo de *fellowship,* el nuevo fiscal general le pidió que se quedara. Sirvió los siguientes 13 años, durante los gobiernos de Ford y Carter y el segundo mandato de Reagan.

Cuando la Casa Blanca de Carter inició pláticas con el senado demócrata sobre la Ley de Refugiados, Meissner trabajaba en el Departamento de Justicia como fiscal general adjunta asociada. El INS estaba dentro del ámbito de competencia de su oficina y se le asignó la política de refugiados. No era ninguna recién llegada al tema de la inmigración ni a la política. Hija de inmigrantes alemanes, creció en Milwaukee y asistió a la Universidad de Wisconsin, donde conoció a su esposo, un economista que más adelante trabajaría en el Banco Mundial. Cuando él estuvo destinado en Vietnam, ella se quedó en Madison haciendo una maestría en ciencia política y dirigiendo una campaña política. Su candidata, que aspiraba a la Asamblea Estatal, era una mujer progresista postulada por una plataforma antibélica que después derrotó a alguien que llevaba 20 años en el cargo. En Washington, D. C., a donde se mudó Meissner cuando regresó su esposo, ayudó a fundar y presidió la Asamblea Política Nacional de Mujeres; su misión era apoyar a las candidatas al Congreso que el *establishment,* tanto el demócrata como el republicano, hubiera rechazado por considerar que era poco probable que ganaran.

Meissner había servido en el Departamento de Justicia en la primavera de 1975, cuando se suscitó la caída de Saigón, lo que puso fin a la guerra de Vietnam y creó cientos de miles de refugiados que habían sido leales al gobierno de Vietnam del Sur, respaldado por Estados Unidos. La crisis humanitaria, que se prolongó años, fue otra calamidad para la intervención estadounidense en la región. El Departamento de Estado trató de convencer con desesperación a otros gobiernos de aceptar a gente desplazada, pero para eso Estados Unidos tenía que demostrar su propio compromiso con el reasentamiento de los refugiados. Los pormenores recayeron en la oficina del fiscal general y, poco después, en la propia Meissner.

Con el fin de prepararse para la Ley de Refugiados hubo reuniones maratónicas con funcionarios del Departamento de Estado, Salud y Servicios Humanos y el INS, seguidas de discusiones tácticas con personal del Congreso, con miras a obtener votos parlamentarios. Mientras ultimaban las condiciones del proyecto de ley, hubo un tema que a todos les pareció tangencial. Cuando

Estados Unidos daba reasentamiento a refugiados, el gobierno los sometía a investigación y los introducía al país. La gente que llegaba a suelo estadounidense a solicitar asilo era otra historia. Estados Unidos no podía controlar la composición ni el tamaño de esa población.

Miembros de la administración decidieron consagrar el principio de asilo en la normativa, con lo que se convirtió en la primera ley del Congreso en mencionar el concepto. La pregunta era: ¿cuánta gente a la que se le hubiera concedido el asilo podía ajustar su condición migratoria cada año para volverse residente permanente? A lo largo de la década anterior, cerca de 2000 solicitantes de asilo aparecían cada año en suelo estadounidense; administrar esas cantidades parecía posible. "Seamos expansivos —les dijo a sus homólogos en el Departamento de Estado—. Dupliquémoslo, por lo menos". El número al que llegaron fue 5000. En marzo de 1980 parecía inconcebible que todos esos espacios pudieran llenarse en un solo año.

Cuatro semanas después de que el presidente firmara la Ley de Refugiados, Dick Gullage, jefe adjunto de la oficina del INS en Miami, empezó a escuchar rumores de que unos cuantos barcos estadounidenses atracados en Florida iban a zarpar para Cuba. Ese mismo mes, en La Habana, 10000 cubanos habían irrumpido en la embajada peruana y se negaban a irse si no les garantizaban que saldrían a salvo del país. Los barcos que zarparían de Florida estaban pilotados por estadounidenses de origen cubano que querían ayudar. Para cuando levaron anclas, el Departamento de Estado se había enterado de que Fidel Castro planeaba permitir que algunos disidentes salieran de Mariel, ciudad costera 40 kilómetros al poniente de La Habana. "Si lo hace, vamos a dirigir a Cuba todos los barcos de Florida del Sur, si es que así pueden sacar a sus familiares", dijo Gullage.

El 21 de abril, dos barcos, el *Dos Hermanos* y el *Blanche III,* regresaron a Cayo Hueso con 48 cubanos. Un día después, un barco camaronero de 20 metros de eslora llamado *Big Baby* regresó con 200 más. En poco tiempo, el paso elevado de Miami a los Cayos de Florida estaba atestado de autos remolcando botes de todas las formas y tamaños, desde pequeños *dinguis* hasta yates.

Meissner llegó a Cayo Hueso a finales de abril, por orden del fiscal general. Para esa fecha habían arribado varios miles de cubanos. Era evidente que Castro desbordaba los puertos de Florida a propósito. El asalto a la embajada de Perú significó inicialmente un bochorno para el régimen de Castro, un feo despliegue de disenso. Pero a mediados de un año electoral, Carter era el más vulnerable. Estados Unidos no podía deportar a cubanos porque Castro se negaba a recibirlos, y los marielitos, como pronto se les llamó, estaban llegando sin documentos de identidad, sin registros ni nombres verificables siquiera. En Cayo Hueso se reunieron docenas de agentes del INS de Chicago, Detroit, El Paso y San Diego, así como funcionarios de la Agencia Federal de Gestión de Emergencias (FEMA). Entre todos levantaron y dotaron de personal a unos refugios provisionales en Cayo Hueso y en una base de la Fuerza Aérea en el norte del estado. Unas semanas después, cuando esas instalaciones estuvieron llenas, los agentes usaron el estadio Orange Bowl en Miami y un hangar de zepelines en Opa-locka.

Meissner y sus colegas se fueron directamente al puerto en un sedán del gobierno y miraron asombrados cómo más cubanos de los que pudieran contar salían de balsas, buques pesqueros y lanchas de motor. Al presenciar la oleada de nuevas llegadas, Meissner se encontraba ante una paradoja normativa. ¿Cómo se lidiaba con eso —se preguntaba— sin debilitar en el acto el principio de que los migrantes tienen derecho a buscar protección, un derecho por el que ella acababa de luchar con el fin de que se consagrara en las leyes?

A principios de mayo había más de 15 000 marielitos y las autoridades estadounidenses estaban dándose cuenta de algo aún más alarmante: Castro simplemente no había autorizado la partida de los 10 000 disidentes que se acumularon en la embajada peruana: estaba vaciando prisiones e instituciones de salud mental y mezclando delincuentes y pacientes psiquiátricos con los grupos que se dirigían a Estados Unidos. Un total de 125 000 cubanos llegaron durante los seis meses siguientes, y, de acuerdo con el Departamento de Estado, cerca de 40 000 tenían antecedentes penales. Menos de la mitad de los cubanos que arribaron tenían familias que los recibieran; los demás estaban solos, lo que significaba que las autoridades estadounidenses debían resolver a dónde enviarlos mientras siguiera la crisis. El Departamento de Defensa contaba con espacio para 20 000 marielitos en bases militares de Wisconsin, Pensilvania y Arkansas.

En lo político, eso era tóxico tanto de manera inmediata como a largo plazo. En una base denominada Fort Chaffee, en Arkansas, 19 000 marielitos estaban detenidos. Un fin de semana de mayo, cientos de cubanos que protestaban contra las condiciones carcelarias prendieron fuego a los barracones y, tras conseguir cruzar las verjas, escaparon por la carretera. "Muchos de esos refugiados no son sino matones", le dijo al público el *sheriff* del condado de Sebastian, al que pertenecía Fort Chaffee.

Se instalaron puestos de vigilancia y alambradas adicionales por órdenes del gobernador, un demócrata de 31 años que cumplía su primer mandato llamado Bill Clinton. Su adversario republicano en la contienda por la gubernatura ese otoño, Frank White, ya lo había acusado de no "plantarles cara" a las autoridades federales. Políticos de todas partes estaban advirtiéndoles a sus electores de los "inmigrantes indeseables", y departamentos de policía desde Los Ángeles hasta Nueva York culpaban a los marielitos por los crecientes índices delictivos. Por primera vez, los organismos de seguridad de las ciudades y de los estados pidieron trabajar conjuntamente con el INS y mandaron los nombres de presos inmigrantes que por lo tanto podían ser deportables cuando hubieran cumplido sus sentencias penales.

Las imágenes de rabiosos y peligrosos asesinos eran algo más que un espectro político invocado para conseguir votos: muy pronto se cruzó a la iconografía de la cultura popular. Poco después, Al Pacino, joven estrella de cine, ya conocido por los influyentes papeles de un policía idealista, un amenazante capo de la mafia y un ladrón de bancos novato, añadió un nuevo personaje a su currículum: Tony Montana, en la película *Scarface (Cara cortada):* un delincuente cubano gruñón adicto a la cocaína y de genio asesino que llega a Florida durante el éxodo de Mariel. La película ya se había hecho en la década de 1930, dirigida por Howard Hawks, inspirada en Al Capone, pero la trama se actualizó para estar a tono con la época. "Cuando lo vi en los ensayos —dijo más adelante Oliver Stone, que escribió el guion—, noté cómo convertía a Tony Montana en algo muy salvaje, algo inmigrante y hambriento y decadente".

En el otoño de 1980, Clinton perdió en su intento de reelegirse; fue la primera, y última, derrota electoral de su carrera. Su vulnerabilidad a la inmigración no fue una experiencia política que olvidaría en poco tiempo. Catorce años después, cuando fue presidente, hubo un nuevo aumento brusco en llegadas de Cuba con el colapso económico de la isla. "Ningún nuevo Mariel —se decían los funcionarios de la Casa Blanca los unos a los otros en aquellos días—. Recuerda Fort Chaffee".

Coyotes *pro bono*

Había una sencilla razón por la que Margo Cowan y Lupe Castillo no podían encontrar a los salvadoreños recientemente detenidos en las prisiones del condado y los puestos de la Patrulla Fronteriza en el verano y el otoño de 1980. El INS estaba transfiriéndolos a un centro de detención a cinco horas de distancia hacia el poniente, en un sitio remoto del sur de California llamado El Centro, donde el 85% de los detenidos era de El Salvador.

Se trataba de un complejo de edificios bajos dispersos. En el interior había cuarteles con 200 literas, una televisión y un solo bebedero. Pero ese espacio con sombra permanecía cerrado durante el día, así que todo el mundo se veía obligado a estar en algo que pasaba por un patio recreativo: un pequeño cuadrado de tierra, con un toldo parcial de aluminio que dejaba a la mayor parte de los 600 detenidos expuestos a los elementos. Los baños y las habitaciones no se habían limpiado. Nadie supervisaba a los guardias abusivos, y los servicios médicos básicos prácticamente eran inexistentes. Algunos de los detenidos llevaban atrapados ahí casi dos años, pero el destino de la mayoría de los que pasaban por El Centro era una deportación abrupta y veloz. Dos jueces migratorios de San Diego atendían 700 casos a la semana y emitían fallos en tandas de 20 en 20. En el otoño de 1981, cuando un inspector del Congreso finalmente pudo llegar a las instalaciones, informó de deportaciones a un ritmo de 50 por hora.

Las primeras veces que Cowan y Castillo entraron a las instalaciones, al regresar al estacionamiento encontraban las llantas de su camioneta rajadas. Los culpables eran agentes del INS a los que les molestaba la intromisión de la gente externa. Esos mismos hombres observaban lo que las jóvenes activistas estaban haciendo ahí y frustraban agresivamente su trabajo. Cuando ellas se sentaban con clientes en una pequeña oficina lateral, los guardias formaban afuera a los detenidos más difíciles de controlar, volviendo imposible hablar con tanto barullo. Luego metían a tantos inmigrantes en el cuarto, de apenas unos nueve o 10 metros cuadrados, que no había espacio para los voluntarios y los intérpretes. Algunos días, abrupta e inexplicablemente, suspendían el horario de entrevistas; sin previo aviso, los guardias se tomaban dos horas para pasar lista.

El Centro no era un lugar que soliera atraer visitantes. Reinaba una disciplina de matones. Muchos de los jueces que iban a atender casos llevaban pistolas colgadas del cinturón, haciendo alarde de bravuconería.

"Ser ciudadano estadounidense te protege —apunta Cowan—. Cuando Estados Unidos busca pleito contigo, y tú sales en la televisión diciendo: 'No te tenemos miedo', viene a ti gente que es víctima de terribles vejaciones". Esa audacia les ayudó a superar la abrumadora novedad de la tarea que tenían entre manos, un trabajo para el que no había modelos ni precedentes legales claros. Su objetivo era detener las deportaciones a El Salvador a toda costa. La única manera de lograrlo consistía en pagar las fianzas para liberar a todas las personas que pudieran. "¿Cuál es el equivalente de tirar un vidrio al suelo para pararlo todo? Estas personas nos están contando cosas terribles que les pasaron a ellas y a sus familiares. La primera pregunta es: '¿Cómo te protejo?'", observa ella.

Para eso se necesitaba dinero, entre 500 y 1000 dólares por detenido, y Manzo recaudaba fondos en las iglesias y en los grupos de ayuda en Tucson. Para cubrir los déficits, las activistas empeñaron sus casas, sus caravanas, sus autos y sus propiedades.

Todos los domingos, una docena de voluntarios, dirigidos por Cowan o Castillo, se reunía en Tucson y subía a la camioneta de Manzo, una Dodge gigante que llevaba estampadas las palabras *Basta con la migra*. Manejaban toda la noche hasta un ruinoso motel al borde del camino en el pueblo de El Centro llamado Golden West —una serie de habitaciones alrededor de una alberca mugrienta—, donde instalaban terminales de trabajo. Los cuartos y sus angostos balcones se convertían en oficinas provisionales, con documentos legales apilados en las camas y máquinas de escribir que se pasaban impacientemente para que los activistas pudieran llenar formularios. Como 60 voluntarios se rotaban en el motel, en turnos hasta de dos semanas.

Sin embargo, nada de eso era posible sin coordinación desde el interior de El Centro. Como los representantes de Manzo solo podían entrevistarse con los detenidos cuyos nombres completos y números de extranjeros conocían, los salvadoreños tenían que sacar de contrabando su información para obtener ayuda. Un exestudiante que había llegado a Tucson en los primeros meses de 1980 se puso en contacto con Manzo antes de viajar a Los Ángeles para reunirse con miembros de su familia. La Patrulla Fronteriza lo detuvo en el camino y lo mandó a El Centro. De ahí llamó a Cowan y a Castillo, que viajaron a California a presentar su solicitud de asilo y a pagar su fianza. Para entonces ya les había hablado de las dos mujeres a los otros salvadoreños ahí dentro y había hecho una lista de nombres y números. "Este chavo que fue un organizador en El Salvador empezó a coordinar a la gente en El Centro", recuerda Castillo. Las primeras oleadas de solicitantes de asilo tendían a ser activistas sociales y políticos en El Salvador. Las mismas habilidades que les habían valido la persecución les ayudaban a evitar la deportación.

Cuando Cowan y Castillo llegaron a El Centro, solicitaron entrevistarse con los demás de la lista. Esa gente, a su vez, firmó los formularios G-28 para nombrarlas a ambas sus representantes legales. A partir de ese momento, un intercambio tenía lugar cada vez que un voluntario entraba a El Centro a que un cliente firmara un G-28: el detenido obtenía representación legal y Manzo recibía más nombres de futuros clientes, a menudo escritos en páginas arrancadas de una Biblia, envolturas de cigarrillos o lo que los detenidos tuvieran a la mano.

La deportación no era el único peligro que enfrentaban los salvadoreños dentro de El Centro. Había formularios que, de firmarse, significaban la renuncia al derecho legal de solicitar asilo. A menos que estuvieran advertidos, los salvadoreños que llegaban a El Centro no sabían que tenían que insistir en solicitar asilo, por lo regular ante una resistencia intimidante. Los agentes del INS rara vez les preguntaban a los recién llegados si temían la deportación y querían pedir socorro en Estados Unidos. Con mucha mayor frecuencia, les decían explícitamente a los solicitantes de asilo que ese derecho no existía, y a quienes ponían objeciones los amenazaban con detención indefinida o confinamiento solitario.

Se les daba a los salvadoreños un formulario en inglés con un denso bloque de texto en letra pequeña y una línea al calce para la firma. El documento no era una solicitud de asilo ni señal alguna de socorro inminente, sino una treta administrativa llamada "salida voluntaria", que de inmediato daba vía rápida a su expulsión a El Salvador sin un juicio migratorio. Sin darse cuenta de que renunciaban a sus derechos, muchos firmaban los formularios. Horas después estaban en un avión de regreso a San Salvador.

Entre 1980 y 1981, esto les había pasado a más de 10 000 de los 13 000 salvadoreños detenidos en la frontera. En octubre, una mujer de nombre Doria Elia Estrada, a quien habían arrestado cerca de Calexico, California, exigió tiempo para leer todo el formulario antes de firmarlo. Cuando terminó, se negó a levantar la pluma que le había puesto enfrente el agente del INS. En respuesta, él amenazó con que la meterían en la cárcel por "un largo periodo" y dejarían que se las arreglara por su cuenta en una celda en la que solo hubiera hombres. Le dijo que, sin importar qué derechos creyera que tenía, su solicitud de asilo sería rechazada y el gobierno de Estados Unidos les daría su información a "las autoridades de El Salvador".

Dentro del centro de detención, la tarea más urgente de los organizadores era evitar que la gente firmara los documentos de salida voluntaria y proteger a quienes se negaran. Cowan y Castillo estaban desarrollando una estrategia más amplia, basada en una valoración hastiada, como correspondía, del INS. Llenaban cientos de solicitudes de asilo por vez, aunque, como Castillo recuerda, "en asuntos de inmigración no se podía confiar en el gobierno". Su propia experiencia en Manzo —el allanamiento de la oficina, las acusaciones fabricadas a Cowan, el uso que hacía la Patrulla Fronteriza de comunicaciones confidenciales entre abogado y cliente— las había convencido de adoptar una postura más antagonista al sistema legal. Debía subvertirse, más que abandonarse. "Tenemos que llevar la ley al límite", decía Castillo. Cesar Chavez le dijo una vez a Cowan: "No hagas la misma cosa dos veces. Sabrán que ahí vienes". Las leyes de asilo seguían estando relativamente poco desarrolladas. Incluso con la creación de la Ley de Refugiados, en la práctica aún no se había definido quién debía solicitar asilo y cómo. "No estábamos empujando el asilo para ganar —cuenta Castillo—: lo estábamos haciendo para evitar deportaciones, para impedir que mataran a la gente".

En una de sus primeras visitas a El Centro, le preguntó a un agente en el complejo sobre una hoja que había aparecido en el expediente de asilo de un cliente. Estaba en papel membretado del Departamento de Estado y era de una oficina llamada Buró de Derechos Humanos. El documento ofrecía un resumen árido y parcial de la situación en El Salvador, con largas referencias a la guerrilla de izquierda y a un gobierno sitiado. La información parecía provenir de fuentes de la embajada estadounidense sobre el terreno, pero era evidente que no concordaba con las historias que las activistas habían escuchado de salvadoreños recién llegados.

Aunque oficialmente el INS concediera el asilo, el Departamento de Estado controlaba el proceso. Esos informes eran las conclusiones de esta última dependencia sobre "las condiciones nacionales" en El Salvador. Formulados como recomendaciones, debían servir para informar a los agentes del INS quién tomaba las decisiones particulares sobre el asilo. De hecho, daban razones para que este organismo de inmigración y naturalización negara asilo y argumentara que tenía las manos atadas. Siempre estaban en el mismo lenguaje: "Tras examinar cuidadosamente la información presentada, somos del parecer de que el sujeto no ha demostrado un miedo justificado de persecución cuando regrese a El Salvador de acuerdo con el significado del Protocolo sobre el Estatuto de los Refugiados". Se suponía que la Ley de Refugiados debía estandarizar las condiciones en que el INS administraba la ley de asilo. Pero, paradójicamente, también le dio al gobierno un pretexto legal para emitir rechazos. De acuerdo con el INS, solo podían aspirar al asilo personas que enfrentaran persecución. No bastaba con una parálisis económica y una atmósfera de violencia generalizada. Como dijo su comisionado: "Básicamente todo el mundo estaría mejor en Estados Unidos".

Lo que le llamó la atención a Castillo no fue el documento mismo, ni siquiera el papel central del Departamento de Estado en las decisiones inmigratorias. Fue que el funcionario de El Centro le había hablado despreocupadamente de un mimeógrafo que guardaban en una de las oficinas del fondo. "Aquí imprimimos estos formularios", había dicho el funcionario. El INS estaba emitiendo respuestas estandarizadas para rechazar las solicitudes de asilo de salvadoreños en bloque.

Eso le dio una idea a Cowan. Si el INS estaba saturado de solicitudes, no podría resolver de inmediato cada caso. Ella podía comprarles tiempo a sus clientes y evitar deportaciones presentando tantas como fuera posible e interponiendo recursos de apelación ante un organismo llamado Tribunal de Apelaciones de Inmigración. "El gobierno no decidirá si ganamos o perdemos" en casos individuales, dijo. "Nosotros mismos definiremos qué es el éxito. Liberaremos a nuestros clientes" para llevarlos a la órbita de amigos y familiares. Lo llamó "sacar a la gente de la frontera".

Para el verano de 1981, las activistas habían conseguido la liberación de 150 solicitantes de asilo después de pagar más de 16 000 dólares en fianzas y de recaudar 175 000 más para garantías. Algunos de los salvadoreños se fueron con Cowan, Castillo y los demás en autobuses a Los Ángeles y a San Francisco, donde se reunieron con sus familias. Los demás volvieron con los voluntarios a Arizona.

En Tucson, una red de apoyo estaba creando un movimiento; le faltaba el nombre, pero ya tenía reparto. Uno de los principales personajes era John Fife, un pastor de 40 años con barba entrecana y afición a las botas de vaquero y a las hebillas color turquesa. Con 1.93 metros de estatura, tenía una presencia imponente y carismática que recordaba, según la periodista Ann Crittenden, a "un vaquero vestido de clérigo". Oriundo del poniente de Pensilvania, Fife poseía una larga historia de activismo por los derechos civiles y en contra de la Guerra de Vietnam. Había llegado a Tucson una década antes para Southside Presbyterian, una iglesia difícil en un terreno desolado, y se comprometió con muchísimas causas de la zona.

Centroamérica era nueva para Fife, pero en el verano de 1980 recibió una llamada sobre el desastre ocurrido en el monumento nacional Organ Pipe Cactus. Los sobrevivientes en el hospital de Tucson querían hablar con un pastor, así que acudió él, esperando decir algunas oraciones y ofrecer palabras genéricas de condolencia en un español chapurreado. En lugar de eso, los sobrevivientes le contaron por qué habían huido de El Salvador. Era la primera vez que él oía hablar de los escuadrones de la muerte y de las fuerzas de seguridad del Estado. Consternado, regresó a Southside decidido a informarse más. Por medio de un contacto en la Iglesia presbiteriana, localizó a un ministro salvadoreño radicado en San Francisco, que cada tantas semanas le daba a Fife una clase particular por teléfono. Las conversaciones giraban en torno del heroísmo de Óscar Arnulfo Romero y los principios de la teología de la liberación, un movimiento religioso en el interior de la Iglesia católica que se había arraigado en Latinoamérica a finales de la década de 1960, centrado en una acérrima defensa de los pobres y la adhesión a una militancia de las bases.

Una tarde de 1981, Fife visitó las oficinas centrales del INS en Tucson para pedir consejo. Al principio no tenía razones para desconfiar de las autoridades de inmigración, y mucho menos para preocuparse después de su encuentro con ellas. El director distrital de la oficina era Bill Johnston, un hombre afable de cuarenta y tantos años con un insólito perfil para el trabajo. Extaxista de Nueva York, ostentaba un título en estudios latinoamericanos por la Universidad de Texas. Su hija acudía a la misma preparatoria que el hijo de Fife.

—¿Qué necesitamos para ayudar a la gente? —le preguntó Fife.

—Bueno, pues aquí contamos con asilo político —respondió Johnston—. Tienes que formar alguna organización de asistencia jurídica y ayudarles a solicitar asilo. Hazlo por la vía del proceso judicial; es la mejor manera.

Ambos hombres llegaron a un acuerdo. Si Fife podía presentar solicitudes de asilo en nombre de salvadoreños detenidos, Johnston los liberaría y les permitiría quedarse en la iglesia de Fife mientras esperaban un juicio.

El acuerdo funcionó algunos meses según lo planeado y Southside empezó a llenarse de solicitantes de asilo salvadoreños. Empezó lento. Fife abrió un pequeño departamento ubicado atrás de la iglesia; cuando la cantidad de gente creció, muchos dormían en el piso de la capilla. Mientras Cowan y Castillo trabajaban para liberar a los salvadoreños detenidos, Fife se convirtió en su conducto a la comunidad religiosa de Tucson y a una coalición clerical llamada Concilio Ecuménico de Tucson. Con su ayuda recaudó miles de dólares para pagar fianzas y encontró iglesias y centros religiosos que pudieran albergar a los salvadoreños puestos en libertad.

Otro brioso participante de esas primeras maniobras fue James Corbett, un diminuto cuáquero y ranchero de mediana edad con un título de teología de Harvard, que quería ayudar a los salvadoreños que no podían salir de Nogales a cruzar a Estados Unidos. En Manzo, Castillo le enseñó a llenar los formularios G-28 y lo llevó al otro lado de la frontera a conocer a Quiñones en la Iglesia de Nuestra Señora de Guadalupe. Su español era un poco irregular, hablado con un desgarbado acento estadounidense, pero se daba a entender. Después de acompañar a Quiñones en una visita a la cárcel local, empezó a hacer el viaje solo y vestido de negro, para que los guardias supusieran que era pastor. Se presentó como el padre Jaime.

Corbett encontró a cientos de centroamericanos que habían sido detenidos en el norte de México. Las autoridades mexicanas automáticamente los mandaban a la frontera con Guatemala, aunque algunos tenían visas de turista válidas. En algunos casos, Corbett conoció a salvadoreños a los que los agentes de la Patrulla Fronteriza habían detenido a pocos kilómetros de México y simplemente los entregaban a los mexicanos para una deportación más rápida. Después de sus viajes a Nogales, Corbett se quedó con la impresión de que la Patrulla Fronteriza estaba impidiendo ilegalmente que los salvadoreños solicitaran asilo en los puertos de entrada. En las fronteras, lejos de toda forma de supervisión o escrutinio público, la desconexión entre las leyes y su aplicación era absoluta, así que Corbett decidió aprovecharse del averiado sistema. Preparó solicitudes de asilo para los salvadoreños a los que conoció en México y luego él mismo transportó a los migrantes al otro lado de la frontera, directo a la oficina del INS en Tucson, donde Johnston tenía su acuerdo con Fife.

En el verano de 1981, dos cosas tumbaron los planes de Fife y Corbett. La primera tenía que ver con las solicitudes de asilo presentadas al INS: todas las estaban rechazando. Enterarse de eso fue un golpe para Fife y Corbett, que eran unos recién llegados al mundo de la defensa legal y no habían esperado semejante fracaso total a través de medios oficiales (Cowan y Castillo, con más experiencia, estaban decepcionadas, pero no sorprendidas). El segundo aspecto era aún más drástico. El 27 de junio Corbett llevó a tres centroamericanos a las oficinas centrales para interponer sus solicitudes de asilo. En lugar de liberar a los hombres, como había hecho antes, Johnston los detuvo, fijó una fianza de 3 000 dólares por persona y los envió a El Centro. De acuerdo con Johnston, el Departamento de Estado había dado la orden.

Corbett se convenció de que él, Fife, y los demás tenían que pasar a la clandestinidad para proteger a los solicitantes de asilo que llegaban a la frontera estadounidense. Sería una operación de coyotaje *pro bono,* dijo Corbett. Los activistas ayudarían a los salvadoreños a cruzar a Estados Unidos para después esconderlos en casas de gente y en iglesias hasta que hubiera una manera segura de transportarlos al interior del país, donde había pocos agentes encargados de aplicar las leyes de inmigración. Fife se mostró escéptico al principio, pero en octubre aceptó la idea.

Una tarde, los dos hombres estaban en el rancho de Corbett, una extensión de terreno polvosa con remolques y casitas de adobe. Veintiún salvadoreños se estaban quedando en la propiedad, todos metidos en una de las casas y compartiendo un solo baño.

—No creo que tengamos opción —le dijo Corbett a Fife.

Ambos coincidieron en que las otras estrategias —la campaña de las fianzas e inundar el sistema de inmigración con demandas de asilo— les compraron tiempo, pero no suficiente; las deportaciones inevitablemente aumentarían en unos meses.

—¿Qué diablos te hace pensar eso, Jim? —preguntó Fife.

Entendía lo que Corbett quería hacer y a él mismo no se le ocurría una mejor alternativa. Los dos hombres eran cercanos y cada uno sabía cómo hacer hablar al otro. Corbett desvió la conversación y la llevó de la logística a la historia. Mencionó el abolicionismo de la esclavitud y la creación del ferrocarril clandestino. "Según interpreto la historia, estos tipos eran fieles. Fueron los que entendieron. Tenían la fe bien puesta", dijo Corbett. Mencionó el Holocausto y cómo la Iglesia no había protegido a los judíos en las décadas de 1930 y 1940; era un ejemplo imborrable de la Iglesia cometiendo una equivocación.

—Así es como también yo interpreto la historia —respondió Fife.

Corbett lo vio a los ojos.

—No creo que podamos permitir que eso pase en nuestra frontera en nuestros tiempos, ¿o sí?

No podemos parar,
pero ¿qué alternativa tenemos?

El gobierno de Carter había estado repleto de reacios participantes en la Guerra Fría: funcionarios que visualizaban una política exterior centrada en los derechos humanos, pero que aún tenían miedos convencionales sobre el ascenso del socialismo. En Reagan no existía tal ambivalencia. Desde que tomó posesión buscaba un pleito en Centroamérica y, ni tardo ni perezoso, llenó su gobierno de partidarios de la línea dura y de ideólogos que declararían una guerra total contra el comunismo en nombre del presidente.

Su elección de secretario de Estado, el desparpajado y fornido general Alexander Haig, había sido comandante en Vietnam e instigador de la Masacre del Sábado por la Noche de Nixon. Veía la diplomacia soviética como una "prueba de voluntades" que Estados Unidos había estado fallando desde la caída de Saigón. "Los fueros de la insurrección alimentados por los soviéticos y avivados por sus sustitutos, los cubanos, se expandió sin control en Centroamérica", señalaba. La región era "un cuello de botella estratégico" en la guerra con la Unión Soviética, "un área bisagra para intereses estadounidenses vitales". Los dos países que más le preocupaban a Haig eran Nicaragua y El Salvador. En Managua había pasado más de un año desde que los izquierdistas sandinistas derrocaron al dictador. La Casa Blanca quería sacarlos del poder. A 500 kilómetros al poniente, en San Salvador, los aliados estadounidenses estaban al frente, pero en guerra.

En enero de 1981, guerrilleros salvadoreños del Frente Farabundo Martí para la Liberación Nacional (FMLN) lanzaron una gran ofensiva para ganar terreno en el campo de batalla antes de que Reagan —"ese fanático", como le decían— tomara posesión más adelante ese mismo mes. El efecto de su incursión, sin embargo, fue un Carter nervioso en sus últimos días. Los altos funcionarios de su administración estaban cada vez más alarmados de que el gobierno salvadoreño pudiera venirse abajo y se culpara de ello a la Casa Blanca saliente. Después de años de negar asistencia militar legal por preocupaciones en cuanto a los derechos humanos, el Departamento de Estado dio marcha atrás y liberó al Pentágono para preparar seis millones de dólares. Carter se acogió a disposiciones de emergencia en la Ley de Ayuda Extranjera para entregar el dinero sin autorización del Congreso.

La guerrilla había querido desatar insurrecciones populares en zonas urbanas a lo largo del país, como hicieron en Nicaragua los sandinistas un año y medio antes. Pero las filas del ejército no se escindieron; si bien algunos oficiales progresistas desertaron, la mayoría se mantuvo firme. El FMLN, en un cambio de táctica, buscaba causar caos y dejar al ejército sin dinero ni recursos. Cortaron cables de alta tensión, quemaron cultivos y atacaron guarniciones de soldados aisladas. El ejército salvadoreño tenía 17 000 efectivos en todo el país, una ventaja sustancial en gente y recursos. Sin embargo, estos hombres estaban mal entrenados y con frecuencia desmotivados; era fácil apabullar a los capos del ejército. Los generales defendían las principales ciudades, mientras que cedían gran parte del campo a la guerrilla, cuyo poder crecía día con día.

En febrero, cuando asesores militares estadounidenses analizaron la situación, el Departamento de Defensa concluyó que el régimen salvadoreño sencillamente "no estaba organizado para combatir una insurgencia". No tenía esperanzas de sobrevivir a la guerrilla, a menos que hubiera una revisión a fondo del liderazgo militar. Estados Unidos había estado apuntalando un cuerpo militar corrupto y abiertamente represor por miedo de que al reformar al ejército se corriera el riesgo de desestabilizarlo. El resultado, como escribió un funcionario estadounidense al principio del mandato de Regan, era un ejército "sentado en los cuarteles vejando a civiles", en lugar de combatir la guerrilla.

Al gobierno de Reagan no le importaban los derechos humanos, pero le preocupaban las deficiencias de operación de sus socios salvadoreños; los temas estaban relacionados. Divisiones militares enteras eran poco más que fachadas para los escuadrones de la muerte, y reclutas del ejército, muchos de ellos jóvenes campesinos pobres que habían ingresado bajo amenazas y tortura, eran soldados indisciplinados.

Tan frustrado estaba Haig que contempló la posibilidad de invadir Cuba para trastocar su apoyo al FMLN. "Deme usted la orden —le dijo al presidente— y convertiré esa maldita isla en un estacionamiento". Se necesitó al secretario de Defensa y al Estado Mayor Conjunto —cuyas voces no se caracterizaban por la moderación— para que se rechazara su propuesta. En otoño de 1981, el Consejo de Seguridad Nacional presentó una solución temporal: Estados Unidos daría hasta 300 millones de dólares en ayuda económica a gobiernos de Centroamérica y el Caribe, además de una gran cantidad de fondos militares de emergencia para El Salvador y Honduras, que estaba convirtiéndose en base para operaciones militares en El Salvador y Nicaragua. Estados Unidos ampliaría su programa de entrenamiento militar en El Salvador y llevaría a tropas y oficiales salvadoreños al país para que recibieran mayor instrucción.

Un beneficiario de esta inyección de dinero y asesores fue una unidad de elite en el interior del ejército salvadoreño denominada Batallón Atlácatl. Personal estadounidense entrenó al equipo en operaciones de contrainsurgencia, convirtiéndolo en el primero de su clase en El Salvador. La misión expresa del Atlácatl era servir como una "brigada de infantería de rápido despliegue" que entrecruzaba el país en respuesta a las incursiones guerrilleras. Pero los oficiales del ejército salvadoreño veían el asunto con más grandilocuencia. "A los subversivos les gusta decir que ellos son los peces y la gente el océano —le comentó un grupo de oficiales a una delegación estadounidense en febrero de 1981—. Lo que hemos hecho en el norte ha sido secar el océano para que podamos atrapar fácilmente a los peces". Al mando de las tropas en el departamento de Cabañas, cerca de la frontera con Honduras, estaba un oficial llamado Sigifredo Ochoa Pérez. Los estadounidenses lo adoraban por su acérrima fiabilidad. "Tiene a las patrullas mejor organizadas del país, leales a un hombre y más resistentes que los labios de un lagarto", les dijo en esos días a los salvadoreños un asesor de alto rango del ejército estadounidense. El 11 de noviembre, Ochoa Pérez entró, encabezando a 1 200 soldados, a la aldea de Santa Cruz, supuestamente para erradicar a la guerrilla. A lo largo de las siguientes dos semanas aniquilaron a varios poblados de la zona. Las mujeres y los niños huyeron en masa a esconderse en las laderas vecinas para protegerse de los disparos que provenían de helicópteros y aviones. Mataron a muchísimos habitantes inocentes, y docenas de personas cruzaron a Honduras.

El ejército estadounidense estaba enterado de ese tipo de operaciones —había asignado al menos a 10 asesores militares para vigilar las acciones del Batallón Atlácatl—, pero miraba para otro lado. La mañana del 8 de diciembre, 3 000 soldados salvadoreños encabezados por el Batallón Atlácatl entraron a una serie de remotos caseríos de montaña en el departamento de Morazán, en la región oriental del país. Era parte de una campaña de contrainsurgencia llamada Operación Rescate, con la que se proponía recuperar partes del campo en manos de la guerrilla. Los campesinos de las zonas rurales con frecuencia corrían el riesgo de ser blanco de los militares, que los consideraban simpatizantes de la guerrilla, pero en varios poblados, entre ellos un caserío denominado El Mozote, los habitantes se sentían protegidos. Siempre se habían desvinculado de los guerrilleros, pues no querían provocar al gobierno. Cuando supieron que los soldados los estaban cercando, decidieron quedarse, en lugar de abandonar sus hogares.

El coronel salvadoreño a cargo de la operación era un hombre menudo, de complexión oscura y grandes orejas al que a duras penas le quedaba el papel. Se llamaba Domingo Monterrosa. Era una especie de figura de culto dentro del ejército salvadoreño. En asuntos tácticos, cultivaba un aire filosófico que combinaba con una avezada actitud bravucona en el campo. Invitaba a reporteros a que lo acompañaran en su helicóptero, posaba para fotografías y se extendía animadamente en espontáneas conferencias de prensa. En palabras de un lisonjero agregado militar estadounidense, era "un as de la estrategia […] al que pondría a competir con cualquier as estadounidense".

Eran cerca de las cinco de la mañana del 11 de diciembre cuando los soldados empezaron a reunir a los pobladores de El Mozote y a separar a los hombres de las mujeres y los niños. A los hombres los llevaron a la solitaria iglesia del caserío y al final los pusieron en fila y los ejecutaron; a las mujeres las trasladaron a los cerros, donde las violaron y las quemaron vivas. Bajo las órdenes de Monterrosa, los soldados avanzaron sobre los otros poblados a lo largo de los siguientes dos días; mataron a todas las personas a las que se encontraron e incendiaron las casas. Monterrosa tenía una palabra para esa operación: era, según les dijo a sus subordinados, una limpieza. Cuando terminó la campaña había al menos 978 muertos, entre ellos 477 menores de 12 años.

Rufina Amaya, de 38 años, madre de dos hijos, a los que mataron junto con su esposo enfrente de ella, fue la única superviviente de la masacre en

El Mozote. Un mes después conoció a dos reporteros de guerra: Raymond Bonner, estadounidense que trabajaba para el *New York Times,* y la periodista mexicana Alma Guillermoprieto, que escribía de manera independiente para el *Washington Post.* Cada uno de ellos había viajado por su cuenta a El Mozote, donde encontraron escenas de devastación: hogares arrasados, la iglesia destruida, cadáveres desperdigados pudriéndose en el sol. En el centro de El Mozote, junto a una sacristía demolida, huesos, extremidades cercenadas y pedazos de carne sobresalían entre los escombros; los cadáveres de los niños aún estaban vestidos. Los soldados no se habían tomado la molestia de enterrar a ninguna de sus víctimas ni de ocultar las pruebas de sus atrocidades.

Ambos periódicos publicaron la historia en primera plana el 27 de enero de 1982; al día siguiente, Ronald Reagan tenía planeado enviar al Congreso el anuncio formal de que El Salvador estaba "haciendo un esfuerzo concertado y significativo para cumplir con los derechos humanos internacionalmente reconocidos". Cada seis meses, el presidente tenía que presentar una demostración oficial, conocida como "certificación", a los legisladores; a cambio de eso, ellos enviaban millones de dólares de ayuda al gobierno salvadoreño. Esas idas y venidas eran puro teatro. Había una lista de condiciones que los salvadoreños tenían que satisfacer, incluida la promesa de ejercer un "control sustancial" sobre el ejército. Pero era responsabilidad de la Casa Blanca confirmar que esos términos estaban cumpliéndose, y el Congreso debía confiar en la palabra del presidente. Los demócratas habían sido demasiado tímidos para cuestionar a la Casa Blanca en asuntos de política exterior, así que nunca ejercieron presión a favor de un veto legislativo de la determinación del presidente. Ahora, en medio de esa farsa semestral para guardar las apariencias, la prensa estadounidense estaba informando sobre una masacre perpetrada por soldados que habían sido especialmente entrenados y supervisados por el ejército de Estados Unidos.

La respuesta del gobierno fue veloz y despiadadamente efectiva. Lo negaba todo, aduciendo un críptico telegrama escrito por dos funcionarios de la embajada estadounidense que, en su calidad de "ojos y oídos" de su país, viajaron con personal militar salvadoreño para evaluar los informes. A los estadounidenses los ponía nerviosos visitar zonas controladas por la guerrilla, así que no se acercaron a ninguno de los sitios de las matanzas. Después escribieron: "No es posible probar ni desmentir que haya habido excesos de violencia". La

Restos humanos de la masacre de El Mozote. Departamento de Morazán, El Salvador, 1982.

ambigua redacción del telegrama sirvió como la justificación que los funcionarios del gobierno necesitaban. Según su relato, los informes sobre la masacre eran poco más que propaganda guerrillera diseminada en vísperas del proceso de certificación para avergonzar al presidente. Probablemente había habido un "tiroteo" entre el ejército y la guerrilla, pero "no existían pruebas" de una masacre, de acuerdo con Elliott Abrams, subsecretario de Estado de Derechos Humanos y Asuntos Humanitarios. Atacó la veracidad de los reportajes del *Times* y el *Post* y cuestionó la credibilidad de los periodistas que los escribieron. La certificación siguió adelante. Pocos meses después, el editor ejecutivo del *Times* le ordenó a Bonner regresar a Nueva York.

El nombre del cargo de Abrams en el Departamento de Estado resultó un tanto cuanto inexacto cuando Reagan tomó posesión. Su predecesora en el gobierno de Carter era Patricia Derian, una sureña que había pasado los años anteriores a su entrada en el gobierno trabajando como activista por los derechos civiles en Mississippi. Con ella al mando, la oficina creció y adquirió importancia durante los cuatro años de la presidencia de Carter. Sin embargo, cuando Abrams asumió la dirección, la oficina de derechos humanos adoptó una misión abiertamente política. Abogado de Nueva York con estudios en Harvard, Abrams era el principal combatiente de Reagan. Era un demócrata insatisfecho, alienado por la política exterior de Carter, y veía a Centroamérica como su terreno de pruebas. A principios de la década de 1980, gran parte del trabajo de Abrams consistía en refutar, ante el Congreso y en la prensa, las pruebas de las atrocidades cometidas por el gobierno salvadoreño.

También negaba otro creciente conjunto de pruebas que empezó a perseguir al gobierno norteamericano: a una cantidad cada vez mayor de salvadoreños deportados de Estados Unidos los estaban asesinando a su regreso. A finales de 1981 empezaban a aparecer en periódicos y revistas de derechos humanos informes de que los soldados del gobierno estaban matando a los deportados. Los soldados se encontraban al acecho de aviones que aterrizaran y se deshacían de los cadáveres en la carretera cerca del aeropuerto. Abrams rechazaba esas afirmaciones; las consideraba meras suposiciones. Pero, a diferencia de las pruebas de masacres lejanas, que para Washington era más fácil oscurecer, la prueba de los asesinatos de los deportados provenía directamente de las declaraciones de los mismos soldados salvadoreños.

Uno de ellos era José Rosales, sargento de 27 años de un pobre rincón de Santa Ana. Hijo de campesinos, se alistó en el ejército en 1970, a los 16 años, y se quedó ahí sobre todo porque nunca había conocido ni oído hablar de nadie que saliera vivo de la milicia. Conforme ascendía en los rangos, crecían sus responsabilidades, y con ellas venían oportunidades de hacerse amigo de otros miembros del cuerpo de oficiales. Así supo que se hablaba de los escuadrones de la muerte como simples misiones militares: eran parte de la rutina. Cuando se inscribió en un destacamento, en marzo de 1980, un soldado de la Guardia Nacional le daba órdenes y un coronel del ejército conducía la misión. El hombre al que detuvieron tenía 37 años y era sospechoso de algo, pero a Rosales nunca le dijeron de qué. Observó mientras los otros le introducían un clavo por el orificio nasal, le rompían todos los dedos y le clavaban una aguja hipodérmica. La tortura duró dos horas antes de que le dispararan y le robaran el reloj.

Después de eso, Rosales se dio cuenta de que una razón por la que muchos soldados se sumaban a las misiones de los escuadrones de la muerte era la oportunidad de robarles cosas a sus víctimas. Con el tiempo llegó a sentir que todos los hombres jóvenes de El Salvador, desde adolescentes hasta treintañeros, corrían el riesgo de ser perseguidos por el ejército. Rosales, que se había enrolado por voluntad propia en la institución castrense, era una excepción. Era mucho más común que el ejército secuestrara a adolescentes en plena calle, a menudo afuera de cines o restaurantes, y luego torturarlos en bases militares hasta que aceptaran servir. A quien no aceptaba lo mataban en el acto.

Los peligros se magnificaban para los deportados. A finales de 1979, uno de los superiores de Rosales le explicó la lógica mientras estaban emplazados en el aeropuerto de San Salvador. Junto con un grupo de soldados, él debía esperar a que aterrizara un avión con nueve deportados que venían desde México. El hecho de que alguien resultara deportado confirmaba que primero había intentado escapar de El Salvador, lo que significaba que lo suponían un izquierdista, una sentencia de muerte inmediata. El protocolo consistía en detener a los deportados para "una investigación". Un soldado avezado como Rosales habría entendido la traducción: desapariciones forzadas, que empezaban con tortura y terminaban con la muerte. Unos días después, el cadáver aparecería en el borde de la carretera y los periódicos locales publicarían fotografías que los familiares usarían para identificar los restos.

La nueva Ley de Refugiados de Estados Unidos —pensada para ayudar a los inmigrantes perseguidos por su pertenencia a "un grupo social específico"— estaba señalando a los salvadoreños que buscaban protección amparados por ella. Haber puesto un pie en Estados Unidos, para después ser devueltos a la zona de guerra, llevaba directo a un asesinato con autorización estatal. Independientemente de lo que Elliott Abrams les hubiera dicho al Congreso o a la prensa, el gobierno de Reagan conocía la realidad. El INS lo había escuchado directamente de labios de Rosales en el otoño de 1981, cuando el joven soldado dio y firmó una declaración jurada ante funcionarios de San Mateo, California. Incapaz de soportar las operaciones cotidianas del ejército salvadoreño, había decidido huir y ahora él mismo solicitaba asilo.

★ ★ ★

El obstáculo más difícil que Fife debía superar en sus primeros días de "coyote *pro bono*" era el hecho de que tarde o temprano lo sorprenderían. No sabía cuándo o cómo pasaría eso, pero para hacer su trabajo no podía tener la fantasía de que se saldría con la suya. Por cada extranjero al que ayudara a cruzar, el castigo consistía en una multa de 2000 dólares y hasta cinco años en prisión. Con todo, estaba llevando clandestinamente a centroamericanos al otro lado de la frontera porque sus vidas dependían de ello. La urgencia de la misión era liberadora. Cuando pensaba en eso como un imperativo y no como una apuesta, su nerviosismo se convertía en determinación.

La principal actividad del grupo tenía lugar en Nogales, donde miembros de la iglesia del padre Quiñones conocían la frontera mejor que nadie. Podían enseñarles a los salvadoreños los mejores lugares para cruzar en roturas en las cercas o por territorios que la Patrulla Fronteriza solía descuidar. (Cowan dice que era fácil engañar a los agentes. "Eran como *rangers* de Texas perdidos. Actuaban con mucha bravuconería y machismo, pero era muy fácil mover gente".) El destino de los inmigrantes era el monumento más alto del lado de Arizona: el campanario de la iglesia del Sagrado Corazón, donde se les había ordenado que esperaran al cuidado del pastor de la parroquia mientras Fife y los demás llegaban de Tucson para recogerlos. Los inmigrantes habían recibido una sencilla instrucción por si los detenían: decir que eran mexicanos, para que los agentes los dejaran al otro lado de la frontera en lugar de deportarlos.

Los activistas solían trabajar en parejas. Tripulando lo que llamaban "el auto de reconocimiento", un conductor buscaba controles a lo largo de la carretera a Tucson. Esa persona llamaría a la iglesia desde un teléfono público de la ruta para confirmar que fuera seguro continuar. Dos veces a la semana, Fife llevaba su camioneta *pickup* Chevy LUV blanca.

A mediados de diciembre de 1981, un abogado del INS abordó a Margo Cowan en una audiencia en el juzgado federal de Tucson. "Sabemos lo que están haciendo", le dijo. Los agentes habían estado deteniendo a migrantes que llevaban el número telefónico de Corbett en el bolsillo. Unos días después, Cowan, Castillo, Corbett y otros miembros del Concilio Ecuménico de Tucson sostuvieron una reunión de emergencia en la sala de estar de Fife.

"No podemos parar, pero ¿qué alternativa tenemos?", le preguntó Fife al grupo. Todos estuvieron de acuerdo en que tenían que desvelar lo que estaban haciendo. Pero ¿cómo podían suscitar atención sin que de inmediato los bloqueara el INS? A Fife le llegó la idea como recuerdo, más que revelación. Unos meses antes había recibido la carta de un pastor luterano angelino que describió un incidente en el oriente de Los Ángeles. Los agentes del INS habían

El reverendo John Fife afuera de la iglesia presbiteriana Southside United en Tucson, Arizona, anuncia el inicio del Movimiento Santuario el 24 de marzo de 1982. Lo acompaña "Alfredo" (izquierda), refugiado salvadoreño que usa un pseudónimo por protección.

perseguido a un adolescente salvadoreño hasta adentro de su iglesia y terminaron sacándolo a rastras, esposado. Había indignación entre los miembros de la iglesia porque los agentes profanaron un espacio sagrado. Cuando el pastor escribió a la oficina del INS de su localidad para quejarse, el director del distrito se disculpó y prometió que les prohibiría a sus agentes hacer detenciones en iglesias, escuelas u hospitales. "Esta orden, en esencia, lo que dice es que la iglesia es un santuario, aunque no se encuentra establecido en las leyes", escribió el pastor. Fife al principio rechazó la carta debido a sus últimos párrafos, donde el pastor explicaba que la historia de la iglesia como santuario, en el sentido de "refugio" que tiene la palabra en inglés, *sanctuary,* se remontaba a la Edad Media, algo que a Fife le pareció académico e ingenuo. Pero ahora la idea tenía más sentido. Podían seguir ayudando a los centroamericanos a cruzar la frontera y luego ofrecerles refugio (o "santuario"). Usar la iglesia como plataforma pública sería una forma de protección y una declaración de principios.

En enero, en la reunión anual de su congregación, Fife sometió la propuesta a votación, pero no antes de que sus feligreses hicieran una serie de preguntas que no podía responder. ¿Era posible que toda la iglesia fuera enjuiciada por romper la ley? Tenía que reconocer que no estaba seguro. ¿Podían otras iglesias sumarse a Southside, para que esta no tuviera que actuar sola? "Ni siquiera había pensado en eso —respondió Fife—, pero es una gran idea". Tras cuatro horas de discusión, seguidas de una votación secreta, la proposición fue aprobada, con 59 personas a favor, dos en contra y cuatro abstenciones. Los miembros del Consejo Ecuménico de Tucson se pusieron en contacto con varias otras iglesias a lo largo del país que también habían estado albergando extraoficialmente a refugiados centroamericanos. Las instituciones se encontraban en enclaves liberales lejos de Tucson: San Francisco, Boston, Washington, D. C., y Berkeley, California. Todas las iglesias estuvieron de acuerdo en celebrar una ceremonia pública para anunciar sus intenciones de ofrecer refugio. La fecha elegida fue el 24 de marzo de 1982, el segundo aniversario del asesinato de Óscar Arnulfo Romero.

Cuando al fin llegó el día, Fife y los demás ya se habían puesto en contacto con reporteros y enviaron cartas para anunciar sus planes al fiscal general, al fiscal de Arizona, a los congresistas estatales y a los directores del INS y de la Patrulla Fronteriza. "Tomamos estas medidas porque creemos que la actual política y práctica del gobierno de Estados Unidos en relación con los refugiados centroamericanos es ilegal e inmoral —decían las cartas—. Creemos que nuestro gobierno está contraviniendo la Ley de Refugiados de 1980 y el derecho internacional al continuar arrestando, deteniendo y regresando por la fuerza a refugiados al terror, la persecución y el asesinato en El Salvador y Guatemala". Los activistas proponían también una moratoria a las deportaciones mientras durara la guerra, algo conocido como "salida voluntaria extendida", de la que Fife y Corbett habían oído hablar por primera vez a Bill Johnston, el funcionario del INS en Tucson. Hasta que sus condiciones se cumplieran, sostenían las cartas, "no dejaremos de facilitar el santuario de la iglesia a gente indocumentada de Centroamérica". Y añadían: "La obediencia a Dios exige esto de todos nosotros".

Esa mañana, en una mesa instalada enfrente de la capilla de Southside, a Fife, Cowan y Corbett se les unió un salvadoreño de 30 años con sombrero de vaquero y un pañuelo tapándole la cara. Se hacía llamar por el pseudónimo de Alfredo, una precaución necesaria, según le dijo Fife a la prensa ahí reunida, porque el ejército salvadoreño podía atacar a su familia. Alfredo se quedaría en Southside como el primer refugiado oficial en su santuario. En

El Salvador había trabajado para el organismo de gobierno a cargo de la reforma agraria, lo que lo hacía blanco de amenazas de muerte de miembros del ejército y de la extrema derecha (un año antes, el director salvadoreño del programa de reforma agraria fue asesinado por pistoleros del ejército mientras cenaba en el Hotel Sheraton de San Salvador con dos estadounidenses afiliados a la AFL-CIO —Federación Estadounidense del Trabajo y Congreso de Organizaciones Industriales—, a quienes también mataron). El *Tucson Citizen* escribió después que Alfredo era "uno de los extranjeros indocumentados a los que más publicidad se les haya dado aquí jamás".

8

Ni siquiera te dejan pisar en paz

Juan Romagoza pasó 48 horas en el ataúd, arrebujado en total oscuridad. Tenía dolores agudos, punzantes, en la pierna derecha y en el brazo izquierdo. Las cortadas en la frente le ardían. Habían pasado casi tres semanas desde su detención. Pesaba 34 kilos. Empezó a relajar los músculos; su mente se desprendió de su cuerpo. Se sentía como si levitara; sus extremidades y su torso flotaban y se meneaban por el espacio. Sabía que aún estaba vivo porque no dejaba de hacerse la misma pregunta: *¿Aún estoy vivo?* Mientras continuara siendo una pregunta, tenía su respuesta.

De repente hubo un ruido susurrante seguido de un torrente de luz cegadora. Se había abierto una puerta. Juan no podía ver lo que pasaba, pero sintió un par de manos agarrándolo de las axilas y levantándolo. Con ojos entrecerrados distinguió el rostro de uno de sus tíos: Manuel Rafael Arce, el economista y teniente coronel.

Su tío lo estrechó contra su pecho sin decir palabra. Pasaron de la sala del ataúd a un largo pasillo y después a un estacionamiento, donde un coche los esperaba. Juan luchaba por enfocar detrás del hombro de Arce, pero logró divisar a su otro tío, el médico, de pie junto a Vides Casanova, que lo miraba impasible.

Cuando el gobierno se puso en contacto con los padres de Juan, un oficial de la Guardia Nacional les dijo que estaba muerto, sin entrar en detalles. La noche anterior a su llegada a San Salvador le pidieron a un amigo que los llevara; tenía un auto espacioso donde cabría un ataúd. La madre de Juan llevó un fajo de documentos de identidad para reclamar el cuerpo. Ella y su esposo estaban esperando del otro lado de la calle, donde no pudieran verlos desde los cuarteles. Solo cuando Juan salió en brazos de su tío descubrieron que estaba vivo.

Haber sido liberado de la custodia del ejército no significaba que Juan se encontrara fuera de peligro. Por lo general, la liberación oficial de un prisionero era un mero preludio: en algunos días, si no es que horas, los soldados de los escuadrones de la muerte terminarían el trabajo. Los tíos de Juan no podían protegerlo de lo que estaba por venir.

Arce lo llevó a la casa de Enrique, el hermano mayor de Juan, cerca de la Universidad de San Salvador. Enrique vivía con su esposa, su suegra y sus tres hijos. Para cualquiera era riesgoso ser descubierto ayudando a Juan tras su liberación, así que Enrique decidió alojarlo en la casa una sola noche antes de trasladarlo a Usulután, donde una red más amplia de amigos podía ofrecer refugio clandestino. Cuando llegaron los padres de Juan, estaban radiantes de alivio. Lo abrazaron, dijeron unas letanías y se fueron. Necesitaban volver a Usulután para planear el escondite de Juan al día siguiente.

Juan y Enrique fueron en ambulancia al hospital donde su tía trabajaba como supervisora de laboratorio. Vistiendo una bata blanca, estaba esperándolos con un colega de Usulután cuando llegaron. No había tiempo para un examen completo y Juan no podía arriesgarse a que lo vieran. En medio de una serie de pruebas de sangre, su tía lo llevaba rodando en una camilla debajo de una pila de cobijas, mientras él fingía estar inconsciente. La herida del pie se encontraba infectada y purulenta, pero tendría que buscar tratamiento después. Cuando él y Enrique salieron a la mañana siguiente en el viejo coche de su hermano, él se fue recostado en el asiento trasero, con un yeso completo en el brazo izquierdo, una tablilla y una bolsa con antibióticos para terapia intravenosa sujeta del tobillo, y vendas envolviéndole la cabeza.

Juan llegó a Usulután el 6 de enero de 1981, solo cuatro días antes de que los guerrilleros del FMLN lanzaran su contraofensiva contra las fuerzas del gobierno. Una vez que comenzó la pelea, entró en vigor un toque de queda: nadie tenía permitido salir después de las seis de la tarde. El ejército poseía en la ciudad grandes cuarteles, desde los cuales los soldados aumentaron sus rondas callejeras.

La familia de Juan planeaba moverlo cada pocos días a una casa diferente, evitando los lugares obvios, como el domicilio de sus padres, a donde los escuadrones de la muerte irían a buscarlo. Empezó con su hermana gemela, Morena Guadalupe, una secretaria ejecutiva que tenía a su propia familia y aceptó protegerlo unos días en su hogar, en un distrito comercial en el centro de la ciudad. Juan le enseñó una técnica para vendarle las heridas que le estabilizaba el tobillo con una tablilla y lo mantenía expuesto al aire. No había especialistas ortopédicos en Usulután y era preocupantemente obvio que hacía falta alguna intervención quirúrgica drástica para salvarle el pie de la amputación.

Dos médicos a los que conocía lo visitaban cada pocos días vestidos de trabajadores domésticos con delantales sobre la ropa. No podían hacer mucho, fuera de quitar una parte del tejido muerto y en putrefacción por donde la bala le había entrado en el pie. Cuando llegaba la hora de pasar a Juan a la siguiente casa de seguridad, alguien lo cargaba a un auto que lo esperaba. Salían justo después del amanecer, cuando las calles seguían vacías.

A lo largo de los dos meses siguientes, la vida de Juan tuvo un ritmo demasiado intenso. Largas rachas de aburrimiento interminable, días y días postrado en la cama y ofuscado por el dolor, seguidos de una mañana con un subidón de adrenalina cuando lo movían a un nuevo lugar, donde la espera volvería a comenzar. Cada sitio al que iba tenía ventajas y desventajas. Una amiga de la familia, dueña de una farmacia, se hallaba en buenos términos con miembros locales de la Guardia Nacional. Su residencia era relativamente segura, pero estaba demasiado apretada. Otra vecina vivía en una casa más espaciosa junto a los cuarteles del ejército, donde los evidentes riesgos de la cercanía se equilibraban por un elemento de sorpresa: las fuerzas de seguridad nunca esperarían que Juan se quedara tan cerca.

Fue allí, en casa de una vieja amiga de nombre Marta Molina, donde estuvo a punto de ser descubierto. Un día, varios guerrilleros, que hacían incursiones periódicas en puestos del gobierno por todo el departamento, entraron sigilosamente a la ciudad y lanzaron una serie de ráfagas de bazuca contra los cuarteles del ejército. Los soldados fueron de puerta en puerta por el barrio a ver quién escondía a los tiradores.

Cuando Molina oyó que se acercaban, le dijo a Juan que se quedara en ropa interior y se tapara con una cobija. Abrió la cerradura de la puerta de la calle, se quitó la blusa y se metió con él a la cama. Los soldados irrumpieron sin tocar, para encontrarse a Molina y a Juan juntos bajo las mantas. "¡Demonios!

—gritó—, ¡aquí ni siquiera te dejan pisar en paz!" Los soldados se fueron, tartamudeando disculpas.

Las heridas empeoraron. La única opción de Juan era ir a México a recibir un tratamiento médico de urgencia. Pero ¿cómo llegar? La salvación arribó en forma de una amiga cercana de la familia llamada Margarita Ortiz, una espabilada comerciante de 40 años con una discreta fama de sacar clandestinamente del país a activistas, sindicalistas y catequistas para ponerlos a salvo. Transportaba a gente mientras entregaba mercancías en su camioneta a mercados de Guatemala y de México. Juan sabía que además era experta en *mordidas*.

Los funcionarios de aduanas en la frontera, al igual que los soldados en los controles internos de cada país, tendían a ser corruptos y exigentes. La única manera de que te dejaran pasar era pagándoles. La más breve pausa comunicaba duda o intransigencia y les recordaba a los soldados el auténtico poder que ejercían sobre los viajeros civiles. Ortiz calmaba a los agentes hablando relajadamente en círculos y rezumando confianza. Podía ser firme, coqueta y vulgar en igual medida. Mientras conversaba de manera errática, con aire desenfadado entregaba su pasaporte con unos billetes dentro, cuidadosamente doblados.

Ortiz presentó el plan para la huida de Juan. Tendría lugar durante Semana Santa, en abril, cuando las calles de la ciudad estaban llenas de gente. Juan se escondería en la parte de atrás de su camioneta *pickup,* debajo de docenas de sacos de cebollas, que llevaría a un mercado en medio de la Ciudad de Guatemala. Otros dos hombres se les unirían: un sastre de sesenta y tantos años que había pertenecido al Partido Comunista y ahora estaba en una lista negra del gobierno, y un activista de preparatoria. Pararían en Guatemala con el propósito de que Ortiz pudiera descargar las cebollas y comprar mercancías para llevar a vender a la Ciudad de México; dejaría a los tres hombres al cuidado de su sobrino, que había vivido ahí varios meses después de haber huido, también él con la ayuda de Ortiz.

La noche anterior a la partida de Juan, se trasladó de nuevo a la casa de sus padres para pasar con ellos una última noche. No los había visto desde el 5 de enero, cuando se reunieron un rato en el departamento de Enrique en San Salvador. En los tres meses transcurridos, la madre de Juan le había preparado comida todos los días y les pedía a diferentes personas que se la llevaran a su escondite.

Juan llegó a la casa de su infancia inmediatamente antes del toque de queda de la tarde; el sol se estaba poniendo. Su madre consintió a Juan con su cena favorita —tamales de maíz con frijoles y queso fresco—, y el suave murmullo de actividad ayudó a tranquilizarlos a todos.

Eso era al mismo tiempo un regreso a casa y una partida, una reunión y una ruptura. Trataron de hablar sobre los asuntos de la ciudad y acerca de las últimas noticias sobre sus amigos y vecinos: lo que fuera para evitar que la conversación derivara al tema de cuándo podrían volver a verse. Sus gestos subrayaban todo lo que no estaba bien. Principalmente, la familia nuclear de Juan, su novia y su hijita de cinco meses, que estaban ilocalizables en Chalatenango, una zona de combate. No había manera de mandarles un mensaje para informarles que se encontraba vivo o para confirmar que ellas lo estaban. Todo lo que Juan podía esperar era recuperarse en México y que la guerra se calmara para que él pudiera buscarlas.

Esa noche Juan durmió afuera, debajo del mango en el que se escondía de niño cuando su abuela se enojaba con él. Sus ramas habían crecido desde entonces y se prolongaban hasta el jardín de los vecinos. Era una última precaución por si los soldados se aparecían en la casa. Si eso pasaba, se treparía al árbol tal como lo hacía de niño, y saltaría a hurtadillas el muro trasero de la propiedad.

9

La solución guatemalteca

Después de la Segunda Guerra Mundial había dos poderes dirigiendo Guatemala, y solo uno de ellos era el gobierno. El otro era una empresa denominada United Fruit Company, conocida dentro del país como el Pulpo, porque tenía tentáculos por doquier. Era el principal empleador y terrateniente de Guatemala y controlaba el único puerto atlántico del país, casi hasta el último kilómetro de las vías férreas y el único servicio de teléfono y telégrafos. Funcionarios del Departamento de Estado de Estados Unidos tenían hermanos en los altos rangos de la compañía. Los senadores eran accionistas. Dirigía el departamento de publicidad de United Fruit en Nueva York un legendario publicista que decía tener una lista de 25 000 periodistas, editores y figuras públicas que estaban siempre a su entera disposición. Formaban, en sus palabras, "un gobierno invisible" con "un auténtico poder" sobre Estados Unidos, y no digamos ya sobre los países bajo el influjo estadounidense.

En 1952, el presidente de Guatemala, Jacobo Árbenz, apenas el segundo presidente democráticamente electo en la historia del país, estaba tratando de hacer que United Fruit pagara impuestos por sus vastas propiedades. La compañía no solo había estado exenta por décadas: también había obtenido una garantía para pagarles a sus empleados no más de 50 centavos al día. En respuesta, United Fruit desató una despiadada campaña de cabildeo para convencer a periodistas, legisladores y al gobierno de Estados Unidos de que Árbenz era un simpatizante del comunismo que necesitaba ser derrocado. No importaba que en un país de cerca de tres millones de personas, el Partido Comunista hubiera tenido como 4000 miembros. El principio de la Guerra

Fría convertía a los funcionarios estadounidenses en blancos fáciles. "Debemos considerar Guatemala como una zona prototipo para probar medios y métodos de combate al comunismo", dijo en 1953 un integrante del Consejo de Seguridad Nacional de Dwight Eisenhower.

A lo largo del siguiente año, la CIA y la United Fruit Company hicieron pruebas para elegir a alguien que dirigiera una fuerza de "liberación" contra el gobierno. Al final dieron con Carlos Castillo Armas, un oficial militar guatemalteco deshonesto con diminutos rasgos oscuros y bigote de cepillo que daba la impresión de ser tonto y veleidoso. "Parecía como si lo hubieran empaquetado en Bloomingdale's", dijo un comentarista en ese entonces. Su principal mérito era su voluntad de hacer lo que los estadounidenses le dijeran. En junio de 1954, después de una invasión representada con bombarderos norteamericanos y coreografiada por el embajador de Estados Unidos, fue recompensado con la presidencia. Árbenz fue enviado al exilio en México, pero no antes de que Castillo Armas lo obligara a desvestirse ante las cámaras al abordar el avión. El Departamento de Estado ayudó a elegir a los miembros del gabinete de Castillo Armas.

Castillo Armas se aprovechó de la ayuda estadounidense durante el corto tiempo que se aferró al poder. En agosto de 1954, con el apoyo técnico de la CIA, su gobierno promulgó unas leyes anticomunistas que dieron lugar a un registro de cerca de 60 000 sospechosos de izquierdismo. La acusación era que representaban una "grave presunción de peligrosidad", invocada por el gobierno para vedarles empleos y detenerlos por tiempo indefinido. Naturalmente, eso era un pretexto para hacer redadas de enemigos, críticos y cualquiera que pudiera despertar las sospechas de los paranoicos hombres del Palacio Nacional. La base de datos usada para esa lista negra se conservó intacta a lo largo de la década de 1980 y llegó a ser conocida como el Diario Militar, aunque Castillo Armas no tuvo oportunidad de usarla. Fue asesinado en 1957, sustituido por otro tipo de derecha cuidadosamente seleccionado por los estadounidenses.

La ideología imperante no era tanto una estructura de creencias como el proyecto de un Estado policial. En 1963 la CIA volvió a intervenir, esa vez para impedir que Juan José Arévalo, predecesor y mentor político de Árbenz, regresara al país para postularse a la reelección. Tres años después, en vísperas de otros comicios, en los que el favorito era un civil con ideas reformistas, el servicio de inteligencia envió a uno de sus "arregladores" para trabajar junto con el ejército guatemalteco en una campaña conocida como *la limpieza,* que consistía en detenciones, torturas y ejecuciones. "La campaña de contrainsurgencia está fuera de control", reconocía un informe de espionaje estadounidense en 1967. Al mismo tiempo, un funcionario del Departamento de Estado elogiaba al ejército guatemalteco por su "uso exitoso del terror" al desaparecer a "comunistas reales y supuestos".

La resistencia armada al ejército tal vez era inevitable; lo irónico era quién la dirigía. Los primeros revolucionarios que surgieron en la década de 1960 no eran ideólogos izquierdistas, sino oficiales militares que sentían que el régimen había sacrificado la soberanía del país para entregarla a Estados Unidos. Al principio, los enfrentamientos estaban confinados casi por completo a unas cuantas ciudades en el oriente. La amenaza general al ejército era mínima, pero la respuesta desproporcionada del gobierno inflamó un levantamiento más amplio en la capital entre estudiantes, profesores y líderes sindicales. El efecto fue un lazo de realimentación en el que el ejército, viendo amenazas por doquier, intensificó su ofensiva.

El ejército guatemalteco recibió de los estadounidenses amplio entrenamiento, napalm, tecnología de radar y aviones, buena parte de ellos transferidos al país directamente de instalaciones norteamericanas en Vietnam. Los bombardeos en Guatemala eran dirigidos con frecuencia desde las bases estadounidenses en Panamá. Los guerrilleros respondían con secuestros selectivos, asesinatos y robos de banco, pero rápidamente fueron aplastados. A finales de la década, el movimiento revolucionario estaba hecho un caos, con segmentos enteros de la oposición urbana diezmados. El ejército y sus escuadrones de la muerte habían asesinado a casi todos los líderes del movimiento obrero, así como a los altos rangos de los partidos políticos moderados.

Juan había viajado a Guatemala por primera vez en 1976 y a duras penas salió vivo. Decidido a finalizar sus estudios médicos, optó por irse de San Salvador, donde las tropas federales ocuparon de nuevo la universidad, y viajar a la Ciudad de México para matricularse en la Universidad Nacional Autónoma de México. De camino, paró en la Ciudad de Guatemala para visitar a un amigo, otro estudiante de medicina que se había visto orillado a dejar El Salvador unos años antes. Una noche, caminando por el centro de la ciudad para ir a cenar, Juan fue detenido por un grupo de policías que le pidieron sus papeles de identidad. Llevaba consigo una credencial de la Facultad de Medicina. "Así que es un estudiante —señaló uno de ellos—. Un comunista".

Al final lo trasladaron a un nuevo complejo a las afueras de la capital. Se llamaba Pavón, y el gobierno guatemalteco lo vendía como una de las cárceles más grandes de la región, con la capacidad de albergar a 1 000 presos simultáneamente. Cuando los guardias de la prisión se enteraron de que Juan era estudiante de Medicina, lo obligaron realizarles exámenes médicos a los demás internos. Eso era un privilegio y una forma de protección. Le concedieron, por ejemplo, un espacio en el suelo donde podía acostarse por las noches, a diferencia de los demás, que estaban tan apretujados en sus celdas que tenían que dormir parados. Pero los guardias encontraron otras formas de atormentarlo. La mayor parte del tiempo le ordenaban que realizara exámenes rectales innecesarios. Los médicos de tiempo completo se aparecían cada tantas semanas. En un cuenco de metal de la enfermería juntaban las jeringas para volver a usarlas. Muchas de las personas que entraban al complejo nunca más salían. Juan se salvó gracias a unas llamadas de sus tíos influyentes en El Salvador, pero estuvo ahí tres meses.

El viaje a Guatemala en la primavera de 1981 fue largo, accidentado e incómodo, y los tres hombres en la parte trasera de la camioneta de Margarita Ortiz estuvieron todo el tiempo en silencio. Nada podía distraerlos del pensamiento de dónde se encontraban. Estar dándose a la fuga en Guatemala era una mejora muy modesta respecto de estar escondidos en El Salvador. Las fuerzas de seguridad de Guatemala no eran solamente aliadas del ejército salvadoreño: eran la envidia de los cuerpos de oficiales salvadoreños, muchos de los cuales soñaban con una forma de gobernanza que siguiera el modelo de lo que llamaban "la solución guatemalteca", un estado de control militar total y libre de obstáculos.

Ortiz se dirigió a un decadente distrito comercial en la Ciudad de Guatemala hecho de gasolineras, clubes de *striptease* y viejos edificios decrépitos. Dejó a Juan y a los demás en la camioneta para ir a vender sus cebollas a un mercado cercano y regresó unas horas después con el primero de varios lotes de artesanías y chucherías. En 1976, un terremoto de 7.5 en la escala de Richter había devastado al país, con un saldo de más de 20 000 muertos y como

70 000 heridos. El epicentro había sido a unos 160 kilómetros de la Ciudad de Guatemala, pero los escombros seguían visibles en las calles media década después. Los edificios estaban abandonados. Los residentes que habían sido desplazados de las viviendas humildes que rodeaban la ciudad buscaban nuevos lugares para dormir. La red eléctrica, el suministro de agua y el sistema telefónico funcionaban intermitentemente. Juan compartió un cuarto con los otros hombres en un motel de mala muerte cerca de una ruidosa y abarrotada estación de autobuses y central de abastos llamada La Terminal. Pasarían unas semanas ahí mientras Ortiz tramaba la siguiente etapa de su viaje.

Tres años antes, Fernando Romeo Lucas García, un general del ejército y exministro de Defensa, había ganado una farsa de elección e iniciado uno de los periodos de represión más violentos de las últimas décadas. Su vicepresidente civil, un experto en derecho internacional de inclinaciones liberales, se había sumado al programa electoral pensando que podía diluir la influencia de los militares, pero en dos años salió huyendo del gobierno y del país; decía que en Guatemala no existían presos políticos: solo cadáveres políticos. Entre marzo y septiembre de 1980, más de 100 abogados, maestros y estudiantes universitarios fueron asesinados; a principios del año siguiente habían dado muerte a 36 políticos de oposición. Pero las ofensivas eran más discretas que en El Salvador, donde los cadáveres yacían en las esquinas de las calles y camiones militares daban vueltas por las calzadas. En Guatemala, la policía judicial podía levantar a alguien a plena luz del día, y todo sería tan rápido, con tan poca fanfarria, que era posible que los transeúntes ni cuenta se dieran. Un testigo habría observado cómo la vida cotidiana volvía a fluir como si nada; se cerraba de nuevo en torno al alboroto, que dejaba un rastro tan leve que se sentía como una simple tomadura de pelo.

La guerrilla, por su parte, respondería de la misma manera; solía elegir para sus ataques barrios más chic. Pero Juan y los demás nunca habían tenido oportunidad de visitar lugares así. En un barrio lujoso de las afueras, poco después de la llegada de Juan, un grupo de espectadores adinerados veía un partido de softbol una tarde cuando tres guerrilleros entraron a la cancha, le dispararon al jugador de la segunda base y secuestraron al parador en corto, que era hijo de una de las familias más ricas del país.

Una de las razones por las que no era palpable que se trataba de una guerra hecha y derecha era que el escenario principal había cambiado de la capital al campo. El ejército temía que la guerrilla movilizara a los indígenas mayas en contra del gobierno. Ellos constituían más del 60% de la población nacional, y en un país con un índice de pobreza de casi 90%, eran los más pobres y los que vivían en peor situación, por mucho. Después de las escaramuzas revolucionarias de la década de 1960, la guerrilla y el ejército se dieron cuenta más o menos simultáneamente: solo era cuestión de tiempo para que la población indígena se levantara en armas. Los grupos guerrilleros —formados fundamentalmente por miembros de la casta social dominante del país, occidentalizados e hispanohablantes— terminaron por superar su propio racismo para hacer más representativo e incluyente su movimiento.

Las circunstancias se confabularon para ayudarlos a tomar al toro por los cuernos. La represión militar había perdido fuerza en los primeros años de la década de 1970, pero la población indígena era una clase de la costa del Pacífico permanentemente marginada en una época en la que la industria agropecuaria y los grandes terratenientes los estaban exprimiendo por los dos lados. En el interior del país, miembros corruptos del ejército también estaban robando tierras comunales reservadas para cultivos de subsistencia. El 29 de mayo de 1978, en una zona remota del estado norteño de Alta Verapaz llamado Panzós, 50 activistas mayas q'eqchi' organizaron, con ayuda del Partido Guatemalteco del Trabajo, una manifestación para protestar por el robo de sus tierras a manos del gobierno. El ejército mandó tropas que ametrallaron a las multitudes y mataron a varias docenas de personas en el acto. "Quienes busquen un cambio verdadero no tendrán más alternativa que la izquierda violenta", observó posteriormente el embajador estadounidense.

En lugar de basarse en los asesinatos selectivos, como antes, el ejército estaba inclinándose cada vez más por las matanzas. En 1980, miembros de una importante organización indígena denominada Comité de Unidad Campesina (CUC), formada dos años antes, tomó la embajada española en Guatemala para llamar la atención sobre los abusos del gobierno. A los activistas del Departamento de Quiché se sumaron estudiantes de la Universidad de San Carlos, la institución universitaria pública insignia del país; alertaron de antemano a miembros de la embajada española. Se suponía que sería un acto no violento, pero cuando Lucas García se enteró de que tendría lugar, llamó al inmediato exterminio de los participantes ("sáquenlos a como dé lugar", le dijo a su ministro de Gobernación). La policía cerró con llave las puertas del edificio desde fuera y atacó la construcción con granadas y bombas incendiarias. Murieron casi todos los que estaban adentro: 39 activistas, personal de la embajada, diplomáticos españoles y hasta un excanciller guatemalteco, al que se había convocado como negociador.

La Ciudad de Guatemala estaba dividida en diferentes zonas con números que en ocasiones disimulaban su proximidad. La embajada española estaba en la Zona 9, un área elegante de edificios coloniales y calles amplias y pulcras pobladas por diplomáticos y empresarios internacionales. A unas cuadras al norte se ubicaban La Terminal y una variedad de bares sórdidos y moteles de bajo costo, en la Zona 4, donde Juan y los otros rara vez ponían un pie. Cuando lo hacían era para comprar algo de comida o realizar rápidos mandados. Los restaurantes cerraban en la tarde-noche y las calles se quedaban desiertas. Las camionetas Jeep Cherokee, el vehículo preferido por los escuadrones de la muerte, solían ser augurio de algún horror inminente.

Una mañana, Juan salió cojeando de su hotel con una sola muleta para ir por algo de cenar ahí cerca. Acababa de volver, aliviado de que no le hubiera pasado nada, cuando un fuerte ruido lo sobresaltó. Un grupo de policías bajaba penosamente las escaleras del hotel con alguien esposado. Juan se estremeció cuando se giraron y lo vieron. Con la muleta, debe de haberles parecido que no ameritaba tomarse la molestia. Pasaron frente a él de camino a sus vehículos.

Diez días después llegó el momento de emprender el viaje de 12 horas en auto a México. Ortiz tomó la carretera Panamericana para encaminarse al oeste hacia la costa del Pacífico bordeando las temidas Tierras Altas, con sus susurros de catástrofe. La camioneta aceleraba traqueteante por las calzadas con baches. A Juan, echado entre las bolsas de artesanías y con las piernas acalambradas, cada hora le parecía una eternidad. Después de un rato, los bufidos del motor amainaron y el vehículo se detuvo. Juan oía el *crescendo* de la voz de Ortiz hablando con los agentes en el control. Él imaginó la *mordida*, ese dinero que ella entregaba amablemente con un férreo aspecto despreocupado. Cuando el motor volvió a retumbar unos minutos después, supo que estaban avanzando.

El obispo rojo

En la primavera de 1981, cuando Juan llegó a la Ciudad de México, empezó a usar el pseudónimo de Blanco y, literalmente, dejó en blanco su apellido. La región estaba plagada de espías salvadoreños. Si las autoridades migratorias mexicanas alguna vez lo detenían y lo deportaban, esa era su única oportunidad de librarse de la ejecución inmediata en El Salvador. En Usulután, todos sus amigos estaban acostumbrados a usar apodos, argot y contraseñas para comunicarse, por si un teléfono se encontraba intervenido o había un informante u oreja escuchando.

El primer punto del orden del día era llevarlo a un hospital, donde se le realizó una serie de operaciones para salvarle el pie y arreglar el brazo dañado. Los médicos le reconstruyeron el pie injertando tejido, músculo y piel alrededor de la herida infectada; le sustituyeron el hueso roto del tobillo con una prótesis de cobre. El antebrazo y la mano fueron más fáciles de tratar, pero el daño a los nervios fue permanente. Sus torturadores cumplieron la promesa de impedir que jamás volviera a realizar cirugías. Durante el resto de su vida, empezando por el día que salió del hospital en la Ciudad de México, cuatro meses después de haber ingresado, los dedos le dolían, le temblaban y se le dormían cuando se amarraba los zapatos o se abotonaba la camisa.

Los tres salvadoreños recién llegados se fueron a vivir a una casa blanca de dos pisos en un tranquilo barrio residencial al norte de la ciudad llamado San Juan de Aragón. La propiedad estaba al fondo de una calle amplia, enclavada detrás de un bajo muro perimetral; tenía un jardín, un patio al frente y otro atrás, y un gran lavadero afuera. La dueña de la casa era una mexicana que trabajaba en un organismo de ayuda a refugiados y se la rentaba con una rebaja considerable a 10 salvadoreños, entre ellos el sobrino de Ortiz.

Casi todos los que vivían ahí eran de Usulután, de modo que le pusieron de apodo a la residencia la embajada de Usulután, o la embajada a secas, para abreviar. Funcionaba como un colectivo, en el que los habitantes se turnaban para encargarse de una serie de tareas domésticas. Cultivaban verduras en el jardín y una jaula de conejos, a los que mataban, desollaban y vendían para ganar algún dinero.

Juan trabajó tres meses como agrimensor en el desierto de Hidalgo. El extenuante trabajo empezaba temprano cada mañana antes de que el calor de la media tarde lo hiciera demasiado agotador, y a Juan no le quedaba más remedio que lidiar con sus heridas. "Terapia física", le llamaba. Arrastraba un tripié bajo un brazo y con el otro maniobraba con su muleta; si encontraba el equilibrio justo, podía anotar las mediciones en una tablilla sujetapapeles mientras miraba a través del visor del teodolito.

Era el único hombre del equipo que apenas si podía caminar, pero al final todos sufrieron por igual. El día que supuestamente les pagarían, desapareció el contratista. Volvieron a la Ciudad de México con las manos vacías. Fue la iniciación de Juan al cruel y consabido trato a los inmigrantes como gente desechable. Sin papeles, no había a quién recurrir. ¿Qué alternativa tenía, sino aceptar esos trabajos? Surgió otra oportunidad por medio de un amigo en la embajada. Un restaurante del otro lado de la Ciudad de México, cerca de la universidad donde Juan alguna vez había soñado estudiar, necesitaba un contador. Para entonces ya sabía que debía decir que tenía amplia experiencia en contabilidad.

México estaba lleno de generosidad y de solidaridad, pero también de contradicciones. Pocos meses después de la llegada de Juan, México y Francia se convirtieron en los dos primeros países en reconocer a la guerrilla del FMLN en El Salvador como una legítima "fuerza política representativa". Eso significaba una reprimenda a los militares salvadoreños. De todas formas, los líderes políticos mexicanos tenían poca influencia sobre las autoridades migratorias del país o sobre la fuerza policial. Los agentes rutinariamente se aprovechaban de los inmigrantes: los asaltaban, los extorsionaban y los deportaban a cada oportunidad, con frecuencia exactamente en ese orden.

Juan era optimista por naturaleza y por necesidad. Se consideraba afortunado de que lo hubieran asaltado solo dos veces, porque en ambas ocasiones pudo eludir la detención. Una vez, en el metro, un policía le robó las botas porque él no tenía suficiente dinero para pagar un soborno. Volvió a su casa cojeando en muletas, aliviado de que simplemente le hubieran quitado el calzado. En otra ocasión lo detuvieron al bajar de un pesero, uno de los pequeños autobuses baratos de la ciudad; cuando los policías supieron que iba de camino al trabajo, lo acompañaron y le exigieron que les diera el cheque de su sueldo.

En la embajada, los salvadoreños tenían planes de contingencia por si alguna vez llegaba la policía. La más sacrosanta regla de la casa era nunca dar la dirección de San Juan de Aragón. Si te detenían, les debías a todos los demás quedarte callado.

Juan descubrió que hablar fuerte en público podía atraer una atención no deseada. Si hablaba —en un camión, en un puesto de periódicos para pedir cambio—, tenía que hacerlo en una voz que no era la suya. Los salvadoreños estudiaban el español mexicano para parecer de ahí. Quizás resultaba evidente que no eran de la capital, pero México es una nación gigante, lleno de pueblos y páramos idiosincrásicos, toda una geografía de posibles tapaderas y pretextos.

En la embajada se preparaban como para un examen universitario. No era únicamente lingüística, sino una especie de teatro. Un auténtico mexicano, por ejemplo, se escandalizaría si un policía al detenerlo le preguntara si era extranjero, así que Juan preparó un acto. "Chinga tu madre. Yo soy mexicano, de Chiapas", decía, atento no solo a aprenderse bien el insulto, sino también a acortar las sílabas, pellizcando las palabras para que le salieran por las comisuras de la boca con ese característico *staccato* de macho. Un ejercicio común para todos era memorizar la letra del himno nacional mexicano y aprenderse los hitos y los monumentos de cada lugar del que dijeran proceder. Los salvadoreños que habían estado más tiempo ahí aprendieron de los demás esos detalles, y los nombres de escuelas, calles sin señalizar e iglesias de Chiapas, Guerrero y Oaxaca se iban pasando entre ellos como viejos acordeones. Se sabía que los policías les hacían esa clase de interrogatorios a la gente a la que detenían por cualquier motivo.

La lucha por recibir noticias de El Salvador era otro recordatorio de la precaria situación del grupo. Llamar a sus casas era una ardua tarea de muchas horas que requería usar el teléfono de un vecino de San Juan de Aragón. Juan hablaba con sus padres una vez por semana, pero ellos no tenían teléfono propio. Había que llamar a la solitaria oficina de telecomunicaciones del pueblo, dirigida por una dependencia gubernamental llamada Antel, y un mensajero se trepaba a una bicicleta para ir por sus padres, que vivían a una cuadra. Las conversaciones mismas eran cohibidas y acartonadas porque nadie podía estar seguro de qué tan atentamente escuchaba las líneas Antel.

—¿Cómo estuvo ayer la piñata? —le preguntaba Juan a su madre, usando una de sus contraseñas improvisadas para referirse a la guerra.

Respondía ella:

—Estuvo bien: solo dieron unos dulces pequeños —*dulces* significaba pistolas, no artillería pesada.

En México los salvadoreños podían seguir la guerra en su país por los noticiarios y por la radio clandestina. Eran detectives *amateurs* y deducían pistas sobre los combates en Usulután leyendo entre líneas las noticias de medios que repetían como loros las versiones del gobierno. Cuando repuntaron los combates en la ciudad de Berlín, en 1983, los salvadoreños de la embajada se informaban en los principales periódicos del país sobre el número de muertes entre los guerrilleros. Si no se mencionaban bajas militares, sabían que el daño al gobierno había sido considerable.

Mientras Juan y los demás hacían estas inferencias básicas, parecía que el gobierno de Estados Unidos nunca aprendería a penetrar en el doble discurso del ejército salvadoreño. La administración gubernamental estadounidense tenía comunicación directa y asidua con las altas esferas de las fuerzas armadas salvadoreñas, pero el problema no era el acceso; esos militares simplemente les decían mentiras, les contaban cuentos y hacían insinuaciones que los otros la mayoría del tiempo solo podían creer a medias. La embajada de Usulután también tenía unos informantes más confiables, si bien más humildes: la continua corriente de salvadoreños que huía a México. Todos los fines de semana se reunían en un rincón de Chapultepec, en la Ciudad de México, un extenso y exuberante bosque con senderos, lagos, pabellones y un zoológico. Los edificios de la urbe se asomaban a lo lejos entre el dosel arbóreo. En una larga hilera de puestos de madera, los salvadoreños vendían comida hecha en casa y artesanías; había representaciones musicales y danza. Los refugiados se sacaban información unos a otros y discutían de política.

Una mañana, varios meses después de que Juan llegara a México, estaba trabajando en uno de los puestos del parque, vendiendo mercancías hechas en la embajada, cuando vio a un joven bajo, moreno, con ojos de párpados caídos. Él también le echó una ojeada a Juan, y el rostro de pronto se le iluminó con una mirada de asombro.

—¿Chicho? —gritó. Ese era el apodo que tanto Juan como su padre tenían en Usulután. Hacía casi un año que nadie le decía así. El hombre tartamudeaba—. Pero estás muerto. ¿No estás muerto?

Juan lo reconoció de inmediato; era un viejo amigo y compañero de la carrera de medicina llamado Giovanni. Como Juan había desaparecido cuando el ejército lo detuvo, y tras ser liberado se escondió, la mayoría de sus viejos colegas universitarios supuso que estaba muerto. Giovanni había asistido a un velorio en San Salvador por la persona a la que ahora abrazaba en el Bosque de Chapultepec.

★ ★ ★

El obispo de Cuernavaca era alto y fornido, con una amplia cabeza calva que se rapaba. Su estatura lo convertía en icono y blanco. Un día, a principios de la década de 1970, acababa de regresar de Chile, donde había asistido a un encuentro latinoamericano denominado Cristianos por el Socialismo, cuando un grupo de adolescentes lo abordaron en el aeropuerto de la Ciudad de México y le arrojaron pintura roja. Se llamaba Sergio Méndez Arceo, pero después del incidente se le conoció como "el Obispo Rojo", un insulto conservador que él tomó como cumplido.

Cuando Juan Romagoza lo conoció, una tarde de domingo en el otoño de 1982, Méndez Arceo tenía alrededor de 75 años y estaba en el último año de su episcopado. Había sido un participante influyente del Concilio Vaticano II, un acérrimo defensor del movimiento estudiantil mexicano de 1968, socialista impenitente, partidario de los sandinistas y un abierto exponente de la teología de la liberación. Juan conocía esas distinciones, pero en su opinión palidecían al lado de otra: en marzo de 1980, Méndez Arceo había asistido al funeral de Óscar Arnulfo Romero.

Juan entró tranquilamente en la catedral para asistir a misa casi por accidente. Cuernavaca estaba a solo una hora de la Ciudad de México y había decidido ir a pasar el día allá con tres amigos. La catedral, de estilo barroco, construida en el siglo XVI, tenía una sencilla fachada de piedra y un campanario con elegante cúpula. En el interior había una sola nave flanqueada por vitrales, pero no se hallaba ninguna imagen de los santos entre los altares laterales. En la década de 1950, Méndez Arceo los había retirado porque sentía que eran una distracción. Lo único que quedaba dentro de la iglesia era una representación de Cristo en la cruz. Varios años antes de que el Concilio Vaticano II modernizara el culto religioso, Méndez Arceo ya había estado a la vanguardia litúrgica. Daba misa en español (y no en latín) y sustituyó la tradicional música de órgano alemana con mariachis que interpretaban canciones de Latinoamérica.

Desde el púlpito, Méndez Arceo sonaba mucho como Romero. Hablaba apasionadamente de los imperativos bíblicos para ayudar a los pobres, atacando el tradicionalismo que separaba a la Iglesia del ancho mundo. "En nuestros hermanos y hermanas encontramos a Dios —dijo en una ocasión—. Hacia ellos debe moverse nuestro verdadero peregrinaje". El día que Juan oyó por primera vez a Méndez Arceo predicar en Cuernavaca, el obispo estaba llamando a la solidaridad con los refugiados de El Salvador y Guatemala. "Tenemos que presentarnos con él", les dijo Juan a sus amigos.

Méndez Arceo los invitó a comer. Cuando supo que Juan se había preparado como médico, le pidió su ayuda para una iniciativa de la iglesia. El obispo había creado una clínica para un grupo de refugiados indígenas de Guatemala. Se trataba de familias que habían sido desplazadas por partida doble: primero de su tierra natal en las Tierras Altas occidentales, y luego nuevamente del sur de México, adonde habían ido en busca de protección. Decenas de miles vivían en campamentos de refugiados a lo largo de la frontera de México con Guatemala, en el escarpado y montañoso estado de Chiapas. El gobierno mexicano solía hacerse de la vista gorda cuando los soldados guatemaltecos cruzaban la frontera para llevar a cabo redadas, ataques aéreos y ejecuciones. Los mapas usados por el ejército guatemalteco señalaban los campamentos de refugiados en el sur de México como parte de la "infraestructura guerrillera". Mientras tanto, Estados Unidos, México y Guatemala estaban teniendo pláticas clandestinas para crear "zonas de repatriación" en Guatemala, a donde el gobierno mexicano podría regresar a los refugiados de una vez por todas.

De las decenas de miles de refugiados, unos cuantos cientos de rezagados llegaban a Cuernavaca. Una red de clérigos y activistas laicos mexicanos eran responsables de ayudar a poner a salvo a los más vulnerables. El trabajo de transportarlos al norte, lejos de la frontera guatemalteca, prefiguraba el Movimiento Santuario estadounidense, y operaba conjuntamente con él. La conexión de Méndez Arceo con las fronteras mexicanas era Samuel Ruiz, un obispo de Chiapas que también practicaba la teología de la liberación. Ambos hombres usaban sus seminarios para capacitar a sacerdotes como organizadores comunitarios y para apoyar a feligreses que creaban "comunidades de base" que juntaban el estudio de la Biblia con militancia local para servir a los pobres.

Los guatemaltecos de Cuernavaca normalmente tenían lazos personales que los arrastraban al norte. Abandonados a sus propios recursos, pocos de ellos habrían considerado a Estados Unidos un destino deseable en lo más mínimo. Los campesinos de las Tierras Altas solían ser reacios a trasladarse incluso a ciudades dentro de Guatemala, debido al racismo que enfrentaban fuera de sus propias comunidades cohesionadas. Eran extraños adondequiera que fueran.

En un caserío aislado en la montaña, sin embargo, bastaba con un solo vecino o familiar que hubiera acabado en Estados Unidos y pudiera informar que allá era extraño, pero se podía sobrevivir, con trabajo estable y salarios consistentes. Eso era suficiente incentivo. Quedarse mientras la guerra hacía estragos en Guatemala no era una opción. Lentamente se estaban formando pequeños grupos de guatemaltecos en Florida central, donde encontraban trabajo estacional que se parecía un poco a sus medios de vida agrícolas en su tierra. Otros se asentaban juntos en complejos residenciales en centros urbanos como Houston o Los Ángeles, creando islas de comunidad donde llevaban vidas reservadas.

Méndez Arceo quería que Juan tratara a las familias que llegaban todos los fines de semana a la clínica y que viajara con ellas a la frontera con Estados Unidos. Juan aceptó enseguida. En la semana, en la Ciudad de México, trabajaba horas extras en un restaurante para juntar dinero y ayudar a sus hermanos a escapar de El Salvador. Los dueños del establecimiento, una familia judía con vínculos políticos de izquierda, eran generosos con la paga de las horas extras, y él asumía turnos adicionales siempre que podía. El trabajo de Cuernavaca no era remunerado. Cada viernes por la noche, Juan se iba en camión, y regresaba a la Ciudad de México el domingo o el lunes muy temprano. Se iba por pocos días, pero cada uno de esos periodos fuera de la capital tenía un efecto enorme en su ánimo. A veces, después de pasar el fin de semana viajando de Cuernavaca a la frontera norte, en cuanto regresaba se iba directo al restaurante a trabajar. Para llegar a su casa tomaba el metro y después un pesero. Sentía que estaba recobrando su antigua meta en la vida; no iba a dejar que la falta de sueño lo desacelerara.

En Cuernavaca se quedaba en un pequeño dormitorio en los terrenos de la catedral, donde dormía y cenaba con los guatemaltecos y con sus familias. En El Salvador, la población indígena prácticamente desapareció durante la Matanza en la década de 1930. Aquellos a los que no mataron se habían asimilado. En Guatemala, los mayas no se escondían, y si hubieran querido hacerlo no habrían podido. Había más de 20 distintos grupos étnicos extendidos por todas las Tierras Altas occidentales y hacia el norte, y la mayoría de ellos hablaba sus propias lenguas, que no tenían nada en común con el español. En la clínica, algunos de los trabajadores de la iglesia podían traducirle a Juan, pero a él le gustaba tratar de darse a entender con gestos y objetos, intercambiando vocabulario durante la cena.

Sus pacientes eran agradecidos con él, y, a su manera distante y lacónica, también protectores. Cuando un grupo de ellos supo que Juan había sido separado de su hijita, empezaron a enviar a sus propios hijos a darle la bienvenida cada fin de semana. Cuando realizaban los largos viajes a la frontera con Estados Unidos, sentados juntos en la parte trasera de la camioneta de la iglesia, los guatemaltecos le cantaban a Juan canciones de sus pueblos, mientras que él respondía con melodías folclóricas que oía en El Salvador. Su favorita, que le hacía un nudo en la garganta y le quebraba la voz cuando la entonaba, se llamaba "Milonga del fusilado", alusiva a un revolucionario caído. Sus escuchas no podían entender la letra, pero se daban cuenta de que necesitaba cantarla para sí mismo.

★ ★ ★

Juan se identificaba como médico, pero en Cuernavaca empezó a entenderse a sí mismo como paciente, superviviente y víctima de tortura. Físicamente, eso era obvio por su cojera y su nudosa y hormigueante mano izquierda. Hablaba de sus "dedos fregados": cinco dígitos que invalidaban una década de estudio y capacitación.

Pero el daño tenía raíces más profundas; se le anunció a Juan en pesadillas que empezaron en Guatemala. Una noche, en su motel de la Zona 4, Ortiz lo oyó gritando desde su habitación y tuvo que ir a despertarlo antes de que provocara un alboroto. En la embajada de Usulután ocurría con frecuencia que los residentes despertaran a los otros de un sobresalto con sus gemidos y sus alaridos. A nadie le gustaba hablar de eso. La debilidad entre los hombres era considerada "una mariconada", así que tapaban el dolor con negativas y bromas viriles. "Sigue así y tendrás que dormir en el baño esta noche", le decían a Juan. Los recuerdos y los *flashbacks,* sin embargo, siguieron apareciendo, como si hubiera algún misterioso truco con cables subterráneos que no pudiera desconectar.

Al principio trató de olvidar los pensamientos que le causaban el mayor dolor: las sesiones de tortura que soportó en San Salvador, o la carita borrosa de su hija de un mes. Sin embargo, con cada intento, su cuerpo, más que su mente consciente, volvía con un bramido a refutarlo. Había calambres, migrañas, sudores nocturnos, dolores en el cuerpo. Vivía en una bruma de achaques continuos. Se recrudecían mientras más se alejaba de El Salvador, justo cuando bajaba la guardia; era una cadena que no podía romper.

Los refugiados guatemaltecos a los que atendía también mostraban señales fisiológicas de un profundo trauma subyacente. Sus síntomas eran variados pero inconfundibles: espasmos musculares, dolores de articulaciones, insomnio, depresión y presión alta. Apretando los dientes, los hombres mayores confesaban sentir unas incontenibles ganas de llorar. Sus hijos lo mostraban en la conducta, o les costaba mucho trabajo concentrarse en tareas sencillas. La peor parte, en opinión de Juan, era que las emociones constituían un tabú entre esos pacientes. Ninguno hablaba de lo que había visto y padecido. Si Juan preguntaba, la respuesta era el silencio, y el paciente se hundía en una especie de catatonia. Eso no tenía nada que ver con el macho estoicismo mostrado por los hombres de la embajada de Usulután. Quedarse callados —sufriendo por dentro— estaba más arraigado entre los miembros de las comunidades de las Tierras Altas; era tanto un hábito como una manera de ser. También ellos acababan de atravesar algo incalificable. En Guatemala, los principios de la década de 1980 llegaron a conocerse como la Violencia, un eufemismo deliberadamente insinuante; para los pacientes de Juan, era simplemente "la situación".

Estaban huyendo de un genocidio. Las peores masacres ocurrieron entre 1981 y 1983, en zonas del campo con las mayores concentraciones de habitantes indígenas. En el noroeste, en las exuberantes y montañosas Tierras Altas, en los

*Soldados interrogan a una madre con su bebé, sospechosa de "subversión",
en Chajul, Quiché, Guatemala, 1983.*

departamentos de Quiché y Huehuetenango, vivían los mayas q'anjob'ales,
los chujes, los ixiles y los k'iche's, y más hacia el oriente, en las Verapaces, ha-
bitaban los achi'es. El gobierno de Lucas García adoptó una política que un
general calificó de ceguera y locura, en la que los militares mataban, torturaban y violaban a todos los mayas que podían para infundir terror y reducir el
apoyo a la guerrilla. "Las grandes masas indias", como les decía la milicia, eran
la "base social" de oposición al ejército. La premisa se obtenía de la doctrina
contrainsurgente estadounidense, pero la ejecución excedía incluso la capacidad del gobierno de Estados Unidos para idear justificaciones geopolíticas. El
gobierno de Carter había cortado la ayuda al ejército guatemalteco en 1977;
Reagan estaba tratando de reiniciarla. Al mismo tiempo, se destruyeron cientos de aldeas y se mató y desapareció a 200 000 personas. Más de un millón de
habitantes indígenas fueron desplazados, y decenas de miles huyeron a México.
En cierto momento, después de que los soldados incendiaran bosques enteros
para volver inhabitables franjas enteras de las Tierras Altas, los pobladores informaron sobre cambios en el régimen pluvial y en el clima.

En marzo de 1982, un general cristiano evangélico de nombre Efraín Ríos Montt perpetró un golpe de Estado y se hizo del gobierno guatemalteco. Sistematizó los ataques iniciados por su predecesor, cuyo mayor fracaso, a ojos de Ríos Montt, había sido su desorganización. Las masacres continuaron bajo los auspicios de una nueva campaña para "pacificar" a los mayas rurales. La llamó Victoria 82. Lucas García había enjuiciado a la contrainsurgencia acusando a los soldados de cometer matanzas enteramente aleatorias, de acuerdo con la historiadora Virginia Garrard-Burnett. Un asesor de Ríos Montt, llevando a cabo la nueva iniciativa, pedía una "matanza total" del 30% en las zonas de conflicto. El restante 70% de sus operaciones incluía campañas por realojar a campesinos desplazados en zonas específicas donde dependían por completo del ejército para recibir alimentos y atención médica básica (uno de los programas se llamaba Fusiles y Frijoles). En palabras de un telegrama estadounidense, "a la población rural se le ordena mudarse a aldeas donde hay avanzadas militares. Entonces se aplica a los alrededores una política de tierra quemada". El ejército también creó un "sistema de patrulla civil", en el que se obligaba a los pobladores a rastrear a sus propios vecinos, respondiendo a datos e insinuaciones sobre quién podría tenerle antipatía al gobierno. Años después, una comisión de la verdad dirigida por la Iglesia católica intentó cuantificar y catalogar todos los alcances de la devastación. Pero no había una taxonomía para todo lo que hallaron. "¿En qué categoría entra la obligación de matar a un hermano? —escribieron los investigadores—. ¿Qué concepto se puede aplicar a las ceremonias públicas donde se obligaba a todos a golpear a la víctima con un palo en la cabeza hasta que perdía la vida?"

11

Vivir mientras viva la República

Juan nunca cruzó con los guatemaltecos la frontera de Estados Unidos, y jamás se sintió tentado a intentarlo. Los estadounidenses parecían saber arreglárselas para encontrarlo. En Cuernavaca conoció a una joven monja de Sacramento, la hermana Bernadette, que le habló del Movimiento Santuario en Tucson, Berkeley y San Francisco. En sus viajes al norte, Juan pudo darse cuenta de que había activistas estadounidenses esperando del otro lado de la frontera para recibir a los guatemaltecos, pero eso era todo lo que sabía. La hermana Bernadette mencionaba a menudo el nombre de John Fife, en Tucson, fácil de recordar: dos apretadas sílabas de aliento que Juan podía archivar como un toque de solidaridad estadounidense con la causa.

En la embajada de Usulután, una salvadoreña se mudó a una recámara en un rincón del segundo piso. Su novio era un músico estadounidense al que había conocido en el Bosque de Chapultepec. Él y sus amigos, afables y conversadores, a veces estaban en la embajada cuando Juan volvía de sus fines de semana en Cuernavaca. Cuando, inevitablemente, salía a colación el tema de la guerra en El Salvador, hacían preguntas que le permitieron a Juan sacar dos conclusiones. La primera: que existía una diferencia entre los estadounidenses y su gobierno. La segunda: muy poca gente en Estados Unidos parecía saber lo que en realidad estaba pasando en El Salvador y Guatemala. Juan les mostró sus propias cicatrices y pensó: "Si los instrumentos de la guerra están saliendo de Estados Unidos, quizás estas sean las personas a las que debemos aclararles las cosas".

Mientras los guatemaltecos se movían al norte, la familia de Juan estaba de camino a la Ciudad de México. Después de un año en el restaurante, había juntado suficiente dinero para que sus hermanos escaparan de El Salvador con sus familias. Un hermano llegó en camión, otro en avión. Su hermana, Morena Guadalupe, llegó con su esposo y sus dos hijos. Todos se quedaron en la embajada de Usulután en México, y más adelante los padres de Juan fueron a pasar allá las fiestas. Luego, uno por uno, empezaron a dispersarse. Los padres de Juan volvieron a casa. Eran lo bastante viejos para no despertar sospechas del ejército, y la madre de Juan obtenía visas de turista por medio de sus hermanos. Un hermano se fue a solicitar asilo a Australia y otro partió a Nicaragua. Más adelante, Morena Guadalupe llevó a su familia a San Francisco, donde una tía que trabajaba de enfermera había vivido desde la década de 1950.

Juan siguió realizando viajes a la frontera y aprendiendo más sobre las rutas para atravesar el norte de México. La mayoría de los guatemaltecos iba a Tijuana porque el viaje les permitía evitar kilómetros de desierto abrasador. California, el estado con más hispanohablantes, tenía fama de ser el más acogedor de la frontera. Los guatemaltecos que decidían cruzar en El Paso o en Tucson solían tener un familiar en la Costa Este.

Cuando Juan dejó a otro grupo en la frontera, alguien siempre se volvía hacia él y le preguntaba:

—¿Y por qué ahora no cruzas tú? Ya estás aquí.

Y él siempre respondía:

—Ahora no. En México puedo estar más cerca de El Salvador.

Habían pasado dos años desde que Juan tuvo comunicación con Laura y su hija. Su vida en México tenía la inesperada virtud de la impermanencia: no tenía que descartar la posibilidad de volver a casa. Mientras la familia de Juan estuviera en El Salvador y él no, no importaba dónde radicara él. Estaban vivas o no; encontrarlas dependía enteramente de la situación en Chalatenango. Pero irse de México a Estados Unidos significaba una falta de fe.

Un domingo de noviembre de 1982, como a mediodía, recibió las temidas noticias en la forma de una breve nota en uno de los boletines que se mimeografiaban y se distribuían en el Bosque de Chapultepec. Había habido un ataque militar en Chalatenango, y en la lista de las personas dadas por muertas estaba "Carolina", "una estudiante en su último año de la carrera de medicina". Ese había sido el pseudónimo de Laura durante sus días de activista. Juan nunca conoció al resto de su familia porque desaprobaban la vida política que él compartía con su hija. La hermana y la madre de Laura se habían ido del país en algún momento de 1980 y se mudaron a Puebla, México, pero Juan no tenía una dirección ni un número de teléfono. De acuerdo con el boletín, no se había hallado el cuerpo. No se decía nada de la hija de Juan.

Más adelante, ese mismo mes, un obispo salvadoreño anunció que el papa iría a El Salvador en febrero o marzo del año siguiente. Las misiones católicas de toda Latinoamérica organizaron viajes al país por la visita papal. Al ver una oportunidad, Juan concibió un plan. Era posible que la noticia sobre Laura estuviera equivocada. Por medio de sus contactos en la iglesia se haría pasar por un seminarista mexicano que viajaba con una delegación religiosa a San Salvador para hacer un recorrido de la ciudad la víspera de la llegada del papa. Cuando llegara ahí, se apartaría del grupo y trataría de entrar de contrabando a Chalatenango. Si pudiera entrar al departamento clandestinamente, y franquear los controles del gobierno y las patrullas militares, podría averiguarlo.

Llegó en camión con una delegación de sacerdotes mexicanos una tarde de marzo. Con el hábito café y el cordón blanco de un fraile franciscano, llevaba una visa extranjera falsa y hablaba con un acento mexicano afectado. Era como si hubiera vuelto y no hubiera vuelto a casa.

Unos días después, cuando los demás iniciaron un recorrido por las iglesias de la ciudad, Juan fue a un mercado a comprar un pan y una pequeña canasta de fruta. Había preparado un guion y ya se sabía la historia de memoria. La idea era abordar un camión a Chalatenango con el pretexto de que era un sacerdote mexicano con una congregante salvadoreña en la Ciudad de México que no podía viajar debido a la guerra. Él visitaría a la familia de ella de su parte y le llevaba la comida como obsequio.

Normalmente el camino a la capital tomaría como dos horas, pero las carreteras estaban interrumpidas por controles. Había soldados esperando en puestos de vigilancia en las afueras de la capital, en Apopa, en Aguilares y, finalmente, en la entrada a Chalatenango, en la zona llamada El Paraíso, donde se encontraban los cuarteles en los que estuvo detenido Juan la primera vez. Los soldados seguían la instrucción de no dejar entrar a nadie que no tuviera los documentos que demostraran que vivían en la zona. Pasarlos sería difícil, pero no imposible.

Juan se sentó junto a una ventanilla en el rincón posterior derecho del autobús. El campo subía y bajaba en olas de espesa vegetación que de vez en cuando cedía el paso a campos despejados chamuscados por el sol. Mirando el paisaje, Juan pensaba en todos los soldados que no podía ver, pero sabía que ahí estaban, escondidos en los barrancos y los bosques circundantes. Ese era territorio rebelde, y estaba lleno de espías y vigías de las dos partes del conflicto.

Era muy probable que hubiera informantes con él en el camión, así que tenía que seguir en personaje y proyectar una actitud de tranquilidad y reserva sacerdotal. Los pasajeros más jóvenes con toda probabilidad estaban alineados con la guerrilla. Los mayores, un poco mejor vestidos, con botas de cuero y chamarras sin roturas, podían estar trabajando con el ejército. Juan buscaba señales que los delataran. De acuerdo con su experiencia, los campesinos, cuando viajaban, no solían llevar sus tradicionales sombreros de ala ancha. A cualquiera que encajara en la descripción general de informante del gobierno y además llevara sombrero en el autobús, Juan lo ubicaba como sospechoso. Tomaba nota de los que tuvieran alguna ligera discordancia en la postura. La mirada de alguien podía estar recorriendo rápidamente el autobús mientras su cuerpo se quedaba quieto. Eso podía ser señal de que no quería llamar la atención. Pero era igual de probable que los otros pasajeros estuvieran evaluando a Juan con los mismos recelos. Puso a trabajar todos los músculos de su cara para parecer relajado. Para pasar el tiempo, recitaba oraciones mentalmente hasta que se las acababa y empezaba a inventar las suyas propias.

Juan pasó los primeros controles sin novedad, pero en el último, antes de Chalatenango, el camión empezó a andar a vuelta de rueda. Del lado derecho de la carretera, unas zonas cubiertas de pasto se habían convertido en campos de tiro para las tropas. Del otro lado, un muro verde rematado por alambre de cuchillas señalaba el principio de la instalación militar. Se había pintado encima un eslogan: "El ejército vivirá mientras viva la República". Juan divisó el parapeto de El Paraíso. Un soldado se subió al autobús y le dijo algo al conductor, que asintió con la cabeza. Jaló la palanca de velocidades y empezó a darle la vuelta al vehículo.

Juan lo intentó de nuevo por la mañana, y una vez más por la tarde del día siguiente. En todas las ocasiones logró pasar los primeros controles, pero los soldados los detenían en El Paraíso.

En una de las tardes desoladas que pasó en San Salvador, tratando de repensar sus planes, visitó a una amiga suya y de Laura que había estudiado medicina con ellos en la universidad. Se llamaba Mercedes Grijalva y vivía en un pequeño barrio en una ciudad de clase trabajadora llamada Mejicanos. Juan fue a su casa con su hábito café y esperó unas horas a que volviera del trabajo.

—Tú no eres un sacerdote —le dijo Mercedes al llegar.

La casa, que compartía con su familia, era demasiado chica para que pudieran hablar a solas. Se fueron a sentar a una banca en un parque cercano, donde ella le contó que el cuerpo de Laura había sido encontrado. Los soldados irrumpieron en el caserío de Chalatenango donde Laura estaba atendiendo pacientes. Todos huyeron, pero ella regresó corriendo por su maletín médico. Quedó atrapada en el fuego cruzado y la detuvieron. Su cadáver mostraba señales de tortura. Su hija, María, ahora estaba con la familia de Laura en Puebla.

Unos días después, cuando la delegación de la iglesia volvió a la Ciudad de México, Juan se fue con ellos. Regresó a la embajada de Usulután taciturno y exhausto, pero, en un giro inesperadamente liberador, descubrió que ya no estaba en el purgatorio. Había decisiones que tomar. Si viajaba al norte, quizá habría la oportunidad de hacer algo, por poco que fuera, para presionar a Washington a que ayudara a aminorar el conflicto. De las dos vidas que empezó a imaginar para sí mismo —como inmigrante indocumentado en Estados Unidos o en México—, la vida estadounidense parecía incluir una pelea. Llegó a pensar en esa opción como el único camino verdadero de vuelta a casa.

12

Traficantes con escrúpulos

Peggy Hutchison jalaba un par de cables oxidados de la alambrada de púas entre Estados Unidos y México cuando llegó el grupo, una mañana de otoño de 1982. Venían de Agua Prieta; eran dos madres, sus cuatro hijas pequeñas y un bebé. Todas tenían dificultad para respirar; lo hacían con resoplidos cortos y superficiales. Hutchison separó los alambres y se abrieron paso por un pequeño hueco en la cerca. Un minuto después estaban en Douglas, Arizona, caminando pesadamente hacia el coche de Hutchison, un destartalado Toyota Corona amarillo con asientos de butaca y la tapicería pelada. Lo había dejado encendido a un lado de la carretera.

Detrás del volante, se inclinó hacia delante y puso la palanca de cambio en *drive,* mirando, con ojos entrecerrados, a través de unos anteojos de plástico extragrandes, si venían coches. Las *jeeps* verdes de la Patrulla Fronteriza eran fáciles de detectar por estar muy elevadas por encima de las llantas, como centinelas. Pero era una mañana oscura y lluviosa, con la neblina levantándose del camino. Se incorporó a la carretera y se dirigió a la casa de seguridad, donde un pastor y varios activistas esperaban.

Hutchison, de 27 años, era alta y delgada; tenía un aire de intensidad enroscada. Oriunda del Área de la Bahía de San Francisco, en California, había llegado a Tucson unos años antes para trabajar en los ministerios de la frontera para la Conferencia del Desierto Suroeste, de la Iglesia Metodista Unida. Poco después visitó la raída cárcel de Nogales, México, donde conoció al padre Quiñones y a James Corbett. A finales de 1982 se había vuelto una integrante fiable del Movimiento Santuario. Margo Cowan y Lupe Castillo se

119

especializaban en servicios legales. John Fife aseguraba espacio en las iglesias para los migrantes. Corbett viajaba al sur de México para reclutar a una red de activistas. Hutchison se dedicaba a los cruces propiamente dichos.

Usaba para los viajes diferentes autos; casi siempre se los prestaban los otros voluntarios. La primera vez se puso nerviosa y, con un coche lleno de salvadoreños, se equivocó al dar una vuelta y ya iba para Fort Huachuca, una base militar. Cada cruce presentaba nuevas dificultades. Una vez, una refugiada estaba sentada junto a ella en el asiento delantero cuando se vieron obligadas a bajar la velocidad al pasar frente a un control del lado del copiloto. Le indicó a la mujer que se dejara caer por el asiento para ocultarse, mientras ella saludaba vigorosamente con la mano al agente de la Patrulla Fronteriza. Él hizo gestos para que pasara y en ningún momento tuvieron que detenerse por completo. En otra ocasión dio vueltas por los callejones de Douglas mientras un equipo de agentes de la Patrulla Fronteriza perseguía a dos migrantes a los que había ido a recoger. Los dos hombres salieron corriendo de una calle lateral, ubicaron a Hutchison y se metieron en el asiento trasero antes de que los agentes doblaran la esquina. Normalmente, la gente que cruzaba por Agua Prieta hacía la primera etapa del viaje por su cuenta. Caminaban por las montañas, serpenteando por una zona de Nuevo México antes de salir a Arizona, a las orillas de una reserva ornitológica. Hutchison y los otros los esperaban, haciéndose pasar por observadores de aves. Para mujeres con hijos, sin embargo, ese viaje era demasiado riesgoso.

Habían avanzado menos de dos kilómetros por la carretera cuando aparecieron las camionetas de la Patrulla Fronteriza. Dos de ellas surgieron entre la niebla, con los faros apuntando hacia el coche. Eclipsaron al Corona de Hutchison y pasaron a su lado a toda prisa. Uno de los niños empezó a hiperventilar y los otros se pusieron a llorar. A las madres y a los niños, que eran de El Salvador, las camionetas de la Patrulla Fronteriza les recordaban las del ejército salvadoreño. Cundió el pánico dentro del coche, y entre los sollozos y los resoplidos se empañaron las ventanillas.

A principios de la década de 1980, la Patrulla Fronteriza colocó sensores de movimiento a lo largo de la cerca. Hutchison supuso que uno se había activado cuando ayudó a pasar a las mujeres. Si las detenían, las salvadoreñas tendrían que admitir quiénes eran y qué estaban haciendo. Hutchison explicaría que las estaba ayudando a solicitar asilo. Le desconcertaban las consecuencias desiguales que enfrentaban. "Lo que te pase a ti si te detienen no es nada comparado con lo que les pasará a ellas", se decía.

Hutchison miraba todo el tiempo el espejo retrovisor al acercarse a Douglas, esperando ver vehículos de la Patrulla Fronteriza, pero nunca aparecieron. Había otros agentes en la carretera. Al pasar frente a ellos, les sonrió. Al hacer esos trayectos había aprendido que debía parecer segura de sí misma y tranquila al ver a la policía. Los agentes veían a una joven blanca de anteojos, no a un traficante de personas.

A unas cuadras, los otros activistas conversaban nerviosamente con el pastor. Estaban sentados en la sala de la casa parroquial —la casa de seguridad para la operación de ese día— debatiendo qué hacer. Habían visto una caravana de camionetas de la Patrulla Fronteriza dirigiéndose a toda velocidad a las afueras de la ciudad, donde sabían que Hutchison había hecho el cruce.

Hutchison dio una vuelta a la manzana, según lo planeado. En la segunda vuelta, bajó la velocidad y miró hacia la casa parroquial. Asomándose por una esquina de las cortinas estaba el rostro de uno de los otros activistas. Unos segundos después se abrió la puerta del garaje. Hutchison giró el volante y metió despacio el auto. Sus pasajeras y ella esperaron a que la puerta se cerrara antes de bajarse.

★ ★ ★

A mediados de la década de 1980, el Movimiento Santuario ya tenía cerca de 70 000 miembros en Estados Unidos. Uno de sus puntos fuertes era que había muchas formas de participar. Algunos, como Hutchison, eran activistas hechos y derechos, que cruzaban y daban alojamiento a los refugiados que corrían un riesgo personal considerable. Pero el voluntariado de la mayoría consistía en tareas más modestas. Votaron para convertir sus iglesias en espacios de "santuario", que podía significar lo que fuera y ser desde auténticos refugios hasta símbolos de solidaridad. Algunas arquidiócesis católicas del país distribuían material de lectura para eventuales interesados, con los pasos de un "proceso de discernimiento" que ayudara a los feligreses a decidir cómo querían participar. Algunas personas recibían a los refugiados en sus casas y en sus iglesias; otras patrocinaban actos dedicados a Centroamérica o donaban ropa, comida y dinero a iglesias que ayudaban de manera más directa a los migrantes. Llamar ferrocarril clandestino a toda la red no era una exageración, pero toda la empresa se realizaba a la vista de todos, y de ese modo seguía atrayendo partidarios. Más de 150 congregaciones se afiliaron al movimiento, que abarcaba ambas costas, la frontera y el Medio Oeste.

Desde el día que Southside Presbyterian se declaró santuario, en 1982, John Fife y James Corbett se habían vuelto el rostro del movimiento en la frontera. Los dos eran carismáticos, se manejaban con soltura frente a las cámaras y veían a la prensa como una herramienta. Se publicaban desplegados en periódicos locales, nacionales e internacionales, desde el *Arizona Daily Star* hasta *Newsweek,* el *Washington Post* y el *Times* de Londres. De vez en cuando se aparecían reporteros cuando Hutchison y los demás cruzaban a centroamericanos en la frontera; a veces había camarógrafos dando vueltas alrededor de las iglesias participantes.

Su presencia preocupaba a Hutchison. Desde el principio había batallado con lo que significaba —una mujer blanca y ciudadana estadounidense— intervenir en favor de un grupo de centroamericanos. "Podía aprender a vivir con la atrocidad, o podía apoyar a los oprimidos y perseguidos y responder a esos residentes temporales en medio de mi crisis", escribió en la primavera de 1983 en el *United Methodist Reporter.* Pero ser estadounidense significaba tener remordimientos de conciencia. Indirecta, pero inequívocamente, el gobierno de Hutchison era responsable de la expulsión de cientos de miles de personas de sus casas. Lo que no podía resolver de manera personal era cómo manejar las realidades prácticas del trabajo (la logística, las operaciones, la estrategia) sin amordazar a la gente a la que supuestamente ayudaba. "Necesitan poder tomar sus propias decisiones", decía. Pero esas decisiones dependían de factores —como adónde y cuándo viajar, dirigirse o no a la prensa y cómo— que los estadounidenses solían estar en mejores condiciones de entender.

Una vez, Hutchison y otro activista llegaron a la frontera para cruzar a un grupo de salvadoreños y se encontraron con que ya estaban ahí esperándolos dos reporteros del *Sacramento Bee.* "¿Alguien les preguntó a esos salvadoreños si les parecía bien?", cuestiona Hutchison. No había tiempo de volver a discutir los acuerdos verbales negociados en Tucson. La prioridad era meter a las familias a Estados Unidos. Los reporteros eran comprensivos, e incluso valiosos para la causa general, pero ahora Hutchison tenía que llevar a cabo una serie de arreglos adicionales por ellos. ¿Necesitaban otro auto para el cruce? ¿Quién viajaría con quién? ¿Cómo debían explicarles a los solicitantes de asilo quiénes eran esos extraños con libretas y cámaras?

En el invierno de 1982, *60 Minutes,* uno de los más destacados programas de noticias de las horas de mayor audiencia, dedicó un segmento al asilo. Para representar la postura del gobierno de Reagan, la cadena CBS mostró una vieja entrevista con Elliott Abrams, del Departamento de Estado. "Vienen aquí para tener mejores trabajos, pero eso no les da derecho al asilo —dijo—. El asilo es algo muy especial que le ofrecemos a la gente que puede demostrar tener un temor bien fundado de ser perseguido". La transmisión intercalaba sus inertes afirmaciones legalistas con el conmovedor testimonio de una salvadoreña que vivía en Los Ángeles sin papeles: "Yo nunca quise venir a Estados Unidos —dijo—, pero esta parecía la única opción". Si alguna vez la deportaban, prosiguió, "estoy más que segura de que me matarían".

La cobertura fue crítica con el gobierno, y empleados de la Oficina Regional Oeste del INS, en California, empezaron a intercambiar telegramas con sus homólogos en Arizona. Por primera vez, uno de los hombres sacó a colación la posibilidad de detener a Corbett, que había aparecido en el segmento. "La unidad antitráfico de Phoenix ha sido designada la oficina de control en este asunto, y la unidad antitráfico de Tucson proporcionará los datos y la información disponibles, así como apoyo a la oficina de control, según lo solicitado", respondió otro funcionario.

Fife y Corbett acapararon gran parte de la atención pública, pero necesitaban ayuda más allá de Tucson. "El teléfono sonaba día y noche con llamadas de refugiados poniéndose en contacto con nosotros —le dijo Fife a un reportero en esos días—. Descubrimos a refugiados en Tucson que no sabíamos que existían, y a todo lo largo de la frontera ya ni se diga". Corbett se acercó al Grupo Religioso de Trabajo de Chicago para Centroamérica, una asociación de activistas laicos formada en enero de 1981, cuando miembros de la Guardia Nacional salvadoreña violaron y mataron a las cuatro religiosas estadounidenses. La fuerza de trabajo representaba a dos docenas de grupos humanitarios y religiosos en la zona de Chicago. Era un poderoso motor para reclutar a iglesias y a activistas a lo largo del Medio Oeste. En dos años, gracias a llamamientos de la fuerza de trabajo, otras 200 iglesias, sinagogas y casas de reunión cuáqueras abrieron espacios de refugio. Los activistas de Chicago también publicaron y distribuyeron aproximadamente 30 000 ejemplares de folletos y manuales de instrucciones sobre santuarios.

Desde el principio, los trabajadores del Movimiento Santuario en Chicago tuvieron recelos sobre lo que estaba pasando en Tucson, y no era difícil entenderlo. Los activistas de Tucson estaban en la primera línea de una crisis humanitaria de baja intensidad. Cada día era un ejercicio de priorización. Fife y Corbett, de quienes no podía decirse que defendieran la política exterior estadounidense, pensaban que politizar el trabajo debilitaba su gancho moral. Para los activistas de Chicago, en cambio, ese pensamiento era retrógrado, precisamente. Dieron a conocer una declaración de fe, en la que escribieron: "El Movimiento Santuario busca revelar y nombrar las conexiones entre el gobierno de Estados Unidos y los escuadrones de la muerte salvadoreños […] No mencionar esto es traicionar a la gente centroamericana y a los refugiados a los que ahora albergamos". Los activistas de Chicago querían seleccionar, basándose en sus creencias políticas, por lo menos a algunos de los refugiados a los que ayudaban. Si los refugiados iban a prestar declaración mientras el santuario los acogía, los activistas querían que sus relatos estuvieran alineados con el movimiento.

Una tarde, a finales del otoño de 1982, Fife recibió una llamada telefónica de un amigo del norte de Tucson preocupado por una joven pareja indígena de Guatemala. Eran adolescentes que habían huido de un pueblo en las Tierras Altas occidentales y consiguieron trabajo en la pizca de algodón en Arizona, donde destacaban entre la mano de obra. Eran de menor estatura que los mexicanos que trabajaban a su lado, y de piel más oscura. "El INS los va a eliminar —dijo el amigo de Fife—. ¿Puedes venir por ellos?" Cuando Fife los recogió, hablaron de su pueblo, que había sido bombardeado e incendiado. La pareja culpaba a la guerrilla. "Echaron folletos que eso decían", le explicó el joven a Fife. Después encontró a alguien que los llevara a Chicago, mientras él hacía un viaje a Centroamérica. A su regreso, unas semanas después, lo aguardaba una carta de algunos activistas del Grupo Religioso de Trabajo de Chicago, en la que le explicaban que habían devuelto a los dos guatemaltecos a Arizona, pues no dieron muestras de tener "un análisis adecuado del conflicto en Centroamérica".

Cuando Reagan llegó a la presidencia, su gobierno, de hecho, pasó por alto la Ley de Refugiados de 1980. El resultado no era únicamente un embrollo político, sino una especie de vacío operativo que los trabajadores del santuario trataron de llenar. Tanto los admiradores como los detractores del movimiento solían describirlo como una desobediencia civil masiva. Y, sin embargo, los activistas estaban tratando de cumplir la ley y entender desde la práctica sus principios no puestos a prueba. La ambigüedad entre "migrantes económicos" y solicitantes de asilo legítimos era el área de confusión más evidente. Lo complicaba el hecho de que a menudo los centroamericanos escapaban de la persecución y al mismo tiempo buscaban trabajo para sobrevivir en su huida. El derecho internacional de los derechos humanos, que la ley de 1980 debía seguir, también hacía distinciones entre una situación de violencia general y una de persecución específica. Se suponía que solo esta última debía desencadenar protección de asilo.

Una vez, Hutchison estaba viajando en Nogales, como a una hora de Tucson, cuando se topó con un grupo de hombres nicaragüenses. Se detuvo y comentó con ellos su situación. Se se fueron de su país porque el gobierno sandinista los había reclutado para pelear con los contras. Apoyaban en lo general al gobierno, pero no estaban dispuestos a combatir en una guerra. Les dio algo de dinero y consejos sobre cómo evadir a la Patrulla Fronteriza, pero de ninguna manera los iba a ayudar a cruzar. Una cosa era tratar de escapar de un país sacudido por la violencia, y otro huir de la persecución. Más tarde les habló de ellos a otros activistas, y Corbett, un cuáquero, estuvo en desacuerdo con su decisión. Él sentía que debían ayudar a todos. Hutchison replicó que el movimiento estaba centrado en El Salvador y Guatemala. "El movimiento estará en riesgo si empezamos a transportar a gente que no es solicitante de asilo", decía ella.

En otras ocasiones, Hutchison sostenía breves entrevistas con centroamericanos en México para decidir a quién llevar al otro lado de la frontera. Ella y sus compañeros trataban de calcular el "grado de peligro" que alguien enfrentaba si lo devolvían a su país de origen; se basaban en procedimientos de criba inspirados en orientación del Alto Comisionado de las Naciones Unidas para los Refugiados (ACNUR). Un refugiado podía caer en tres categorías. La primera era "algo riesgo": esos migrantes debían tener documentos de una organización de derechos humanos establecida, contar con una carta de reconocimiento de la ACNUR, o bien poder mostrar marcas de tortura en el cuerpo. Los refugiados de "mediano riesgo" pertenecían a grupos que típicamente enfrentaban persecución, como catequistas, exprisioneros políticos, sindicalistas y desertores del ejército. Los migrantes de "bajo riesgo" simplemente huían de la violencia.

Hutchison entraba a las cárceles mexicanas con un block y una pluma. Las autoridades estatales aguardaban a que las celdas se llenaran de suficiente gente para llevarla en autobús de vuelta a Guatemala y así justificar el gasto de gasolina. Los salvadoreños y los guatemaltecos a los que Hutchison conocía ahí dentro solían querer contar sus historias completas, pero nunca había tiempo para que lo hicieran. Ella sentía que necesitaban una explicación de lo que ocurriría a continuación: como era probable que los deportaran, trataba de ayudarles a hacer planes de contingencia. Las páginas de sus cuadernos se llenaban con los números de teléfono de los parientes de esas personas, que Hutchison anotaba en una clave especial, por si la detenían: junto a cada dígito escribía el nombre de diferentes alimentos, para que sus notas parecieran listas de la compra.

Hermanastra del gobierno

En la primavera de 1981, los asesores de Reagan estaban tan divididos con respecto a la política inmigratoria que solo podían estar de acuerdo en que el presidente debía evitar el tema por completo. Era, como escribió en un memorándum uno de sus consejeros, "un problema sin salida". Otro escribió que, dadas las dificultades que podían esperarse, si la Casa Blanca hacía algo podía ser "más perjudicial para el prestigio nacional que aceptar la situación actual".

La situación actual era esta: había entre tres millones y seis millones de personas viviendo en Estados Unidos sin documentación legal, o entre 400 000 y un millón de migrantes cruzando la frontera ese año. El presupuesto del INS era menos de la mitad que el del departamento de policía de Filadelfia. "A menos que pongamos un Muro de Berlín, nada podría mantener fuera a los ilegales", confesó uno de los asesores de Reagan. El país se hallaba en una recesión, lo que enardecía más al público contra los inmigrantes, que los veía como gente que podía quedarse con sus trabajos. El presidente también tenía que pensar en sus partidarios políticos clave. La agricultura, las operaciones de cultivo industrial, los hoteles, los restaurantes y los fabricantes de la frontera y de los estados del sur y del suroeste dependían de la mano de obra barata, y ya había escasez de trabajadores no calificados en el suroeste. En mayo, un granjero de California, con buenos contactos, envió una carta airada a William French Smith, fiscal general de Reagan, para quejarse de la actividad del INS en Fresno. Las detenciones de la Patrulla Fronteriza, decía, le estaban costando un promedio de 1 700 trabajadores cada mes. Estaba perdiendo cosechas.

Reagan mismo tuvo una postura permisiva y liberal sobre la inmigración que lo acercaba más a la Cámara de Comercio de Estados Unidos que al ala populista de su partido. Su gabinete tenía el mismo tipo de divisiones que el Partido Republicano. De un lado estaba Smith, el fiscal general, a quien le preocupaba que el país hubiera "perdido el control de sus fronteras". Una mayor seguridad del Estado, sanciones a los empleadores y requisitos más estrictos sobre los documentos de identidad para los solicitantes de empleo eran, decía, la única manera de resucitar "la fe del público en las leyes de nacionales". Del otro lado de la línea divisoria estaban los funcionarios de la Casa Blanca que se oponían a toda forma de "interferencia" gubernamental en el mercado laboral. Regular con mano dura la inmigración, como uno de ellos le dijo al presidente, "trastocaría un modelo de empleo establecido". En reuniones en la Casa Blanca, Reagan estaba retraído, sentado en silencio y con aspecto aburrido mientras sus asesores se quejaban entre ellos. "Santo Dios —terciaba cuando la discusión derivaba una vez más hacia el tema—. ¡Ya estamos otra vez con la inmigración!"

Era especialmente difícil que Reagan le restara importancia el tema porque un panel de legisladores y funcionarios públicos acababa de presentar un informe detallado con soluciones concretas. Formado por una ley aprobada por el Congreso en 1978, el grupo se llamaba Comisión Especial sobre Políticas de Inmigración y Refugiados. Tan solo en la década de 1970 se habían aprobado en la Cámara de Representantes dos proyectos de ley inmigratoria, pero murieron en el Senado. Un tercer proyecto, que estipulaba una amnistía para legalizar a los indocumentados, no llegó a la Cámara de Representantes. La comisión constaba de 16 miembros elegidos por el presidente, el presidente de la Cámara de Representantes y el presidente *pro tempore* del Senado. Su director era Theodore Hesburgh, sacerdote católico y presidente de la Universidad de Notre Dame, que había sido asesor y confidente de los presidentes estadounidenses durante más de dos décadas.

El *establishment* de Washington solía ser indiferente a los trabajos de comisiones oscuras, pero esta fijó nuevos estándares de seriedad y relevancia. Además de sus 16 miembros, la comisión dependía de un equipo de aproximadamente 50 empleados y consultores que compilaban documentos informativos y celebraban audiencias. Consultaban a académicos, a expertos en políticas públicas y a funcionarios de múltiples organismos estatales. Cuando se dieron a conocer las conclusiones de la comisión, tan solo un mes y medio después de la toma de posesión de Reagan, estas constaban de 13 volúmenes, algunos de ellos de cientos de páginas. El *New York Times* lo llamó "una contribución permanente al debate" y "el estudio gubernamental más autorizado sobre el tema".

Las recomendaciones se construían en torno de una premisa que ningún partido político podía fácilmente desestimar: según Hesburgh, "cerrar la puerta trasera a la inmigración ilegal-indocumentada" y "abrir un poco más la puerta principal para dar cabida a la migración legal por el bien del país". El gobierno necesitaba aumentar la seguridad en la frontera y para ello incrementar su financiamiento anual. Pero también tenía que reducir el tamaño de la población indocumentada en Estados Unidos legalizando a millones de inmigrantes que vivían en el país. La tercera recomendación, y la más complicada políticamente, era penalizar a empleadores que contrataban a sabiendas a trabajadores sin papeles legales.

La claridad de las propuestas exacerbaba el dilema político para la Casa Blanca. El presidente ganó unos meses extras al nombrar a su propio grupo de trabajo, lo que les dio a sus asesores hasta agosto para sacarlo del problema de las sanciones a los empleadores. Pero con los términos del debate político ya establecidos, el Congreso empezó a involucrarse.

Al frente de la campaña en el Senado estaba Alan Simpson, republicano de Wyoming de dos metros de estatura y con fama de derribar políticas nobles e insolubles. Su pareja en la Cámara de Representantes era un demócrata italo-estadounidense de Kentucky llamado Romano Mazzoli, cuyo padre, un albañil, había entrado a Estados Unidos por la isla Ellis. El grupo de trabajo de Reagan finalmente hizo su propia lista de deseos: una versión suavizada del informe de la comisión. Pero el presidente discretamente cedió terreno a Simpson y a Mazzoli. Introdujeron en 1982 una iniciativa de ley que pasó en el Senado, pero languideció en la Cámara de Representantes, y luego reintrodujeron alguna versión de ella otras tres veces en los siguientes cuatro años.

Una iniciativa de ley de inmigración viable era una especie de cubo de Rubik legislativo. Los sindicatos estaban de acuerdo con las sanciones a los empleadores, pero se erizaban con la expansión de la inmigración legal. Grupos de interés de mexicano-estadounidenses, que apoyaban la legalización de los indocumentados, se oponían a las sanciones a empleadores por miedo de que se discriminara a los trabajadores hispanos. Por cada tipo afín al imperio de la ley que defendiera una mayor aplicación de la ley había otro congresista cuyos más poderosos electores dependían de la mano de obra barata, indocumentada.

★ ★ ★

Después de cuatro años de servir en el gobierno de Carter, Doris Meissner calculó que su esperanza de vida profesional con Reagan sería de aproximadamente dos semanas. Sin embargo, para el invierno de 1981 estaba cayendo en la cuenta de que el nuevo equipo del Departamento de Justicia no estaba listo para dejarla ir. Como Meissner ya había estado trabajando en la comisión Hesburgh desde dentro del Departamento de Justicia, el fiscal general quería que estuviera ahí para preparar a la gente en febrero, cuando finalmente se hicieran públicas las conclusiones.

Mientras tanto, en otra sincronización aleatoria, a Meissner le dieron un ascenso inesperado. Leonel Castillo, el director del INS en los años de Carter, había dimitido en el otoño de 1979. Su reemplazo como comisionado interino era el consejero general del servicio, un abogado a quien la administración entrante consideraba leal a Carter. Meissner era muy respetada y una de las empleadas con más experiencia sobre migración dentro del Departamento de Justicia. Haber servido en gobiernos republicanos y demócratas la libraba de las sospechas de partidismo que recaían sobre su jefe, un requisito fundamental. En lugar de que la echaran al principio de la era Reagan, Meissner se convirtió en la comisionada interina del INS.

El puesto tenía más de carga que de recompensa. El INS contaba con insuficiente personal y pocos recursos; "la hermanastra del gobierno", le decía Meissner. Pero seguía siendo la organización más grande que ella hubiera dirigido. La mayor dificultad era interpretar las señales encontradas que enviaba la Casa Blanca.

Estaban teniendo lugar las secuelas de Mariel, por ejemplo. Había miles de cubanos atrapados en cárceles y bases militares porque tenían antecedentes penales, pero no había lugar adonde el gobierno de Reagan pudiera mudarlos sin provocar más protestas. En Arkansas, donde había elecciones para la gubernatura cada dos años, Frank White, el gobernador republicano en ejercicio que había ganado las elecciones en 1980 arremetiendo contra Clinton por los

130

refugiados de Fort Chaffee, ahora era el blanco de los mismos ataques. Era el turno de Clinton, esta vez como contendiente de White, de culpar al gobernador por no hacer nada sobre los inmigrantes delincuentes en el estado. "No tengo que decirle lo importante que es para el Partido Republicano y para mi propio futuro político que se mueva a esta gente", le dijo White a uno de los asesores de Reagan en el verano de 1981.

El cataclismo de Mariel también había eclipsado un creciente éxodo de Haití. A lo largo de la década de 1970, como 8000 haitianos habían huido de su país hacia Estados Unidos y llegaban en lanchas y flotillas. Pero tan solo en 1980 cerca de 25000 más desembarcaron en puertos estadounidenses. El gobierno de Carter detuvo a gran parte de ellos, y Reagan pasó meses transfiriéndolos de una instalación a otra por todo el país para liberar más espacio. Después de que el Departamento de Justicia moviera a una población de haitianos arrestados a un centro de detención en Big Spring, Texas, John Tower, el veterano senador republicano del estado, llamó a la Casa Blanca encolerizado. "Ustedes han triplicado la población negra de Big Springs [*sic*], Texas —dijo—, y ni siquiera me lo informaron antes".

Enfrentados a dilemas de políticas traslapadas, los asesores de Reagan optaron por dar un castigo ejemplar a los solicitantes de asilo. En julio, el grupo de trabajo presidencial sobre inmigración anunció un nuevo régimen estricto de cumplimiento de la ley. Había habido, decía el presidente, "súbitas afluencias de extranjeros" y el gobierno tenía que "ejercer algún control". A partir de ese momento, Estados Unidos encarcelaría a cualquier migrante que llegara en busca de asilo. Enviaría a la Guardia Costera a interceptar a todo aquel que huyera de Haití; los que llegaran a las audiencias breves en embarcaciones del gobierno serían detenidos. "Para que cualquier programa de exclusión tenga un considerable efecto disuasorio —le escribió el fiscal general asistente a su jefe—, los extranjeros ilegales tienen que ser detenidos".

Meissner tuvo que explicarle al Congreso la nueva política. La declaración inicial de Reagan no mencionaba las detenciones, y funcionarios del Departamento de Justicia actuaban como si detener a los solicitantes de asilo fuera una simple continuación de las prácticas anteriores. En realidad era todo lo contrario, como explicó ella en una audiencia. El gobierno había puesto fin a la política de detención masiva de inmigrantes en 1954. Meissner no encontraba ninguna razón para pretender que las opciones políticas fueran atrayentes. "En el futuro, los extranjeros indocumentados que lleguen a Estados Unidos y no decidan partir voluntariamente serán puestos en detención administrativa en espera de que se determine su admisibilidad —dijo—. Estamos trabajando ahora codo con codo para estar seguros de que sea uniforme, porque algunas de estas cosas, como saben, han tenido orígenes muy dispares".

A finales de septiembre, el presidente finalmente nominó a un comisionado del INS: Norman Braman, de 48 años, de Miami, vendedor de Cadillac, que había donado a la campaña. Braman reconocía sin cortapisas que no sabía nada sobre el tema, pero se calificaba a sí mismo, siendo hijo de madre rumana y padre polaco, "producto de una buena y sensata política inmigratoria". Luego, en noviembre, de pronto retiró su nominación. El personal del Senado seguía revisando sus antecedentes empresariales previamente a su audiencia de confirmación. La única explicación que dio fue que quería regresar a Florida.

En su lugar, Reagan se conformó con un viejo compinche de California, Alan Nelson, a quien Meissner ayudó a prepararse para la confirmación. Cuando el Senado lo confirmó, en febrero de 1982, Nelson le pidió a Meissner que se quedara para resolver unos problemas de asilo que habían surgido en el primer año de gobierno de Reagan. Creó para ella un puesto especial, el de "comisionada asociada ejecutiva", y la convirtió en la tercera persona con más poder en la dependencia.

Mientras más ascendía Meissner en los pasillos del gobierno, más graves parecían las contradicciones de la política de asilo de Estados Unidos. La Ley de Refugiados no daba a la gente una protección equitativa, y el Departamento de Justicia, que supervisaba al INS, no se molestaba en pretender que así fuera. El trato que daba el gobierno a los haitianos era un ejemplo. A lo largo de la década de 1960 y principios de la de 1970, antes de que Meissner trabajara en el gobierno, grandes cantidades de haitianos habían empezado a llegar a Estados Unidos huyendo del régimen represivo de François Duvalier, *Papa Doc*. Las cifras aumentaron cuando él murió y su hijo, Jean-Claude, asumió el poder, apenas dos años antes de que Meissner iniciara su *fellowship* en la Casa Blanca. Los Duvalier no eran amigos del gobierno estadounidense, pero, según la lógica contundente de la Guerra Fría, tampoco eran enemigos. Esa ambigüedad geopolítica planteaba preguntas jurídicas en el tribunal de inmigración. Cuando llegó una embarcación con 65 hombres, mujeres y niños haitianos a Pompano Beach, Florida, en diciembre de 1972, el *Miami*

Times publicó un editorial que encuadraba claramente el asunto: "Ha llegado la hora de la verdad para nuestros funcionarios locales de inmigración, que con toda indiferencia se ocupan de su casi diaria tarea de procesar a ciudadanos cubanos que desembarcan en Florida del Sur después de haber escapado del régimen de Castro. ¿Tendría que ser distinto el trámite para los haitianos de piel oscura?"

Mientras que a los cubanos se les dejaba entrar inmediatamente y se iniciaba el camino a otorgarles la residencia permanente antes de un año, a los haitianos los arrojaban en centros de detención. La fianza fijada por el INS oscilaba entre 500 y 1 000 dólares, y se relegaba a los detenidos a una vía judicial separada conocida como "audiencia de exclusión", una forma expedita de deportación basada en la ficción legal de que, técnicamente, nunca habían entrado en Estados Unidos. Sus entrevistas iniciales de asilo solían tener lugar entrada la noche, en un centro de detención para inmigrantes llamado Krome. Cada una duraba 20 minutos, sin abogados ni intérpretes. Si los haitianos superaban ese primer obstáculo, el gobierno levantaba otros. Una mañana de agosto de 1981, Steve Forester, un abogado migratorio que representaba a solicitantes de asilo haitianos, tenía 29 audiencias agendadas en tres tribunales diferentes. "Tuve a cuatro personas a las que deportaron porque no pude llegar", dijo después.

Finalmente, en respuesta a una demanda colectiva presentada en nombre de 4 000 haitianos, intervino un juez federal que concluyó que las condiciones en Haití eran "descarnadas, brutales y sangrientas", y que las personas a las que se deportaba de Estados Unidos corrían un "considerable riesgo" de ser torturadas o asesinadas. Dictaminó que el INS había incumplido la Constitución al negarles a los haitianos algo semejante a un juicio justo. "Los haitianos que vinieron a Estados Unidos en busca de libertad y justicia no las encontraron —escribió—. En cambio, se enfrentaron a un Servicio de Inmigración y Naturalización empeñado en deportarlos. Los altos funcionarios del INS tomaron la decisión de expulsar a los haitianos, a pesar del derecho al asilo que cada haitiano pudiera tener".

Para entonces, Meissner era una de las principales funcionarias del INS y había llegado a entender cómo funcionaba el sistema. El servicio estaba organizado en 33 distritos, cada uno con su propio director. Ella estaba jerárquicamente por encima de todos, pero no tenía una autoridad directa sobre ellos en la cadena de mando institucional. Además, era mujer y funcionaria de carrera; la esfera les pertenecía a agentes del orden que hablaban sin rodeos y desdeñaban las sutilezas jurídicas. Los directores de distrito eran potentados que controlaban todos los aspectos del funcionamiento de sus oficinas. Como el INS era el único cuerpo inmigratorio dentro del Departamento de Justicia, las oficinas distritales eran responsables de todo, desde las detenciones hasta la tramitación de las solicitudes de legalización. Cada oficina manejaba las peticiones de asilo a su manera; los funcionarios locales realizaban una entrevista preliminar y luego mandaban las solicitudes al Departamento de Estado para una opinión experta. La decisión final llegaba en papel membretado del INS, firmada por el director de distrito, pero la decisión se tomaba fundamentalmente en Washington.

Para los abogados migratorios era evidente que los salvadoreños y los guatemaltecos estaban siendo rechazados a un ritmo sospechosamente alto. El Movimiento Santuario, cuya importancia estaba aumentando, ayudó a que la conversación llegara por fuerza a los periódicos y a la televisión. Se delegó en Meissner la responsabilidad de dar respuesta. Cruzaba el país vestida con los escuetos trajes sastre que eran su uniforme en Washington y debatía con gente como John Fife, que llegaba dando grandes zancadas con cinturones de hebilla de turquesa y botas vaqueras.

A diferencia de Elliott Abrams, con giras de prensa rigurosamente controladas y una palpable actitud paternalista, Meissner trataba cada uno de esos encuentros con la estudiada seriedad de una reunión en el Congreso. Cuando se presentaba en programas de televisión, alcaldías y bibliotecas municipales, miembros de grupos parroquiales y reporteros la acribillaban a preguntas.

Fife se dio cuenta de que empezaba a tenerle cierto rencoroso respeto a Meissner. Empezaron a saludarse antes de sus confrontaciones como viejos amigos obligados a estar en las esquinas opuestas de una discusión familiar. Meissner nunca se lo habría confesado en público ni en privado, pero estaba cada vez más convencida de que lo que Fife decía tenía algo de verdad. Los centroamericanos no estaban recibiendo una adecuada protección en Estados Unidos; sin embargo, como les decía a sus colegas, muchos de sus casos eran ejemplos de persecución política "de manual".

Meissner veía a defensores de oficio y a funcionarios del Departamento de Estado hacer un gran esfuerzo por abrir brechas jurídicas para reasentar a gente del Sudeste Asiático al mismo tiempo que, adrede, hacían caso omiso de claros casos de asilo de Latinoamérica. El Buró de Derechos Humanos del Departamento de Estado refrendaba el asilo político mucho más seguido a los nicaragüenses que huían de los sandinistas que a los salvadoreños o a los guatemaltecos perseguidos por aliados de Estados Unidos.

De regreso a Washington, a puerta cerrada, Meissner empezó a plantear objeciones. Las estadísticas del propio INS no dejaban nada a la imaginación. En 1984, cuando el 25% de los solicitantes de asilo recibían un resultado positivo, los salvadoreños y los guatemaltecos estaban siendo rechazados a razón de un 98 y un 99%. Cuando les mencionó la discrepancia a los abogados del organismo, éstos se pusieron a la defensiva. Un informe a fondo que preparó fue desdeñado agresivamente (le decían "el Gran Libro Rojo"), y el director jurídico del INS —un exabogado de bienes raíces y ferviente reaganista llamado Maurice Inman— le dijo que lo desapareciera para siempre. En 1986, Meissner renunció.

14

Habla el médico del corazón

Los seis hombres estaban dentro de una celda improvisada en el sótano de una casa de Los Ángeles. Era el 5 de mayo de 1983. Los traficantes los habían encerrado, y del otro lado de los barrotes metálicos habían dejado a cuatro grandes perros dando vueltas, por si acaso alguno de los cautivos trataba de escurrirse por la única abertura, del tamaño de una ventana, en el borde de la jaula. Entre los hombres, observando a los perros, se encontraba Juan Romagoza. Ahora de 30 años, seguía siendo esbelto y conservaba una apariencia joven, pero tenía el rostro curtido de un modo sutil que se notaba alrededor de los ojos. Parecían más profundos: hundiéndose ligeramente, adoptaban una nueva clase de vigilancia.

Llegar a Estados Unidos había sido la parte sencilla. Los activistas de la iglesia de Cuernavaca le ofrecieron ayudar a Juan a cruzar con trabajadores de santuario, pero él declinó. "Ya llevo dos años viviendo en México —les dijo—. A estas alturas ya soy bastante mexicano. Hablo como mexicano, tengo documentos mexicanos. Hay otras personas que no. Es a ellos a quienes deben ayudar". Una madrugada de abril, Juan se sumó a un grupo de inmigrantes que habían formado una fila a lo largo de la frontera Tijuana-San Diego y esperaban el momento en que los agentes de la Patrulla Fronteriza sentados en sus camionetas *pickup* empezaran a quedarse dormidos.

Como a las cuatro de la mañana, cuando el cielo aún estaba oscuro, él y varios otros salieron disparados y cruzaron. Para cuando los reflectores se encendieron, ya había dejado atrás la frontera y se escondió en una zanja cerca de la carretera interestatal. Sin embargo, no sabía dónde estaba y no tenía dinero para el camión. Más tarde se topó con una caravana de migrantes subiéndose a un camión manejado por un par de traficantes y se les unió. Sabía que probablemente lo retendrían hasta que consiguiera el dinero para pagarles. Una prima suya vivía con su esposo en Los Ángeles, pero no tenía idea de dónde. Cuando llegaron a Los Ángeles, los traficantes quisieron ver el número de teléfono de su prima, así que Juan tomó el número del restaurante donde trabajaba en la Ciudad de México y le añadió el prefijo local de Los Ángeles. Cada vez que llamaba, con los traficantes parados a unos pasos para supervisar, se encogía de hombros después de unos segundos y colgaba. "Debe de haber salido a trabajar", decía.

Pasaron dos semanas y poco a poco los otros inmigrantes pagaron su dinero y los soltaron. El grupo de 20 hombres abarrotados en el sótano se redujo a Juan y unos cuantos guatemaltecos. Esa noche de mayo, en algún momento después de haber cenado, los mexicanos que los vigilaban decidieron salir a una fiesta. Les dieron a Juan y a los otros una botella de tequila y una bolsa de papel llena de churros.

Juan y los demás hombres se agruparon en cuanto sus captores se hubieron ido. Uno sugirió echarles los churros a los perros y luego salir a toda prisa por la abertura de la celda. Otro dijo que los perros comerían demasiado rápido como para que les diera tiempo de salir. Un tercer hombre sugirió algo más: ¿si mojaban los churros en el tequila y luego se los echaban a los perros? Nadie objetó; todos estaban muy desesperados. Echaron el tequila sobre los churros y los agitaron entre los barrotes.

Media hora después, los perros se acurrucaron y se quedaron dormidos. Juan y los demás se dieron a la fuga. Subieron corriendo las escaleras de la casa desde el sótano y salieron por la puerta principal. Cuando estuvieron lejos de la casa, le preguntaron en español a alguien que pasaba por la calle cómo llegar al único punto de referencia de Los Ángeles que conocían: el Parque MacArthur.

★ ★ ★

Una mañana, casi a finales de junio, funcionarios de la oficina del INS en Phoenix recibieron un memorándum con un curioso encabezado: "El ferrocarril clandestino salvadoreño". Su autor era un agente antitráfico de cuarenta y pocos años llamado James Rayburn, un texano de la frontera y veterano de

Vietnam conocido en el ins por su diligencia como investigador. El documento, como el hombre que lo escribió, era seco y conciso. "Recomiendo enérgicamente que, por el momento, 'el ferrocarril clandestino salvadoreño' se asigne a una oficina de vigilancia centralizada", escribió. En su opinión, los activistas de santuario no eran figuras religiosas que atravesaban una crisis de conciencia, sino combatientes políticos que se estaban volviendo peligrosamente intocables. Si el ins arrestaba a los activistas, podía ser blanco de una reacción violenta. Las demandas de los trabajadores de santuario "están bien montadas ante los medios noticiosos". Sugería aumentar la vigilancia del organismo.

La obstinada manera de abordar el trabajo de Rayburn no siempre concordaba con las realidades políticas del control migratorio. A mediados de la década de 1970 estuvo al frente de una investigación sobre una red de tráfico en plena industria cítrica de Florida que derivó en dos condenas de alto perfil y docenas de arrestos. Sin embargo, un grupo de cultivadores de Florida se quejaron ante el Departamento de Justicia, y congresistas estatales detuvieron los procesos. Pocos años después, estaba ayudando a preparar la acusación contra Manzo Area Council —el equipo de Margo Cowan en Tucson— cuando Carter tomó posesión y su gobierno decidió retirar los cargos.

En la primavera de 1982 empezó a archivar recortes de prensa sobre el Movimiento Santuario. Tenía en la carpeta un artículo de la revista *People* sobre Corbett, la transcripción del episodio de *60 Minutes,* artículos de periódicos locales y nacionales, y las publicaciones del Grupo Religioso de Trabajo de Chicago para Centroamérica. Analizó y anotó cada uno de estos documentos. El artículo de *People,* por ejemplo, "creaba un halo de martirio" en torno a Corbett "al llamar la atención del lector a la mala salud y el incesante dolor del sujeto Corbett" (Corbett sufría de lupus). En la primavera de 1983, Rayburn vio alarmado uno de los debates públicos entre John Fife y Doris Meissner. Los activistas ahora estaban tratando "de obligar al departamento de inmigración de Estados Unidos a llevarlos a juicio, ya sea acusados de albergar a inmigrantes o de transportarlos", escribió Rayburn, y agregó que "el movimiento usará entonces el juicio como su escenario para combatir tanto la política de Estados Unidos en Centroamérica como la política del ins".

En enero de 1984, el nuevo jefe de Rayburn en Phoenix llevaba órdenes del poderoso director del distrito oeste del ins, Harold Ezell, donante de Reagan que antes había sido vicepresidente de una cadena de *hot-dogs* californiana de nombre Wienerschnitzel International. En el Capitolio, prestando declaración ante el Congreso, Ezell resumió su programa de seguridad como "Péscalos, límpialos y fríelos". A un reportero le dijo: "Si el Movimiento Santuario se sigue expandiendo, dañará el futuro de esta nación". Le ordenó a Rayburn que abriera una investigación, llamada Operation Sojourner (Operación Transeúnte), la primavera siguiente.

Rayburn reclutó a dos agentes secretos para infiltrarse en el Movimiento Santuario. Su primera contratación fue Salomon Graham, un mexicano indocumentado con antecedentes penales. Lo habían detenido dos veces por entrada ilegal a principios de la década de 1970, dos veces más unos años después por tráfico de extranjeros, y en otra ocasión nuevamente por entrada ilegal. Después de ser deportado en 1978, volvió con un pseudónimo. Rayburn y él ya habían trabajado juntos antes. A cambio de información sobre operaciones de tráfico de personas, el gobierno pasaba por alto delitos graves de Graham. Rayburn le pagó 200 dólares en efectivo para asistir a actos patrocinados por grupos de defensa opuestos a la intervención de Estados Unidos en Centroamérica.

Mientras que Graham tenía cuarenta y tantos años y una apariencia de bribón, con pelo oscuro y un bigotito fino, el otro espía de Rayburn, Jesús Cruz, poseía un perfil más encantador. De aproximadamente 55 años, era corpulento, paternal y amistoso. Tenía antecedentes parecidos a los de Graham, aunque su situación legal era distinta. Ciudadano naturalizado nacido en México, empezó a traficar migrantes por la frontera a finales de la década de 1970. Lo atraparon llevando a trabajadores agrícolas mexicanos a Iowa en el verano de 1978. Ellos fueron deportados y él se convirtió en informante del gobierno. A lo largo de los siguientes años participó en otras ocho operaciones del INS. Su *modus operandi* consistía en introducirse en un grupo de traficantes y grabarlos con un micrófono oculto que llevaba debajo de la camisa.

La primera vez que Cruz se presentó en la iglesia Southside Presbyterian, en la primavera de 1984, los activistas inmediatamente se desconcertaron. Había algo extraño en aquel hombre. Incluso en un grupo de apasionados altruistas, daba la impresión de ser inusitadamente generoso con su tiempo. Parecía joven para ser jubilado, como decía ser, y continuamente le ofrecía a la gente llevarla en su camioneta *pickup*. Siempre tenía una agenda de lo más flexible que nunca parecía obstaculizarlo, como a todos los demás. "Sencillamente no encaja", les decía Corbett a los otros. Con todo, no había un claro consenso al respecto. Cuando los activistas tuvieron una reunión para hablar de Cruz, ninguno pudo justificar expulsar a un voluntario en virtud de una sospecha no confirmada.

Así que Cruz se quedó y los otros activistas llegaron a confiar en él. Ayudaba el hecho de que el grupo siempre anduviera corto de autos y de gente. Llegaba a las reuniones y a las sesiones de planeación, viajaba a México llevando comida a la iglesia del padre Quiñones, y poco después llevó refuerzos, a saber, Graham y otros dos agentes, a los que presentó como amigos y compañeros voluntarios. En el verano de 1984, Cruz y los otros espías estaban cruzando migrantes y viajando hasta California para reunir a niños con sus padres. Sus grabadoras funcionaban todo el tiempo y enviaban las cintas a Rayburn en las oficinas centrales: un viejo edificio de correos en Phoenix donde ni el directorio ni las puertas de la calle presentaban ningún indicio de que el INS estuviera dentro.

A finales del invierno de 1984, unos agentes realizaron dos detenciones de alto perfil de activistas de santuario en el sur de Texas. La primera llevó a la condena de Stacey Merkt, activista de santuario de 29 años que recibió dos años de libertad condicional después de que un jurado la declarara culpable de "transportar extranjeros ilegales". La otra incluyó el espectacular arresto de Jack Elder, activista por la paz que dirigía un refugio de inmigrantes para centroamericanos en Brownsville llamado Casa Óscar Romero.

Los materiales que Cruz, Graham y los otros agentes acumularon mientras estuvieron infiltrados llevó la investigación del INS al núcleo del Movimiento Santuario en Tucson. El avance más importante, sin embargo, ocurrió esa primavera por accidente. Dos jóvenes activistas estaban haciendo un trayecto con cuatro salvadoreños justo antes de la medianoche, desde la iglesia del Sagrado Corazón, en Nogales, hasta Tucson. Un auto de reconocimiento iba delante de ellos para ver si no estaba la Patrulla Fronteriza en la carretera, y el conductor llamó a la iglesia para confirmar que no había moros en la costa. Manejar entrada la noche planteaba más riesgos porque era cuando los traficantes profesionales solían trabajar. Los activistas además estaban usando el único vehículo disponible ese día, una camioneta Ford de 1976 con la suspensión baja y los vidrios polarizados. Era un auto de traficante.

Iba al volante Phil Conger, metodista de San Diego, de 27 años, que había trabajado con Peggy Hutchison en el Metropolitan Ministry de Tucson.

Estaba platicando con los tres salvadoreños del asiento trasero cuando vio un coche de la Patrulla Fronteriza merodeando por la lateral de la carretera interestatal, como a 15 kilómetros de Nogales. Cuando Conger suavemente metió el freno, encendieron la sirena.

Después, un juez determinaría que los patrulleros habían detenido y registrado el auto de Conger de manera ilegal, pero para entonces a los salvadoreños ya los habían sometido a un juicio de deportación, y agentes del gobierno ya habían revuelto la mochila de Conger, donde encontraron un grueso y detallado documento escrito por Corbett. Se llamaba "Algunas propuestas para integrar las redes de tráfico, refugio, relevo, santuario y fianza". Las páginas contenían detalles sobre casas de seguridad, números telefónicos y direcciones.

★ ★ ★

El Parque MacArthur estaba situado en medio de Los Ángeles central como una reluciente isla verde, cortado en dos medias lunas por el bulevar Wilshire. En la parte norte del parque había campos deportivos y una concha acústica. La parte inferior constaba de un lago alargado rodeado de grupos de palmeras y senderos entrecruzados. Juan conocía la geografía general por las historias que se intercambiaban en la embajada de Usulután. "Ve a MacArthur —le decían—; allá encontrarás a salvadoreños que puedan ayudarte".

Durante la guerra civil, la cantidad de salvadoreños que vivían en Los Ángeles se multiplicó por 10; al final de la década ya eran 300 000 personas. En marzo de 1983, Reagan emitía avisos públicos de que El Salvador estaba "en la primera línea de la batalla que en realidad tiene como objetivo el corazón mismo del hemisferio occidental, y a la larga nosotros". Tenía razón en que los destinos de Estados Unidos y Centroamérica estaban entrelazados, pero se equivocaba en cuanto al porqué. Los estadounidenses estaban ayudando a desencadenar un éxodo regional. Para 1984 había más de un millón de salvadoreños desplazados. Casi una cuarta parte de la población del país terminó viviendo en Estados Unidos tarde o temprano. Decenas de miles carecían de estatus legal porque el gobierno estadounidense se negaba a reconocer su legítimo derecho al asilo. Cuando Juan llegó, relativamente pronto en este proceso, los barrios de Pico Union y Westlake, cercanos al Parque MacArthur, ya estaban densificándose con trasplantes centroamericanos.

141

Juan caminó a la esquina sur del parque, donde los faroles proyectaban un débil resplandor. Siguiendo las instrucciones que había recibido en México, distinguió a un hombre no imponente parado cerca de un grupo de gente que platicaba en español y le preguntó dónde podía encontrar a los salvadoreños de Usulután.

Ese rincón del parque guardaba un orden no oficial pero claro. El área estaba dividida en zonas sin marcar que correspondían a las diferentes regiones de El Salvador. Junto a un árbol se hallaban los salvadoreños de Chalatenango. En un pequeño claro, a unos metros de ahí, había refugiados de Santa Ana y de la capital. Un caminante no iniciado podría ver camarillas de hombres extranjeros. Pero para Juan era como si el mapa de su país se hubiera comprimido, ensamblado y superpuesto en unas cuantas decenas de metros cuadrados de parque en Los Ángeles. El hombre le señaló con un gesto de la mano un bosquecillo que se veía desde el lago, donde 20 hombres de Usulután holgazaneaban: unos dormían en el pasto, otros platicaban en voz baja y otros más bebían tequila de bolsas de papel.

En poco tiempo Juan encontró en el grupo a alguien que conocía a su prima y le pudo decir cómo llegar a su casa. Al día siguiente dio con ella y su esposo. Impactados de verlo, inmediatamente lo llevaron en coche de vuelta al Parque MacArthur, esa vez para encargarse de cierto papeleo: en otra sección del parque había vendedores ambulantes de tarjetas de seguro social falsas, formularios de permiso de trabajo y documentos de identidad por cinco dólares cada uno. Juan los necesitaría para conseguir trabajo, pero su prima insistió en que primero tomara clases de inglés en una escuelita de idiomas. Juan no estaba de acuerdo, pues quería ponerse, sin dilación, a ganar dinero que pudiera mandar al resto de su familia. Como planeaba volver pronto a El Salvador, no le veía el caso a aprender un nuevo idioma. Su prima, que llevaba varios años viviendo en Los Ángeles y decía saber mejor que él lo que le convenía, no transigió. Lo invitó a quedarse en su casa y ofreció darle dinero mientras él se levantaba; finalmente, Juan capituló. Durante las siguientes tres semanas, empezó sus días en un saloncito caluroso tomando clases de inglés como segunda lengua, metido detrás de un pupitre junto con docenas de recién llegados. Como a las dos y media terminaba la clase y él caminaba al Parque MacArthur a pasar el resto de la tarde familiarizándose con su nuevo entorno.

Los salvadoreños del parque —hombres todos ellos— se habían salvado de la muerte por muy poco, a diferencia de muchos de sus amigos, parientes y esposas. Otros familiares se habían quedado atrás porque viajar al norte era muy peligroso, costoso e incierto. Un gran contingente de los hombres bebían y expresaban su furia y caminaban tambaleándose, como atontados. Otros caían más tranquilamente en una inconsciencia nocturna después de haber pasado el día haciendo trabajos serviles hasta terminar exhaustos.

Juan era magnético y accesible; sus grandes ojos oscuros irradiaban franqueza, y su cojera indicaba simultáneamente vulnerabilidad y entereza. Un día, un hombre harapiento de rostro pálido y ojeroso le confesó a Juan que todas las noches lo despertaba el ruido de sus propios gritos. Él y su cuñado habían trabajado juntos como albañiles en una obra y ambos pertenecían a un sindicato. Los secuestraron un día, después del trabajo, y estaban detenidos juntos mientras hombres de la Guardia Nacional torturaban a su cuñado. El hombre le dijo a Juan que los soldados, cuando finalmente le dispararon a su cuñado en la cabeza, lo habían obligado a ver. La culpa del superviviente era casi peor que el recuerdo mismo. "Algo parecido me pasó a mí", le dijo Juan sin entrar en detalles.

Todos los días volvía al parque y continuaba la conversación con el hombre y otros más. A la prima de Juan no le gustaban esos paseos. Les decía *chusma* a esos hombres, lo que Juan interpretaba, más que como un juicio, como una expresión de miedo. Para ella, todo el sentido de ir a Estados Unidos era escapar de los peligros políticos, no revivirlos.

Llegó un momento decisivo una tarde que Juan fue al parque más temprano que lo acostumbrado, decidido a conversar ininterrumpidamente unas horas, antes de que empezara a beber por la noche. Él y otros estaban debajo de un árbol rememorando Usulután. El exilio volvía dolorosos esos recuerdos. Los participantes, sentados en círculo, se turnaban para mencionar amigos mutuos y trataban de determinar si estaban vivos o muertos. Casi todas las veces, después de un nombre venían respuestas de una o dos palabras: *lo mataron, desaparecido* o *nadie sabe*. Esa vez alguien empezó a llorar y la conversación regresó a Juan. "Tú también estuviste preso en algún momento, ¿verdad? —le preguntó alguien—. ¿Qué pasó?"

Juan se acomodó y narró la historia de sus últimos meses en El Salvador. Sin que le temblara la voz, levantaba la mirada cada tantas oraciones para ver a sus escuchas a los ojos. Por lo general, cuando las conversaciones derivaban en temas oscuros, los hombres se ponían de pie de un brinco, como si algo los hubiera escaldado, y se rompía el hechizo. Uno por ahí rodaba una pelota de futbol o alguien más rasgueaba la cuerda de una guitarra. Esa vez nadie se movió. En lugar de hundirse en su acostumbrado silencio, los hombres empezaron a hacer preguntas. Era como si sus escuchas no soportaran que hiciera una pausa entre las respuestas. ¿Cuál era la peor tortura que hubiera vivido? ¿Qué clase de preguntas le hacían sus torturadores? ¿Sobre quién le preguntaban? ¿Quién hacía el interrogatorio? En cierto momento, Juan tuvo que pedirles que alzaran la mano. "Prometo que responderé todas sus preguntas", dijo.

Se dio cuenta de que empezaban a decirle reverentemente "doctor". En algún momento Juan tuvo que terminar la sesión y anunciar que era hora de jugar futbol. "El doctor es nuestro portero", dijo uno de ellos en actitud protectora. Era la única posición en la que Juan podía jugar con la pierna herida.

Un parque llamado Dolores

Poco después de llegar a Los Ángeles, Juan supo que tarde o temprano viajaría rumbo al norte para San Francisco. A los tres meses llegó el momento. Una tía suya vivía ahí desde el final de la Segunda Guerra Mundial, y por medio de ella y de algunos viejos amigos de Usulután, Juan lo vio como el principal centro para los centroamericanos en la Costa Oeste. Los Ángeles tenía varios barrios latinos, donde los salvadoreños, que eran los más recién llegados a la ciudad, ocupaban los niveles más bajos de una jerarquía urbana implacable. En San Francisco, que había atraído a salvadoreños durante varias décadas, uno de los barrios principales, el Distrito de la Misión, estaba dominado por hispanohablantes. En su borde oeste se encontraba el Parque Dolores, donde Juan pasó sus primeras dos semanas, durmiendo afuera, en el fresco y extraño aire del Área de la Bahía. Siguió el ejemplo de otros salvadoreños que acampaban en el parque y conseguían ropa de cama y cobijas de una iglesia cercana.

Si Tucson era la zona cero del Movimiento Santuario, San Francisco había sido su vanguardia desde principios de la década de 1970, cuando los objetores de conciencia se asociaron con las congregaciones más activistas de la ciudad para oponerse a la Guerra de Vietnam. El clero del lugar también ayudó a alojar a refugiados chilenos que huían del recién instalado régimen de Augusto Pinochet, que había derrocado al gobierno anterior en el otoño de 1973, con la ayuda del Departamento de Estado de Estados Unidos y de la CIA.

Lo que distinguía a los activistas de San Francisco, más allá de su sofisticación organizativa fuera de lo común, era su cercanía con el poder. La Iglesia católica no solo simpatizaba con las causas de la justicia social en

Latinoamérica; su arzobispo, John Quinn, un elocuente californiano de unos 55 años y el pelo plateado, estaba al frente de la oposición a la campaña bélica estadounidense. También era el presidente de la Conferencia Nacional de Obispos Católicos a finales de la década de 1970. En marzo de 1980 asistió al funeral de Óscar Arnulfo Romero en San Salvador, cuando quedó atrapado en la estampida de dolientes después de que los pistoleros abrieron fuego sobre la multitud. Cuando el gobierno salvadoreño culpó a la izquierda por el incidente, Quinn echó mano de su prominencia en Estados Unidos para refutar la acusación. "Hay una tendencia a culpar de todo a los izquierdistas —le dijo a un reportero ese mes de abril—. Los elementos de izquierda, que todos vimos claramente desde el altar donde yo estaba parado, estaban tranquilos […] La primera bomba se la arrojaron a ellos". Luego instó a Jimmy Carter a poner fin a la ayuda militar al gobierno salvadoreño, y en los años posteriores dirigió su atención a los fracasos de la política inmigratoria estadounidense. En el Desayuno de Oración del gobernador de California, en enero de 1982 —por lo general un somnoliento acto apolítico—, les dio a los asistentes un contundente discurso sobre las deportaciones. "Grandes cantidades de hombres, mujeres y niños salvadoreños se despachan de vuelta a El Salvador a una muerte casi segura", decía.

En el Parque Dolores, Juan continuó el trabajo que había empezado en MacArthur: organizar a salvadoreños sin hogar en grupos de terapia. Se sentaban en círculo —nerviosos y asustadizos por tener que hablar, pero desesperados y, por lo tanto, pacientes— mientras Juan delicadamente los convencía de que se abrieran. Le gustaba decir que el escenario era apropiado para su misión, ya que el parque se llamaba Dolores. "Voy a tener la fe de compartir mis dolores con ustedes —decía— y ustedes también deberían hacerlo". Después caminaba por el barrio y se iba por la calle Dieciocho en dirección poniente hacia el distrito Castro. En las calles, vendedores ambulantes corrían a esconderse en lavanderías automáticas o en tiendas de todo a un dólar; vendían pupusas en carritos, mientras que las mujeres se instalaban en las esquinas con canastas de tamales y queso fresco. Encima de cobijas desplegadas en la acera tenían pilas de ropa usada cuidadosamente doblada para la venta.

Una tarde en el Parque Dolores una mujer se le acercó a Juan con una misteriosa petición. Alguien en Casa El Salvador quería hablar con él. Casa El Salvador pertenecía a un puñado de organizaciones centroamericanas de todo el país que se oponían a la intervención estadounidense en la región. También trabajaba estrechamente con grupos de iglesia y organismos de ayuda para ofrecerles servicios a los refugiados recién llegados. La fama de Juan en el parque había llegado a oídos de los organizadores, quienes querían investigarlo para que dirigiera un grupo independiente, separado de las operaciones políticas de Casa El Salvador, para ayudar a salvadoreños y a guatemaltecos que necesitaran atención médica, comida y refugio en San Francisco.

La emisaria del parque era señal de que debía andar con cautela. En los últimos años el FBI había estado vigilando a cualquier grupo que tuviera nexos con la izquierda centroamericana. El Comité de Solidaridad con el Pueblo de El Salvador (Cispes), uno de los mayores grupos de defensa, tenía al menos 180 capítulos en Estados Unidos; como a 2 300 estadounidenses asociados con esas oficinas los observaban continuamente. En sus reuniones había agentes infiltrados, como el INS había hecho con el Movimiento Santuario, aunque el FBI llevó sus investigaciones aún más lejos. Se metía en rectorías, oficinas de organizaciones no gubernamentales y casas de particulares. Los robos empezaron a seguir un mismo modelo reconocible: los agentes se birlaban volantes, libretas de direcciones, listas de contactos y fotografías, y dejaban artículos valiosos como los que normalmente llamarían la atención de los ladronzuelos. A un reportero del *Boston Globe,* que cubría la nota roja en Cambridge a finales de 1984, al principio lo mandaron a investigar una serie de robos en iglesias; cuando entendió todo el alcance de los incidentes, había descrito casi 200 casos reportados desde Phoenix, Berkeley y Dallas hasta Louisville y Detroit.

Los investigadores del INS habían recibido instrucciones estrictas de limitarse a objetivos nacionales, pero el FBI se coordinaba directamente con la Guardia Nacional salvadoreña. Más o menos por los días en que Juan llegó a México, una serie de reuniones estaban teniendo lugar en El Salvador. Frank Varelli, un salvadoreño que vivía en Dallas y fue reclutado por el FBI, viajó a El Salvador para reunirse con el general Vides Casanova. Mantenían una relación personal. El padre de Varelli, excoronel del ejército salvadoreño, era amigo cercano y admirador de Vides Casanova; ahora, con la bendición de la Casa Blanca, Vides Casanova estaba a punto de convertirse en el siguiente ministro de Defensa del país. Seis años después, una investigación del Senado reveló la naturaleza de la asociación entre Varelli y Vides Casanova. Entre los dos habían generado una gran cantidad de información, inventada casi en su totalidad, según la cual unos espías salvadoreños habían descubierto que unos miembros del Cispes pertenecían a grupos de "apoyo terrorista" internacionales que trabajaban en Estados Unidos como agentes de un poder extranjero. Esas pistas se convirtieron en la base para que el FBI lanzara investigaciones más a fondo.

—Aquí la política puede ser una barrera para la gente —le dijo Juan al organizador de Casa El Salvador, un ingeniero de veintipocos años llamado José Artiga. Se reunieron en la esquina de las calles Veintiuno y Mission—. En las calles hay salvadoreños que no simpatizan nada con el FMLN. Para mí es mejor permanecer neutral y ayudarlos como refugiados.

Eso era exactamente lo que Artiga quería oír. Había pasado los últimos tres años en Estados Unidos observando al gobierno de Reagan tildar de comunistas y agitadores a los salvadoreños solicitantes de asilo.

—Vamos a querer que guardes tu distancia —le dijo a Juan—. No puedes ser visto con una bandera del FMLN o con ropa roja. Necesitamos una separación estricta.

Juan empezó a dirigir un pequeño grupo de 12 inmigrantes al que llamó Comité de Refugiados Centroamericanos (Crece). En sus primeros días no tenían oficina, así que cada fin de semana Juan ponía una mesa en el pasillo de la parroquia del Santísimo Redentor, en la calle Diamond, cerca del distrito Castro. Ya era una presencia familiar allí, pues hacía poco se había mudado a uno de los pequeños departamentos en el fondo del edificio que usaba la iglesia para proporcionar refugio.

El trabajo mismo era constante e intenso, una interminable improvisación. A todas horas del día se apersonaban inmigrantes salvadoreños. Algunos no habían comido; otros no tenían ropa o techo. Todos buscaban trabajo y asesoramiento jurídico. Las iglesias de Santa Teresa de Ávila, de San Antonio y del Buen Pastor se turnaban para darles comida caliente todos los días; en la de Santa María había donación de ropa una vez a la semana, y en San Juan, una iglesia luterana en la calle Veintidós, consultas legales. Juan guiaba las sesiones de terapia grupal y el comité enviaba a los centroamericanos a clínicas de salud en el distrito Mission y a hospitales que ofrecieran servicios gratuitos.

Por primera vez, Juan estaba empezando a pensar en sí mismo como un gestor sanitario. Para trabajar en la comunidad de inmigrantes indocumentados se requería tratar con todo un universo de complicada logística. Si alguien entraba en la iglesia con una enfermedad como la diabetes, no bastaba con programar un examen completo. Juan no podía realizarlo porque no tenía licencia estadounidense para ejercer la medicina. Pero si se necesitaban más pruebas o si surgían más síntomas, tenía que hacer arreglos separados con otro proveedor de servicios, concertando ayudas *pro bono* de diferentes médicos y clínicas en toda la ciudad. Ninguno de sus pacientes tenía seguro y pocos poseían tarjetas de seguro social. Su precariedad le recordaba a los campesinos a los que había atendido en Chalatenango y en las afueras de San Salvador. No había un sistema oficial al que tuvieran acceso, ni había herramientas legales que pudieran emplear. Dependían, básicamente, de actos de generosidad según fueran surgiendo.

La vida en Estados Unidos era una colisión cotidiana de todas las heridas acumuladas que los habían llevado allí. No tenían ningún sentido las citas médicas si los pacientes nunca se presentaban, y se necesitaban esfuerzos coordinados para convencer a salvadoreños desesperados por encontrar trabajo de que sus migrañas debilitantes o sus insomnios eran manifestaciones físicas de un dolor emocional más profundo. Podía ser que en El Salvador los buscaran los escuadrones de la muerte y las tropas federales, pero en San Francisco vivían bajo la amenaza de arresto y deportación.

Juan reclutó a un equipo de estudiantes de psicología hispanohablantes de la Universidad de California en Berkeley para que le ayudaran a dar orientación unos días a la semana. Gracias a ellos se enteró de que en la bibliografía médica había una nueva afección llamada *trastorno de estrés postraumático* (TEPT). Había aparecido por primera vez en 1980, en la tercera edición del *Manual diagnóstico y estadístico de los trastornos mentales* de la Asociación Americana de Psiquiatría. Hacia finales de la década de 1970, el TEPT se conocía con el nombre de "síndrome postVietnam", porque sus víctimas más evidentes eran veteranos de guerra estadounidenses.

★ ★ ★

Desde que llegó a Estados Unidos, Juan había estado usando el apellido Pérez como genérico, pero en las calles del distrito Mission lo conocían simplemente como "doctor". Muy pronto se ganó la dignidad de un anciano del pueblo. La gente se paraba a pedirle consejo o a agradecerle su trabajo; a veces le ponían regalitos en las manos: una rebanada de pastel, un pan… Se movía por el barrio con un bastón y una cojera pronunciada, y las abarrotadas calles se abrían a su paso.

Juan también estaba volviéndose más activo en el Movimiento Santuario de San Francisco; hablaba en reuniones de la iglesia y hacía declaraciones a la prensa. Llevaba a caravanas de inmigrantes a ciudades de la zona (San José, Sacramento), donde otras iglesias los alojaban por unos días y daban a conocer sus historias. Se publicaron artículos sobre su trabajo en periódicos como *San Francisco Chronicle, Lodi News-Sentinel, The Daily Californian, The Mercury News.* Se escribía su nombre como Juan Pérez o Juan a secas. Las fotos mostraban a un hombre de aspecto atlético, bajo de estatura, de treinta y tantos años, con sombrero vaquero, tenis y una camiseta con la cara de Óscar Arnulfo Romero estampada en el pecho; casi siempre tenía la boca abierta —a la mitad de un grito— y un puño en el aire. Cuando la gente le preguntaba si le daba miedo hacer todo eso siendo inmigrante indocumentado, respondía: "Parte de la terapia consiste en liberarnos del miedo".

Cada semana se reunía en la iglesia con otros miembros del comité de refugiados en una sala con televisión. En 1983 y 1984, el presidente de Estados Unidos a menudo salía en la pantalla hablando enérgicamente sobre Centroamérica y sin rastro de arrepentimiento. No podía saberse al escuchar sus chispeantes declaraciones, pero su gabinete estaba dividido entre los partidarios de la línea dura del Departamento de Defensa, el Consejo de Seguridad Nacional y el Departamento de Justicia, y los moderados del Departamento de Estado. En algún momento de agosto de 1983, el ejército estadounidense realizó una serie de ejercicios aéreos y navales cerca de Nicaragua, en un evidente intento de intimidar a los sandinistas. William Clark y Caspar Weinberger, del Consejo de Seguridad Nacional y el Pentágono, organizaron la operación sin consultar a George Shultz, secretario de Estado. Desconfiaban porque Shultz y sus subordinados, con el respaldo de unos cuantos simpatizantes en la Casa Blanca, estaban elaborando para El Salvador una estrategia "de dos canales" que combinaba más ayuda militar con esfuerzos por iniciar pláticas entre el gobierno y los rebeldes del FMLN. Los ideólogos desestimaban esos planes porque los consideraban una señal de debilidad; los moderados creían que los ideólogos eran ignorantes y poco prácticos. Un asesor de la Casa Blanca se quejó con el *Washington Post* de que las luchas intestinas del gobierno estaban

Juan Romagoza encabeza una marcha de San José a San Francisco para protestar por el apoyo de Estados Unidos al ejército salvadoreño, marzo de 1984.

Juan descansa con un grupo de refugiados salvadoreños durante una caravana anual para celebrar la vida de Óscar Arnulfo Romero y protestar por la intervención estadounidense en la guerra civil salvadoreña. San Francisco, marzo de 1985.

llevando a una "guerra de guerrillas" de constantes filtraciones, sabotajes y recriminaciones.

La situación sobre el terreno en El Salvador estaba enredándose más y más para los estadounidenses. Siguiendo un plan estadounidense originalmente trazado para Vietnam del Sur, el ejército salvadoreño inició una nueva campaña para sacar a la guerrilla de unos cuantos departamentos clave. El FMLN estuvo escondido varios meses y luego contraatacó. Superó a las fuerzas del gobierno en diciembre en la base militar El Paraíso, en Chalatenango, que los estadounidenses consideraban impenetrable desde tiempo atrás. Mataron a 100 soldados del gobierno y capturaron a otros 160. El gobierno salvadoreño enterraba a sus bajas con *bulldozers* para ocultarlas. En privado, los oficiales reconocían lo que los estadounidenses no: todas las armas, el dinero y los asesores militares de Estados Unidos estaban sirviendo para prolongar los enfrentamientos sin cambiar el resultado. En 1980, el ejército salvadoreño tenía 12 000 soldados; cuatro años después, fomentados por la generosidad estadounidense y su millón de dólares diarios en ayuda, tenía 42 000. Pero en el campo de batalla seguían luchando para seguir en un *impasse*. "La única manera de salvar la situación es darles a las tropas algo por lo cual pelear —reconoció uno de los oficiales salvadoreños hablando con un reportero del *Christian Science Monitor*—. Hasta ese momento no podremos ser salvados, por mucho equipo militar que llegue de Estados Unidos".

Juan seguía las noticias a través de amigos y familiares en El Salvador, y cada pocos días Casa El Salvador publicaba boletines con actualizaciones sobre los enfrentamientos. A lo largo del verano y el otoño, los escuadrones de la muerte salvadoreños arremetieron contra los demócratas cristianos y los sindicalistas. La Asamblea salvadoreña estaba dispuesta a aprobar una ley que a Estados Unidos había llegado a parecerle fundamental para justificar su inversión en el sistema político salvadoreño. Era una medida conocida como reforma agraria, para redistribuir más de 300 propiedades agrícolas a cooperativas de campesinos y otorgar a 125 000 arrendatarios y aparceros terrenos más pequeños. El objetivo era nivelar las flagrantes desigualdades sociales que habían dado lugar a la guerra civil. Ahora, sin embargo, miembros de extrema derecha de las fuerzas armadas estaban asesinando y amenazando abiertamente a los socios estadounidenses de la campaña. Funcionarios del Departamento de Estado, desesperados, se reunieron con el presidente salvadoreño, a quien dos años antes prácticamente habían seleccionado en persona para el puesto. Pero cuando él trató de hablar con los capos militares, lo rechazaron. "No tengo ningún poder, ninguna autoridad", les dijo posteriormente a los estadounidenses. Reagan, mientras tanto, estaba debilitando a sus propios diplomáticos. Primero, vetó una iniciativa de ley que habría conservado los mínimos requisitos de certificación en derechos humanos en El Salvador. Luego, un mes después, defendió públicamente a los escuadrones de la muerte. "Voy a expresar una sospecha que nunca antes he dicho en voz alta —declaró—. Me pregunto si todo esto es de derecha, o si esas fuerzas guerrilleras no se habrán dado cuenta de que pueden cometer estos actos violentos, ayudando a tratar de derrocar al gobierno, y salirse con la suya, y luego la derecha será culpada por ello".

Cuando Juan escuchó a Reagan adoptar la línea de la extrema derecha salvadoreña, intensificó su trabajo en santuario. Las caravanas que ayudó a organizar en California estaban creciendo, y viajaba con grupos más grandes a ciudades más remotas, como Seattle, Chicago y Washington, D. C. Ahora los defensores intentaban que los gobiernos municipales se declarasen jurisdicciones de santuario en solidaridad con los centroamericanos que vivían ahí. La premisa era hacer que los departamentos de policía locales limitaran sus tratos con el INS, de modo que las detenciones por delitos menores no culminaran automáticamente en la deportación de una persona. Activistas de la iglesia trataban de ganarse el apoyo de jefes sindicales, directores de juntas escolares y otros jugadores poderosos de la política local. Juan, convocado para ponerle un rostro a la propuesta, se armó de valor frente a públicos desconocidos para contarles, en una mezcla de español y un inglés chapurreado, la historia de cómo huyó de El Salvador.

Otra estrategia estaba relacionada con leyes recientemente introducidas en el Congreso de Estados Unidos para suspender las deportaciones durante la guerra civil salvadoreña. Sus principales autores eran Dennis DeConcini, un senador de Arizona, y Joe Moakley, un congresista radicado en Boston. Cada uno había entrado a la refriega gracias a activistas de santuario.

DeConcini era un exprocurador que antes recelaba de las causas en las que había inmigrantes indocumentados envueltos. Pero también había trabajado como fiscal de condado en Tucson y conocía a John Fife. Visitó la iglesia Southside Presbyterian y habló con algunos de los salvadoreños que buscaban refugio allí. Después de escuchar sus historias decidió viajar a El Salvador para conocer a miembros de la oposición de izquierda y envió a empleados del Senado a la cárcel de inmigrantes de El Centro, en California, para documentar acusaciones de maltrato.

La primera vez que Moakley oyó hablar de la difícil situación de los salvadoreños fue cuando un grupo de electores se apersonó para contárselo. Era un viernes de 1983 y él estaba en una de sus reuniones habituales con sus electores en una oficina de correos en el barrio bostoniano de Jamaica Plain. "Congresista, usted necesita escuchar a esta gente", le dijo un asistente al que conocía. Un pequeño grupo se acercó y sus integrantes se presentaron como miembros del Comité Ecuménico de Acción Social. Durante el resto de esa década, Moakley se convirtió en el luchador más implacable del Congreso por los derechos de los salvadoreños. Pero las iniciativas que DeConcini y él introducían se archivaban como de costumbre. La mayoría de los republicanos se oponía a ellas, y una gran parte de los demócratas tenía miedo de enfrentarse a Reagan.

Cada 24 de marzo Juan encabezaba una caravana de activistas para conmemorar el día del asesinato de Óscar Arnulfo Romero, pero en 1984 la atmósfera estaba inusitadamente cargada. Al día siguiente había elecciones en El Salvador. Si ganaban los demócratas cristianos respaldados por los estadounidenses, el gobierno de Reagan sería validado; si perdían, la estrategia de la Casa Blanca estaría en juego. Juan y los otros activistas tenían sentimientos encontrados. Si bien los demócratas cristianos eran políticamente moderados —muy distintos de la supremacía violenta de la extrema derecha—, su papel en el gobierno le servía de tapadera al ejército. Quienes tenían el mando seguían siendo los generales. Una victoria de los demócratas cristianos era una victoria para Reagan y, por lo tanto, para el *statu quo*. "Algo que el Congreso no puede resistir es una elección —dijo en aquellos días un alto funcionario del gobierno—. Suponiendo que tengamos una elección justa y abierta en la que salga victorioso Duarte [el líder de los demócratas cristianos], deberíamos poder conseguir más ayuda para El Salvador".

Eso fue exactamente lo que pasó. Al final ganó José Duarte y en la primavera acudió a Washington a cabildear para obtener más ayuda. Su visita eclipsó otro acto simultáneo: el gobierno de Estados Unidos tuvo que desalojar al embajador estadounidense en San Salvador tras descubrir un complot de los escuadrones de la muerte para asesinarlo. El 9 de mayo, en horas de máxima audiencia, Reagan pronunció un discurso sobre Centroamérica en el que exhortaba al Congreso a actuar. "Esta subversión comunista representa la amenaza de que 100 millones de personas, desde Panamá hasta la frontera abierta al sur de nuestro país, puedan caer bajo el control de los regímenes prosoviéticos", dijo. También advirtió que una de las consecuencias podía ser que "cientos de miles de refugiados huyeran de la opresión comunista". Los demócratas cedieron, y el Congreso le dio al presidente lo que quería: 200 millones de dólares en ayuda militar, casi dos veces y media la partida del año anterior.

La noche del 6 de noviembre de 1984, Juan apagó temprano la televisión, cuando llegaron los resultados de la elección. Reagan tuvo una victoria aplastante.

16

Santuario va a juicio

El 14 de enero de 1985, el gobierno acusó a 16 personas que participaban en el Movimiento Santuario de Arizona. Algunos tenían relaciones limitadas con la causa y se declararon culpables. El grupo más amplio —otros 11 que participaban directamente en las operaciones de la frontera— planeaba ir a juicio. Que todos estos últimos se resistieran no le sorprendió al gobierno. Entre ellos estaban John Fife, James Corbett, Peggy Hutchison, Phil Conger, Anthony Clark (un sacerdote católico de Nogales, Arizona) y Darlene Nicgorski (una monja que antes había trabajado en Guatemala y en Nicaragua). Ramón Quiñones y una congregante de su iglesia llamada María del Socorro Pardo de Aguilar eran mexicanos y por lo tanto podían pasar por alto las acusaciones, pero decidieron enfrentarlas en Estados Unidos con sus compañeros.

Había 71 cargos en la acusación, que aducía la existencia de una conspiración criminal para traficar y albergar a extranjeros ilegales. Los cargos llevaban consigo consecuencias reales para los activistas; entre ellas, la posibilidad de pasar tiempo en prisión, pero, como siempre, los mayores riesgos los enfrentaban los migrantes. Cincuenta y cinco salvadoreños y guatemaltecos que habían pasado por Tucson entre marzo y noviembre de 1984 y ahora vivían en Estados Unidos fueron llamados "coconspiradores extranjeros ilegales no inculpados". El gobierno ofrecía retirar los cargos criminales contra ellos si declaraban en el juicio, pero de todas maneras tomaría medidas para deportarlos. Los agentes del INS iniciaron las redadas de inmediato.

Antes de que se notificara la acusación, se había programado para el 24 de enero, en una sinagoga de Tucson, una conferencia para hablar acerca del

156

estado del movimiento. Algunos de los organizadores anunciaron el acto como un "tiroteo" entre los capítulos de Tucson y Chicago, que estaban cada vez más enfrentados. Al principio del mes, 300 personas se habían registrado para asistir; después de la acusación, la lista de invitados subió a 1 500. El movimiento había recaudado rápidamente más de un millón de dólares para el Fondo de Defensa del Santuario Nacional. Abogados litigantes de primera categoría ofrecieron sus servicios, al igual que experimentados abogados de destacados grupos y firmas en defensa de los derechos civiles con sede en Nueva York y San Francisco. En la conferencia, un ministro salvadoreño y activista maya k'iche' de Guatemala habló sobre la situación política en la región. William Sloane Coffin, de la iglesia de Riverside, en Nueva York, pronunció un vehemente discurso sobre la necesidad del activismo, y Elie Wiesel, superviviente del Holocausto y premio Nobel, dio el discurso inaugural. "Ay de nuestra sociedad si ser humano se convierte en un acto heroico", dijo.

Entre los asistentes se encontraba Juan Romagoza, admirador de Fife y de los activistas de Tucson desde que vivió en México, cuando sus nombres eran sinónimo de la resistencia estadounidense. Viajó a Tucson con un pequeño contingente de San Francisco y se quedó en un convento cerca de la catedral de San Agustín todo el tiempo que duró la conferencia. Era la primera vez que iba a Tucson; la ciudad era para él un sitio casi mítico.

Las serias implicaciones nacionales del juicio, programado para el otoño siguiente, oscurecieron las crecientes fisuras en el centro del movimiento. Esas tensiones eran para los activistas casi tan amenazantes como los fiscales. Los activistas de Chicago criticaban al capítulo de Tucson por enviar solo al 5% de los migrantes a los que cruzaban a lo que se llamaba "santuario público". Esa era la red de la que Juan formaba parte: los centroamericanos que contaban sus historias a la prensa y en actos públicos. Por su parte, Fife y Corbett nunca les perdonaron a los activistas de Chicago su absolutismo. Después de la acusación, los miembros del capítulo de Tucson tenían más razones para quejarse. Los investigadores del INS habían usado publicaciones del Grupo Religioso de Trabajo de Chicago para argumentar que el Movimiento Santuario estaba construido en torno de la política y no de la moral. Los miembros del capítulo de Tucson habían tratado de que sus mensajes fueran claros: defendían leyes como la Ley de Refugiados de 1980, que el gobierno desacataba abiertamente. Los investigadores del gobierno, sin embargo, acumularon documentos y declaraciones contradictorias publicadas en Chicago. Los fiscales citaban las doctrinas explícitas del Grupo Religioso de Trabajo de Chicago para pintar al movimiento como principalmente antiReagan.

Juan y Eileen Purcell, amiga cercana y activista que había sido fundamental en las primeras etapas de la campaña de santuario en el Área de la Bahía, asistió a una de las sesiones de trabajo de la conferencia. Se sentaron juntos en un semicírculo de sillas de plástico apilables en un salón de escuela dominical. Los activistas estadounidenses tendían a hablar primero para exponer sus argumentos; luego disminuía el espíritu confrontativo y alguien se acordaba de decir: "¿Qué piensan los refugiados aquí presentes?"

Juan habló en una de esas treguas. "Durante el día, hacemos nuestro trabajo y apoyamos al santuario, pero de noche todos soñamos que estamos en casa, en nuestro país", dijo. Sus observaciones no encajaban a la perfección en las condiciones de suma cero del enfrentamiento Chicago-Tucson. Él residía en San Francisco, pero nunca dejaba de vivir en El Salvador. "Tenemos el sueño de reunirnos con nuestras familias, pero para poder volver y estar en comunicación necesitamos que haya paz", continuó. Una de las virtudes de Juan como orador era ser de una franqueza que desarmaba; presentaba argumentos sin artificio, como si estuviera hablándose a sí mismo y permitiera que otros escucharan. El movimiento *tenía* que enfrentarse a Reagan, dijo. "Si no preguntamos sobre todo eso, ¿entonces qué es lo que queremos? ¿Cómo podemos proteger a la gente que sigue allá?"

★ ★ ★

Los alegatos orales comenzaron el 15 de noviembre de 1985, pero en un sentido fundamental el juicio terminó antes de que empezara debido al juez, un viejo cascarrabias de Arizona al que Jimmy Carter nominó al tribunal federal y que tenía fama de ser impredecible. Se llamaba Earl Carroll, y ni la defensa ni la acusación estaban contentos de que les hubiera tocado, pero en poco tiempo ambas partes reconocieron que el mayor problema lo tenían los acusados.

Cuando el gobierno emitió su acusación, también presentó una solicitud larga y detallada sobre todo lo que quería que el juez dejara fuera del caso; a saber, todo el contexto que explicaba las motivaciones de los activistas de santuario. Pedían que impusiera fuertes restricciones a los testimonios sobre las condiciones en El Salvador y en Guatemala, la probabilidad de que las deportaciones se tradujeran en muerte, los sospechosamente altos índices de rechazo de solicitudes de asilo provenientes de esos países, el papel de Estados Unidos en las guerras de la región, el flagrante récord de maltrato a solicitantes de asilo que ostentaba el INS, los principios del derecho internacional y los términos de la Ley de Refugiados de 1980. Todo lo que el gobierno estaba presentando en el tribunal era la limitada pregunta de si los trabajadores de santuario habían ayudado a cruzar y a albergar inmigrantes indocumentados.

A principios de noviembre, cuando las dos partes estaban terminando de elegir a los miembros del jurado, el juez Carroll anunció su decisión de excluir todo testimonio o material que fuera más allá de la cuestión inmediata que los ocupaba. En sus palabras, solo el fiscal general de Estados Unidos tenía el poder de admitir inmigrantes como asilados. Ahora, ninguno de los testigos que los abogados de la defensa habían planeado llamar —expertos en derechos humanos, juristas, figuras de la iglesia— podía rendir testimonio. Tampoco tendría sentido llamar a ninguno de los acusados al estrado, pues el juez no les permitiría explicar lo que pensaban. Como Miriam Davidson, quien cubrió el juicio para el *Christian Science Monitor,* escribió en su libro *Convictions of the Heart:* "La única verdadera defensa que dejó abierta era si los trabajadores de santuario podían decir que no sabían que una persona no había sido presentada al INS. Si así era, no habían incumplido la ley 'a sabiendas y deliberadamente'. Pero el asunto era que sí lo sabían: sabían que no podían presentar a una persona ante el INS, pues hacerlo únicamente aceleraría su deportación… y este último aspecto no tenían permitido explicarlo".

En los ocho meses de juicio, los acusados no llamaron a ningún testigo y a duras penas prepararon su defensa. Dadas las restricciones impuestas por el juez Carroll, no había mucho que pudieran decir. Donald Reno, Jr., el fiscal que representaba al gobierno, sabía que sus principales vulnerabilidades eran las personas empleadas por el INS para realizar la investigación. Salomon Graham, por ejemplo, en una ocasión había sido acusado de prostituir mujeres y ofrecerlas a trabajadores agrícolas indocumentados en Florida. Había hecho caso omiso de las indicaciones del INS y grabó en secreto a los activistas de santuario mientras estaban en la iglesia y en México. El líder de la operación, James Rayburn, tenía una evidente animosidad personal. Se mantuvo a estos hombres fuera del estrado durante el juicio. De los 17 testigos a los que llamó el gobierno, solo uno, un agente del INS llamado John Nixon, era ciudadano estadounidense. Los demás eran los salvadoreños y los guatemaltecos a los que llamaron "coconspiradores extranjeros ilegales no inculpados" y el mexicano Jesús Cruz.

A mediados de enero de 1986, un dirigente sindical salvadoreño de 44 años que se hacía llamar Alejandro Rodríguez prestó declaración. Casado y con cuatro hijos, había trabajado como electricista industrial en El Salvador y fue el secretario de un gran sindicato de la construcción. Fuerzas de seguridad del Estado lo habían encarcelado y torturado por su trabajo y huyó con su familia a México ("No vamos a escuchar testimonios personales sobre torturas", advirtió el juez Carroll desde el estrado).

El gobierno de Estados Unidos había puesto en un aprieto a Rodríguez, que declaraba a regañadientes. Él y su familia vivían en Rochester, Nueva York, cuando el INS los encontró. Reno quería que Rodríguez diera el nombre de la trabajadora de santuario que los había ayudado a él y a su familia a llegar al otro lado de la frontera. Ella "fue la única persona que me ofreció un techo cuando más lo necesitaba", dijo Rodríguez. Cada vez que se apartaba del guion de Reno, de acuerdo con la crónica de Davidson, el fiscal interrumpía a su propio testigo para pedirle al juez Carroll que suprimiera la respuesta.

Esos intercambios se hicieron más incómodos cuando la defensa empezó su interrogatorio. Rodríguez era el modelo de la clase de asilados a los que se suponía que el gobierno de Estados Unidos debía estar ayudando. En El Salvador, su esposa era la directora financiera de la subsidiaria salvadoreña de una empresa estadounidense, y la pareja era propietaria de un rancho, dos casas y un camión, con lo que generaban más ganancias; devengaban aproximadamente 40 000 dólares al año en El Salvador, un ingreso respetable de clase media. Cuando huyeron, no lo hicieron en busca de dinero, sino de protección. Habían tenido que abandonar todo lo que tenían. En la Ciudad de México, Rodríguez acudió directamente al ACNUR y se sometió a una entrevista de tres horas. El ACNUR le dio un documento que confirmaba su condición de refugiado político. El plan era esperar que Estados Unidos, los Países Bajos, Bélgica, Canadá o Suiza admitieran a la familia. Pero después de cuatro meses sin respuesta, a Rodríguez empezó a preocuparle que sus documentos vencieran y que pudieran detenerlos y deportarlos. Fue entonces cuando decidió entrar a Estados Unidos.

Varias veces, después de que Reno se levantara para objetar durante el testimonio de Rodríguez, el juez Carroll le indicó al jurado que olvidara lo que acababa de oír. Eso era una metáfora no solo del juicio en su totalidad sino del enfoque corto de miras que Estados Unidos adoptaba frente al asilo: el gobierno suprimía cualquier hecho que rozara con su programa.

Reno quería saber por qué Rodríguez no había solicitado asilo en el momento en que puso un pie en Estados Unidos.

Rodríguez respondió que necesitaba tiempo para reunir la documentación. Empezó a explicar lo que su abogado le había dicho: el gobierno estaba rechazando solicitudes de asilo de salvadoreños en un altísimo porcentaje. Pero antes de que pudiera terminar la oración, Reno objetó. Carroll paró la declaración.

★ ★ ★

A principios de 1985, más o menos en la época de las acusaciones, un grupo de abogados de San Francisco y Nueva York discutían cómo defender en tribunales a los trabajadores de santuario. Muchos eran abogados inmigratorios que ya habían trabajado juntos en busca de maneras de proteger a los solicitantes de asilo del maltrato del INS en la década de 1970 y principios de la de 1980. Como representaban a cientos de clientes de docenas de países, habían llegado a conocer bien al organismo y sabían identificar tendencias en el trato del gobierno a los centroamericanos en comparación con otras nacionalidades.

En San Francisco, dos jóvenes abogados estaban al frente de esos esfuerzos: Marc Van Der Hout, que practicaba derecho migratorio de tiempo completo en su oficina en Redwood City, y Carolyn Patty Blum, que trabajaba en un grupo de derechos de inmigrantes antes de fundar una clínica de asilo en la Universidad de California, en Berkeley. Los dos habían participado en el Movimiento Santuario y tenían relaciones cercanas con líderes religiosos, trabajadores de la fe y otras organizaciones jurídicas progresistas. Esa red los hizo entrar en contacto con Ellen Yaroshefsky, una abogada que trabajaba en el Centro por los Derechos Constitucionales, y con Lucas Guttentag, director del Proyecto de Derechos de los Inmigrantes en la Unión Estadounidense por las Libertades Civiles en Nueva York. Era una época emocionante para trabajar en inmigración. La situación en Centroamérica era noticia de primera

161

plana, y la Ley de Refugiados había introducido todo un nuevo campo de posibilidades jurídicas.

En los últimos años, los abogados habían intentado usar casos individuales con el fin de crear protecciones colectivas para los solicitantes de asilo centroamericanos. El trabajo era en su mayoría de prueba y error. Empezó con un proyecto que Van Der Hout y Blum llamaron "el caso del hombre joven", a principios de la década de 1980. Rutinariamente, hombres jóvenes, de entre 18 y 35 años, aproximadamente, eran coaccionados a luchar por el gobierno salvadoreño, y si se resistían o desertaban, los mataban como a los simpatizantes de la guerrilla. El solo hecho de ser un hombre joven en El Salvador convertía a alguien en blanco de persecución, así que los dos abogados estadounidenses se centraron en el lenguaje de la Ley de Refugiados de 1980 para construir un argumento. De acuerdo con la ley, un migrante que cumplía con los requisitos para recibir protección era alguien perseguido por su "raza, religión, nacionalidad, opinión política o pertenencia a un grupo social específico". Resultaba de utilidad que la categoría de "grupo social específico" fuera tan abierta. Van Der Hout y Blum aplicaron la frase a hombres salvadoreños jóvenes de clase trabajadora y edad militar que se negaban a alistarse en las fuerzas armadas. Sus opiniones políticas generales no venían a cuento; era tan solo la identidad de los jóvenes lo que llevaba al gobierno a hacer la suposición específica —y a menudo fatal— de que se oponían al régimen. Un juez rechazó el argumento, pero se estaba ganando impulso para desafíos similares.

En otro caso presentado al mismo tiempo, Orantes-Hernandez *versus* Smith, otro grupo de abogados instó a un tribunal federal a que impidiera que el INS obligara a los inmigrantes a firmar formularios de salida voluntaria. La práctica equivalía a una clara coerción a los solicitantes de asilo para que renunciaran a sus derechos. Esa vez, un juez se puso del lado de los demandantes, pero el INS, que no estaba acostumbrado a los frenos judiciales, le dio largas al asunto. El altercado continuó varios años. Más adelante, en Los Ángeles, otro caso, Mendez *versus* Reno, cuestionó a los funcionarios del INS encargados de sostener las entrevistas de asilo. "No estaban capacitados y desconocían las leyes de asilo aplicables", "no se proporcionaban intérpretes" y "las sesiones se hacían a las carreras y con poca privacidad". Un objetivo secundario del caso fue compeler a funcionarios del gobierno a sentarse a hacer declaraciones. Bajo juramento, los funcionarios de asilo cuyo trabajo consistía en ejecutar los términos de la Ley de Refugiados se vieron obligados a reconocer que no podían mencionar ninguna de las razones legales para conceder el asilo.

En mayo de 1985, un grupo de 80 organizaciones religiosas, de refugiados y de orientación legal respondieron a las acusaciones al santuario presentando una demanda —American Baptist Churches in the USA *versus* Meese— en un tribunal federal del norte de California. Los representaban Van Der Hout, Blum, Guttentag y Yaroshefsky, que entre todos identificaron al fiscal general de Reagan, al comisionado del INS y al secretario de Estado como acusados. Las organizaciones religiosas tenían dos argumentos. Alegaban que la Primera Enmienda protegía su derecho a dar asilo a los refugiados. Y, en nombre de algunos refugiados, acusaban al gobierno de discriminación contra solicitudes de asilo hechas por salvadoreños y guatemaltecos. Los abogados citaban datos del propio INS que mostraban que los salvadoreños y los guatemaltecos eran rechazados en una proporción mucho mayor que los solicitantes de asilo de otros países.

Desde hacía ya un lustro, la posición del gobierno de Reagan había sido categórica: "No es suficiente estar huyendo de una guerra civil —dijo Elliott Abrams unas semanas antes de que los abogados presentaran la demanda de las Iglesias Bautistas Americanas—. Tienes que mostrar que tú, en lo personal, eres un objetivo". Pero los números del INS exponían un sesgo. Si el gobierno estaba preventivamente descartando solicitudes hechas por salvadoreños y guatemaltecos, entonces solicitar asilo tenía un resultado previsible. En promedio, Estados Unidos otorgaba el asilo al 23% de todos los solicitantes. El índice de otorgamiento para los nicaragüenses era del 14%, el 34% para los polacos y el 60% para los iraníes. Para los salvadoreños, en cambio, era de menos del 3%, y para los guatemaltecos, de menos del 1%.

La demanda de las Iglesias Bautistas Americanas y el caso de santuario coincidían en lo esencial, pero sus calendarios fueron muy diferentes. El juicio de Tucson dominó los titulares mientras la demanda de las iglesias avanzaba lenta y pesadamente por las mociones de procedimiento. El 1° de mayo de 1986, el jurado de Tucson declaró a ocho de los 11 acusados culpables de los cargos de tráfico y conspiración. El juez Carroll dijo: "El sistema [inmigratorio] funciona. Funciona lentamente, pero eso no es culpa del sistema. Es culpa de la gente que lo usa". No obstante, en julio sentenció a los trabajadores de santuario a libertad condicional, un resultado de lo más indulgente.

A lo largo de los siguientes cuatro años, en tres ocasiones distintas el gobierno intentó convencer a un juez de rechazar la demanda de las Iglesias Bautistas Americanas. El componente de la Primera Enmienda terminó por sobreseerse, pero los reclamos de discriminación resistieron todas las impugnaciones. En septiembre de 1989, un juez federal falló que el caso podía proceder y certificó como una clase a escala nacional a los salvadoreños y a los guatemaltecos a los que se les había negado el asilo.

Para entonces, tras una década de retrasos, el gobierno estaba a punto de aprobar una serie de reglamentos para ejecutar la Ley de Refugiados. Los defensores llevaban mucho tiempo presionando para que se hicieran esos cambios, que creaban un cuerpo de funcionarios gubernamentales capacitados para manejar peticiones de asilo y establecían normas más claras para garantizar que los solicitantes recibieran un trato igualitario, independientemente de sus países de origen. "En años recientes hemos tolerado con demasiada frecuencia un doble rasero, por el cual el asilo se les ha negado injustamente a refugiados legítimos por miedo de avergonzar a gobiernos amigos pero represores", afirmó Ted Kennedy, el presidente del subcomité de inmigración de la Comisión Judicial del Senado. Ante la necesidad de presentar documentos y sentarse a declarar en la demanda de las Iglesias Bautistas Americanas, los abogados del gobierno optaron por tratar de llegar a un acuerdo con los demandantes. Se le cambió el nombre al caso, que ahora era American Baptist Churches *versus* Thornburgh, por el nombre del fiscal general de George H. W. Bush. En 1995 se alcanzó un acuerdo que permitió a aproximadamente 300 000 salvadoreños y guatemaltecos permanecer en Estados Unidos y volver a solicitar asilo.

17

Nada más permanente
que un inmigrante temporal

Juan Romagoza nunca había conocido a un salvadoreño o guatemalteco que hubiera recibido asilo en Estados Unidos, y cuando dirigía Crece, muy pocos inmigrantes se tomaban la molestia de preguntar al respecto. La posibilidad de ganar un caso era demasiado remota. Los estrechos vínculos entre los gobiernos de Estados Unidos y El Salvador ahuyentaban a cualquiera a quien las bajas probabilidades no hubieran disuadido. Juan todo el tiempo oía que los salvadoreños en San Francisco podían estar poniendo en riesgo a sus familias en El Salvador cada vez que asistían a un mitin o a un acto de la iglesia. La mayor parte de las veces él podía tranquilizarlos, pero solicitar asilo significaba entregar información personal a un gobierno en el que no confiaban.

En 1985, mientras los activistas de Arizona se preparaban para el juicio, ciudades de todo el país se declaraban jurisdicciones santuario. Chicago, Berkeley y Saint Paul lo hicieron en marzo, seguidas de Cambridge en abril; Madison y Wisconsin, en mayo, y Nueva York, Los Ángeles, Olympia y Washington, en el otoño. En diciembre, al cabo de varios meses de intenso cabildeo, la junta de supervisores de San Francisco sometió a votación su propia medida.

La mañana del 18 de diciembre, con un par de pantalones caqui y una camisa de cuello americano, Juan se paró ante los 11 miembros de la junta de supervisores de la ciudad. Había más de 12 personas prestando declaración en apoyo a la resolución santuario, pero él era el único refugiado. En el programa del día él aparecía simplemente como "Juan (pseudónimo), comunidad de refugiados centroamericanos". Habían pasado dos años desde que contó su historia

165

en el Parque MacArthur y ahora su público estaba formado por los más altos funcionarios estadounidenses de su ciudad de adopción; entre ellos, la alcaldesa, Dianne Feinstein, una demócrata en ascenso. Juan se tranquilizó con un mantra que había refinado tras salir de El Salvador: "Estoy aquí para hacer esto".

En Nochebuena, la junta de supervisores aprobó, por ocho votos a favor y tres en contra, adoptar la resolución santuario, con lo que se convirtió en la decimotercera ciudad del país en hacerlo. En Washington también había grandes noticias. Tras cuatro años de negociaciones difíciles y múltiples fracasos, una iniciativa de reforma inmigratoria avanzaba pesadamente hacia una votación en el Congreso. Las pláticas se centraban en tres grandes aspectos de la legislación: más mano dura en la vigilancia de la frontera, castigos a los empleadores que contrataran a sabiendas trabajadores indocumentados y un plan para legalizar a tres millones de inmigrantes que vivían en Estados Unidos.

En enero de 1986, un grupo de demócratas de la Cámara de Representantes se reunieron en privado para reactivar las pláticas sobre los trabajadores agrícolas temporales, un tema que había dividido al *caucus,* mientras otros miembros trataban de ampliar el alcance de la política de legalización. Una iniciativa integral ponía una fecha límite: quien hubiera llegado antes del 1º de enero de 1982 tenía derecho a aspirar a la ciudadanía. Dado que decenas de miles de centroamericanos habían llegado antes, la medida tendría un enorme impacto en las comunidades salvadoreñas y guatemaltecas en Estados Unidos. Pero Juan no había llegado sino hasta 1983, demasiado tarde para reunir los requisitos necesarios.

La propuesta Moakley-DeConcini sobre la salida voluntaria extendida se introdujo como enmienda a la iniciativa más amplia, pero tuvo poderosos enemigos desde un principio. El gobierno de Reagan había cabildeado intensamente en contra de ella, y Alan Nelson, el comisionado del INS, advertía que, si alguna vez se adoptara, habría "una invasión de gente que llega a pie". "Hay 40 guerras asolando al mundo —dijo—. La iniciativa abrirá la puerta a todas ellas". Alan Simpson, que ahora era el proponente de la iniciativa integral, dijo: "No hay nada más permanente que un inmigrante temporal […] Vienen, tienen un hijo, y ese hijo es ciudadano estadounidense, y luego cuando tratas de deportarlos […] es imposible".

El 24 de septiembre de 1986, tras varios meses de optimismo renovado sobre la aprobación de la iniciativa inmigratoria, seguido de conversaciones cargadas de emoción, los representantes republicanos le asestaron un nuevo golpe. Esa vez, un pequeño grupo de demócratas se les unieron en su oposición a una importante propuesta normativa. El bloque bipartidista se formó en respuesta parcial a dos nuevas disposiciones: una para legalizar a los trabajadores agrícolas indocumentados y la otra para incluir la salida voluntaria extendida.

Sin embargo, varios días después, la iniciativa volvió a aparecer luego de que unos influyentes representantes demócratas hicieran una serie de concesiones a los republicanos sobre la legalización de los trabajadores agrícolas. Cuando los negociadores de la Cámara de Representantes presentaron sus términos revisados, solo dos semanas después de que muchos de ellos habían considerado que la ley era irrecuperable, alcanzaron un acuerdo tentativo. La iniciativa, dijo un demócrata miembro de la Cámara de Representantes, era "como Rasputín: se niega a morir". Mantener viva la enmienda Moakley-De-Concini, sin embargo, estaba resultando insostenible. A principios de octubre, una votación para matarla falló por tan solo dos votos. Luego, mientras se ultimaba la iniciativa en un comité de conferencia, el fiscal general de Reagan, Edwin Meese, llamó a un alto cargo demócrata de la Cámara de Representantes con una amenaza: "Si la enmienda de Moakley pasa, toda la iniciativa está muerta". En ese momento, Moakley transigió y retiró la medida.

La Sala Roosevent en la Casa Blanca ya estaba llena de miembros de la cámara alta y de la cámara baja rígidamente sentados a lo largo de una pared llena de retratos presidenciales cuando entró Ronald Reagan. En una mesa de madera, junto a un podio, había un grueso fajo de papeles y cuatro plumas muy bien acomodadas en fila. Era el 6 de noviembre de 1986 y había un ambiente de congratulación y camaradería. El presidente estaba ahí para firmar la Ley de Reforma y Control de la Inmigración (IRCA): "La reforma más integral de nuestras leyes de inmigración desde 1952", dijo, leyendo un discurso en el que elogiaba al Congreso por su "exitosísimo esfuerzo bipartidista". Aproximadamente tres millones de inmigrantes indocumentados serían legalizados. La ley había tardado años en llegar, agregó, y dijo bromeando que el último trecho dependía de él. "Espero que no me pase nada de aquí a la mesa", dijo.

Hubo un caluroso aplauso mientras firmaba la ley, pero algo pasó entre el podio y la puerta. Un reportero gritó:

—¿Señor presidente? —Reagan se volvió a la tribuna de prensa—. ¿Tenemos algún tipo de acuerdo con Irán? —aludía a una nota que había aparecido esa misma semana y que pronto ganaría terreno; se trataba del escándalo Irán-Contra, una ventana a la constante obsesión de la Casa Blanca con Centroamérica.

Contraviniendo al Congreso y un explícito embargo de armas, el gobierno estaba vendiendo armamento a Irán de manera encubierta para enviar lo recaudado a las fuerzas contrarrevolucionarias, conocidas como *los contras,* que combatían para derrocar al gobierno sandinista en Nicaragua.

En el salón se hizo el silencio mientras el presidente hacía una pausa.

—Sin comentarios —dijo.

El doctor y el general

Juan nunca solicitó asilo porque no tenía ninguna intención de quedarse en Estados Unidos, así que un amigo abogado lo agarró desprevenido cuando le dijo, una tarde de invierno de 1987, que debía intentarlo. Mark Silverman, californiano de treinta y pocos años, era abogado de planta en el Immigrant Legal Resource Center de San Francisco. Había conocido a Juan en la comunidad de activistas del santuario del Área de la Bahía. Abogados *pro bono* como Silverman visitaban las iglesias con frecuencia para dar consultas legales. En unos cuantos meses, Juan se había vuelto parte integrante no solo del Santísimo Redentor sino de todo el distrito Mission.

En poco tiempo se les empezó a ver juntos hablando en paneles, saliendo en programas noticiosos locales y organizando reuniones para inmigrantes centroamericanos que acababan de llegar. Silverman había crecido lo suficientemente cerca de Juan para tener idea de cómo convencerlo de presentar una solicitud de asilo. Le dijo que, como director de Crece, podía motivar a otros a solicitar asilo poniendo el ejemplo. Trabajaron hasta muy entrada la noche preparando la solicitud. Silverman la presentó al día siguiente en una oficina local del INS, y Juan, que no esperaba nada, se olvidó del asunto inmediatamente.

Ese mes de marzo iba por carretera en auto con un grupo de activistas rumbo a Washington, D. C. El alcalde de la ciudad ya había expedido un decreto con el fin de limitar la autoridad de los policías municipales para detener a la gente y pedirle su documentación legal. Ahora el ayuntamiento estaba estudiando una iniciativa de ley para declararse jurisdicción de santuario. El simbolismo de que la declaración se hiciera en la capital del país atrajo a activistas que acudieron a dar apoyo.

La noche de su llegada era fría y hacía viento. Una pequeña delegación de activistas de Washington con gruesos abrigos y bufandas esperaba a Juan y a los demás cerca de la iglesia donde se quedarían. "¿Dónde está la gente que acaba de llegar?", le preguntó Juan a uno de ellos. Se dirigió a un albergue para gente sin hogar en un barrio peligroso de edificios bajos y fachadas cerradas con tablas llamado Mount Pleasant. Todo en la zona —las miradas desconfiadas intercambiadas en la calle entre negros y latinos, el frío cortante, los callejones oscuros— era un reproche por las comodidades de San Francisco. Dentro del albergue, sin embargo, se sentía como haber vuelto a casa. Cuando los salvadoreños se presentaron, se dio cuenta, por sus acentos y sus cadencias suaves e inspiradas, que eran de la misma parte del país que él. No eran los citadinos de San Salvador y alrededores que tendían a congregarse en la Costa Oeste de Estados Unidos: eran campesinos de los departamentos cercanos adonde él creció: Usulután, San Miguel, La Unión.

Alrededor de las nueve, un grupo de ellos salieron del albergue para ir a un lugar que llamaron La Clínica. Era una clínica médica en la calle Irving, cerca de la Quince Noroeste, que ofrecía servicios gratuitos a los indocumentados. Con un personal limitado a un médico y unas cuantas enfermeras, era manejado sobre todo por voluntarios: miembros de la comunidad, médicos residentes de la Universidad George Washington y trabajadores sociales. Juan, junto con los salvadoreños del albergue, llegó a una casa adosada de tres pisos y subió las escaleras hasta el último.

El lugar estaba lleno de gente que se desparramaba por las escaleras y los pasillos. Todo el mundo hablaba en español y algunos alegremente vendían pupusas y frijoles que llevaban en canastitas colgadas del brazo. Solo había tres salas de exámenes y los voluntarios, tablilla sujetapapeles en mano, al aire libre, en unos puestos provisionales que alguien había construido deprisa con madera barata y cortinas, apuntaban los datos de los pacientes.

Después de una semana en Washington, Juan regresó a San Francisco, según lo planeado, pero no podía dejar de pensar en La Clínica. Mientras más conocía del lugar, más fuerte era el dominio que ejercía sobre él. El nombre completo del centro era La Clínica del Pueblo y había sido fundado en 1983 por un capítulo de la Costa Este del Centro de Refugio

Centroamericano (Carecen), un grupo con el que Juan trabajaba en San Francisco. Era la clase de operación autosuficiente con la que había soñado en El Salvador y desde entonces había tratado de crear, tanto en México como en la Costa Oeste.

Más adelante, esa misma primavera, dos acontecimientos lo sacaron de su ensueño washingtoniano. El primero fue una llamada telefónica de Mark Silverman para anunciarle: "Te concedieron el asilo". Juan estaba atónito. Lo primero que pensó fue que ahora sería más fácil para él regresar a El Salvador a ver a su familia, porque tendría un pasaporte y un lugar al que podía retirarse legalmente en caso necesario.

El segundo acontecimiento vino unas semanas después. La Clínica del Pueblo estaba a punto de cerrar porque sencillamente había demasiado trabajo que su ejército de voluntarios no podían hacer solos. Si no encontraban a alguien que dirigiera las operaciones cotidianas de la clínica y coordinara la maraña de logística, personal y presupuesto, no había manera de que el sitio pudiera seguir funcionando. Un amigo salvadoreño de Juan en Carecen, en San Francisco, le dio las noticias y le confesó una segunda intención. Tenía una propuesta: ¿no querría dirigir La Clínica? El 4 de julio de 1987, Juan Romagoza abordó un vuelo para Washington.

★ ★ ★

A principios de 1988, aproximadamente cinco años después de convertirse en el ministro de Defensa salvadoreño y un año antes de retirarse del ejército, Carlos Eugenio Vides Casanova solicitó a Estados Unidos una tarjeta de residencia permanente. Tenía un caso sólido basado en lazos familiares. La mujer con la que había estado casado nueve años era hija de una ciudadana estadounidense que vivía en Baltimore. Ella había estudiado en Houston a mediados de la década de 1970; a lo largo de la década de 1980 viajó a Estados Unidos y en marzo de ese año obtuvo la residencia permanente. Cuando Vides Casanova empezó a planear irse de El Salvador, había una dirección familiar que podía poner en su solicitud: 44 Colonial Court, una casa en una tranquila cerrada en Palm Coast, Florida.

"¿Qué es Vides?" —preguntó por esos días un exmiembro del gobierno salvadoreño— ¿Un reaccionario, un progresista? Es un soldado que tiene

171

que preservar a su institución. Hará lo que tenga que hacer. Entonces no se le puede clasificar políticamente". Durante la década de 1980, los estadounidenses trataron de clasificarlo, sin éxito. Vides Casanova había pasado el principio de la década dirigiendo la Guardia Nacional, cuando el gobierno mataba a más civiles que en ningún otro momento de la guerra. Y, sin embargo, para la primavera de 1983, cuando los estadounidenses se cansaron de José Guillermo García, entonces ministro de Defensa del país, aceptaron a Vides Casanova, que tenía 44 años y era el siguiente en la fila. Era "un caballero", según palabras de un informante del FBI. "Sus ojos no tienen esa mirada feroz que tienen muchos comandantes".

Mientras que García había pasado abiertamente por alto las preocupaciones de los estadounidenses sobre derechos humanos, Vides Casanova tuvo el cuidado de trazar un plan de vuelo más sigiloso. Los abusos del ejército le preocupaban tan poco como a su predecesor, pero sabía que tenía que abrirse camino entre Estados Unidos y las facciones enfrentadas dentro de los cuerpos de oficiales salvadoreños. Eso era algo que los estadounidenses no entendían del todo. El ejército salvadoreño tenía su propio equivalente de partidos políticos que constantemente formaban alianzas y se disputaban la primacía. Lo que los definía era el sistema instaurado en la academia militar del país, donde cada promoción de graduados se llamaba *tanda*. Los oficiales sentían una gran lealtad a sus propias tandas y con frecuencia se movían juntos entre los rangos de la jerarquía militar. Vides Casanova había estado en la tanda de 1957 y García en la de 1956.

Cuando los dos hombres estaban en las más altas posiciones militares, otra generación ya había adquirido importancia y ejercía un inusual poder debido a su tamaño sin precedentes. Por esa razón se llamaba la Tandona e incluía a algunas de las más violentas personalidades de derecha de la década de 1980. Una de ellas era Roberto D'Aubuisson, responsable del asesinato de Óscar Arnulfo Romero, que en 1982 se las arregló para ganar las elecciones para la presidencia de la Asamblea Constituyente (era demasiado extremo incluso a ojos de algunos de los estadounidenses del Departamento de Estado y el gobierno de Reagan intervino para impedirle que llegara a la presidencia de El Salvador). Los demás llegarían a ser conocidos por el público más adelante, después de cometer algunas de las más desvergonzadas acciones de la guerra.

A todo lo largo de la década de 1980, Vides Casanova discretamente formó alianzas con miembros de la Tandona, que servía de tapadera para los abusos de algunos cadetes y para permitir a algunos oficiales que asumieran una cantidad cada vez mayor de puestos de mando. Era una cuestión de supervivencia. Hizo los preparativos con la misma presteza con que en diciembre de 1983 tranquilizó al vicepresidente George H. W. Bush diciéndole que de una vez por todas metería en cintura a los escuadrones de la muerte (convencido de su lealtad, más adelante Reagan, para agradecerle, le concedió la distinción de la Legión al Mérito). Pero en 1988 a Vides Casanova ya le había quedado claro que a esa nueva cosecha de oficiales no les importaban las apariencias y no podían ser acorralados.

El 21 de agosto de 1989 su avión aterrizó en el aeropuerto de Miami. En la aduana presentó su pasaporte y una nueva y reluciente visa estadounidense. Ahora, a los cincuenta y pocos años, con una pensión mensual del gobierno salvadoreño, ya era residente de Estados Unidos y su esposa y sus cuatro hijos lo esperaban. En los siguientes meses, las únicas señales externas del tiempo que estuvo al mando del ejército salvadoreño fueron las fotos, colgadas en la pared de su casa, en las que sonreía orgulloso al lado de tres presidentes estadounidenses.

Casi dos meses después, una tarde de octubre, el general José Guillermo García bajó de un vuelo de Transportes Aéreos del Continente Americano que llegó a Miami con más o menos 200 pasajeros. En esos años los aviones no tenían una cabina de primera clase, así que los pasajeros VIP se sentaban adelante, lo que les permitía estar entre los primeros viajeros en pisar el suelo norteamericano.

García no tenía tan buenas conexiones como Vides Casanova, cuya familia política había estado entre las más adineradas de El Salvador, así que su llegada requirió otra clase de preparativos. Tenía una visa de entrada y un plan que ya estaba ultimándose con abogados y que sería aprobado por el gobierno estadounidense. Estaba solicitando asilo político.

SEGUNDA PARTE

Medio antropólogo,
medio aspirante a matón

A Eddie Anzora le gustaba decir que "se entendía con todo el mundo". Estaban los de la pandilla Rollin 20s Bloods y los Brims. Se vestían con ropa suelta de diferentes tonos de rojo, con sombreros de tres picos y camisetas extragrandes. En South Los Angeles, a finales de la década de 1980, todas las grandes pandillas tenían una serie de vestimentas locales, definidas por las esquinas en las que vendieran droga, bebieran licor de malta y golpearan gente. El mapa de la ciudad dictaba enemistades y alianzas de vida o muerte. Eddie vivía en territorio de los Bloods, en la intersección de la Treinta y Kenwood, pero su escuela estaba en un tramo de la avenida Vermont que se hallaba bajo el influjo de los Harpys, una banda chicana cuya camarilla local se llamaba el Dead End. Los hermanos mayores de varios de sus amigos se juntaban con ellos, adolescentes que planchaban sus pantalones de pana y usaban camisas de cuello americano y tenis Vans. Estaban de moda los *footies:* calcetines de colores con pequeñas borlas que colgaban alrededor del tobillo. Donde Eddie vivía todos usaban *footsies* rojos, lo que demostraba quién mandaba. El estilo acentuaba el músculo; el guardarropa ocultaba cuchillos y pistolas.

Eddie era superviviente desde antes de saber qué era a lo que sobrevivía. Solía andar en bicicleta alrededor de un edificio de ladrillo de cuatro pisos en una esquina cerca del King's Swap Meet, un mercado de pulgas techado en un gran terreno junto a una preparatoria. Estaba cerca de la sección Pico Union de la ciudad, un enclave centroamericano. En uno de los muros se había escrito un 18 gigante con espesa pintura negra de aerosol; se alcanzaba a ver en varias manzanas. El Barrio 18 era una pandilla bien establecida y crecía rápidamente. Juraban fidelidad a una organización más poderosa llamada la Mafia Mexicana. En el restaurante donde su madre trabajaba de cocinera, un cuchitril llamado La Chapalita, Eddie a veces jugaba al billar con un tipo que tenía un tatuaje del número 18 trepándole por el brazo.

Más cerca de su casa, Eddie lavaba la ropa entre columnas de humo de mariguana, el aroma de su primera infancia. Los Harpys tenían afuera de la lavandería automática una pancarta que llevaba su nombre estampado en mayúsculas de imprenta. El dueño del lugar, que todos los pandilleros conocían como Popeye, tenía rizos Jheri y llevaba un pañuelo amarrado en la frente. Cuando Eddie doblaba su ropa, los chicos más grandes se pasaban churros y botellas, y el suelo retumbaba con un equipo estéreo que era la mitad de alto que Eddie. Era 1988, el año de N. W. A. y Ice T., de "Dope Man" y "I'm Your Pusher", que sonaban a todo volumen en las grabadoras portátiles y salían por las ventanillas abiertas de autos Chevrolet Monte Carlo que rebotaban de gusto sobre amortiguadores hidráulicos.

Eddie tenía 10 años. Pensaba que era mexicano, porque en su esquina de la ciudad eso eras si no eras negro, pero había nacido en El Salvador. Siete años antes, cuando tenía tres y su hermano Carlos dos, Victoria, su madre, los llevó con ella a San Francisco. Allá se quedaron un año, en un pequeño departamento en el distrito Mission, donde vivía el padre de Eddie. Bebía y engañaba a Victoria y desaparecía días enteros. Ella, después de un tiempo, se mudó con sus hijos al barrio South Central Los Angeles para vivir con sus hermanos. El sitio, en la Treinta y Kenwood, estaba tan destartalado, tan abandonado y en ruinas que Eddie pensaba que parecía casa embrujada.

Pero nada lo asustaba. Carlos, su hermanito Michael y Victoria rentaban el piso de arriba junto con dos tías, sus tres hijos y un tío mayor. Otra familia ocupaba el piso de abajo. Toda la situación podía ser caótica, tanta gente bajo un mismo techo, en una casa sin jardín, en una esquina insegura en una de las ciudades más peligrosas de Estados Unidos. Y, sin embargo, Eddie no conocía otra cosa; como era joven y astuto, deambulaba libremente por el barrio. Victoria trabajaba día y noche. Carlos, mientras tanto, era el más salvaje de los dos hermanos mayores y robaba del dinero que se iba juntando para la renta de la familia con el fin de comprarse una escopeta de aire comprimido en una tienda de excedentes del ejército y estampas de Basuritas en un puesto de la feria de trueque. A Eddie le aburría la escuela, pero estudiaba con voracidad el argot estadounidense, la música y las modas del hampa. Era medio antropólogo y medio aspirante a matón. Si alguien lo empujaba, él le pegaba. Pero le interesaba más conversar que pelear y le ponía mucha atención a todo. Copiándole al hermano de un amigo, más grande que ellos, empezó a usar pasadores para fijar los dobladillos de sus pantalones a los zapatos, para que nunca arrastraran por el suelo.

Una mañana estaba jugando futbol en la calle con sus amigos, que era un ritual consabido. Además de Eddie estaban Quincy, Tutu y Gerardo, los pilares de la escuela primaria Vermont Avenue. Algunos otros se metían para gritar insultos o pasar rápidamente el balón antes de seguir su camino. Un montón de tipos mayores que ellos, casi todos negros, platicaban frente a la casa de alguien. La cuadra estaba llena de sus sonidos y sus ritmos habituales. La música no parecía detenerse nunca —Big Daddy Kane, Salt N-Pepa y LL Cool J en bucle—, pero cada pocos minutos la letra quedaría ahogada por el bramido de un camión revolucionando el motor cerca de ahí.

La pelota flotaba en el aire cuando un ruido agudo los hizo girar a todos. Apareció ante sus ojos un viejo Pinto, con un chirrido, y se tambaleó al girar en la esquina de Kenwood antes de enderezarse y largarse. Le salía humo de las llantas, y el agrio olor del hule quemado llenó el aire.

Uno de los mayores gritó: "Van a disparar". Eddie y sus amigos se tiraron al suelo y se guarecieron debajo de autos estacionados. Varios adolescentes alcanzaban a verse en el Pinto. De pelo largo, con camisetas oscuras, parecían rockeros góticos. A Eddie le pareció ver la boca de una pistola asomándose de una ventanilla trasera, pero justo en el momento en que estaba forzando la vista para distinguir, un segundo auto dobló la esquina acelerando. Era un Monte Carlo que pertenecía a un adolescente del barrio llamado Whino, de los Harpys. Él iba a toda velocidad por la cuadra con las ventanillas abiertas. Lanzaron unos cuantos disparos hacia el Pinto. No le dieron a nadie, pero hubo gritos y el ruido del vidrio haciéndose añicos. Eddie bajó la cabeza cuando oyó el estallido de las pistolas. Al levantar la mirada, el Monte Carlo de Whino iba acelerando hasta perderse de vista. Los rockeros góticos, en su Pinto abollado, hacía tiempo que se habían ido.

Los muchachos de pelo largo eran nuevos en el barrio. Eddie había oído su nombre por primera vez muy recientemente. Se hacían llamar Mara Salvatrucha, o MS. Era argot salvadoreño: una mezcla de palabras con la que se quería transmitir cierta idea de belicosidad y fiereza. *Mara* significaba pandilla o grupo de amigos cercanos; la palabra se popularizó en El Salvador en la década de 1950, proveniente de la traducción libre de una película muy vista con Charlton Heston llamada *The Naked Jungle,* conocida en Latinoamérica como *Marabunta. Salva,* por su parte, alude al país, pero también sugería algo salvaje, mientras que una acepción de *trucha* es "espabilado". Eddie hablaba un poco de español con su madre en casa y entendía mucho de lo que oía decir en las calles, donde algunos de los pandilleros mexicano–estadounidenses salpicaban su habla con frases sueltas. Esas dos palabras, sin embargo, escapaban del vocabulario urbano de Eddie. Luego empezó a reparar en las letras garabateadas con marcador permanente en la ropa de uno de sus amigos, Christian, un niño de ocho o nueve años que vivía en el departamento de debajo de su casa. Las letras MS aparecieron en los pantalones vaqueros y en los zapatos de Christian. El hermano mayor de Christian —un adolescente esbelto de párpados caídos y cierto acento distintivo que usaba camisetas de Iron Maiden— pertenecía a la pandilla. Cuando Eddie le mencionó las letras en la ropa de Christian a su amigo Gerardo, cuyo hermano era integrante de Dead End Harpy, Gerardo dijo: "Que se chingue MS".

Las guerras de pandillas solían refractarse a través de las relaciones de hermanos: los niños más chicos imitaban los gestos y los gruñidos de los mayores. Los niños andaban juntos por ahí, cuando de repente uno de ellos soltaba alguna seña de la pandilla. Era puro teatro, pero a todos se les inculcó de muy chicos. Nunca era demasiado pronto para declarar las lealtades. Eddie tomó nota cuando Christian y su hermano tuvieron que terminar mudándose porque se estaban metiendo en demasiados pleitos.

Después de la balacera, Eddie y los demás salieron de sus escondites y se pusieron a platicar agitados lo que acababan de presenciar. Si los disparos les habían asustado, nadie lo iba a reconocer. Eran refriegas cotidianas. Los pandilleros enfrentados eran vecinos o hermanos de los compañeros de escuela: rostros respetados, familiares. Whino y los Harpys regresaron unos minutos después y estacionaron el auto de su lado de la calle. Saludaron a todos y se unieron al partido de futbol.

Guerras de pandillas

En el barrio de Eddie, cualquiera al que valiera la pena emular era negro o chicano; donde vivía no había gente blanca, y los centroamericanos, de los que ahora llegaban miles cada mes, eran recién llegados que no se habían asimilado y se ubicaban hasta abajo en una jerarquía racial de por sí despiadada. Las pandillas negras y mexicanas eran salvajes con muchos de ellos. Tuvieron que pasar algunos años para que Eddie entendiera plenamente lo que significaba ser salvadoreño. Nadie se había tomado la molestia de contarle la historia de su origen. Ya fuera que su familia quisiera ocultársela o simplemente se le hubiera olvidado explicársela en detalle, la omisión le ayudó a protegerse del tribalismo de las calles. A principios de la década de 1990, los asesinatos relacionados con pandillas representaban más de un tercio de los homicidios del condado de Los Ángeles y al menos el 55% de las víctimas eran latinos. Los adolescentes salvadoreños estaban atrapados: la falta de filiación los hacía enemigos de todos, pero "treparse" a una pandilla siendo fuereño era un acto extremo que acarreaba otros peligros.

Algunos de los refugiados trataron de hacer causa común como autodefensa. Había dos opciones, y el Barrio 18 era la más sólida. La pandilla obtuvo su nombre de tres cuadras entre las calles Arapahoe y South Bonnie Brae, en Pico Union. Era pequeña en sus comienzos, a finales de las décadas de 1950 y 1960, una organización principalmente chicana con un estilo retro, expresado en sus trajes y en sus sombreros fedora, como un retorno de los *zoot suits* de principios de la década de 1940. Pero con el paso de los años, lo que distinguía al Barrio 18 era su inclusividad. Otras pandillas chicanas activas en el sur de

California solían rechazar a cualquiera que no fuera mexicano-estadounidense, incluso a aspirantes nacidos en México. Los pandilleros del Barrio 18 recibían con los brazos abiertos a los inmigrantes y cultivaban una identidad latina más ecuménica. No era precisamente por altruismo: el Barrio 18 creció más rápido, y se hizo más aterrador, que la mayoría de sus rivales; a sus miembros les dio por decirle La Grandota.

No podía decirse lo mismo de la Mara Salvatrucha. De principios a mediados de la década de 1980, MS fue una pandilla de parias e inadaptados poblada por los recién llegados de Centroamérica. Los miembros se decían a sí mismos MS Stoners y destacaban por su estilo en una ciudad dominada por el gangsta rap y el estilo cholo suelto. Usaban pantalones vaqueros ajustados, rotos de las rodillas, y camisetas negras, y llevaban el pelo largo, como los metaleros de Black Sabbath, AC/DC y Megadeth. El símbolo de MS eran los dedos índice y meñique extendidos como cuernos de diablo. A veces se le añadía el número 13 a su etiqueta por sus asociaciones malignas. Todas las pandillas se ponían una fachada y representaban una identidad, pero el énfasis de MS en los símbolos oscuros y satánicos era singular. Muchos de sus miembros hablaban y se veían como extranjeros, y desentonaban aunque hubieran intentado lo contrario; hasta su español era diferente: estaba lleno de toscas irreverencias (como el vulgarismo *cerote,* que, de acuerdo con el *Diccionario de americanismos,* significa "porción de excremento sólido y de forma cilíndrica") y adoptaba pronombres que sonaban serios (como *vos* en lugar de *tú*). "Los salvatruchos no se obligaban a sí mismos a hablar como chicanos ni renunciaban a su origen —escribieron los periodistas Carlos Martínez y José Luis Sanz—: lo llevaban en el nombre de su pandilla". Como adondequiera que fueran los superaban en número y en la calidad y cantidad de las armas, la MS comenzó a usar machetes. Se empezaron a esparcir historias macabras de decapitaciones.

Surgieron pequeñas camarillas por toda la ciudad, cada una vinculada a un distinto conjunto de esquinas callejeras. Las pandillas más grandes vendían drogas y extorsionaban a negocios de la zona y a traficantes; la MS aún era demasiado menuda para cumplir esa clase de ambiciones. Su *modus operandi* consistía sobre todo en proteger a los suyos, buscar pleitos y así hacerse fama de proveedores de asombrosos actos de violencia. En el lado poniente estaban los Normandie Locos, los Coronado Locos, los Hollywood Locos y los Leeward Locos, que se ponían nombres de calles o intersecciones.

En el verano de 1984, el Departamento de Policía de Los Ángeles les hizo un favor a estas camarillas. Cuatro años antes, Estados Unidos había boicoteado las Olimpiadas de 1980 porque tuvieron lugar en Moscú; ahora, en julio, Los Ángeles sería sede de los Juegos Olímpicos de Verano. Para limpiar las calles como previsión, la policía realizó detenciones de alto perfil y agarró a algunos de los mayores jugadores de las pandillas callejeras más arraigadas. El vacío resultante exacerbó la violencia en Pico Union y alrededores. La MS tenía posibilidades de ganar algún terreno.

En los años incipientes de estas pandillas no siempre era posible saber quién era o no miembro de la MS. Atento observador de las apariencias, Eddie empezó a darse cuenta de que había cosas que no podía ver. Su tía Gladys, cuyo hijo era cinco años mayor que Eddie y miembro del Barrio 18, salía con un hombre guatemalteco llamado Óscar. Óscar era un exsoldado de treinta y tantos años, musculoso y severo, al que le gustaba usar muchas joyas de oro. Había huido de Guatemala varios años antes y ahora vivía en el barrio y trabajaba en una tienda de vinos y licores. Para Eddie, lo más interesante de Óscar era su minicamioneta roja, que tenía una cubierta dura replegable que dejaba abierta cuando llevaba a los muchachos a dar vueltas por la ciudad.

Una tarde, con los muchachos en la parte trasera de la camioneta, un conductor se le cerró y obligó a Óscar a subirse a la banqueta para evitar un choque. Los dos vehículos se detuvieron. Óscar abrió la puerta de una patada y rodeó la camioneta. Los dos hombres del otro vehículo estaban bajando de esa manera lenta y pausada del luchador que se prepara para atacar. Uno tenía un machete, el otro una barreta. Eddie tenía la mirada fija en ellos, así que se sobresaltó al ver a Óscar precipitándose hacia su campo visual blandiendo un bate de beisbol. Óscar le quitó a un hombre el machete de un manotazo y lo golpeó en la rodilla antes de avanzar hacia el otro, que se echó atrás. Óscar se concentró en el automóvil. Dio vueltas alrededor de él y lo destrozó a batazos a un ritmo metódico. Luego regresó a su camioneta, reajustó el espejo retrovisor y llevó a todos a cenar. Poco después Eddie supo que Óscar era un salvatrucho.

En 1989, cuando Eddie tenía 11 años, su madre decidió que la familia necesitaba mudarse. La epidemia de *crack,* que llevaba años empeorando, estaba alcanzando una intensidad casi bélica. Cada noche, helicópteros de la policía daban vueltas ruidosamente en lo alto y la gente rutinariamente se metía a la casa de Kenwood a robar cosas para venderlas y comprar droga. Algunas veces, el tío de Eddie, Jaime, tuvo que sacar a los intrusos a punta de cuchillo. Pero la familia notó que de todas formas desaparecían joyas y baratijas. El propio Jaime había empezado a consumir. Afuera parecía como si el barrio estuviera poseído. Rostros familiares se tornaban ausentes; los vecinos parecían envejecer de la noche a la mañana y adquirir un aspecto demacrado. Había más peleas y eran más sangrientas; la tosca pero antes comprensible lógica de las rencillas callejeras se volvió impredecible: disparos desde vehículos en movimiento, atracos a plena luz del día, altercados en medio del tráfico.

Una tarde de ese mismo año, Victoria pidió unas horas libres en el trabajo para ir a buscar departamento con sus hijos en el valle de San Fernando. Con una extensión de aproximadamente 65 000 hectáreas, desde la zona alta de Los Ángeles hasta la sierra de Santa Susana en el norte y las Simi Hills en el poniente, en ese valle habitaba más de un millón de personas. Sus asociaciones más icónicas (estudios cinematográficos, centros comerciales palaciegos, comunidades valladas) no correspondían a la zona donde los Anzora estaban buscando. Media hora después de haber tomado el autobús en South Central, al bajar se encontraron en los barrios de Van Nuys, Arleta, Reseda: zonas yermas con características típicas del valle, como albercas adjuntas a lúgubres complejos de departamentos. Otra familia en auto los pasó a los tres por la calle y les ofreció darles un aventón. También ellos andaban buscando casa, según dijeron. En el auto, Victoria les dio la dirección de unos departamentos que unos amigos le habían sugerido ver.

—Puedo llevarlos, pero no es un buen barrio —dijo la conductora, a lo que Victoria respondió:

—De todas formas vamos a echarle un ojo. Hemos estado viviendo en South Central.

Se mudaron a un departamento en la avenida Langdon, inmediatamente después del bulevar Sepulveda. Uno de los amigos de Eddie le decía "Gangville", o Villa de Pandilleros. El resto de la familia —las tías, los tíos y los primos— se estableció cerca de ahí. En la escuela primaria Langdon Avenue, Eddie se propuso aprender un nuevo código social, algo que había llegado a esperar y que trataba con despreocupación. "Tienes que ser un hombre rápidamente", decía. El proceso era universal: primero demostraría su dureza, pero la gente con la que peleaba se hacía llamar con nombres distintos de los de South

Central. Allí, algunos de los chicos más fuertes apoyaban a una pandilla local llamada Langdon. Un tipo, Ziggy, se le acercó en el patio para demostrárselo a golpes. Eso ocurrió algunas otras veces; la intensidad del combate disminuía de un asalto al siguiente. Eddie resistió y en poco tiempo empezó a andar con un nuevo grupo de amigos: iban a las casas de los demás a ver televisión y a entrar a escondidas a las albercas de los vecinos.

Eddie estudiaba las peculiaridades y los estilos de las pandillas, pero su ferocidad lo desconcertaba. La violencia y el aire de descontento no parecían tener sentido. Si pertenecías a una pandilla, te sentías orgulloso y protegido, pero a ojos de una población rival a la que casi ni conocías, siempre estabas equivocado. Formó filas con un grupo más discreto de delincuentes juveniles mexicanos, salvadoreños y asiáticos, conocidos como *grafiteros*. El grafiti le resultaba atractivo a Eddie dado su sentido de etiqueta callejera: vagaba por la ciudad perfeccionando su firma en propiedades públicas. Le gustaba firmar con alguna variante de Take o Taker; la combinación de letras se veía bien y el apodo aludía a alguien, el *taker,* el que toma lo que le corresponde. Su grupo se hacía llamar MCP, que, dependiendo de quién preguntara, significaba Mexicanos Causando Pánico, Marcando Cosas Públicas o Manufacturando Crimen de Primera.

San Fernando era el lienzo soñado por un grafitero. Con amigos Eddie tomaba el autobús para ir a lugares chic o a las largas extensiones abandonadas de muros públicos debajo de autopistas congestionadas y ponerse manos a la obra. Cuando tenía 12 años, en 1990, él y otro grafitero de MCP subieron y bajaron por la avenida Melrose, abarcando todo lo que pudieron con sus iniciales, como si estuvieran haciendo la campaña publicitaria de una nueva marca. Aparecieron los policías y su amigo se escabulló como flecha, pero Eddie, presa del pánico, se paralizó. Pasó una noche en el centro de internamiento de menores.

La epidemia de *crack* estaba transformándose en una campaña política nacional con epicentro en Los Ángeles. En 1986, la revista *Time* la llamó "el tema del año", mientras que *Newsweek* describió el problema de drogas como la historia más importante desde Vietnam y Watergate. En el verano de 1986, Len Bias, estrella de basquetbol de la Universidad de Maryland, que en un *draft* había sido elegido en segunda posición por los Boston Celtics y al que habían comparado con Michael Jordan, murió a los 22 años de una sobredosis de cocaína. La tragedia exacerbó un pánico creciente ("Estados Unidos

Eddie Anzora (izquierda) con un amigo, grafiteando un muro en Santa Fe Yards.
Los Ángeles, California, 1992.

Eddie Anzora grafiteando en Venice. Los Ángeles, California, 1996.

descubrió el *crack* y tuvo una sobredosis de oratoria", según un editorial del *New York Times*) y el presidente demócrata de la Cámara de Representantes, Tip O'Neill, hizo un llamado a promulgar leyes que a la larga se convirtieron en la Ley contra el Consumo de Drogas. No había pasado ni un mes cuando IRCA, la ley inmigratoria de Reagan, creó fuertes penas de prisión obligatoria para cualquiera condenado por posesión de drogas, lo que instauró una notoria disparidad en las sentencias: el *crack* desencadenaba castigos mucho más duros que la cocaína en polvo. Era una estratagema contra sospechosos negros, algo que los agentes encargados de hacer cumplir la ley nunca se tomaron la molestia de disimular. Al consumidor de drogas ocasional "deberían sacarlo y dispararle", dijo unos años después el jefe del Departamento de Policía de Los Ángeles (LAPD) prestando declaración ante la Comisión Judicial del Senado.

En la avenida Langdon, las drogas estaban convirtiendo la calle en un caldero de traficantes y matones que vendían y robaban cocaína en piedra. A medida que maduraba, Eddie empezaba a darse cuenta de que había adictos a todo su alrededor. "Todo el mundo empieza a verse flaco, sucio, intoxicado", les comentaba a sus amigos, que conocían la realidad mejor que él; varios de ellos estaban perdiendo a sus padres por culpa de las drogas. Eddie a veces los veía cuando iba a sus casas: adultos despatarrados en los sillones o en la cama, catatónicos.

Victoria trabajaba constantemente, haciendo un turno tras otro en un pequeño restaurante y aceptando uno que otro trabajo de *catering*. Su hermana le hizo ver que un camión de comida podía ser una fuente extra de ingresos. Todas las mañanas se levantaba a las 3:45 para servir burritos y sándwiches de desayunar afuera de algunas de las fábricas y los talleres mecánicos de la zona. Su estrategia era no estar más de 10 minutos en el mismo lugar. Organizaba su horario alrededor de los turnos y los descansos de los obreros. Con los 175 dólares que sacaba a la semana, ella era el único sostén de la familia y casi nunca estaba en casa. Sin nadie ahí para cuidarlos, Eddie y su hermano con frecuencia faltaban a clases y se metían en problemas.

Ninguno de ellos participaba en las pandillas extremas, pero cruzarse con ellas era inevitable. En la avenida Langdon había enemigos mortales a unos metros de separación, en los dos lados de una calle o en unidades habitacionales adyacentes. "Estábamos tan cerca que podíamos mostrarles el dedo medio", como decía un vecino. En la esquina de Roscoe y Sepulveda, en un complejo de departamentos atrás de un McDonald's, un grupo de salvatruchos, de 30 o 40 tipos, le echaba botellas o le hacía disparos de advertencia con pistolas de bajo calibre al que se acercara demasiado. En Langdon y Nordhoff, al final de la calle, la pandilla de Langdon sostenía combates habituales con los Columbus Boys, y de vez en cuando con un grupo más pequeño llamado los TJ Locos. Eddie y sus amigos a veces se juntaban en un sitio neutral, un lugar en el que vendían donas, en el bulevar Roscoe, donde el dueño había puesto juegos de maquinitas. Los traficantes de drogas se arremolinaban mientras los niños jugaban *Street Fighter*. El ruido de los disparos dispersaba a todo el mundo, como la campana de la cena al final del día. Cuando volvían a reunirse, horas o días después, habría alguien ahí para hacerles la crónica de la última escaramuza. Una vez, un traficante de poca monta pasó a presumir sus últimas cicatrices de guerra. Un tipo le había disparado en la mejilla y le había volado la parte inferior de la mandíbula. Se sacó un par de prótesis dentales para hacer gala de su estoicismo.

La MS estaba en evolución. Empezaba a parecerse a las otras bandas callejeras chicanas. Un pelo más corto, casi al rape, sustituyó el *look* de rockero; la ropa se hizo más suelta, y afloraron tatuajes en brazos, cuellos y pechos de sus integrantes. Más miembros de la MS iban a parar a la cárcel. Las penitenciarías estatales imponían las normas para la vida callejera: lo dictaban todo, desde las alianzas y las contiendas cambiantes hasta las modas y las operaciones lucrativas para todos en el exterior. Había una razón para eso, y los salvatruchos, como los pandilleros de las décadas anteriores, lo estaban aprendiendo por las malas. Cumplir condenas era algo inevitable que todo el mundo tenía que esperar y prepararse para ello. Los pandilleros de la MS habían trabajado arduamente para asustar a la gente de Pico Union y Westlake, pero cuando llegaban a la cárcel no eran suficientes para eludir golpizas y violaciones. Necesitaban protección, para lo que se requería afiliarse a una de las grandes pandillas de la cárcel.

Las facciones de los presos se decidían por la raza —la Hermandad Aria, la Familia Negra Guerrillera—, pero para los latinos había dos opciones, dependiendo de dónde provinieran. Una frontera imaginaria atravesaba una ciudad mediana llamada Bakersfield, un centro petrolero y agrícola histórico como a 150 kilómetros de Los Ángeles: al norte había miembros de una pandilla llamada Nuestra Familia, y al sur estaba la Mafia Mexicana, mejor conocida como la Eme. A finales de la década de 1960, las dos pandillas iniciaron un disturbio en la prisión de San Quintín, más adelante conocido como la Guerra de los Zapatos, que empezó cuando un *soldado* de la Eme se robó los zapatos de un miembro de Nuestra Familia. Para cuando las autoridades sofocaron el pleito, 19 presos habían sido apuñalados y a uno lo habían matado. A partir de ese momento los grupos se volvieron enemigos jurados. El Barrio 18 se alineaba con la Mafia Mexicana. A cambio de protección dentro de las cárceles estatales, miembros del Barrio 18 le pagaban a la Eme una parte del dinero de sus negocios con la droga y extorsiones a negocios de la zona. La sociedad existía al filo de la navaja; cualquier errorcito del Barrio 18, ya fuera no haber pagado un tributo o la percepción de un desaire, y la Mafia los castigaría por ello.

Al final de la década, también la MS se había alineado. Antes, los salvatruchos que subían de rango solían gravitar hacia el número 13, porque parecía siniestro y diabólico. Algunos empezaron a llamar MS-13 a la pandilla. Ahora el 13 cumplía otro propósito: era un homenaje a la Eme, la decimotercera letra del alfabeto.

★ ★ ★

La noche del 1° de agosto de 1988, un joven de 21 años llamado Raymond Carter estaba casi llegando a su casa con una pizza cuando un policía lo hizo orillarse. El agente caminó hacia la ventanilla del conductor y preguntó:

—¿Dónde vive?

Carter dio la dirección donde vivía con su madre, un departamento en un edificio en la esquina de la calle Treinta y Nueve y la avenida Dalton, en South Central Los Angeles.

—Es uno de ellos —respondió el policía.

—¿Uno de los qué? —preguntó Carter.

—No se haga el tonto —dijo el policía—. Es uno de ellos. —Y lo arrestó.

Unos minutos después, Carter estaba tendido boca abajo en el patio frontal de su edificio, con las manos esposadas en la espalda. Atronaban las sirenas y los helicópteros acechaban. Docenas de patrullas, con aproximadamente 90 policías, cercaban la cuadra. Concentraron a vecinos de Carter de su edificio y de otros tres de la misma manzana en la calle, en un estado de alarma y

189

agitación. Varios estaban esposados, como Carter; a otros los golpearon y los quemaron. En medio del estruendo, alcanzó a reconocer la voz de su madre suplicándole a un policía que la dejara ir por su medicina para la presión. Su departamento, dijo Carter más adelante, parecía "como si lo hubiera atacado una manada de animales salvajes". Los policías golpeaban paredes, estrellaban espejos, rompían muebles y echaban abajo escusados con martillos. Treinta y nueve personas, todas negras, fueron detenidas. El daño a la propiedad, que más adelante se calculó en unos cuatro millones de dólares, fue tan serio que la Cruz Roja tuvo que proporcionar vivienda para 10 adultos y 12 niños que se quedaron sin casa. Algunos de los policías grafitearon en el edificio donde vivía Carter: "Aquí manda el LAPD. Mueran los Rollin' 30s".

Cuatro meses antes, en abril de 1988, el Departamento de Policía de Los Ángeles había llevado a cabo una nueva estrategia llamada Operación Martillo. Mandó a más de 1 000 agentes a barrios con altos índices de delitos cometidos por pandillas para hacer casi 1 500 en un despliegue de fuerza abrumador. Ya había unidades especiales del LAPD equipadas para combatir a las pandillas. Operaban a las órdenes de un destacamento llamado Recursos Comunitarios contra Matones del Sureste, o CRASH (en un principio se llamó Recursos Totales contra Matones del Sureste, que formaba la sigla TRASH, "basura", pero debido a quejas del público tuvieron que cambiar el nombre). Sus objetivos, en teoría, eran traficantes de droga y pandilleros, pero la policía tenía mucha flexibilidad. Poco después de la redada en la Treinta y Nueve y Dalton, la legislatura estatal aprobó una ley "contra el terrorismo callejero y para la prevención", que de hecho hacía ilegal estar "afiliado" a una pandilla callejera. Los fiscales podían "mejorar" una condena penal aumentándole varios años si el acusado era detenido, o alguna vez lo había sido, por asociaciones pandilleras. Era fácil acabar arrestado por esos cargos: si un policía registraba a alguien en busca de drogas o armas y no encontraba nada, de todas formas podía denunciarlo por estar "vinculado a una pandilla". En las calles no había tal cosa como estar vinculado a una pandilla. La gente estaba en una pandilla o no: no existía la opción de una membresía parcial; pero eso solo volvía más difícil desmentirlo.

Los Ángeles estaba a la vanguardia nacional de las políticas antipandilla, que tenían más en común con las prácticas del ejército de Estados Unidos que con los protocolos de otras fuerzas policiales del país. Eso, de acuerdo con un historiador, "no era actuación policial: era antiinsurgencia descontrolada". La idea era sacar a los pandilleros de sus bastiones; si eso significaba diezmar barrios enteros que los pandilleros compartían con gente de color de clase trabajadora, el daño colateral se justificaba por formar parte del más amplio objetivo de la guerra contra el crimen.

Una novedad legal creada en la oficina del fiscal de la ciudad para esos propósitos fueron los mandatos judiciales contra las pandillas, que introdujeron un montón de penas mejoradas y, en algunos casos, permitían que la policía detuviera a gente por congregarse en lugares públicos. Empezaron con los Playboy Gangster Crips, una pandilla negra asociada con la intersección de la avenida Cadillac y la calle Corning, en West Los Angeles. Según múltiples indicadores policiales, esa esquina no era la más peligrosa de la ciudad, pero estaba cerca de las oficinas de un grupo de fiscales competitivos. Los policías llenaban las carpetas con los nombres, las fotografías y las huellas digitales de cualquiera de quien sospecharan que estaba vinculado con la pandilla. Uno de los fiscales explicó más adelante: "No estábamos seguros de si era ético o legal. Teníamos una lista en el cajón, y si deteníamos a esa persona, la perjudicábamos todo lo que podíamos, pasara lo que pasara". Pronto vinieron otros mandatos judiciales, entre ellos uno que identificaba una camarilla de la Mara Salvatrucha en Hollywood.

De la redada policial de la Treinta y Nueve y Dalton salieron 160 gramos de mariguana, menos de 30 gramos de cocaína y solo un juicio exitoso por un cargo menor relacionado con drogas. La ciudad al final tuvo que pagarles daños a Carter, a su madre y a otros como parte de un arreglo extrajudicial. Era poco común una compensación así. Con mucha más frecuencia la policía no pagaba ni reconocía nada.

A principios de la década de 1990 Eddie sentía que la cultura pandillera en San Fernando se endurecía contra la nueva arremetida de las fuerzas del orden. Todo el mundo se volvió más violento y territorial, y hasta los grafiteros, que permanecían fuera del habitual campo de batalla, se vieron obligados a declarar lealtades y rechazar ataques. Los miembros de MCP empezaron a discutir sobre qué clase de organización eran. Una facción sentía que era hora de aclarar las cosas; ahora eran Mexicanos Causando Pánico, no los otros nombres, y eso significaba que los muchachos tenían que ser chicanos para permanecer activos. Muchas de las bandas locales estaban añadiendo el número 13 a sus nombres.

Había como 75 pandillas activas en San Fernando, pero solo una camarilla importante de la MS-13, los Fulton Locos. Ernesto Deras, un enjuto joven de 20 años que había llegado a Los Ángeles en 1990 y cuyo nombre de guerra era Satán, era el líder. Satán era un exsoldado salvadoreño con un impresionante historial de combate: su batallón salvadoreño había entrenado en Fort Bragg, en Carolina del Norte, y así llegó a ser conocido entre el cuerpo de oficiales salvadoreños como el Batallón Gringo. Sus primeros tatuajes, en la parte superior de la espalda, no eran las letras de la Mara Salvatrucha, sino las iniciales de su fuerza de rápido despliegue formadas alrededor de un cuchillo. Las armas que había usado para entrenar eran todas hechas en Estados Unidos: un rifle de asalto M-16, una ametralladora M-60 y un lanzagranadas M-203.

En El Salvador, Satán había cazado guerrilleros durante algunas de las ofensivas finales de la guerra, pero en Los Ángeles era un insurgente. La MS-13 en el valle de San Fernando era el enemigo común de todas las demás pandillas. En algún momento alrededor de 1989, una disputa con el Barrio 18 —que antes había sido un aliado, casi hermano, de la MS-13— se convirtió en guerra declarada. Como los dos grupos eran tan cercanos, y tenían parientes y amigos en ambos bandos, los asesinatos se intensificaron muy rápidamente. "Cuando a un enemigo se le encendía una *luz verde,* una sentencia de muerte, siempre había alguien que sabía dónde encontrarlo —escribieron Martínez y Sanz—. Cada pandilla conocía los escondites de la otra y dónde vivían sus miembros".

Al principio la policía se había concentrado en pandillas de negros, pero cuando empezaron a poner atención en las pandillas latinas, su arsenal jurídico se expandió más allá de los fiscales de la ciudad. Podían deportar a la gente. Ernesto Deras no había entrado legalmente a Estados Unidos, y las autoridades calculaban que por lo menos media docena de pandillas de Los Ángeles estaban integradas por miembros indocumentados en su mayoría. Por ley, la policía no podía detener a inmigrantes simplemente por no tener papeles. Era una infracción civil, no criminal. Pero en 1986, el INS empezó a trabajar junto con los agentes. "No detenemos a la gente por ser extranjeros ilegales —le dijo un vocero de la policía a *Los Angeles Times*—, pero es un programa piloto de nuestra campaña para acabar con la violencia de las pandillas".

Los policías identificaban a sospechosos de pertenecer a una pandilla y el INS los sacaba. John Brecthel, subdirector de distrito de investigaciones del INS en Los Ángeles en aquella época, dijo: "Si un pandillero está afuera en las calles y la policía no puede acusarlo de nada, saldremos y lo deportaremos por estar aquí ilegalmente si cuadra con ese criterio". Entre diciembre de 1988 y abril de 1989, esa campaña dio lugar a 175 deportaciones por presunta participación en "actividades de pandillas y narcóticos", entre ellas 77 a México, 56 a El Salvador y 15 a Honduras. El grupo de trabajo decía haber "diezmado" el liderazgo de la MS-13. La iniciativa también le daba al INS acceso a las prisiones de la ciudad y del estado, que sus agentes ayudaron a vaciar deportando a cualquiera con antecedentes penales. A principios de 1989, el INS había deportado aproximadamente a 9000 inmigrantes condenados por delitos graves tan solo en la Oficina Regional Oeste, entre ellos, más de 2000 de Los Ángeles.

Los Anzora estaban legalmente en Estados Unids. Michael, el menor, era ciudadano estadounidense, pues nació en San Francisco. Victoria había solicitado la ciudadanía a través de la Ley de Reforma y Control de la Inmigración de 1986 y obtuvo su tarjeta de residencia permanente unos años después. Eddie daba ese lujo por sentado. Era demasiado joven —demasiado ambicioso e imprudente— para apreciar las ventajas que confería. Él y su hermano estaban todo el tiempo metiéndose en problemas. En una ciudad donde los delitos violentos estaban aumentando vertiginosamente y saliéndose de control, Eddie guardaba las distancias con la peor parte. Pero su rebeldía no se suavizaba. Fue a dar a la cárcel algunas veces más, por grafitear, por realizar hurtos menores y por alterar el orden público. Faltaba a clases varias veces a la semana. Las infracciones fueron creciendo hasta que un día, en 1991, se vio obligado a presentarse con su madre ante un juez de menores. Todas las opciones estaban sobre el tapete: la correccional, un periodo en el centro de internamiento de menores. Pero Victoria propuso otra idea, que el juez de inmediato aprobó. Como Eddie y Carlos no parecían apreciar lo que significaba vivir en Estados Unidos, debían vivir en carne propia eso que ella les había evitado en El Salvador. Dos de los hermanos de Victoria aún vivían allá, en una ciudad a las afueras de la capital llamada Soyapango, y la guerra civil empezaba a debilitarse. Pasarían allá un año completo, pues era la cantidad de tiempo que el juez los habría sentenciado a pasar en la correccional.

21

La Clínica del Pueblo

El hombre tenía alrededor de 45 años; ni alto ni bajo, tenía un bigote espeso y era de complexión delgada: una persona de aspecto común y corriente que por lo general pasaba inadvertida. Pero Juan Romagoza lo había visto por ahí a finales del invierno de 1991, una vez en un albergue de migrantes cerca de ahí y otras ocasiones en la calle, donde ocupaba ilegalmente las casas abandonadas por donde Juan pasaba camino del trabajo. No tenía hogar y era alcohólico; su ropa estaba hecha jirones y tenía los ojos enfermizos y enrojecidos. El barrio Adams Morgan, en el que se encontraba La Clínica del Pueblo, estaba lleno de gente así, sobre todo de salvadoreños y guatemaltecos que habían llegado a la ciudad traumatizados, angustiados por la guerra y solos. Las noches de martes, el único día de la semana que la clínica abría para consulta general, inmigrantes sin techo atravesaban las puertas abiertas del ruinoso edificio de ladrillo en las calles Irving y Quince Noroeste para ir a esconderse en el sótano. Se mezclaban con la multitud de gente que llegaba a su cita. En busca de un sitio para dormir, muchos de ellos empezaban en el tercer piso para recibir atención médica y luego bajaban a hurtadillas. En cierto momento, por lo general a la una o dos de la mañana, los voluntarios de la clínica tenían que echarlos a todos antes de cerrar.

El despacho de Juan daba a la sala de espera, un espacio grande y bien equipado, con revestimientos de madera, que había pertenecido al párroco de una iglesia. Era la única decoración de La Clínica. El calentador del edificio rara vez funcionaba y las ventanas rotas se parchaban con pedazos de plástico que quedaban un poco chuecos. La inmensidad del despacho de Juan significaba que continuamente estaba lleno de suministros y de gente que entraba o salía apresurada de alguna junta. El desportillado piso de loza olía a Pinol.

Una noche, al principio de su turno, Juan alcanzó a ver al hombre, pero no tenía tiempo de presentarse. Nunca estaba quieto. Cada noche en La Clínica era un ejercicio en regulación del caos. Las citas empezaban como a las seis, en cuanto llegaba el primer médico, y en pocos minutos ya se habían presentado más de 70 pacientes. Había conversaciones a gritos. Juan saludaba a los pacientes y se los presentaba a un equipo de voluntarios con tablillas sujetapapeles que anotaban su información. Juan hacía rondas, limpiaba, aconsejaba, dirigía. Si veía a alguien tirando algo, iba rápido a inspeccionarlo, por si pudiera rescatarse o dársele otro uso. Había una estrechez de recursos. Las mesas, los muebles y el equipo médico básico, como los monitores de presión arterial, llegaban gracias a pequeños subsidios y donaciones de organizaciones de beneficencia católicas y cuáqueras. Las pruebas diagnósticas pasaban por el Centro Médico George Washington, donde trabajaban en el turno de día algunos de los doctores voluntarios. Los medicamentos llegaban en forma de las muestras en cajitas de cartón que los representantes farmacéuticos les dejaban a los doctores. En La Clínica no había un horario fijo: solo una carrera constante que a veces no terminaba hasta el amanecer.

Como a las 10, el hombre del bigote se abría paso a codazos hacia la sala de espera para abordar a Juan.

—Necesito hablarle —le dijo respetuosamente. Se pasaron a un rincón más silencioso del despacho de Juan—. Usted estuvo preso. Lo golpearon y lo torturaron —empezó el hombre—. Quiero decirle que estuve allí. Vi lo que le hacían. Yo fui parte de eso —se soltó a llorar y le explicó que también era de Usulután.

El hombre se llamaba Pedro. Había sido miembro de la Guardia Nacional.

Todos los que fueron a Estados Unidos huyendo de la guerra llegaron rechazados o debilitados. Pero de todos los refugiados que Juan observó en La Clínica, los que estaban en peores condiciones solían ser los exsoldados. Casi todos se volvían adictos. Vivían en las calles y no hablaban con nadie. Como médico, Juan observaba sus perfiles con una postura analítica. Muchos soldados de los rangos inferiores habían sido reclutados y con frecuencia los torturaban si los descubrían huyendo o desobedeciendo órdenes. Algunos eran campesinos;

más que sádicos, conformistas acobardados a los que habían adoctrinado durante su servicio militar. Juan no era un ingenuo que desconociera la violencia de sus acciones pasadas. Simplemente sentía que la guerra había victimizado a todo el mundo de maneras distintas. Pedro, por ejemplo, adondequiera que fuera, era un paria. Para los otros inmigrantes en Washington era un villano, pero en El Salvador lo torturarían por haber desertado.

En ocasiones estallaban discusiones en La Clínica cuando un paciente revelaba que había servido en el ejército. Muchos voluntarios sentían que esos hombres no merecían tratamiento, pero Juan discrepaba. La Clínica tenía responsabilidades superiores, decía en su tono amable pero implacable; sus obligaciones eran médicas y cuasirreligiosas. Su sinceridad los convencía a todos. A la larga organizó sesiones de terapia de grupo exclusivamente para exsoldados, que se convirtieron en las más interesantes de sus reuniones. Al principio de cada sesión se presentaba de una manera que dejaba claro que nunca olvidaría los crímenes de las fuerzas armadas. "Yo no formé parte del ejército ni de la policía. Ni siquiera era miembro de alguna guerrilla. Yo ayudaba a campesinos que estaban en contra del ejército. Los curaba y les daba tratamiento. Y a pesar de eso, esto es lo que me pasó", decía levantando la mano deforme.

★ ★ ★

La Clínica estaba a cuatro kilómetros de la Casa Blanca y se hacían 40 minutos caminando por la calle Quince Noroeste. Los pasillos del poder estadounidense eran prácticamente contiguos a las calles de Adams Morgan y el barrio de inmigrantes, llamado Mount Pleasant, donde vivía Juan en un pequeño departamento que le proporcionaba una iglesia. Cuando no trabajaba en La Clínica se ocupaba de sus actividades habituales —protestas y actos de la iglesia en nombre del Movimiento Santuario—, solo que ahora el público objetivo le quedaba cerca.

En 1989, el nuevo ocupante de la avenida Pennsylvania 1600, George H. W. Bush, que había sido vicepresidente de Ronald Reagan, no compartía el fervor ideológico de su predecesor. Era un republicano moderado, de actitud aristocrática y reservada, más pragmático en lo que a política exterior se refería. El Salvador y Guatemala le interesaban menos que Nicaragua, donde Estados Unidos llevaba tiempo presionando a los sandinistas para que renunciaran al poder. También heredó una situación enturbiada por el escándalo. En respuesta a la venta de armas a Irán de Reagan, los demócratas del Congreso cortaron la ayuda estadounidense directa a los *contras*. Para la primavera, Bush había firmado un acuerdo bipartidista. Tras ocho años discutiendo sobre la ayuda a los *contras*, los demócratas del Congreso y los republicanos de la Casa Blanca eran "como dos boxeadores profesionales tambaleándose en un clinch", según escribió más adelante el historiador William LeoGrande. "Tanto por agotamiento como por convicción, decidieron que estaban empatados". Estados Unidos les daría a los contras 4.5 millones de dólares mensuales en ayuda no militar hasta febrero de 1990, fecha en la que Daniel Ortega, el presidente sandinista de Nicaragua, aceptó convocar a elecciones nacionales. Un alto funcionario de la Casa Blanca le dijo en marzo a un reportero que la diplomacia en el gobierno de Reagan había sido "una tapadera de lo que realmente estábamos intentando hacer, pero la tapadera se hizo realidad".

Juan no había cambiado su mensaje desde su llegada a Washington, D. C. Seguía dando a conocer atropellos a los derechos humanos en Centroamérica y haciendo una campaña para terminar con la ayuda militar estadounidense a El Salvador y la deportación de inmigrantes a zonas de guerra. Visitó el Capitolio para arrinconar a miembros del Congreso que no apoyaban una moratoria en las deportaciones. Después de los bombardeos del gobierno en El Salvador, organizó vigilias de oración afuera de la embajada salvadoreña y el Pentágono. En algún momento, junto con un puñado de activistas llevó a cabo una huelga de hambre de una semana en la iglesia episcopal St. Johns, enfrente de la Casa Blanca. A Juan no lo aminalaba la agotadora monotonía de esas campañas. Su táctica no había cambiado, pero sí el escenario. Juan le decía a Washington "la capital del mundo" o, más enfáticamente, "la capital del imperio que me sacó de mi casa".

Una serie de diálogos regionales por la paz, encabezados por Óscar Arias, presidente de Costa Rica, estaban en curso desde principios de 1987, pero se retrasaron cuando estallaron nuevos combates. En ese momento, la guerra civil en Guatemala estaba cerca de cumplir tres décadas, mientras que la de El Salvador llevaba ya casi una.

El nuevo gobierno estadounidense se negó a cambiar de rumbo, en parte por obstinación y en parte por la enorme cantidad de dinero que ya habían invertido en la causa. Bush estaba convencido de que la ayuda militar estadounidense —aproximadamente 90 millones de dólares al año; 1 000 millones en total desde el inicio del conflicto— estaba llevando al ejército salvadoreño poco a poco a la victoria. De hecho, los estadounidenses habían financiado la fase final, y podría decirse que la más sangrienta, de un punto muerto. Se hallaba el modo de justificar casi todos los reveses, entre ellos la destitución de los demócratas cristianos dos meses después de la toma de posesión del mismo Bush. La vieja esperanza estadounidense, José Napoleón Duarte, que alguna vez había recibido apoyo de los dos partidos en el Congreso, padecía un cáncer terminal. Su partido, impopular después de tantos años de lealtad a Estados Unidos, se estaba viniendo abajo.

En su lugar surgió un nuevo partido que representaba a la extrema derecha y tenía el apoyo del 54% de los votantes. Fundado por un miembro de un escuadrón de la muerte que estuvo involucrado en el asesinato de Óscar Arnulfo Romero, se llamaba la Alianza Republicana Nacionalista (Arena). Su líder era un elegante empresario de nombre Alfredo Cristiani. Había estudiado en la Universidad de Georgetown y era cuñado del general Vides Casanova, que fue director de la Guardia Nacional y ministro de Defensa, y había interrogado a Juan Romagoza en una celda de San Salvador en 1980. Cristiani usaba trajes a la medida y fumaba puros; cuando hablaba, su voz tenía el timbre sobrio pero firme de alguien que sabe cerrar tratos. Miembros de Arena tenían vínculos directos no solo con los escuadrones de la muerte, sino con los más recalcitrantes partidarios de la línea dura en las fuerzas armadas. Comparado con ellos, Cristiani era moderado y convenció a los estadounidenses de que negociaría para alcanzar la paz.

El 11 de noviembre de 1989, dos días después de la caída del Muro de Berlín, el FMLN lanzó una ofensiva sorpresa en seis barrios de la zona norte de San Salvador. Su objetivo era darle al ejército una última escaramuza y llevarlo a la mesa de negociaciones. Cristiani decía querer la paz, pero políticamente le faltaba la fuerza para superar la resistencia de los capos militares. El ejército respondió bombardeando indiscriminadamente los barrios, lo que provocó más de 1 000 víctimas civiles. De las 75 000 personas que murieron a todo lo largo de la guerra en El Salvador, como 13 000 sucumbieron durante la ofensiva del FMLN en noviembre.

Al final los guerrilleros se retiraron al campo y un conciliábulo de oficiales del ejército cobró venganza. Entre las fuerzas armadas acababa de surgir el temor de que la guerrilla fuera invencible. Sintiendo que no podrían seguirse saliendo con la suya por mucho tiempo más, miembros de los escuadrones de la muerte lanzaron ataques contra periodistas, estudiantes y activistas. Pero la acción más decisiva vino de la cúpula militar. El 16 de noviembre, temprano por la mañana, varias docenas de soldados del Batallón Atlácatl, armados con rifles AK-47, tomaron por asalto el campus de la Universidad Centroamericana José Simeón Cañas (UCA), una de las instituciones más importantes del país. La dirigía un grupo de sacerdotes jesuitas que la extrema derecha consideraba demasiado cercanos al FMLN. Antes del amanecer, los soldados entraron a la fuerza en la residencia del rector, donde encontraron a cinco sacerdotes españoles, su ama de llaves y la hija de ésta, de 15 años. Los soldados les ordenaron que se acostaran afuera boca abajo sobre el piso y los ejecutaron. Cuando se cruzaron con un sexto sacerdote, de El Salvador, también a él lo mataron. Antes de irse, garabatearon un letrero, tal como habían hecho los policías del LAPD en la avenida Dalton, de Los Ángeles, en 1988. Pretendían amañar la escena del crimen para implicar a la guerrilla: "El FMLN ejecutó a quienes lo informaron. Victoria o muerte".

A lo largo de las semanas que siguieron a los asesinatos hubo una profunda indignación internacional, pero también confusión. Al principio, la embajada estadounidense se compró la versión del ejército y dio a entender que el FMLN era el responsable. Con el tiempo las pruebas se fueron enturbiando hasta resultar condenatorias. En enero de 1990 el ejército de Estados Unidos supo que el Batallón Atlácatl estaba detrás de los asesinatos. Así lo reconoció Cristiani y ordenó la detención de cinco soldados y cuatro oficiales. Casi no había duda de que esos hombres habían llevado a cabo los ataques, pero ¿quién había dado la orden? El presidente de la Cámara de Representantes nombró a un grupo de trabajo para que lo investigara. A diferencia de Reagan, a Bush no le gustaba la idea de estar inventando excusas públicas para un aliado criminal en la Guerra Fría. Pero tampoco reclamaba respuestas. Para encabezar el grupo de trabajo, el presidente de la Cámara eligió a Joe Moakley, miembro de la Cámara de Representantes por South Boston, uno de los más fervientes defensores de los derechos humanos en El Salvador dentro de Washington, D. C.

Moakley era todo un ejemplo de teatralidad política calibrada. Hablador, polconcio, intrigante y estratégico mitologizador de sí mismo, les restaba importancia a sus considerables talentos legislativos, para su perpetua ventaja. Le gustaba decir, por ejemplo, que su "idea de las relaciones exteriores" era ir a East Boston a comer un sándwich italiano. Lo cierto es que había viajado por todo el mundo y, junto con su joven asesor Jim McGovern, había estudiado la situación de El Salvador. Dependiendo de su público, a Moakley incluso le gustaba variar la historia de cómo se dio cuenta de la crisis humanitaria en aquel país. Un grupo de pacifistas se le habían acercado en una reunión con sus electores en Jamaica Plain, una mañana de enero de 1983. Pero él siempre procuraba divulgar su asociación con una amplia selección de simpatizantes. En su relato, empezó como un encuentro con un grupo de monjas en una oficina de correos. Era espabilado y adaptable. Cuando el Departamento de Estado se negó a darle unos documentos, Moakley dijo mentiras para engañar a funcionarios salvadoreños y hacerles entregar el material directamente. Una vez, para obtener una carta confidencial del Departamento de Defensa de Estados Unidos, irrumpió en el despacho de un oficial militar y le pidió que sacara una copia porque él había dejado la suya en el hotel. En público era un tipo común y corriente, alguien que no había terminado la universidad y veterano de la armada que creció aspirando a un empleo sindicalizado en una fábrica de chapa. Pero a su manera sencilla, poco ostentosa, también había llegado a ser presidente del Comité de Reglas de la Cámara de Representantes, una posición inmensamente poderosa en virtud de la cual sus oponentes eran reacios a hacerlo enojar.

El 11 de febrero de 1990, Moakley y su grupo de trabajo viajaron a El Salvador en una misión investigadora que les causó un conflicto directo con el alto comando salvadoreño. El oficial al que se presentó como cabecilla del complot era un coronel del que no se sabía que actuara solo o por la libre; había varias razones para poner en duda que los asesinatos fueran únicamente idea suya. Cristiani hizo bien en detener a los asesinos en El Salvador, dijo Moakley en un discurso, "pero aquí no ha caído el telón; estamos apenas en el primer acto [...] A los que ordenaron el delito, o bien lo consintieron, también hay que enjuiciarlos".

Dos semanas después de que Moakley se fuera de viaje, otros acontecimientos en la región suplantaron a El Salvador en los titulares de los diarios estadounidenses. El 25 de febrero, una coalición opositora encabezada por un periodista y una prominente viuda política llamada Violeta Chamorro venció contundentemente a los sandinistas en las elecciones nicaragüenses. El resultado fue una importante victoria para el gobierno de Bush, que así pudo levantar un embargo que venía de largo contra el país y reanudar la ayuda. Ese era el segundo triunfo del presidente en la misma cantidad de meses. En enero, tropas estadounidenses que habían invadido Panamá removieron al presidente del país, Manuel Noriega, exaliado de Estados Unidos que había estado en la nómina de la CIA antes de tener un conflicto con Bush. Tras su rendición, los estadounidenses lo llevaron en avión a un juzgado de Miami. La Casa Blanca llamó a la campaña militar Operación Causa Justa.

En el invierno y la primavera de 1990, el personal de Moakley estuvo viajando entre Estados Unidos y El Salvador en busca de pistas. Al final, había demasiadas cosas en su contra como para que pudiera haber un avance claro. Pero Moakley sí consiguió demostrar que ni el gobierno salvadoreño ni la Casa Blanca buscaban toda la verdad. La investigación que habían prometido los salvadoreños estaba "en un punto muerto", según escribió el grupo de trabajo en un informe en abril, y el Departamento de Estado y la CIA estaban encubriéndolo. Pasarían décadas antes de que se llevara al elenco completo de asesinos a los tribunales. Telegramas de Estados Unidos que entonces ya no eran secreto oficial —de la embajada, del Departamento de Defensa y de la CIA— revelaban que el ejército salvadoreño había orquestado los asesinatos, mientras que funcionarios estadounidenses habían tenido "conocimiento previo" del complot.

La búsqueda de respuestas en el caso jesuita era tan solo una parte del programa político de Moakley para El Salvador. Desde 1983 había estado promoviendo el proyecto de ley con que se creaba para los salvadoreños residentes en Estados Unidos una condición temporal que los protegiera de ser deportados durante la guerra. "Son nuestras bombas, nuestros rifles y nuestras minas lo que convirtió a esas personas en refugiados", dijo. Y, sin embargo, cada vez que él y Dennis De Concini, su colega del Senado, introducían la medida, moría en el comité.

Hubo una nueva oportunidad cuando un proyecto de ley sobre inmigración, informado por defensores de los derechos de los inmigrantes y con Ted Kennedy como proponente, empezó a moverse por el Senado. Se consideraba, citando a un observador, "el vehículo evidente para atar los cabos sueltos de la IRCA". En 1986, la IRCA había estado pensada como una iniciativa integral que se ocupara de la inmigración tanto legal como ilegal a Estados Unidos. En la realidad se ocupaba únicamente de esta última y legalizó a 2.8 millones de inmigrantes indocumentados a cambio de medidas de seguridad más estrictas. Ahora, miembros del Congreso estaban buscando expandir las vías legales para entrar a Estados Unidos: crear varias nuevas categorías de visa, cambiar la disponibilidad de las tarjetas de residencia permanente y aumentar los topes a la inmigración global.

La Ley de Inmigración de 1990, como se llamó el proyecto, también era una oportunidad de resucitar el plan de proteger a los salvadoreños de la deportación. Moakley lo llamó estatus de protección temporal (TPS), y si bien podía aplicarse, en teoría, a inmigrantes de cualquier parte que estuvieran varados en Estados Unidos durante periodos de agitación en sus países de origen, Moakley daba prioridad a los salvadoreños. En la primavera de 1980 había 92 000 salvadoreños viviendo en Estados Unidos, de acuerdo con el Pew Research Center; para 1990 había 459 000. La medida de Moakley se topó con la inmediata oposición no solo de conservadores sino de demócratas como Kennedy, a quien le preocupaba que condenara al fracaso a su proyecto más general. Esa vez Moakley tenía influencia, como presidente del Comité de Reglas y como jefe de un importante grupo de trabajo que investigaba atropellos a los derechos humanos en El Salvador. Si el problema salvadoreño "desaparece", les dijo Moakley a los líderes del Senado, "entonces no tendremos un maldito proyecto de ley".

A finales de octubre de 1990, un grupo bipartidista de miembros de la Cámara de Representantes y senadores sacaron a colación la medida para un debate final en una reunión del comité de conferencia. Moakley se dirigió a Alan Simpson:

—¿Qué necesita, senador Simpson? Dígamelo.

Según el relato del autor Charles Kamasaki, presidente de la Comisión Judicial de la Cámara de Representantes, antes de que el senador pudiera responder, Jack Brooks, un texano de pelo entrecano con acento marcado, terció. Un puro le asomaba por la comisura de los labios. Se dirigió a Simpson con actitud de exagerada cortesía:

—Quisiera recordarle, señor, que aquí en la Cámara de Representantes el señor Moakley es presidente del Comité de Reglas. Y eso convierte al señor Moakley en una persona muy importante a la hora de aprobar proyectos de ley.

Hubo un largo silencio tras este comentario.

Dentro de la cámara, además de los representantes, había, sentados a lo largo de la orilla, empleados de planta y defensores de los derechos de los inmigrantes. Todos miraban expectantes a Simpson, cuya respuesta fue pausada y reflexiva:

—¿En serio quiere que esto tenga efectividad? —preguntó—. Porque, de ser así, podemos poner a nuestra gente a trabajar en la redacción.

El eventual arreglo perdonaba a casi medio millón de salvadoreños que en ese momento vivían en Estados Unidos. El intercambio —la "efectividad" que quería Simpson— era que los beneficiarios del TPS no tuvieran una vía para obtener la residencia permanente. Su protección para no ser deportados les permitía vivir y trabajar en Estados Unidos, pero tenía que renovarse cada 18 meses.

La ley de 1990 fue el último paquete importante de reformas inmigratorias que aprobaría el Congreso de Estados Unidos. En las siguientes dos décadas, las únicas otras medidas significativas que se convirtieron en ley incluían herramientas para aumentar las deportaciones, financiar proyectos para ampliar la seguridad en la frontera y una ley para poner a punto el Servicio de Inmigración y Naturalización. Los beneficiarios del TPS se casarían permanentemente con una situación pensada para ser provisional. A los gobiernos republicanos y demócratas les resultaba más fácil renovar el estatus de protección temporal cada dos años que crear una verdadera vía para darles la ciudadanía a personas que habían construido sus vidas en Estados Unidos a lo largo de varios años y hasta décadas. Irónicamente, los salvadoreños que en última instancia se beneficiaban del TPS recibían la protección como resultado no de la guerra civil sino de una serie de terremotos que asolaron al país en 2001. Muchas personas cuyas solicitudes de asilo habían sido negadas o demoradas buscaron ayuda legal por medio del litigio de las iglesias bautistas; otras pasaron a la clandestinidad o aprovecharon el TPS cuando estuvo disponible. Al final, una cuarta parte de los salvadoreños que vivían en Estados Unidos obtuvieron el estatus de protección temporal.

Hispanos contra negros contra blancos

El primer director médico de La Clínica fue Peter Shields, un doctor de veintitantos años, brillante y sin pelos en la lengua, con un empleo fijo: era médico residente del hospital de la Universidad George Washington. Cuando no le tocaba turno, e incluso a veces cuando sí, se las arreglaba para hacer lo que pudiera por La Clínica. Era algo que hacía por amor al arte, pero se le había convertido en una obsesión. Hacía chequeos para detectar diabetes, ponía vacunas y realizaba citologías cervicales. Cuando un paciente de cáncer llegó ahí después de que lo corrieran de un hospital cercano porque no podía pagar, Shields se hizo cargo de su cuidado. Conseguía máquinas de diálisis para pacientes con enfermedades de los riñones, concertaba visitas con especialistas, reclutaba médicos voluntarios, mandaba muestras a los laboratorios y reunía suministros médicos. También llevaba, con el programa Quicken, la contabilidad de la clínica.

Cuando Shields se enteró de la llegada de Juan, le alivió saber que tendría ayuda, pero le confundía que ese otro hombre, supuestamente tan fundamental para el futuro de La Clínica, no pudiera sacar sangre, hacer pruebas ni realizar exámenes completos, que no tuviera una licencia médica estadounidense y que casi no hablara inglés. Shields no hablaba español.

En esos años Shields bromeaba con que tenía "un filtro estadounidense": un sesgo médico contra prácticas poco convencionales, muchas de las cuales llegaron con Juan a La Clínica. Una era un modelo que Juan había conocido en El Salvador en los primeros años de la guerra, en el que algunos de los propios pacientes prestaban la atención médica. Se llamaban *promotores de salud,* que, después de un curso de capacitación de algunas semanas, hacían de todo, desde tareas de enfermería hasta administración y extensión comunitaria. Los que hablaban inglés formaron un cuerpo de intérpretes para acompañar a los pacientes a sus citas con especialistas externos.

En Washington, la población latina nacida en el extranjero se expandió rápidamente en la década de 1980 y principios de la de 1990. Era, en su inmensa mayoría, de El Salvador. La comunidad salvadoreña en la zona de Washington, D. C., era la segunda más grande del país, después de la de Los Ángeles. Pero la ciudad seguía siendo abrumadoramente monolingüe y en buena parte inaccesible a los refugiados de guerra. La vida social y política de Washington, que durante décadas había sido notoriamente segregada, giraba en torno de una rígida dicotomía racial de negro y blanco. Los funcionarios locales y miembros de la fuerza policial solían ser de los unos o de los otros: los latinos todavía no entraban en la ecuación. Los inmigrantes salvadoreños estaban en una situación parecida a la de los campesinos a los que Juan atendía en el campo. Estaban tan alejados de los servicios de salud que no buscaban ningún tipo de tratamiento. Las instituciones "oficiales" los asustaban.

En La Clínica los expedientes médicos se guardaban en archiveros bajo llave, por si había alguna redada del INS, y cada uno de los gráficos, con su lista de síntomas asociados con el estrés y el miedo, contaba una historia sobre la promesa no cumplida de la reforma inmigratoria de 1986. En aquellos días, cuando la IRCA fue aprobada, se calculaba que vivían en Estados Unidos entre 500 000 y un millón de salvadoreños. Aproximadamente la mitad de ellos habían llegado antes de 1981, que era el límite para la legalización conforme a la IRCA. En Washington, D. C., sin embargo, el 90% de los salvadoreños había llegado después de esa fecha. Entonces la legislación desató el pánico. El 10% de los estudiantes salvadoreños inscritos en escuelas de la capital del país abandonaron sus estudios tras la aprobación del proyecto de ley; hubo una disminución del 20 al 30% de alumnos en los cursos de inglés como segunda lengua, y organizaciones locales de beneficencia informaron de un repunte del hambre que coincidió con despidos masivos de trabajadores inmigrantes. Sylvia Rosales-Fike, quien había contratado a Juan en La Clínica, le dijo al *Washington Post:* "Todo el mundo está vendiendo autos. Están listos para irse, pero no saben adónde". Por primera vez, los empleadores estadounidenses que contrataran a personal indocumentado a sabiendas se enfrentaban a sanciones

*Juan con un grupo de voluntarios en una feria de la salud organizada por La Clínica
para hacer pruebas sanguíneas y atender enfermedades comunes que afectan a la comunidad latina
en Washington y Maryland.*

económicas. Tenían hasta junio de 1988 —unos 18 meses— antes de que el
gobierno empezara a hacer cumplir las nuevas reglas.

El escepticismo que le despertaba Juan a Shields se disipó en pocos meses,
cuando vio cómo él anclaba La Clínica a la comunidad de inmigrantes de
Washington. Los promotores acompañaban a Juan a montar mesas en actos
de la iglesia, comidas al aire libre y ferias callejeras, donde alentaban a la gente
a hacerse exámenes médicos y registrarse para recibir consultas. La cantidad
de pacientes de La Clínica iba creciendo cuando más gente reconocía a Juan
y a los otros voluntarios por haberlos visto en sus propios barrios. También
había un contingente considerable de personas que fueron profesionales de la
medicina en El Salvador, pero que ahora tenían que buscar otras ocupaciones
en cocinas y en construcciones con pagos por debajo del agua, ya fuera por la
barrera del idioma o por las normativas sobre las licencias profesionales. Juan
las reclutaba para La Clínica, con la supervisión de Shields. Una había sido

enfermera de urgencias en Guazapa, otro un médico que también había sido torturado por el ejército salvadoreño. Acudían martes, sábados y domingos, y formaron un grupo al que Juan le asignó un nombre digno y electrizante: Asociación Nacional de Profesionales de la Salud Latinoamericanos.

La Clínica permanecía abierta algunos días de la semana y sus recursos estaban aumentando. Había recibido financiamiento especial del gobierno de la ciudad porque los médicos hacían pruebas de VIH y daban atención especial a pacientes con sida. Llegó otra subvención cuando La Clínica aceptó realizar exámenes físicos a un gran grupo de refugiados vietnamitas recientemente reasentados. El dinero se usó para más contrataciones de personal, entre ellas una enfermera de medio tiempo que ayudaba a atender a los pacientes centroamericanos. Todos los servicios médicos de La Clínica seguían siendo gratuitos, independientemente de las necesidades o de la situación legal de los pacientes.

La creciente operación comunitaria era lo que Juan había soñado con llevar a Usulután antes de la guerra. Pero su puesto no era remunerado, así que necesitaba otro trabajo para ganarse la vida. Había en la ciudad un salvadoreño, director de una compañía de limpieza que en Mount Pleasant tenía fama de contratar inmigrantes. Por medio de él, Juan consiguió un turno como conserje en un edificio de la calle K. Tenía que limpiar todos los baños. Debido a su experiencia en El Salvador había adquirido fobia a los espacios pequeños y encerrados, así que subir a un elevador era impensable. Cada noche, Juan subía y bajaba por las escaleras del edificio arrastrando su carrito desbordado de trapeadores, escobas, productos de limpieza, papel de baño y bolsas de basura. El turno empezaba a las siete de la noche y terminaba a las cinco de la mañana. Trabajar rápido traía beneficios: si terminaba alrededor de las dos de la mañana, podía pasar las tres últimas horas de su turno durmiendo en un sofá en alguna de las oficinas que hubiera limpiado.

★ ★ ★

En 1991, el 5 de mayo cayó en domingo y los centroamericanos de Mount Pleasant aprovecharon el día, que técnicamente era un día festivo mexicano, como ocasión especial para relajarse. La gente se arremolinaba afuera y las familias paseaban con sus hijos. Un gran contingente de hombres jóvenes, con edades que oscilaban de los 15 a los cuarenta y pocos, aproximadamente, se congregaban en esquinas de la calle para beber. Los domingos por lo general eran sus únicos días libres, y conseguían botellas de cerveza de un dólar en los bares y las tienditas de Mount Pleasant, la principal arteria que atraviesa diagonalmente el centro del barrio. Beber en la calle era común entre los inmigrantes que vivían en Mount Pleasant, pero también era un asunto polémico. Había quejas, presentadas casi todas por los vecinos blancos, de que los bebedores eran escandalosos y agresivos. La policía incrementó las patrullas a pie en la zona, pero tarde o temprano volvía la bebida. Los propios dueños de las tiendas estaban divididos: a veces no le vendían a gente que ya estaba borracha, pero con mucha más frecuencia simplemente les daban a sus clientes un vaso de papel con cada botella.

La mayoría de los bebedores eran salvadoreños, pero también había mexicanos, nicaragüenses y guatemaltecos. Tenían ciertas cosas en común: cada quien había llegado solo a Estados Unidos, antes que su familia, y ganaba el suficiente dinero para enviarlo a su país o para llevar al norte a su esposa, a sus hijos y a sus padres. Esos hombres formaban parte de la tensa y cambiante demografía de la zona. Mount Pleasant tenía una población de aproximadamente 14 000 personas: el 35% eran blancos, el 35% eran negros y casi el 25% eran latinos. Adams Morgan y Columbia Heights, los barrios al sur y al poniente, eran predominantemente negros. Había líneas divisorias que, como todo mundo sabía, no debían cruzarse, cables trampa que podían detonar hostilidades. Uno de ellos recorría las calles Catorce y Columbia; otro era cuestión de tiempo. Los viernes en la tarde-noche, cuando les pagaban a los inmigrantes indocumentados en efectivo, las calles se volvían traicioneras. Sin ningún lugar donde esconder su dinero, más que en *el banco del calcetín,* como le llamaban, los asaltaban con bates de beisbol. Cuando se defendían, por lo general con cuchillos, otros vecinos empezaban a preocuparse por su propia seguridad. "Son hispanos contra negros contra blancos", dijo uno de ellos en esa época.

El 5 de mayo, alrededor de las siete y media de la noche, en la esquina de las calles Diecisiete y Lamont, dos patrulleros detuvieron a cuatro salvadoreños borrachos que se tambaleaban cerca de un restaurante llamado Don Juan (el dueño del establecimiento, un inmigrante cubano, hacía poco tiempo había dejado de vender bebidas alcohólicas para llevar, porque, como le decía a la gente, quería "atraer a más estadounidenses"). Había cierto espacio de estacionamiento, que terminaba en una esquina de la cuadra, donde el grupo de hombres holgazaneaba. Uno de los dos agentes era una novata, Angela Jewell. Ni ella, que era negra, ni su pareja, que era blanco, hablaban español, y los hombres a los que estaban deteniendo no hablaban inglés. Jewell y su pareja tenían a tres de ellos esposados, cuando otro se soltó y se puso a decir palabrotas. Se congregó un pequeño grupo de personas mientras los policías trataban de calmarlo. Él los embistió y Jewell alcanzó a ver un cuchillo. Sacó su pistola y le disparó en el pecho.

Llegó una ambulancia y se llevó al hombre, un salvadoreño de 37 años. Sobrevivió, pero pasaron varios días antes de que se difundiera la noticia. Pasó más de una hora sin que los policías convocaran al lugar de los hechos a agentes que hablaran español para calmar a la multitud, cada vez más enojada. No había muchos a los que pudieran llamar: de 4000 policías, solo como 100 hablaban español. Se rumoraba que la policía había matado de un disparo a un hombre borracho que había sido esposado. Esa noche, diferentes versiones circularon en rincones alejados de Mount Pleasant y se desataron diversos disturbios. Hubo saqueos en un 7-Eleven en la calle Mount Pleasant y en una tienda de ropa un poco más lejos, en la calle Columbia. La policía puso un amplio cerco en la cima de una colina, a casi un kilómetro del disparo inicial. Era evidente su reticencia a entrar en la refriega.

Al día siguiente la situación empeoró: más saqueos, vandalismo y enfrentamientos con policías, que finalmente habían llegado para controlar a la multitud. Hubo dos tiendas, 19 patrullas y un autobús urbano incendiados. Gente de toda la ciudad iba a Mount Pleasant a unirse al disturbio. "Toda la gente a la que no le gusta la policía participaba —dijo un vecino negro—. Para eso no hay color". La alcaldesa de Washington, Sharon Pratt Dixon, había sido la primera mujer negra en ocupar la alcaldía de una ciudad importante. Impuso un toque de queda y las detenciones se multiplicaron, sobre todo de agitadores negros de barrios cercanos.

Juan Romagoza se enteró de los alborotos el domingo en la noche, ya tarde, y el lunes por la mañana asistió a una reunión de líderes latinos de la zona en el sótano de la iglesia del Sagrado Corazón, en la misma calle que el restaurante Don Juan. Su prioridad era detener la destrucción de los negocios. Un grupo de pilares comunitarios, entre ellos Juan y un sacerdote de la iglesia, salieron a las calles a marchar. Caminaron del brazo en medio de la multitud, suplicándoles a los amotinados que redirigieran su rabia. "¿Adónde

Segunda noche de disturbios en el barrio Mount Pleasant, en Washington, D. C., 1991.

vamos a ir después de esto? —gritaba Juan—. Esta es nuestra casa". Una nube de gas lacrimógeno lanzado por los policías envolvía las calles. En algún momento, Juan se adelantó un poco al sacerdote y, cuando se dio la vuelta, un bote de gas iba rodando por la banqueta donde estaban parados. El sacerdote empezó a toser con fuerza y sufrió un colapso. Juan y los demás lo llevaron a un complejo de departamentos. Afuera, mojaron al sacerdote con una manguera. Alguien más se fue y regresó con una muda de ropa; llevaron arriba al sacerdote mientras Juan volvía a las calles.

El toque de queda impidió que La Clínica abriera al día siguiente y la mayoría de los heridos estaban demasiado asustados para ir un hospital. El martes y una parte del miércoles, Juan y voluntarios de La Clínica hicieron visitas a domicilio y dieron rápidas consultas en las calles. Juan llevaba su maletín médico, tal como cuando atendía a manifestantes en El Salvador.

En tres días los disturbios se habían extinguido casi por completo y enseguida vino un frágil periodo de introspección colectiva. Fueron detenidas más de 200 personas, casi todas por desobedecer el toque de queda; algunos de los participantes en los disturbios enfrentaron condenas más duras por daños a la propiedad y ataques a la policía. Pero la ciudad ya no podía pretender que los latinos eran una parte insignificante de la identidad de Washington. Un moribundo grupo de trabajo por los derechos civiles latinos reanudó su labor de manera muy decidida y la ciudad abrió una oficina de relaciones entre la policía y la comunidad latina en la calle Columbia y la Catorce Noroeste, una que muchos de los vecinos latinos de Mount Pleasant antes eran reacios a cruzar.

Esa primavera Juan fue invitado a una comisaría a explicar lo que había pasado. Era una figura reconocible, a la que tanto los vecinos como las autoridades locales tenían en gran estima, pero hablaba poco inglés, porque para él aprender el idioma siempre había significado aceptar a Estados Unidos como su hogar permanente. Catalina Sol, una joven voluntaria de La Clínica, estudiante universitaria cuya hermana también había trabajado con Juan, fue con él para traducir. Hasta ese momento, Catalina sabía muy poco de Juan, a pesar del tiempo que había pasado en La Clínica. Le parecía reservado y un poco misterioso, un veterano con un pasado lejano que mantenía la vida personal separada del trabajo.

Entraron a una sala de conferencias llena de agentes uniformados, algunos sentados y otros de pie al fondo. Catalina estaba parada junto a Juan mientras hablaba. El objetivo de su discurso, empezó él, era enumerar algunas de las razones por las que tantos residentes centroamericanos les tenían miedo a los hombres uniformados. Él mismo, por ejemplo. "Cuando veo a un policía, mi cuerpo empieza a temblar".

Juan estaba acostumbrado a contar aspectos de su propia historia, pero nunca podía estar seguro de si perdería la compostura cuando empezara a entrar en detalles. Habló despacio, procurando no alzar la voz más allá de cierto tono que pudiera controlar, como si probara suavemente hasta dónde podía ponerse al descubierto. Los policías estaban muy atentos. Cierta calma invadió la sala. A Juan le gustaba pensar que podía interpretar las situaciones con un ojo clínico con el que detectaba algunas claves físicas. Al hablar percibía algunas exhalaciones sonoras entre los policías; algunos empezaban a verlo a los ojos. Cuando Juan se refirió a los salvadoreños como campesinos, uno de los agentes comentó:

—¿Campesinos de México, quiere decir?

Juan lo corrigió.

—Pensaba que toda la gente a la que vimos eran mexicanos —dijo otro.

23

Zonas de guerra

La lista de las cosas que Eddie Anzora consideraba propias de un gueto era larga y variada: la avenida Kenwood en South Los Angeles; la feria de trueque, la casa embrujada donde vivían Eddie y los demás; el departamento de la avenida Langdon adonde se habían mudado. Llamaba "gueto" a casi todos los objetos y lugares de su mundo. Sin embargo, no podía aplicar el concepto a lo que ahora veía. Eso "ni siquiera era gueto". No había una palabra o una idea disponible que captara la fuerza de sus observaciones cuando Carlos, él y su madre llegaron a Centroamérica en diciembre de 1991. Había desproporción por doquier. En el entorno natural todo era más grande: la flora, las verdes colinas, la humedad. Pero el aspecto humano era más pequeño: los autos, la ropa, las calles, hasta la gente. Se sintió imponente y mareado a la vez: superior un segundo, y luego disminuido por la rareza general.

Victoria había querido preparar a sus hijos para ese salto a una nueva realidad, así que pararon en la Ciudad de Guatemala en su camino a El Salvador. Tomarían un autobús para recorrer el último tramo del viaje. En la estación sacó una gran bolsa de la compra que había escondido en su equipaje y se puso a descargar paquetes de uvas y piezas de ropa. Grupos de niños se apiñaron a su alrededor mientras repartía los artículos. Siempre había estrecheces de dinero en California, pero él había ahorrado lo suficiente para dar algunos modestos regalos. Años después, Eddie finalmente comprendió que a su madre, una inmigrante que logró llegar al norte y ahora tenía una tarjeta de residencia permanente, le daba orgullo ayudar de esa manera tan directa y asertiva. En esos días, él y su hermano estaban enojados y hasta un poco avergonzados.

En algún momento, cuando Carlos descubrió a un niño metiendo la mano en la bolsa de su madre, le gritó a ella, y no al ladronzuelo. "¡¿Qué haces, mamá?! ¡Te están robando!"

Cuando llegaron a El Salvador, los tres pasaron un mes juntos en la casa de Lito, hermano de Victoria, en Soyapango, al este de San Salvador. Habían disminuido los enfrentamientos, y la guerrilla y el gobierno estaban a punto de firmar acuerdos de paz. Eddie vio agujeros de bala en las fachadas de edificios que se venían abajo, y había montañas de escombros donde estallaron granadas y otros explosivos. En la esquina de algunas calles había sacos de arena apilados para formar búnkeres. Era casi imposible caminar lejos sin cruzarse con algún uniformado, lo que le daba a su entorno un aire inquietante, inconcluso, como si fueran parte de un museo a medio construir de algo que aún no quedaba completamente en el pasado.

Dos semanas después, tras la partida de Victoria, se impuso la realidad de la situación. Eddie y Carlos irían a una escuela privada en San Salvador, el Liceo Canadiense. Tenían que usar uniforme (pantalones caqui y camisetas polo blancas), que servía para igualar a todos los estudiantes. Cuando no estaban en la escuela, algo que ocurría a menudo, destacaban por estrafalarios. Su estilo era una incongruencia cultural en El Salvador en tiempos de guerra, pura ostentosa bravuconería chola angelina. Eddie usaba pantalones caídos con cintura de 100 o 105 centímetros de circunferencia que se sostenía con un cinturón, tenis para correr y camisetas extragrandes. En esa época oía música de Kris Kross y Cypress Hill. Al principio se burlaban de él los otros muchachos, que usaban ropa más ajustada y conservadora (camisas, zapatos más de vestir o botas de trabajo). Lo veían y gritaban: "Ding-dong, ding-dong", burlándose de la holgura de su ropa y de su modo de andar oscilante, como péndulo, haciéndose el machito. Pero también les intrigaba, sobre todo a las muchachas. Venir de Estados Unidos le daba una instantánea distinción. Todo lo que hacía era novedad, empezando por su desgarbado español.

Al principio, el grupo de chicos dominante siempre encontraba algún pretexto para una contienda de empujones. Un día, poco después de iniciado uno de esos pleitos, Eddie y Carlos quisieron llevarlo al patio. Se formó un círculo a su alrededor, que enseguida, con la misma rapidez, se esfumó. Eddie oyó una voz diciéndoles a todos que se fueran de ahí, antes de ver a quién pertenecía. Era una voz profunda y retumbante, pero relajada, amplificada por el poder de alguien que no tenía que hablar fuerte para que lo entendieran. Al esparcirse los estudiantes, apareció un guapo adolescente de pelo oscuro corto y una sonrisa de dientes separados. No era alumno del liceo pero todo el mundo parecía conocerlo, o al menos temerle. Estaba vestido más como Eddie que como los demás. Con un inglés fluido, sin un acento característico, se presentó como Psycho, pero más adelante Eddie supo que prefería que le dijeran Duke.

—Vamos a mi barriada —propuso.

Su barriada era una colonia al este de la ciudad, casi a las afueras, llamada Amatepec. Eddie y su hermano empezaron a frecuentarla. Duke vivía en el departamento de un familiar lejano, en un complejo ruinoso con una cancha deportiva de asfalto llena de polvo y arena. Salía hip-hop de una grabadora portátil. La gente iba y venía a un ritmo que a Eddie le recordaba Los Ángeles: siempre andando, pero nunca deprisa. Resultó que Duke era angelino. Miembro del Barrio 18 recientemente deportado, iniciaba su propia camarilla. En El Salvador había toda clase de pequeñas pandillas, grupitos cerrados e informales, muchas relacionadas con las escuelas. Los lugareños, para describirlas, empleaban la palabra *mara,* en el sentido literal de la palabra, es decir, un grupo de amigos, no el nuevo uso promovido en Estados Unidos que la asocia con salvajismo.

Por unas semanas, después de haber conocido a Duke, Eddie fumó churros de mariguana envueltos en papel de baño mientras Duke "captaba" una nueva tanda de reclutas por las tardes. "Solo tengo a dos personas que atender, dame un segundo", decía. Golpeaba a cada uno de ellos mientras alguien contaba hasta 10. Al final, la víctima quedaba agitada y sin aliento, pero Duke le ayudaba a levantarse y le daba una palmada en la espalda. Tenía en su casa una máquina de tatuajes. Cada iniciado entraba detrás de él para que le plasmara el suyo.

Por la razón que fuera, Duke nunca presionó a Eddie o a su hermano para que se unieran a la pandilla. Los trataba con el espíritu protector y perplejo de un hermano mayor. Al cabo de tres meses, Carlos se cansó de estar apretujado en la casa de Lito y se mudó con otro familiar, que vivía en Usulután. Eddie fue a pasar una temporada con su abuela, en una zona rural cerca de la casa de Lito llamada Alta Vista. Ordeñaba a las vacas y ayudaba con la labranza. Sin embargo, adonde fuera veía atisbos de su antigua vida en Los Ángeles. Veía, por ejemplo, a un muchacho con ropa holgada, nervioso e incómodo. Intercambiaba con él una mirada cómplice: la conmiseración de los trasplantados de Estados Unidos. A veces los rostros que veía eran familiares y específicos. Estaba en el centro de San Salvador cuando un adolescente con pantalones vaqueros extragrandes y tenis Nike Cortez lo llamó por su nombre.

—¿Cómo estás, Holmes?

Era alguien de la cuadra de Eddie en South Los Angeles, un tipo de la MS.

—Me deportaron —le contó a Eddie.

Otro día se cruzó con otros dos, unos gemelos llamados William y Edwin que vendían drogas para la MS en la avenida Langdon.

El círculo social de Eddie se expandió con el inesperado reparto de viejos conocidos de Los Ángeles. Algunos eran delincuentes curtidos cuando Eddie los conoció; la clase de gente con la que sería amable en las calles de San Fernando pero que de otro modo procuraría eludir. En El Salvador, se juntaban porque todos hablaban inglés.

★ ★ ★

Idealmente, el FMLN habría participado en las elecciones legislativas de marzo de 1991 en El Salvador, pero los diálogos por la paz se habían estancado. El principal problema, para el gobierno y la guerrilla, era qué hacer con el ejército. El FMLN quería que redujera su tamaño y que el gobierno estableciera una nueva fuerza policial civil para reemplazar el represivo aparato de seguridad del Estado. El ejército no iba a aceptarlo y Alfredo Cristiani quedó atrapado entre ambos bandos. Las elecciones siguieron adelante según lo planeado, sin el FMLN, pero los resultados cambiaron por completo el panorama. Una coalición de izquierda, llamada Convergencia Democrática, triplicó su parte de los votos con respecto a la carrera presidencial de 1989. Eso galvanizó a miembros del FMLN, pues les demostró que había electores esperando a que renunciaran a sus armas y mejor participaran en la política. Para Cristiani y los miembros de la derecha política, la corriente pública parecía estar cambiando, por lo que se volvía fundamental darles velocidad a las negociaciones. Como pasó con la postura estadounidense: un año antes, un cuadro de miembros demócratas del Congreso —entre ellos Joe Moakley en la Cámara de Representantes— recortaron drásticamente la ayuda al ejército salvadoreño en un 50%.

Al final del año, los negociadores tuvieron un avance importantísimo. Habría una comisión de la verdad para investigar los abusos perpetrados por las fuerzas armadas. Cristiani accedió a reducir a la mitad el tamaño del ejército y el gobierno crearía una fuerza policiaca con personal principalmente civil.

Juan seguía los acontecimientos desde Washington, optimista pero incrédulo. Después de 12 años de combates, aproximadamente 75 000 civiles habían muerto y ahora más del 20% de la población superviviente radicaba en Estados Unidos. En La Clínica, él atendía a pacientes cuyos casos médicos parecían un microcosmos de las perspectivas del país. Traumatizados por la guerra y maltrechos, estaban atrapados entre la guerra y la recuperación. Las primeras palabras de sus pacientes siempre eran alguna versión de "Está bien, no pasa nada". Minimizaban el problema o rechazaban la sola idea de que pudiera haberlo. Para un país, esa clase de negación podía ser fatal.

El 31 de diciembre de 1991 mejoraron las perspectivas. Cristiani y el FMLN llegaron a un acuerdo casi final en una reunión en la Organización de las Naciones Unidas, en Nueva York. Cuando eso pasó, Juan, que ya tenía una tarjeta de residencia permanente, pero aún no había recibido la ciudadanía estadounidense, empezó a preparar un viaje a casa. Daba la casualidad de que en esos días su madre y su padre estaban visitando a la hermana de Juan en California, que era como él lo había querido. Se sentía mejor sabiendo que sus padres estaban lejos y a salvo. En La Clínica y en Mount Pleasant no faltaban escépticos que le suplicaban que no fuera, pero fue imposible disuadirlo. Tomó 10 días libres y, con un pequeño séquito de estadounidenses y salvadoreños de La Clínica, volvió a El Salvador por primera vez desde 1982.

Cuando aterrizó en el aeropuerto de San Salvador, el cuerpo de Juan registró el regreso antes que su mente. Su aliento se estabilizó en el aire húmedo y tropical. Más adelante dijo que su vida en El Salvador había sido como una cinta de casete que pausabas pero nunca expulsabas del reproductor. Ahora que estaba desenrollándose de nuevo, los olores y los sonidos familiares lo tranquilizaron: el perfume humeante de las tortillas hechas sobre sartenes de fierro, el suave aroma ácido de los cocos cortados, los gritos rítmicos de los vendedores pregonando mercancías.

Con todo, había ausencias por doquier: amigos cercanos que no habían sobrevivido, huecos y silencios dejados por la muerte y la emigración. Cada nueva mirada al país se duplicaba como un registro de la pérdida. "Sabía que encontraríamos vacíos", les dijo a las enfermeras y a los médicos que lo acompañaron.

Había pasado una década desde la muerte de Laura, y después de años de tratar de localizar a su hija, María, finalmente entraron en contacto en 1990. Los suegros de Juan seguían culpándolo por la muerte de su pequeña. La idea de aparecerse en Puebla sin previo aviso y de que lo echaran en presencia de María era insoportable, así que le pidió a un amigo, que viajaba por México por trabajo, que le ayudara a conseguir una dirección y un número de teléfono. Juan necesitó llamar docenas de veces para convencer a la abuela y a la tía de María de que no tenía ninguna intención de quitarles a su hija. Les preocupaba que fuera a reclamarla. En esa época ya era una adolescente, lista pero introvertida. La larga ausencia de Juan la hacía desconfiar de él. Su relación a lo largo de los siguientes dos años consistió en conversaciones telefónicas entrecortadas. Él le hacía preguntas sobre ella, que la joven respondía con cautelosos monosílabos. Esas solas palabras, intercambiadas cada semana, eran la única protección de Juan para no sentirse olvidado. El hecho de que tantos de los amigos mutuos que Laura y él tenían en El Salvador se hubieran ido contribuía a la impresión de que gran parte de su vida estaba en el proceso de ser borrada.

Un compañero suyo había rentado un auto, así que podían irse en él para asistir a actos y fiestas. Las calles estaban llenas de gente jubilosa despojándose de años de miedo y paranoia. Juan se estaba quedando en casa de uno de sus hermanos, en San Salvador, mientras que los otros se hospedaron en un albergue cercano. Salían temprano cada mañana con itinerarios ambiciosos y viajaban por todo el país como turistas haciendo planes imposibles. Asistieron a misa en la capilla donde asesinaron a monseñor Romero y fueron al campus de la UCA, donde los soldados del Batallón Atlácatl habían ejecutado a los jesuitas. No había suficiente tiempo para visitar a gente en Usulután, así que Juan se conformó con un paseo a la carrera por la plaza antes de treparse al coche para regresar a toda prisa a la capital para asistir a otro acto. Una tarde, el grupo estaba en un pueblo de montaña llamado La Palma, cerca de la frontera con Honduras, cuando un hombre reconoció a un miembro de La Clínica. Él había ido una vez como paciente, les dijo. Alguien más había ido a una casa cercana a buscar un colchón delgado y lo instaló sobre dos rocas para que sirviera como mesa de examen. Juan, dos enfermeras y un quiropráctico estadounidense pasaron las siguientes horas dando consejos médicos y masajes a la gente del pueblo.

En otros pueblos de Chalatenango, los guerrilleros empezaban a descender las montañas para entregar sus armas. Iban vestidos con sus uniformes de combate, arrastrando grandes fardos. Grupos de trabajadores humanitarios se mezclaron con la gente de la localidad para ovacionarlos. Juan y los demás oyeron hablar de una de esas ceremonias en un parque municipal del pueblo de San José las Flores. Cuando llegaron, la entrega formal había cedido el paso a una fiesta. Se reunió un grupo musical con guitarras, violines y acordeón, y los guerrilleros bailaron la chanchona, música *country* festiva con un marcado ritmo de dos pasos del oriente rural. Alguien le puso una horchata en las manos a Juan mientras él miraba, estupefacto ante el espectáculo de hombres uniformados pero sin armas.

La guerra terminó oficialmente el 16 de enero de 1992, en una ceremonia en la Ciudad de México. De traje y radiante, en un castillo neoclásico del siglo XIX en medio del Bosque de Chapultepec, Cristiani bajó de una tarima y les estrechó la mano a los líderes del FMLN. "El conflicto ha quedado atrás", dijo. Después hubo en El Salvador una concentración multitudinaria, en la que un mar de personas con pañuelos rojos en el cuello gritaban llenas de júbilo. La catedral y los edificios del gobierno estaban engalanados con banderas rojo y amarillo del FMLN.

Juan caminó entre la multitud con los ojos llenos de lágrimas. Se detuvo unos momentos cerca de un árbol; resoplaba, tratando de apaciguar sus emociones, cuando una vieja se le acercó. La reconoció. Era de Usulután, madre de un amigo cercano de la Facultad de Medicina, un estudiante llamado Mauricio Pérez Saravia que se había alistado en la guerrilla poco después de que Juan se fuera del país. Murió en un tiroteo mientras Juan estaba en México. Su madre había creído que también Juan había muerto. Todo lo que ahora quería, dijo abrazándolo, era saber dónde habían enterrado a su muchacho. ¿Él no podría ayudarla?

★ ★ ★

Cuando Eddie no estaba haciendo mandados para su abuela o pasando el rato con Duke y los otros deportados, grafiteaba. Sus lugares favoritos eran las trincheras abandonadas de los guerrilleros. Sentía que estaba añadiendo su nombre a una reliquia histórica latente: Taker de Los Ángeles se encuentra con el viejo país. La firma de los acuerdos de paz era noticia en todas partes y Eddie captó la inmensidad del momento. Le distraía, sin embargo, lo que pasaba en su verdadera ciudad de origen. Justo mientras la guerra acababa en El Salvador, otra se iniciaba en Los Ángeles.

El 3 de marzo, poco después de que los Anzora se fueran a El Salvador, un hombre negro llamado Rodney King recorría la Interestatal 210, borracho y a exceso de velocidad. Cuando la policía lo alcanzó, cerca de un complejo de departamentos en el valle de San Fernando, había más de dos docenas de agentes cerca. King salió del auto, se echó en el suelo y se levantó. Tambaleándose un poco, fue hacia uno de ellos antes de que empezaran a propinarle una golpiza. Los policías formaron un círculo mientras otros tres se turnaban para patearlo y darle de porrazos. Fueron 56 golpes en total. Le hicieron añicos una cuenca de los ojos, le fracturaron el pómulo, le rompieron la pierna y le sacaron a palos varios empastes dentales. Del otro lado de la calle, un vecino registró todo con una videocámara, incluyendo el grito de un espectador: "¡Santo Dios, lo están matando a golpes!"

En las semanas y los meses que siguieron al incidente, los noticiarios locales mostraron en bucle fragmentos de la secuencia y funcionarios del gobierno de la ciudad anunciaron acusaciones contra los policías. La golpiza de King fue la última de una serie de tragedias en la ciudad. Un puñado de casos de brutalidad policiaca habían dejado a varios angelinos negros heridos, muertos o despojados de sus bienes. Le sucedió una serie de absoluciones predecibles, entre ellas la de tres agentes acusados por delitos menores después de haber destruido los departamentos de residentes negros y latinos en la calle Treinta y Nueve con la avenida Dalton unos años antes, durante los disturbios. Los absolvieron en junio de 1991, tres meses después de que saliera a la luz la videograbación de King. El mes siguiente, una comisión designada por el alcalde, Tom Bradley, un político veterano negro y expolicía, dio a conocer las conclusiones de una exhaustiva investigación sobre mala conducta policial. "Hay una cantidad considerable de agentes en el LAPD que reiteradamente hacen un uso excesivo de la fuerza contra la gente", escribieron sus autores. Para entonces, Bradley tenía una declarada enemistad con el jefe blanco de la policía, Daryl Gates, a quien estaba intentando destituir. Se hacían llamados para que Gates renunciara, pero en el seno del departamento había resistencia. En agosto fueron arrojadas bombas incendiarias en tres mercados coreanos en South Central, incluido uno en el que una tendera coreana mató de un disparo a un adolesente negro al que había acusado de hurto. En noviembre, un juez le concedió a la tendera libertad condicional en lugar de una pena de cárcel, lo que desató una ola de protestas callejeras.

Bradley y Gates llevaban todo un año sin dirigirse la palabra cuando, el 29 de abril de 1992, un jurado llegó a un veredicto sobre si los tres policías a los que el video mostraba golpeando a Rodney King eran, junto con su supervisor, culpables de atropello a sus derechos civiles. La absolución se anunció esa tarde, en un tribunal de Simi Valley. Fue como un terremoto. En unas horas habían estallado disturbios en toda la ciudad. Al cuarto para las siete de la noche, un grupo de hombres negros sacaron a un camionero blanco de su vehículo en la esquina de las avenidas Florence y Normandie; lo golpearon y le reventaron la cabeza con un ladrillo. Una hora después, una licorería cercana fue incendiada. La ciudad se había convertido en un hervidero de tribalismo y tensión racial: negros contra coreanos, latinos contra negros, la policía contra todos. El veredicto de King encendió la mecha de una guerra total. Los dueños de tiendas se armaron con pistolas. Había ataques aleatorios contra la gente. Los ladrones corrían por las calles, empañadas por columnas de humo, llevando todo lo que podían agarrar. Otros acudían en coche para llevarse sus botines en la cajuela o amarrados al techo.

Durante las primeras 24 horas se detonó un pandemónium en todos los rincones de la ciudad; helicópteros de los noticiarios tomaban video en vivo de lo que parecía una zona de guerra. El grupo que brillaba por su ausencia en la refriega de las primeras horas, las más horribles, fue nada menos que el LAPD. Los agentes no estaban preparados y eran muchísimos menos que los amotinados; altos mandos de la fuerza policial les ordenaban a unidades enteras la retirada. South Los Angeles estaba destruyéndose a sí mismo. El segundo día de disturbios se informó de más de 500 heridos, cientos de incendios y cerca de 250 millones de dólares en estimación de daños. La conflagración, que alcanzaba ya a otras partes de la ciudad, en poco tiempo convenció a las autoridades estatales y federales de enviar tropas: 6 000 miembros de la Guardia Nacional y 1 000 agentes federales. Doscientos de esos agentes pertenecían a una fuerza de operaciones especiales del Servicio de Mariscales de

*Disturbios de 1992
en Los Ángeles.*

Estados Unidos que el presidente Bush recientemente había enviado a Panamá a arrestar a Manuel Noriega.

En Alta Vista, a 3 000 kilómetros de Los Ángeles, nadie tenía su propia línea, pero había dos teléfonos públicos. Estaban dentro de unas desgastadas cabinas de metal afuera de una tienda; todos los días había una fila de personas en espera de hacer una llamada. Diariamente, Eddie se formaba en esa fila para llamar a su madre y a sus primos. Solo algunos de sus vecinos de El Salvador tenían televisiones, pero aun así le llegaban las imágenes del caos estadounidense. El primo al que siempre había admirado tenía cinco años más que él y era integrante de la mara Barrio 18. Estaba en San Fernando, bastante lejos del epicentro de los disturbios, pero, como Eddie, estaba bien conectado con vecinos de su viejo barrio en la avenida Kenwood. Le recitó de un tirón las intersecciones a Eddie por el teléfono: Setenta y Uno y Normandie, Treinta y Seis y avenida Vermont, Florence y Normandie. Era un inventario actualizado de la destrucción, una lista de viejos puntos de referencia, como la feria de trueque, que había desaparecido de la noche a la mañana.

Las pandillas de Los Ángeles reaccionaron de maneras totalmente diferentes a los disturbios. Los Bloods y los Crips eran enemigos, pero acordaron una tregua temporal en nombre de la solidaridad racial. Miembros de la Mafia Mexicana y de otras pandillas callejeras chicanas en el oriente de Los Ángeles estaban alarmadas por la destrucción y casi todas exhortaron a sus miembros a no participar. La actitud era diferente entre muchos de los centroamericanos pertenecientes a la MS-13. Los de South Los Angeles se sumaron a la turba para destruir propiedades, robar armas y atracar tiendas. En San Fernando, Ernesto Deras, de los Fulton Locos, vio una oportunidad. "Mientras la policía está ocupada allá, en la ciudad, empecemos aquí —le dijo al reportero Carlos García—. ¿Quién quiere unos tenis Nike? ¡Yo, yo! Vamos con fuerza".

Cuando Eddie colgó el teléfono, sus amigos querían enterarse de las últimas noticias sobre los disturbios. Para los deportados y su creciente séquito de acólitos salvadoreños, Los Ángeles era el principal punto de referencia, pues eclipsaba el emocionante momento nuevo en El Salvador. Uno de los muchachos, mirando a Eddie con inusual franqueza, dijo:

—Oye, ¿estás seguro de querer regresar a todo eso? Suena peligroso.

24

Operación bloqueo

En el verano de 1992, ejecutivos de la línea aérea salvadoreña TACA tenían un misterioso problema. Cada vez que un avión llegaba al aeropuerto de Los Ángeles, los escusados estaban obstruidos. Al principio supusieron que era un problema de las tuberías. Limpiaron los caños y se plantearon cambiar los escusados. Al final, los sobrecargos descubrieron qué estaba pasando. Tras unas horas de vuelo, los pasajeros empezaban a hacer fila para usar los baños. Adentro, uno tras otro, rompían sus pasaportes y tiraban las hojas por el escusado. La aerolínea empezó a destinar a un sobrecargo para que estuviera afuera de cada baño del avión y los pasajeros le entregaran su pasaporte antes de entrar.

No era TACA la única aerolínea que encontraba pasaportes tirados por el escusado. Pasaba también en los grandes aeropuertos de Estados Unidos, desde LAX hasta JFK. Los agentes de inmigración de todo el país empezaron a decirles *flushers* a los que llegaban sin pasaporte (por "tirar al escusado" en inglés). Los viajeros que no podían entrar al baño a hurtadillas antes de llegar a la aduana descubrieron otras maneras de destruir u ocultar sus documentos de identidad. Los escondían en su equipaje de mano o, en casos desesperados, trataban de comerse el papel. Sin importar cómo se deshicieran de los documentos, todos habían ideado la misma estrategia: sin un pasaporte que confirmara su país de origen, no había manera de que los agentes del INS iniciaran el proceso de deportación. Esos viajeros solicitaban asilo, y como había un espacio limitado para las detenciones, el INS solía soltarlos con un formulario de autorización de trabajo y una fecha para comparecer ante los tribunales.

223

A principios de la década de 1990, el sistema de asilo estaba desorganizado. Después de autorizar la Ley de Refugiados, en 1980, los legisladores habían perdido casi por completo el interés en el tema; al caos de Mariel le siguió un periodo de solicitudes de asilo estables (entre 16000 y 26000 cada año), pero sin ninguna sensación de urgencia política. La mayor parte de la década, el gobierno de Reagan negaba solicitudes de asilo con una regularidad tal que no le pareció necesario reforzar los recursos del gobierno. Durante el mandato de George H. W. Bush, sin embargo, había nuevas consideraciones geopolíticas, que empezaron a reflejarse en las políticas de asilo de Estados Unidos. Cada vez más preocupado por la represión gubernamental en Pekín, los estadounidenses ampliaron sus protecciones para emigrantes chinos que huían de la política de hijo único. La resultante ola de solicitudes, sumada a las viejas ineficiencias, se tradujo en una acumulación de solicitudes de asilo sin resolver. Enseguida hubo un atraso de más de 100000 casos.

Uno de los casos acumulados se remontaba a 1988: el de Carmelina Cadena y su madre. A principios de la década de 1990, vivían juntas en Arcadia, Florida. Los naranjales las habían atraído al estado, que era un buen lugar para trabajar, tomando en cuenta las demás opciones. Cuando llegaron a Estados Unidos procedentes de Guatemala, en 1983, la madre de Carmelina consiguió un trabajo como costurera en Los Ángeles, pero lo perdió cuando sus empleadores le exigieron papeles. No sabía de dónde sacarlos. No hablaba bien el español, pero su inglés era peor. En San Miguel Acatán, su pueblo natal, en las montañas de Huehuetenango, Guatemala, todos hablaban una lengua llamada akateko. De Los Ángeles se fueron a vivir a Colorado: algunos trabajitos en Denver, limpiar hongos en Alamosa… Pasaban las noches durmiendo en la cajuela de un auto para evitar las cabañas de los trabajadores, completamente llenas de hombres, que sumaban como 30. En Oregon cosechaban cebollas; en Idaho, papas. En Nueva York, en el otoño, cosechaban manzanas, aunque esa tarea era particularmente agotadora para la madre y la hija, que medían un metro y medio y un metro con cuarenta centímetros, respectivamente. Cuando llegaron a Florida vivían en el estado como 20000 indígenas mayas, casi todos concentrados a unos 160 kilómetros al este, en una comunidad agraria poco poblada con naranjales y cultivos de verduras llamado Indiantown ("Pueblo Indígena"). "Fue un buen augurio que nos encontráramos con un lugar que tuviera ese nombre", decía un líder indígena. La mayoría de los floridanos daban por sentado que los recién llegados eran mexicanos, así que les desconcertaba encontrarse con una lengua que no sonaba nada parecido al español. En un hospital, unas enfermeras intentaron tratar a una mujer maya que, según informaron más adelante, parecía "hablar en un idioma desconocido".

En esa época, casi todos los indígenas guatemaltecos de Florida habían llegado de alguna parte de las montañas de Cuchumatán en pequeños grupos desde principios de la década de 1980, cuando se intensificó la represión en las Tierras Altas occidentales. Más de un millón de mayas huyeron en esos años a México y a Estados Unidos. Pero su situación legal era difícil de discernir. Carmelina había perdido a una tía, a un tío y a 19 primos asesinados por el ejército; su padre estaba tan traumado por sus muertes que empezó a beber cuando la familia llegó a México, y al final acabó en la cárcel. Sin embargo, Carmelina y su madre, como la mayoría de los que llegaban a Estados Unidos, eran renuentes a hablar de lo que habían sufrido. Pensaban que su mejor jugada era demostrar su disposición a trabajar; las primeras palabras en inglés que muchos de ellos aprendían era la frase: "I need a good work", "Necesito un buen trabajo". Eso le facilitaba más al gobierno considerarlos "migrantes económicos". Los que solicitaban asilo casi siempre eran rechazados. Entre 1983 y 1986, cerca de 100 000 guatemaltecos llegaron a Estados Unidos, pero solo se otorgaron 14 solicitudes de asilo. Las negativas no detuvieron el flujo de gente que viajaba hacia el norte: simplemente embrollaban cualquier posible comprensión de quién llegaba y por qué.

Una ironía del disfuncional sistema de asilo era que daba lugar a más solicitudes. No solicitabas asilo esperando obtenerlo: las probabilidades de conseguirlo eran muy bajas. Pero como el gobierno estaba tan retrasado, les daba a los solicitantes de asilo autorización para trabajar mientras sus solicitudes estaban en trámite. En 1991 había 56 000 solicitudes de asilo recientemente presentadas; las oficinas del INS, con insuficiente personal, finalizaron 16 000 de esas. En 1992 había 103 000 solicitudes adicionales, solo 21 000 de las cuales se finalizaron. "Para la década de 1990 —escribió más adelante sobre los guatemaltecos un historiador —, la anterior corriente de 'refugiados de guerra' dio paso a una cadena migratoria de 'refugiados económicos' que recurrían a lazos familiares y comunitarios". Empezaron a aparecer en periódicos locales avisos de notarios y de pequeñas firmas de abogados. Uno, en un diario en español de Florida central, decía: "Autorización de trabajo (asilo político)". Otro anunciaba: "Permisos de trabajo", y añadía, con fuente más pequeña, "por medio del asilo político".

La madre de Carmelina tenía un permiso de trabajo que debía renovar cada año. Hizo una solicitud de asilo, pero nunca le respondieron. Habían pasado 14 años. Ella y su hija tomaban el autobús a una oficina del INS en Miami para actualizar sus documentos. Una tarde, paseando por la calle Ocho, cerca de la esquina con la avenida Veintisiete, Carmelina, que ya tenía 14 años, vio un volante en el que se describía un acuerdo judicial. Se llamaba American Baptist Churches *versus* Thornburgh. Parecía que ella y su madre podían llamar a un número 800 asociado con el gobierno e inscribir su nombre en una lista. Unos abogados interpusieron la demanda colectiva porque injustamente el gobierno había desestimado las solicitudes de asilo de salvadoreños y guatemaltecos. El Departamento de Justicia estaba reconociendo que lo había hecho mal. De acuerdo con los términos del acuerdo, cualquier guatemalteco que hubiera llegado a Estados Unidos antes del 1° de octubre de 1990 podía hacer la solicitud nuevamente. Carmelina llamó a ese número para dar la información de su familia. No tenía la menor idea acerca de si ella y su madre cumplirían con los requisitos.

Pasaron varios años antes de que un abogado migratorio al que la familia finalmente pudiera pagarle encontrara sus nombres en el acuerdo. Puede ser que el caso American Baptist Churches *versus* Thornburgh haya representado una victoria tardía para el principio de asilo, pero sumó cientos de miles de solicitudes para la revisión del INS. A finales de 1994, el trabajo atrasado había ascendido a más de 400 000 casos.

★ ★ ★

Doris Meissner trabajaba en el Fondo Carnegie para la Paz Internacional cuando Bill Clinton le ofreció la dirección del INS. Aceptó conociendo los inconvenientes. El organismo tenía un presupuesto modesto y una misión en crecimiento descontrolado. Sus responsabilidades la colocaban de lleno en la refriega política. Lo que el INS necesitaba era ambición y liderazgo; lo que tenía era la indiferencia de presidentes que veían las políticas migratorias como un lastre político.

Clinton estaba atento al problema y aun así su curva de aprendizaje fue abrupta. En la campaña electoral atacó a George Bush por una política que su gobierno había adoptado en mayo de 1991, mediante la cual Estados Unidos rechazó a decenas de miles de haitianos solicitantes de asilo que estaban tratando de llegar a este país por barco. En septiembre, después de un golpe de Estado, el grupo por los derechos humanos Amnistía Internacional calculó que el nuevo gobierno había matado por lo menos a 1 500 personas a las que consideraba leales al viejo régimen. Entonces, aumentó la cantidad de haitianos que huían a Estados Unidos. Por consiguiente, la política estadounidense se intensificó y la Guardia Costera interceptó en el mar navíos que iban rumbo a territorio norteamericano. Clinton lo calificó de "atroz" y prometió solemnemente que cuando fuera presidente le daría a cada haitiano una audiencia de asilo. Ahora, sin embargo, como presidente electo, enfrentaba la realidad de una inminente crisis humanitaria. A finales de diciembre un buque de carga de madera de 20 metros, abarrotado con 392 haitianos a bordo camino de Florida del Sur, naufragó; hubo ocho supervivientes. "¿Y si en los primeros días del gobierno de Clinton miles de refugiados más soltaran amarras y murieran en su arriesgada travesía?", escribió un reportero del *Chicago Tribune*. En la toma de posesión de Clinton se decía que estaban construyéndose como 1 200 embarcaciones nuevas y había decenas de miles de haitianos preparándose para salir. Temiendo una repetición de Mariel, Clinton dio marcha atrás y les dijo a los haitianos que "por el momento" debían quedarse en su casa.

Clinton entró oficialmente a la Casa Blanca el miércoles 20 de enero de 1993. El viernes, su candidata para fiscal general, una abogada corporativa llamada Zoë Baird, retiró su postulación. Un reportaje del *New York Times* había revelado recientemente que empleó a una pareja peruana indocumentada para trabajar como nana y chofer. Tres días después, como a las ocho de la mañana, un ciudadano pakistaní llamado Mir Aimal Kansi que manejaba una camioneta Datsun café se detuvo en un semáforo en la Ruta 123, al otro lado de la entrada de las oficinas centrales de la CIA, en Virginia. Abrió la puerta del vehículo y disparó un AK-47 contra el tráfico entrante; mató a dos empleados de la CIA e hirió a varios otros. Cuando las autoridades lo investigaron, se enteraron de que había solicitado asilo; debido a los atrasos, había obtenido un permiso de trabajo mientras se resolvía su solicitud. El 6 de febrero, la nueva elegida de Clinton para fiscal general, la jueza federal Kimba Wood, se retiró tras reconocer que también ella había empleado a una nana indocumentada. La prensa acreditada de Washington bautizó esta subtrama como Nannygate.

El 26 de febrero, cuando el primer mandato de Clinton llevaba apenas un mes de iniciado, dos terroristas bombardearon el World Trade Center. Uno de ellos había obtenido la entrada al país después de solicitar asilo. La urgencia empeoró cuando el 6 de junio un barco llamado el *Golden Venture* se estrelló contra la península de Rockaway, en Nueva York, entre Brooklyn y Queens. Iban a bordo 286 inmigrantes chinos; cada uno había pagado aproximadamente 30 000 dólares para llegar a Estados Unidos desde la provincia de Fujian. El *Golden Venture* era el vigesimocuarto barco en llegar a territorio estadounidense desde China en los últimos 22 meses, de acuerdo con William Slattery, el director distrital del INS en Nueva York. "El Tercer Mundo empacó su mochila y se está mudando —dijo—. Los extranjeros han tomado el control".

Cuando Clinton anunció el nombramiento de Doris Meissner para dirigir el INS, el 18 de junio de 1993, ella ya había armado un grupo de trabajo para planear la reforma del sistema de asilo. Los problemas eran evidentes (retrasos endémicos, escasez de personal, laberintos burocráticos) y los hechos recientes en las oficinas centrales de la CIA y el World Trade Center suscitaban preocupaciones de seguridad nacional. En los círculos conservadores del Capitolio se decía que una nueva legislación debía reducir sustancialmente la Ley de Refugiados.

El programa de reforma tenía tres componentes principales. El primer paso consistía en desincentivar las solicitudes frívolas negándose a conceder permisos de trabajo inmediatos a los solicitantes de asilo. El gobierno se comprometería a resolver cada caso antes de seis meses; si no podía hacerlo, solo entonces el solicitante tendría derecho a un permiso de trabajo temporal. Para ceñirse a ese calendario, el INS decidiría primero las solicitudes presentadas más recientemente; ese era el siguiente flanco del plan de Meissner. Los casos más viejos de la fila tendían a ser más difíciles de cerrar debido a los viejos elementos de prueba, cambios de domicilio y otros problemas técnicos. La idea era mandar un mensaje a los *futuros* solicitantes de asilo: el gobierno estaba acelerando el proceso, lo que haría mucho más difícil aprovecharse del sistema. La última parte de la reforma era territorial. El INS finalmente le arrebataría al

Departamento de Estado el control del proceso de asilo y a la larga un cuerpo de funcionarios dedicados exclusivamente al tema sustituiría a los directores distritales del INS. Con el respaldo de su propio personal encargado de investigación, esos funcionarios pasarían cuatro días a la semana escuchando casos de asilo y el quinto día revisando informes de derechos humanos y documentos de gobierno que expusieran en detalle las condiciones de los diferentes países.

Unas semanas después de su ratificación, Meissner les presentó el plan de asilo a los principales asesores del presidente, que autorizaron su financiamiento a través de la ley de 1994 para combatir y reprimir los delitos violentos. Enseguida Meissner aprendió que a las órdenes de Clinton el acento siempre se pondría en mostrar firmeza. El presidente y sus asesores políticos estaban obsesionados con trazar un camino centrista. La Casa Blanca quería evitar las críticas de la derecha. Para dirigir y supervisar la estrategia estaba Rahm Emanuel, un joven asesor de treinta y pocos años, bajo de estatura y pugnaz. Algunos de sus colegas le decían "Rahmbo". Una vez le mandó por correo a un encuestador un pez muerto en una caja porque el hombre se había tardado en enviarle las últimas cifras. En otra ocasión, mientras trabajadores de la campaña se reunían para celebrar la victoria de Clinton en las elecciones de 1992, Emanuel agarró un cuchillo y se puso a recitar los nombres de los políticos que los habían "jodido". Después de cada nombre, gruñía "Hombre muerto", y hacía un violento movimiento descendente con el cuchillo.

Empezaron a verse resultados de la nueva política de asilo poco después de que el gobierno la pusiera en práctica. Descendió el ritmo de solicitudes y aumentó el índice de aprobaciones. Muchos menos solicitantes presentaban reclamos sospechosos. Cuando Meissner contó las buenas noticias en una reunión en la Casa Blanca, Emanuel parecía distraído. Todos estaban sentados alrededor de una mesa. Cuando el grupo se disolvió, él la llevó aparte.

—Eso está muy bien —dijo refiriéndose a la política de asilo—. ¿Y cuándo me vas a traer algo sobre la frontera?

★ ★ ★

El 19 de septiembre de 1993, mientras Doris Meissner preparaba sus audiencias de confirmación en el Senado, un jefe de la Patrulla Fronteriza en el oeste de Texas llamado Silvestre Reyes formó una fila de 400 agentes con

229

aproximadamente 50 metros de separación entre sí. Se formaron a lo largo de las partes más transitadas de la frontera, en el centro de El Paso y Ciudad Juárez. Para disuadir a quienes trataban de entrar en Estados Unidos, Reyes los desviaba a tramos más remotos del desierto, donde era físicamente más difícil cruzar la frontera. Los que de todas formas lo hacían recibían un castigo adicional. No los deportaban de inmediato de regreso a Ciudad Juárez, como en el pasado. En lugar de eso, la Patrulla Fronteriza los llevaba a Nuevo México, a 100 kilómetros de El Paso hacia el oeste, y los depositaba en Palomas, Chihuahua. Desde ahí los deportados tenían que arreglárselas para volver a Ciudad Juárez: con aventones, durmiendo en las calles, pidiendo limosna o yendo hacia el este a pie.

Después de San Diego, El Paso era la ciudad más grande de la frontera entre Estados Unidos y México, aunque decirle así exageraba el tamaño y la lejanía del lugar. Menos de 700 000 personas vivían ahí, y las ciudades estadounidenses más cercanas estaban a varios kilómetros. El sector de la Patrulla Fronteriza era mucho más vasto que la ciudad. Abarcaba 430 kilómetros de la frontera, incluyendo los condados más al oeste de Texas y todo Nuevo México.

A finales de la década de 1980 y principios de la de 1990, cuando el gobierno estadounidense trataba de contener a los mexicanos que cruzaban la frontera, agentes de El Paso respondían haciendo un perfilado racial de los habitantes. Como no podían atrapar a todos los que entraban a Estados Unidos, los patrulleros detenían a todos los que podían dentro de los límites de la ciudad, desde abuelas hasta estudiantes de preparatoria, y pedían que les enseñaran sus papeles. Eso representaba un problema especial en un condado 75% hispano. Hubo una demanda; el polémico director local de la Patrulla Fronteriza se jubiló, y Silvestre Reyes, su reemplazo, propuso una idea que llegó a revolucionar la política fronteriza durante las siguientes tres administraciones presidenciales. La llamó Operación Bloqueo.

Los superiores de Reyes en Washington se mostraron escépticos hasta que vieron los resultados. A lo largo del año siguiente las detenciones en el sector disminuyeron un 72%. Más adelante se demostró que esas cifras eran un engaño. Los migrantes seguían cruzando; simplemente lo hacían más lejos de los principales puertos de entrada. Una cantidad creciente de ellos estaban muriendo en el desierto. Pero menos detenciones se consideraban un claro éxito según los bajos estándares de la policía inmigratoria. El INS extendió la operación a otras ubicaciones a lo largo de la frontera. En San Diego estaba la Operación Guardián; en Arizona, la Operación Salvaguarda, y en el sur de Texas, la Operación Río Bravo. El gobierno empezó a hablar de un concepto al que llamaba "prevención por disuasión".

25

Encima de los demás

Una mañana de 1993, al final del invierno, Eddie Anzora dobló la esquina del bulevar Roscoe, en Los Ángeles, cuidándose de evitar el McDonald's, un sitio que frecuentaba la MS-13. Al llegar a Sepulveda corrió a una parada de camión. Había vuelto de El Salvador hacía pocos meses; ahora se dirigía a la preparatoria James Monroe, donde estaba empezando a cursar el primer año. Mientras Eddie caminaba por la acera apareció un camión de otra ruta. Con medio cuerpo fuera de unas ventanillas abiertas casi al fondo, había una docena de sus amigos gritándole y moviendo los brazos para llamarle la atención.

Antes de que Eddie se fuera, el año anterior, se había unido a una nueva organización, llamada ATR, por Above the Rest, "Encima de los demás", pero sus integrantes se consideraban parte de algo subterráneo y clandestino. No era tanto una pandilla como una confederación de escépticos de las pandillas. Todos ellos se habían ido alejando de las otras bandas callejeras. Los pandilleros eran los principales traficantes de influencias de la ciudad: había que estudiarlos y respetarlos, pero los muchachos de ATR no veían razón para emularlos. Las vidas de esas piedras angulares parecían definidas por rencillas arbitrarias por los colores de la ropa, por ataques a extraños, por postureo permanente. Eddie y sus amigos preferían encontrar asesoramiento en el hip-hop. Las letras de canciones como "I'm Your Pusher" y "Children's Story", de Slick Rick, que todos se sabían de memoria, enviaban un mensaje de resistencia. Sobrevivir era ir a contracorriente, mantener un bajo perfil.

Para repeler a las pandillas, sin embargo, los muchachos de ATR tuvieron que formar la suya. La MS-13, el Barrio 18 y la banda de Langdon eran reclutadoras voraces que no veían la pertenencia a ellas como algo opcional. "Solo nos iban a comer —dice Joel Orozco, un viejo amigo de Eddie—. Todo lo que querían hacer era conseguir integrantes. Nosotros no lo permitimos, porque teníamos nuestro propio grupo". Pensaban de sí mismos que parecían unos "pandilleros no pandilleros", dijo Eddie más adelante. En lugar de unos tenis Nike Cortez, un calzado característico de pandilla, usaban Adidas concha o tenis de entrenamiento; sus pantalones, de por sí varias tallas más grandes, tenían unos pliegues en la parte superior para verse aún más anchos. Los miembros de ATR pensaban que sus "ajustes de cuentas" servían para su propia supervivencia, pleitos que eran necesarios y no gratuitos. Pero esa distinción no siempre se aplicaba. Cuando Eddie se fue a El Salvador, ATR todavía se trataba, sobre todo, de grafitear: "poner tu nombre en todas partes", decía. Cuando volvió, sus amigos le dieron una larga lista de otras pandillas callejeras. "Estas son las bandas con las que ya no nos llevamos", le dijeron.

Eddie corrió al autobús y se subió de un brinco. Los asientos y las ventanillas estaban cubiertos de grafitis. Los otros pasajeros, nerviosos, se hallaban amontonados hacia el frente. Eddie no tuvo que preguntarles a los demás adónde iban. Uno de ellos le gritó los detalles mientras caminaba al fondo. Iban hacia la preparatoria Birmingham a darles caza a una bola de "enemigos" que supuestamente estarían afuera de una tienda de donas.

El camión se detuvo y alguien vio a los objetivos del otro lado de la calle. La banda corrió a perseguirlos. La muchedumbre que estaba afuera de la tienda de donas se dispersó y dejó a unos cuantos rezagados a pelearse. Era difícil correr con unos pantalones tan sueltos. Eddie estaba a la mitad de la calle, todavía lejos de la acción, cuando llegó la policía. Para entonces, dos de los muchachos rivales habían sido heridos: uno ensangrentado por un puñetazo y el otro retorciéndose en el suelo con un desatornillador saliéndole de la pierna.

Esa mañana, en lugar de llegar a la preparatoria Monroe, Eddie fue a dar al centro de internamiento de menores. Lo primero que los otros muchachos le preguntaban a un recién llegado era: "¿A qué banda representas?" Dependiendo de la respuesta, facciones opuestas podían después meterse a hurtadillas en su cuarto para atacarlo mientras los guardias descansaban o se distraían. Cuando se le planteó la pregunta a Eddie, él les dijo que estaba con ATR. Sus interrogadores respondieron: "¿Qué carajos es eso?"

Los disturbios de abril de 1992 cambiaron todo en Los Ángeles y en sus alrededores. Cuando Eddie volvió de El Salvador había un nuevo alcalde y un nuevo jefe de la policía. Las unidades antipandilla del LAPD iban en ascenso, y los reproches raciales eran demasiado absorbentes. Sesenta y uno por ciento de los "saqueadores arrestados" eran latinos, de acuerdo con la policía. Las zonas más golpeadas por los disturbios en South Central Los Angeles eran barrios negros llenos de latinos. Pero la destrucción también se extendía a otras partes de la ciudad con grandes poblaciones de inmigrantes recién llegados de Centroamérica y México: Pico Union, Koreatown, East Hollywood. Las comunidades latinas más establecidas —en el poniente de Los Ángeles, por ejemplo— habían tratado de mantenerse alejadas del caos, lo que dio lugar a otras preocupaciones y otros resentimientos. En *Los Angeles Times,* un periodista chicano escribió: "Sí, los inmigrantes centroamericanos y chicanos pueden calificarse ambos de 'latinos', pero el vínculo étnico entre los dos grupos es débil". El artículo se publicó con el titular: "¿Deberían los latinos apoyar el freno a los inmigrantes? Los disturbios dejan la pregunta de si los recién llegados amenazan a los mexicano-estadounidenses de segunda y tercera generación". Elana Zilberg, profesora de la Universidad de California en San Diego, escribió más adelante: "Los blancos señalaban a los negros, que señalaban a los latinos, que a su vez señalaban a los inmigrantes centroamericanos".

De vuelta en California, después de su periodo en El Salvador, Eddie alcanzó a ver destellos del orden social cambiante. Los muchachos de ATR pasaron sus años adolescentes entrando y saliendo de correccionales de menores. Cuando estaban en su casa, en San Fernando, faltaban a la escuela y recorrían la ciudad robando cosas para revender. Lo llamaban *trasiego.* Un día típico incluía llegar a un acuerdo con dueños de tienditas familiares, sobre todo hombres indios o chinos con acentos marcados, que hacían pedidos de artículos hurtados, tales como 20 barras de desodorante. Los muchachos iban a Ross, un gran almacén, y se llenaban los bolsillos de mercancía. Sus pantalones y sus camisetas eran tan amplios que los guardias de seguridad no notaban los bultos cuando se iban. Otro truco era usar sudaderas con puños estrechos, para poder esconder los productos en las mangas y no tener que preocuparse de que se cayeran. Después volvían a la tienda original, para recibir efectivo a cambio del botín.

Eddie era carismático y persuasivo, un líder natural que se sentía a sus anchas entre la gente; su aguda inteligencia era astuta y entretenida. ATR estaba creciendo, con integrantes de todo el valle. Al principio, unirse a ella le había parecido a Eddie una decisión limitada y personal, un discreto pacto hecho entre amigos de la avenida Langdon. Pero más adelante, en un centro penitenciario, hubo recordatorios de cómo sus rangos habían cambiado. Una vez, al salir de la regadera, vio a un desconocido con un tatuaje de ATR.

—Yo también soy de ATR —le dijo—. Me dicen Take o Eddie.

El muchacho respondió:

—¡Ah, tú eres Eddie! Me dijeron que me iba a topar contigo.

A mediados de la década de 1990, ATR tenía cerca de 200 miembros. Cuando se reunían, más o menos cada dos meses, su cuartel general *de facto* era dondequiera que estuviera viviendo Eddie. En esa época salía con una muchacha que vivía en un complejo habitacional y cuya madre estaba relacionada con la Mafia Mexicana (su hermano, que estaba en la cárcel, era un miembro de alto rango). Al escucharla, Eddie se sentía como pez en el agua: ansioso de conocer información nueva, relajado al hacer preguntas, con un irresistible interés en el mundo. Una noche, en su departamento, Eddie supo que la Eme planeaba reducir los disparos desde vehículos en movimiento, con lo que haría una limpieza efectiva de los barrios que estaban bajo su influjo. Los disturbios y sus secuelas eran malos para el negocio. "En un par de meses —le dijo ella— todo este sitio estará controlado. Ya nadie podrá andar jodiendo".

ATR tendría que ser mucho más cuidadosa con sus grafitis. La Mafia Mexicana estaba poniéndoles a los grafiteros una "luz verde" —el equivalente criminal de una orden de búsqueda, ejecutable por golpizas o incluso por asesinatos—, porque los vecinos se estaban quejando. A los capos de la mafia les molestaba que los grafiteros no representaran un barrio particular al que pudieran contraatacar para castigarlos. Eddie y los demás empezaron a tapar sus tatuajes, sobre todo tatuándoles encima nuevos diseños (arañas, payasos) a las letras *ATR*. También participaron en una serie de reuniones supervisadas por la Mafia Mexicana que tenían lugar en parques de toda la ciudad. Diferentes bandas callejeras sostenían peleas a puñetazos para tratar de resolver sus desacuerdos. Eran como detonaciones controladas para satisfacer el orgullo y la territorialidad de las pandillas latinas de la ciudad, sin víctimas adicionales. ATR no era lo bastante grande como para recibir una invitación a la más trascendental de esas reuniones, que tuvo lugar la tarde del 18 de septiembre de 1993 en el parque Elysian, cerca del Dodger Stadium, en Los Ángeles. Con la asistencia de 1 000 pandilleros, los miembros de la Mafia transmitieron un mandato inquebrantable: las bandas podían seguir peleando, pero si lo hacían tenía que ser frente a frente. Unos policías formaron un amplio cordón alrededor del parque, pero guardaron su distancia; algunos reporteros se apersonaron con sus libretas. "Esto es para la raza, el pueblo mexicano —declaró a un periodista un pandillero—: si tienes que cuidar tu negocio, al menos hazlo con respeto, con honor y dignidad".

A las siete de la mañana del 13 de abril de 1994, Eddie estaba en su casa, todavía en la cama, cuando llegó la policía con una orden judicial. Agentes del Grupo de Trabajo Comunitario contra el Grafiti —formado con divisiones de los departamentos de policía de Los Ángeles y San Fernando—iban a detenerlo por acusaciones de vandalismo grave. Era uno de los cinco miembros de ATR acusados de causar daños que ascendían a 38 000 dólares con sus grafitis, incluyendo 1 000 dólares por daños a una vía de salida de una autopista de Simi Valley. Mientras los policías registraban la casa, encontraron un video que había hecho Eddie para documentar una de sus aventuras grafiteras. Se tomó como elemento de prueba.

Antes de su sentencia pasó un mes en Sylmar Juvenile Hall, un austero centro de detención de menores, hecho de ladrillo rojo, a 40 kilómetros al norte de la ciudad. Un integrante de ATR de 18 años se enfrentaba a un año de cárcel y a una multa de 1 000 dólares. A Eddie lo mandaron al centro de internamiento Juvenile Camp Louis Routh, donde se les ofrecía a los adolescentes una alternativa a estar tras las rejas. Les pagaban un dólar al día por combatir incendios forestales y dormían en cabañas en las montañas que rodean el cañón Big Tujunga, 30 kilómetros al norte de la ciudad. El entrenamiento consistía en carreras cronometradas para subir un sendero empinado al que llamaban Kill 'Em Quick ("Mátalos Rápido"), pues ascendía 300 metros en menos de 1 600 metros. Dos docenas de carreteras con curvas pronunciadas serpenteaban entre la maleza del desierto y rocas sueltas hasta lo alto de una pintoresca cadena montañosa, y los muchachos solían llevar su equipo contra incendios para practicar: cascos, uniformes azul y blanco, mochilas de lona y, en ocasiones, motosierras. A Eddie la atmósfera le resultó intensamente motivadora. Los agentes de libertad condicional eran severos, pero alentaban a los muchachos y les aconsejaban que pensaran en su futuro; Eddie se lo tomó en serio. En la avenida Langdon, él y su amigo Joel platicaban con frecuencia sobre iniciar una carrera en música y hacían lluvias de ideas acerca de formas de convertir sus actividades callejeras en posibilidades más duraderas. Sus conversaciones siempre habían sido interrumpidas por alguna detención o una escaramuza. Ahora Eddie decidió entrenar para el maratón de Los Ángeles del 5 de marzo de 1995. Mientras estaba en el campamento Routh también recibió su diploma de GED (*general education development*, más o menos equivalente a un certificado de preparatoria), al que él llamaba su "good enough diploma", o "diploma que no está tan mal".

Lo pusieron en libertad casi a fines de 1995, unos meses antes de cumplir 18 años y había ganado suficiente dinero para dar el anticipo por un Chevrolet Caprice usado con la suspensión baja. En los años posteriores a su liberación seguía socializando con amigos de ATR, pero encontró trabajo en un hospital de animales en Sherman Oaks. "Todas estas personas a las que conoces —dijo más adelante— vienen del otro camino de la vida. Su estrés es diferente del tuyo". Algunos de los veterinarios, por ejemplo, tenían autos y casas propios; no les faltaban posesiones materiales y sin embargo sufrían de ansiedad social. Con frecuencia le pedían a Eddie que los llevara a bares y a discotecas para que les ayudara a hablar con mujeres. A él le atraía su manera de hablar: no había palabrotas en sus oraciones y hablaban completamente en inglés, sin las cadencias bravuconas de la calle. Tal como había hecho con la moda y los gestos de los pandilleros de South Los Angeles, Eddie empezó a estudiar a esas nuevas figuras en su vida: los veterinarios, los clientes adinerados, las recepcionistas refinadas.

En 1997 Eddie tenía 20 años y vivía con su hermano y con Joel en un departamento de la avenida Langdon. Daba a la calle y estaba en una planta baja, así que les preocupaba que pudieran entrar balas perdidas. En un taller cerca de las vías del tren compraron una lámina de metal desechado que apoyaban en las ventanas cuando estaban en casa.

Una noche, después de cenar, Eddie dijo que iba a salir y a Joel no le pareció bien. Estaba oscuro y por lo general trataban de evitar la avenida Langdon de noche. La delincuencia era un riesgo, pero palidecía junto a la amenaza de las brigadas de la policía antipandillas que patrullaban las calles con gran despliegue de fuerzas. Los vecinos habían llegado a creer que los policías detenían a quien pudieran y con frecuencia agarraban a personas inocentes solo porque vivían en las mismas unidades habitacionales que unos pandilleros. Años después, en 1999, uno de los peores escándalos de la historia del LAPD enturbió el departamento y la ciudad. Un agente de la división Rampart de la unidad antipandillas del LAPD puso al descubierto que se trataba de una empresa delictiva. Algunos de los policías habían estado envueltos en sus propios planes lucrativos relacionados con las pandillas; para guardar las apariencias, y para poner freno a posibles rivales, muchos llevaban años fabricando y plantando pruebas. En algún momento, cuando el departamento reabrió unos casos, los agentes encargados de investigarlos se vieron obligados a tomar un vuelo a Centroamérica para buscar a personas que habían sido injustamente deportadas. La avenida Langdon pertenecía a otra jurisdicción, fuera de los límites de la ciudad de Los Ángeles, pero la práctica también llegó ahí. El escándalo Rampart les confirmó a Eddie y a sus amigos que tenían razón en desconfiar de las autoridades.

Pero cada tanto, la inteligencia de Eddie lo traicionaba dándole una falsa sensación de ser invencible. Esa vez decidió salir del departamento. Caminaba hacia su auto con un amigo cuando vio a un grupo de agentes realizando detenciones al final de la cuadra. Si corría de regreso a su edificio, eso despertaría más sospechas. Tranquilizándose, avanzó con calma hacia su coche y subió a él. Empezaba a irse de ahí cuando los agentes le ordenaron que se detuviera y bajara. Mientras él y sus amigos estaban parados junto al auto con las manos sobre el capó, los policías registraron el vehículo. En la guantera encontraron 30 gramos de mariguana, que pertenecían a Eddie; su amigo llevaba un paquete de metanfetamina, que tiró en el piso del auto. Los policías los detuvieron por posesión de drogas.

El tercer riel de la política estadounidense

En 1995, cuando Janet Murguía empezó a trabajar en la Casa Blanca de Clinton, era imposible asistir a una reunión que no tuviera datos de encuestas extendidos sobre un escritorio o siendo blandidos por una mano gesticulante. Cada pocas horas circulaban impresiones con los datos más recientes. Los asesores del presidente no se contentaban con saber cuál era la opinión del público estadounidense sobre determinado asunto: necesitaban saber cuál era la opinión del público sobre ese asunto a todas horas del día.

Murguía, de 32 años, era una mexicana-estadounidense de Kansas. Había dedicado los siete años anteriores a ser asesora en temas legislativos de Jim Slattery, un demócrata moderado de su estado natal, y en ese tiempo acumuló experiencia sobre una gran variedad de temas, desde políticas de salud hasta relaciones exteriores (en algún momento, como parte de una delegación del Congreso, conoció al jefe de los *contras* en un campamento militar hondureño). Consideraba que el programa político de la Casa Blanca de Clinton era "ultracentrista". Las posibilidades prácticas de una sureña que sabía cómo ganarse a moderados y a conservadores le resultaban atractivas. Para Murguía, y para el presidente para el que ahora trabajaba, la cuestión era el sentido de la oportunidad.

Poco después de que Murguía se incorporara al gobierno, Newt Gingrich, de Georgia, un congresista cascarrabias, se convirtió en presidente de la Cámara de Representantes. Acababa de ser elegido junto con una oleada de republicanos en una plataforma que llamaron Contrato con América. Era la primera vez en 40 años que los republicanos tenían mayoría en la Cámara de Representantes y controlaban las dos cámaras del Congreso justo cuando se acercaba la campaña de reelección de Clinton.

Los mariscales de campo dentro de la Casa Blanca trabajaban a toda máquina: dando vueltas, obsesionados con las encuestas. Además de Emanuel había otro asesor, más o menos de la misma edad, llamado Bruce Reed. Toda la vida adicto a la política, de educación y cultura impecables, Reed era cerebral e íntegro. En persona, daba la impresión de ser cordial y afable, pero detrás de su poco imponente apariencia estaba el autor de los más contundentes eslóganes de campaña del presidente. Emanuel era enérgico e irreverente; Reed, más contenido. Pero ambos estaban convencidos de que el presidente necesitaba "acercarse un poco a la derecha". La única manera como podía ganar la reelección era hacer algo, y la única manera de hacer algo era trabajar con los republicanos, sancionar sus proyectos de ley. La clave era templar su legislación sin que pareciera que la estaban obstruyendo.

En el verano de 1996, Murguía se encontró justo en medio del dilema del presidente. Ella era el principal enlace con la Cámara de Representantes, lo que la convertía en la intermediaria fundamental entre los demócratas y los republicanos en el Capitolio. Tratar con el Partido Republicano era desagradable, pero eso era de esperarse; el verdadero problema era tener que dar tantas malas noticias a los miembros de su propio partido y después pedirles sus votos. Trabajaba largas horas en el ala este de la Casa Blanca y visitaba con regularidad las oficinas del Congreso, donde adulaba, engatusaba y actualizaba al personal sobre dos importantes proyectos que estaban negociándose al mismo tiempo. El primero tenía que ver con una reforma de las prestaciones sociales y el segundo con la inmigración.

La reforma de las prestaciones sociales era el proyecto de ley más complicado para el presidente. Clinton había hablado en campaña sobre "poner fin a las prestaciones sociales tal como las conocemos" —una frase escrita por Bruce Reed— antes de que los republicanos del Congreso lo agarraran desprevenido. Los primeros dos proyectos de reforma de las prestaciones sociales que llegaron a su escritorio eran duros incluso para sus maleables estándares. Vetó ambos (en cuanto lo hizo, Bob Dole, el líder de la mayoría en el Senado y adversario de Clinton en noviembre, tenía un remate preparado: el presidente defendía "el fin de la reforma de las prestaciones sociales tal como la conocemos"). Otra iniciativa de ley fue aprobada por el Congreso en agosto de 1996 y enviada al presidente para su firma. Este se quejó con sus asesores de que se trataba de "un proyecto de ley de prestaciones sociales decente envuelto en papel de mierda". La ley reducía significativamente los padrones de prestaciones sociales y desenredaba la red de seguridad social, pero quizá su aspecto más polémico era que financiaba programas de capacitación laboral para destetar a la gente del apoyo gubernamental. Casi la mitad del financiamiento total —como 23 000 millones de dólares— provenía de recortes al apoyo a inmigrantes legales. Durante varios años, los residentes permanentes y poseedores de la tarjeta verde habían recibido ayuda federal. La iniciativa acabaría con eso y ya no tendrían derecho a prestaciones sociales, ayuda a familias con hijos dependientes, seguridad de ingreso complementario, cupones para alimentos y Medicaid. Hasta ese momento había una evidente falla tectónica para los inmigrantes en el ámbito de las políticas públicas: los inmigrantes legales se consideraban honestos y respetables y por lo tanto gozaban de protecciones, mientras que a los inmigrantes "ilegales" se les trataba como reprensibles. El proyecto de reforma de las prestaciones sociales establecía una distinción entre los inmigrantes legales y los ciudadanos.

Cecilia Muñoz, una defensora de los derechos de los inmigrantes con una organización llamada Consejo Nacional de la Raza, tenía más o menos la misma edad que Murguía. En el verano de 1995, cuando circulaban los primeros borradores del proyecto de reforma de las prestaciones sociales, era una joven madre embarazada de su segundo hijo. Hija de padres bolivianos que habían migrado a las afueras de Detroit, había pasado gran parte de su infancia hablando de política latinoamericana en la sobremesa. Una noche, su novio de la preparatoria fue a cenar cuando oyó al padre de Cecilia quejarse de la política estadounidense en El Salvador y en Nicaragua. Eso fue a finales de la década de 1970. "Si en efecto terminamos en una guerra —le dijo el novio—, tus padres deberían ser recluidos. Yo no podría saber a quiénes les serían leales". Ese momento fue para Muñoz una epifanía: a ojos de algunos estadounidenses, sus padres nunca serían ciudadanos plenos. Años después citaba el comentario de su exnovio como una de las motivaciones para el acelerado rumbo que tomó su carrera. Después de obtener una maestría en estudios latinoamericanos, se mudó a Chicago a trabajar como organizadora y en poco tiempo consiguió un muy buen puesto en una de las organizaciones católicas de beneficencia de la ciudad. Acababa de aprobarse la Ley de Reforma y Control de Inmigración de 1986 y la arquidiócesis estaba realizando un programa para ayudar a los inmigrantes a solicitar estatus legal. Millones de inmigrantes indocumentados tenían derecho a ello al amparo de la nueva ley, pero muchos de sus hijos, hermanos y padres, no reunían los requisitos para la amnistía. Como habían entrado en Estados Unidos después de la fecha límite para contar con ese derecho, a algunos los estaban deportando. Muñoz había presionado al gobierno de Bush para que creara una política de "unidad familiar", antes de involucrarse en la elaboración de la Ley de Inmigración de 1990.

Seis años después, el proyecto de reforma de las prestaciones sociales le recordó a Muñoz lo que en un principio la había empujado al trabajo organizativo. Millones de inmigrantes legales pasaban años de su vida pagando impuestos y formando una familia, para encontrarse con que de repente había un súbito viraje en el debate político. A Muñoz le parecía que era como si el Congreso estuviera diciéndoles: "Todavía no eres de los nuestros". Los padres de Muñoz ya eran ciudadanos, pero cuando oyó a algunos republicanos decir que los no ciudadanos no "merecían" esas protecciones, de todas formas pensó en su propia familia. Eso le hizo recordar una historia que sus padres le habían contado: en una ocasión los amenazaron con el desahucio porque los habían oído "hablar en mexicano".

Murguía fue el conducto de Muñoz a la administración. Apoyaba a Muñoz, pero dentro de la Casa Blanca la superaban en poder Emanuel y Reed. En la primera mitad de 1996 regresaba del Capitolio con mensajes de los demócratas de inclinaciones izquierdistas alarmados con los planes del presidente. Sus votos, sin embargo, le importaban menos a la Casa Blanca que los de los demócratas conservadores. Muñoz y sus compañeros de la comunidad de defensa de inmigrantes trataban de documentar, con gran meticulosidad, el sufrimiento que causaría la política del presidente. Murguía comunicó todo lo que pudo de esta información a gente enterada que trabajaba dentro del gobierno, pero estaba tan metida en las discusiones, el conteo de votos y los aspectos técnicos de las negociaciones que no podía analizar a fondo los posibles daños. Había aliados en el gobierno, pero ninguno con el suficiente poder para anular los instintos de supervivencia del presidente. En un momento dado, un funcionario de la Oficina de Administración y Presupuesto llamado Ken Apfel le hizo una presentación a Clinton sobre el monumental impacto que la iniciativa tendría sobre los inmigrantes legales. No disuadió a Clinton de refrendar el proyecto, pero dejó una impronta que resultó trascendental. El 22 de agosto de 1996 Clinton firmó el proyecto de ley, pero varios días antes, en una conferencia de prensa, había prometido encontrar alguna manera de enmendar el daño a la larga. "Estoy sumamente decepcionado de que el liderazgo en el Congreso haya insistido en adjuntarle a este proyecto de extraordinaria importancia una disposición que perjudicará a los inmigrantes legales en Estados Unidos —dijo desde un estrado en la Casa Blanca—. Esta disposición no tiene nada que ver con la reforma de las prestaciones sociales; simplemente es una medida de ahorro presupuestal, y no está bien".

Muñoz recortaba artículos de periódicos locales, estatales y nacionales, y los guardaba en una carpeta que se engrosaba a medida que se ultimaban las medidas para las prestaciones sociales. El gobierno empezaba a enviarles a los inmigrantes legales avisos de que sus cheques de ayuda económica dejarían de llegarles. Un recorte de la carpeta de Muñoz incluía la historia de un trabajador agrícola de 75 años nacido en México llamado Ignacio Muñoz. Llevaba 40 años viviendo en Estados Unidos y cada mes recibía 400 dólares por seguridad de ingreso complementario. Cuando le llegó una carta del gobierno a su casa de Stockton, California, compró una pistola y se disparó en el lecho de un canal debajo de un puente. Más o menos por esas fechas, una de las colegas de Cecilia Muñoz en La Raza le dio un frasco de vidrio al que llamaba "momentos alegres de Cecilia". Le dijo que escribiera en tiritas de papel breves descripciones de momentos que la alegraran, porque en el otoño de 1996 las perspectivas estaban empeorando.

Rahm Emanuel y Bruce Reed no tenían una aversión ideológica a la inmigración: simplemente pensaban que en un año electoral, nada que no fuera una actitud dura frente al problema llevaría políticamente las de perder. Más adelante Emanuel llamó a la inmigración "el tercer riel de la política estadounidense". Podía echársele en cara que fuera demasiado calculador, pero no que malinterpretara los pronósticos políticos. En 1994, en un referendo, los californianos votaron abrumadoramente a favor de que se aprobara una medida, llamada Proposición 187, que impedía que los inmigrantes indocumentados utilizaran servicios médicos o educativos. Después una corte federal revocó la medida porque era inconstitucional, pero Washington tomó nota. Durante gran parte de la campaña de 1994, el gobernador del estado, un republicano llamado Pete Wilson que aspiraba a reelegirse, iba a la zaga, por un amplio margen, de su adversario demócrata. Al ver la pasión generada por la Proposición 187, reivindicó la causa. Transmitió el video de unos hombres corriendo entre unos coches mientras cruzaban la frontera a hurtadillas para llegar a la autopista Interestatal 5 en San Diego. Mientras corrían debajo de un paso a desnivel, sonaba música en tono menor y una voz sombría entonaba: "Siguen viniendo". Ganó la reelección por 15 puntos.

Clinton ganó los 54 votos electorales de California en 1992, pero el estado distaba de tener garantizado el voto por los demócratas. En 1988 había ganado convincentemente y cuatro años después Clinton le ganó con menos del 50% del voto. Miles de personas, mexicanas en su mayoría, cruzaban la frontera entre San Diego y Tijuana a pie. Diariamente, al anochecer, cientos de personas formaban una fila y cruzaban corriendo; los espectadores del lado mexicano los ovacionaban y gritaban "gol" cada vez que alguien se escapaba de un agente de la Patrulla Fronteriza y lograba pasar. Dos meses antes de la elección, el INS anunció un plan de cuatro millones de dólares para "obtener resultados antes de 60 días".

En Washington, Gingrich no había hecho de la inmigración un puntal de su Contrato con América, pero la victoria de Pete Wilson lo convenció de que los partidarios de la línea dura en su *caucus* debían plantear el tema en sus campañas. El resultado fue la segunda ley que Murguía y Muñoz pasaban el verano tratando de combatir. Era una medida desorbitada trabajada por Alan Simpson, en el Senado, y Lamar Smith, el nuevo jefe del subcomité de inmigración en la Cámara de Representantes. Simpson seguía resentido por su derrota sobre la Ley de Inmigración de 1990, que ampliaba la Ley de Inmigración de 1990 pasando por encima de sus objeciones. Con una mayoría republicana, quería restituir las restricciones. Una parte de la ley de 1990 le daba un pretexto: había creado otra comisión sobre reforma inmigratoria, encabezada por una excongresista negra llamada Barbara Jordan, conocida como una destacada figura a favor de los derechos civiles y también como opositora a la inmigración. Sus recomendaciones incluían de todo, desde crear una cédula de identidad nacional para poner freno al fraude laboral hasta recortes a las protecciones de asilo y la reducción de la inmigración legal en un tercio. Simpson, que defendía todas esas políticas, tenía el visto bueno de la comisión.

Smith compartía la pasión de Simpson por la inmigración, pero carecía de su experiencia en materia de políticas. Cuando se hizo cargo del subcomité de inmigración, contrató a una abogada, Cordia Strom, que había sido directora jurídica de una organización de extrema derecha antiinmigración llamada Federation for American Immigration Reform (Federación por la Reforma Inmigratoria Estadounidense, FAIR). Creación de un oftalmólogo supremacista blanco de Michigan llamado John Tanton, la FAIR había actuado al margen de la política estadounidense desde su fundación, a finales de la década de 1970. El objetivo de Tanton era "infiltrarse en los comités judiciales", según escribió en 1986. "Piénsese en lo diferentes que serían nuestras perspectivas si alguien que propugnara nuestras ideas tuviera la presidencia". Smith le asignó la redacción del proyecto a Strom, quien lo escribió aislada y luego lo revisó en reuniones del comité de conferencia, mientras se reconciliaban las versiones del proyecto de la Cámara de Representantes y del Senado. Los demócratas no vieron los cambios hechos por Strom hasta cuatro días antes de la votación final. Un defensor de los derechos de los inmigrantes declaró para el *Texas Observer:* "Habíamos empezado a cabildear a favor de él, y cuando íbamos a oficinas nos decían: 'Ni siquiera sabíamos que tenía esta disposición' ".

Cecilia Muñoz pasaba casi todo el tiempo tratando con la reforma de las prestaciones sociales, pero muchísimos otros defensores —como la Unión Estadounidense por las Libertades Civiles, La Raza o el National Immigration Forum— se centraban en la iniciativa de inmigración. Su principal estrategia reflejaba el pesimismo colectivo: entre la Casa Blanca y un envalentonado Congreso republicano, parecía inevitable que vinieran castigos y protocolos de seguridad más duros dirigidos a inmigrantes indocumentados. Se oponían a las medidas que limitaban la inmigración legal; lo llamaban "repartirse la iniciativa". Había una razón por la cual Simpson no había conseguido su objetivo en 1990, y seguía siendo válida. Figuras moderadas de ambos partidos eran renuentes a impedir la entrada al país de inmigrantes legales, algunos por principio y otros por razones económicas. El mercado laboral necesitaba más trabajadores de una variedad de sectores, desde cultivadores en el Cinturón del Sol y en el oeste hasta el sector de servicios, en rápida expansión, en el resto del país. Dentro de la Casa Blanca, el jefe de gabinete del presidente, Leon Panetta, antes había sido congresista del valle de San Joaquín, en el centro de California. Había líneas que no se sentía cómodo de cruzar. "Todos entendemos el problema de la inmigración ilegal —dijo en aquella época—. Todos estamos tratando de garantizar que haya seguridad adicional para protección contra los inmigrantes ilegales. Pero de ninguna manera entiendo por qué tenemos que penalizar a los inmigrantes legales en el proceso".

Los defensores consiguieron acabar con las disposiciones del proyecto que habrían restringido la inmigración legal y debilitado la ley de asilo, pero el resto quedó intacto. Sin los políticamente impopulares elementos que amenazaban la inmigración legal básicamente era imparable. Las medidas que en septiembre le llegaron al presidente para su firma eran demasiado duras y trascendentales para analizarse. Dos décadas después, la periodista Dara Lind escribió: "Era un paquete de disposiciones con un solo objetivo: aumentar los castigos para los inmigrantes que de alguna manera hubieran incumplido las leyes de Estados Unidos (ya fueran inmigrantes no autorizados que habían desobedecido la ley de inmigración o inmigrantes legales que habían cometido otros delitos)". La ley, llamada Ley de Reforma de la Inmigración Ilegal y Responsabilidad Migratoria (IIRIRA) de 1996, instituyó la deportación masiva como el nuevo eje de la política inmigratoria estadounidense.

En el INS, donde ella y sus colegas tenían la tarea de ponerla en práctica, a Doris Meissner la nueva ley le pareció muy desconcertante. La mayoría de ellos se habían opuesto a muchas de sus disposiciones, pero no los habían consultado. En reuniones sostenidas a lo largo del otoño de 1996, Meissner supo que la IIRIRA implicaría deportar a decenas de miles de personas a las que de lo contrario se les permitiría permanecer en el país, ya fuera porque llevaban mucho tiempo viviendo ahí, tenían familias que dependían de ellas o se enfrentaban a "dificultades excepcionalmente gravosas" en sus países de origen. El criterio del que alguna vez echaron mano los agentes del INS y los jueces de inmigración ya no tenía ninguna aplicación. De acuerdo con la ley, el gobierno debía detener a todo aquel al que pudiera deportar; una vez que se había iniciado el proceso de deportación de una persona, nadie podía intervenir para detenerlo en caso de que hubiera circunstancias atenuantes. Al mismo tiempo, la ley ampliaba la lista de delitos que podían llevar a la deportación de inmigrantes, incluso de los que tenían permiso de residencia permanente, aunque ya hubieran cumplido una pena de prisión. Se llamaban "delitos con agravantes" e iban de infracciones relacionadas con las drogas a actos de la llamada "vileza moral". Firmar un cheque falso, evadir impuestos y robar una bolsa de un estacionado podían detonar la deportación.

La peor parte era que el gobierno podía castigar retroactivamente a los infractores, así que si alguien había cometido un delito agravado cinco o 10 años antes de aprobada la ley, de todas formas sería deportado. En un memorándum de noviembre de 1996, Rahm Emanuel recomendaba que el presidente hiciera uso de la nueva ley para bruñir su imagen de severidad ante el crimen. Si Clinton aprovechaba las oportunidades que permitía la IIRIRA, escribió Emanuel, "podía solicitar y conseguir deportaciones récord de delincuentes extranjeros".

Cuando Eddie Anzora cumplió 18 años se suprimieron sus antecedentes delictivos, lo que le permitía hacer borrón y cuenta nueva. Ahora la detención por drogas en la avenida Langdon contaba como su primer delito, y si bien enfrentaba dos acusaciones —por posesión de drogas e "intención de vender"—, ni él ni el defensor de oficio que lo representaba estaban preocupados, sobre todo porque nunca antes lo habían detenido con drogas. El consejo que le dieron fue que se declarara culpable y aceptara la libertad condicional; en cuestión de meses estaría de vuelta en casa para reanudar su vida normal.

Durante las semanas que siguieron a su arresto esperó en una prisión local, donde los internos, por norma, intercambiaban especulaciones sobre el sistema legal. Alguien mencionó la nueva ley que había firmado Clinton, pero nadie estaba seguro de lo que significaba.

—Llevas tiempo aquí —dijo otro detenido para tranquilizar a Eddie—. Estoy seguro de que eres ciudadano.

—Es cierto. Tengo mis documentos —dijo Eddie.

Unos días después de que Eddie entrara a la cárcel, un guardia lo llevó a reunirse con unos visitantes del servicio de inmigración. Como nunca antes había oído hablar del INS, tuvo que preguntar lo que significaban esas siglas. Estaban sentados en una sala con escaso mobiliario y poco iluminada del centro, donde los agentes le hicieron una lista de preguntas por pura formalidad: nombre completo, fecha de nacimiento, domicilio particular. Su mente empezaba a distraerse cuando uno de ellos le puso la tapa a la pluma y cerró el expediente.

—Vas a ser deportado —dijo.

La madre de Eddie llevó un fardo con sus diplomas escolares a la primera audiencia de su juicio de deportación. Los ojos, inyectados de sangre, le temblaban. La conmoción de Eddie, junto con la angustia de su madre, parecieron influir en el juez, que le concedió la libertad bajo fianza. Eddie continuó con su trabajo en el hospital veterinario y pasaba las tardes con su hermano y con Joel en su departamento en la avenida Langdon. Su madre le ayudó a encontrar un abogado migratorio. Le pagaban 500 dólares cada dos meses; a cambio de eso, Eddie podía no pensar tanto en su situación legal. Cada seis meses tenía que registrarse con agentes del INS en un tribunal de inmigración en el centro de Los Ángeles. Eso continuó durante cuatro años.

Una mañana, en 2001, entró a la sala del tribunal unos minutos antes de la reunión. Esa vez su abogado lo detuvo antes de que llegara a la puerta.

—Si entras ahí en este momento, te esposarán y te subirán a un avión —le advirtió.

Le dijo a Eddie que rompiera su tarjeta de seguro social y que no le mencionara a nadie su conversación. Ahora Eddie huía de la justicia.

Eddie el Rápido

En 1996, cuando Scott Mechkowski llegó al INS, todo en ese trabajo lo desconcertaba, empezando por la capacitación. En la academia instructiva, en Georgia, había tenido la clara impresión de que trabajar para el gobierno significaba que te sermonearan unos burócratas y unos abogados que pasaban más tiempo diciéndote lo que no podías hacer que lo que sí. La escena en la oficina de Newark, Nueva Jersey, donde se presentó para su primer día de trabajo, era claustrofóbica; sus nuevos colegas, todos de traje, le dieron la impresión de estar demasiado satisfechos de hacer papeleo detrás de sus escritorios. Todo el mundo se iba de ahí a las cinco.

Mechkowski, reservista del ejército que había sido destinado a la Administración de Control de Drogas, tenía alrededor de 25 años, una presencia descomunal con casi dos metros de estatura y 110 kilos, con corte de pelo al ras y unos brazos como torres de alta tensión. Dada su experiencia en organismos de seguridad, al parecer era un empleado muy típico: un tipo duro, listo para ponerse a trabajar… Pero había en su pasado más de lo que podía notarse a simple vista. Su madre, que era puertorriqueña, lo había adoptado cuando tenía uno o dos años. Era una mujer de piel oscura que lo educó para que hablara inglés y español, aunque ella misma batallaba para pronunciar el nombre de su propio hijo; le decía Cotty, en lugar de Scotty. Otras personas se sorprendían siempre que ella se dirigía a él. A lo largo de su infancia, sus amigos de la escuela conocían a ese niño blanco altísimo y atlético, y luego, al ir a su casa, se encontraban con una mujer bajita de un fuerte acento extranjero que se presentaba como su mamá.

La familia creció en la pobreza en un municipio de Nueva Jersey llamado Colonia, donde Mechkowski (cuyo padre, un camionero, era polaco) oía cómo a su madre la insultaban con toda clase de palabras ofensivas para referirse a la gente negra o hispana. Ella no tenía precisamente una profesión: trabajaba en un salón de belleza, vendía joyería y abrió una tienda de chucherías. Siempre estaba deslomándose, y sus finanzas, siempre al límite. Él de adolescente se alistó en el ejército por el dinero. Era eso o empujar carritos de la compra en A&P. Su alistamiento venía acompañado de un bono de 8000 dólares.

El INS había estado contratando nuevos agentes en el terreno con financiamiento de la ley de 1994 contra los delitos violentos. Mechkowski daba por sentado que haría trabajo policial. Durante uno de sus primeros días, cercado en su escritorio por pilas de expedientes, con grandes aspavientos se puso de pie y caminó a la salida. Había estado leyendo los antecedentes penales de un traficante de drogas jamaiquino y decidió ir a buscarlo. Su jefe lo interceptó en la puerta.

—Espera, bravucón —le dijo—. Ni se te ocurra hacer nada.

A partir de ese momento, en la somnolienta oficina de Newark fue conocido como un *cowboy*.

No podía creer que su inquietud causara aquel revuelo. El gobierno le estaba pagando 45000 dólares al año, con prestaciones, y lo único que hacía era teclear en una computadora. Llegaba por la noche a su casa, después de marcar varios expedientes con monótonas actualizaciones, y se preguntaba qué había hecho en todo el día. Había carpetas de casos que revisar en busca de los documentos pertinentes: el aviso de comparecencia para presentarse en tribunales, el visto bueno del juez sobre la salida voluntaria de una persona, el informe de la detención (conocido como I–213). Cuando había confirmado los contenidos, archivaba la carpeta. No sabía quiénes eran esas personas: si se habían ido del país o si ahí seguían. Le avergonzaba.

En 1997, cuando IIRIRA, la ley migratoria, entró en vigor, Mechkowski se sintió liberado. Ahora podía salir a las calles y había nuevas tareas que realizar. Cualquiera que encajara en la descripción de delincuente con agravantes podía ser detenido sin mayor trámite. Los abogados del INS le dijeron a la tropa que a todo mundo le entregaran un aviso de comparecencia; así, cuando estuvieran en el tribunal, los abogados migratorios ya no podrían hacer nada por impedir lo inevitable. En las capacitaciones de la oficina aprendió sobre una herramienta llamada "expulsión acelerada" que le permitía al gobierno deportar a alguien detenido cerca de la frontera sin necesidad de presentarlo ante un juez, si la persona había estado en Estados Unidos menos de dos años. A ojos de Mechkowski, el gobierno finalmente estaba dejando que el INS tomara las riendas.

Pero al mismo tiempo, los autores conservadores de la ley empezaban a cambiar de opinión y plantearon sus inquietudes al INS. En 1999, unos 28 miembros de la Cámara de Representantes —entre ellos Lamar Smith— le escribieron una carta a Doris Meissner y al fiscal general para solicitar que la administración interpretara el lenguaje de la ley de una manera más indulgente. "Unos casos de aparente dureza extrema han causado preocupación —escribieron los representantes—. Algunos pueden incluir procedimientos de expulsión en contra de residentes permanentes legales que llegaron a Estados Unidos cuando eran muy jóvenes y que hace muchos años cometieron un único delito… pero desde entonces han sido respetuosos de la ley, han obtenido y conservado empleos, han seguido siendo autosuficientes y han formado familias en Estados Unidos". Un año antes, en Texas, estado natal de Smith, el INS, alrededor del Día del Trabajo, había hecho una redada que llamó Operación Última Llamada, cuyo objetivo eran inmigrantes con condenas previas por conducir en estado de ebriedad. Detuvieron a 500 personas. Cuando el consulado de México en El Paso consiguió entrevistar a 91 de ellas, que estaban en centros de detención locales, los funcionarios observaron que el tiempo promedio que habían vivido en Estados Unidos era de más de 21 años. El 91 % tenía un empleo y el 81 % había procreado hijos que eran ciudadanos estadounidenses. Esos resultados eran completamente predecibles y el electorado se estaba quejando. En el año 2000, Meissner publicó directrices de seguridad que permitían a los agentes aplicar cierto criterio al decidir a quién perseguir.

En Newark, los supervisores eran veteranos del INS, vestigios de un viejo orden, más pasivo; los tipos jóvenes, como Mechkowski, querían realizar detenciones. Los supervisores ya no podían contenerlos. La reputación de Mechkowski como alguien decidido y ambicioso empezaba a reportarle cierto respeto, aunque seguía abrigando cierta sensación de agravio. El INS aún parecía la imitación de un organismo federal de seguridad. Le lastimaba el ego, pero él no era de los que daban marcha atrás. Trabajó más arduamente, hasta más tarde, y detuvo a más gente. No conocía a Meissner en persona, pero la consideraba alguien demasiado sensible y compasiva, que ni siquiera quería que los agentes de inmigración portaran pistola.

★ ★ ★

La vida de Eddie Anzora cambió el día en que se dio cuenta de que tenía los días contados. Decidió que su situación legal no lo detendría; por el contrario, ahora estaba resuelto a moverse más rápido que nunca, para lograr más cosas. Quería tomarse las cosas en serio, tanto que sus amigos lo apodaron "Eddie el Rápido", por el personaje de Paul Newman en *El audaz*. Era como si estuvieran desencadenándose en él cierta sed y cierta ambición. Se precipitó a transformar todos sus planes imprecisos en algo lo bastante real para considerarlo suyo. Años después lo expresó de este modo: "Antes era un muchacho del gueto que andaba por ahí: simplemente otro chico del barrio. Pero después de eso fue: 'Haz todo lo que puedas antes de que un buen día despiertes en El Salvador'. Viví esa vida. Viví la auténtica vida rápida".

Paradójicamente, la vida rápida significaba empezar despacio. En el hospital veterinario había empezado desde abajo, como el encargado de la limpieza, que hacía el trabajo que nadie más quería realizar: regar las jaulas, limpiar excrementos y vómitos, quitar la fetidez. Se hizo notar gracias a su seriedad y lo ascendieron a técnico veterinario. De noche, para formalizar su nuevo puesto, tomaba clases en el colegio universitario Pierce College, donde estudiaba para obtener un título de veterinario. Sus amigos lo llevaban adonde tuviera que ir. Entraba a los edificios del colegio y al hospital de animales por las puertas traseras o laterales, mirando por encima del hombro por si acaso el INS lo seguía.

Era imposible hablar con Eddie y resistirse a sus encantos. Tenía un aura brillante y apacible que lo hacía parecer sabio, pero también habituado a estados de ánimo más sombríos. Las ofertas de trabajo a veces se concretaban sin haberlas pedido. Un gerente del hospital veterinario le habló de un trabajito en la Mansión Playboy, donde Hugh Hefner iba a necesitar que alguien cuidara a sus perros. Por 10 dólares la hora, todos los días iba en bicicleta al lujoso sitio vallado a darles de comer a los animales y a pasearlos.

También ideó planes más espléndidos que giraban en torno de la música, sueño que compartía con Joel Orozco, su amigo de la infancia. En una discoteca conocieron a una mujer cuyos dos rottweilers tenían un virus estomacal llamado parvovirus y necesitaba medicamentos del hospital veterinario. Cuando se los llevó al día siguiente a su casa de Beverly Hills, ella le habló de su esposo, un ejecutivo discográfico que ofreció darle a Eddie tiempo de estudio como pago por la ayuda veterinaria. Unos días después, parado frente al micrófono en un cuartito cuadrado de Hollywood, se paralizó cuando le tocó cantar. A partir de ese momento dejó que Orozco fuera el que cantara rap, para lo que tenía un evidente talento, mientras él seguía su verdadera vocación de productor y empresario, un hombre que hacía que las cosas sucedieran.

Una mañana, en septiembre de 2001, mientras trabajaba en una de las salas del fondo del hospital, se oyó una voz en el altoparlante: "Eddie, necesitamos que arregles algo en la jaula siete". Se levantó como rayo y fue hacia la salida. Era una clave que había inventado con ayuda de una de las recepcionistas, por si las autoridades de inmigración un día se presentaban a detenerlo.

Trató de escapar y corrió al terreno detrás del hospital. Al abrir la puerta, un agente que lo esperaba del otro lado lo embistió. Logró escurrirse y, volviendo sobre sus pasos, corrió a uno de los pasillos. Los agentes del INS tenían vigiladas las puertas de la calle y las traseras, pero no sabían que había otras salidas. A toda velocidad se abrió paso por una serie de corredores hasta un refugio de animales al lado. Salió precipitadamente por una puerta sin vigilancia, fue disparado hacia la luz y corrió por el bulevar Ventura. Los autos pasaban zumbando a su lado. Finalmente llegó a un edificio de departamentos y se metió allí para esconderse. Subió las escaleras desbocado hasta llegar al último piso. Cuando hubo atravesado la puerta que daba a la azotea, en lo más alto del edificio, cayó de rodillas y se detuvo a recobrar el aliento. Unos segundos después, a sus espaldas, se abrió la puerta chirriando. La voz de una mujer rompió el silencio.

—¿Qué estás haciendo en la azotea de nuestro edificio?

Al darse cuenta de que todavía llevaba el uniforme del hospital veterinario, respondió que estaba buscando a un gato que se había escapado. La mujer suspiró y le ofreció un vaso de agua. Cuando desapareció, Eddie llamó a su hermano para pedirle que fuera a recogerlo.

Esa noche se quedó a dormir con una compañera de trabajo; era riesgoso volver a casa. Se llamaba Vanessa y tenía un cuarto extra en su departamento. A la mañana siguiente lo despertaron los golpes en la puerta. Lo primero que pensó fue que los agentes de inmigración lo habían vuelto a encontrar. Pero del otro lado de la puerta Vanessa gritaba:

—No lo vas a creer, tienes que venir.

La televisión de la sala estaba encendida cuando entró. La pantalla mostraba una imagen de las Torres Gemelas en llamas.

★ ★ ★

En sus primeros días en el Servicio de Inmigración y Naturalización, cuando Mechkowski batallaba para convencer a los policías locales de que compartieran información y pistas con el INS, algunos ni se habían dado cuenta de que su dependencia trabajaba en otros lados además de la frontera sur. La descripción del puesto de Mechkowsi les desconcertaba. Pero en el otoño de 2001, cuando pasó por sus distritos policiales en Nueva Jersey, muchos de esos mismos agentes lo trataron desdeñosamente. "Ustedes no hacen un carajo —le decían—. Ahora ya están trabajando por fin. Hacía falta un acto terrorista".

Los 19 secuestradores vivían en Estados Unidos con visas temporales. En el momento de los ataques, cuatro de ellos tenían la visa vencida. En marzo de 2002, una empresa contratista de servicios del INS había enviado por equivocación extensiones de visa por el servicio postal estadounidense a dos de los secuestradores muertos. Era una metedura de pata burocrática sin mayor trascendencia, pero sirvió para concentrar más cólera pública y política contra la dependencia. A Mechkowski le indignó que el INS se hubiera vuelto objeto de reproches rutinarios de los dos partidos, pero eso no significaba que estuviera en desacuerdo con las críticas.

En la primavera de 2002, miembros de los dos partidos proponían una revisión general del INS. Sus llamados venían tras una avalancha de leyes producto de los ataques terroristas. En octubre anterior, el Congreso de Estados Unidos había aprobado la Ley Patriótica que ampliaba enormemente la capacidad del gobierno para vigilar sin causa probable a cualquiera que estuviera en suelo estadounidense. Los inmigrantes eran el principal motivo de preocupación del gobierno. En septiembre de 2002, el Departamento de Justicia lanzó un programa llamado Sistema de Registro de Entradas y Salidas de Seguridad Nacional (NSEERS), que exigía a los inmigrantes de 25 países —elegidos, con la excepción de Corea del Norte, por el tamaño de su población musulmana— enviar sus nombres a una base de datos del gobierno para que investigaran sus eventuales vínculos terroristas. Para el mayo siguiente, con 138000 inmigrantes registrados, el programa no había dado lugar a un solo juicio exitoso por terrorismo, pero se había puesto en proceso de deportación a 12000 personas. El 17 de abril de 2003, John Ashcroft, el fiscal general, resolvió que los inmigrantes indocumentados podían estar detenidos por tiempo indefinido, sin derecho a fianza, por razones de seguridad nacional. Había sido la respuesta a un caso en el que estaba involucrado David Joseph, un solicitante de asilo haitiano que llegó en barco a Miami, junto con otros 215, el 29 de octubre de 2002. Joseph tenía 18 años y no poseía ningún vínculo terrorista, pero dejarlo libre bajo fianza, escribió Ashcroft, "crearía en Haití la percepción de que las políticas de Estados Unidos estaban relajándose" y eso podría dar lugar a "futuras oleadas de migración ilegal […] que distraerían a valiosos recursos de la Guardia Costera y del Departamento de Defensa de sus responsabilidades contra el terrorismo y por la seguridad nacional".

En abril de 2002, dos iniciativas de ley para reestructurar al INS estaban moviéndose por la Cámara de Representantes y el Senado. Cuando una de ellas fue aprobada por la primera con 405 votos a favor y nueve en contra, Ashcroft dijo: "Es hora de separar completamente de nuestros servicios a los inmigrantes legales, que ayudaron a construir Estados Unidos, de nuestro trabajo de seguridad en contra de los extranjeros ilegales que incumplen la ley". El principal punto de consenso, compartido por republicanos y demócratas, era que el gobierno necesitaba tratar el cumplimiento de las leyes de inmigración como un asunto de seguridad nacional y otorgarle los recursos y el peso institucional que normalmente se reservaba a la defensa militar.

En unos cuantos meses, la Casa Blanca proporcionó un plan más detallado que recibió un veloz apoyo del Congreso. El 25 de noviembre de 2002, George W. Bush firmó la Ley de Seguridad Nacional y creó un nuevo departamento federal para albergar a más de 20 suborganismos y, a la larga, a más de 250000 empleados. Cada dependencia se ocupaba de la seguridad nacional de alguna manera, ya fuera el Servicio Secreto, la Guardia Costera o la Agencia Federal de Gestión de Emergencias. Pero las políticas de inmigración eran la razón de ser del departamento. La Patrulla Fronteriza se fusionó con la Aduana para dar lugar a una dependencia híbrida llamada Oficina de Aduanas y Protección Fronteriza. La administración del sistema de inmigración legal pasó del INS al Servicio de Ciudadanía e Inmigración. La tarea de hacer cumplir las leyes de inmigración recayó en un nuevo organismo llamado Servicio de Inmigración y Control de Aduanas (ICE), que tenía una sección dedicada a detener y a deportar inmigrantes que se encontraran ilegalmente en el país. Este grupo, llamado Operaciones de Detención y Deportación, fue al que se designó a Mechkowski a principios de 2003.

Él tenía sentimientos encontrados sobre la atmósfera laboral, no porque tuviera ninguna clase de reservas acerca de la nueva vigilancia, sino porque le parecía que la política estaba haciendo otra incursión más en el terreno. Un día lo enviaron a arrestar a un inmigrante egipcio, porque la dependencia estaba dando prioridad a gente del Medio Oriente. Pero cuando Mechkowski estudió el expediente del caso, vio que el hombre era un cristiano copto que se había quedado después del vencimiento de su visa H-1B, para trabajadores extranjeros calificados. No se necesitaba un gran poder de deducción para saber que su objetivo no era una amenaza a la seguridad nacional. En las horas que pasó sondeando en el barrio del hombre en Jersey City, Mechkowski se topó con un tipo mexicano al que alguna vez había perseguido. Este reconoció a Mechkowski y le alargó las muñecas.

—Me atrapaste —admitió él, en español.

Mechkowski lo negó con un gesto de la mano y sacó una foto del egipcio para preguntarle si lo había visto.

El trabajo de Mechkowski en el Departamento de Seguridad Nacional se llamaba "operaciones contra fugitivos". Cualquiera que pudiera ser deportado se consideraba fugitivo. A Mechkowski le pidieron dar cursos de capacitación para nuevos miembros del personal y luego lo ascendieron en Nueva York en 2004. Uno de sus colegas le decía el "Gran Cazador Blanco". Dirigió un equipo de operaciones contra fugitivos, uno de dos que había en el estado.

A pesar del aire de seriedad y reevaluación en Washington, había algo sobre los "fugitivos" en lo que la mayoría de los encargados de formular las políticas no había pensado. La población de inmigrantes indocumentados en Estados Unidos estaba creciendo en gran medida a causa de la ley de inmigración de 1996, que los dejó atrapados en el país. Conforme a sus restricciones, una persona indocumentada no podía aspirar a un estatus legal por medio del matrimonio o por patrocinio económico de un familiar. Si había estado seis meses en Estados Unidos sin documentación, tendría que irse del país durante tres años completos antes de poder solicitar nuevamente la entrada; si había estado viviendo un año en Estados Unidos sin papeles, tendría que salir 10 años antes de volver (a estos requisitos se les llamó las "barras" de tres y 10 años). Una gran parte de los inmigrantes solían entrar y salir por la frontera, para estar con la familia o por trabajos estacionales, pero ahora estaban estancados. El sociólogo Douglas Massey calculaba que debido a las barras la población indocumentada creció a más del doble, de cinco millones antes de que la ley entrara en vigor hasta cerca de 12 millones.

Había seis personas en el equipo de Mechkowski: cuatro agentes de deportación para salir a la calle, un agente de detención a cargo de los arrestados y un empleado de oficina. El jefe de Mechkowski en el ICE, John Torres, estaba de visita en el Capitolio, sorteando preguntas de miembros del Comité de Gastos de la Cámara. Los representantes estaban ansiosos por darle dinero al organismo, pero el ICE necesitaba cuantificar sus avances para que los congresistas sintieran la seguridad de que se haría un buen uso de sus enormes nuevas asignaciones. Como de costumbre, pensó Mechkowski, ninguna de las partes involucradas conocía la realidad de las operaciones contra fugitivos. El Congreso simplemente estaba "puliendo un zurullo", decía. "Estaba obsesionado con las etiquetas. Manejar en estado de ebriedad y cometer hurtos en tiendas significaba que alguien era un 'criminal'. La máquina de deportación tenía que empezar a trabajar". Torres hacía grandes promesas, como conseguir de inmediato dinero para sus agentes, pero trataba con gente que parecía pensar que acumular detenciones era algo sencillo. Querían que cada equipo de operaciones contra fugitivos detuviera a 1 000 inmigrantes al año. Era una cifra imposible y todos los agentes de todos los equipos lo sabían. Cada unidad contaba con cinco agentes en el terreno que tenía días de permiso por enfermedad y vacaciones. Había días feriados federales. Dadas todas las horas que hacían falta para buscar a gente que huía de la justicia, la cuota anual parecía una trampa para condenarlos al fracaso.

En 2003, el primer año del nuevo modelo de las operaciones contra fugitivos, les dijeron a Mechkowski y a los demás que persiguieran a delincuentes "peligrosos". A principios del siguiente año, el 30% de las detenciones incluían a inmigrantes con antecedentes penales. Los demás eran culpables de faltas administrativas, como entrar ilegalmente al país o seguir en él con una visa vencida.

Ese sería el apogeo de las operaciones contra fugitivos. En 2006, por presión del Congreso, el ICE instituyó las cuotas de detenciones anuales y, como era de esperar, los agentes empezaron a detener a mucha menos gente con antecedentes penales y a mucha más de la que llamaban "infractores de estatus ordinario". Antes de eso, si Mechkowski había estado persiguiendo a una persona y se encontraba en el camino a otros inmigrantes indocumentados, hacía caso omiso de ellos y se limitaba a su objetivo original. Pero dado que las cifras de las detenciones eran la vía para conseguir más dinero para la dependencia, él y los otros agentes empezaron a hacer "detenciones colaterales". Arrestaban a todo el que podían. A finales de 2006, en tan solo el 17% de las detenciones hechas por operaciones contra fugitivos había envueltos inmigrantes con antecedentes penales. El año siguiente, el porcentaje fue más o menos la mitad de eso.

Los amigos solían preguntarle a Mechkowski si nunca se sentía mal. Él respondía con una pregunta retórica: "¿Crees que nunca me siento como una mierda cuando tengo que detener a un tipo y sé que tiene hijos?" Mechkowski mismo tenía hijos. El trabajo le chirriaba, pero adoptaba una postura apolítica. Las leyes podían cambiar, o un juez podía sentar un nuevo precedente desde el estrado; los superiores del departamento podían dar a conocer una política diferente, o las prioridades de la dependencia podían cambiar. Lo único que lo tranquilizaba era que la gente a la que arrestaba tenía órdenes de expulsión definitiva, así que podía decirse a sí mismo que ya había tenido la oportunidad de defenderse. Por lo demás, seguía moviéndose, tratando de no pensar demasiado en su trabajo, porque una pregunta generalmente llevaba a muchas más. Una pareja a la que estaba investigando ¿tenía un matrimonio real, o uno artificioso con el objetivo de eludir las leyes de inmigración? El hombre al que estaba esposando frente a su hijo ¿era un buen o un mal padre? Bastante lo consumía ya el trabajo sin necesidad de desenmarañar esas ridículamente subjetivas preguntas. Poco después ya había adoptado una expresión común entre los veteranos de la dependencia: "Claro, el trabajo toca fibras sensibles".

★ ★ ★

Joel Orozco, el mejor amigo de Eddie, vivía en San Fernando. Tendía a creer que su mala suerte llegaba en dosis consistentes: ni demasiada ni demasiado poca en ningún momento. No podía decir lo mismo de Eddie, que se las arreglaba para tener *la peor* mala suerte y *la mejor* buena suerte, a menudo al mismo tiempo. Piénsese, por ejemplo, en su vida fugitiva. Por un lado, era impensable que después de pasar toda la vida en California, Eddie pudiera ser deportado súbitamente. Por otro lado, Eddie había estado dándose a la fuga desde 2001, hacía seis años, y excepto cuando se salvó por un pelo en el hospital veterinario, había eludido todo roce con la ley. A Orozco lo detenían en su auto todas las semanas; cualquier pretexto era bueno: una luz trasera descompuesta, exceso de velocidad, no ceder el paso en una señal… Mientras tanto, Eddie había conseguido comprarse una camioneta Chevrolet Tahoe que todavía tenía la placa del concesionario y en la que otras personas lo llevaban de un lado a otro. Por alguna razón, la camioneta nunca despertó el interés de la policía de tránsito.

Eddie el Rápido también había comprado una casa; pagó la cuota inicial con una tarjeta de crédito. Un viejo amigo suyo llamado James le mostró cómo aumentar su puntuación crediticia. ("Cuando terminamos la escuela, él tomó la vía de los bienes raíces —dice Eddie—. Yo tomé la vía de todo lo demás".) Cuando Eddie la vendió, usó las ganancias para abrir un pequeño estudio de grabación en su viejo barrio, en la esquina de Sepulveda y Magnolia. A nombre de alguien más, levantó un negocio de promoción musical llamado Above Ground Entertainment. Abrió otro estudio en el bulevar Ventura; sacaba sencillos y organizaba conciertos y lanzó una línea de ropa. Incluso publicaba una revista cultural, llamada *The Stash*. Había fotos del legendario actor angelino Danny Trejo posando con un ejemplar ("Me conoce; sabe lo que quiero y sabe que puedo", dice Eddie). En una ciudad que destaca por su rígida casta racial, Eddie se había convertido en un peso pesado latino en los círculos del hip-hop. En algún momento, el rapero The Game usó su estudio para grabar algunas de sus primeras canciones, y 50 Cent fue a su estudio, aunque se quedó en el estacionamiento ("No entró, el cabrón", dice Eddie).

Ganaba suficiente dinero para ayudar también a su madre y tenía pendientes varios negocios que podían llegar a valer, cada uno, miles de dólares. Pero era eso en lo que Orozco tenía razón. Mientras mayor era el éxito de Eddie, más tenía que perder. La idea de que lo deportaran lo perseguía de manera incesante. Tenía una novia de muchos años y querían tener hijos, pero temía que lo separaran de ellos.

Eddie Anzora con su equipo de grabación, 2009.

En enero de 2007 finalmente llegó el día, cuando Eddie decidió ir con un barbero a cortarse el pelo, manejando él. Se acomodó en el asiento delantero de su Tahoe, ajustó el espejo retrovisor, y ahí estaba: un sedán oscuro en la esquina del estacionamiento. Pisó el acelerador, se fue en reversa en un ángulo cerrado para rebasar a toda velocidad al auto que lo aguardaba. Pero la Tahoe chocó con él y se le cerró el paso. Los policías bajaron y se le acercaron. Uno abrió la puerta del lado del conductor. Eddie la cerró de un portazo y trató de escapar por el lado del copiloto, pero estaba rodeado. Toda la situación era un tormento y a la vez un extraño alivio. Sabía que su suerte tenía sus límites. Sin que él lo supiera, el hermano de un socio comercial formaba parte de una pandilla mexicana que había matado a un agente de policía. Capturaron a Eddie en una operación que el ICE montó para alguien más.

Al intentar huir, había cometido otro delito. Al colisionar con el vehículo de la policía y luego cerrarle la puerta a un agente que estaba en su persecución, había participado en un ataque con arma mortal (su propia camioneta).

Antes de que lo deportaran, pasó nueve meses en una cárcel del condado de Los Ángeles. Lo visitaba su madre, junto con sus tías, sus primos, sus amigos y su novia. No era alguien que desperdiciara una oportunidad, así que aprovechó el tiempo para prepararse para ir a El Salvador.

Su experiencia en el sistema de menores le había enseñado cómo moverse en el centro penitenciario. Ninguno de los rituales amenazantes lo intimidaba ni apagaba su meta en la vida. Tenía tres opciones: declararse un paisa (hablante del español sin vínculos pandilleros), residente (un californiano del sur sin afiliaciones) o miembro de alguna pandilla, cuyo nombre tendría entonces que mencionar. Eddie solo dijo que era del sur de California y en ese momento empezó el verdadero examen. Diferentes internos pasaban por su cama a hacerle preguntas: cuál era su nombre completo, dónde estaba su viejo barrio, a quiénes conocía… El proceso culminó un viernes por la noche, cuando Eddie tuvo que escribir para todos el número de su tarjeta de preso y el nombre de la pandilla a la que estaba afiliado (algo complicado en su caso, como exmiembro de ATR, que en realidad nunca fue una pandilla). Los otros internos le hacían su propia revisión de antecedentes: llamaban a contactos en el exterior antes de compartir información entre ellos en pedazos de papel hechos bola que se pasaban de celda en celda. Si alguna vez Eddie había delatado a alguien o cometido un delito particularmente espeluznante (violación o un acto de pederastia, por ejemplo), lo pagaría. Pero las revisiones cuasisistemáticas le dieron la seguridad de que habría algo así como un debido proceso.

Aprovechó todo el espionaje a su alrededor para obtener información de El Salvador. Había centroamericanos mezclados en la población hispana del centro penitenciario. Los que no hablaban bien el inglés eran los que más le interesaban a Eddie, pues parecían tener mejores conexiones en el lugar al que se dirigía. Quería saber todo sobre El Salvador: los barrios que debía evitar, cualquier detalle por mínimo que fuera sobre la delincuencia. Un hondureño muy delgado de piel oscura y cubierto de tatuajes le dijo a Eddie que le sorprendía la cantidad de internos estadounidenses ostentosamente tatuados. No podía tener más de 18 o 19 años, y se veía más joven aún.

—Casi todo el tiempo la gente se hace tatuajes para estar a la moda —le dijo Eddie.

—En Honduras es diferente —respondió el joven—. Los tatuajes tienes que ganártelos —y empezó a señalar algunos de los suyos.

"En Estados Unidos, te haces el machito un tiempo y luego decides qué vas a hacer con tu vida. Te vuelves albañil o plomero —pensaba Eddie—. Allá es diferente. Vives con ese temor de que un día de estos te van a matar".

Lo más difícil del encierro antes de su deportación era darse cuenta de que su vida se estaba desarmando. Cuando la gente se enteraba de que iban a deportar a Eddie, viejos conocidos, rivales e, incluso, examigos, empezaron a robarse equipo y otros objetos de valor de sus estudios. Cada uno lo justificaba de alguna manera (una deuda pendiente, un favor que le debían); Eddie lo supo por su hermano, que trataba de mantenerlos a raya a todos, sin lograrlo. "Mucha gente empezó a portarse mal conmigo cuando vio que estaba en la cárcel y supo que me iría a El Salvador —cuenta Eddie—. Haces mucho por la gente, y cuando tocas fondo, no hay nadie que haga algo por ti".

En El Salvador había gente con la que podía contar, empezando por su familia extendida, pero algunos de ellos estaban huyendo de sus propios riesgos. Había estado escribiéndose con César, un viejo amigo al que deportaron muchos años antes. La novia de César aún vivía en Los Ángeles, y ella le habló de la situación de Eddie. César le escribió a este un correo electrónico para entrar en contacto: "He oído que podrías terminar acá —comenzaba—. Mi señora me dijo que estabas huyendo del INS". (Tuvieron que pasar varios años antes de que todo el mundo se corrigiera y llamara a la dependencia por su nuevo nombre. Eddie bromeaba diciendo que él era uno de los primerísimos objetivos que hubiera tenido el ICE.) César le contó que tenía un vehículo y un lugar adonde Eddie podía llegar. Eddie le respondió para agradecerle y hacerle algunas preguntas de seguimiento.

Pasaron cinco días; luego siete, nueve… y no había respuesta. Eddie le escribió a la novia de César, que le dio la noticia. Unos pandilleros lo habían abordado un domingo en la iglesia y trataron de robarle la camioneta. Cuando se resistió, lo mataron.

Las hermanas

Myrna Mack Chang y su hermana menor, Helen, tenían el acuerdo tácito de nunca discutir sobre política. Se llevaban dos años, eran muy cercanas y querían seguir siéndolo. La vida, sin embargo, las había llevado por diferentes caminos ideológicos: a Myrna a la izquierda, a Helen a la derecha. A finales de la década de 1980, en Guatemala, todos se habían acostumbrado a vivir con ciertas lagunas. Había temas que uno sencillamente no mencionaba, pues nunca se sabía quién podría estar escuchando. "Meterse en política era ser estigmatizado —dijo Helen en una ocasión—. Mientras la violencia no te tocara, ¿para qué meterte?"

A finales de la década, las Mack vivían juntas con sus padres en una casa sencilla pero espaciosa en la Zona 2 de la Ciudad de Guatemala, cerca del Parque Morazán, un tranquilo y arbolado enclave de clase media. Myrna, cercana a cumplir los 40 y separada de su pareja, tenía una hija adolescente llamada Lucrecia. El patriarca de la familia, Yam Jo Mack, había migrado a Guatemala en la década de 1930, procedente de China. Planeaba volver a su patria tarde o temprano, pero cuando su familia perdió sus tierras durante la revolución maoísta decidió quedarse y compró unas cuantas hectáreas cerca de la costa del Pacífico para criar ganado y cultivar caña de azúcar. Luego el gobierno de Árbenz inició su campaña de reforma agrícola, a lo que siguió una oleada de confiscaciones de tierras. Yam Jo Mack acabó en la cárcel, condenado a muerte. Unos días antes de la fecha en que estaba previsto que se parara frente al pelotón de fusilamiento, en el verano de 1954, la CIA derrocó al gobierno. Desde entonces había sido un anticomunista acérrimo. Pero cuando llegó el momento de educar a sus hijas las envió a un internado dirigido por hermanas dominicas de Maryknoll, una congregación liberal. Las hermanas Mack se abrirían su propio camino.

Helen inició una carrera en administración de empresas y obtuvo un empleo en una compañía constructora, mientras Myrna se formó como antropóloga en Inglaterra. Myrna se volvió estudiosa de causas izquierdistas, empezando por Nicaragua, el tema de su tesis doctoral. Su pareja —el padre de Lucrecia— era cirujano y activista. En 1984 se mudó a México, donde operaba a indígenas guatemaltecos que habían huido de la guerra para reasentarse en Chiapas. Cuando Lucrecia le preguntó por qué no estaba toda la familia junta en la Ciudad de Guatemala, le respondió: "Mija, tenemos que estar donde más nos necesitan". Como muchos otros guatemaltecos en México, no tenía papeles, así que cuando Lucrecia fue a visitarlo había reglas estrictas para proteger su identidad: no hablar en sitios públicos abarrotados, evitar el argot guatemalteco y memorizar el himno nacional mexicano.

En Guatemala, donde más necesitaban a Myrna, había otra serie de restricciones. Lucrecia debía evitar hablar de las investigaciones de su madre en Nicaragua o del hecho de que su padre vivía en México. Tenían amigos que salían en el Diario Militar, el registro gubernamental de los sospechosos de subversión. En su casa, el resultado era una atmósfera de mucha unión, pero al mismo tiempo llena de silencios. De adolescente, Lucrecia asociaba el aire seco de las confidencias reprimidas con su madre, discreta por naturaleza y obsesa apasionada con su trabajo.

Myrna escribía y editaba textos políticos para un servicio noticioso centroamericano llamado Inforpress Centroamericana, que cubría la represión gubernamental. Años después, cuando Lucrecia pensaba en su madre, siempre oía el tecleo nocturno de la máquina de escribir. Como madre, Myrna era cariñosa pero reservada, y le inculcó a su hija un espíritu de despiadada independencia. Una vez, antes de que Lucrecia cumpliera 15 años, le preguntó a Myrna si podían organizarle una fiesta. "Ay, mija —respondió su madre—, ¿de verdad quieres una fiesta que tomará tres meses preparar y que durará apenas cinco horas? Piénsalo. Sería mejor un viaje o una enciclopedia".

En 1985, tras décadas de régimen militar, un presidente civil ganó las elecciones nacionales: Vinicio Cerezo, un liberal declarado, líder de un partido llamado Democracia Cristiana Guatemalteca. Tras bambalinas, pocas cosas

Myrna, Lucrecia y Helen Mack en Trafalgar Square, Londres, 1975.

cambiaron. Él era una tapadera para legitimar las operaciones militares. Unos años antes, el ejército había reconocido que había límites a su poder represor. "Con solo operaciones militares y policiales no se erradica definitivamente la acción subversiva", declaraba el Plan Nacional de Seguridad y Desarrollo. Guatemala se había ido aislando —privada de defensores y, sobre todo, de financiadores— y su economía fracasaba. Con un civil al mando y una nueva constitución, los estadounidenses podían apoyar la "democratización" de Guatemala, tal como habían hecho cuando los demócratas cristianos tomaron posesión en El Salvador. Podía llegar de vuelta al país dinero de gobiernos extranjeros y del sector privado.

Nadie en la familia Mack tenía ilusiones sobre ese ambiguo nuevo periodo, pero prevalecía un sentido de la oportunidad. En 1986, junto con algunos colegas de Inforpress, Myrna formó una organización llamada Asociación para el Avance de las Ciencias Sociales en Guatemala (Avancso) que generó la clase de investigación, escritura y análisis que alguna vez, antes de que mataran u obligaran a exiliarse a la mayoría de los intelectuales, se había hecho en las universidades. Ahora Lucrecia estaba entrando al bachillerato y empezaba a percibir cierta apertura a su alrededor. Los silencios en casa parecían menos envolventes que antes.

Más o menos durante esas fechas, Myrna estaba alejándose del periodismo y volviendo a la antropología, viajando a los departamentos de Huehuetenango, Quiché y Alta Verapaz, en las Tierras Altas, para hacer trabajo de campo. A veces se iba semanas enteras y en su ausencia Helen cuidaba a Lucrecia. Ninguna de ellas entendía plenamente lo que Myrna estaba haciendo: ni la naturaleza innovadora de su investigación ni el peligro en que la estaba poniendo.

Un millón de indígenas guatemaltecos habían sido desplazados en los primeros años de la década y casi todos seguían desarraigados al acercarse 1990. Más de 100 000 aún estaban en México, porque ya no tenían casa o porque temían que los atacara el ejército a su regreso. En las montañas de la zona norte del Quiché se ocultaban otros 15 000 refugiados de la guerra, mientras los militares lanzaban bombardeos para hacerlos salir.

El trabajo de Myrna se concentraba en la enorme población de los "desplazados internos", término que ella ayudó a popularizar. En los peores tiempos de la represión, con comunidades enteras destruidas, el ejército reconstruyó aldeas para maximizar su control. Según palabras de un historiador, después de la "guerra de exterminio" a principios de la década de 1980 vino la "guerra de reconstrucción". El ejército les ponía nombres orwellianos a esos escenarios: eran "aldeas modelo", "polos de desarrollo" o "poblados estratégicos". Se instalaron dos docenas de estos a lo largo del campo. La vida cotidiana en esas aldeas se parecía a la de un campo de reeducación o a una cárcel de baja seguridad. En un poblado en la ladera en Alta Verapaz, que tenía una población de 570 personas, un letrero a la entrada de la aldea daba la bienvenida a "una comunidad ideológicamente, totalmente nueva, antisubversiva". Los vecinos de otra aldea decían que vivían "todos amontonados encima de los otros, como pollos en un gallinero". Todos tenían que registrarse en el ejército y todos sus movimientos eran vigilados de cerca. Para viajar adonde fuera se necesitaba un pase especial en el que se declararan el destino y el itinerario. En las llamadas zonas de seguridad, donde el ejército exigía una hipervigilancia, los vecinos se veían obligados a interrumpir su trabajo una semana entera para servir en patrullas de defensa civil y vigilarse a sí mismos en busca de señales de subversión.

Myrna empacaba una maleta llena de cuadernos forrados de plástico, una pequeña linterna, una bolsa de dormir, una grabadora, cigarros y una botella de whisky, y viajaba en autobús a algunos de los rincones más remotos del país. Algunos eran las aldeas modelo de Barillas, San Mateo Ixtatán y un sitio especialmente peligroso, plagado de personal militar, conocido como el Triángulo Ixil. Los soldados esperaban a lo largo de las rutas de camión para interrogar a los viajeros, revisar papeles y registrar las pertenencias. Un grupo de antropólogos estadounidenses asociados con Avancso acompañaban a Myrna en aquellos viajes. A los extranjeros se les daba un poco más de libertad de acción, sobre todo a los estadounidenses; hacerles daño podía dar lugar a preguntas, así que los soldados tenían que guardar mínimamente la compostura. Una estadounidense del equipo comparó esos viajes con "ondear una bandera roja frente al ejército" y se consideraba una especie de "escudo" para ayudar a proteger a Myrna mientras trabajaba. El ejército seguía realizando operaciones en zonas rurales y cada vez que Myrna y los demás investigadores llegaban a un nuevo lugar tenían que presentarse con las autoridades locales.

En su aislamiento geográfico y cultural extremo, esas franjas del campo eran un mundo aparte, oculto y desoído. Escribió Myrna en un informe llamado "Ayuda y control": "Los polos de desarrollo del Triángulo Ixil y Alta Verapaz empezaron como campamentos para recibir a los desplazados que volvieron en 1982 y 1983. Un oficial del ejército estima que el régimen militar se ocupó de 42 000 personas tan solo en el Triángulo Ixil. Esta cifra representa la totalidad de la población en la zona afectada; en otras palabras, se reubicó prácticamente al 100 % de la población en las aldeas reconstruidas". Invocando la jerga militar, describió el Quiché como la "zona roja" del país, donde, de acuerdo con un vecino al que entrevistó, "simplemente no ves, no sientes ni notas que en Guatemala existe un gobierno civil".

Los propios aldeanos solían cambiar su vestimenta tradicional —coloridos chales y vestidos tejidos a mano— cuando viajaban de un poblado a otro o a aldeas más grandes, porque usarla los ponía en riesgo inmediato de que los soldados los atacaran. Myrna, que necesitaba un intérprete para realizar entrevistas en las lenguas indígenas, fue una de las primeras personas en exponer la situación real. Su obra encontró de inmediato un ávido público internacional.

La Universidad de Georgetown financió una buena parte, y la Conferencia Internacional sobre Refugiados Centroamericanos de las Naciones Unidas distribuyó sus borradores y los usó como base para las nuevas políticas. El obispo del Quiché la buscó para pedirle consejo sobre cómo podía la Iglesia ayudar a la población.

A veces, mientras Myrna trabajaba, le llegaba el mensaje de que era hora de partir. Las amenazas eran indirectas pero claras: una presencia que la seguía a lo lejos o la prolongada mirada de un aldeano. Esos susurros anunciaban peligros atronadores. En el Triángulo Ixil, alguien de la base militar andaba por ahí preguntándole a la gente sobre cierta "china". En dos ocasiones —en agosto y a principios de septiembre de 1990— se reunió con el obispo para contarle que la estaban siguiendo. Después de un tiempo regresó a las oficinas de Avancso, en la 12 Calle de la Zona 1 de la Ciudad de Guatemala, donde sus colegas sospechaban que también a ellos los vigilaban.

Una noche, a finales del verano de 1990, Helen y Lucrecia estaban en su casa cuando la empleada doméstica salió a comprar un periódico. Al regresar estaba pálida. El vendedor del quiosco era un hombre cordial llamado Virgilio, que llevaba 15 años vendiéndole periódicos a la familia Mack. Acababa de decirle que tres hombres habían estado vigilando la casa. Uno de ellos seguía a Helen en motocicleta cada vez que ella salía. Lucrecia ya tenía 16 años y faltaban pocas semanas para su graduación de bachillerato. Comenzaba a entender la gravedad de lo que ocurría a su alrededor. En los últimos años, desde que Cerezo tomó posesión, los asesinatos políticos habían aumentado; seguían un mismo modelo: cada asesinato era un mensaje dirigido a un sector de la oposición, como periodistas o líderes obreros. Pero en un país que se acercaba a su cuarta década de guerra civil, los actos de intimidación eran el pan de cada día. Más que asustada, Lucrecia estaba perpleja. Esa noche Myrna le dijo: "Mira, la razón por la que estaban siguiendo a tu tía soy yo en realidad".

La tarde del 11 de septiembre, como a las seis, Myrna llamó a Lucrecia a la casa para decirle que estaba por irse de la oficina. Cuarenta y cinco minutos después salió a una calle flanqueada por edificios bajos con fachadas de colores amarillo, turquesa y blanco. Algunos vendedores callejeros estaban congregados al final de la cuadra, cerca de su intersección con la 12 Avenida. Myrna acababa de pisar la calle cuando un pequeño grupo de agentes secretos se apiñaron a su alrededor. No daba tiempo de correr. Los testigos no pudieron confirmar cuántos hombres la atacaron. Fue acuchillada 27 veces y murió en la calle, sola.

* * *

Inmediatamente después del asesinato de Myrna, la policía llamó a Helen para decirle que había habido un accidente de tránsito. La explicación oficial era que había sido un robo. Por lo general Helen confiaba en el gobierno, pero las explicaciones le parecieron absurdas, no solo por la vigilancia que había antecedido al asesinato, sino por el cuerpo de Myrna, que la familia recuperó esa misma noche. Helen, sus padres y Lucrecia estaban lavándolo y preparándolo para el funeral. El vestido blanco que en un principio había elegido la familia no funcionaría, dadas las cuchilladas visibles y las heridas a medio suturar que había dejado el forense.

La investigación policial avanzó lenta y erráticamente, a pesar de la inmediata protesta internacional. El 29 de septiembre, José Mérida Escobar, investigador criminológico de buena reputación, presentó su primer informe sobre el asesinato al director de la policía. Sus conclusiones no dejaban lugar a dudas: Myrna Mack había sido asesinada por su trabajo sobre la población de desplazados internos en el campo. Al menos tres personas la atacaron afuera de las oficinas de Avancso ese mismo mes. El principal sospechoso era Noel de Jesús Beteta Álvarez, un agente que trabajaba para una unidad militar de alto rango llamada el Archivo. Tenía alrededor de 25 años; era delgado, con un rostro angular, bigote oscuro y cejas arqueadas. Uno de los informantes gubernamentales de Mérida Escobar le advirtió que no siguiera adelante con la investigación porque implicaría a los altos mandos militares. El director de la policía compartía esa opinión y le dio carpetazo al informe. El 4 de noviembre de 1990 se introdujo una versión diferente en el expediente del tribunal, en la que se identificaba el crimen como un robo sin sospechosos conocidos.

Como un mes después del asesinato, mientras la investigación oficial se estancaba, Helen tomó una decisión trascendental: ella misma se puso a entrevistar testigos. Se desplazó a la escena del crimen. Visitó el puesto de periódicos cerca de su casa para reunir detalles sobre los hombres que las habían estado vigilando. Con excepción de un breve periodo durante el matrimonio de Myrna, Helen había vivido con su hermana toda la vida. Sin ella, buscaba respuestas con un ánimo implacable que iba más allá de la política y que desacataba las presiones sociales que mantenían en silencio a casi todos los guatemaltecos con dinero.

"Yo tenía la desconfianza de ambos lados", decía Helen. A lo largo de los años, Myrna le había presentado a algunos de sus amigos de izquierda, pero ella era ajena a esos círculos. Sus conocidos más conservadores no querían tener nada que ver con su campaña. Estaba teniendo una conversión política a la vista de todos. "Reconocí el terror que existía en Guatemala —dijo—. Me di cuenta de que los guatemaltecos estaban sometidos a una represión y a una intimidación que te convertían en víctima otra vez".

En agosto de 1991, Mérida Escobar, el investigador policial, fue asesinado a tiros en la calle, afuera de una comisaría, con cuatro disparos en la cara. Su pareja y su jefe inmediato huyeron a Canadá. También todos los testigos del asesinato de Myrna Mack se habían ido del país. El sospechoso, Beteta Álvarez, ya se había escabullido a Estados Unidos y vivía en Long Beach, California, trabajando para una compañía de renta de yates. Un día, al parecer por equivocación, apareció en un noticiario de Telemundo y un televidente guatemalteco que lo reconoció hizo una llamada telefónica a una línea del FBI. Lo arrestaron por una infracción migratoria en diciembre de 1991, lo deportaron a Guatemala y ahí fue detenido. Terminó por confesar el crimen y nombró a un cuadro de agentes que le habían ordenado cometer el asesinato. Después de dilatar el caso, el gobierno procesó a Beteta Álvarez, suponiendo, al parecer, que la investigación terminaría con él.

Nunca un homicidio político se había arbitrado en el sistema de justicia guatemalteco, y en los laberínticos y anquilosados tribunales del país no existía ningún precedente de procesamiento de un caso tan prominente. Helen Mack —una neófita política, sin formación jurídica— estaba haciéndolo sola, básicamente. Presentaba, en medio de una guerra, una causa en contra del ejército del país. Más adelante observó: "En medio de las contradicciones de la vida, nuestra fe se aclara". Las amenazas llegaban por teléfono, por correo y de palabra; agentes la seguían a todas partes, y una campaña militar de difamación sostenía que Myrna había participado en fechorías del mercado negro.

La estrategia de Helen dependía de un novedoso instrumento jurídico: ella sería una querellante adhesiva y así podría intervenir en el procedimiento en representación de su hermana. A Helen le interesaban los "autores intelectuales" del crimen. Beteta Álvarez era un soldado de infantería y un matón. Los hombres a los que acusaba se encontraban entre los más poderosos de Guatemala: Edgar Augusto Godoy Gaitán, jefe del Estado Mayor Presidencial, que supervisaba el Archivo; Juan Valencia Osorio, jefe del departamento de Seguridad Presidencial, y Juan Guillermo Oliva Carrera, subjefe del departamento de Seguridad Presidencial. Todos ellos habían sido mencionados en el reporte inicial, suprimido, de la policía.

Se necesitaron como dos años para que se condenara a Beteta Álvarez, pero al principio los tribunales sobreseyeron la causa contra sus superiores. Helen apeló múltiples veces antes de tener otra oportunidad. En febrero de 1994, cuando la causa contra los oficiales del ejército finalmente inició, el gobierno obstaculizó el juicio. Helen necesitaba información sobre la organización de los altos mandos, que el ejército se negó a entregar. Su recurso llegó de un lugar inesperado: los archivos del Departamento de Estado de Estados Unidos, la CIA y el Pentágono. El gobierno estadounidense había dejado de dar ayuda directa a Guatemala en 1977, pero seguía estando en comunicación regular con el ejército. Cientos de telegramas de los años de la guerra, escritos por funcionarios de Estados Unidos, ofrecían descripciones detalladas de la estrategia del gobierno. Kate Doyle, investigadora estadounidense del Archivo de Seguridad Nacional, en Washington, D. C, presentó en nombre de Helen solicitudes de registros públicos y sacó un telegrama escrito por Thomas Stroock, embajador norteamericano en Guatemala en la época del asesinato de Myrna. "La clase de golpe de que aquí se trata —escribió— es llevada a cabo o dirigida por individuos que pertenecen a las fuerzas de seguridad, a menudo espías militares". Los ataques habían sido ordenados desde un "alto nivel", continuaba, pero "los empleados del 'escuadrón de la muerte' pueden no aparecer a menudo en las listas oficiales de los servicios de seguridad y no se presentan a cumplir sus funciones en instalaciones oficiales; esperan en su casa las órdenes, que normalmente les dan por teléfono, o a veces los recogen sin previo aviso para que hagan un trabajo. Operan en células, así que es difícil seguir el rastro de las órdenes hasta las altas jerarquías".

Los silencios de la infancia de Lucrecia se hicieron más pronunciados tras el asesinato de su madre. Estaba en *shock,* lo que le ponía sordina a su profunda pena inmediata. En el caos general que recayó sobre la familia Mack, la tía y los abuelos de Lucrecia decidieron que debían mantener los planes que tenían antes de la tragedia. En octubre de 1990 Lucrecia se graduó del bachillerato y estaba previsto que en enero empezara a estudiar medicina en la universidad pública de la Ciudad de Guatemala. Myrna había organizado un viaje para que en el ínterin se hospedara con una familia en Canadá. "El asesinato no generó ningún cambio de planes ni ningún cuestionamiento sobre si estos tenían algún sentido", dijo Lucrecia. En retrospectiva, es evidente que los Mack estaban abrumados, pero en aquel momento seguir adelante parecía una forma de homenaje a Myrna.

El primer trastorno se produjo justo antes de la fecha en que debía iniciar la carrera. Lucrecia soñó con estudiar en la Universidad de San Carlos, la institución pública insignia del país, conocida por su militancia estudiantil. Tanto su madre como su padre habían pasado tiempo ahí. Cuando era niña, Lucrecia admiraba especialmente el trabajo de su padre. La medicina le parecía la forma de acción social más directa y San Carlos era el sitio lógico para iniciar esa carrera. Muchos de sus estudiantes y de sus profesores habían sido blancos del ejército durante la década de 1980. La abuela de Lucrecia le dijo: "Te pagaré para que vayas a una universidad privada, pero a San Carlos no vas a ir. Te matarán, tal como hicieron con tu madre". Dadas las circunstancias, Lucrecia difícilmente podía acusarla de paranoia y estaba alicaída cuando en enero llegó a la Universidad Francisco Marroquín, un sitio con fama de conservador.

Duró un año allí y consideraba ese tiempo como un ejercicio para ganarse el derecho a la rebeldía. A principios de 1992, cuando se inscribió en la Universidad de San Carlos, el caso de su madre empezaba a moverse por el sistema de justicia. Tuvieron que pasar algunos años antes de que cayera en la cuenta de todo el peso de su pérdida, pero una condición necesaria para eso era estimar la magnitud de la obra de su madre. En 1992, Rigoberta Menchú, una activista maya cuyo padre había muerto en el incendio de la embajada española hacía 12 años, obtuvo el Premio Nobel de la Paz, y a Helen se le otorgó el Premio Right Livelihood, otro prestigioso reconocimiento internacional por la defensa de los derechos humanos. Lucrecia empezó a revolver entre los libros de la biblioteca de Myrna. Uno era *Guatemala. Eterna primavera, eterna tiranía,* de la reportera gráfica estadounidense Jean-Marie Simon, en el que se revela la represión gubernamental en el campo durante la década de 1980.

Ponía en contexto el trabajo de campo de Myrna y ayudó a que Lucrecia llenara las lagunas que dejaron los silencios de su madre.

Mientras tanto, la relación de Lucrecia con su tía se volvió más complicada. Helen siempre había sido para ella una segunda madre y se volvieron aún más cercanas tras el asesinato. Sin embargo, mientras Lucrecia iba descubriendo más sobre la vida de Myrna, Helen trataba de protegerla de los hechos que rodeaban su muerte. "Mi lógica era la protección —dijo Helen—. Su lógica era diferente: saber todo lo que pudiera acerca de su madre". Tanto Helen como Lucrecia estaban atravesando radicales transformaciones personales y la suya era una relación de silencios y reclamos, como dice Helen. De todas maneras, no veía otro modo de proteger a Lucrecia del peligro que acechaba por doquier. Beteta Álvarez, por ejemplo, alguna vez había hecho de oreja en la universidad.

En 1993, con financiamiento de su premio reciente, Helen instituyó la Fundación Myrna Mack. Sus oficinas centrales estaban en el piso de un edificio de departamentos en la Zona 10. La causa legal en curso era el proyecto definitorio de la organización, pero además la fundación estaba convirtiéndose en un punto de referencia nacional durante el periodo vertiginoso e inestable que antecedió al final de la guerra. En la primavera de 1993, Jorge Serrano, el sucesor de Cerezo como presidente, también civil, disolvió el Congreso y la Corte Suprema de Justicia y anuló varios artículos de la Constitución, haciendo alarde de un abuso de poder conocido como *el serranazo* ("Fue la primera vez que fumé un cigarro", contó más adelante Lucrecia, quien se sumó a un grupo de estudiantes de San Carlos que se manifestaron). El país vivió una semana de gran agitación política, pero el ejército obedeció cuando un magistrado de la Corte de Constitucionalidad emitió la orden de invalidar la jugada del presidente. El magistrado, Eduardo Epaminondas González Dubón, que también estaba involucrado en la causa de Myrna Mack, fue asesinado al cabo de un año desde un vehículo en movimiento, después de que aprobara la extradición a Estados Unidos de un oficial del ejército. En esa misma época quedó al descubierto una conspiración para matar a Helen, por lo que tuvo que irse del país por una breve temporada.

Y, con todo, Guatemala estaba más cerca de la paz que nunca. Representantes del gobierno se reunían con miembros de la Unidad Revolucionaria Nacional Guatemalteca (URNG) para negociar las condiciones de un alto el fuego, primero, y del fin del conflicto armado a continuación. En San Carlos, Lucrecia era integrante de un grupo estudiantil de la Facultad de Medicina y salía con un carismático sociólogo perteneciente al capítulo universitario de un grupo guerrillero llamado Fuerzas Armadas Rebeldes (FAR). Le provocaban desconfianza el dogmatismo y, en general, los altos principios de la organización, pero terminó por afiliarse a ella en el último año, antes de que se firmara el acuerdo, cuando el grupo hubo renunciado a la violencia. Una de las condiciones del Acuerdo de Paz Firme y Duradera, como majestuosamente se le llamó, era que las ex fuerzas guerrilleras pudieran convertirse en un partido político legítimo.

Con el tiempo, Lucrecia se cansó de la casta rígida y jerárquica de las bases de la organización. Justo después de la firma del acuerdo, en diciembre de 1996, la URNG llevó a cabo mítines para celebrar el inicio de una nueva era. Sus compañeros se fueron congregando en la plaza para festejar; en eso, oyó que llamaban al líder del grupo, que acababa de firmar el acuerdo en nombre de la URNG, y le gritaban: "¡Comandancia general, danos órdenes!" Estas últimas palabras la desconcertaron. Si estaban entrando en una era democrática, ¿por qué *orden* seguía siendo la palabra clave? Una frase que le molestó todavía más fue un eufemismo que la gente usaba para justificar su enfoque de arriba abajo: *verticalismo democrático* lo llamaban. Al cabo de un año, aproximadamente, se fue alejando tanto de la URNG como de la política partidista; se consideraba una "huérfana política".

El clima político cambiante no era suficiente para que el gobierno cambiara su manera de abordar el caso de Myrna Mack. La única herramienta de Helen para hacer presión, fuera de presentar interminables mociones en los tribunales guatemaltecos, era promover otra campaña legal en un tribunal regional llamado Corte Interamericana de Derechos Humanos. Con sede en Costa Rica, constaba de siete jueces elegidos para periodos de seis años por la asamblea general de la Organización de los Estados Americanos. Sus juicios no eran vinculantes, pero tenían mucho peso en los países que habían firmado la Convención Americana sobre Derechos Humanos. Esto se aplicaba a casi toda Latinoamérica, Guatemala incluida. En marzo del año 2000, en una audiencia pública de la corte, en San José, abogados del gobierno guatemalteco reconocieron la "responsabilidad institucional" del país en el asesinato de Myrna Mack. El problema era conseguir que el Estado dejara que procediera la causa penal contra los oficiales. En 1999, cuando un juez de instancia guatemalteco determinó que esto era posible, se vio obligado a exiliarse.

Puede ser que el acuerdo de paz haya traído alivio después de varias décadas de derramamiento de sangre, pero también dejó al descubierto lo que los políticos del país ya sabían: el ejército no había perdido ni una pizca de su influencia. De entrada, el gobierno había accedido a atacar los problemas sistémicos que llevaron a Guatemala a una guerra civil en un principio: desigualdad flagrante, racismo declarado y la urgente necesidad de instrumentar una reforma agraria. Pero en la práctica esas eran promesas indefinidas que dependían de una voluntad política que flaqueaba. Enojar al ejército, o amenazar su fundamento, era suicida. Un gran contingente de los cuerpos de altos funcionarios se dedicaron después al crimen organizado: contrabando, corrupción y, sobre todo, tráfico de drogas. Los generales de alto rango de los servicios de inteligencia durante la guerra se conocían como la cofradía; conforme creció su alcance, la corrupción se extendió al sector privado, al igual que a algunos sectores del gobierno civil.

Estados Unidos estaba al tanto del problema porque tenía al ejército estrechamente vigilado, pero la secuela también estaba alcanzando la frontera entre ese país y México. A finales de la década de 1990, la Administración de Control de Drogas determinó que el 75% de la cocaína que llegaba a Estados Unidos había pasado por Guatemala. De acuerdo con el Departamento de Estado, Guatemala era "el punto de tránsito preferido en Centroamérica para los sucesivos envíos de cocaína". En el *Texas Observer,* el periodista de investigación Frank Smyth escribió: "Lo que distingue a Guatemala de la mayoría de los países es que algunos de sus sospechosos militares están acusados no solo de proteger a grandes organizaciones criminales, sino de ser sus cabecillas". Al otro lado de la frontera de McAllen, Texas, exmiembros de las fuerzas especiales guatemaltecas —los kaibiles— entrenaban en operaciones paramilitares a sicarios del cartel de los Zetas.

Buscar rendición de cuentas por crímenes del pasado no estaba exento de riesgos. Las condiciones del acuerdo de paz no abordaban explícitamente el asunto de la justicia o la indemnización, pero como parte de la reconciliación de la posguerra se habían iniciado dos importantes proyectos para investigar. Uno fue un organismo internacional creado por la Organización de las Naciones Unidas llamado Comisión para el Esclarecimiento Histórico.

Sus 300 empleados pasaron dos años realizando miles de entrevistas a puerta cerrada, revisando documentos del gobierno y reconstruyendo información sobre las atrocidades de los años de la guerra. La comisión después publicó un informe de 12 volúmenes que proporcionó algunos de los datos más definitivos del conflicto: fueron asesinados 200 000 civiles; hubo 669 masacres; el 83 % de las víctimas fueron indígenas mayas; en el 93 % de los crímenes cometidos durante los años de la guerra habían participado militares.

Para Helen Mack y otros, sin embargo, ese esfuerzo estaba empañado por un defecto fundamental. La comisión de las Naciones Unidas no podía mencionar a personas específicas o a unidades militares, ni atribuir responsabilidades por ninguno de los asesinatos documentados. Ninguna declaración podía usarse para futuros procesos en los tribunales. Surgió una segunda comisión como complemento de la investigación internacional, pero al final terminó antes. La dirigía la Oficina de Derechos Humanos del Arzobispado de Guatemala y era supervisada por el obispo saliente, un hombre extraordinariamente alto de 75 años llamado Juan Gerardi, que tenía una larga y tormentosa historia con el ejército. Después de confrontar a unos soldados cuando era obispo del Quiché, en 1980, sufrió varios intentos de asesinato. Uno le hizo cerrar temporalmente la diócesis y otro lo llevó al exilio en Costa Rica durante varios años. Gerardi era cercano a la familia Mack, y todos los años, en septiembre, en el aniversario de la muerte de Myrna, celebraba vigilias de oración. A veces tenían lugar en la 12 Calle, en la escena del crimen, pero a menudo todos se reunían en la iglesia de San Sebastián, donde él era el párroco. Pintada de color amarillo claro, con columnas corintias blancas y unas pesadas puertas de madera, a la iglesia se podía ir a pie desde la casa de las Mack.

El informe publicado por la oficina del arzobispado, titulado *Guatemala. Nunca más,* combinaba análisis histórico, un gran inventario de datos y extensos testimonios de víctimas. Se lanzó en abril de 1998. Fue explosivo porque incluía información específica sobre la estructura y el personal de los servicios de inteligencia militar. En algunos casos, los autores mencionaban unidades militares y oficiales concretos responsables de crímenes específicos. Cuatro días después de que se diera a conocer el informe, Gerardi fue asesinado en el garaje de la iglesia.

Entre los que se reunieron en San Sebastián la noche de su asesinato estaba Helen Mack. Llevó consigo a un especialista forense y luego pasó el resto de la noche fumando cigarros en un enfadado silencio. "¡Chafas cerotes hijos de la gran puta! —se alcanzó a oír que decía—. Estos pisados fueron".

El juicio por el asesinato de Myrna Mack empezó el 3 de septiembre de 2002, a las nueve de la mañana, en un auditorio especial de la Corte Suprema del país. Dadas las multitudes, los jueces necesitaban el mayor espacio disponible. En este caso, 300 lugares ordenados en dos secciones separadas por un largo pasillo que atravesaba la sala por la mitad. Había tres magistrados en el estrado. Del lado derecho de la sala, frente a los jueces, estaban Helen Mack y los abogados de la acusación; del lado izquierdo se hallaban los tres acusados. Detrás de ellos se encontraban los dos bandos enfrentados en el caso. Organizaciones de la sociedad civil, diplomáticos y observadores internacionales llenaban las filas detrás de la acusación. Oficiales del ejército, veteranos y sus familias ocupaban las de atrás de los acusados.

Las audiencias duraron un mes, con un telón de fondo de intimidación habitual. Después de irse del país por su propia seguridad, Helen regresó a tiempo para encontrarse a su abogado principal sacando a su familia. Un pistolero había tiroteado su casa y el hijo del abogado recibía mensajes de texto que decían: "Deberías estar asustado, porque en verdad vas a morir". Seguían a personal de la fundación. En los principales periódicos del país, una organización de destacados veteranos del ejército, la Asociación de Veteranos Militares de Guatemala, sacaba anuncios a plana completa advirtiéndoles a los soldados y a los oficiales que era "temporada de caza" contra ellos. El mensaje se reciclaba en anuncios de televisión y en emisiones radiales, y las principales calzadas del país estaban decoradas con listones amarillos que simbolizaban la solidaridad con las fuerzas armadas.

El juicio procedió con mínimas intrusiones, aunque los jueces tenían a guardias armados y la policía se había apostado alrededor de la sala. El veredicto llegó un mes después, la tarde del 3 de octubre. Eran cerca de las seis y media de la tarde cuando los jueces tomaron asiento. El auditorio estaba abarrotado de gente. Esa mañana, el juez principal había tratado de desalojar el tribunal, pero los partidarios de los acusados se negaron a moverse. Estudiantes promilitares de la escuela politécnica se metieron y se sentaron dos por asiento, detrás de la mesa de la acusación, desplazando a los partidarios de Mack que regresaron al tribunal esa tarde. Había guardias revisando identificaciones en la entrada, pero muy pronto la sala estuvo saturada. Ambos bandos se lanzaban insultos como dardos, pero nadie se atrevió a llegar a las manos. Dos secretarios del tribunal empezaron a leer en voz alta los veredictos. Les tomó casi dos horas, y el segundo secretario, que relevó al primero, leía tan rápido que a toda la sala le costaba trabajo entender sus palabras.

Dos de los tres oficiales fueron absueltos por falta de pruebas. El tercero —Juan Valencia Osorio, jefe del departamento de Seguridad Presidencial—, le había dado a Beteta Álvarez la orden de asesinato. Fue declarado culpable y sentenciado a un máximo de 30 años de cárcel. Cuando el secretario leyó esa parte de la decisión, a la esposa de Beteta se le escapó un sollozo, se desvaneció y estuvo a punto de caer al suelo. Los jueces estaban divididos dos a uno. Tras la lectura del veredicto, el disidente tomó el micrófono para explicar que los tres oficiales debían haber sido absueltos. La sala estalló en aplausos. Los simpatizantes de los militares se pusieron de pie para ovacionarlo, ahogando las reiteradas órdenes del juez principal de guardar silencio.

La respuesta de Helen quedaba a medio camino entre la victoria y la derrota. Le dijo a la prensa reunida que estaba "parcialmente satisfecha". Cuando los reporteros le preguntaron a Lucrecia si creía que se había hecho justicia, respondió: "Con uno de ellos". Ya eran como las nueve y media de la noche. Estas entrevistas tuvieron lugar afuera de la sala, mientras los asistentes salían en fila, y mientras Helen hablaba, de repente se fue la luz en el edificio. Se hizo un silencio nervioso en medio de la oscuridad. La única luz era la que emanaba de las cámaras apiñadas en torno de Helen, que habló unos segundos más para terminar la idea.

En mayo de 2003, Valencia Osorio fue liberado durante una apelación. A finales de enero de 2004 un tribunal ordenó que regresara a la cárcel a comenzar su sentencia. Pero para entonces ya había huido del país y nunca se le volvió a ver.

El juicio

La mañana del 24 de junio de 2002, Juan Romagoza estaba en la silla de testigos de un tribunal federal en West Palm Beach, Florida. Alzó la mano derecha e hizo un juramento por el micrófono frente a un jurado. Enfrente de él, en la mesa de la defensa, estaban los dos hombres a los que culpaba por el peor sufrimiento de su vida: José Guillermo García, ministro de Defensa de El Salvador de 1979 a 1983, y Carlos Eugenio Vides Casanova, sucesor de García, el exjefe de la Guardia Nacional y uno de los interrogadores de Juan en diciembre de 1980. Ahora de aproximadamente 65 años, iban vestidos de traje y estaban sentados muy tiesos y erguidos, con rostro inexpresivo.

Juan se concentró en su abogado, que le hizo una serie de preguntas personales. ¿Dónde vivía? ("En Washington, D. C".) ¿Cómo se ganaba la vida? ("Trabajo como director de La Clínica del Pueblo") ¿Dónde nació? ("Usulután, El Salvador".) Se había preparado meses para eso. El ritmo de las respuestas sencillas creaba un suave ímpetu. Su testimonio duró dos días. Ya antes había descrito la tortura —a menudo a completos desconocidos— en parques de California, en actos de santuario y en las oficinas de La Clínica. En todas esas ocasiones había dejado fuera ciertos detalles en aras de la brevedad y por lo delicado del tema. Esa vez planeaba no guardarse nada. Llevaba camisa de vestir y corbata. Esa mañana, al amanecer, asistió a misa en una iglesia cerca de su hotel.

Juan siempre había sospechado que los generales emigraron a Estados Unidos. "¿Dónde más iban a vivir? —le dijo a un reportero del *Washington Post*—. Aquí tenían la puerta abierta". Un día de 1999 descubrió dónde estaban viviendo. La abogada Shawn Roberts, vieja amiga suya, que trabajaba en el Centro de Justicia y Responsabilidad, una organización de San Francisco que abogaba por los derechos humanos, le dio la noticia. Había llamado a Juan para preguntarle si participaría en un caso decisivo para buscar resarcimiento. El centro estaba armando una estrategia de litigio en torno de una ley que permitía a los tribunales de Estados Unidos conocer de casos que implicaran incidentes de tortura, asesinatos y crímenes de lesa humanidad. Lo que estaba en cuestión era la responsabilidad civil, no criminal. Los autores tendrían que pagar los daños a sus víctimas. Los abogados del centro iban tras funcionarios gubernamentales de alto nivel y para eso debían demostrar que estos habían ejercido "responsabilidad de mando" por atrocidades cometidas por sus subordinados.

Roberts, que había escuchado a Juan contar su historia en público, sabía que sería un demandante ideal, pero como amiga suya sentía cierta ambivalencia. "Los litigios pueden ser horribles", dijo. Pueden desenterrar viejos traumas, provocar amenazas, y se prestan a que haya una prensa adversa. Había dos casos en curso. En ambos, los acusados eran Vides Casanova y García. Juan sería demandante en el segundo. El primero se presentaba en nombre de las cuatro religiosas estadounidenses violadas y asesinadas el 2 de diciembre de 1980. Bill Ford, hermano de una de las víctimas, aseguraba con firmeza que su hermana habría querido que su causa incluyera a víctimas salvadoreñas. En 1998, Ford convenció a abogados del Lawyers' Committee for Human Rights (Comité de Abogados por los Derechos Humanos) que viajaran a El Salvador a entrevistarse con cuatro miembros de la Guardia Nacional que habían sido detenidos y encarcelados por el crimen. Durante ese viaje, los abogados se enteraron del paradero de Vides Casanova y García. En esas fechas, por lo menos 1 000 criminales de guerra de todo el mundo vivían en Estados Unidos, entre ellos muchos oficiales del ejército salvadoreño. Un refugiado de guerra se topó con su torturador en un autobús urbano en el Área de la Bahía. El hombre que había matado a Óscar Arnulfo Romero vendía autos usados en Modesto, California. Un coronel implicado en el asesinato de los sacerdotes jesuitas en 1989 trabajaba en una fábrica ido dulces a las afueras de Boston.

Juan supo inmediatamente que quería declarar, pero primero lo consultó con su familia. Su hermana, Morena, que vivía en San Francisco, lo alentó. Pero cuando le dijo a su madre, ella le suplicó que no se metiera en eso. Ella y su esposo recelaban de las consecuencias. Lo aceptaron cuando se dieron cuenta de que Juan pedía su bendición, no su permiso. Algunos de sus hermanos en El Salvador, que temían repercusiones, fueron menos comprensivos.

Las conversaciones más desgarradoras, sin embargo, fueron con su hija. Después de unos años de cautelosas llamadas telefónicas, de vez en cuando Juan hacía viajes a México. Al principio no se veían en Puebla, sino en lugares neutrales cercanos: la Ciudad de México o sitios arqueológicos, que a ambos les gustaba explorar. María estudiaba psicología pero tenía los intereses de una antropóloga en ciernes. Sus encuentros en México eran pesados y torpes, aunque empezaba a formarse una corriente de familiaridad; su comunicación se había vuelto regular. Pero la idea de que su padre se expusiera públicamente la ponía nerviosa. Le preguntó a Juan por qué no podía dejar a su difunta madre en paz.

—Lo hago también por tu madre —dijo él—. Es para hacerla visible, a ella y a gente como ella.

A María no le convencía el entusiasmo activista de Juan. En el fondo, el argumento más fuerte de él era apolítico.

—Este juicio es necesario —dijo—. No solo por mí. Es para comunicar el dolor. Si lo hago, la culpa y el sufrimiento son más llevaderos. Puedo temblar; puedo llorar. El peso que me aplasta puede aligerarse un poco.

María dijo que entendía, pero Juan la oía llorar en el teléfono. Después de eso pasaban varios días sin que ella le devolviera las llamadas.

Se suponía que los dos casos se juzgarían juntos, pero el juez los separó. El de las religiosas fue a juicio primero, en octubre del año 2000. Después de un mes, el jurado emitió un veredicto a favor de los acusados. La ausencia de víctimas vivas que pudieran declarar en una audiencia pública debilitaba, sin duda, el núcleo emocional del caso. Pero además los generales consiguieron describir una atmósfera bélica de caos total, en la que la responsabilidad de mando no parecía aplicarse. Los escuadrones de la muerte se coludían con extremistas del ejército. Camarillas de oficiales mostraban una mayor lealtad a sus tandas de la academia militar que a la cúpula de las fuerzas armadas. Según su relato, Vides Casanova y García eran influencias moderadas dentro del gobierno. Ese había sido el argumento de la administración de Reagan. Los hombres tenían distinciones de la Casa Blanca para demostrarlo.

Juan era uno de los tres demandantes, junto con Neris González y Carlos Mauricio, que habían solicitado asilo hacía más de una década y ahora vivían en Chicago y San Francisco. González dirigía un programa de agricultura sostenible y Mauricio daba clases de biología en preparatoria. Ambos habían sido brutalmente torturados: González en diciembre de 1979 y Mauricio en junio de 1983. Como Juan, a ninguno se le había imputado un delito, pero sus asociaciones los volvían sospechosos. En ese entonces González era activa en una comunidad de base por medio de su Iglesia, mientras Mauricio era un agrónomo calificado con una cátedra universitaria. Los soldados de la Guardia Nacional que habían secuestrado a González en un mercado de San Vicente tenían un interés especialmente perverso en ella. Estaba embarazada de ocho meses. Los soldados la violaron repetidas veces y la empujaron por unas escaleras. Le negaron comida y la hicieron pasar las noches sumergida hasta el cuello en una bañera de agua helada. Le cortaban el antebrazo con machetes y apagaban cigarrillos sobre su piel. En algún momento la obligaron a tumbarse boca arriba debajo del armazón de una cama de metal, que ellos luego balanceaban sobre su vientre de embarazada. Se turnaban para pararse en lados opuestos de manera que el armazón se meciera para adelante y para atrás sobre su abdomen, como un subibaja. Ella dio a luz poco después de que la dieran por muerta y la tiraran al borde de una carretera. Su bebé tuvo fracturas y hendiduras en la cara. Murió dos meses después.

En 2001 y durante los primeros meses de 2002, el equipo legal preparó la causa y estudió los errores del juicio anterior. Un testigo clave, que no había declarado antes, era Terry Karl, politóloga de Stanford ampliamente considerada como una de las mayores expertas mundiales en el tema del ejército salvadoreño. Había pasado los años de la guerra en misiones de investigación en El Salvador, cultivando relaciones con informantes del gobierno y entrevistando a militares. Basándose en telegramas de Estados Unidos y testimonios de primera mano, podía exponer con claridad enciclopédica cuánto habían sabido realmente Vides Casanova y García sobre las vejaciones desenfrenadas de las fuerzas armadas, dada la estructura de los altos mandos. El gobierno, sostenía ella, había sido una dictadura militar: era imposible separar a los escuadrones de la muerte de los pequeños cuerpos de comandantes y los mandamases. Todos estaban confabulados. *Unificada* y *consolidada* son palabras que usó el exembajador de Estados Unidos, Robert White, para describir la cadena de mando. Él, que en 1980 y 1981 le había advertido al Departamento de Estado sobre la extrema derecha, era otro testigo para los demandantes. Bastaba una palabra del ministro de Defensa, dijo White, para que los mayores responsables de acometidas contra los derechos humanos se marcharan. Pero eso nunca pasó; Vides Casanova y García habían protegido a los peores agresores.

En el equipo legal había dos litigantes *pro bono* de Morrison & Foerster, bufete de abogados con sede en San Francisco, así como un grupo de abogados especializados en derechos humanos e inmigración. Entre ellos estaba Carolyn Patty Blum, que había participado en el pleito de American Baptist Churches *versus* Thornburgh antes de ser profesora en la Facultad de Derecho de la Universidad de California, en Berkeley. En 1999 tomó un vuelo para reunirse con Juan en su despacho de La Clínica.

En el escritorio de Juan, sin que el ajetreo de afuera los distrayese, hablaron horas sobre lo que podía surgir en el juicio. En 1993 se aprobó en El Salvador una ley de amnistía que otorgaba total inmunidad a Vides Casanova y García. Con todo, en Estados Unidos un tribunal federal le daba a Juan la oportunidad de confrontarlos directamente. Él no podía entender por qué el caso no se centraba en el papel de los estadounidenses en la guerra. Parecía extraño, por razones históricas y geográficas: estaban prestando declaración en Estados Unidos, frente a un jurado estadounidense. ¿Por qué contar solo una parte de la historia? Blum le explicó que si los generales eran el blanco, la atención debía centrarse en ellos. Parte de las pruebas en su contra también vendrían de telegramas del gobierno norteamericano, así que insistir en los estadounidenses podía resultar en un tiro por la culata. El jurado no conocía esa historia; todos sus miembros oirían hablar de ella por primera vez en el juicio.

Los preparativos más coordinados tenían que ver con los demandantes. A principios de 2002 había un grupo de psicólogos presentes mientras Juan y los demás explicaban los detalles de su testimonio. Lo repasaron múltiples veces en reuniones con los abogados. Con alguna frecuencia, el trauma de recordar lo que habían sufrido los dejaba paralizados o les hacía perder el control. Un solo detalle podía encender una hoguera de recuerdos vívidos. A Roberts le preocupaba que Neris González pudiera disociarse y entrar en estado catatónico. Juan tenía momentos de desorientación. Ocurría cuando narraba cómo los soldados lo habían colgado por la puerta del helicóptero cuando lo llevaron al cuartel de la Guardia Nacional. Una noche, mientras un abogado simulaba un duro contrainterrogatorio, empezó a responder con monosílabos con un tono plano, hasta simplemente dejar de responder. El plan era que Juan fuera el primero en prestar declaración, pero en un descanso le confió a Blum que no creía poder ser quien abriera el caso. Necesitaba antes "entrar en situación".

Desde el comienzo de la causa de las religiosas, en el otoño del año 2000, se había hablado mucho de Juan, González y Mauricio. Se mencionaba su nombre en las noticias asociándolos con ambos casos, debido a la presentación conjunta original. En el verano de 2002, cuando empezó el segundo juicio, habían recibido amenazas. Llegaban a La Clínica notas anónimas que le ordenaban a Juan recordar a su familia. A veces la gente llamaba para decir que sabían dónde vivía y que si quería que no volvieran a torturarlo debía regresar a El Salvador. En algún momento, la madre de Juan dejó de ir a la iglesia en Usulután de tanto miedo que tenía. En su casa de la calle Longfellow, en Mount Pleasant, Juan dormía mal y tenía ataques de ansiedad. Poco antes de que empezara el juicio, pensó retirarse del caso por completo. Estuvo flaqueando unos días, pero decidió continuar.

El testimonio de Juan comenzó en la mañana y siguió hasta la tarde. Habló todo el tiempo en español, con un intérprete sentado a su lado. Estaba contando toda su vida hasta el día de diciembre de 1980 en que le dispararon y lo detuvo la Guardia Nacional en El Paraíso. Las imágenes iban desenrrollándose como una secuencia en un carrusel. Él sostenía la cámara y al mismo tiempo veía desde fuera como espectador. Allí estaba la casa de su infancia: "A una cuadra de la iglesia parroquial central… a media cuadra de la casa de mis abuelos", dijo. Revivió momentáneamente su partida del seminario cuando era un muchacho y su desfalleciente interés en la iglesia ("Estaba en desacuerdo con algunas cosas en el seminario y decidí volver a mi ciudad"). Cuando su abuelo murió, prosiguió, "no había nada para ayudarlo, no había ningún doctor". Describió su floreciente pasión por la medicina y la lente se amplió para cubrir sus años universitarios y su relación con Óscar Arnulfo Romero ("Representó un cambio radical en mis creencias sobre la fe y mi práctica de la fe"). Narró el asesinato que presenció cuando era médico residente en el hospital de Santa Tecla y cómo "nos amenazaron para que no volteáramos a ver" a los soldados que acababan de asesinar a un paciente en la sala postoperatoria.

Mientras respondía las preguntas de las abogadas, aparecieron ciertos rasgos comunes: en primer lugar, las botas militares que vio escondido en el suelo del hospital; en segundo lugar, el interés de los hombres de la Guardia Nacional en sus botas de excursionismo el día que le dispararon en el tobillo, y, finalmente, las botas recién lustradas del general Vides Casanova que alcanzó a ver por un espacio en la venda que le habían puesto en los ojos en el cuartel general de la Guardia Nacional, en San Salvador.

—¿Por qué está familiarizado con las botas militares? —le preguntó su abogada.

—Eran las botas que mis tíos le daban a mi madre para que pudiera calzar a todos sus hijos —respondió.

Se mantuvo estable mientras describía la tortura; respiraba despacio, mantenía la mirada fija en su abogada y se armaba de valor pensando en su difunta esposa y en sus amigos muertos. Los generales escuchaban inmutables. Más adelante, Roberts describió que tenían "una ridícula cara de póker". Sus expresiones delataban tan poco que se volvieron una obsesión para los demandantes y sus defensores a lo largo del juicio. ¿En qué podían estar pensando? ¿Su frialdad era señal de incomprensión o de arrogancia? Mientras declaraba, Juan los veía como unas figuras borrosas. Los generales estaban quietos y en silencio, pero, incluso cuando no los veía, percibía el calor abrasador de su presencia en la sala.

Observando a Juan hablar, Blum se dio cuenta de que estaba contando cosas que durante los preparativos del juicio todavía no desbloqueaba de su memoria. La sala del tribunal era pequeña, con las dos mesas, de los demandantes y de la defensa, al frente, delante del estrado. El jurado estaba situado paralelamente a los demandantes. Una barandilla separaba a los equipos legales de la tribuna, que estaba parcialmente llena. Allí estaba la hija de González, junto con la esposa de Mauricio. Juan había optado por declarar sin la presencia de ningún pariente. Y, sin embargo, nadie podía moverse mientras lo escuchaba. Hablaba con voz retumbante y pausada.

En algún momento, casi al finalizar el primer día, describió una técnica de tortura que los soldados de la Guardia Nacional llamaban "dedos chinos". Lo tenían suspendido de una viga por los dedos, amarrados con alambre. "Mientras estaba así colgado —le dijo al tribunal—, me introdujeron un palo, un instrumento de madera, en el recto. Era una especie de instrumento, largo, y llegaba hasta el suelo. Tocaba el suelo. Y decían que yo debía sostenerlo dentro. Si lo soltaba, habría más descargas eléctricas y más golpes".

El juicio duró un mes. Durante ese tiempo, Juan estaba de lunes a viernes en West Palm Beach y pasaba los fines de semana en Washington. El viernes en la tarde, cuando concluían las audiencias, tomaba un avión para el sábado tener más tiempo en La Clínica. Debía ponerse al día con el trabajo, pero también volver a una comunidad. Un grupo de otros 15 salvadoreños —los asiduos a La Clínica— se reunían en su despacho por las tardes. Querían escuchar todo sobre el jucio, especialmente sobre los dos generales. ¿Cómo respondían a cada aspecto del testimonio? ¿Temblaban durante los contrainterrogatorios? ¿Parecían enojados o alterados? Alguien llevaba comida y Juan respondía sus preguntas y resumía su declaración mientras se sentaban a comer pupusas y tamales hechos en casa. Normalmente, al cabo de unas horas, alguien sacaba una guitarra y trataban de relajarse.

Cuando Juan volvía a West Palm Beach, pasaba las tardes y las noches con los otros demandantes. Cada uno llevaba a su propio psicólogo —algo que el Centro de Justicia y Responsabilidad alentaba—, y Juan hacía yoga e iba a la iglesia todos los días antes de asistir al juzgado. En el almuerzo, después de conversaciones exhaustivas sobre el juicio, los tres trataban de mantener cierto ánimo ligero. Juan inventó una nueva letra para "El venao", un popular merengue dominicano sobre un hombre cornudo, sustituyendo el coro con el estribillo del testimonio de los generales, que reiteradamente negaban todo conocimiento de los crímenes en cuestión. Con un balanceo juguetón que hacía a los otros reír, Juan cantaba: "Yo no sé, yo no sé".

Ese verano, María había superado poco a poco sus inquietudes sobre el juicio y Juan y ella hablaban por teléfono más que nunca. Ella le hacía preguntas sobre lo que había tenido que soportar durante la guerra. Hasta entonces, los resentimientos de su familia y las persistentes incertidumbres que rodeaban la larga ausencia de Juan en su vida entorpecieron su comprensión. Juan disfrutaba esa nueva curiosidad de su hija. María quería saber por qué el juicio estaba teniendo lugar en Florida y no en El Salvador, y cómo era que los generales habían ido a vivir a Estados Unidos. "Estábamos aprendiendo juntos", dijo Juan.

La mañana del 17 de julio de 2002, el general Vides Casanova prestó declaración; cuando terminó, descansó la defensa. Estaba regresando a su asiento cuando el juez habló:

—Muy bien, permítanme regresar con los demandantes.

Juan Romagoza, Neris González y Carlos Mauricio prestaron declaración como los demandantes de una causa civil contra dos generales salvadoreños en West Palm Beach, Florida, 2002.

Dos días antes, un miembro del jurado le había pasado al juez una nota, que pidió se leyera en voz alta. "No sé si esto sea apropiado —decía—, pero ¿puedo pedir que nos muestren las quemaduras de cigarrillo en el cuerpo de la señora González, la herida de bala en el brazo del doctor Romagoza y cualquier documentación médica, no pruebas psicológicas, que muestren el alcance y la gravedad del daño sufrido por los demandantes?" Ya se habían presentado como prueba fotografías de sus cicatrices, pero los abogados consultaron con Juan y González y estos aceptaron mostrar sus heridas al jurado antes de su deliberación.

—¿Por qué no le piden al doctor que se doble la manga, y cuando lo haya hecho, simplemente puede caminar frente al jurado? —dijo el juez.

Con González a su lado, Juan se arremangó la camisa. Los dos estaban nerviosos de desvestirse ante el tribunal. Se mantuvieron cerca. Desde la tribuna parecía que se sostenían el uno al otro. Juan se aproximó a los miembros del jurado. No se sentía cohibido. Su entorno se desvaneció. Tenía la sensación de que dejaba su cuerpo y flotaba sobre sí mismo. No estaba solo. Se fundía con los cuerpos de la gente a la que conocía, los que habían muerto. La madre de su hijo. Monseñor Romero. Sus amigos. Familiares. Cristianos. Gente mejor que él. Se le quitó una presión de los hombros. El cuerpo se le llenó de una sensación de comunidad. Los muertos estaban vivos con él. "Tantas cicatrices en El Salvador y nosotros tenemos el privilegio de mostrar las nuestras —pensó—. Todos los que se han ido están aquí".

Seis días después, Juan estaba volando de Florida a Washington cuando el jurado emitió su veredicto. En el momento en que su avión aterrizó, González, Mauricio, Blum, Roberts y el resto del equipo legal iban camino del aeropuerto para contarle las noticias. Alcanzaron a Juan cuando se iba de la terminal. El jurado se había puesto del lado de los demandantes. Se ordenó a los generales que pagaran 54 millones de dólares por daños y perjuicios; 20 millones eran para Juan. Las cantidades en dólares eran abstractas; estaban pendientes las apelaciones. Pero a ninguno de los demandantes le importaba el dinero.

30

Homieland

En el vuelo de cinco horas de Los Ángeles a El Salvador, Eddie iba esposado, con grilletes en las piernas. Había otros 30 hombres en el avión. Él aún llevaba la misma ropa que cuando fue detenido: una camiseta hecha jirones, pantalones *cargo* cortos y tenis Adidas blancos. Un agente del ICE les había quitado las agujetas. Era demasiado listo como para no asustarse, pero no estaba dispuesto a admitirlo, mucho menos a sí mismo. Había que tramar qué hacer, planear bien las siguientes jugadas.

Era la tarde-noche del 14 de septiembre de 2007 y el cielo estaba oscureciéndose cuando el avión aterrizó en San Salvador. Había un hangar reservado para vuelos de deportación, algo que se había vuelto frecuente: llegaban al menos dos por semana. Eddie era uno de por lo menos 22 000 salvadoreños deportados ese año, casi el doble que el año anterior.

El ala de inmigración del aeropuerto estaba a varios cientos de metros de la terminal principal y oculta tras una endeble valla blanca, de poco más de dos metros de alto, que se extendía a todo lo largo de un estacionamiento adyacente. En una pequeña oficina con pintura blanca desconchada había unos policías esperando a tomarles las huellas digitales a los recién llegados y a quitarles las camisetas en busca de tatuajes de pandillas. Todo el que tuviera un proceso penal pendiente en El Salvador era detenido de nuevo. Pero a casi todos, incluido Eddie, los conducían a una salita con sillas dispersas en filas desordenadas. Al frente había una pantalla en la que una breve presentación en video daba a todos la bienvenida a El Salvador. Unos minutos después, un agente del gobierno le entregó a Eddie un paquete de condones y dos pupusas frías envueltas en papel de aluminio. Era libre de irse. Un enjambre de vendedores, reclutadores de recursos humanos, estafadores, amigos y familiares esperaban afuera junto a una parada de autobús. Eddie eludió a la multitud buscando a uno de sus primos, que había ido por él para llevarlo a su departamento en un barrio llamado San Jacinto, en la zona oriente de la ciudad.

A diferencia de los demás deportados que llegaban a El Salvador, algunos de los cuales habían estado ahí por última vez cuando eran niños, antes de la guerra, Eddie sabía algo sobre sus alrededores. El tiempo que pasó en Soyapango, en 1992, le permitió familiarizarse de nuevo con el lugar, aunque este había cambiado radicalmente en su ausencia. Desde que se dio cuenta de que podían deportarlo, Eddie estaba pendiente del país: le preguntaba a la gente por él, buscaba noticias, tocaba base con sus familiares. Sabía que había barrios que debía evitar y hábitos que tenía que dominar. En Estados Unidos peleabas para demostrar tu fuerza, y si alguien te golpeaba o te mostraba una señal pandillera, le devolvías el golpe o de lo contrario te arriesgabas a ser humillado, lo que generalmente desembocaba en algo peor. "Allá te enzarzas en un pequeño pleito y no pasa nada —dijo—; aquí, te peleas con alguien y tienes que matarlo". Cuando hablaba, lo hacía con una mezcla de inglés y español. "Estoy culturizado como estadounidense", dijo. Su español, con su cadencioso acento chicano, estaba "todo destartalado". Con frecuencia se le olvidaban algunas palabras y volvía al *espanglish* para recuperarlas. Aunque de pequeño sus primeras palabras habían sido en español, para él era una segunda lengua. Estaba hecho en Los Ángeles y sus marcas eran indelebles. "Para mí, el inglés es nativo", dijo.

A la mañana siguiente se despertó en el departamento de su primo; las piernas le colgaban a los lados de un pequeño sofá. La televisión estaba encendida y el sonido del himno nacional, interpretado por una banda de marcha, atronaba en la bocina. El 15 de septiembre es el Día de la Independencia de El Salvador y había desfiles por toda la ciudad. Se alcanzaba a ver el pico de un volcán por la ventana. Se preparaba para salir e inspeccionar el barrio cuando su primo lo interceptó en la puerta para revisarle la ropa. Cualquier cosa suelta o deportiva llamaría la atención; la moda hip-hop, que era el idioma común en California, significaba que alguien tenía vínculos con una pandilla en El Salvador, asociación que podía ser fatídica. Eddie llevaba camiseta blanca y unos sosos pantalones ajustados. Su primo lo aprobó, pero Eddie, al caminar a la puerta, se vio en el espejo. Su nuevo *look* de repuesto era un recordatorio de la persona que ya no era. A punto de cumplir 30 años, el hombre del reflejo se veía viejo, como alguien que ya debía estar sentando cabeza y no empezando de cero. Se sentía con las manos vacías, ligero. Pasó veloz por su mente todo lo que había logrado por sí solo en Los Ángeles: tres coches, un departamento, un trabajo estable, su propia compañía productora. Eran los logros de los años de Eddie el Rápido. "¿Esta es mi vida ahora? ¿Es esto con lo que tengo que trabajar?", pensó.

Había una razón por la que el primo de Eddie estaba tan preocupado por el tema de la ropa. Ese tramo de San Jacinto le pertenecía a una pandilla a la que todo el mundo se refería simplemente como "las letras" por miedo de que alguien los oyera. Era una manera más discreta de decir MS-13. El mismo principio se aplicaba a "los números", eufemismo de Barrio 18. Tal como las calles de Los Ángeles y San Fernando alguna vez se habían dividido y repartido entre bandas y camarillas rivales, las ciudades y los pueblos de El Salvador ahora se definían por parcelas de territorio pandillero. Durante la década y media que Eddie había estado forjando su vida en California, el país se volvió uno de los sitios más peligrosos del mundo. Había presenciado de primera mano los momentos iniciales de su transformación, lo que volvía aún más extraña la circunstancia. En 1992, los trasplantados de Los Ángeles que escuchaban hip-hop y hacían alarde de su moda chola cautivaban a todo el mundo. Eran exóticos, relativamente ricos, sofisticados. Eddie les decía "la Novedad". Regodeándose en sus conocimientos y en su experiencia, obtenidos con el sudor de su frente, se lo explicaba así a la gente: "La Novedad tenía simbolismo. Tenía música. Tenía dinero. Le sumas un par de películas —una película de gánsteres llamada *Sangre por sangre,* por ejemplo— y es puro lavado de cerebro. Luego agrégale un par de canciones de Cypress Hill. Cypress Hill jodió a todos por aquí". Algunos periódicos nacionales publicaban artículos de varias páginas que analizaban la ropa y la jerga inglesa de los deportados. En *El Diario de Hoy,* un psicólogo del gobierno escribió en esa época: "La moda es la mara, y es un logro, un triunfo, pertenecer a una. Para ellos es un trofeo estar marcados, y significa poder".

Eddie siempre había entendido el gancho cultural de las pandillas, pero el dominio absoluto que ejercían lo dejaba helado. La política estadounidense de deportación había convertido a pandillas callejeras de Los Ángeles en una red criminal internacional. La MS-13 y el Barrio 18 se desplegaron por todo el país y la región; sus rivalidades se esparcieron con ellos y se convirtieron en algo todavía más violento e ingobernable. El gobierno de Clinton estaba tan impaciente por demostrar su dureza ante el crimen que había deportado a criminales empedernidos sin advertírselo a las autoridades salvadoreñas. La falta de consideración era todavía más atroz porque, más o menos simultáneamente, la embajada de Estados Unidos también había estado dictando a quiénes debía nombrar el gobierno para los puestos más altos de la policía nacional. Entre 1993 y 1996, unos 4000 hombres jóvenes y adolescentes con voluminosos antecedentes penales fueron enviados a El Salvador. Muchos habían sido detenidos por robo, secuestro y homicidio.

Después de 12 años de guerra civil, el país no estaba en condiciones de recibirlos. Era fácil conseguir armamento militar. La economía se había derrumbado y muchos exsoldados y exguerrilleros, con experiencia en secuestro y extorsión, ahora estaban delinquiendo en las calles. Una de las condiciones del acuerdo de paz era que el gobierno reconstituiría la policía nacional. A manera de control teórico contra sus abusos pasados, a los patrulleros los tenían ligeramente armados, con viejas pistolas y porras, mientras que los delincuentes llevaban rifles M16. Había déficits presupuestales, problemas de reclutamiento y escasez de espacio carcelario.

Miembros del nuevo gobierno salvadoreño les suplicaban al embajador de Estados Unidos y a funcionarios del Departamento de Estado que ralentizaran las deportaciones, o al menos que ayudaran a crear un sistema para cribar a los elementos más peligrosos. Pero a los estadounidenses eso los tenía sin cuidado. En agosto de 1997, el presidente de El Salvador declaró al *New York Times*: "Esto es un problema muy serio. Estados Unidos deja salir a estos tipos y les dice: 'Regresa al lugar de donde viniste'. Pero nosotros no tenemos manera de juzgarlos o encarcelarlos... Así que no solo tenemos que dejarlos entrar, sino dejarlos en libertad".

Camarillas de rincones específicos del sur de California brotaron en El Salvador, con nombres que correspondían a sus escenarios estadounidenses originales: Hollywood Locos Salvatrucha, Fulton Locos Salvatrucha. "Lo consumían todo a su paso —observó el antropólogo Juan José Martínez d'Aubuisson—. Pandillas de barrio dispersas no vieron más opción que unirse a una de las dos para sobrevivir. La alternativa era la aniquilación total". Algunos de los primeros en alistarse lo hicieron por medio tiempo, pues pasaban el día en la escuela o en el trabajo; otros pasaban todo el día reuniéndose con improvisados reductos de pandillas llamados, en inglés, *destroyers* (destructores). Ganaban dinero vendiendo drogas y extorsionando a pequeños comercios, cobrando tributos (conocidos como *renta*) en tiendas, puestos de comida y transporte público. Además de las camarillas estadounidenses trasplantadas, surgieron nuevas, que eran más bien como cepas virulentas de algún microbio. Se creía que dos de ellas, filiales de la MS-13, llamadas los Sansivar Locos Salvatrucha y los Harrison Locos Salvatrucha, eran las primeras derivaciones fuera de Estados Unidos. En poco tiempo ya había cientos de pandillas más, y si bien muchas eran enemigas mortales, aún se aplicaban ciertas reglas estadounidenses. Estos acuerdos, llamados "pactos sureños" en alusión a la Mafia Mexicana en California, permitían la guerra declarada entre las pandillas, pero prohibían la extorsión de comercios que estuvieran en el barrio de alguien más.

La arcana lógica de esa nueva guerra civil tenía sentido para los pandilleros participantes, pero no para la gente que quedaba atrapada en el fuego cruzado. Todos los salvadoreños llevaban consigo una tarjeta de identificación nacional, necesaria para cualquier cantidad de razones cotidianas: para entrar a trabajar, recoger medicamentos en la farmacia o recibir paquetes. Pero como esos documentos incluían el domicilio particular, también se prestaban al escrutinio de pandilleros advenedizos, que así podían saber si daba la casualidad de que una persona, por lo demás inocente, vivía en el territorio de un rival. Para algunas de las camarillas más temibles, que instalaban controles en las afueras de sus barrios, alguien con un "mal" domicilio era un blanco legítimo.

A mediados de la década de 1990 y principios de la de 2000, llegaron a El Salvador deportados que tenían relaciones con la MS-13 y sabían exactamente dónde encontrar camaradería: en las cantinas enfrente del mercado Modelo, en el centro, donde habría otros 60 "compinches", aproximadamente, bebiendo cerveza y comiendo ceviche. Los que tenían vínculos con el Barrio 18 iban al centro del Parque Libertad, donde encontrarían a un grupo numeroso de hombres con overoles Dickies o Ben Davies y tenis Nike Cortez. "¿De dónde viene, ese?", preguntaba alguien, como si todos siguieran en California. Otros pertenecían a ramas más oscuras de las dos pandillas principales, como Shalimar 13 (del condado de Orange), Pacoimas 13 (de San Fernando) o Mirada Locos 13 (de Hollywood), o regresaban a pueblos rurales donde nadie conocía el significado de las camarillas de California. Crearon sus propias alianzas, tal como habían hecho en las cárceles estadounidenses. El 13 de sus nombres, que alguna vez había significado su lealtad a la Eme en las prisiones californianas, era el último trozo de identidad que les quedaba. "Un pasado común de deportación y abandono los unía —escribió Martínez d'Aubuisson—. Pensaban que El Salvador era una enorme y violenta cárcel de California".

En septiembre de 2007, cuando llegó Eddie, habían pasado como cuatro años desde que el gobierno derechista de Francisco Flores, de Arena, desató una nueva política antipandillas llamada Mano Dura. Consistía en vastos patrullajes y barridos de pandillas hechos por unidades combinadas de soldados y policías. Con sus nuevos amplios poderes en materia de seguridad, el gobierno detuvo a miles de personas, algunas de las cuales no pertenecían a las pandillas, pero se pensaba que estaban asociadas con ellas dado el sitio donde vivían, las personas a las que conocían o cómo se vestían. Las medidas estaban calculadas para anteceder a las elecciones nacionales y así dar a Arena una ventaja en el asunto que más preocupaba a los votantes salvadoreños: el crimen. En 2004, el candidato del partido, Antonio Saca, ganó la presidencia con amplio margen. Después de que la Corte Suprema invalidara partes clave de la política antipandillas original, Saca introdujo otra versión, llamada Súper Mano Dura. La población carcelaria se disparó, lo que contribuyó a consolidar el poder de las pandillas. Para que no hubiera motines constantemente se mantenía a miembros de la MS-13 y del Barrio 18 en instalaciones separadas, pero como ahora sus líderes estaban bien protegidos, organizaban ataques y extorsiones con teléfonos celulares, al mando de un ejército creciente de soldados de infantería que operaban fuera de los muros de la cárcel.

Aunque Eddie se consideraba fuerte y adaptable, su perfil lo ponía en riesgo considerable. Las pandillas iban contra deportados agringados porque destacaban de inmediato. Si su ropa no los ponía al descubierto, era su español tosco, su modo de andar, sus expresiones distraídas, sus gestos y sus tics casi imperceptibles: todo un conjunto de señales de las que ellos mismos a menudo ni siquiera eran conscientes.

Pero los deportados inmediatamente despertaban las sospechas de salvadoreños comunes y corrientes que asociaban a todos los recién llegados con la criminalidad. Eddie no pertenecía a una pandilla y estaba decidido a guardar distancia. Pasaba lo mismo con la mayoría de la gente deportada durante la presidencia de George W. Bush. Las herramientas legales para las masivas detenciones y expulsiones de inmigrantes ya existían cuando se aprobó la IIRIRA, en 1996, pero solo en el periodo que siguió al 11-S se puso en marcha toda la maquinaria burocrática; desde entonces, las cifras de deportación habían estado creciendo año con año a un ritmo constante. Cuando Eddie vivió en El Salvador, a principios de la década de 1990, su dominio del inglés le daba estatus y lo volvía sumamente atractivo para cualquiera que lo conociera. Pero ahora, cuando la gente lo oía hablar en inglés él bajaba la mirada. "Ah, te deportaron", decía alguno con gravedad antes de darse la media vuelta.

Una noche, en la cena, Eddie y su primo estaban hablando de dinero. En sus primeras semanas en el país, Eddie recibió una transferencia de Western Union de parte de su madre, para cubrir sus gastos básicos de manutención. Pero él se estaba acabando el dinero muy rápido y necesitaba más. Normalmente, los deportados batallaban para conseguir empleo porque los empleadores los consideraban criminales. El primo de Eddie mencionó una compañía llamada Sykes, que tenía uno de los mayores centros de atención telefónica de El Salvador. Su sede estaba en Florida y daba servicio al cliente y apoyo técnico a negocios estadounidenses, pero tenía centros en 20 países, y en El Salvador había cerca de 3 000 empleados.

En 2005, el presidente Saca había ultimado las condiciones de un tratado de libre comercio regional con Estados Unidos, lo que convertía a El Salvador en el primer país centroamericano en formar parte del acuerdo. Entre las numerosas compañías extranjeras que empezaron a invertir en El Salvador estaban Sykes, AT&T y Dell, que externalizaban gran parte de su mano de obra estadounidense. Atraídos por los bajos costos operativos y los generosos incentivos fiscales, los centros de atención telefónica iban en aumento, impulsados en gran medida por los solicitantes de empleo que hablaban inglés.

Los deportados encajaban naturalmente en la plantilla: hablaban un inglés estadounidense idiomático, les urgía el dinero y no encontraban trabajo en ningún otro lugar. Como reconoció en una ocasión el reclutador de un centro de atención telefónica en entrevista con la agencia informativa McClatchy, los deportados eran "muy leales": "Saben que no van a tener otra oportunidad". Eddie no lo sabía cuando llegó al aeropuerto de San Salvador, pero allí, entre las multitudes —con pantalones caqui recién planchados y camisetas de golf, con solícitas sonrisas radiantes—, había reclutadores de centros de atención telefónica que se precipitaban a contratar a deportados prácticamente en el instante en que bajaban del avión. En Latinoamérica, la pujante industria dependía de las políticas de inmigración de Estados Unidos que desarraigaban a decenas de miles de inmigrantes agringados cada año. En El Salvador había toda la gama de centros de llamadas, desde los grandes y muy profesionales hasta empresas medianas y otras más pequeñas y especializadas. Lo que típicamente las diferenciaba era la cantidad de cuentas que tenía cada una; en las más grandes podía haber hasta tres o cuatro empresas estadounidenses extendidas a lo largo de varios pisos, encargadas de diferentes aspectos de sus operaciones, desde ventas hasta apoyo al cliente. En muchas de ellas, más de la mitad de los empleados habían sido deportados. A Sykes le decían "homieland", en inglés, juego de palabras entre *homeland,* patria, y *homie,* compañero de barrio o de pandilla, debido a todos sus deportados.

En octubre de 2007, unas semanas después de la conversación con su primo, Eddie empezó a trabajar para Sykes, en un descomunal edificio situado en un centro comercial. Unos instructores le enseñaron el lenguaje del servicio al cliente: "señor" en lugar de "güey", "es un placer atenderle" en lugar de "de nada". Eddie siempre había tenido mucha labia, como un vendedor nato. Entendía las clases sin ningún esfuerzo y fue designado a las llamadas de Hotels.com para tratar de convencer a los clientes de que reservaran habitaciones más caras. También dio apoyo técnico para Kodak; cuando alguien llamaba para quejarse de su impresora, él respondía con ayuda de una lista de técnicas básicas para solucionar las fallas. Todos trabajaban en pequeños cubículos iluminados con fuertes luces fluorescentes frente a pantallas de computadoras y teléfonos negros relucientes. No se permitía tener teléfonos celulares, cuadernos ni artículos personales en el piso de ventas, para asegurarse de que nadie copiara subrepticiamente el número de tarjeta de crédito de un cliente y la sacara de contrabando de las oficinas.

Durante los primeros días, los pensamientos de Eddie sobre el trabajo nunca se apartaban de las matemáticas: 150 dólares por semana —su ingreso de aquel momento— era más o menos el triple del salario mínimo salvadoreño. Su madre había querido contratar a un "coyote" para que regresara clandestinamente a Estados Unidos, pero él se resistió. Tenía ya casi 30 años, y si algo salía mal, podía acabar en la cárcel: más años de su vida desperdiciados tras las rejas. En dos meses pudo rentar en San Salvador, por 125 dólares al mes, un departamento pequeño en el cuarto piso de un edificio descuidado cerca de Metrocentro desde donde alcanzaba a verse el centro comercial donde se ubicaba Sykes. Fue amueblándolo a un ritmo constante a fuerza de horas extras y turnos de noche. Sykes no era el único sitio donde trabajaba. Añadió unas horas, primero en una pequeña compañía llamada ExpressTel, dirigida por un grupo de deportados con ciertos alardes autoritarios, según llegó a sentir Eddie; luego en un sitio más grande llamado Teleperformance, donde una vez, en un arranque de resentimiento, a una persona odiosa la dejó 15 minutos en espera mientras él se permitía un lento paseo al baño. Se permitió un despilfarro con su magro salario nuevo: una secadora de ropa. Todos los salvadoreños a los que conocía tenían máquinas lavadoras, pero colgaban la ropa a secar afuera, en el aire húmedo; el ligero olor a moho, y que la ropa siempre estuviera un poco mojada, se volvió una obsesión para Eddie, una línea que decidió no podía cruzar.

En la oficina de Sykes observaba a los otros deportados batallando por adaptarse. Su experiencia en Estados Unidos tendía a ser en trabajos manuales (construcción, jardinería), y la monotonía sedentaria acababa con su paciencia. Sus compañeros parecían afligidos mientras picaban sus teclados. Había tatuajes manchándoles las manos o serpenteando por debajo de las mangas de sus camisas. Reclinándose en su silla, con los auriculares puestos, Eddie miraba fijamente su teléfono y esperaba prefijos estadounidenses que pudiera reconocer. Cuando aparecía uno que le resultara familiar, invariablemente se materializaba la voz de Eddie el Rápido. Empezaba a hablar con su estilo fluido y cautivador, hacía bromas y sugería vías de complicidad con las voces al otro lado de la línea. Esas llamadas eran su única conexión con el país al que seguía considerando su hogar. A alguien que llamó a medianoche desde Hawái (un número 808, inmediatamente reconocible), Eddie lo saludó con un "aloha" y le contó la historia de unas vacaciones que una vez había tomado en las islas. La llamada era para Hotels.com, de alguien que quería reservar una habitación en Las Vegas por 700 dólares la noche.

—¿Qué cuentas, Eddie? —dijo el hombre—. Y a todo esto, ¿dónde estás?

—Estoy aquí —respondió Eddie, agregando "El Salvador" en el último momento.

—¿Qué haces? —le preguntó aquél, y Eddie respondió, sin dudarlo:

—Hago publicidad.

En una serie de idas al aeropuerto, Eddie le había pagado en efectivo a un comprensivo agente aduanal para que le permitiera retirar cinco cajas que le había enviado su hermano desde Estados Unidos. Contenían todas sus posesiones: equipo del estudio de grabación, ropa, videograbadoras, computadoras, aparatos electrónicos y libros sobre Photoshop, leyes de propiedad intelectual en Estados Unidos y guionismo. Eddie ya estaba planeando llevar Above Ground Entertainment, su compañía de producción de Los Ángeles, a El Salvador. Pero había complicaciones. Una idea que tuvo para una línea de ropa a la que estaba llamando ES 503, por el prefijo internacional del país, se canceló después de que un pandillero que lo vio con una camiseta promocional lo dejó ir con una advertencia: "Los números" estaban prohibidos. Al cabo de 20 minutos de llamada telefónica con el hawaiano, intercambiaron direcciones de correo electrónico. El hombre le habló a Eddie de un producto que estaba lanzando al mercado, una bebida energética llamada Golden Eagle.

—Eso lo podríamos promocionar aquí —le dijo Eddie.

Unas semanas después, cuatro cajas de la bebida aparecieron en el piso de ventas con el nombre de Eddie.

Había veces que el piso del centro de atención telefónica parecía desembocar en su antigua vida en California. Cada tantos días llegaba una nueva cosecha de empleados a dar un recorrido a las oficinas, todos ellos con las inconfundibles señales de deportados que pisaban suelo salvadoreño prácticamente por primera vez. Tenían la pose tiesa, salvaje, a la defensiva, de alguien que sentía miedo pero no sabía de dónde podía venir el peligro. Lo compensaban con una fanfarronería atávica: pecho inflado, ademanes exagerados, movimientos deliberadamente lánguidos, para proyectar un aire de tranquilidad. Eddie no creía ese teatro, porque él mismo había representado ese papel. Cuando estaba en la cárcel, recordaba un ritmo similar. Los guardias presionaban un botón y las puertas de la celda se abrían con un fuerte zumbido; entonces entraba una nueva camada de presos, que inmediatamente se daban cuenta de que los estaban evaluando. A veces Eddie permanecía sentado en la cama cuando veía a alguien conocido. Los mundos de la cárcel y de los barrios donde había crecido eran fluidos. Más de una década después, sentado en su escritorio del centro de atención telefónica, miraba a un nuevo grupo llegar a su piso.

Un día, mientras tomaba una reservación de hotel, reconoció a alguien de su vida pasada. Era un hombre alto, con una rosa tatuada en la nuca. Destacaban sus largas zancadas. Los salvadoreños no caminaban así.

—¿De dónde eres? —preguntó Eddie, de pie, cuando el hombre llegó a su escritorio.

—Sunland Park —respondió.

Era un barrio de Los Ángeles. Cuando eran adolescentes, una vez se habían peleado a puñetazos.

Los empleados de Sykes formaban camarillas en función de la parte de Estados Unidos en la que hubieran vivido: la Costa Oeste, Texas, la región triestatal. Escuchaban los acentos estadounidenses con que los demás respondían llamadas y se presentaban en los descansos. Todo el mundo se encontraba en los centros de atención telefónica. En vez de *deportados,* los trabajadores de los centros preferían decirse a sí mismos *deportistas.* Las vidas de los deportistas giraban en torno de los grupos que se formaban en la oficina. Más tarde se reunían en cantinas cerca del centro de atención telefónica a pensar estrategias para la vida en su nueva ciudad.

Empezar significaba tener poco dinero, lo que con frecuencia los obligaba a vivir en barrios peligrosos y decadentes. Uno de los amigos de Eddie se mudó a una zona llamada Bosques de la Paz. Duró una semana y media antes de que unos tipos se le acercaran con un ultimátum. Eran adolescentes: escuálidos y aniñados, pero cubiertos de tatuajes con letras góticas y portando cuchillos y pistolas.

—Sabemos que no eres del enemigo —le dijeron—, pero en este lugar te nos tienes que unir o te vas de aquí.

Unos días después, Eddie y algunos otros fueron a ayudar a su amigo a empacar y a mudarse. En las pretinas de los pantalones llevaban pistolas proporcionadas por un pariente de Eddie que era policía secreto. "Me preocupan más tipos de la calle como el pandillero normal que un narco o un 'coyote' —dijo Eddie—. Esos tipos tienen algo que perder; los de la calle, no".

En Sykes, la gerencia colgaba una foto conmemorativa cuando asesinaban a un empleado. En un tablero de anuncios cerca de la zona de descanso se ponía el nombre de la víctima e información de contacto de su familia. Los otros trabajadores se arremolinaban cabizbajos, especulando "en qué se habría visto envuelto". En unos cuantos meses, el ritual se repetía ya con inquietante frecuencia: una vez por semana, tres veces por semana, cuatro veces. Cuando las fotos empezaron a encimarse unas con otras en el tablero de anuncios, cesaron las conmemoraciones. "Se asesinaba a tantos empleados de Sykes que ya no querían hablar de eso", dijo Eddie. Se sentía como si el mundo a su alrededor estuviera cercándolo. De las 30 personas de su vuelo de deportación, menos de cinco seguían vivas. Muchos de los deportistas admiraban a Eddie y le pedían consejo. "Tienes a tipos a los que deportaron que no cambian su estilo —explicaba—. Si no cambias tu estilo, y vas a ciertas zonas, te van a poner a prueba. Si eres un tipo duro, tú vas a ponerlos a prueba a ellos. Pero se te olvida: probablemente no tengas una pistola. Estos tipos tienen pistolas. Y estos tipos te van a matar, tenlo por seguro. Si disparan, no es para espantarte. O te van a acuchillar. No hay remordimiento. Porque todo eso les da puntos". La única manera de estar seguro, dijo, es escudriñar tus alrededores con "ojos salvadoreños". De lo contrario, es como si estuvieras ciego.

31

Los reformistas

La mañana del 28 de junio de 2007, el Senado de Estados Unidos iba a votar un proyecto de reforma inmigratoria integral que legalizaría el estatus de 11 millones de personas. Cecilia Muñoz había llegado temprano para defender una posición en el pasillo, afuera de la cámara. Pero antes de acercarse a las puertas principales del edificio, algo la hizo detenerse en el cuidado jardín frontal. Un grupo de 20 jornaleros se apiñaba alrededor de un abogado de un grupo de defensa llamado CASA de Maryland.

—Repitan conmigo —decía en español el abogado, antes de cambiar al inglés con el guion—: "No dejen que la reforma muera hoy".

Un coro de voces con acento extranjero repetía aquellas palabras.

La atmósfera afuera del Senado estaba cargada de expectativa; sin embargo, Muñoz trataba de eludir el desaliento.

Afuera del máximo órgano deliberativo del país, minutos antes de una votación trascendental, los jornaleros estaban muy cerca de pasar al lado "correcto" de la ley. Los senadores empezaban a llegar y entraban al edificio uno por uno. Se necesitaría a 60 de ellos para sacar a esos hombres del jardín del limbo legal en el que se encontraban. Se iba a votar por algo llamado "clausura" que requería más apoyo del que el proyecto a la larga necesitaría para convertirse en ley: dos terceras partes del Senado, en lugar de una simple mayoría. Un *sí* significaría acabar con los debates sobre docenas de enmiendas de "píldora envenenada" y presentar la propuesta para una votación final; un *no* permitiría a los opositores hundir el proyecto por medio del obstruccionismo.

Media década de perder "por un pelito" y de campañas fallidas para reformar el sistema inmigratorio antecedían a ese momento. En el verano de 2001, el gobierno de Bush había tenido conversaciones avanzadas con México para anunciar un plan integral cuando el 11-S invirtió el programa político. Durante los siguientes años, el Congreso financió un duro régimen de seguridad como preparativo para unas medidas de legalización que nunca se concretaron. En 2006, un proyecto de ley propuesto por Ted Kennedy y John McCain pasó en el Senado pero no se recogió en la Cámara de Representantes. La Casa Blanca de Bush apoyó esa última versión, pero los demócratas controlaban las dos cámaras del Congreso. Hubo otras complicaciones. Por lo pronto, McCain ya no lo proponía. Se preparaba para postularse a las primarias presidenciales del Partido Republicano y decidió guardar distancia con leyes polémicas. El hecho de que los defensores y un grupo bipartidista de senadores estuvieran a punto de dar a millones de personas un camino a la ciudadanía había impulsado a la oposición. Las líneas telefónicas del Congreso se colapsaron por una avalancha de llamadas de votantes conservadores enfurecidos, incitados por representantes de la extrema derecha, conductores de programas radiales y Lou Dobbs, presentador de la CNN que todas las noches llenaba el horario estelar despotricando sobre la "amnistía para los ilegales".

Muñoz entró; percibía que algunos senadores le esquivaban la mirada al pasar junto a ella camino de la cámara. Jeff Bingaman, demócrata de Nuevo México, se quedó en la pared del otro extremo del pasillo, con los hombros caídos y la cabeza gacha de alguien con remordimiento de conciencia. Si su voto fuera un *sí*, pensó Muñoz, la miraría a los ojos. A los 44 años, ella ya era una organizadora veterana y hacía poco había obtenido una beca MacArthur en reconocimiento de su trabajo. Diez años antes, con una coalición de defensores y Janet Murguía, en la Casa Blanca de Clinton, había ayudado a reestablecer el 50% de los beneficios que perdieron los inmigrantes legales debido a la reforma de prestaciones sociales del presidente. En 1998, gracias al mismo contingente de organizadores y aliados del gobierno, a 175000 niños inmigrantes se les devolvieron sus cupones para alimentos.

Muñoz había pasado varios meses haciendo llamadas, presionando a los senadores para que respaldaran la iniciativa. Mientras tanto, el Servicio de Inmigración y Control de Aduanas realizaba redadas inmigratorias en todo el país. Los agentes del ICE entraban a las casas sin orden judicial, detenían a los padres, dejaban a los niños y se llevaban a cualquiera que "pareciera" indocumentado y diera la casualidad de que estaba al alcance. Muchos inmigrantes indocumentados estaban acostumbrados a vivir en la paranoia y con restricciones, pero nada los había preparado para las tácticas intensificadas que adoptó el Programa Nacional de Operaciones contra Fugitivos. La dependencia ahora tenía una política propiamente dicha que autorizaba las artimañas, por medio de las cuales los agentes podían hacer que la gente abriera la puerta de su casa con engaños. Decir que eran la policía era una treta común. Otra era que los agentes le dijeran a una madre, por ejemplo, que su hijo había sido testigo de un crimen y que necesitaban su ayuda. Otras veces, los agentes prescindían de los pretextos e ingresaban a la fuerza, aprovechando puertas sin llave (o con grietas).

También las redadas en los lugares de trabajo estaban aumentando. En diciembre de 2006, equipos del ICE detuvieron a casi 1 300 personas en una sola operación en plantas empacadoras de carne de seis estados. El DHS tenía cuotas de detenciones que cumplir y la Casa Blanca quería ganar credibilidad ante los republicanos. Para Muñoz y los otros defensores que presionaban por la legalización, la población indocumentada del país tenía que estar protegida, aun si eso significaba aceptar leyes imperfectas. "Hay aquí asuntos de orden público que hace cinco años no habríamos apoyado —le dijo Muñoz en algún momento a un empleado del Partido Demócrata—. Aquí de lo que se trata es de que las cosas se hagan".

Algunos de los jornaleros se sumaron a Muñoz afuera de la cámara y les recitaban sus guiones a los senadores que pasaban junto a ellos. Sam Brownback, republicano de Kansas, se les acercó. Durante mucho tiempo fue un defensor de los derechos de los inmigrantes, hasta que dejó de serlo. Habían cambiado las encuestas de opinión. Su atormentado viraje fue tema de obsesivas discusiones entre reporteros y defensores, pues se interpretó como el ominoso indicador de una reducción del número de aliados en el Congreso.

—Déjenme decirles lo que está a punto de pasar —les anunció a los jornaleros. Su sombría expresión le dio a Muñoz una idea de lo que iba a decir, pero le sorprendió que fuera tan explícito—. Voy a entrar ahí, votaré por el sí, y observaré cómo votan los demás. Si hay señales de que esto fracasará, cambiaré mi voto para estar del lado de los ganadores.

A veces en la Cámara de Representantes diferentes senadores ocupaban el asiento de la tarima elevada que normalmente se reservaba al vicepresidente, y con un golpe de mazo iniciaban la sesión. Esa mañana, la tarea le correspondió a Barack Obama, el senador júnior de Illinois, que cuatro meses antes había declarado intención de presentar su candidatura a la presidencia, con remotas probabilidades de obtenerla. La votación empezó antes de las 11 de la mañana y en unos minutos se tenía la cuenta final. Obama había votado *sí* a la clausura, junto con otros 45, entre ellos muchos demócratas y republicanos. Pero quedaron muy lejos del objetivo. El año anterior, el Senado aprobó una iniciativa que era casi idéntica; esta estaba muerta antes de que se votara *sí* o *no*. Obama dio un golpe de mazo para concluir la sesión, mientras que Muñoz se volvió hacia los jornaleros que estaban junto a ella en el pasillo. "El martillo que se usa para aplicar la ley caerá sobre toda esta gente", pensó.

Cerca de ahí, pero fuera de la vista de Muñoz, Michael Chertoff, secretario de Seguridad Nacional, se paró en medio de un círculo de reporteros para hacer una declaración. Era delgado y calvo, tenía un bigote gris claro y la severa intensidad de un fiscal. "Tengo un trabajo que llevar a cabo: consiste en hacer cumplir las leyes —dijo—. Seguirán viendo ejemplos desgarradores de familias a las que se separa… Pero para recuperar la credibilidad ante el pueblo estadounidense, que durante más de 30 años se ha malgastado, tendremos que ser estrictos".

En retrospectiva, a Muñoz le resultaba sorprendente, e incluso prometedor, que fuera Obama el senador que empuñara el mazo. Se habían conocido en 2006, y él empezó a llamarle para pedirle consejo en materia de políticas durante los debates en el Congreso sobre inmigración ese invierno-primavera. Había ciertos rasgos en su manera de pensar —una sensibilidad general antes que posturas ideológicas— que lo distinguían de los habituales demócratas del montón. El primero era lo que Muñoz más adelante llamaría sus "instintos sobre los derechos civiles": se excluía a un grupo de gente de los servicios básicos y se le sometía a un perfilado racial. Al mismo tiempo, presionaba a Muñoz para que reforzara sus argumentos intuitivos y así pudiera defenderse mejor de objeciones predecibles. "Ayúdame a explicar cómo el hecho de que entren más inmigrantes no significa que vaya a haber menos empleos para la gente", decía. ¿Se desplazaría a los trabajadores estadounidenses? ¿Y si el gobierno de Estados Unidos no pudiera controlar su propia frontera? ¿Cómo podría abordar esas preguntas sin obsesionarse con ellas? Tenía algunas formulaciones características cuando discutían en sus reuniones preparatorias. Una era decir: "Entiendo la posición progresista reflexiva sobre esto, pero dime por qué no es un problema dada esta otra razón". Otra era: "Sí, te entiendo. Ahora dime cómo debo explicarle eso a la gente del sur de Illinois".

Las preguntas de Obama a Muñoz se iban volviendo cada vez más penetrantes. Sin embargo, también tomaba posturas que reflejaban el consenso de la corriente dominante. Era como si estuviera forcejeando contra sí mismo mientras Muñoz observaba y animaba al idealista para que ganara. Pero desde el principio él dejaba claro su punto de vista: el idealista tenía que uncirse al pragmático si querían que surgiera algo de sus conversaciones. Lo que no estaba tan claro era en qué momento el pragmatismo empezaba a parecer conservadurismo. En octubre de 2006, unos meses después de que apoyara una iniciativa de reforma inmigratoria que pasó en el senado, Obama se unió a una mayoría de 80 votos para aprobar la construcción de más de 1 100 kilómetros de alambrada a lo largo de la frontera.

A finales de diciembre de 2007, Muñoz había abrazado las aspiraciones presidenciales de Obama. No se sumó formalmente a la campaña, pero lo asesoraba, y su confianza en él creció. En Iowa había un debate anual llamado Brown and Black Forum, organizado por dos legisladores estatales, un latino y un negro ("Todo el público era blanco", observó Muñoz). Para prepararse, discutieron lo que debía decir Obama sobre el tema de otorgar licencias de conducir a los inmigrantes indocumentados. Como senadora por Nueva York, Hillary Clinton, la gran favorita de las elecciones primarias, apoyó la política, antes de dar marcha atrás después de un contragolpe. A los asesores de Obama les inquietaba que adoptara una posición audaz, pero a él no. Muñoz decía que no había una razón de peso para oponerse a las licencias, y cuando Obama estuvo de acuerdo, David Axelrod, su principal asesor político, la miró severamente de soslayo.

—David, sé que no es lo que la gente quiere oír, pero quizá precisamente por eso necesitamos decirlo —observó Obama.

El tema no salió a colación en el debate, pero Muñoz dijo para sus adentros: "Por eso este es mi campeón".

La necesitaron menos para las elecciones generales, lo cual le vino bien. Su madre murió en abril de 2008 y sus dos hijas ya eran adolescentes. Su puesto en el Consejo Nacional de la Raza era influyente, sobre todo si un demócrata llegaba a la Casa Blanca y consideraba que era más efectiva trabajando para un nuevo gobierno desde fuera. John McCain, el contrincante republicano de Obama, había pasado todas las elecciones primarias republicanas huyendo de su admirable récord de defensa bipartidista de la reforma inmigratoria, por lo demás admirable. Obama le echaba en cara que le hubiera dado miedo y se hubiera echado para atrás cuando la reforma inmigratoria se volvió "políticamente impopular". Su propia retórica era la de un reformista atento a las bases. Dijo en un discurso: "Cuando las comunidades están aterrorizadas por las redadas de inmigración del ICE, cuando arrancan a madres lactantes de sus bebés, cuando los niños llegan a casa de la escuela para descubrir que sus padres no están, cuando se detiene a la gente sin darle acceso a asesoramiento jurídico, cuando todo eso pasa, el sistema sencillamente está fallando".

Cuando ganó Obama, Muñoz empezó a recibir llamadas telefónicas, comenzando por una de John Podesta, que supervisaba la transición presidencial. Le pidió que se entrevistara con Rahm Emanuel y Jim Messina, dos altos asesores, que empezaban a buscar personal para el nuevo gobierno.

—Uno de mis hijos estaba en la preparatoria cuando yo era jefe de gabinete —le dijo Podesta—. Es muy difícil, pero se puede. Trabajas todo el tiempo y obtienes algo más aparte del trabajo; si ese algo más son tus hijos, ya elegiste lo tuyo y no harás ninguna otra cosa.

Ella no quedó convencida, pero aceptó la entrevista para recabar información sobre Emanuel. La aversión que él les tenía a las políticas inmigratorias era bien conocida entre los defensores. Muñoz se fue de esa reunión con la misma falta de interés de trabajar en el gobierno. Eso sí, le había impresionado lo preciso que había sido Emanuel al contar hasta 218, la cantidad de votos que se necesitaban en la Cámara de Representantes para que se aprobara una iniciativa de reforma. Él ya tenía listas de republicanos moderados a los que la Casa Blanca podía apartar de su grupo. Cuando Messina llamó con una propuesta laboral, ella declinó. Dos días después, un viernes por la tarde, estaba en el auto con su hermana y una de sus hijas cuando entró una llamada a su teléfono con el prefijo 312. Era Emanuel, diciéndole que la iba a comunicar con el presidente electo.

—Habla Barack Obama —empezó la voz—. Hillary no pudo decirme que no, y tú tampoco.

Durante la primavera de 2008, el cuerpo de Juan Romagoza le envió un mensaje. Empezó con náuseas y unos dolores agudos en el estómago; después, una tensión en el pecho, seguida de unas rachas de letargo paralizante. Las pruebas clínicas arrojaron un diagnóstico de cáncer de colon, y tras dos cirugías el pronóstico seguía siendo desalentador y ambiguo. Tenía 57 años. "Tengo que irme antes de morir", dijo para sus adentros. Había pasado 25 años en un país en el que nunca planeó quedarse más allá de unos cuantos meses. Volver a El Salvador había sido su sueño desde el primer momento, pero la vida no dejaba de interponerse.

La Clínica ya no era la organización desordenada y variopinta que había heredado, sino un equipo plenamente profesional, con 85 empleados. Juan sentía que le vendría bien un poco de sangre nueva. Él, parte integrante de Mount Pleasant y figura destacada de la comunidad latina de Washington, D. C., también se había integrado al consejo de La Raza, la organización donde trabajaba Muñoz. Los pleitos por la reforma inmigratoria en el Capitolio le hacían sentir que estaba presenciando la historia desde las barricadas. El juicio de West Palm Beach, que terminó en 2002, dio paso a las protestas por la Guerra de Irak, mítines de apoyo a la legalización masiva de inmigrantes indocumentados y marchas contra las crudas alternativas republicanas. Enseguida Obama fue el favorito de Juan en las abarrotadas elecciones primarias demócratas. Sin embargo, durante los vertiginosos meses de la elección general, la acostumbrada militancia de Juan ya no era posible, debido a su delicada salud. Su sobrina, que estudiaba en la Universidad Howard, se mudó a su casa en la calle Longfellow, y Juan se fue para estar con su madre en Usulután. Tenía 82 años, era viuda y estaba completamente sola en la gran casa de la familia.

Cuando regresó a su país, en marzo de 2008, sus síntomas estaban empeorando y se mezclaban con un torrente de emociones. Ya no podía sacudirse del todo esa vieja sensación familiar de que alguien lo seguía. Cuando iba a hacer mandados, se asomaba a la calle para inspeccionarla, antes de volver a meterse a la casa como flecha. Tareas sencillas como ir a la tienda o a la farmacia tomaban el doble de tiempo porque se detenía en el camino y volvía cautelosamente sobre sus pasos, como hacía varias décadas antes. La casa estaba, a grandes rasgos, como la había dejado, aunque ahora se quedaba en el segundo piso, y no en el primero, donde dormía cuando era niño. Cada mañana, a las cinco y media, se levantaba con su madre y caminaban juntos una cuadra y media para ir a la iglesia a la misa matutina. A lo largo del día pasaban primos y tíos. Todos vivían en las afueras de la capital del departamento, y la gran casa familiar vacía, presidida por su matrona, era el lugar en el que se reunían cuando visitaban la ciudad. En la tarde, entre las dos y las cuatro, su sala principal se llenaba con 10 amigos octogenarios de la madre de Juan para llevar a cabo una reunión diaria del grupo de la iglesia. Llamaban a Juan para que bajara de su cuarto —donde ahora combatía calenturas, constipación y dolores corporales—, para decir una oración por su salud. Un mes después de su llegada, Juan tuvo otra cirugía, que salió mejor, pero requirió una larga convalescencia.

Cuando Juan recuperó sus fuerzas, cinco meses después, era el otoño de 2008. Se ocupaba de la única manera que conocía: como voluntario en una clínica de pocos recursos. El hospital principal del departamento se encontraba en la capital, pero los pobres del campo dependían de una serie de precarios puestos remotos. Para administrar los costos, el Ministerio de Salud del país subcontrataba servicios médicos preventivos con un grupo de organizaciones no gubernamentales. Pero estas entidades no tenían oficinas permanentes y había escasez de médicos y medicinas. Juan encontró una clínica en un lugar llamado El Destino. De ahí daba seguimiento a sus pacientes de todo el departamento y hacía un recorrido hasta la costa del Pacífico, donde merodeaba por las playas en busca de gente enferma.

El siguiente año había elecciones presidenciales, y por primera vez, después de dos décadas de gobiernos ininterrumpidos del partido derechista Arena, el FMLN presentó a un candidato fuerte. Se trataba de Mauricio Funes, un experiodista televisivo de 49 años con el pelo cortado al rape y unos anteojos de armazón cuadrado, cuyas experiencias formativas procedían de haber cubierto la guerra. Había perdido a un hermano al inicio del conflicto, cuando la policía le disparó por ser activista estudiantil, pero su tono en la campaña era moderado y ecuménico. Prometía ser el candidato del "cambio seguro". Lula da Silva, en Brasil, sería su modelo rector, no el populista venezolano Hugo Chávez, que inquietaba a los estadounidenses. La ley de amnistía, que protegía de acciones judiciales a cualquiera a quien se hubiera acusado de cometer algún delito durante la guerra, permanecería intacta. Como le dijo a un grupo de periodistas uno de los asesores de Funes: "No queremos venganza… Queremos el perdón y la verdad".

Juan era hombre del FMLN, izquierdista de la vieja escuela, pero lo que más le atraía de la candidatura de Funes era su posición en torno de la salud pública. Reformar el sistema de salud era un puntal del programa del FMLN, y durante la campaña Funes organizó foros periódicos sobre el tema. Un grupo llamado Alianza Ciudadana contra la Privatización ayudó a conseguir votos.

A finales de 2008 y principios de 2009, Juan se alistó como voluntario en la campaña de Funes, y en marzo, cuando éste ganó con un 51 % de los votos, un equipo de expertos en salud pública que trabajaban para el gobierno entrante publicaron un informe detallado con el título *Construyendo la esperanza*. Trataban de crear una red de clínicas que pudieran ofrecer atención primaria inmediata gratuita. Dos de las principales figuras de esa campaña habían sido médicos del FMLN durante la guerra. Además de sus ambiciosos planes de aumentar los fondos estatales para la cobertura médica universal, adaptaron estrategias de tiempos de guerra para llegar a la comunidad. Una de ellas era un modelo que el propio Juan había llevado a La Clínica de Washington: promotores de salud, personas de la localidad capacitadas para trabajar como enfermeros o auxiliares sanitarios en lugares donde la gente se había vuelto desconfiada respecto de las instituciones públicas. En 2010, con un préstamo del Banco Interamericano de Desarrollo, el gobierno de Funes emprendió sus nuevas reformas y empezó a contratar personal nacional. Para supervisar las 34 clínicas en los 23 distritos que conformaban el departamento de Usulután se eligió a Juan. Treinta años después, el trabajo con el que había soñado desde que estudiaba en la Facultad de Medicina finalmente se había materializado.

TERCERA PARTE

32

La voz de Dios

A finales de octubre de 1998, cerca del amanecer, Keldy Mabel Gonzales Brebe de Zúñiga oyó un ruido que sonaba como una explosión. Tenía 14 años y vivía con su familia cerca de Río Bonito, en una ciudad portuaria llamada La Ceiba, en la costa norte de Honduras. Las fuertes lluvias acribillaban el techo y los vientos azotaban los muros. Todos los que estaban en la casa salieron corriendo: Keldy, su madre, un hermano, una hermana y una sobrina. Al salir a la tormenta vieron que un puente se venía abajo sobre el río. Los vehículos y sus conductores desaparecieron bajo el agua. Un camión llevaba costales de naranjas, que se derramaron y se las llevó la corriente. Unos billetes desperdigados flotaban en el lugar donde otro conductor se había hundido hasta desaparecer.

—¡Miren el dinero! —gritó alguien, señalando primero al río y luego al cielo—. ¿Qué está pasando allá arriba?

El huracán *Mitch* fue el desastre natural más mortífero que hubiera azotado a Honduras en más de un siglo. De las lluvias se pasó a las inundaciones y de las inundaciones a los aludes de lodo. Los mapas se volvieron inservibles de la noche a la mañana porque desaparecieron redes viales enteras, por lo que de manera súbita algunas aldeas se quedaron completamente aisladas. De niña, Keldy no era particularmente religiosa, pero aquella destrucción la percibió como algo místico e inaprehensible. Se confirmó la muerte de 11 000 personas y la desaparición de otras tantas. El 20% de los hondureños perdieron sus casas. El 70% de las cosechas del país quedaron destruidas.

Antes del huracán, los límites de la ciudad de La Ceiba representaban para Keldy los confines de la Tierra; después, esas fronteras empezaron a

313

desmoronarse. Vecinos y familiares se marchaban. El mundo se hacía más grande, pero más desolado. Por *Mitch* conoció el nombre de una nueva ciudad: Denver, Colorado. Uno de sus hermanos, Milton, de 22 años, que había trabajado en un aeropuerto que quedó destruido, decidió irse para allá. Lo único que le dijo a Keldy fue: "Me voy", como si se fuera de fin de semana. Ella pensaba que Denver debía ser otro pueblo cercano, hasta que su larga ausencia empezó a cobrar sentido.

Keldy nació en el departamento de Olancho, una accidentada y vasta región agrícola y ganadera que se extendía desde el centro de Honduras hasta la frontera con Nicaragua. Se había mudado a La Ceiba cuando era muy pequeña, después de la muerte de su padre. Su familia necesitaba dinero, así que a los 13 años abandonó la escuela y empezó a trabajar. Entre semana era la secretaria de un médico local, y los fines de semana, ayudante de Amanda, que cocinaba y vendía comida en el aeropuerto. Durante la tormenta, Keldy y Amanda se fueron de la casa cuando el agua empezó a llegarles a la cintura. Se reubicaron en una universidad cercana que se convirtió en albergue para los desplazados. Después de un mes y medio volvieron a su casa a limpiar. Su familia era una de las afortunadas de la colonia Primero de Mayo: su casa seguía ahí, pero estaba llena de lodo y escombros, y para Keldy era como si la hubieran "enterrado de pie".

Durante las semanas siguientes algo empañó la colonia. Keldy lo sentía al caminar al río a buscar agua potable. Todas las tuberías se habían reventado; ya no salía agua de la llave y nadie sabía qué podía beber sin riesgo de enfermarse.

Honduras siempre fue el país más pobre de la región: "El país de los setentas", como una vez lo llamó un expresidente hondureño: "Setenta por ciento de analfabetismo, setenta por ciento de ilegitimidad, setenta por ciento de población rural, setenta por ciento de muertes evitables". En plena Guerra Fría, Estados Unidos. enviaba aproximadamente 750 000 dólares diarios en ayuda —como 2 000 millones a lo largo de la década de 1980—, pero el dinero iba directamente al ejército y su cartera de negocios. Para la década de 1990 la esplendidez estadounidense se había acabado y el gobierno hondureño no tenía los medios para reconstruirse después de la tormenta. Se calculaba que la destrucción provocada por *Mitch* ascendía a cerca de 6 000 millones de dólares.

Amanda perdió su puesto de comida durante la tormenta. Dos de los otros hermanos de Keldy terminaron por seguir a Milton a Denver. Su hermano mayor, Luis Fernando, de alrededor de 35 años, casado y con cuatro hijos, se volvió la cuerda de salvamento de la familia. Él mantenía a Amanda y llevó a Keldy a su casa para que ayudara a cuidar a sus hijos. Luis Fernando podía darse esos lujos porque era policía, una de las pocas profesiones que *Mitch* no había diezmado.

A los policías no solía pagárseles bien en Honduras, pero el país estaba entrando a una nueva era política que trajo consigo una gran demanda de cuerpos de seguridad de elite. En 2002, Ricardo Maduro, economista con estudios en Estados Unidos del conservador Partido Nacional de Honduras, llegó a la presidencia. Expresidente del Banco Central de Honduras, se metió a la política después del asesinato de su hijo de 25 años en un intento de secuestro, en San Pedro Sula, en 1997. Su principal eslogan de campaña era "cero tolerancia" con el crimen. "El mandato del pueblo ha sido claro —dijo en su discurso inaugural—. He sido elegido para luchar primordialmente contra la inseguridad, el asesinato, el secuestro y el robo". Unos días después inició su guerra contra la delincuencia, o, como era más ampliamente conocida, la Mano Dura. A la larga, el gobierno salvadoreño terminaría por adoptar el enfoque de Maduro, que dependía de los mismos instrumentos jurídicos introducidos en California más de una década antes. Cualquiera que estuviera acusado de "asociación ilícita" podía enfrentar hasta 20 años de cárcel. Adolescentes de 16 años podían ser juzgados como adultos. Si la policía actuaba "en defensa de la sociedad", tenía carta blanca.

Las maras que se habían curtido en las calles de las zonas urbanas deprimidas de Estados Unidos empezaban a surgir en Honduras. Había camarillas de California, delincuentes que poco a poco iban llegando de El Salvador y unos que antes habían estado involucrados en delitos menores pero comenzaban a cometer crímenes más serios. Lo que ponía nerviosa a Keldy era no saber identificar a quién debía evitar. Una amiga le dijo que tuviera cuidado con los pandilleros.

—¿Qué es un pandillero? —preguntó.

—Son las personas que matan a la gente y que secuestran a las muchachas para que sean sus mujeres —replicó la amiga.

Al principio, ninguno de esos depredadores parecía vestirse de manera distinta que los adolescentes comunes y corrientes. Keldy empezó a sospechar que había tatuajes ocultos bajo su ropa y que tenían poderes especiales para disimular su malevolencia. No se equivocaba. Pero el hecho de que los hombres adolescentes fueran objeto de una sospecha general daba lugar a abusos policiales. Un expolicía que trabajaba en La Ceiba dijo más adelante que en casos que implicaban secuestros, "la política era exterminar a los secuestradores. Si un registro era legal, se llevaba a los detenidos frente al Ministerio Público, junto con las pruebas, pero de cada 100 registros, solo 10 eran legales. Otras veces detenían a cuatro, eliminaban a tres y presentaban a uno ante el ministerio".

Keldy y sus amigas evitaban zonas que poseían fama de peligrosas. En las pocas ocasiones que visitó una (antes de saber que no debía hacerlo), vio a muchachos con la cabeza rapada. Otras veces, Luis Fernando les decía a ella y al resto de la familia dónde y cuándo habría redadas policiales. Después de eso siempre venían grandes conferencias de prensa, con policías cubiertos con pasamontañas, para que no los identificaran y tomaran represalias en su contra. Luis Fernando estaba ascendiendo en las filas y lo invitaron a participar en operativos más grandes en San Pedro Sula. "Me gusta hacer esta limpieza. Me gusta encerrar a criminales", le dijo a Keldy una vez. Para proteger a su familia, era conocido públicamente como Brebe. "Nunca le digan a nadie que tienen un familiar en la policía, y de ninguna manera digan que trabaja capturando pandilleros —les advertía—. No pueden hablar de esto con nadie. No quiero que nada les pase". De todas formas, Keldy lo reconocía cuando salía en la televisión, enmascarado junto a los demás agentes. Su postura lo delataba y le hacía a Keldy preguntarse si alguién más podía notar esas señales.

El futuro esposo de Keldy, Mino Zúñiga, llegó a su vida cuando ella tenía 17 años. Amanda había empezado a trabajar de nuevo y dirigía un minisúper enfrente de un hotel en el centro. Una tarde Mino pasó corriendo por la cuadra enfrente de su tienda, tratando de escapar de un grupo de muchachos que lo perseguían con armas. Era alto y guapo, de piel bronceada y tenía una barba cuidada. Amanda salió para reprender a los que lo acosaban. Esa era una de las rarezas de la vida en La Ceiba: todo el mundo conocía incluso a los más peligrosos bravucones de la zona desde que eran bebés.

—No lo toquen, es mi yerno —gritó.

Mino y Keldy nunca se habían visto. Cuando se conocieron, unas semanas después, Keldy tuvo sus reservas. Él era 20 años mayor y ella ya tenía un hijo, Alex, de dos años, cuyo padre se había separado de ella. La ternura de

Mino con Alex, sumada a la coqueta seguridad en sí mismo que mostraba ante Keldy, terminó por conquistarla.

Tuvieron a Patrick, su primer hijo juntos, en diciembre de 2001; Erick, el segundo, nació en enero de 2004. Keldy consideraba esos años los más afortunados de su vida. Mino estaba entregado a Alex y lo quería como si fuera su hijo. La pareja tenía dinero y una casa. Sus padres y sus hermanos vivían cerca. Por las noches, con zapatos de tacón de aguja y vestidos muy cortos de brillos plateados, Keldy salía a bailar.

Su suerte cambió el 7 de diciembre de 2006, el día en que Keldy cumplió 23 años. Iba en un autobús de camino a visitar a Luis Fernando en San Pedro Sula, cuando otro pasajero, un músico ambulante, la reconoció y le prestó su teléfono para que llamara a su familia.

—Oí que pasó algo malo —le dijo.

Como estaba demasiado nerviosa para llamar ella misma a Luis Fernando, el músico marcó el número y le pasó el teléfono. Luis Fernando estaba llorando cuando ella se pegó el auricular a la oreja. Habían matado a su hermano, Carlos, un exsoldado que manejaba un autobús, por negarse a pagar dinero a un grupo de ladrones de su ruta. Sonaba al habitual protocolo de las bandas: pandilleros exigiendo su cuota. "Mataron a mi Carlos", repetía Luis Fernando. Estaba convencido de que sus asesinos sabían quiénes eran sus familiares.

Un año después golpeó la recesión global y los turistas estadounidenses que contrataban viajes en balsa y excursiones en la empresa de Mino comenzaron a cancelar. Los que todavía podían permitirse viajar se resistían a hacerlo por otras razones: en las noticias se hablaba cada vez más de la violencia en el país. Keldy estaba inquieta por el asesinato de Carlos y a Mino empezaban a preocuparle sus finanzas. Decidieron dejar a sus hijos con Amanda e irse a Estados Unidos. Vivirían allá, a lo mucho, unos cuantos años, tiempo suficiente para ganar dinero y financiar una vida más estable en La Ceiba. Los hermanos de Keldy que seguían en Denver contratarían a un "coyote" para que los ayudara a cruzar la frontera cuando ya hubieran logrado llegar a México.

Aunque nunca planearon quedarse mucho tiempo en Estados Unidos, lo arriesgaron todo para llegar. Después de un agotador viaje en autobús por Guatemala, abordaron en México un tren de carga, conocido como *La Bestia*, cerca de la ciudad de Tenosique, en Tabasco. El tren, con 28 vagones y lleno de amenazas, era el principal medio de los migrantes para atravesar México.

Bandidos, violadores y secuestradores merodeaban a bordo, en busca de posibles víctimas. Las extremidades aplastadas y las caídas fatales al menos eran tan comunes como los asaltos. Los vagones estaban llenos, lo que obligaba a muchos viajeros a trepar al techo por los costados. El puro viento era suficiente para derribar a una persona y matarla. Mino amarró a Keldy para que no se cayera si se quedaba dormida.

Bajaron de *La Bestia* en Tamaulipas y tomaron un camión que los llevara hasta la frontera. En Nuevo Laredo los secuestraron los Zetas, quizá una de las más temibles entre las organizaciones criminales de México. Famosos por sus decapitaciones y sus asesinatos masivos, eran unos excomandos del ejército y sicarios de los carteles que habían acaparado el lucrativo mercado del secuestro y la extorsión de migrantes de camino a Estados Unidos. Keldy y Mino consiguieron escapar de la casa de seguridad donde los tenían encerrados y se dirigieron al oeste. Pero en Sonoyta, al otro lado de la frontera de Arizona, los pantalones de camuflaje de Mino despertaron las sospechas de un batallón mexicano. Lo detuvieron y no lo lo soltaron hasta que Keldy convenció al comandante de que era su esposo y no un sicario.

Después de su dramática travesía, el tiempo que pasaron en Denver fue mundano, productivo y breve. Mino pintaba casas, Keldy preparaba comida y la vendía. Algunas de sus ganancias les servían para rentar un pequeño departamento solo para ellos. El resto lo mandaban a Honduras. Al cabo de un año habían ahorrado lo suficiente para comprar alguna propiedad en La Ceiba. Keldy les pidió a su hermana Claudia y a un cuñado que visitaran diferentes terrenos en la ciudad, mientras que Mino enviaba fotos del tipo de casa que querían construir.

El 28 de junio de 2009, cerca del amanecer, 200 soldados entraron a la Casa Presidencial de Tegucigalpa y sacaron de la cama al presidente, Manuel Zelaya, a punta de pistola. Zelaya era un empresario del Partido Liberal de Honduras que usaba sombreros vaqueros y tenía un bigote tupido. Su actitud era tempestuosa y engreída. Cuando tomó posesión, tres años antes, todo el mundo esperaba al político convencional que siempre había sido: a favor de las empresas e inofensivo para las elites del país. Como presidente, sin embargo, a Zelaya le entró una pasión por el reformismo, al que le tenían sin cuidado las restricciones legales y la cortesía burocrática. Se opuso a la privatización de la industria de las telecomunicaciones del país y aumentó el salario mínimo.

Para irritación de los estadounidenses, llevó a Honduras más cerca de Venezuela y Cuba.

Era un hombre con enemigos, pero la jugada que le costó más cara fue insistir en someter a referéndum nacional si el país debía reescribir su constitución. Sus críticos alegaban que se trataba de una trama encubierta para mantenerse en el poder. Eso parecía poco probable. En primer lugar, el referéndum no sería vinculante; en segundo lugar, dos candidatos de su partido ya estaban compitiendo por reemplazarlo en la siguiente elección, en noviembre de 2009. Sin embargo, cuando la Corte Suprema de Justicia de Honduras y el Congreso impidieron el referéndum, Zelaya hizo caso omiso de ellos y le ordenó al ejército que distribuyera las boletas electorales. El día de la votación lo subieron a un avión con rumbo a Costa Rica. Hicieron una escala, en una base aérea de Estados Unidos, para cargar combustible. Los conspiradores lo llamaron *golpe profiláctico,* un golpe de Estado para impedir algo peor.

Keldy siguió la historia desde Denver, pero para ella las noticias políticas no se tradujeron en un inmediato cambio de planes. Lo que sí le hizo cambiarlos, 10 meses después, fue la fuerza de su deseo por ver a sus hijos. En abril de 2010, Mino y ella tomaron un autobús a Houston y abordaron un avión a Honduras. El viaje de regreso fue mucho más fácil de lo que había sido el de ida. Ninguno de los dos esperaba regresar a Estados Unidos nunca jamás. No le habían contado al resto de la familia que iban a volver; se suponía que sería una sorpresa. "Yo soy la que se sorprendió", contó más adelante. En el aeropuerto, Keldy recibió una llamada: otro de sus hermanos había muerto: Nelsin Obed, electricista, al que asesinaron en una carretera a las afueras de La Ceiba.

Su muerte marcó un periodo de terror en la vida de Keldy. Cuando Mino y ella volvieron, ya se sabía en la ciudad que habían trabajado en Estados Unidos y que, por lo tanto, tenían dinero. Su nueva casa era una estructura de un piso, sin pintar, cerca de una calle pavimentada y una tienda de comestibles, la única en la zona, con un muro perimetral bordeado de alambre de seguridad. Pero el terreno estaba en una colonia llamada Búfalo, en una zona que quedaba a unos minutos caminando de un barrio de pandillas. Los disparos iniciaron poco después de que Keldy y Mino llevaran allá sus pertenencias para instalarse. Un día alguien fue a la casa para decirle a Keldy que le gustaba su propiedad y se la quería quedar.

Soldados se enfrentan a partidarios del presidente Manuel Zelaya después de que fuera derrocado en un golpe de Estado en Tegucigalpa, Honduras, 29 de junio de 2009.

El golpe de 2009 había convertido al país en un polvorín. Durante los meses posteriores a la destitución de Zelaya, dos veces había intentado volver a entrar al país —primero en avión y luego a pie—, pero el ejército se lo impidió en ambas ocasiones. Lo logró en su tercer intento y se escondió en la embajada de Brasil, adonde acudieron multitudes de partidarios para mostrarle su solidaridad. Los arrestos masivos y los disparos de la policía no sirvieron para disuadirlos de acudir. El presidente *de facto* era Roberto Micheletti, que había encabezado el golpe de Estado. "Independientemente del fundamento que pueda tener la causa contra Zelaya, su destitución por la fuerza fue a todas luces ilegal —escribió el embajador de Estados Unidos en un telegrama confidencial al Departamento de Estado y a la Casa Blanca—. La asunción de Micheletti como 'presidente interino' fue del todo ilegítima". Finalmente, a finales de octubre, los estadounidenses negociaron un acuerdo: Zelaya se reinstauraría en el poder hasta que el país tuviera elecciones, programadas para los últimos días de noviembre. Cuando Micheletti lo incumplió, varios días después, Estados Unidos sorprendió a todo mundo al aceptar el resultado de las elecciones. Ya había protestas extendiéndose por todo el país, pero se intensificaron cuando el Partido Nacional ganó las elecciones. El nuevo presidente, Porfirio Lobo, convocó al ejército para patrullar las calles; se instalaron controles y se aprobó una ley para crear unas cajas negras para los operativos de seguridad. Un nuevo orden conservador estaba instalándose en el poder. El partido depuso a cuatro jueces de la Corte Suprema y nombró ilegalmente a un nuevo fiscal general.

En La Ceiba, el Golpe y sus secuelas desataron otra ola de ilegalidad. Una mañana, en noviembre de 2011, dos hombres en una motocicleta blanca se estacionaron frente a la casa de Keldy y Mino y tomaron fotografías. Dijeron que volverían más tarde para desalojarlos. Más o menos por esas fechas Keldy recibió una llamada de Luis Fernando.

—Estoy en medio de algo sensible —le dijo él—. Si no oyes de mí, es porque no puedo hablar.

En enero de 2012 él y su esposa fueron asesinados.

No hubo tiempo de llorar su muerte. El mes siguiente comenzó una serie de robos que Keldy desesperadamente denunciaba a la policía. Hombres armados que decían estar a cargo de la colonia robaron bloques de hormigón y paneles solares. También amenazaban a sus familiares. "Estoy pidiendo a las autoridades que me ayuden —dijo su hermano Óscar, de acuerdo con un informe separado que se presentó a finales de junio—. No sé qué hacer, y temo que me maten".

La mañana del 17 de julio de 2012, Keldy caminaba a la casa de Óscar cuando vio a tres hombres salir corriendo de la propiedad. Encontró a su hermano en el suelo, cubierto de sangre, agitado pero aún consciente. Pudo decir los nombres de sus atacantes, que lo habían golpeado con piedras y con un bloque de madera. Murió en un hospital cercano unas horas después. Keldy presentó otra serie de informes a la policía en los que identificaba a los hombres responsables. Eso trajo consigo más amenazas directas. Otros hombres la seguían por la ciudad y le decían que se quedara callada. La familia de Keldy tenía un Toyota Corolla blanco. Un día, Mino y ella estaban viendo las noticias cuando se anunció que le habían disparado a alguien que iba manejando un auto idéntico con una placa parecida.

Keldy y Mino salieron huyendo con sus hijos. Decidieron esconderse en una casita que tenía la familia de Mino en el bosque de El Naranjo, dos horas al oriente de La Ceiba. La madre y la sobrina de Keldy se fueron con ellos, pero no le dijeron a nadie más. Pasaron allí dos años antes de irse. La casita tenía dos pisos, hechos de piedra y madera, enclavada en un matorral de árboles de guayaba. De vez en cuando asistían a una iglesia cercana y salían a comprar comida. Pero Keldy empezaba a sentirse mal; tenía retortijones en el estómago y las piernas se le entumecían. Había días en que no podía moverse. Después de un tiempo consultó a un médico, que le recomendó que se hiciera pruebas de detección de cáncer de ovario.

Unos días después, Keldy se quedó en la casa cuando el resto de la familia fue a la iglesia. Alex se quedó a acompañarla. Estaba lloviendo y había bochorno en el ambiente. Alex estaba tomando una siesta en el regazo de Keldy cuando ella oyó una voz, severa y retumbante. Años después, mientras contaba y volvía a contar la historia de la epifanía religiosa que le cambió la vida, siempre decía con perfecta e invariable claridad las palabras que escuchó. Dios le estaba mandando un mensaje. "Te he ayudado mucho —empezaba la voz—. ¿Cuántas veces te he salvado? ¿Con cuántas pistolas te han querido disparar? Yo he estado ahí para defenderte". Despertó a Alex, y los dos caminaron a la iglesia bajo la lluvia. Llegaron empapados y renacidos.

La fuerza recién descubierta la inspiró para hacer algo más, de lo que ya no habría marcha atrás. Viajó a un juzgado de Tegucigalpa para romper el único tabú universal de Honduras. Bajo juramento, declaró contra los asesinos de Óscar.

Deportador en jefe

Obama había llegado a la Casa Blanca jurando proteger a los indocumentados y contener al ice, pero las deportaciones aumentaron a un ritmo constante a lo largo de sus dos primeros años en la presidencia. Un promedio de 1000 inmigrantes eran expulsados cada día; la mayoría formaban parte de los mismísimos grupos a los que el presidente había prometido perdonar: padres de hijos nacidos en Estados Unidos, inmigrantes que habían llegado al país siendo niños (los conocidos como *dreamers,* soñadores) y migrantes sin antecedentes penales. El presidente heredó un sistema de deportación que funcionaba a una escala desconocida para sus antecesores. La enorme maquinaria jurídica de la Ley de Reforma de la Inmigración Ilegal y Responsabilidad Migratoria de 1996 no se había puesto del todo en movimiento hasta la creación del Departamento de Seguridad Nacional (dhs), al que el Congreso le otorgó descomunales asignaciones de fondos. A los pocos años del primer mandato de Obama, por ejemplo, el presupuesto para control de la inmigración del dhs era de 18000 millones de dólares; más que el financiamiento de todos los demás organismos federales de seguridad combinados. El personal de la Oficina de Aduanas y Protección Fronteriza prácticamente se había duplicado desde 2003, al igual que la cantidad de agentes del ice.

La situación puso a Cecilia Muñoz en un aprieto. Dentro del gobierno se consideraba a sí misma "un caso atípico con una ventaja". La ventaja era que ella sabía que el presidente la había elegido por una razón. Su cargo era casi desconocido: directora de Asuntos Intergubernamentales de la Casa Blanca; allí fungió como intermediaria entre el presidente y los gobiernos estatales y locales. Cuando el equipo de transición la designó para ese papel, estipuló que tendría que recusar los temas de inmigración, pues previamente se había registrado como cabildera por el Consejo Nacional de la Raza. "No tiene ningún sentido hacer esto si estoy excluyéndome de aquello que ha sido el trabajo de mi vida", replicó. A instancias del presidente, los abogados de la Casa Blanca al final accedieron a la petición de Muñoz y presentaron una exención por razones éticas. Además de su cartera en la Oficina de Asuntos Intergubernamentales, sería asesora del presidente en temas de inmigración. Sería su responsabilidad decirle si el gobierno alguna vez se "pasaba de la raya" al velar por el cumplimiento de la ley. Sentía que confiaba en que ella fuera su brújula moral.

De todas formas seguía siendo un caso atípico. El círculo cercano de asesores del presidente no estaba listo para gastar capital político en la inmigración. El país se hallaba en medio de una grave recesión, con una economía que perdía más de 600 000 empleos al mes; los efectos del paquete de estímulos federales de 780 000 millones de dólares, que se aprobó en febrero de 2009 a pesar de una abrumadora oposición republicana, se estaban concretando poco a poco. Ese verano aparecieron fisuras dentro del *caucus* demócrata mientras el presidente presionaba por la aprobación de la reforma de salud. Siete meses después de que Obama tomara posesión, Ted Kennedy murió como consecuencia de un tumor cerebral y la estrategia del Senado quedó en entredicho. La ley de salud que supuestamente sería aprobada en el Congreso en agosto de 2009 se retrasó hasta marzo de 2010. Conforme se acercaban las elecciones de medio mandato, los demócratas de los estados fronterizos se enfrentaban a una arremetida republicana y, como de costumbre, la inmigración los hacía vulnerables. En algún momento, Gabby Giffords, la congresista demócrata por Arizona, se comunicó con la Casa Blanca para hacer una petición: "Tienen que enviar a la Guardia Nacional a la frontera —dijo—. Voy a perder la reelección, a menos que pueda demostrar que nos tomamos en serio la seguridad fronteriza".

El mayor obstáculo de Muñoz dentro de la Casa Blanca era Rahm Emanuel, el jefe de gabinete de Obama. Una mañana de primavera de 2009, en una reunión del gabinete, él la criticó por haberle dicho a una reportera del *New York Times* que el presidente quería buscar la reforma inmigratoria duranre su primer mandato. "Quiero saber, ahora que se supone que únicamente debemos hablar de la economía, por qué en la primera plana del *New York Times* hay un artículo sobre la reforma inmigratoria —dijo Emanuel—. ¿Y quién te eligió a ti para decidir cuál va a ser nuestro mensaje el día de hoy?"

Había otras vías para llegar al presidente —altos asesores como Pete Rouse y Valerie Jarrett, la jefa inmediata de Muñoz, tenían una actitud más abierta—, pero debía usarlas diplomáticamente. Una reforma inmigratoria integral era una jugada a largo plazo y ella no tenía duda de que el presidente compartía sus convicciones. La emergencia inmediata eran las deportaciones.

La secretaria de Seguridad Nacional era Janet Napolitano, una astuta abogada con cara de póker que había sido gobernadora de Arizona los seis años anteriores. En un electorado dominado por los sectores independientes, era famosa por su obstinado centrismo. Eso le ayudó a ganar las elecciones y la convirtió en una autoridad en política inmigratoria. Arizona se había vuelto un crisol del debate nacional. Uno tras otro, sus republicanos moderados —John McCain, Jeff Flake y Jim Kolbe— seguían promoviendo iniciativas de reforma, mientras que la derecha insurgente, que iba ascendiendo en las primarias del partido y la legislatura estatal, impulsaba contramedidas. La de más infausta memoria fue una iniciativa de ley del senado estatal que exigía a la policía que revisara el estatus migratorio de la gente si había una "sospecha razonable" de que pudiera ser indocumentada. "Si haces zig, tienes que hacer zag", les dijo Napolitano a miembros del gobierno de Obama. La compasión requería cierta dureza compensatoria, y viceversa, no solo como una cuestión política, sino como una técnica de ventas, en las capitales estatales.

Con una población de 11 millones de inmigrantes indocumentados viviendo en Estados unidos, el DHS tenía una gran laxitud a la hora de decidir a quién perseguir. Una de las primeras jugadas de Napolitano fue acabar con las redadas en lugares de trabajo que con su predecesor se habían vuelto de rutina. También creó un equipo operativo para estudiar cómo podía el departamento aplicar algún criterio para que, en un futuro, los agentes del ICE pudieran detener inmigrantes con antecedentes penales graves y a los que acabaran de cruzar la frontera. El gambito del gobierno fue aceptar las generosas asignaciones del Congreso para el control fronterizo, pero usarlas estratégicamente. El ICE tenía los fondos para deportar a 400 000 personas al año. En 2009, el DHS estableció un récord de deportaciones anuales con 392 862, y el secretario subrayó que la mitad —195 772, otro récord— eran criminales convictos.

Sin embargo, qué hacía a alguien un "criminal" estaba mucho menos claro. En un programa federal, el gobierno seguía el ejemplo de la policía local. Cuando los agentes arrestaban a una persona, ya fuera por un delito grave o por una infracción de tránsito, revisaban su estatus migratorio y presentaban una orden de retención en el DHS para que los agentes federales detuvieran a esa persona si carecía de estatus legal. Prácticamente no había supervisión de los agentes que efectuaban los arrestos, que a menudo respondían a presiones políticas locales. En Las Vegas, por ejemplo, el 70% de esas retenciones eran de personas que habían cometido delitos violentos o relacionados con drogas. En contraste, en el condado de Cobb, Georgia, y en el condado de Frederick, Maryland, el 80% de las retenciones correspondían a arrestos por delitos menores o infracciones de tránsito.

El gobierno también expandió un programa de la era Bush llamado Comunidades Seguras, que compartía datos con el ICE automáticamente cada vez que alguien ingresaba a la cárcel. Si era un problema que las fuerzas del orden tuvieran criterios inconsistentes para ponerse en contacto con el ICE, Comunidades Seguras se movía en el sentido opuesto: las huellas digitales de los arrestados se iban directamente a las bases de datos del ICE y se emitían órdenes de retención de manera inmediata si había una coincidencia. En principio, se suponía que así, al centrarse en las cárceles, las detenciones de inmigrantes serían más selectivas, pero en la práctica grandes cantidades de personas quedaban arrastradas a un cerco de búsqueda cada vez más amplio.

Los asesores más cercanos de Napolitano eran colaboradores de sus años de Arizona y compartían su intuición sobre defender firmemente el frente de la seguridad. En su opinión, siempre había la posibilidad de que decidir no detener a alguien pudiera producir el resultado contrario al esperado. Al mismo tiempo, Napolitano tomaba nota cuando el ICE iba demasiado lejos y hacía que su personal archivara informes de prensa sobre detenciones problemáticas que el departamento debiera evitar, como la de un *dreamer* al que habían puesto en proceso de deportación, o la de un cordial padre de familia que llevaba años viviendo en Estados Unidos.

A ojos de Muñoz, Napolitano y su equipo estaban siendo demasiado prudentes. A finales de junio de 2010, el director del ICE formalizó el primero de una serie de memorándums de "prioridades", en los que se planteaban las diferentes categorías de personas a las que la dependencia debía estar persiguiendo.

Los modos de agruparlas eran sencillos: seguridad nacional o amenazas a la seguridad pública, seguidas de los condenados por ciertos delitos, y luego los "ilegales recién llegados". Pero la idea detrás de esas categorías era proteger a los inmigrantes que caían fuera de ellas. Otra versión del memorándum, publicada el año siguiente, afiló más los términos. De los 11 millones de inmigrantes indocumentados que vivían en Estados Unidos, se dio prioridad de detención para tres millones. Muñoz quería que el DHS se moviera con más contundencia, que protegiera a más gente de la deportación. Sin embargo, ella no podía interceder fácilmente; la secretaria supervisaba esas calibraciones y las manejaba en estrecha coordinación con el director del ICE, que trataba con la tropa. Un empleado de alto nivel de Napolitano describió más adelante el proceso de definir las prioridades de seguridad como un ensayo y error: cuando el gobierno veía ejemplos de que se estaba deportando al tipo "equivocado" de inmigrante, los funcionarios volvían a las prioridades para modificarlas.

A Muñoz, mientras tanto, la consumían los pensamientos de que no estaba haciendo lo suficiente; sin embargo, si intentaba hacer más, temía que la dejaran fuera. Ya empezaba a cohibirle su reputación como exdefensora de La Raza. Algunos colegas escépticos dentro del gobierno cuestionaban sus instintos políticos o insinuaban que su contratación era resultado de alguna especie de discriminación positiva hacia los latinos. Sus claras convicciones acerca del presidente en ocasiones podían dificultar las cosas. Si estaba con ella en la sala, sentía que no tendría problemas. Pero en muchas discusiones no estaba él en la sala, sino su secretario de gabinete. La inteligencia y la cabeza fría de Obama podía hacerle sobreestimar su capacidad de mediar en graves desacuerdos entre su personal. En algún momento, después de proponer una redacción más firme en el borrador de un memorándum de seguridad, Muñoz se puso a discutir con el jefe de gabinete de Napolitano. El segundo de a bordo de Napolitano, que defendía a su jefa, le dijo a Muñoz:

—Es el nombre de Janet el que aparecerá en este memorándum.

—Pero trabaja para el presidente —respondió Muñoz.

A lo largo de todo el intercambio, pensaba: "Si llaman a Rahm, estoy jodida". Para cubrirse las espaldas, telefoneó a Rouse para pedirle que interviniera personalmente si el DHS apelaba a una autoridad superior. Con frecuencia, cuando se acercaba a Rouse para solicitar su respaldo, le decía: "Necesito tu ayuda en algo que sé que le importa al presidente".

El 10 de mayo de 2011, el presidente viajó a El Paso para ofrecer un discurso sobre la reforma inmigratoria integral. Era su primer viaje a la frontera desde que tomó posesión, pero el quinto acto dedicado al tema en un mes. Habló desde una tarima en un parque llamado Memorial Nacional de El Chamizal, una extensión de senderos para bicicleta y prados ubicado entre una preparatoria local y uno de los cuatro puentes internacionales de El Paso que llevan a Ciudad Juárez. En mangas de camisa y corbata, Obama trabajaba con su intensidad habitual: carismático y claro, y exudaba una sensación de apasionada razonabilidad. "Hemos ido más allá de lo que nos pedían los mismísimos republicanos que se decían dispuestos a apoyar una reforma integral siempre y cuando nos tomáramos en serio la seguridad y la aplicación de la ley —dijo—. Todo lo que han pedido, lo hemos hecho. Pero a pesar de que hemos respondido a esas preocupaciones, sospecho, debo decir que de todas maneras algunos tratarán de cambiarnos las reglas del juego una vez más".

Fuera del gobierno, Muñoz estaba convirtiéndose en una paria entre sus antiguos compañeros, que la acusaban de haber capitulado y de ser apologista del presidente. Ella era la imagen de una política inmigratoria de la Casa Blanca que a todo el mundo enojaba. A Muñoz le correspondía hacer declaraciones como esta al *New York Times*: "Al presidente le preocupa el costo humano de separar a las familias. Pero también es cierto que no basta con accionar un interruptor para detenerlo".

Janet Murguía, amiga de Muñoz y su conducto a la Casa Blanca de Clinton, había tenido sus propias experiencias de luchar con los reveses y las decepciones de la gobernanza práctica. Llegó a sentir que al final todo se reducía a una pregunta medular: ¿creo en mi presidente o no? "Yo no veía todos los elementos que se estaban poniendo en la balanza —dijo Murguía—. Tienes que hacer una pausa para verificar tu compromiso. Tienes que confiar en que [el presidente está] haciendo lo correcto, no solo lo políticamente conveniente". Muñoz creía plenamente en Obama, pero su lealtad la aislaba de la mayor parte de la gente cuyas posturas políticas compartía.

Algunos de los ataques eran especialmente implacables. Un grupo, llamado Presente.org, hizo circular una petición para exigir que Muñoz "volviera a sus raíces". A otros defensores, más comprensivos, les lastimaban sus evasiones a puerta cerrada. En 2010, un grupo de jóvenes inmigrantes marcharon de

Miami a Washington, D. C., para pedir una ley que les concediera un camino a la ciudadanía. Todos eran abiertamente críticos del presidente. Muñoz se reunió con ellos en la Casa Blanca y lloró mientras trataba de defender a Obama. Estaba entre los asistentes una *dreamer* de 26 años de Ecuador llamada María Gabriela Pacheco, una de las primeras impulsoras de la organización juvenil nacional. "Debería oponer resistencia a lo que está pasando —dijo Pacheco sobre Muñoz más adelante—. Me dolió muchísimo oírla decir que todo esto no son sino daños colaterales". Un miembro del *caucus* hispano del Congreso se quejaba de que Muñoz sonaba igual en privado que en público.

Muñoz había aceptado el trabajo en la Casa Blanca sintiéndose una impostora, cuestionando si en verdad estaba a la altura de sus responsabilidades; la soledad que sentía en sus funciones era abrumadora. Su principal estrategia para sobrellevar la presión era organizar a sus críticos en dos grandes categorías: aquellos cuyas opiniones le importaban a ella en lo personal, y todos los demás. Tenía sentido que los defensores la cuestionaran, pero había esperado que la gente que la conocía le diera el beneficio de la duda. A su parecer, había una diferencia entre "ser virtuosa" y "ser estratégica".

Ser estratégica significaba sentarse en una entrevista con Maria Hinojosa, una conocida periodista latina, presentadora de un episodio de la serie documental *Frontline,* de PBS, llamado "Lost in Detention" ("Perdido en un centro de detención"). En él se revelaba el funcionamiento de los centros de detención de ICE, contado a través de las vidas de familias que habían sido separadas por las deportaciones realizadas durante el gobierno de Obama. "Para formular políticas necesitas gente que sepa lo que yo sé —dijo posteriormente Muñoz—. Y parte del trabajo es defender esas decisiones". Hinojosa empezaba por señalar que el presidente estaba implementando agresivamente las mismísimas leyes que condenó cuando era candidato. "Incluso las leyes inservibles se tienen que hacer cumplir", replicó Muñoz. Cuando le preguntaron si el gobierno seguiría deportando a 400 000 personas al año, respondió: "Mientras el Congreso nos dé el dinero para deportar a 400 000 personas al año, eso es lo que este gobierno hará. Es nuestra obligación según la ley".

El programa salió al aire en octubre de 2011, en un momento de creciente especulación sobre los cálculos políticos del presidente. ¿Estaba Obama tratando de demostrar su dureza con el fin de obtener el apoyo republicano para una reforma integral? "Aquí no hay una retribución", respondió Muñoz, sin conceder nada. Hinojosa leyó una dramática declaración de Obama durante la campaña electoral, sobre comunidades a las que el ICE estaba aterrorizando. "Yo estaba ahí cuando dijo eso —replicó Muñoz—. Exactamente por eso necesitamos reformar la ley de inmigración". Pero mientras tanto, agregó, el presidente no puede hacer caso omiso de la ley. "No es así como funciona una democracia". Hinojosa abruptamente desvió la conversación hacia un tema personal. "Recibió usted una beca MacArthur en reconocimiento a su trabajo sobre la inmigración —le dijo—. ¿Qué piensa de esa beca MacArthur dado que ahora trabaja para un gobierno que ha deportado a más gente que ningún otro presidente en la historia?"

United We Dream (Unidos Soñamos) era la mayor agrupación del país a favor de los derechos de los inmigrantes dirigida por jóvenes y durante varios años sus integrantes habían prendido fuego al Capitolio. Hacían sentadas en las oficinas del Congreso, realizaban marchas e intimidaban al gobierno de Obama, en persona y desde lejos. Había habido un amplio apoyo nacional a que se les diera a los *dreamers* un camino a la ciudadanía desde que un grupo de senadores demócratas y republicanos presentaron un proyecto de ley con ese objetivo en 2001. Sin embargo, 11 años y múltiples congresos después, la voluntad legislativa estaba muerta. Más de un millón y medio de inmigrantes encajaban en el perfil: vivían desde niños en Estados Unidos y habían crecido siendo estadounidenses en todos los sentidos, excepto en uno estrictamente jurídico. Si el presidente iba a tomar medidas ejecutivas para ayudar a alguien, esa era la población que con más probabilidad obtendría ayuda.

Había dos equipos que trabajaban conjuntamente dentro del gobierno en busca de una idea para formalizar las protecciones a los *dreamers*. Uno lo dirigía, en el DHS, Napolitano, quien se había convencido de que tenía que hacerse algo drástico. En el otro estaban Muñoz y un equipo de la Casa Blanca. Entonces Muñoz había sido nombrada directora del Consejo de Política Interna, con lo que se convertía en la primera latina en ocupar ese puesto. El gobierno quería crear una forma de discrecionalidad procesal recurriendo a un claro precedente histórico. Todas las administraciones presidenciales desde Eisenhower concedieron aplazamientos de deportación, llamados "acción diferida", a ciertas categorías de inmigrantes indocumentados cuya detención no se consideraba prioritaria. A partir de 1981 había normativas federales que autorizaban explícitamente que esos inmigrantes trabajaran. Combinando esas prácticas, el gobierno podía proteger a los *dreamers* de la deportación y a la vez darles derecho al trabajo y a obtener préstamos bancarios y apoyo financiero para ir a la universidad. Las propuestas llegaron con una lista adicional de requisitos para aspirar a ese derecho. Los beneficiados, por ejemplo, debían ser estudiantes, egresados de la preparatoria o miembros de las fuerzas armadas; no podían tener antecedentes penales, y forzosamente tenían que haber llegado al país antes de determinada fecha límite. Cumplían los requisitos aproximadamente 800 000 *dreamers*.

El presidente estaba entusiasmado, pero también se mostraba cauteloso para no cruzar la línea legal de lo que podía hacer sin el Congreso. Había largas y minuciosas discusiones con abogados de la Oficina del Asesor Legal y un fárrago de memorándums, análisis de políticas y revisiones internas. El 15 de junio de 2012, después de que Napolitano firmó un memorándum para autorizarla, el presidente anunció la Acción Diferida para los Llegados en la Infancia (DACA) en la Rosaleda de la Casa Blanca. "Esto no es un camino a la ciudadanía —dijo—. No es una solución permanente. Este es un recurso provisional que nos permite centrar nuestros recursos de manera prudente mientras damos cierto alivio y esperanza a jóvenes talentosos, dinámicos y patrióticos". En la Casa Blanca, Muñoz y sus colegas no estaban seguros si el programa se paralizaría en tribunales o si los demócratas centristas lo atacarían rumbo a las elecciones de 2012. La DACA era precisamente el riesgo calculado que desde hacía tiempo Muñoz estaba convencida de que tomaría el presidente en el momento oportuno.

La noche de la segunda investidura de Obama, en enero de 2013, Rahm Emanuel les dijo a algunos funcionarios de la Casa Blanca que ahora "hasta un ciego" podía abrirle paso en el Congreso a una iniciativa de reforma integral. El mayor cumplido que pudo hacerle a la causa fue que, por una vez, tenía un claro sentido político. Durante la campaña, Obama había criticado a su adversario Mitt Romney por inclinarse demasiado hacia la derecha y perder el apoyo de los latinos, "el sector demográfico de más rápido crecimiento en el país". La cantinela de Romney sobre la inmigración era que los indocumentados tenían que "autodeportarse". Los demócratas y los republicanos en última instancia habían acordado que la principal razón por la que su candidatura había fracasado era que, al apelar a los conservadores de la derecha dura, había perdido a todos los demás.

Para Muñoz, décadas de trabajo parecían, al fin, llegar a un punto crítico. Un presidente demócrata en el que confiaba, en cuyo gobierno tenía un cargo de alto nivel, acababa de ser reelegido y planeaba proseguir con el asunto que a ella más le importaba. Dos años antes, un equipo había redactado discretamente una generosa propuesta legislativa que ahora podían usar. Sus principales autoras eran Esther Olavarría, que había trabajado como abogada de inmigración con Ted Kennedy y ahora era una alta funcionaria del DHS; Felicia Escobar, abogada de la Casa Blanca que ayudó a confeccionar la DACA, y Tyler Moran, exasesora *senior* de Harry Reid, líder de la mayoría en el Senado.

Al mismo tiempo, dos grupos bipartidistas trabajaban en busca de acuerdos sobre la inmigración en el Senado y en la Cámara de Representantes. Los demócratas tenían mayoría en el Senado, así que la Casa Blanca decidió empezar ahí. Sin embargo, en enero de 2013 los demócratas que participaban en las negociaciones del senado —miembros de la llamada Banda de los Ocho— le pidió a Obama que guardara distancia. Si el presidente anunciaba medidas específicas, los republicanos se opondrían categóricamente. Algunos funcionarios de la Casa Blanca habían llegado a una conclusión parecida. "Si desenrolláramos frente a ellos la iniciativa del presidente, les serviría para tiro al blanco", dijo Muñoz. Obama estuvo de acuerdo en coordinar tras bastidores.

En abril, la Banda de los Ocho anunció su propuesta, que llamó "el esfuerzo más ambicioso, al menos en 26 años, para reparar, actualizar y reformar el sistema inmigratorio estadounidense". La iniciativa daría estatus legal y a la larga la ciudadanía a millones de inmigrantes indocumentados, al crear dos programas para trabajadores extranjeros y un nuevo sistema de inmigración legal para dar tarjetas de residencia permanente. A cambio de eso, el gobierno tendría que destinar 6500 millones de dólares para seguridad y cercos fronterizos durante los siguientes 10 años. El 27 de junio de 2013 la iniciativa fue aprobada en el Senado por 68 votos contra 32, con el apoyo de 14 republicanos. Los numerosos partidarios tenían plena confianza en que esa rotunda votación presionaría a los miembros de la Cámara de Representantes, donde los republicanos poseían una mayoría de 33 votos.

Una semana antes, John Boehner, presidente de la Cámara de Representantes, sostuvo una reunión con la Conferencia Republicana en el sótano del

Capitolio. Había tenido pláticas frecuentes con Obama sobre una iniciativa en materia de inmigración y los funcionarios de la Casa Blanca creían que estaba comprometido con aprobar el proyecto. Ahora, sin embargo, les decía a sus correligionarios que sometería la iniciativa a votación en el pleno solo si contaba con el apoyo de la mayoría.

34

Emergencia en la frontera

El fin de semana del Día de la Madre de 2014, Jeh Johnson, el nuevo secretario de Seguridad Nacional, regresaba de California, donde él y su esposa habían visitado a su hijo, cuando un alto funcionario de Aduanas y Protección Fronteriza le dijo que la situación en el sur de Texas estaba "fuera de control". Miles de menores no acompañados de Centroamérica estaban apareciendo en estaciones de la Patrulla Fronteriza, confundiendo a los agentes y saturando los recursos del departamento. También había un pico importante en la cantidad de padres e hijos que llegaban juntos a solicitar asilo.

Décadas de historia centroamericana se estrellaban en la frontera de Estados Unidos. El gobierno estadounidense creó un programa de 175 millones de dólares para albergarlos y procesarlos, pero pocos funcionarios de las altas jerarquías prestaron mucha atención.

Todos estaban concentrados en la reforma inmigratoria integral, que seguía atascada en la Cámara de Representantes.

Johnson y su esposa se desviaron de Washington, D. C., y aterrizaron en McAllen, Texas, donde el primer centro de detención que visitaron estaba inundado de niños. Una pequeña, que no podía tener más de 10 años, llorando sentada en un escritorio, esperaba a que un agente de uniforme verde anotara su información. Casi todos los adultos de ahí formaban parte del personal del gobierno. Mantas isotérmicas que parecían hojas extragrandes de papel aluminio estaban esparcidas en corrales cercados por alambradas. Johnson llamó a Muñoz a la Casa Blanca para darle la noticia. "Esto es demasiado grande para restarle importancia".

Casi 69 000 menores no acompañados llegaron a la frontera entre octubre de 2013 y septiembre de 2014, en comparación con 39 000 el año anterior. Otras 68 000 familias solicitaban asilo, lo que implicó un aumento del 200 %. Para el verano, tan solo en el sur de Texas había 33 000 niños en custodia del gobierno.

Las reglas del gobierno sobre cómo tratar a niños inmigrantes en la frontera se habían establecido en un críptico convenio judicial conocido como Acuerdo Flores, resultado de una demanda relacionada con dos menores salvadoreños que llegaron a California en 1985. Según ese acuerdo, que más adelante se codificó y se volvió ley, las autoridades inmigratorias no podían detener a menores en centros fronterizos por más de 72 horas. Por el contrario, el gobierno debía albergarlos en "el entorno menos restrictivo" posible. A lo largo de los años se creó una red de albergues con ese propósito, dirigida por una delegación del Departamento de Salud y Servicios Humanos llamada Oficina de Reasentamiento de Refugiados. Sin embargo, el sistema existente solo podía alojar entre 6 000 y 8 000 niños, y el volumen de los recién llegados estaba formando un cuello de botella en la frontera. A finales de mayo, el gobierno de Obama usaba albergues de emergencia para sacar a los menores de los centros de detención de inmigrantes y ponerlos al cuidado del Departamento de Salud y Servicios Humanos. Una base naval en el condado de Ventura, California, se usó para albergar a 600 niños; una base de la fuerza aérea en San Antonio proporcionó 1 200 camas más. Grandes autobuses blancos transportaban a los menores de las celdas de detención en la frontera a estos otros centros.

En la Casa Blanca, Muñoz estaba atrapada entre emergencias humanitarias y políticas que se traslapaban. La presión más inmediata era operativa: transferir a niños de Aduanas y Protección Fronteriza a Reasentamiento de Refugiados. Los abogados necesitaban autorización para que la Agencia Federal de Gestión de Emergencias coordinara la logística. Pero la Oficina de Reasentamiento de Refugiados no era una agencia de acogida. Aunque colocaba a niños en hogares con familiares suyos que vivieran en Estados Unidos, no había procedimientos para someterlos a una investigación completa, como hacer visitas domiciliarias, y el gobierno federal no les seguía la pista a los niños tras su liberación. Era importante que los padres y los parientes que presentaban solicitudes para dar patrocinio a los niños supieran que el Departamento de Salud y Servicios Humanos no estaba pasándole su información al ICE, pues muchos de ellos eran indocumentados.

Si el gobierno daba la impresión de estar perdiendo el control de la frontera, todo su programa inmigratorio se deshilacharía. Los republicanos ya estaban mezclando la iniciativa de reforma con la afluencia de inmigrantes. Eric Cantor, líder de la mayoría de la Cámara de Representantes, fue uno de los principales negociadores en un intento secreto por revivir la reforma integral en el Congreso. Pero también enfrentaba a un contendiente de extrema derecha en unas elecciones primarias en junio, así que estaba enviando correos de campaña en los que acusaba a Obama y a los demócratas de "insistir en la amnistía para ayudar a que los extranjeros ilegales se aprovechen de la situación". Ese verano, tres autobuses del gobierno que llevaban a un grupo de mujeres y niños hacia un centro del gobierno en Murrieta, California, fueron bloqueados por una multitud de manifestantes enfadados con pancartas que decían "Fuera de aquí" y entonando "¡USA! ¡USA!" Trabajadores inconformes de la Patrulla Fronteriza les habían pasado la información de la ruta. Después de un breve punto muerto, los conductores se vieron obligados a darse la media vuelta y llevar a sus pasajeros a otra parte.

En las oficinas generales del DHS, en Washington, cada mañana había reuniones estilo *cuarto de guerra:* adjuntos, funcionarios de carrera y personal de alto rango se amontonaban alrededor de una mesa y generaban ideas para definir prioridades; a los que no podían asistir en persona los conectaban por teléfono. El secretario organizó un conjunto separado de reuniones informativas con su plana mayor, aunque con frecuencia se salía para ir a la Casa Blanca para enterarse de las actualizaciones de emergencia con Muñoz y funcionarios del Consejo de Seguridad Nacional. La directriz en el DHS era que se le enviara al secretario una lista de todas las políticas posibles, desde las más duras hasta las más humanitarias; se suponía que tener todo el abanico de opciones le permitiría encontrar una posición intermedia.

Thomas Homan, un alto funcionario del ICE, primero mencionó la posibilidad de separar en la frontera a padres e hijos acusando a los padres de un delito menor por ingresar ilegalmente al país. Cuando estuvieran detenidos por la acusación penal, el gobierno podía tener temporalmente la custodia de los hijos. Sería doloroso, concedió, pero no fatal: un elemento de disuasión. Esta idea fue inmediatamente rebatida por considerarse inhumana, al igual que otra sugerencia que incluía que el ICE detuviera a los padres que llegaran a reclamar a sus hijos a la Oficina de Reasentamiento de Refugiados. Algunos asesores, pensando en posibles enfoques de largo plazo, propusieron albergar en México a los solicitantes de asilo con ayuda de organizaciones de socorro internacionales, en lugar de tratar de detenerlos en Estados Unidos. Otros sugerían mecanismos para manejar las solicitudes de refugio en Centroamérica, con el fin de acelerar la tramitación y ahorrarles a los niños vulnerables un viaje por tierra plagado de peligros.

A pesar de sus colosales presupuestos destinados a la seguridad y la detención, el gobierno no estaba preparado para la clase de cambio demográfico que estaba teniendo lugar en la frontera. No era únicamente la llegada masiva de menores no acompañados; en todo el país, el ICE contaba tan solo con 95 camas disponibles en las que pudiera detener a familias por un periodo extendido. Eso significaba que el DHS tenía básicamente dos opciones, ninguna de las cuales le gustaba al gobierno. Una era simplemente liberar a las familias después de registrarlas y asignarles una fecha en el tribunal de inmigración. La otra era construir más espacio para la detención de personas. Eso fue lo que Johnson eligió. "Sencillamente no podemos tener una situación en la que si cruzas la frontera y te detienen, puedes contar con que te escoltarán a la estación de autobuses más cercana", dijo Jeh Johnson. Decidió abrir dos nuevos centros en el sur de Texas y adaptar un tercero en Pensilvania.

Los espacios contendrían como a 3 000 familias: 2 400 en el Centro Residencial Familiar del Sur de Texas, en Dilley, que se convertiría en el mayor centro de detención de inmigrantes en el país; 500 más en unas instalaciones parecidas cerca de ahí, en Karnes City, y otras 100 en un complejo del ICE, en el condado de Berks, en Pensilvania. Los centros de Texas serían administrados por empresas carcelarias privadas —GEO Group y CoreCivic— que habían participado en la detención de inmigrantes desde mediados de la década de 1980 y se beneficiaban de una participación cada vez mayor de los contratos del DHS.

La postura sobre la detención de familias en el interior del gobierno de Obama se caracterizaba por una preocupada aceptación de su inevitabilidad. Era imposible detener a todas las familias que llegaban a la frontera, pero los funcionarios del gobierno creían que detener a una pequeña fracción de aquellas enviaría un mensaje a los centroamericanos que pensaran hacer un viaje similar. Las instalaciones parecerían barracones, más que cárceles. Las familias podrían moverse por el lugar, y dormirían, hasta 12 en un cuarto, en espacios con literas, refrigeradores, televisiones y teléfonos. Habría acceso a atención médica regular, exámenes de salud y ropa. Pero el confinamiento podría durar meses: el gobierno les negaría la posibilidad de salir bajo fianza hasta que un juez emitiera un fallo final sobre sus casos de asilo.

"Traté de mantener la compostura —dijo Cecilia Muñoz más adelante—. Ese verano fue el más difícil de mi vida". La crisis humanitaria en la frontera la había tomado por sorpresa. Cuando viajó al sur de Texas con Jeh Johnson, el primer menor al que conoció tenía siete años. Después de ser informada, supo que la edad promedio de los menores en custodia era de 12 años. Había bebés y niños de menos de tres años viajando con hermanos o vecinos, pero no con sus padres. Siendo madre, Muñoz estaba tomando decisiones en materia de política en nombre de madres que no podían estar con sus hijos para protegerlos. El peso de la responsabilidad era aplastante.

La Casa Blanca, mientras tanto, estaba en un punto muerto causado por ingeniosos trucos republicanos. Esa primavera, el presidente preparó una nueva serie de acciones ejecutivas para seguir regulando la actividad del ICE en el interior del país. El presidente de la Cámara de Representantes, John Boehner, respondió amenazando con acabar por completo con el proyecto de reforma. Obama esperaba señales de avance, pero pronto quedó claro que no tenía sentido seguir resistiendo. El 10 de junio, Eric Cantor perdió su elección primaria por 11 puntos frente a un profesor de economía asociado con el Tea Party que lo había atacado por hacer demasiado poco para detener la inmigración ilegal. Ese mismo día, Mario Díaz-Balart, un republicano de Florida que participaba en pláticas sobre inmigración en la Cámara de Representantes, le dijo a Boehner que 140 miembros —una mayoría decisiva de republicanos— apoyaban ahora una versión de la iniciativa. Díaz-Balart y su personal estaban festejando en su departamento cuando supieron lo de Cantor. "Lo perdimos todo —le dijo Díaz-Balart a un colega demócrata, de acuerdo con el *New York Times*—. Se acabó". La derrota de Cantor confirmó la vulnerabilidad de cualquier republicano que se negara a acatar la disciplina populista. La iniciativa nunca llegaría a tener una votación final.

La tarde del 30 de junio de 2014, Muñoz y Valerie Jarrett estaban sentadas en una larga mesa rectangular en la Sala Roosevelt de la Casa Blanca para dirigirse a una docena de influyentes defensores de inmigrantes, de grupos como el Sindicato Internacional de Empleados de Servicios, la America's Voice y el National Immigration Law Center. El propósito de la reunión era discutir el programa de inmigración de la Casa Blanca, y el público estaba inconforme. Una notable ausencia sintetizaba el clima general: la de Janet Murguía, que ahora era presidenta del Consejo Nacional de La Raza, la antigua organización de Muñoz. Unos meses antes había acuñado una frase que se estaba poniendo de moda como refrán progresista. Obama, decía ella, era el "deportador en jefe".

Al abrirse una puerta del Despacho Oval entraron Obama y su vicepresidente, Joe Biden. El presidente habló una hora de su ronco pecho y sorprendió a todos con su decisión. Esperaban frases manidas sobre la paciencia, pero en vez de eso Obama les habló de una conversación que había tenido una semana antes con Boehner, que finalmente reconoció que bloquearía una votación sobre el proyecto de reforma hasta que hubieran pasado las elecciones intermedias. Boehner le había advertido a Obama que los votos estarían ahí en el siguiente Congreso si el gobierno se abstenía de emitir más acciones ejecutivas sobre la inmigración. "Pues lo siento mucho, pero voy a cumplir mi promesa", afirmó Obama. "Era un tipo diferente", dijo más tarde del presidente uno de los defensores, el organizador veterano Frank Sharry. "Estaba desbloqueado". Durante los siguientes meses, de acuerdo con Obama, otra serie de acciones ejecutivas y políticas de seguridad protegerían de la deportación inmediata como a cinco millones más de personas.

Cuando la conversación desembocó en el tema de la frontera, sin embargo, el tono se tensó. A Gustavo Torres, que representaba al grupo CASA de Maryland, le preocupaba que el gobierno quisiera expandir sus poderes para deportar a los niños recién llegados de Centroamérica. La respuesta del presidente —en la que explicó resumidamente unos planes de asistencia humanitaria y solicitudes de financiamiento al Congreso para erigir viviendas temporales y tribunales de inmigración provisionales— dio lugar a una intervención franca de Marielena Hincapié, del National Immigration Law Center. Le dijo al presidente que necesitaba considerar la "tragedia humana" que se estaba desarrollando en Centroamérica.

Muñoz estaba callada cuando la conversación llegó a un conocido compás de espera. Alguna vez ocupó un asiento en el consejo de administración de la organización de Torres; Frank Sharry había estado en su boda. Que ellos preguntaran si el presidente entendía lo trágico de la situación la hizo enojar. ¿Y ellos qué estaban proponiendo? Los defensores sentados a la mesa —sus amigos y antiguos aliados, todos de ideas afines, hasta cierto punto— la rodeaban, pero su silla estaba más cerca del presidente. A pesar de su estilo suave, la frustración de Obama era palpable. Estados Unidos tenía que velar por el cumplimiento de la ley, dijo; debía hacerlo si quería que la gente de Centroamérica lo pensara dos veces antes de mandar a sus hijos solos para el norte.

En ese momento, Angélica Salas interrumpió. Era la directora ejecutiva de la Coalición por los Derechos Humanos de los Inmigrantes, de Los Ángeles, y amiga cercana de Muñoz. "Señor presidente: cuando mi familia y yo vinimos al país, yo tenía cuatro años, y cuando nos atraparon cruzando la frontera y nos mandaron de vuelta, no nos rendimos", dijo. Salas, que nació en México, había viajado a la frontera con su hermana de tres años, una tía de 14 y un tío de 16; los padres de Salas ya estaban viviendo en California. "Seguimos intentándolo hasta que lo logramos", afirmó.

Lo que expresó a continuación sonaba mordaz, pero con eso quería hacer una concesión a la gran la responsabilidad del presidente, no darle una reprimenda. "No sé cómo puede dormir por las noches", señaló. Obama respondió: "¿Sabe qué? No duermo por las noches, pero déjeme decirle por qué. No es solo porque me preocupo por estos niños de El Salvador. También me preocupo por los niños de Sudán, de Yemen y de otras partes del mundo. Y este es mi problema: vivimos en un mundo con Estados nación. Yo tengo fronteras. Podrá usted creer que es intrínsecamente injusto que un niño nacido en El Salvador tenga un conjunto de oportunidades disponibles y un conjunto de peligros completamente distintos que los de un niño nacido en Estados Unidos. Y eso es porque, en efecto, es injusto. Eso yo no lo puedo arreglar".

Tarjeta de memoria

Juliana Ramírez creció con un solo recuerdo de su padre. Estaba sentado en la media luz de un atardecer en el porche de su casa, en un pueblo cerca de San Miguel, El Salvador, mientras su madre preparaba la cena en la cocina. Un hombre con una máscara negra surgió de la oscuridad. Juliana oyó tres disparos y vio a su padre caer de la silla, vomitando sangre. Era 2005 y ella tenía tres años; después de eso, se preguntaba si el asesinato en verdad había ocurrido. El detalle más tangible de aquella escena era el hombre enmascarado, que llegó a parecer alguien más presente en su vida que su padre. Juliana se encontraba con su madre junto a la ventana, jalando un extremo de las cortinas para asegurarse de que no hubiera vuelto. "Es como si ese hombre se hubiera quedado a vivir con nosotras", pensaba Juliana en ocasiones. Un día, cuando ya era mayor, su madre dijo que una pandilla llamada Mara Salvatrucha había matado a su padre porque se negó a pagar un tributo por la salchichonería que tenía en la casa.

Después del asesinato, por cinco años la familia se mudaba cada seis meses; se quedaban con parientes de todo El Salvador, tratando de que la pandilla no las alcanzara. En 2011, después de que Ramona, la madre de Juliana, declaró contra el asesino, un miembro de la MS-13 trató de apuñalarla durante un juego de futbol, en el que vendía refrescos. Escapó y huyó del país. Dejó a Juliana y a sus dos hermanas menores en la casa de una tía; no tenía dinero para llevárselas con ella. Fue a Brentwood, en Long Island, donde tenía algunos parientes, y encontró trabajo haciendo aseo en diversas casas. Unos años después, volvía a casa del trabajo cuando recibió una llamada. "Lo que necesito ahorita es un dinero —dijo una voz masculina—. La gente del cantón la conozco. Yo conozco a su familia, a sus hijos, a su hija la conozco". Días más tarde, uno de los compañeros de la escuela de Juliana, un muchacho de 16 años que pertenecía a la MS-13, la secuestró de la casa de su tía; la violaron y la golpearon durante varias semanas. Un día consiguió llamar a su madre y juntas planearon su huida.

En junio de 2015, Juliana, ahora de 13 años, y sus dos hermanas, salieron en la parte trasera de una camioneta, cubiertas por una lona de nailon, apretujadas con otros migrantes, camino al norte. En una selva a lo largo de la frontera entre Guatemala y México, Juliana tuvo un ataque de asma y los traficantes estuvieron a punto de dejarla tirada.

En Washington, funcionarios del DHS y de la Casa Blanca trataban de hallar formas de disuadir a migrantes como Juliana de hacer el viaje. En una reunión, Jeh Johnson consultó a Michael Chertoff, que había sido secretario de Seguridad Nacional en el gobierno de George W. Bush, que reiteró la opinión ortodoxa. La inmigración, le dijo a Johnson, era "un fenómeno sensible al mercado". El gobierno de Estados Unidos necesitaba limitar el negocio de los traficantes. ¿Cómo? Trastocando la demanda de migrantes por llegar a Estados Unidos. Ya tenía una política a la que había llamado Consequence Delivery System (Sistema de Reparto de Consecuencias), un elaborado plan de disuasiones pensado para enviar fuertes mensajes a la región: el traslado expedito de migrantes en la frontera, el uso de cárceles para arrestar a los recién llegados y las coreografiadas operaciones policiales para generar atención de la prensa. Iniciada en la temporada primavera-verano de 2014, le sumó una campaña de contraprogramación regional. Si encendías la radio en el Triángulo Norte de Centroamérica podías oír cancioncitas como esta, de un aviso que pasaba en El Salvador y Honduras: "Colgados de los vagones/ de esta bestia de hierro/ los migrantes, cual ganado,/ van directo al matadero". También había anuncios televisivos, con dramatizaciones de migrantes que morían antes de llegar a Estados Unidos.

Juliana, que no tenía televisión, se concentraba en los peligros más inmediatos. Seis semanas después de salir, cuando agentes de la Patrulla Fronteriza la arrestaron junto con su grupo en Texas, sintió alivio. Los traficantes le habían dicho lo que ahora pasaría: era hora de entregarse y experimentar las hieleras, como les decían los migrantes a las celdas frías en los centros de detención de la zona fronteriza. Los otros menores a su alrededor tenían planes similares. Conocían los nombres de ciudades y puntos de referencia donde habría familiares esperándolos.

Juliana y sus hermanas finalmente llegaron a Brentwood a vivir con su madre. El tamaño de todo superaba su comprensión. Ella buscaba casitas de barro y lámina como las de su pueblo natal, pero todo lo que veía era enormes viviendas suburbanas con prados geométricos. Los centros comerciales, con sus grandes almacenes y sus restaurantes con aire acondicionado, eran monstruosidades inexplicables. Ella siguió una sencilla máxima adolescente: evitar la humillación. Se preparó para su primer día en la secundaria memorizando la oración: "No hablo inglés". Cuando llegó a un edificio de ladrillo de dos pisos con docenas de salones y largos pasillos flanqueados por armarios y atiborrados de estudiantes, no tenía idea de dónde eran sus clases ni de cómo leer sus horarios. Les recitaba a otros niños la oración que había ensayado, pero aquellos no le hacían caso o le respondían algo ininteligible. Juliana vio a una maestra que tenía aspecto hispano y le pidió ayuda. "No hablo español", contestó la maestra, y se alejó.

Después de unos meses en la escuela, dos niños salvadoreños con camisetas extragrandes, pantalones caídos y pañuelos azul claro, se sentaron junto a Juliana en la clase de matemáticas. La acribillaron a preguntas en español. ¿De dónde era? ¿Con quiénes se juntaba en su pueblo? Juliana le había prometido a su madre que no les diría a otros estudiantes su nombre completo, para que no se corriera hasta El Salvador la voz de que se había escapado. Y mientras los niños la interrogaban, empezó a sentir pánico. Cuando alguien hablaba así —con un argot marcado y un tono confiado de amenaza hecha al pasar—, a menudo significaba que se hallaban en una pandilla.

Sus interrogadores pertenecían a la MS-13, la pandilla de la que Juliana había oído hablar. No sabía que la MS-13 había empezado en Estados Unidos, ni cuantos años antes de que ella naciera cientos de pandilleros de la Costa Oeste se habían ido al este, a sitios como Washington, D. C., los barrios periféricos de Maryland y Long Island. "No deberían estar aquí", repetía para sus adentros.

★ ★ ★

El mismo año que Juliana y sus hermanas huyeron de El Salvador, aproximadamente 40 000 menores no acompañados llegaron a la frontera, junto con

40 000 familias. En 2016 fueron 60 000 niños y 78 000 familias. Las deportaciones generaban una oleada separada de personas que circulaba en dirección opuesta. En 2015 y 2016, Estados Unidos deportó como a 42 000 salvadoreños, 42 000 hondureños y 67 000 guatemaltecos. Con toda esta gente en un estado de flujo perpetuo —empujada hacia la frontera y luego empujada de regreso—, la línea divisoria entre Estados Unidos y Centroamérica se volvió aún más borrosa.

En 2016, en San Salvador, Eddie Anzora no se hacía ilusiones de vivir en ningún otro lugar. Pero algunas veces parecía como si su universo constituyera un tercer país: no Estados Unidos, ni El Salvador, sino una mezcla de los dos, en la que las realidades de ambos países estaban presentes en proporciones cambiantes.

Después de varios años de trabajar en centros de atención telefónica había ahorrado lo suficiente para formar una familia y conoció a la mujer que se convertiría en su esposa. Se llamaba Mayra; era una elegante y vehemente madre soltera de una ciudad llamada Apopa, a las afueras de la capital. Era una zona peligrosa, controlada por las pandillas, que Eddie solo podía visitar con un acompañante de ahí. Se habían conocido en Metrocentro, el *mall* en el centro de San Salvador, en una sesión de fotos que él había organizado para una línea de ropa que estaba queriendo lanzar. Un año después de casarse, en 2012, tuvieron un hijo al que le pusieron Christopher.

Las largas horas que Eddie pasaba en el centro de atención telefónica lo estaban desgastando. Había agotado ya todos los aumentos de sueldo y los ascensos disponibles para el personal. No había válvula de escape para su ambición. Un beneficio de su actual línea de trabajo, sin embargo, era que podía observar las modas. Se dio cuenta de que la demanda de hablantes del inglés parecía estar dejando atrás a la oferta, así que decidió poner su propia escuela de idiomas, a la que llamó English Cool. Un puñado de escuelas estaba brotando para satisfacer las necesidades del trabajo de los centros de atención telefónica. Estaban English4CallCenters, Got English?, Direct English e English Coach. "El inglés vuelve a estar a la moda —le decía Anzora a quien quisiera escucharlo—. La gente quiere hablarlo, porque significa que puedes conseguir trabajo". Eran deportados tanto los directores como el personal de la mayoría de las escuelas, cuyo argumento de ventas era el mismo que el de cualquier otra escuela de idiomas: estudia con un hablante nativo. "Si quieres aprender inglés, un deportado es tu mejor opción, pues él de hecho ya ha tratado con gente de Texas, de California...", decía Eddie.

English Cool ocupaba parte de una casa venida a menos, flanqueada por un negocio de reparación de teléfonos celulares y un taller mecánico. Eddie vivía arriba de la escuela con Mayra y sus hijos. En el segundo piso había dos salones, cada uno con un pizarrón y una computadora de escritorio ligada a una televisión. En los libreros había ejemplares de *The Screenwriter's Bible, Photoshop* y *Run Your Music Business,* vestigios de sus días angelinos. Otro cuarto estaba lleno de las cosas acumuladas durante sus trabajos paralelos: equipo de grabación, material promocional de conciertos que había organizado, cámaras que usó cuando a sus diversos trabajos sumó el de fotógrafo de bodas, pruebas marcadas de sitios web que bosquejó cuando ofrecía servicios esporádicos de diseño gráfico. La organización de la casa era rigurosamente estadounidense; era el monumento a un hombre ambicioso, rebosante de proyectos y con planes de respaldo. Algunas de las otras escuelas eran más lujosas que English Cool y poseían recursos más refinados, como laboratorios de idiomas, computadoras y salas de descanso, pero ninguno igualaba la atmósfera de insaciable potencial que tenía English Cool.

Un lunes de abril a las 10 de la mañana, ocho estudiantes llegaron a English Cool a tomar la clase de nivel intermedio. Con pantalones de mezclilla y una camiseta negra de English Cool, Eddie los recibió en la puerta del salón. La mayoría de los estudiantes tenían entre 18 y 25 años, y un hombre se acercaba ya a los 40. Algunos tenían empleos mal pagados o de medio tiempo; otros seguían en la escuela. El costo del curso de Eddie —36 dólares al mes— era más económico que el de la competencia (el promedio de las otras escuelas era de 60 dólares). Aun así, solo la mitad de los 40 estudiantes podían pagar con regularidad. Los demás lo hacían con generosos planes a plazos.

"¿Cómo les fue el fin de semana? —les preguntaba Eddie—. Formen parejas y cuéntense lo que hicieron". Recorría el salón haciendo bromas y estimulando a los estudiantes más indecisos. Para iniciar una conversación, le planteaba al grupo una pregunta: "¿Cuándo fue la última vez que robaron algo? ¿Y qué fue?"

Eddie había aprendido sus métodos de enseñanza en English4CallCenters, donde alguna vez había trabajado de medio tiempo mientras además hacía turnos en un centro de atención telefónica. La escuela, fundada en 2014 por

Rodrigo Galdámez, un salvadoreño de 27 años, tenía en ese entonces 10 sucursales en todo el país, más dos en Guatemala, y 1 000 estudiantes por ciclo escolar. Galdámez nunca había ido a Estados Unidos, así que contrató a un deportado de Texas, y entre los dos prepararon un plan de enseñanza. Se dieron cuenta de que el mayor impedimento de los salvadoreños que querían trabajar en centros de atención telefónica tenía que ver con la actitud, no con el idioma. La clave para prepararlos para sus llamadas con estadounidenses demandantes era enseñarles a ser seguros de sí mismos y solícitos. Direct English, un competidor de alta gama de English Cool, tenía un centro de atención de llamadas simulado, con 15 computadoras y auriculares, para que los estudiantes pudieran sostener conversaciones simuladas. Su dueño, que antes vivía en el sur de California, puso en el primer piso dos grandes salones, llamados el Staples Center y el World Trade Center.

En English Cool, Eddie les daba a sus estudiantes un curso intensivo para aprender a improvisar seguros de sí mismos. Esa mañana dirigió la clase de preguntas y respuestas leyendo reseñas de restaurantes publicadas en el sitio Yelp. "Yo pedí el Rice Krispie de Oreo, la galleta de *toffee* y la galleta de mantequilla de cacahuate sin gluten", leyó. Hizo una pausa para que los estudiantes pudieran repetir sus palabras, como si recitaran un disparatado catecismo. "Yo le pedí a mi acompañante que me trajera otra porción", entonaban. Un estudiante interrumpió con una pregunta: "¿Qué es un Rice Krispie?"

Durante un año y medio, entre 2012 y principios de 2014, de repente El Salvador se volvió más seguro. Los asesinatos de pandillas a lo largo del país disminuyeron en más del 50%, y si bien ese avance se atribuía generalmente al gobierno del FMLN con Mauricio Funes, las razones detrás eran un secreto. En febrero de 2012, un pequeño equipo dentro del Ministerio de Justicia y Seguridad Pública del país inició negociaciones clandestinas con representantes de la MS-13 y el Barrio 18, que se habían escindido en dos facciones rivales: los sureños y los revolucionarios. Esas pláticas tuvieron lugar en las entrañas del centro penitenciario de más infausta memoria del país, un edificio de bloques de hormigón que albergaba como a 400 internos a los que no se les permitía tener ninguna clase de contacto físico con visitantes y podían salir de sus celdas solamente por tres horas a la semana. Se llamaba Zacatecoluca, pero era más conocido como Zacatraz. Si los internos tenían que salir del centro para acudir a una audiencia en el juzgado o atender una emergencia médica, a su regreso los mantenían en aislamiento hasta que pudieran defecar frente a guardias de la prisión para demostrar que no estaban metiendo nada de contrabando. A los más violentos los encerraban en el sector más hondo y oscuro de la cárcel, el Sector 6, reservado para "los héroes", como les decían los pandilleros, donde cada celda tenía una sola ventana, de más o menos 10 centímetros de ancho.

El principal impulsor de la nueva estrategia era un exgeneral llamado David Munguía Payés, quien luchó contra la guerrilla durante la guerra civil y recientemente había sido elegido para dirigir el Ministerio de la Defensa Nacional. Cuando Funes lo nombró, a integrantes del FMLN les alarmó que fuera un exsoldado y no un civil quien tuviera el control; como dijeron algunos de ellos, la decisión de elegirlo parecía hecha en alguna parte de la capital de Estados Unidos. Munguía Payés había prometido solemnemente poner a soldados en enclaves pandilleros de todo el país. Pero como estratega militar, también sabía cuando una batalla era imposible de ganar. En privado, para iniciar negociaciones, buscó a un exguerrillero: a cambio de beneficios, como visitas conyugales, la transferencia de internos a otros centros y una pausa en las ofensivas militares en barrios de pandillas, los pandilleros podían dejar de matarse entre ellos y a quien se interpusiera en su camino.

Ya antes los dos partidos políticos establecieron acuerdos *ad hoc* con las pandillas, casi siempre inmediatamente antes de las elecciones —para propiciar un mayor número de votantes o para aminorar periódicamente la cifra de muertes—, pero estas negociaciones fueron más lejos. Un sacerdote católico estaba involucrado, al igual que un observador de la Organización de los Estados Americanos, una entidad supervisora regional. En la primera reunión, nueve miembros de la MS-13 y 10 del Barrio 18 se reunieron en torno de una mesa para comer pollo frito de la cadena de comida rápida Pollo Campero, llevada por el principal negociador del gobierno. Uno de ellos era Duke, el viejo conocido de Eddie. Un pandillero rompió el silencio pidiéndole a otro que le pasara la salsa cátsup. Los líderes de las pandillas rivales en algún momento se pusieron de pie para darse la mano. Ambos habían crecido en Los Ángeles y las primeras palabras que se dirigieron fueron en inglés. "En español —les recordó el negociador—. Aquí no todos hablan inglés".

La historia se repetía con un nuevo reparto. Los negociadores de la tregua pensaban en ella como un segundo advenimiento de los acuerdos de paz firmados 20 años antes entre la guerrilla y el ejército. "Estamos hablando de un ejército de 70 000 hombres —dijo uno aludiendo a las pandillas—. Ningún ejército de la región puede combatir contra ellos". Tal como la vieja guerrilla, muchos de los pandilleros estuvieron de acuerdo en entregar las armas en ceremonias públicas; cuando lo hicieron, las autoridades encontraron algunos de los M16 y una mina antipersona Claymore que el gobierno de Estados Unidos le había dado al ejército salvadoreño durante la guerra.

La embajada estadounidense, por su parte, estaba disgustada por este giro de los acontecimientos. Funcionarios del Departamento de Estado, que daba financiamiento para las cárceles salvadoreñas y para operaciones policiales, consideraban que esas negociaciones constituían una capitulación y una infracción de las normas de seguridad. Siete meses después, el Departamento del Tesoro declaró a la MS-13 una "organización criminal transnacional" y empezó a aplicar sanciones. Era la primera vez que una pandilla callejera recibía esa designación. Cualquiera descubierto haciendo negocio con la MS-13 —incluyendo, en algunos casos, gente que trabajaba en iniciativas comunitarias para alejar a los pandilleros de la violencia— enfrentaba penas carcelarias.

La tregua todavía era más polémica en El Salvador. El público estaba traumatizado por la guerra y furioso por las depredaciones de las pandillas. Años de políticas estilo Mano Dura ya eran la norma. Cualquier cosa que oliera a venganza tenía buenas probabilidades de obtener votos en tiempos electorales. Funes se negó a reconocer en público las negociaciones y dejó a sus negociadores en la estacada. En 2014, cuando su sucesor, Salvador Sánchez Cerén, un compañero del FMLN y el primer exguerrillero en llegar a la presidencia, tomó posesión, disolvió el acuerdo e intensificó la vieja ofensiva. "En ningún momento nuestro gobierno está dispuesto a dialogar con los criminales —declaró—. Los vamos a perseguir, a capturar, para ponerlos ante la justicia". Cuando, como se había pronosticado, los homicidios aumentaron bruscamente y alcanzaron nuevas cotas en 2015, el gobierno ofreció a los negociadores como *chivos expiatorios*. En El Salvador, el fiscal general era nombrado por el Congreso, no por el presidente. En la primavera de 2016 empezó a detener a funcionarios del gobierno que habían participado en la tregua, desde los más altos negociadores hasta los policías secretos que tenían la tarea de recoger algunas de las armas desechadas.

*Miembros
de la pandilla MS-13
en una celda del centro penal
de Chalatenango, El Salvador,
17 de septiembre de 2018.*

Durante los descansos en English Cool, o de noche con una pupusa y una cerveza Corona mientras el resto de su familia dormía, Eddie veía en YouTube *Vice* y documentales de la BBC sobre los operativos del crimen organizado en México y en Colombia. Algo que llegó a obsesionarle, porque iba en contra de la lógica más simple, o incluso de la lógica financiera, era la arbitrariedad de la carnicería que lo rodeaba en El Salvador. Tenía un primo policía y todo el tiempo le enviaba mensajes para pedirle insistentemente historias y regularidades observables en los hechos. Intercambiaban teorías de la psicología humana —¿cómo era posible que alguien de 13 años matara a un extraño por diversión?— y de la guerra territorial en la política. Había, entre la MS-13 y el Barrio 18, como 60 000 pandilleros en El Salvador, aproximadamente el 1% de la población total. Tenían una fuerte presencia en 247 de los 262 municipios y extorsionaban al 60% de los negocios del país. El Banco Central de Reserva

349

Vendedor de frutas asesinado en las calles del centro de San Salvador, El Salvador,
15 de marzo de 2017.

de El Salvador calculaba que el país perdía más o menos 4000 millones de dólares anuales por la extorsión, y sin embargo las pandillas no se parecían en nada a otros grupos criminales organizados. El Departamento del Tesoro de Estados Unidos puso a la MS-13 en compañía de los carteles mexicanos de la droga y la yakuza en Japón, operaciones multimillonarias. En contraste, los ingresos anuales de la MS-13 eran de 30 millones de dólares; sus miembros ganaban, en promedio, como 65 dólares al mes, que era la mitad del salario mínimo de un jornalero del sector agrícola. La mejor manera de explicar la ferocidad de la violencia que se le ocurría a Eddie era que los pandilleros adolescentes estaban tan carentes de esperanza y vitalidad que la cárcel no era perceptiblemente peor que la vida ordinaria en las calles.

Una mañana temprano, a principios de 2016, Eddie estaba saliendo de un turno de noche en un centro de atención telefónica llamado O'Currance, un complejo de edificios blancos cercados por un portón de metal color café en una calle tranquila. Eran poco después de las seis; aún no amanecía y el cielo seguía teñido de gris. Cruzó la calle en diagonal para evitar un callejón frecuentado por pandilleros y llegó a un puesto de pupusas al que solía ir cuando trabajaba hasta tarde. El vendedor, que lo conocía, empezó a preparar su pedido enseguida y le ofreció chocolate caliente servido en una taza especial que a Eddie le gustaba.

Habían aumentado los asesinatos por toda la ciudad. A finales de 2015 hubo al menos 6600 en una población de alrededor de seis millones de personas, con lo que el índice de homicidios llegó a ser incluso más alto que durante gran parte de la guerra civil. Unos meses después, la Corte Suprema emitió una resolución para categorizar a las pandillas como grupos terroristas, lo que autorizaba a la policía y al ejército a ser aún más agresivos. En Washington, el ICE recientemente había decidido llevar a cabo una serie de redadas navideñas, como les llamó, para mandar un mensaje, pues la cantidad de solicitantes de asilo en la frontera estaba aumentando otra vez. El gobierno salvadoreño respondió tuiteando consejos jurídicos a los salvadoreños residentes en Estados Unidos para recordarles que la Cuarta Enmienda los protegía de registros e incautaciones ilegales. La medida se anunció como una muestra de solidaridad con la diáspora salvadoreña, pero enmascaraba un sentido de desesperación. Los detenidos serían enviados de regreso a una zona de guerra, de hecho.

Eddie escudriñó la calle en ambas direcciones antes de darle un sorbo a su chocolate caliente. Las primeras horas de la mañana normalmente eran seguras. Permitió vagar a su imaginación por unos momentos. Cuando bajó la taza había dos muchachos de pie frente a él. Eran jóvenes y de aspecto salvaje, con ropa amplia y tatuajes en los brazos y en el cuello.

—Más te vale que no corras, tenemos controlado todo el lugar —dijo uno—. Si corres, te matamos ahora mismo, pero si caminas con nosotros, solo te vamos a revisar.

Se movieron hacia un callejón a la sombra de varios árboles. "Llegó la hora", pensó Eddie. Su cerebro gritaba para llamarle la atención, y mientras los seguía se puso a hacer planes de contingencia. ¿A cuál golpearía primero? El más bravucón, el que lo amenazó, parecía el líder de los dos. Pero quizá si tiraba al otro tipo tendría más posibilidades de ganar. ¿Alguno de ellos llevaba una pistola? Era difícil distinguir el bulto de un arma bajo la ropa.

—Levántate la camisa. Dame tu celular —dijo el segundo.

Eddie sabía lo que estaba pasando en ese momento: estaban revisando si tenía tatuajes de pandillas y viendo sus fotos y sus contactos por si encontraban algo incriminatorio. Ese era un barrio de la MS-13, así que buscaban indicios de "los números". Querían ver su identificación, pero Eddie no la llevaba. Seguía apareciendo su vieja dirección, que correspondía a un local de la calle Dieciocho. Cuando iba a trabajar a O'Currance, en territorio de la MS-13, se aseguraba de dejar la identificación en casa.

El interrogatorio empezó a adquirir un ritmo de policía bueno y policía malo. El líder lo insultaba, le decía "cerote" y profería amenazas entre dientes, mientras que el otro se quedaba callado. "Son muy profesionales —observó Eddie. Era extraño tener ese pensamiento en un momento así, pero se descubrió a sí mismo apreciando su refinamiento; evidentemente habían hecho eso antes—. Bien militares —dijo Eddie para sus adentros—. Estos cabrones entienden la situación".

Empezó a llover y Eddie trató de coger la mochila que estaba a sus pies. Sabía que debía moverse lento, mostrar que no tenía nada planeado, pero ambos le gritaron que lo hiciera más lento. Eddie asintió con la cabeza y abrió la mochila. Sacó una sudadera negra y se la ofreció al líder, que se estaba mojando.

—Ponte esto, está lloviendo —le dijo.

Su tono era compasivo, pero no sumiso. Los tipos sonrieron con complicidad y Eddie sintió que el peligro empezaba a disiparse.

—Mira, como hiciste eso y eres un buen tipo, vamos a dejarte ir por esta vez —dijo el líder. Empezaron a devolverle sus cosas, todo excepto el teléfono celular—. Pero esto, ¿lo necesitas? —preguntó el otro, levantándolo.

Eddie sabía que ahora podía hablar con más libertad. Toda posesión material tenía un costo. Podía permitirse reemplazar el teléfono, pero no lo que tenía ahí. Tenía contactos que le había costado años acumular, los nombres de amigos, socios comerciales y gente a la que podía llamar si fuera necesario. Eran la armadura que rodeaba la vida que había reconstruido para sí mismo en El Salvador, su nueva red de apoyo para nunca más tener que sobrevivir solo.

—Sinceramente, si necesitan el teléfono, llévenselo —dijo—. Pero déjenme sacar mi tarjeta de memoria.

36

Trump

Una tempestuosa mañana de jueves, en abril de 2016, Paul Pontieri caminaba presuroso por la calle principal de Patchogue, Nueva York, rumbo al estacionamiento detrás de una sala de espectáculos llamada el Emporium. Patchogue era demasiado pequeña para ser considerada una ciudad. Era una villa costera de aproximadamente 13 000 residentes en Long Island, como a 80 kilómetros al este de la Ciudad de Nueva York. Pontieri, un hombre cálido de sesenta y tantos, un poco calvo, de pelo canoso y con una amplia sonrisa natural, era el alcalde de Patchogue.

Todo el mundo lo llamaba por su nombre de pila. Ser alcalde no era su único trabajo; también era director interino de una preparatoria cercana, en Amityville.

Un policía montaba guardia en la calle afuera del Emporium. Al acercarse Pontieri, el policía se le puso enfrente.

—Perdone, ¿adónde va? —preguntó.

Pontieri, sorprendido, respondió:

—Soy Paul —y agregó, como recordándoselo a sí mismo—, el alcalde de Patchogue.

El policía no lo había reconocido porque no solía trabajar en la villa. Patchogue no tenía su propia fuerza policial y ese día los líderes del condado habían decidido que era necesario llevar agentes de todas las ciudades vecinas. Setenta y dos horas antes de las elecciones primarias republicanas en Nueva York, Donald Trump iba a pronunciar un discurso invitado por los republicanos del condado de Suffolk.

353

En junio de 2015, Trump había anunciado su candidatura a la presidencia con una calculada invectiva contra los inmigrantes: estaban entrando al país "violadores" procedentes de México. Nueve meses después, en la primavera de 2016, consolidó la delantera en las elecciones primarias republicanas. Y, con todo, su campaña —llena de histrionismo chapucero y bromas racistas— aún daba la escabrosa sensación de un espectáculo de feria. Los republicanos de Long Island, que lo idolatraban por ser hijo nativo de Nueva York, estaban abandonando al grupo dominante del partido y respaldando a Trump como el nuevo favorito. "Está siendo provocador. Eso es refrescante", dijo John Jay LaValle, el director del partido en el condado. Todos los candidatos presidenciales fueron invitados al acto en el Emporium, pero solo Trump aceptó ir. LaValle veía su candidatura, que Trump había construido alrededor del radical rechazo a la inmigración en todas sus formas, como la oportunidad para propiciar una catarsis nacional. Dijo: "Tenemos un problema de inmigración. El enfoque de Trump es: 'Llevemos eso al siguiente nivel'. Me preguntan: '¿Va a construir un muro?', y yo digo: '¿Eso importa?'"

Le importaba a Pontieri, porque gran parte de sus electores y sus amigos eran inmigrantes de Ecuador, El Salvador y México. El Emporium estaba a unos pocos cientos de metros del monumento en memoria de Marcelo Lucero, un ecuatoriano de 37 años que fue asesinado por un grupo de adolescentes en 2008. Los muchachos habían salido una noche en busca de inmigrantes —usaban el insulto racista *frijoleros* para referirse a ellos— a los cuales atacar y se cruzaron con Lucero, que volvía a casa del trabajo. Después, el gobierno federal intervino para reformar a la policía del condado de Suffolk, que no había podido hacer frente a la omnipresente violencia contra los latinos. En Patchogue el clero parroquial organizó vigilias de oración, y Pontieri se reunía regularmente con ecuatorianos y salvadoreños para comunicarles su indignación y su solidaridad. En algún momento viajó a la ciudad natal de Lucero en Ecuador para disculparse personalmente por lo que había pasado. Mientras estaba allá, se topó con algunos ecuatorianos de Patchogue. Se enteraron de su viaje y habían ido para darle ellos mismos la bienvenida. "Tú nos cuidas en Patchogue, nosotros te cuidamos aquí", le dijo uno de ellos.

Durante las horas previas al discurso de Trump, una atmósfera circense envolvía las pocas cuadras que formaban el centro de Patchogue. Vendedores ambulantes empujaban carritos adornados de *souvenirs*: dedos de hule espuma, muñecos cabezones, máscaras de hule con la cara de Trump. Entraban fuereños a raudales, con los autos decorados con banderas de Trump y pintados con chillantes rojo, blanco y azul; se agitaban por las ventanillas letreros que decían "TRUMP MANDA" y había camisetas con eslóganes estridentes como: "Esta mujer va a votar por Trump". Los boletos para entrar más económicos estaban en 150 dólares; por 1 000 más, los asistentes podían posar para una foto con Trump.

El candidato, que subió al escenario alrededor de las cinco de la tarde, empezó su discurso con bravuconería enlatada desde el estrado. Una multitud de 1 300 personas abarrotaba el Emporium, mientras unos cuantos cientos de manifestantes se congregaban afuera, cerca del monumento a Lucero. Cargando sus propios letreros —"Di que no a Trump, di que no al odio"— como escudos, eran centinelas del barrio, defendiendo a su comunidad de fuereños hostiles. Pontieri caminaba nervioso. Desde que Trump había empezado a ganar en las encuestas, le parecía que las relaciones personales importaban menos que nunca; antiguos vínculos se deshilachaban. Cuando interactuaba con residentes blancos de clase media de Patchogue, Pontieri tenía que hacer una nueva distinción: entre republicanos tradicionales y leales a Trump.

Cuando necesitaba encender los ánimos, Trump quitaba las páginas del atril con un exagerado movimiento del brazo y se ponía a interactuar con el público. "¿Quién va a construir el muro?", preguntaba. "¡México!", gritaba la multitud en respuesta. El Emporium se sacudía. Trump continuaba, prácticamente gritando, con una voz apasionada pero que nunca se le quebraba. Poco más de una hora después, terminaba. El candidato salía del escenario a grandes zancadas hacia una multitud de guardaespaldas que lo llevaban a una Suburban de color oscuro.

A pesar de toda la pasión que despertaba el tema inmigratorio, nunca antes había sido definitorio para una campaña presidencial triunfadora. En las elecciones primarias republicanas de 1992, el experto Pat Buchanan cuestionó a George H. W. Bush desde la derecha usando la inmigración como puntal de su campana. Propuso un muro en la frontera y una moratoria en la inmigración legal. Bush "es un globalista y nosotros somos nacionalistas", anunció el 10 de diciembre de 1991 en Nuevo Hampshire. "Cuando recuperemos Estados

Unidos vamos a lograr que vuelva a ser grande, porque no tiene nada de malo poner a Estados Unidos primero". Buchanan no ganó en una sola elección primaria estatal, pero demostró que una plataforma nativista podía atraer a más o menos un tercio de los votantes republicanos.

La inmigración explotó una veta fértil de indignación estadounidense, y Trump tenía instinto para transmitir mensajes electrizantes. Había encontrado una teoría unificada que podía explicar la disminución de empleos fabriles, el enojo y la inseguridad avivados por los medios de comunicación de extrema derecha, una epidemia de opioides y la humillación del primer presidente negro del país. A los inmigrantes se les podía echar la culpa de todo. Para el verano de 2016, pocas semanas después de que ganara las elecciones primarias de Nueva York y después se hiciera con la nominación, la pregunta era: cuando Trump despotricaba sobre la inmigración, ¿se trataba de cínica teatralidad o de las políticas incipientes de un presidente en potencia? A quienes estaban observando atentamente la campaña —la gente de las franjas del Partido Republicano más alejadas del centro, los ideólogos, los náufragos del poder establecido—, sus ideas les parecían serias, no por Trump en sí, sino, más bien, por quienes lo rodeaban.

Uno de los más importantes era Jeff Sessions, senador por Alabama, el primer republicano en el Senado en refrendar a Trump para presidente. De los 11 candidatos a las elecciones primarias, se esperaba que Sessions apoyara a Ted Cruz, senador por Texas, que inició la carrera como el favorito de la extrema derecha. Sessions, decía Cruz, era "el más enérgico opositor a la amnistía en el Congreso de Estados Unidos". El 27 de febrero de 2016, una semana después de que Trump venciera a Cruz en las primarias de Carolina del Sur, Sessions tuvo una conversación telefónica de una hora con Steve Bannon, el presidente de Breitbart News. Sessions y Bannon habían pasado varios años en los márgenes políticos, conspirando para mover el centro de gravedad del partido hacia la extrema derecha. En 2013, Bannon incluso había tratado de reclutar a Sessions para que se postulara a la presidencia en una plataforma nacionalista construida en torno de la inmigración y el comercio, pero Sessions declinó. Dos años después, la mañana del 16 de junio de 2015, Bannon se hallaba en las oficinas centrales de Breitbart, en una casa en Washington, viendo en una pantalla a Trump bajando por la escalera mecánica de la Torre Trump mientras sonaba la canción "Rockin' in the Free

World" de Neil Young. Poco después ya era asesor de Trump y reclutaba a otros ideólogos para la causa.

—Trump es un gran defensor de nuestras ideas —reconoció Sessions hablando con Bannon por teléfono en febrero. Sus únicas reservas eran si Trump podría abrirse paso—. ¿Crees que pueda ganar? —preguntó.

—Con toda seguridad. Si personifica este asunto y no se aparta de tu mensaje, no tengo la menor duda.

Al día siguiente, en el escenario de un estadio de Madison, Alabama, Sessions se paró junto a Trump y dijo: "Esto no es una campaña: es un movimiento". Al ver a Sessions convencido, otros siguieron el ejemplo. "Sessions fue el sello de aprobación para Trump", dijo Mark Krikorian, el director del influyente laboratorio de ideas Center for Immigration Studies (Centro de Estudios de Inmigración).

Sessions era un hombre bajo, tímido y callado, de setenta y pocos años, de sonrisa pícara y marcado acento sureño. Había pasado toda su carrera política como un pararrayos y un chiste. En 1986, mientras servía como fiscal en Alabama, Reagan lo nominó para ser juez, pero unas acusaciones de racismo impidieron que lo confirmaran. En ese entonces Sessions fue el primer nominado para una judicatura distrital federal no confirmado en más de 30 años. Era un vergonzoso revés, pero también lo convirtió en un temprano mártir de la política identitaria blanca. Decía representar "un populismo honesto y humilde". Diez años después fue elegido para el Senado de Estados Unidos, donde su carrera quedó definida por su virulento rechazo a la inmigración. En 2007 atacó a George W. Bush por proponer una reforma inmigratoria integral, y en 2013 hizo lo mismo con Obama. Puede ser que a Sessions le haya faltado la influencia para lograr que se aprobaran proyectos de ley, pero generaba suficiente exaltación para sabotearlos.

En 2015, después de que los republicanos asumieran el control del Senado, Sessions rebatió la opinión generalizada en el seno del grupo de poder republicano de que Mitt Romney había perdido la elección presidencial de 2012 porque se inclinó demasiado a la derecha. En un memorándum titulado "Manual de inmigración para la nueva mayoría republicana", Sessions sostenía que el Partido Republicano perdió la elección porque le había faltado empuje. "Las últimas cuatro décadas han presenciado lo siguiente —escribió—. Un periodo de inmigración incontrolada con máximos históricos; un espectacular aumento en la cantidad de personas que reciben prestaciones sociales, y un marcado deterioro en los salarios de clase media". Y proseguía: "El mayor electorado desaprovechado por la política estadounidense son los 300 millones de ciudadanos estadounidenses que han quedado completamente fuera del debate sobre la inmigración. Háblenle a ese electorado con claridad y compasión, y cambien el problema para siempre".

Sessions había propugnado esas opiniones desde su primer cargo público, pero ahora alguien más estaba refrescando y reafirmando su mensaje. Su coautor era un poco conocido escritor de discursos de Santa Mónica llamado Stephen Miller. De 30 años, calvo, con un rostro largo y afilado, Miller era más rico, hábil e innovador que el senador al que servía. Sus padres eran demócratas judíos que habían sido empujados a la derecha. A principios de la década de 1990, la empresa de bienes raíces dirigida por el padre de Miller se tambaleó y la familia se mudó de una casa de cinco recámaras a una más pequeña cerca de Pico, al sur de la Interestatal 10, en California. Miller "todo el tiempo estaba enojado —le dijo más adelante un compañero de la preparatoria a su biógrafa, Jean Guerrero—. Adoptaba una actitud victimista". En la adolescencia era un conservador estridente y se definía en oposición al estudiantado de la escuela liberal a la que asistía. Los ataques terroristas del 11-S tuvieron lugar cuando estudiaba la preparatoria y contribuyeron a consolidar su imagen. "El sentimiento antiestadounidense se había extendido por toda la escuela como sarpullido —escribió en un ensayo en línea en 2003—. Osama Bin Laden se sentiría muy bienvenido en la Santa Monica High School". En la Universidad Duke, donde estudió ciencia política y escribía una columna para el periódico estudiantil, se volvió parte integrante de la televisión y la radio conservadoras. Se oponía al sesgo izquierdista en los salones de clases, invitaba a oradores polémicos al campus y organizaba la "semana de concienciación sobre el islamismo fascista". "Estados Unidos sin su cultura es como un cuerpo sin alma —escribió en una columna—. Y, sin embargo, muchos de los jóvenes de hoy lo ven como un simple punto de encuentro de las culturas de otras naciones".

Miller y Sessions podían compartir algunas convicciones medulares, pero abordaban la inmigración desde diferentes perspectivas. A lo largo de la década de 1990 y principios de la de 2000, la inmigración se cuadruplicó en Alabama y a Sessions le alarmó la creciente mano de obra extranjera en el estado. Miller llegó a la política migratoria por medio de la xenofobia pos 9-S. Sus preocupaciones tendían a ser más incendiarias, con el propósito no solo de castigar a los inmigrantes, sino de suscitar el antagonismo de sus defensores liberales. Cuestionaba la capacidad de los latinoamericanos para aprender inglés y declaraba al islam incompatible con las normas estadounidenses. Antes de trabajar para Sessions, Miller había trabajado como secretario de prensa para Michele Bachmann, la representante republicana de Minesota, que había saltado a la fama nacional después de que un inmigrante indocumentado cerca de su distrito estrelló su auto contra un autobús escolar y murieron cuatro niños. Alentada por Miller, fue al noticiario Fox News y describió la tragedia como un ejemplo de "la anarquía contra el imperio de la ley".

Impresionado por la habilidad de Miller para avivar la controversia, Sessions lo contrató en 2009 y lo presentó a NumbersUSA y al Center for Immigration Studies, laboratorios de ideas que producían informes cargados de datos sobre los costos sociales de la inmigración. Poco después, Miller asistía a reuniones semanales en la Heritage Foundation, el instituto conservador centrado en temas de políticas públicas, con un pequeño grupo de personal del Congreso. Los asistentes venían de algunas de las oficinas más conservadoras del Congreso, pero Miller destacaba. Era desenvuelto, grandilocuente e innegablemente listo. Soltaba opiniones extremas con la practicada soltura de un debatiente universitario. Entre los otros empleados republicanos, Miller se dio a conocer por sus correos electrónicos masivos sobre la inmigración, llenos de enlaces a artículos de sitios web extremistas, como Breitbart y VDARE, que con frecuencia publicaban las opiniones de supremacistas blancos. La mayoría de los destinatarios borraban los correos en cuanto veían el nombre de Miller.

En el Capitolio seguían la costumbre de burlarse de Miller a sus espaldas y a la vez evitar toda confrontación con él. Quizá otros senadores tenían más influencia y un aire de respetabilidad bipartidista, pero Miller y Sessions se las arreglaban para dominar el debate sobre inmigración dentro del Partido Republicano. En 2013 y 2014 hundieron la iniciativa de reforma integral por haber hecho que resultara tan tóxica políticamente que muchos republicanos no querían ni acercársele. Se encargaron de atacar las disposiciones conservadoras que otros miembros del *caucus* estaban agregándole al proyecto para reforzar su apoyo dentro del partido. Para Miller fue un combate de suma cero, pero también un aprendizaje. "Ese proceso fue como cursar una maestría en política inmigratoria —dijo más adelante un asesor republicano que trabajaba con él en esa época—. Antes de eso no tenía ninguna experiencia en materia de políticas públicas. Todo era comunicación. En 2013 se enteró de todos los secretos". Miller estudió décadas de normativas, reglas y juicios discrecionales en materia de inmigración, concebidos para guiar y atenuar a las fuerzas del orden tras la aprobación del IIRIRA. Se obsesionó con todas las lagunas jurídicas en las leyes de inmigración, en especial con una práctica generalizada conocida como *catch and release*, "captura y suelta", que permitía a grandes cantidades de migrantes permanecer en Estados Unidos mientras esperaban que los jueces de inmigración atendieran sus casos. "La respuesta de Miller era que 'las leyes tienen que cambiar' —dijo otro asesor—. No le convencían las promesas de más agentes de la Patrulla Fronteriza o un billón de dólares para levantar un muro virtual. La gente estaba aprovechándose de las leyes, no solo de una frontera porosa".

En el invierno de 2016, unas semanas antes de que Trump recibiera el refrendo de Sessions, Miller cambió de trabajo y se sumó a la campaña. Los mítines, con sus multitudes eufóricas, lo envalentonaron. Con frecuencia hacía de telonero de Trump. Caminando por el escenario con sonrisa relajada, parecía un comediante cuando ponía a la gente a repetir la consigna: "Construye el muro". Hacía la señal de la paz y abría paso a Trump, que recitaba una lista de delitos cometidos por inmigrantes indocumentados. Luego Trump adoptaba un aire sombrío e invitaba al escenario a los padres de una víctima y les ofrecía sus condolencias.

El 22 de agosto de 2016, en un mitin en Phoenix, Trump pronunció un discurso sobre inmigración escrito por Miller. De 77 minutos de duración, estridente y agresivo, lleno de alarmismo racista, también contenía un detallado programa. "Nuestro sistema de inmigración es peor de lo que la gente piensa —empezó Trump—. Innumerables estadounidenses que han muerto en los últimos años estarían vivos hoy si no fuera por la política de fronteras abiertas de este gobierno". Venía a continuación una lista de 10 políticas anheladas, entre ellas "acabar con *catch and release*", "tolerancia cero para los criminales extranjeros", castigos para las ciudades santuario, la promesa solemne de revocar las órdenes ejecutivas de Obama y una visión "de conjunto" para reformar el sistema inmigratorio y que "esté al servicio del interés superior de Estados Unidos y sus trabajadores". Miller le dijo al *Washington Post* que era "como si todo lo que sentía en lo más profundo del corazón estuviera ahora siendo expresado por un candidato al más alto cargo de nuestra nación".

Después del triunfo de Trump, Sessions y Miller obtuvieron los empleos que querían: fiscal general para Sessions y una función de consejero superior en la Casa Blanca, con influjo sobre el Consejo de Política Interna, para Miller. A nadie le sorprendió el nombramiento de Sessions; había sido la fantasía de su larga y anodina carrera jurídica. "Estoy estupefacto de que Trump haya hecho la milagrosa intervención y yo sea fiscal general de Estados Unidos", dijo más adelante. Miller había elegido cuidadosamente, tras haber pasado la totalidad de la transición tratando de calcular qué puesto en la órbita más cercana del presidente tenía la mayor influencia sobre la inmigración. En la Casa Blanca, Miller tendría acceso directo a Trump y a la vez estaría apartado del escrutinio del Congreso. Quería dar órdenes, no llevarlas a cabo, y su credencial de la Casa Blanca lo protegía de tener que declarar ante el Congreso, un privilegio que los secretarios del gabinete no tenían.

Como Cecilia Muñoz había dirigido el Consejo de Política Interna durante los mandatos de Obama, se le pidió que informara del estado que guardaba esa instancia a sus sucesores tras la elección. Con cierta esperanza de que el gobierno entrante pudiera moderarse ahora que la campaña quedaba atrás, le preguntó a Miller cómo podía ayudarle a orientarse en su nuevo puesto. "¿Cómo se maniobra para ser uno mismo quien toma las decisiones y no el Consejo de Seguridad Nacional? —le respondió—. ¿Cómo se los quita uno de en medio para controlar la toma de decisiones?"

Los restriccionistas de la inmigración habían tenido espacio en el Congreso por décadas, pero hacía un siglo que no tenían acceso a la Casa Blanca. Incluso a los ideólogos, el enfoque de Miller les dio la impresión de ser idiosincrásico… y riesgoso. Según su opinión, mientras más polémicas fueran las políticas inmigratorias del gobierno, más fácilmente podían dividir y vencer al electorado. Había asustado a los líderes republicanos de la Cámara de Representantes en 2013 al caricaturizar a los demócratas y a los republicanos moderados como defensores de las "fronteras abiertas"; ahora aspiraba a enviar el mismo mensaje desde la Casa Blanca.

El grupo consultivo sobre inmigración del presidente, que se había formado durante la transición, estaba planteándose emitir una orden para impedir la entrada en Estados Unidos de viajeros de varios países de mayoría musulmana. También detendría temporalmente los trámites de entrada de todos los refugiados en el país, bloquearía la de todos los sirios y recortaría drásticamente la cantidad de refugiados que el gobierno dejaría entrar a la larga al país. El grupo se había estado preparando para las impugnaciones jurídicas cuando intervino Miller. Para él, la diligencia debida estratégica era una concesión de debilidad. "Miller tiene dos impulsos con los que él mismo se enfrenta —dijo un asesor republicano de alto rango—. Uno es ser el lanzabombas que siempre ha sido. El otro es tratar de garantizar victorias para el presidente". En los días previos a la toma de posesión de Trump, Miller y un colega cercano llamado Gene Hamilton, exempleado de Sessions de aproximadamente 35 años, redactó una orden ejecutiva llamada "Proteger a la nación de la entrada de terroristas extranjeros en Estados Unidos": la prohibición de viajar.

Cuando Trump firmó la prohibición poco tiempo después, a ninguno de los funcionarios de mayor jerarquía del Departamento de Seguridad Nacional se le había informado de ella de antemano, a pesar de que eran los responsables de hacerla cumplir. De pronto, viajeros con visas válidas quedaban atrapados en aeropuertos estadounidenses sin poder entrar al país; refugiados que, después de varios años de espera, que habían sido sometidos a investigaciones exhaustivas y obtenido permisos para ingresar, eran devueltos. Miles de manifestantes y abogados especializados en derechos civiles empezaron a congregarse en aeropuertos de todo el país, y los senadores republicanos Lindsey Graham y John McCain, podría decirse que las voces republicanas más respetadas en materia de inmigración, declararon: "No debemos dar la espalda a los refugiados […] que no representan ninguna amenaza demostrable a nuestra nación, y que han sufrido horrores indecibles".

Al día siguiente, los cuadros superiores del presidente se reunieron en la sala de crisis: John Kelly, el secretario de Seguridad Nacional; Tom Bossert, el asesor del presidente en materia de seguridad nacional, y funcionarios del Departamento de Estado. Miller lanzó una diatriba. "Este es el nuevo orden mundial —les dijo a los asistentes—. Tienen que embarcarse". La prohibición fue cuestionada inmediatamente en un tribunal federal; se necesitaron 18 meses, y tres versiones de la orden, antes de que pasara la inspección jurídica, tal como había advertido el grupo consultivo del presidente desde el principio. Pero en lugar de censurar a Miller, Trump les echó la culpa a los tribunales y a los abogados del Departamento de Justicia, incluido Sessions, por "atenuar" la orden.

Más que encauzar a Trump, Miller lo estaba rebasando. En la Casa Blanca tenía fama de ser una "enciclopedia ambulante" sobre inmigración, y los asesores políticos del presidente, que reconocían que hacer una campaña centrada en el tema había sido clave para la victoria de Trump en 2016, acataban sus opiniones como si fuera el experto. Los que tenían reservas —como Rex Tillerson, el secretario de Estado, y H. R. McMaster, el asesor en seguridad nacional— tenían otras responsabilidades y frecuentemente estaban distraídos. Miller, cuya cartera estaba dedicada a un solo tema, podía ser más hábil que ellos si usaba los canales institucionales adecuados. Enviaba correos electrónicos con moderación y evitaba llamar directamente a los funcionarios para dar las órdenes: mejor transmitía sus mensajes por intermediarios. Otras veces intervenía directamente para decir algo y luego se retiraba y dejaba que unos suplentes terminaran el trabajo.

El 5 de junio de 2017, funcionarios de varios departamentos federales se reunieron en la Casa Blanca con la finalidad de iniciar el proceso anual para determinar la cantidad límite de refugiados para el siguiente año. Desde la Ley de Refugiados de 1990 se requería que el presidente hiciera a sus más altos consejeros en materia de política pública decidir cuántos refugiados aceptaría el país en el siguiente año fiscal. Durante el gobierno de Obama, el promedio era de 76 000, y para 2017 Obama lo aumentó a 110 000, para sirios que huían de la guerra civil en curso. Poner un tope no era un requisito absoluto para aplicar a rajatabla, sino una meta cuidadosamente formulada resultado de meses de reuniones, informes detallados con recomendaciones y recalibraciones constantes. Los expertos de las dependencias federales evaluaban la capacidad del gobierno para realizar controles de seguridad y analizaban los recursos de las nueve organizaciones para reasentamiento de refugiados del país; calculaban los costos totales del gobierno y hacían proyecciones minuciosas acerca de cómo los refugiados recién llegados harían crecer la economía por medio de futuros impuestos y empleos. Acertar en la valoración también era considerado un imperativo de política exterior, pues comunicaba un compromiso estadounidense con el humanitarismo, lo cual, a su vez, influía sobre cuántos refugiados aceptarían otros aliados internacionales. Los generales estadounidenses eran partidarios inquebrantables del programa, en gran medida porque lo veían como una manera de crear confianza entre aliados en zonas de guerra internacionales y en sus alrededores.

Estaban presentes ese día funcionarios de carrera del Departamento de Estado, el Consejo de Seguridad Nacional, el Departamento de Seguridad Nacional y un grupo político de la Casa Blanca llamado Consejo de Seguridad Interna. Pero cuando empezó la reunión, Miller dio un paso al frente. "Sabemos cómo funcionaba esto en el pasado —dijo—, pero también sabemos que el presidente considera esto un tema de seguridad nacional".

Los registros de esa reunión nunca circularon. Otros organismos de actores importantes —como el Estado Mayor Conjunto, el Departamento de Defensa, la Misión de Estados Unidos ante las Naciones Unidas y la Oficina de Administración y Presupuesto— quedaron excluidos de las conversaciones subsecuentes. En otra sesión, en agosto, alguien del Consejo de Seguridad Nacional preguntó por qué el gobierno estaba excluyendo a representantes del ejército, el Centro Nacional de Contraterrorismo y el FBI, todos los cuales eran participantes activos. Uno de los suplentes de Miller respondió: "¿Qué diablos tiene que decir el Departamento de Defensa sobre esto?"

Mientras tanto, el Consejo de Política Interna, que nunca había tenido un papel directo en la política, interceptaba documentos generados por expertos en el tema de toda la burocracia y recortándolos hasta dejarlos irreconocibles. Las estadísticas se escogían a modo o se sustituían descaradamente con cifras de informes del Center for Immigration Studies. Uno de esos informes sostenía que los refugiados tenían 30 veces más probabilidades de cometer actos de terrorismo que el resto de la población, pero eso no era sino un invento. Ese proceso en el que intervenían diferentes organismos había sido creado a lo largo de varias décadas para generar una serie de análisis imparciales que bosquejaran los costos operativos, las necesidades y los resultados posibles del reasentamiento de refugiados. Esa vez, un cálculo de costo-beneficio de rutina realizado por funcionarios del Departamento de Salud y Servicios Humanos fue truncado a instancias de Miller. Lo único que se enunció fueron los "costos" de reasentar a los refugiados, pero ninguno de sus considerables beneficios económicos. "El presidente piensa que los refugiados cuestan más, y los resultados de este estudio no deberían avergonzar al presidente", les dijo Miller.

En el otoño, cuando el gobierno presentó su número final al Congreso, la cantidad límite de refugiados era de 45 000, la más baja en la historia del programa y por debajo de las recomendaciones explícitas del Departamento de Estado, el ejército y la oficina del vicepresidente. Sin embargo, el número importaba menos que el deformado proceso que lo había generado. Al final del mandato de Trump, el tope disminuiría varias veces más, hasta 15 000 refugiados: tan bajo que las agencias de reasentamiento de refugiados tuvieron que despedir a gran parte de su personal. Miller estaba perfeccionando una estrategia que definiría su tiempo en el gobierno. La clave no era únicamente depender de audaces edictos y pronunciamientos de las altas esferas, sino aprender cómo manipular a la burocracia federal, dando a las políticas un barniz de validez institucional y frustrando así subsecuentes empeños de enmendar su trabajo.

Como Trump pocas veces comprendía todo el fundamento del programa inmigratorio de su propio gobierno, Miller podía definir la forma que adoptaría la victoria. Una de las rutinas favoritas del presidente era jugar al policía bueno, con Miller haciendo de policía malo. Sonreía y decía: "Bueno, a mí eso me suena bien, pero Stephen, yo sé que nunca lo harías". Mientras tanto, Miller invocaba constantemente al presidente, sobre todo cuando se topaba con la resistencia de otros funcionarios. "Stephen, lo que tratas de hacer no es posible", le decían. "Sí es posible —respondía—; hablé con el presidente hace una hora y dijo que tenía que hacerse".

Los primeros siete meses de su presidencia, Trump vacilaba en cancelar el popularísimo programa Acción Diferida para los Llegados en la Infancia (DACA), que protegió de la deportación a aproximadamente 700 000 personas que habían llegado de niños a Estados Unidos como inmigrantes indocumentados. Obama instituyó el DACA en junio de 2012 por medio de una acción ejecutiva, y Trump había hecho campaña en su contra y luego dio marcha atrás, en un raro reconocimiento de que daría una imagen muy extrema ir en contra de una población que despertaba tanta simpatía. "Vamos a tratar el DACA con el corazón —dijo después de asumir el cargo—. Para mí es uno de los temas más difíciles, porque tienes a estos muchachos increíbles". Más adelante añadió: "Amamos a los *dreamers*". Miller, sin embargo, siempre había sido hostil a esa política. En un correo electrónico dirigido a un editor de Breitbart, dijo que expandir "la cuota de nacidos en el extranjero" de la mano de obra de Estados Unidos era un ejemplo del uso de la inmigración "para sustituir el perfil demográfico existente".

En septiembre de 2017, presionado por Miller y otros asesores de la Casa Blanca, Trump accedió a cancelar el DACA y fijó un plazo de seis meses para que el Congreso encontrara una solución legislativa. Dejó el anuncio en manos de Sessions, que lo dio en la mañana del martes siguiente al Día del Trabajo. En la conferencia de prensa, Sessions llamó a los *dreamers* con otro nombre. Eran, dijo, "un grupo de extranjeros ilegales" que les estaban quitando trabajo a los ciudadanos, contribuyendo a la "anarquía" y amenazando el "incomparable legado cultural" del país.

37

Campos de la muerte

En septiembre de 2016, dos adolescentes estadounidenses, Nisa Mickens y Kayla Cuevas, de 15 y 16 años, fueron halladas muertas en el bosque de Brentwood, Nueva York, asesinadas con machetes y bates de beisbol, con los cuerpos mutilados e irreconocibles. Trece miembros de la MS-13, siete de los cuales habían llegado a Estados Unidos como menores no acompañados, fueron acusados de sus asesinatos. Donald Trump se enteró del crimen cuando era presidente electo. Su campaña había girado en torno del espectro de los crímenes cometidos por migrantes, y ahora, al acceder a su primer mandato, había identificado al enemigo público número uno.

De 2016 a mayo de 2017, autoridades del condado de Suffolk atribuyeron 17 asesinatos a la MS-13. El departamento de policía del condado identificó al menos a 89 miembros de la pandilla que eran inmigrantes indocumentados; 39 habían sido colocados con sus familias en Long Island por el gobierno federal. Esas cifras eran una minúscula parte de la población inmigrante del lugar, que estadísticamente hablando era mucho más respetuosa de la ley que los ciudadanos estadounidenses. Había medio millón de inmigrantes en Long Island y como 60 000 salvadoreños en el condado de Suffolk. Según los cálculos menos conservadores del departamento de policía del condado de Suffolk, la pandilla constaba aproximadamente de 400 miembros. Los horripilantes asesinatos de la pandilla magnificaban una sensación de alarma que no correspondía a la amenaza real.

La delincuencia estaba disminuyendo en general y retrocediendo desde la década de 1990. "Estas cosas son de sentimiento —reconoció en esa época

367

Steve Bellone, el ejecutivo del condado—. Uno no siente que el crimen esté disminuyendo. Acciones como esos asesinatos no deberían ocurrir en los barrios periféricos". Su predecesor, Steve Levy, un abogado con tendencia al drama populista, había instrumentalizado la inmigración a principios de la década de 2000, cuando los centroamericanos empezaban a ser una inconfundible presencia en los densos suburbios, las granjas agrícolas, los viñedos y los valiosos bienes raíces frente a la playa que constituían el condado. Cuando Trump visitó Patchogue, su público estaba preparado. El condado de Suffolk era una de las zonas suburbanas más grandes de Estados Unidos en virar de un vivo azul demócrata en 2012 a un rojo republicano cuatro años después. Obama lo había ganado por cuatro puntos porcentuales; Trump por siete.

En abril de 2017, el presidente todavía tenía mítines, como si la campaña nunca hubiera terminado. En uno de ellos, organizado en apoyo a la Asociación Nacional del Rifle, le preguntó a la multitud: "¿Han oído hablar de la MS-13? Que se larguen de aquí, ¿verdad? ¡Que se larguen!" Nunca un presidente estadounidense había pasado tanto tiempo hablando de una oscura pandilla callejera latina. Trump la mencionaba constantemente: en discursos del estado de la Unión, en televisión, en debates del Congreso. Cada vez recitaba una letanía de los actos más espeluznantes de la pandilla, eclipsando todas las demás discusiones en materia de política. Los demócratas se quedaban sin saber qué decir, y los republicanos veían un tema de conversación sin desventajas políticas. Un encuestador de Nueva Jersey, que asesoraba a un candidato republicano para gobernador, opinaba que los neojerseítas "no tienen un problema con la inmigración", pero sí "un problema con la inmigración ilegal y los criminales violentos". En Virginia, un republicano con información confidencial del partido llamado Ed Gillespie —ampliamente considerado un baluarte del poder establecido en contra del trumpismo— empezó a sacar publicidad de ataque con secuencias de pandilleros tatuados en una cárcel salvadoreña. El lema de la MS-13 brillaba en toda la pantalla como si fueran los créditos iniciales: Mata, Viola, Controla.

En julio, Trump fue a Long Island para pronunciar un discurso enérgico. Se dirigió a una multitud de simpatizantes elegida para la ocasión: funcionarios locales, legisladores republicanos y un mar de policías de uniforme azul oscuro. Tuvo lugar en el auditorio de un colegio universitario. La iluminación era tenue, lo que daba a la escena un aire neblinoso. La MS-13, dijo Trump, había "transformado parques apacibles y hermosos barrios tranquilos en campos de la muerte". Agitando los brazos y arrastrando los pies por el escenario para impresionar, sugirió que cuando la policía detuviera a pandilleros locales debía darles una paliza "a esos matones" al arrojarlos "en la parte trasera de una camioneta policial".

Un gran contingente de hombres de azul estalló en carcajadas, con una notoria excepción. Era Timothy Sini, un abogado fornido y pulcro de pelo oscuro, con actitud astuta y un suave acento de Long Island. Era el comisionado, de 36 años, de la policía del condado de Suffolk. Unas semanas antes, Jeff Sessions había ido a Central Islip a dar un discurso sobre la MS-13 e inmigración en un juzgado federal. Sini había ido ahí y no estaba contento. Su trabajo era mantener la paz cuando los funcionarios federales se hubieran ido, dejando temas de discusión política a su paso. Ex fiscal asistente, Sini había dirigido el departamento desde el otoño de 2015, después de que un destacado sargento de la fuerza fuera detenido por robar dinero de conductores latinos en los semáforos. Sini era pragmatista. Dada la pésima reputación de la policía en la comunidad latina, habló públicamente de la necesidad de restablecer la confianza, sobre todo si quería erradicar a los pandilleros locales. La mayoría de las víctimas de la MS-13 en Long Island también eran inmigrantes, y muchos habían llegado recientemente a Estados Unidos como menores no acompañados. Los pandilleros y sus víctimas vivían juntos en las mismas ciudades, iban a las mismas escuelas y se disputaban los mismos trabajos. Sus vidas estaban perfectamente enredadas. Sin cooperación de los testigos (dar avisos, presentar quejas, pedir ayuda), la policía fallaría. Trump estaba complicando los planes de Sini para hacer avances. "Ahora tenemos que competir con preocupaciones y ansiedades creadas por otras dependencias del gobierno —pensó Sini—. Tenemos que competir con ese ruido".

El ruido era parte del programa de Trump, y sus más atronadores exponentes eran los miembros del ICE y de la Patrulla Fronteriza. El nuevo director del ICE desde enero de 2017, Thomas Homan, era un veterano que había servido en esa dependencia en el gobierno de seis presidentes. Calvo, ancho de espaldas, con rostro rojizo y nariz protuberante, optimista y brusco, era el agente del orden del agente del orden. Cuando se dirigía a la tropa podía ser sociable y encantador. Lo respetaban por haber ascendido en la jerarquía desde los niveles más bajos. En la década de 1980, Homan empezó su carrera como policía local en el norte del estado de Nueva York, vigilando la frontera entre Estados Unidos y Canadá; tiempo después empezó a trabajar en la Patrulla Fronteriza. Tras unos periodos en el sur de California y en Arizona, se pasó al Servicio de Inmigración y Naturalización (INS), que luego se convirtió en el Servicio de Inmigración y Control de Aduanas (ICE). Los funcionarios de la dependencia tenían un trabajo que hacer, decía, y lo harían sin reservas hasta que los miembros del Congreso cambiaran las leyes.

En 2014, mientras iba quedando claro que los republicanos se opondrían a la reforma inmigratoria integral, el DHS había puesto a punto las prioridades de aplicación de la ley del ICE, y proporcionaba las protecciones más rigurosas que Cecilia Muñoz había querido. La población de inmigrantes indocumentados cuyo arresto era prioritario se limitó más, a aproximadamente 1 400 000 personas, de un total de 11 millones (el gobierno también suspendió el programa Comunidades Seguras). De hecho había dos presidencias de Obama en lo tocante a la aplicación de la ley por el ICE: la primera, de 2009 a 2014, y la segunda durante sus últimos dos años en el cargo. Las detenciones hechas en el país disminuyeron considerablemente, de 300 000 en 2009 a 140 000 en 2016. A Homan, que era el director de la Oficina de Detención y Deportación, le molestaba la interferencia de Obama. Cuando Trump tomó posesión, estaba previsto que Homan se retirara del servicio y ya tenía asegurado un trabajo en el sector privado, en PricewaterhouseCoopers, la firma de consultoría internacional. Un viernes, a finales de enero de 2017, estaba en su fiesta de despedida en las oficinas del ICE cuando recibió una llamada de John Kelly, el primer secretario del DHS de Trump, para pedirle que se quedara y ofrecerle un ascenso.

Mientras Homan desempacaba las cajas en su nuevo despacho, en las oficinas centrales, el lunes siguiente, decenas de miles de inmigrantes de todo el país estaban empacando sus mochilas, haciendo planes de contingencia e incluso preparando huidas. En Queens, un beneficiario del DACA de 22 años y estudiante del último año de la universidad llamado Antonio Alarcón volvía una noche de la escuela a la casa que compartía con sus tíos para encontrarse con que habían puesto junto a la puerta una pila de cajas y maletas llenas de sus pertenencias. "Queremos estar preparados", le dijeron. Ese invierno, informes de una redada del ICE en las Cruces, Nuevo México, impidieron que muchas familias salieran a la calle. El índice de asistencia a las escuelas públicas del condado disminuyó en un 60%. Los directores mandaban a trabajadores sociales a visitar las casas.

Una tarde de febrero, una trabajadora social, Julie Kirkes, llegó a una casa de estuco de tejado plano a las afueras de la ciudad, con una ventanita en el frente que se alcanzaba a ver parcialmente desde la carretera. Al acercarse vio que estaba tapada con una sábana blanca arrugada. La dirección correspondía a la familia de un estudiante de primaria con un buen índice de asistencia que llevaba más de una semana sin ir a la escuela. Abrió la puerta una mujer de mediana edad que la dejó pasar de mala gana. La casa estaba oscura y tenebrosa. Una gran cobija colgaba del techo del pasillo para tapar la vista de un laberinto de cuartos detrás. A la mujer le tomó unos minutos convencerse de que Kirkes estaba ahí para ayudar. Solo entonces llamó al resto de la familia. Estaban escondidos en el pasillo, atrás de la cobija. "Ya pueden salir", gritó, y aparecieron tres niños, su padre y su abuelo. Otras casas que Kirkes visitó habían sido completamente abandonadas.

"Ahora haremos cumplir las leyes vigentes, algo que no nos han permitido hacer", dijo Homan en el verano de 2017. Días después de llegar a la presidencia, Trump había rescindido los memorándums de prioridades que Homan, a regañadientes, hizo cumplir en el gobierno anterior. En esa nueva era, la principal función de Homan era hacer combativas comparecencias en el Congreso y en programas informativos, para someterse a agudos interrogatorios de demócratas y presentadores. Mientras más insistente era la oposición, más firme y enérgico se mostraba Homan. El presidente alardeaba de que su director del ICE parecía "muy feo" y "muy malo". "Ninguna población queda descartada —les dijo Homan en junio a miembros de la Cámara de Representantes—. Si estás ilegalmente en este país y cometiste un delito por estar en este país, deberías estar incómodo, deberías sentir que te vigilan. Tienes que estar preocupado".

★ ★ ★

Cada vez que llegaban funcionarios federales al condado de Suffolk a dar discursos sobre la MS-13, la comunidad de indocumentados en Long Island tomaba sus teléfonos. Enviaban mensajes de texto y hacían publicaciones en

371

grupos privados de Facebook para describir los últimos avistamientos de policías estatales y de agentes del ICE: una lista de las calles y las intersecciones que debían evitarse. Todo el personal de las fuerzas del orden entraba en acción durante las visitas políticas de alto perfil, y debido a la atención nacional sobre los asesinatos de la MS-13, el gobernador demócrata del estado, Andrew Cuomo, también había enviado más patrullas al condado. Cualquiera al que detuvieran por una infracción de tránsito tendría que presentar una licencia de conducir, algo que a los inmigrantes indocumentados no se les permitía tener. Históricamente, los latinos constituían el 20% de la población de Long Island, pero casi el 50% de los casos en el tribunal encargado de las infracciones vehiculares. No había nada —ni ley, ni prácticas generalizadas en las dependencias del gobierno o protecciones jurídicas de ninguna clase— que impidiera que un automovilista fuera entregado al ICE para su deportación.

Juan Gómez había sido policía en El Salvador, pero en 2007, después de llegar a Brentwood como inmigrante indocumentado, consiguió un trabajo de jardinería. De cuarenta y pocos años, robusto y platicador, vivía con su esposa, Silvia, y sus dos hijas en una casita con estructura de madera en una tranquila calle suburbana. Solo hablaba español, con una dicción rápida y enérgica. Pero cuando mencionaba a la MS-13 lo hacía en inglés. Según su opinión, la encarnación estadounidense de la pandilla había creado un dilema específico, en el que la gente común y corriente quedaba atrapada entre los pandilleros y las autoridades que supuestamente los perseguían.

En marzo de 2016, la hija de 15 años de Gómez desapareció tres días con un adolescente. Cuando llamó a la policía le dijeron que probablemente se había fugado con un novio. Silvia y él daban vueltas por el barrio en su automóvil cuando la vieron, con la ropa hecha jirones, tambaleándose por una importante intersección. Evidentemente drogada, la habían dejado tirada en la calle. La experiencia hizo que Gómez se pusiera paranoico y sospechara de sus vecinos. "Si conocen a alguien que acaba de llegar, sobre todo si es un muchacho que vino solo a Long Island, evítenlo —le dijo a su familia—. Hay una probabilidad del 50% de que esté en la pandilla".

Gómez y su esposa empezaron a anotar encuentros u observaciones inquietantes, como un auto desconocido estacionado en su cuadra o un roce con adolescentes agresivos en una gasolinera. Complementaban sus registros con fotografías y videos. No era material que planearan darle a la policía. No tenía ningún sentido; los agentes prácticamente eran indiferentes a los indicadores cotidianos de peligro creciente. El único grupo en el que Juan y Silvia confiaban se llamaba Se Hace Camino Nueva York, con sede en Manhattan, Queens, Brooklyn y Long Island, que daban apoyo a inmigrantes de la zona. Al menos una vez por semana, Juan y Silvia acudían a las oficinas del grupo en Brentwood para hablar de sus preocupaciones y recibir asesoramiento jurídico. El principal organizador en el condado de Suffolk, Walter Barrientos, guatemalteco de 33 años, de niño había vivido cerca de ahí, en Amityville, en una familia de estatus mixto, con algunos parientes documentados y otros indocumentados. Él era más receptivo que cualquier policía, e infinitamente más comprensivo. Lo que él pensaba, según les dijo, era que la violencia de las pandillas tenía picos predecibles que seguían cierta regularidad: una de ellas era la desaparición de jovencitas. La policía descartaba esas desapariciones por considerarlas romance adolescente, pero según la experiencia de Barrientos esos incidentes eran, con más frecuencia, precursores de algo peor. "Poco después de que alguien desaparece, incluso si luego regresa, aparece gente muerta".

En diciembre de 2016 la hija de Gómez volvió a desaparecer. Una mañana, un muchacho la llevó de la escuela a un taxi que estaba esperando. Horas después, como no regresaba a casa, los Gómez fueron a la escuela, donde un guardia de seguridad les pidió una identificación. "Tengo una hija en esta escuela", protestó Juan. Presentaron credenciales de Se Hace Camino, pero el guardia decretó que eran inválidas; al final Silvia lo convenció de aceptar un documento de identidad salvadoreño. Se reunieron con un administrador de la escuela que era reacio a dar ninguna información. Cuando la pareja regresó a casa su hija estaba ahí, a salvo, pero muy asustada para contar lo que había pasado.

Después de un rato, Juan la convenció de que le dijera adónde la había llevado el muchacho. Cuando llegó a la casita destartalada a las afueras de la ciudad, una mujer abrió la puerta e insistió en que ahí no vivía el muchacho al que buscaba. Gómez volvió a su casa y llamó a la policía, que prometió investigar. La familia nunca volvió a saber de ellos. Varios meses después, viendo las noticias locales, Gómez reconoció la casa que había visitado. Dos hermanos que pertenecían a la MS-13 vivían ahí; acababan de detenerlos por los asesinatos de Nisa Mickens y Kayla Cuevas. La policía encontró pistolas, cuchillos y drogas en la propiedad. "Le agradezco a Dios que mi hija esté bien, pero a nadie más", dijo Gómez.

Después de eso, la familia se movía por Brentwood en su camioneta, cuidando no alejarse mucho unos de los otros. Los padres y sus hijas estaban en una situación precaria, pero de diferentes maneras: las muchachas por la pandilla, y Juan y Silvia porque eran indocumentados. Una tarde, a pesar de sus precauciones, a Gómez lo detuvieron por una infracción de tránsito y le impusieron una multa por manejar sin licencia. En El Salvador, constantemente habría tenido que entregar una parte de su sueldo a pandilleros que le exigían renta. En Long Island el dinero iba al Departamento de Vehículos Automotores a través de la policía local. A lo largo de 2017, Gómez gastó como 1 000 dólares en multas. Las pagaba durante días de lluvias, para no perder trabajo de jardinería.

★ ★ ★

Siete meses después de las detenciones por el asesinato de Nisa Mickens y Kayla Cuevas, un letrero en un poste de teléfono afuera de la Brentwood High School seguía ofreciendo una recompensa de 15 000 dólares por información sobre su asesinato. Era lo primero que veían los estudiantes al entrar a las dos escuelas separadas que constituían Brentwood High. Al frente estaba el Ross Center, y detrás, el Sonderling Center. Los estudiantes que vivían en las zonas históricamente más pobres de Brentwood, el sur y el oriente, iban a Ross; los del norte y el poniente, que alguna vez habían sido zonas un poco mejores, iban a Sonderling. El vestíbulo de entrada de Sonderling relucía; tenía una fuente y plantas a lo largo de las paredes. En Ross, los pisos de linóleo estaban llenos de rayones y mal iluminados. Los dos edificios se unían por un largo pasillo que los estudiantes atravesaban a su pesar.

Elena Sandoval, una muchacha de 16 años nacida en Long Island, de padres salvadoreños con un estatus de protección temporal, iba a Ross. La escuela era sede del principal programa en español, con inglés como segunda lengua, de Brentwood, y aunque Elena hablaba este último idioma con soltura, había cursado inglés como segunda lengua desde el preescolar. Cuando los estudiantes se inscribían, el distrito escolar mandaba a las familias un formulario para preguntarles si la lengua principal que se hablaba en casa era el inglés o el español. Si era español, se suponía que había que entrevistar al estudiante y hacerle pruebas antes de que lo pusieran en un programa académico. A Elena la habían pasado por alto y automáticamente la pusieron en el carril del español.

Era flaquita y reservada, de risa nerviosa y voz apagada. Llevaba el nombre de su exnovio, Carlos, tatuado en la muñeca izquierda con letra cursiva. Él estaba en la cárcel por los asesinatos de Mickens y Cuevas, pero el hecho de que estuviera encerrado exacerbaba sus temores. Desde que la policía se lo había llevado, a Elena le preocupaba que sus amigos de la pandilla fueran a buscarla. Los miembros de la MS-13 seguían enojados de que ella hubiera terminado con él. Pero también le daban miedo los viejos rivales de Carlos: para los miembros de los Bloods, que vivían en su calle, ella era culpable de haber estado asociada con la MS-13.

Se conocieron un año antes en una lavandería: Carlos se le había acercado y comenzó a coquetearle. La intensidad de sus atenciones le resultó encantadora. Varias semanas después, cuando le reveló que estaba en una pandilla, ella creyó que él bromeaba. "Estás en la MS, claro, y yo soy presidenta", le respondió. Carlos llegó de El Salvador en 2015, como menor no acompañado. Su hermano, que vivía en Brentwood, pertenecía a la MS-13 y lo había iniciado en la pandilla. "Soy un pandillero. No me puedes dejar", le dijo a Elena. Con frecuencia la insultaba y a veces la golpeaba. Cuando ella hablaba con otros hombres, aunque fueran parientes o maestros, él se ponía celoso y violento.

Carlos había abandonado la preparatoria y trabajaba como jardinero, pero sus amigos de la MS-13 iban a Ross y seguían a Elena por toda la escuela. Los salones de inglés como segunda lengua estaban en un corredor al que todos llamaban "el Pasillo Papi y Mami". Los estudiantes eran principalmente de El Salvador y solo hablaban español. En un rincón del pasillo se reunían como 20 muchachos para "representar" a la pandilla. Uno de los amigos de Carlos, al que después expulsaron por amenazar con matar a una maestra, tomó fotos de Elena para mostrarle a Carlos adónde iba entre una clase y otra. Carlos tenía su horario y la llamaba a lo largo del día con preguntas sobre interacciones que sus amigos habían observado.

Elena y sus padres le presentaron un informe a la policía, acusando a Carlos de acoso. Cuando él se enteró, empezó a enviarle mensajes a Elena varias veces al día para decirle que iba a matar a sus padres. Le enviaba fotos de sí mismo posando con pistolas y haciendo una M con la mano, la seña de la pandilla. Una noche la llamó para transmitirle un mensaje obsceno e inescrutable:

"Estoy jugando con dientes", dijo. Elena pensó que estaba loco o drogado, pero más adelante supo que le había sacado los dientes al cadáver de alguien a quien la pandilla había matado.

Una noche, en el otoño de 2016, Carlos llamó a Elena para preguntarle si había oído rumores de muchachas desaparecidas. Antes de eso ella no había oído hablar de ninguna desaparición. Al día siguiente, la policía anunció que habían encontrado los cuerpos de Kayla Cuevas y Nisa Mickens. Elena conocía a Mickens de la escuela, pero Carlos le prohibió ir al entierro. Unas semanas después, ella caminaba a la parada del autobús cuando una camioneta *pickup* roja se detuvo a su lado. Carlos bajó de ella, con una pistola en la mano, y le dijo que subiera. Junto con dos amigos, la llevó al bosque, donde los miembros de la MS-13 tenían un punto de encuentro. Carlos tuvo secuestrada a Elena tres meses; la movía de una casa a otra en Brentwood, Central Islip y alrededores. En la noche se escondían en el bosque.

Quedó embarazada y decidió escapar. En algunas ocasiones oyó que la policía tocaba la puerta de la casa de la madre de Carlos, en Central Islip, donde a veces la escondían durante el día, pero nunca nadie entraba. Una mañana de diciembre, Carlos fue temprano a trabajar y los amigos a los que les había pedido que la vigilaran se pelearon y se fueron de la casa. Elena corrió a la casa de una amiga, desde donde llamó a su madre, que se puso en contacto con la policía. Le dijeron que llamara a un taxi para que recogiera a su hija.

Elena siempre había desconfiado de la policía, porque sentía que no podían protegerla de Carlos. Después de que la obligaran a hacer su huida en un taxi, se molestó con ellos. "Gracias a Dios que estás viva —le dijo un policía—. ¿Tienes idea de con quién te estabas metiendo?"

En enero de 2017 Elena tuvo un aborto espontáneo y pasó unas semanas convaleciendo en la casa de su tía, en Hempstead. Cuando volvió a la Brentwood High School, el rincón del Pasillo Papi y Mami siempre estaba vacío. La mayoría de los miembros de la MS-13 que se juntaban ahí habían sido detenidos. En la escuela, Sandoval conoció a un salvadoreño de 16 años llamado Jorge que había llegado un año antes como menor no acompañado y vivía con su hermana. Era sensible y respetuoso, y hasta los padres de Elena, que podían ser severos e implacables, apoyaron su relación.

A finales de febrero, al salir de la escuela, notaron que había un auto estacionado del otro lado de la calle. Salieron dos hombres de mediana edad que dijeron ser detectives. Tomaron fotografías de Elena y de Jorge, les pidieron sus identificaciones, registraron sus mochilas y les buscaron tatuajes de pandilla. Uno de los detectives hizo la seña de una pandilla para ver cómo reaccionaba Jorge, pero él, que no tenía ninguna relación con la MS-13, no hizo nada, y terminaron por dejarlos ir. Aun así, en julio lo arrestaron en un taller en el que trabajaba como mecánico y lo mandaron a un centro de detención en Texas. Estaba programado que lo deportaran.

En primavera y verano, Sini, el comisario de policía, se preparaba para postularse como candidato a fiscal de distrito. Ahora que estaba en campaña ya no era el esmerado profesional decidido a ganarse la confianza duradera de la comunidad de inmigrantes. Las detenciones de pandilleros eran una credencial política. Sini tuvo una conferencia de prensa con todo y helicóptero y más de una docena de policías uniformados con armas colgadas del cinturón. En uno de sus anuncios de campaña decía: "Como comisario de policía de Suffolk, le declaré la guerra a la MS-13 y puse tras las rejas a cientos de sus miembros. ¿Cuál es mi mensaje al resto de ellos? Prepárense, vamos por ustedes".

Durante la contienda, la policía del condado de Suffolk trabajaba con las autoridades federales de inmigración de la manera que más temían los residentes indocumentados. "Automáticamente le notificamos al Departamento de Seguridad Nacional cuando detenemos por una falta o por un delito mayor a alguien que no haya nacido en este país, para que las autoridades inmigratorias puedan tomar las medidas adecuadas", le dijo Sini a un subcomité del Senado de Estados Unidos en mayo de 2017. En los meses subsecuentes, la policía y el ICE detuvieron en redadas a más de 300 sospechosos de ser pandilleros, y en las conferencias de prensa promocionaban su propio éxito. Rara vez se hacía pública información concreta sobre las detenciones y mucha gente de la comunidad se quejaba de que las autoridades consideraban pandilleros a los residentes indocumentados sin tener ninguna prueba de ello.

Jorge no era el único adolescente arbitrariamente acusado de pertenecer a la MS-13. Al menos otros cuatro estudiantes del condado de Suffolk fueron expulsados de la escuela porque los administradores pensaron que estaban metidos en la pandilla. Tres de ellos, estudiantes de la Bellport High School, a 30 kilómetros al este de Brentwood, habían llegado a Long Island como menores no acompañados procedentes de Guatemala y El Salvador. Uno llevó a la escuela una camiseta de los Chicago Bulls; los miembros de la MS-13 solían usar atuendo de los Bulls porque los cuernos de la insignia del equipo de basquetbol se parecían a la seña de la pandilla. Otro había subido a su página de Facebook una bandera de El Salvador, que es básicamente azul; el color característico de la MS-13 es el azul claro. Hasta ahí parecían llegar las pruebas en cada caso, pero ni la escuela ni la policía daban ninguna información. En Brentwood, una muchacha de 18 años de El Salvador, que había llegado a Estados Unidos huyendo de las pandillas, fue detenida en el ala de inmigración de una cárcel del condado porque las autoridades escolares encontraron mariguana en su armario y la vieron socializando con "miembros confirmados de la MS-13". Un juez la liberó y se le permitió volver a la escuela. "Tengo miedo de regresar —declaró a un programa radial de la NPR—. Miren todo lo que he tenido que pasar solo por ir a esa escuela".

En escuelas de todo el condado, la policía apostaba a un empleado conocido como agente de seguridad escolar, cuyo trabajo consistía en dar apoyo a los administradores, pero también ayudaba a identificar a miembros de pandillas. En qué consistía la pertenencia a una era algo nebuloso. El ICE identificaba a alguien como pandillero si al menos cumplía con dos requisitos de una lista que incluía "tener tatuajes de pandilla", "frecuentar una zona famosa por sus pandillas" y "usar ropa de pandilla". Elena había observado que Carlos y sus amigos de la MS-13 cambiaron su estilo de vestir en respuesta a la intensificada actividad policial. Durante las semanas que siguieron a los asesinatos de Mickens y Cuevas, los pandilleros de la escuela cambiaron sus tenis Nike Cortez por unos Adidas. Se burlaban de la policía por su lentitud para darse cuenta. Los adolescentes inmigrantes sin vínculos con la pandilla no necesariamente sabían cuál era la ropa prohibida porque las escuelas nunca lo especificaban. A lo largo del verano fue expulsado un puñado de estudiantes por sospechas de ser parte del pandillerismo y el ICE los puso en trámite de deportación. De acuerdo con una demanda federal presentada por la Unión Estadounidense por las Libertades Civiles, al menos 32 adolescentes fueron encerrados en centros de detención de inmigrantes por supuestos vínculos pandilleriles. Entre las acusaciones estaba encontrarse "en presencia de miembros de la MS-13" en un campo de futbol de la ciudad, ser vistos en la escuela y en un auto con pandilleros confirmados, faltar a clases sin justificación válida y escribir el número 503 (el prefijo internacional de El Salvador) en un cuaderno escolar.

La estrategia para combatir a la MS-13 se basaba en una de las premisas medulares del control inmigratorio estadounidense: los inmigrantes indocumentados tenían muchos menos derechos que los ciudadanos. Desmantelar una organización criminal era una tarea jurídica compleja y meticulosa. Era mucho más fácil deportar a alguien que condenarlo por un delito. En el otoño de 2017, el ICE lanzó una nueva iniciativa, llamada Operación Toro Salvaje, mediante la cual el gobierno detuvo a cerca de 300 sospechosos de pandillerismo en todo el país; en Nueva York, una ofensiva aparte dio lugar a cientos de arrestos más. "Estamos poniendo a la gente en trámite de expulsión como un modo de desbaratar los esfuerzos de la MS-13", dijo Angel Melendez, el agente especial a cargo.

En respuesta a una cantidad creciente de casos documentados en los que unos adolescentes se enfrentaban a la deportación por imputaciones sin fundamento, Melendez simplemente dijo: "El proceso de expulsión sigue adelante". Los vínculos con la pandilla nunca tendrían que ser demostrados porque los adolescentes eran culpables de algo que nunca estuvo en disputa: para huir de la pandilla a la que ahora estaban acusados de haberse unido, habían entrado al país sin papeles.

En diciembre de 2017, Elena Sandoval fue a un juzgado de inmigración en la ciudad de Nueva York para asistir a una audiencia sobre el caso de Jorge. Desde su detención había estado inconsolable. Puede ser que la escuela fuera más segura que antes, pero a Elena le parecía vacía e inquietante. No había nadie con quien hablar y ella ya no tenía la energía para tratar de hacer nuevos amigos. Su relación con sus padres se había tensado y sentía que seguían culpándola por haberse relacionado con Carlos.

Pero su madre tenía sus razones para sentirse estresada. El gobierno de Trump había anunciado sus planes para cancelar el estatus de protección temporal para los salvadoreños que vivieran en Estados Unidos, incluso los que habían comprado casas, pagado impuestos, tenido hijos y trabajado en un empleo legal, y se hubieran sumado a la población activa legal. El presidente también estaba cancelando el estatus de protección temporal de 60 000 haitianos que habían vivido en Estados Unidos desde el terremoto de 2010, y de 2 500 nicaragüenses que habían llegado en 1999 después del huracán *Mitch*. La población salvadoreña era la más numerosa, con mucho; eran como 200 000 adultos, la mayoría de los cuales tenían 20 años viviendo en ese país. Entre ellos estaban los padres de aproximadamente 190 000 menores que, como Elena, eran ciudadanos estadounidenses.

Sentada en una banca en el fondo del juzgado, Elena trataba de concentrarse en lo que el juez decía. Hablaba rápido y usaba palabras técnicas. En eso oyó que pronunciaba su nombre.

Unos días después, una trabajadora social a la que conocía recibió la copia de un memorándum del ICE en el que se identificaba a Elena como la "novia" de un miembro de la MS-13 que "actualmente estaba encarcelado después de haber sido condenado por asesinato". Esa designación apareció en un documento más amplio que el ICE guardaba sobre Jorge. Su título era "Archivo de extranjero sobre afiliación con pandillas". En él, el gobierno señalaba tres razones por las que los agentes estaban seguros de que Jorge pertenecía a la MS-13. La primera era que había estado usando una gorra de los Brooklyn Nets que, de acuerdo con un agente de seguridad escolar citado en uno de los documentos, era "indicio de pertenencia a una pandilla", pues "los miembros de la MS-13 actualmente usan gorras de los Chicago Bulls o de los Brooklyn Nets". La segunda era que alguien lo había visto "realizar un apretón de manos pandillero", aunque no se daban más detalles. La última prueba fue considerada la más condenatoria: en la escuela lo habían observado en compañía de dos personas que estaban en el radar de ICE. Una era un "pandillero confirmado" cuyo nombre se había eliminado; el otro era Elena Sandoval. Después de que escapó de su exnovio, la policía local sabía que la habían secuestrado y violado. No importaba que ella no hubiera hecho nada malo. Lo que había sufrido se convirtió en una marca indeleble que ni siquiera sabía que llevaba. Ella era un "vínculo pandilleril", y cualquier persona cercana a ella era objeto de sospecha.

Los nerds

El 12 de enero de 2017, en el Ministerio de Salud Pública de Guatemala, se había arreglado una sala para una conferencia de prensa, con una mesa y sillas al frente y un tumulto de reporteros al fondo. Lucrecia Hernández Mack estaba sentada junto al presidente, con las cámaras enfocándola. "Corrupción es sinónimo de muerte", dijo con serenidad frente a un micrófono. Históricamente, el ministerio había sido una ciénaga de sobornos, proyectos abortados y trabajos urdidos para pagar favores políticos. Durante una década, fondos del presupuesto anual del ministerio se habían asignado a un hospital del departamento de Huehuetenango, que consistía en una estructura de muros externos y nada más: nunca se había construido. Otros centros, como una clínica de diálisis en la Ciudad de Guatemala, tenían escasez de personal y de equipo porque los funcionarios desviaban el dinero; varios pacientes murieron. Lucrecia llevaba un *blazer* color crema sobre una blusa de rayas; miraba la sala mientras hablaba. "Los casos de corrupción amenazan directamente las vidas de la gente cuando se trata del Ministerio de Salud", dijo.

Cinco meses antes había sido nombrada ministra de Salud; era la primera mujer en tener ese puesto en la historia del país. Pero estaba sirviendo a un jefe insólito. El presidente sentado a su lado, Jimmy Morales, era un excomediante que sorprendió a todo el mundo al ganar las elecciones de 2015 con una plataforma anticorrupción. "No soy de la derecha ni de la izquierda", le dijo a Lucrecia la primera vez que hablaron. Su ideología flexible era una de las razones por las que la había nombrado a ella. Pero el núcleo de su gobierno incluía a asesores y a funcionarios de la derecha, muchos de los cuales tenían

Lucrecia Hernández Mack en una entrevista con el periódico El Faro *en la Ciudad de Guatemala, Guatemala, 6 de septiembre de 2018.*

vínculos con el ejército. Cuando Helen Mack supo por su sobrina que habían buscado a Lucrecia para que trabajara en el gobierno, dijo: "¿Cómo podrías ir con esos cabrones militares? ¡Son los tipos que ordenaron el asesinato de tu madre!" Con el tiempo, Helen aceptó la decisión. No significaba que Lucrecia hubiera disipado del todo sus dudas. Tenia 42 años y estaba metiéndose por primera vez en la política, con la responsabilidad de limpiar el departamento más disfuncional del gobierno.

Ser una Mack en Guatemala significaba ser querida por la izquierda y vilipendiada por la derecha. Desde la muerte de su madre, a Lucrecia le impresionaba la cantidad de gente que detenía a su tía en la calle para darle la mano y expresarle su apoyo. El entorno de la vida de Lucrecia siembre había sido intelectual, apasionado, internacional. La Fundación Myrna Mack se volvió un prestigioso faro de la defensa de los derechos humanos en Centroamérica, y en 2011 Helen trabajó en una comisión presidencial sobre la reforma policial. Crecer como la heredera forzosa de dos leyendas de la izquierda traía consigo sus propias presiones. Lucrecia luchaba contra la ansiedad de parecer una mala copia de su madre y su tía. A finales de la década de 1990 se alejó de la recién reconfigurada Unidad Revolucionaria Nacional Guatemalteca, la respuesta política de la izquierda a los acuerdos de paz. La medicina, su vocación de toda la vida, ya no le parecía la manera más segura de "ser útil".

Se dio cuenta de eso mientras hacía su residencia médica cerca de la frontera con Honduras, en una de las zonas más pobres del país, poblada por un grupo indígena llamado los chortís. Los paralelismos con la vida de Myrna eran inquietantes. Ahora Lucrecia era madre de un bebé al que dejaba con su familia mientras salía a hacer su trabajo en el campo. Tomaba un autobús a pequeños pueblos formados por grupos de casuchas sin agua corriente ni fuentes estables de alimentación, y luego pasaba días y días alentando a los residentes a buscar tratamiento médico. En 1998, el huracán *Mitch* devastó el sureste de Guatemala. En la zona alrededor de Chiquimula, donde trabajaba Lucrecia, las aguas habían arrastrado las calzadas; toda la economía del lugar, que dependía del café y el tabaco, sencillamente dejó de existir. La gente se moría de hambre.

Los guatemaltecos de la zona oriente del país casi siempre eran demasiado pobres para emigrar; lo más lejos que podía llegar la mayoría de ellos eran las ciudades más grandes del departamento o las calles y los ranchos alrededor de la Ciudad de Guatemala. Otras decenas de miles de guatemaltecos a los que les iba un poco mejor se fueron a Estados Unidos o a México. Lucrecia, una profesional culta, tenía opciones, pero decidió quedarse. Los problemas que presenciaba no tenían soluciones médicas inmediatas. "Una médica realmente no está dedicada a la salud —concluía—. Está dedicada a la enfermedad". Lucrecia quería buscar algo menos reactivo y más estructural, así que renunció a la medicina y decidió estudiar salud pública. Tuvo un segundo hijo que tenía menos de un año cuando se inscribió en un programa de posgrado. Después de empezar un doctorado en México, trabajó con el Programa de las Naciones Unidas para el Desarrollo y dio cursos en una universidad guatemalteca. Myrna había tenido la organización de ciencias sociales llamada Avancso; Lucrecia formaba parte de un grupo de médicos y especialistas en salud conocido como Alianza por el Acceso Universal y Público a la Salud, o Accesa.

Cuando terminó la guerra, media Guatemala carecía de atención médica y el gobierno no poseía los medios ni las ganas de proporcionarla. En lugar de eso surgió un conjunto heterogéneo de organizaciones no gubernamentales y contratistas externos, muy concentrado en zonas rurales donde la violencia había dejado el daño más duradero. Era inevitable que Lucrecia trabajara en algunos de los sitios donde lo había hecho Myrna. En tiempos de ésta, las Tierras Altas se vaciaron por la migración masiva a México o por las reubicaciones forzadas en "aldeas modelo". En la década de 2000, los residentes que se fueron a Estados Unidos dejaron atrás señales de una lejana prosperidad: casas de bloques de hormigón que estaban construyéndose lentamente con el dinero que enviaban a casa.

En 2013, miembros de la Asamblea Nacional Legislativa de Guatemala aprobaron una ley que ponía freno al papel de las organizaciones no gubernamentales de proporcionar atención médica debido a quejas de una mala cobertura y corrupción persistente. Sin embargo, no se había preparado ningún sistema alternativo para llenar el vacío. El propio Ministerio de Salud Pública era un caos. En 2014 y 2015, en medio de una escasez de vacunas y medicamentos, hubo una renovada preocupación por el estallido de enfermedades prevenibles, como sarampión, polio y VPH. El índice de vacunación, sobre todo entre niños, había descendido a niveles que no se veían desde los últimos años de la guerra, en la década de 1990.

La emergencia sanitaria fue el punto culminante de una crisis política que finalmente estallaba. Después de eso había que recordar la pregunta ineludible planteada por la campaña de Helen Mack por la justicia: ¿podría Guatemala dirigirse a sí misma? Lograr que un tribunal guatemalteco condenara a uno de los oficiales militares involucrados en el asesinato de su hermana había tomado 12 años, aproximadamente tres millones de dólares en gastos judiciales y una presión constante de la Corte Interamericana de Derechos Humanos. Y, al final, de todas formas, se escapó. Siete años después, cuando un panel de tres jueces condenó al general Ríos Montt por crímenes de lesa humanidad por su papel en el genocidio perpetrado a principios de la década de 1980, la Corte de Constitucionalidad anuló el fallo en 10 días. Otro momento revelador ocurrió en 2004, cuando comenzó el mandato del liberal Óscar Berger. El vicepresidente, Eduardo Stein, un diplomático muy respetado que había ayudado a negociar los acuerdos regionales de paz en las décadas de 1980 y 1990, buscó a Helen Mack. "Necesito que me ayudes porque tenemos problemas al gobernar", le dijo. Concretamente, el problema era un gobierno sombra de intereses privados dirigido por exoficiales del ejército y policías corruptos.

En 2007, a instancias de unos guatemaltecos defensores de los derechos humanos, entre ellos Helen Mack, las Naciones Unidas establecieron la

Comisión Internacional contra la Impunidad en Guatemala (CICIG), un organismo anticorrupción independiente, para investigar a los grupos criminales que habían llegado a dominar el país al cabo de tres décadas de guerra civil. Era un experimento internacional radical. El mandato de la CICIG era trabajar directamente con instituciones nacionales, como la policía, el Ministerio Público y el sistema de justicia existente. Pero eso presentaba un problema inmediato, pues muchas de esas oficinas eran controladas por el crimen organizado.

El primer titular de la comisión fue un español llamado Carlos Castresana, que vivía en un chalé fortificado que alguna vez había sido el cuartel general del Cuerpo de Marines de Estados Unidos. Un frustrado complot para asesinarlo lo obligaba a dormir en un cuarto sobre su oficina. "Cuando llegas a un país con niveles de corrupción tan extendidos, no importa si has preparado un buen caso —le dijo tiempo después al periodista David Grann—. Las instituciones de Guatemala deben purgarse desde el interior: necesitan un exorcismo". La comisión creó nuevas instituciones que pudieran resistir las influencias corrosivas. Una fue la oficina de un procurador especial que funcionaba en el seno del Ministrio Público; otra fue una serie de tribunales que se ocupaban de investigaciones complejas. Los demócratas y los republicanos en el Congreso de Estados Unidos, que veían la corrupción política como un importante impulsor del tráfico de drogas y la migración, darían cerca de 45 millones de dólares a la CICIG en los primeros 12 años de su existencia.

En 2015, la lucha jurídica contra la corrupción estaba alcanzando su apogeo. Ese abril, la fiscal general del país, Thelma Aldana, junto con la CICIG, anunció que se sometería al presidente y a la vicepresidenta a una investigación criminal, acusados de dirigir una enorme operación de contrabando por las oficinas de aduana. La vicepresidenta renunció el mes siguiente. En una de sus audiencias, la acusación reprodujo una llamada por un teléfono intervenido que implicaba directamente al presidente en la intriga de soborno y cohecho. Miles de personas salieron a las calles para exigir su destitución, y terminó arrestado. Ese mismo año, Jimmy Morales, que no tenía experiencia previa en el servicio público, ganó la elección presidencial haciendo campaña con el eslogan: "Ni corrupto ni ladrón".

Lucrecia veía las protestas desde México, donde vivía con sus dos hijos, que ya tenían 15 y 17 años, y el padre de ellos, el sociólogo al que conoció en la universidad, que se había vuelto una eminencia académica. Estaba impaciente por regresar a Guatemala y alinearse con el creciente movimiento anticorrupción. Cuando era niña, con su padre en México y su madre en Guatemala, a menudo lamentó su "diáspora familiar", con cada integrante luchando por causas nobles en lugares distintos. Sus hijos ahora estaban establecidos y felices en México; era un país "mejor" para ellos, que era por lo que pensó que debía irse. Regresó, sola, a una casa en la Zona 11 con un pequeño jardín y fríos pisos de piedra.

En 2016, un emisario del gobierno de Morales buscó a Lucrecia para ofrecerle un trabajo. Ella planeó de inmediato las cosas con los demás en Accesa y respondió con una lista de condiciones. La primera era que elegiría su propio equipo. Ella y sus colegas veían con escepticismo a Morales y a su círculo interno, pero acordaron de manera unánime trabajar para el gobierno si podían sumarse juntos. "Seremos los de fuera de los de fuera", decía. A partir de ese momento se aceleraron las pláticas con el gobierno, y cuando Morales alcanzó un acuerdo final con Lucrecia, convocó a una conferencia de prensa para ese mismo día. Los amigos de Lucrecia en Accesa —universitarios, tecnócratas, los *nerds,* sin lustre político ni sartorial— tuvieron que correr a comprarse trajes y corbatas antes de acudir al acto.

Morales se reunía todas las semanas con Lucrecia y la sorprendía con sus promesas de apoyo. La izquierda progresista siempre lo había considerado un mediocre rodeado de peligrosos intrigantes de derecha. Su zona de influencia pasaba por la Iglesia evangélica, que lo conectaba con una gran cantidad de causas conservadoras que le resultaban odiosas a gente como Lucrecia. Pero, por lo que ella veía, su eslogan de campaña parecía sincero. Una de las condiciones que había puesto para aceptar el trabajo era que tendría línea directa con el Ministerio de Finanzas Públicas para tratar lo relacionado con su presupuesto; no podía haber presión del Ejecutivo para favorecer ciertos negocios o contratos especiales. Morales no solo cumplió los términos acordados, sino que hizo alarde de haber limpiado el ministerio.

La conferencia de prensa de enero de 2017 se realizó para conmemorar un trato entre el Ministerio de Salud Pública y la CICIG. Mientras Lucrecia hablaba, Thelma Aldana, la fiscal general, miraba; estaba sentada junto al jefe de la comisión, un abogado colombiano llamado Iván Velásquez, que había relevado al sucesor de Castresana en 2013. Estaban empezando una investigación sobre aproximadamente 4.8 millones de dólares de acuerdos ilícitos que se habían gastado en el ministerio entre 2012 y 2014. Consistían en falsos contratos de construcción y remodelación de hospitales en el Quiché, Chiquimula y Antigua Guatemala, así como 450 ardides que incluían cohecho y pagos mensuales vinculados a un gran grupo de legisladores.

Las oficinas centrales del Ministerio de Salud Pública estaban en un complejo abarrotado enfrente de uno de los hospitales más concurridos y caóticos de la Ciudad de Guatemala, el Roosevelt. En la calle, vendedores de comida, pegados unos a otros, atendían con prontitud a su clientela mientras los pacientes y sus familias se abrían paso a empujones entre el embotellamiento de motocicletas y autobuses. El edificio del ministerio era una estructura sin gracia, con forma de caja, de estuco amarillo y con un ribete ocre. Se entraba a la oficina de la ministra por un estacionamiento especial, donde un sendero de mosaico flanqueado por tupidas palmeras llevaba a unas escaleras traseras.

El primer día de trabajo de Lucía, una torre de tarjetas de presentación —más de 1 600 en total— la aguardaban en su escritorio; las habían dejado sendos funcionarios del gobierno esperando ser la primera opción para ganar algún contrato. Lucrecia dividió mentalmente en dos bandos los intereses especiales: los que la presionaban desde dentro y los que la presionaban desde fuera. Había 54 sindicatos, en diversos estadios de recalcitrancia e hinchazón, que representaban como a 25 000 empleados del ministerio de tiempo completo (otros 35 000 trabajaban como contratistas independientes, un sistema clientelista con el que la gente influyente conseguía trabajos para partidarios y compinches). El liderazgo sindical estaba acostumbrado a participar en la toma de las principales decisiones del ministerio, incluidas las contrataciones del personal cercano a los ministros, y se escoció cuando Lucrecia llevó a su propia gente. Cada vez que querían dejar algo sentado, estos leales a la causa detonaban una serie de paros laborales y huelgas, obligando a Lucrecia a realizar un triaje interminable. Luego estaban los empresarios, los cabilderos y los legisladores acostumbrados a arrancarle prestaciones al departamento. Sus herramientas preferidas eran las armas del órgano legislativo. Por ley, Lucrecia tenía que presentarse en el Congreso de la República cada vez que un diputado hacía una solicitud formal, llamada *citación*. Poco después tenía 10 citaciones al día y continuamente se la pasaba yendo y viniendo entre el Ministerio y el Congreso.

Los diputados conservadores acusaban a Lucrecia de cometer toda clase de prevaricaciones y la vilipendiaban en los periódicos y en línea. Era el amanecer de una nueva era de acoso digital, en la que los adversarios lanzaban sus ataques en redes sociales. Lucrecia no había sido iniciada en las prácticas de la guerra política sin cuartel; ir a hablar con la prensa era como "enfrentarse a un pelotón de fusilamiento". Entre los reporteros adquirió fama de distante. ¿Pero de qué otra manera podía responder a las mentiras calculadas? Llegaron a acusarla de embolsarse casi la mitad del presupuesto total del ministerio. "Me han estado pidiendo tu cabeza desde el primer día", le dijo Morales.

Los 44 hospitales del país tenían tan solo el 70% de las medicinas y los insumos necesarios cuando Lucrecia y su equipo llegaron a hacerse cargo. Algunas clínicas ya habían cerrado debido a déficits presupuestales. Restablecer los servicios del primer nivel de atención en salud, sobre todo en el interior, era una prioridad inmediata. Pero Lucrecia entendía la tarea de manera más general que sus antecesores. Durante varias décadas, los médicos y los enfermeros capacitados en la medicina occidental habían desdeñado categorías completas de diagnóstico que predominaban entre la población indígena. Los aldeanos solían visitar a curanderas y a chamanes que trataban dolencias como el mal de ojo, la pérdida del alma y el susto. Algunas de esas afecciones se remontaban a tiempos precolombinos y se conocían con una variedad de nombres distintos. La antropóloga Linda Green escribió que el susto, por ejemplo, "es entendido por sus víctimas como la pérdida de la fuerza vital esencial como consecuencia del miedo". En términos más convencionales, algunos de sus síntomas eran depresión, letargo, insomnio, pesadillas, diarrea y vómito. Para cualquier persona consciente de la violencia de los años de guerra era inevitable relacionar el susto con el estrés postraumático. Esas condiciones eran, según palabras de Green, "memoria social encarnada".

En el verano de 2016, el Ministerio de Salud Pública anunció que abriría clínicas y contrataría personal para tratar siete tipos de "enfermedades ancestrales" que estaban contribuyendo a altos índices de mortalidad en el campo. "Independientemente de que ustedes crean o no crean en eso, sí se ha visto que es necesaria esta vigilancia, porque está asociada a la mortalidad", declaró Lucrecia a un periódico.

Lucrecia llegó a su puesto con la confianza de que contaría con cuatro años para llevar a cabo su programa. Luego circularon rumores de que Morales planeaba expulsar de Guatemala a la CICIG, y todo empezó a cambiar. En septiembre de 2016, el jefe de la comisión, Iván Velásquez, abrió una investigación sobre el hijo y el hermano de Morales, producto de un sospechoso pago de 23 000 dólares hecho en 2013, en el que supuestamente habían falsificado una factura a nombre de un organismo gubernamental. El presidente cooperó en las primeras etapas de la investigación, y su hijo y su hermano se presentaron con la fiscal general para una entrevista. Sin embargo, en enero de 2017 fueron imputados, encarcelados por un mes y, al final, puestos bajo arresto domiciliario.

Velásquez, con fama de tener una probidad inquebrantable, era el tercer jurista internacional en dirigir la comisión. En Guatemala, su primera presa había sido un capitán del ejército llamado Byron Lima, que estaba cumpliendo una pena de prisión por haber matado al obispo Juan Gerardi en 1998. Desde su condena, Lima construyó un expansivo imperio criminal desde su celda en la cárcel de Pavón, en la Ciudad de Guatemala. En colaboración con el Ministerio Público de Guatemala, Velásquez desmanteló la red criminal de Lima e imputó al director del sistema carcelario por su complicidad. Luego la CICIG desarticuló las operaciones de contrabando que se tradujeron en la caída del presidente y de la vicepresidenta.

La CICIG podía ser audaz porque su condición de organismo internacional supuestamente garantizaba su independencia respecto de las presiones políticas internas. Sin embargo, la CICIG trabajaba directamente con instituciones guatemaltecas e investigaba a políticos nacionales. Su autoridad, por lo tanto, dependía del apoyo constante del gobierno. Helen y Lucrecia, ambas fervientes partidarias de la CICIG, pensaban que Velásquez estaba embarcándose en una cruzada moralina. El asunto con el hijo de Morales implicaba una cantidad de dinero relativamente pequeña. En el Ministerio de Salud Pública, Lucrecia comenzó a conocer casos que implicaban millones de quetzales en transacciones ilegales para financiar hospitales que nunca se construían. Puede ser que Velásquez haya estado técnicamente en lo correcto al señalar fechorías para ser investigadas, pero la longevidad de la CICIG no podía depender exclusivamente de la lógica de un acusador. Esa era la otra cara de la moneda del problema con la justicia guatemalteca que la militancia de Helen planteaba. Quizá el país no podía vigilarse a sí mismo, pero los extranjeros con principios no necesariamente compartían un enfoque a largo plazo o las consideraciones basadas en la *realpolitik*.

En agosto de 2017, el Ministerio Público se preparaba para sostener frente a la Corte Suprema del país que a Morales debía retirársele la inmunidad legal como presidente. Había acopiado pruebas de infracciones en el financiamiento de su campaña en 2015, que ascendían aproximadamente a 800 000 dólares. Ese mismo mes, una mañana de lunes, Lucrecia tuvo su reunión habitual con Morales. Él no parecía distraído. Hablaron de un reciente tiroteo en el hospital Roosevelt a manos de un empleado inconforme. Cuando se fue, Lucrecia supo que el ministro de Relaciones Exteriores estaba tratando desesperadamente de convencer a Morales de no expulsar a la CICIG.

Los siguientes días, con el destino de la comisión en la balanza, Lucrecia y sus viceministros se reunieron para repasar sus opciones. Sentían que, si el presidente actuaba contra la CICIG, no tendrían más remedio que renunciar. El dilema para Lucrecia era especialmente profundo, puesto que su familia tenía toda una historia de lucha contra la impunidad gubernamental.

Al final de la semana, Morales viajó a Nueva York para sostener una reunión en las Naciones Unidas, donde se esperaba que anunciara su decisión de ponerle fin a la CICIG. El sábado no lo había hecho y Lucrecia empezó a relajarse. Pero el domingo hacia el amanecer, un amigo la llamó a su casa para darle las noticias. Morales acababa de hacer público un video en el que declaraba a Iván Velásquez *persona non grata*. Al siguiente día, después de un año y medio en el gobierno, Lucrecia renunció.

39

La pastora

En el creciente calor matutino, Keldy Mabel Gonzales Brebe de Zúñiga caminaba entre un resplandor de arena roja y matorrales del desierto; iban a la zaga sus hijos Erick y Patrick, que ahora tenían 13 y 15 años. Llevaba un vestido largo y suelto de color claro y un ligero chal de algodón que le cubría los hombros y la espalda. Su holgada ropa ondulante parecía una túnica sacramental y le confería un aura mística. En los poblados a lo largo de su recorrido por Guatemala y México, perfectos desconocidos la buscaban, atraídos por sus ojos intensos, magnificados por anteojos de armazón cuadrado y su calidez maternal.

Como los vestidos le cubrían las piernas hasta los pies, más que caminar parecía flotar por el espacio. Adonde iba, la gente le decía *la pastora*. Deambulando por el desierto, con sus hijos cerca de ella, parecía una sabia seguida por dos discípulos.

Todo el tiempo que llevaban solos en el desierto, Keldy había estado alerta por si veía las camionetas *pickup* blanco y verde de la Patrulla Fronteriza. Cruzaron donde pudieron y planeaban entregarse. Una pareja de ancianos a los que habían conocido en Janos, México, los llevaron en su auto a un pueblo de la frontera llamado Puerto Palomas. Desde ahí caminaron. En un morral, Keldy llevaba un fajo de documentos sujetos con ligas de hule —informes de policía, documentos judiciales notariados, recortes de periódico—, con los que ella creía que su causa de asilo resultaría clara e irrefutable. Al mediodía, tras varias horas de caminar, alcanzaron a ver una carretera. Era la Carretera Estatal 9 de Nuevo México.

391

Cuando vio las dos primeras camionetas, agitó los brazos y gritó, pero los patrulleros la pasaron de largo. La tercera se detuvo y bajó de ella un agente de uniforme verde oliva. Le preguntó, con un español fluido, si eran ciudadanos de Estados Unidos y si tenían algún documento con validez legal. Erick y Patrick evitaban mirar a los ojos a ese nuevo desconocido, incluso cuando los subió atrás de su vehículo. Su experiencia cruzando fronteras los hacía desconfiar de los agentes del gobierno. Cuatro años antes habían huido con sus padres a México, pero los detuvieron en una cárcel llamada Siglo XXI, el mayor centro de retención de inmigrantes de Latinoamérica. Una vez que los deportaron a Honduras, volvieron a esconderse, ahora en un pueblo más al este llamado Nueva Esperanza.

Ahora el resto de la familia estaba desperdigado. Mino, el esposo de Keldy, había sido el primero en irse, en 2016, y ya estaba en Estados Unidos trabajando en un muelle en el este de Texas. Su hijo mayor, Alex, de 18 años, había viajado con Keldy y sus hermanos al norte de México, pero decidió cruzar con su tío. Keldy y los niños más chicos tenían más oportunidades de cruzar la frontera si se movían juntos, como unidad. En el verano de 2015, un juez federal de distrito en California determinó que el gobierno ya no podía retener a familias con hijos porque contravendría los términos del Acuerdo Flores. Se corrió la voz por toda la región y los padres sin conciencia del fallo sabían, de todas maneras, qué hacer. Alex, siendo legalmente adulto, estaba en una categoría distinta. El tío con el que iba a cruzar había adquirido documentos mexicanos; eso le daba una mayor oportunidad de evitar la deportación a Honduras si los atrapaban. Dana, la pequeña hija adoptiva de Keldy, que tenía un autismo grave, estaba con la madre de Keldy, Amanda, en Tapachula, Chiapas, al norte de la frontera de Guatemala con México. El resto del viaje era agotador y riesgoso, así que, en un pequeño departamento financiado por el salario estadounidense de Mino, esperaron a ver cómo les iba a Keldy y a los demás.

La carretera se extendía ante Keldy y sus hijos en una línea infinita. Cuando llegaron a la estación de Deming, Nuevo México, habían pasado dos horas. Unos agentes los pusieron bajo custodia.

—Los vamos a deportar —le dijo a Keldy uno de ellos, lo bastante fuerte para que los niños lo oyeran. A ella le sorprendió su buen español—. Está loca, ¿verdad? ¿Cómo pudo venir con sus hijos hasta acá?

Patrick era un niño larguirucho y taciturno que tendía a rehuir las confrontaciones, pero se estaba alterando a ojos vistas, con la cara toda colorada.

—Debimos quedarnos en casa, aunque allá nos estuvieran queriendo matar —dijo—. Nos habrían tratado mejor en Honduras.

Les dieron a Keldy, Erick y Patrick números de extranjero consecutivos, que, junto con las huellas digitales e información biográfica básica, se registraron en la base de datos del gobierno. Pasaron la tarde y la noche, pegaditos los tres, en un frío calabozo con un duro piso de cemento. No había gran cosa para taparse: solo una manta isotérmica plateada cuadrada que se arrugaba al tocarla. Esa misma noche, después de un cambio de turno, uno de los agentes los tranquilizó.

—Vamos a solicitar que les preparen unos papeles para que puedan irse y ver al resto de su familia —dijo.

Cuando Keldy le agradeció, se aseguró de decirle "señor".

Al día siguiente, parecía que los agentes se preparaban para soltarlos cuando un agente distinto se acercó a decir:

—Espere un momento, señora, estamos viendo algo aquí.

Pasaron otra noche en la celda. En su segundo día en custodia, los rostros de los distintos agentes se confundían. Esa vez, cuando uno de ellos le pidió a Keldy hablar con ella en privado, sin los niños, Keldy no recordaba si era la misma persona de la noche anterior.

—Lo que haremos es esto —dijo él—: la vamos a mandar cinco días a la cárcel, y mientras tanto enviaremos a sus hijos a un albergue en El Paso. Cuando salga de la cárcel podrá reunirse con ellos.

A Keldy no le dio tiempo de hacer una pregunta. Empezó a tartamudear. Los agentes parecían tener sus dudas, pero la estaban llevando de vuelta a la celda para que recogiera sus pertenencias y se despidiera de sus hijos.

Erick y Patrick se pusieron de pie y se aferraron a los barrotes. Keldy trataba de explicarles lo que a ella le acababan de explicar, deteniéndose por momentos para tranquilizarse. Sus hijos lloraban. Se agarraban de su madre para tratar de que los agentes no se la llevaran. Todos gritaban. Keldy se quedaba quieta mientras se disputaban su cuerpo. Los agentes la sacaban de la celda a jalones y la apartaban de sus hijos, pero los ojos de ella estaban fijos en los tensos y temblorosos dedos de los niños, que se sujetaron de su ropa hasta que no pudieron más.

★ ★ ★

A finales del invierno de 2017, después de la toma de posesión presidencial, pero antes de que se colgaran fotos oficiales de Donald Trump y Mike Pence en las paredes de las oficinas de gobierno, abogados de la oficina del fiscal por el distrito oeste de Texas recibieron un correo electrónico de la Patrulla Fronteriza de El Paso. El sector estaba suspendiendo su "política de unidad familiar". Las leyes en vigor hacían de la entrada ilegal un delito menor y del reingreso un delito grave. Sin embargo, los agentes rara vez acusaban a una madre de ninguna de esas faltas, pues significaría separarla de sus hijos. El correo de todas formas sugería enjuiciar a los padres. "La historia no juzgará esto con buenos ojos —respondió Richard Durbin, el fiscal interino radicado en San Antonio; era un fiscal de carrera que sería sustituido en unos meses por alguien designado políticamente; por el momento, Durbin proponía un enfoque más minucioso—. Deberíamos estudiar a cada persona de manera individual —proseguía—. Si el grado de culpabilidad es muy bajo y están con sus hijos, no necesitamos enjuiciar".

El Día de San Valentín de 2017 hubo una reunión en la sede de la Oficina de Aduanas y Protección Fronteriza, en Washington, en el cuarto piso del Ronald Reagan Building, un gran edificio de piedra caliza que servía de centro de conferencias y comercio. Sentado en una larga mesa de conferencias estaba el comisionado en funciones Kevin McAleenan, empleado de carrera del DHS. Era un abogado de buena pinta con postura de cadete y estilo riguroso. Exjugador de futbol americano en Amherst, estudió en la Facultad de Leyes de la Universidad de Chicago, y, después de un periodo en asuntos civiles, se unió a Aduanas y Protección Fronteriza en 2006 para supervisar la seguridad del Aeropuerto Internacional de Los Ángeles. Sus colegas lo consideraban conservador en temas relacionados con la seguridad y la aplicación de la ley, pero también extraordinariamente analítico, con cabeza para los datos y con el lustre diplomático de un experimentado servidor público. McAleenan no era precisamente un ideólogo, pero en los primeros días del nuevo gobierno había una sensación de oportunidad que también a los funcionarios de carrera podía resultarles atractiva.

El principal asunto en la agenda del día era acabar con *catch and release*. Algunos de los funcionarios presentes en la reunión mencionaron la posibilidad de separar a padres e hijos en la frontera. A muchos asistentes les sorprendió que siquiera se hubiera mencionado una propuesta tan extrema. Todavía no estaba claro si era puramente teórica. Esa política ya había salido a colación en lluvias de ideas, pero siempre se consideraba inaceptable.

Unas semanas después, a principios de marzo, John Kelly, el secretario de Seguridad Nacional, fue a CNN a describir el enfoque de la nueva administración sobre el control de la inmigración en la frontera. Dijo que haría "casi cualquier cosa" para disuadir a los migrantes de ir a Estados Unidos. Cuando le preguntaron si eso significaba separar a padres e hijos, respondió: "Exactamente eso estoy considerando. Los niños estarán bien cuidados mientras nos encargamos de sus padres". De inmediato hubo una protesta nacional, y públicamente Kelly dio marcha atrás. Pero ese mismo mes, en el sector de El Paso, la Patrulla Fronteriza ya había empezado a remitir a algunos padres para su enjuiciamiento. En ciertos círculos del gobierno ya estaban llevándose a cabo planes para extender esa política.

Para acelerarlos estaba el fiscal general Jeff Sessions. El 11 de abril de 2017 exigió un aumento de los enjuiciamientos penales en la frontera sur y les ordenó a los fiscales que elaboraran "directrices específicas de cada distrito" para formular cargos en contra de gente que cruzara la frontera por primera vez. Las reglas federales que prohibían la detención prolongada de niños inmigrantes, decía él, no eran sino "lagunas" que les servían a las familias para aprovecharse del sistema en la frontera. "Después de su liberación, mucha de esta gente simplemente desaparecía —dijo más adelante—. El presidente Trump va a arreglar eso".

Muchos fiscales estaban inquietos por las instrucciones de su nuevo jefe para enjuiciar a los padres. Todos sabían cuáles serían las consecuencias. Cuando enviaron sus respuestas al fiscal general, ese mismo mes, trataron de irse por la tangente y aceptar los enjuiciamientos en ciertos casos, pero no como una política indiscriminada. Solo la oficina del fiscal de Arizona acató la instrucción del fiscal general; allá empezaron discretamente los enjuiciamientos, y la separación de familias continuó en el sector de la Patrulla Fronteriza en los alrededores de Yuma. Sessions estaba furioso de que la respuesta más general fuera tan tibia. "Era casi como si nadie hubiera puesto atención", se quejaba uno de sus principales asesores.

Mientras tanto, el sector de la Patrulla Fronteriza de El Paso estaba presionando a los fiscales de Nuevo México y del oeste de Texas para que iniciaran los enjuiciamientos, y su asertividad estaba dando resultados. Salían a la luz detalles fragmentarios de niños arrancados de los brazos de sus padres antes de desaparecer en el vasto sistema de refugio creado para los menores no acompañados. A los abogados que trabajaban en las oficinas de los fiscales empezaron a llegarles noticias después de que los adultos aparecieran en los tribunales a suplicar que les dieran información acerca de sus hijos. Los agentes de la Patrulla Fronteriza de El Paso insistían en que no tenían más remedio. "Siempre es una decisión difícil separar a estas familias —les escribió uno a los abogados del gobierno en el oeste de Texas—. Tenemos la esperanza de que esta separación sirva para disuadir a los padres de traer a sus hijos".

Lo justificaban diciendo que era disuasión, pero la política seguía siendo secreta. Jeff Sessions fue a Texas en dos ocasiones durante 2017, y ni una sola vez les mencionó el programa piloto a sus subordinados de la oficina del fiscal. Pasó todo un año antes de que Durbin supiera que había sido parte de un experimento oficial. ¿Cómo podían los migrantes discernir los contornos de una nueva política disuasoria si ni siquiera los empleados del gobierno estaban seguros de lo que pasaba? En agosto, un funcionario de la oficina del oeste de Texas le escribió a un colega: "Ya nos enteramos de que estamos separando de sus bebés a madres lactantes acusadas. Yo no lo creía, hasta que vi el registro de actividades y confirmé que habíamos aceptado enjuiciar a mamás con hijos de uno y dos años. El siguiente problema es que estos padres preguntan por el paradero de sus hijos y no obtienen respuesta. Los tribunales están acudiendo a nosotros por ayuda".

Abogados que trabajaban en las diferentes oficinas de los fiscales trataron de definir criterios para los enjuiciamientos. Sin embargo, no podían más que aceptar o rechazar los casos remitidos por la Patrulla Fronteriza, y el sector de El Paso estaba enviándolos a raudales. Las normas reflejaban esa presión: estaban hechas para evitar las separaciones más atroces, al tiempo que aceptaban la premisa general establecida por la Patrulla Fronteriza. En la oficina del fiscal de Nuevo México, un criterio para el enjuiciamiento era que el niño de la unidad familiar tuviera "por lo menos 10 años". Eso supuestamente aseguraba que el pequeño supiera hablar, para que, en un momento dado, pudiera explicarle su situación al gobierno después de que lo separaran de su familia.

★ ★ ★

Keldy fue transferida a una cárcel de condado antes de poder hacer ninguna llamada. Con esposas y grilletes, era una criminal acusada de un delito menor. Ella se había aprendido de memoria dos números de teléfono: el de Mino, en el este de Texas, y el de su hermana Claudia, que vivía en Filadelfia y quien también era solicitante de asilo. En cuanto le concedieron la llamada, les marcó desesperadamente a los dos desde un teléfono metálico con forma de bloque y un pesado auricular. A los detenidos solo les daban unos minutos en la línea, así que debía hablar rápido. Como Mino aún no tenía documentos de inmigración, Claudia tendría que dar el patrocinio a Erick y a Patrick para poder sacarlos de la custodia. Keldy no podía hablar con ellos porque, en las bases de datos del gobierno, su expediente no estaba relacionado con los de sus hijos.

Patrick y Erick estaban registrados como "menores extranjeros no acompañados" que habían llegado solos a la frontera y los habían transferido al Departamento de Salud y Servicios Humanos, que llevaría su caso desde cero y sometería a investigación a los parientes en Estados Unidos. Keldy formaba parte de un sistema diferente dirigido por el DHS. De acuerdo con los registros del ICE, ella había viajado a Estados Unidos como adulta sola. No había en los expedientes de los niños nada que los relacionara con el número de nueve dígitos que correspondía a su madre, y nada en el de ella que condujera a ellos.

En una semana, Keldy había vuelto a estar bajo la custodia del DHS, esa vez en un centro de detención dirigido por el ICE en la avenida Montana de El Paso, un complejo de edificios bajos que parecían una mezcla de cárcel y cuartel militar. Mientras más te acercabas al estacionamiento del frente, más impenetrable se volvía el espacio, con gruesas puertas bajo llave y largos pasillos de bloques de hormigón y plexiglás. Más adentro, después de una pequeña biblioteca con una solitaria computadora y una serie de teléfonos, había secciones de dormitorios con docenas de literas. Los cuartos daban al patio, un terreno cuadrado de asfalto cercado por altos muros, donde se les daba a las detenidas una hora diaria de "recreo".

La mañana del 4 de octubre, una de las guardias llevó a Keldy a un cuarto pequeño con las paredes vacías. En una mesa de metal había un teléfono. Alguien que dijo ser el oficial Su estaba en la línea. Hablaba en inglés, seguido de otra voz que llegaba de algún otro lado y lo traducía todo al español. Su, perteneciente a una división de funcionarios de asilo en un organismo llamado Servicio de Ciudadanía e Inmigración, que realizaba entrevistas preliminares, estaba sentado en un cubículo, en un edificio de oficinas en Arlington, Virginia. Tenía puestos unos auriculares y de repente alcanzaba a oír fragmentos de otras conversaciones que tenían lugar a su alrededor. Las siguientes dos horas, Keldy respondió preguntas para que se estableciera si tenía un "temor creíble" de persecución en su país de origen. Era el primer obstáculo que se debía superar para obtener el asilo. El segundo era una audiencia real frente a un juez de inmigración.

—Por favor no olvide hablar claro y fuerte, y también hacer pausas frecuentes, para que el intérprete pueda traducirme con exactitud todo lo que usted diga —le pidió Su—. Antes de que sigamos voy a tomarle juramento.

La guardia se había ido y Keldy estaba completamente sola en la sala de entrevistas. Viendo hacia el teléfono, y atónita por la vacuidad frente a ella, levantó la mano derecha y juró decir "la verdad, toda la verdad y nada más que la verdad".

Keldy pasó meses en Honduras reuniendo pruebas para el asilo. Pero al hablarle a una voz incorpórea por el teléfono, tartamudeaba y se equivocaba al contar la historia. Algunos detalles no se alineaban con la secuencia de las preguntas puntuales. El funcionario de asilo necesitaba establecer hechos específicos. ¿Por qué Keldy se fue de Honduras? ¿Quién asesinó a sus cuatro hermanos?

—Nunca supimos sus nombres —respondió—. Sucedió entre 2006 y 2012. La última muerte ocurrió en julio de 2012. Esa le trajo muchas consecuencias a mi familia en lo que a la persecución se refiere.

Esos asesinatos tuvieron lugar "hace cinco años", señaló Su. ¿Aún había una amenaza contra ella en lo personal?

—Sí, pero hemos estado en diferentes partes de Honduras —respondió.

Él volvió al tema de quién había matado a la familia de Keldy, pero ella estaba tratando de terminar de responder su pregunta anterior. La cronología estaba revuelta porque las amenazas habían llegado en oleadas: estaban los asesinatos de sus hermanos, luego la secuela de las declaraciones de Keldy contra los asesinos en el juzgado. El intérprete dejó de traducir y trató de que Keldy respondiera la pregunta del funcionario, pero se estaba poniendo nerviosa.

—Señora, pare —dijo Su—. Llevamos una hora en esta entrevista y no he recibido nada de la información que necesito.

La entrevista concluyó a la 1:46 de la tarde.

—¿Hay alguna otra razón por la que tema regresar a Honduras? —preguntó.

—No tengo ningún lugar adonde ir en Honduras. Toda mi familia está en México o en Estados Unidos —respondió Keldy.

Pasó una semana antes de que supiera que sí había pasado la prueba. Eran excelentes noticias que, sin embargo, no parecían tener ningún efecto inmediato sobre su situación. Normalmente, los solicitantes de asilo que pasaban esa primera prueba podían ser liberados bajo fianza para esperar sus fechas de audiencia posteriores. No obstante, cada vez con más frecuencia, el gobierno mantenía en calidad de detenidos a los solicitantes de asilo durante la totalidad de sus procedimientos judiciales. En un caso, un maestro haitiano había obtenido el asilo en un tribunal de inmigración; sin embargo, estuvo detenido por el ICE mientras el gobierno apelaba el caso. Pasaron dos años antes de que lo liberaran. En el formulario inicial que le enviaron a Keldy, con un recuadro marcado para indicar que "había demostrado un temor creíble de persecución o tortura", se le ordenaba aparecer ante un juez en un cuarto separado del centro de la avenida Montana, donde ya estaba detenida. Las dos líneas en blanco reservadas para la fecha y la hora de su audiencia judicial decían: "Por determinar".

A finales del otoño de 2017, el programa piloto de El Paso empezaba a llamar más la atención. Un empleado de alto rango del Departamento de Salud y Servicios Humanos observó ciertas regularidades y le mandó un correo electrónico a McAleenan, de Aduanas y Protección Fronteriza (CBP). El departamento no solo se estaba quedando sin camas para menores no acompañados en albergues del gobierno, señaló, sino que una cantidad considerable de los menores que quedaban bajo custodia de Salud y Servicios Humanos no parecían estar no acompañados. Ese otoño, Miguel Torres, juez magistrado de El Paso, expresó sus dudas en audiencia pública. "Me he encargado posiblemente de miles de estos casos [de entrada ilegal] —les dijo una mañana a los abogados—. Esto es un fenómeno más nuevo".

En noviembre, cuatro padres y una abuela de Honduras y El Salvador comparecieron ante Torres para una sentencia penal. A cada uno lo habían acusado de delito menor por entrada ilegal, pero a ninguno parecía importarle el resultado de la causa. Decían que la Patrulla Fronteriza se había llevado a sus niños, y no tenían idea de dónde estaban. Su abogado era un defensor de oficio de la Ciudad de México llamado Sergio García, que llegó a Estados Unidos en 1981 para estudiar inglés en la Universidad de Utah. La desesperación de sus clientes por reencontrarse con sus hijos era tal que estaban dispuestos a declararse culpables de lo que fuera. "En lugar de darles sus derechos de debido proceso a una audiencia de asilo o estatus de refugiados —le dijo a Torres—, el gobierno está secuestrando a sus hijos". Torres llevaba semanas buscando una explicación acerca de por qué tantos padres parecían estar siendo separados de sus hijos y luego les ocultaban su paradero. Los fiscales insistían en que no había nada extraordinario. Desde el estrado, Torres discrepaba; aludiendo a los padres, decía: "Yo también estaría muy preocupado si me ocurriera a mí".

Keldy había estado entre los primeros padres separados de sus hijos de acuerdo con esa iniciativa, pero había como 280 más. Después de que le negaran la fianza dos veces, el 18 de noviembre seguía detenida, a la espera de su audiencia ante un juez de inmigración, cuando McAleenan puso fin al programa piloto de El Paso. Detener el programa tuvo una consecuencia perversa para Keldy. Sin una nueva política escandalosa en la cual centrar la atención pública, ella simplemente era otra adulta sola de Centroamérica pudriéndose en un centro de detención del ICE.

En la avenida Montana, el dormitorio que le asignaron a Keldy estaba en un bloque llamado el 8D, junto con otras 30 mujeres, aproximadamente, a las que les dieron overoles anaranjados e instrucciones estrictas. Cada grupo de detenidas se movía por el espacio como una unidad. Comían juntas, compartían la hora de recreación y holgazaneaban y platicaban cerca del dormitorio. El contacto con los otros grupos estaba prohibido. A veces se cruzaban en el pasillo o coincidían brevemente en la comisaría. Cuando una mujer se entretenía con su comida y trataba de hacer plática, normalmente había cerca una guardia que gritaba una reprimenda: "Estás aquí para comer, no para socializar".

40

Quédate bajo tu propio riesgo

La tarde del 27 de noviembre de 2017, el boliviano José Luis Contreras, asesor en gestión de riesgos, subía a toda prisa las escaleras de un hotel en Tegucigalpa. Un órgano del gobierno conocido como Tribunal Electoral rentaba el edificio para sus oficinas centrales. Había docenas de extranjeros contratados para observar y tabular los primeros resultados de las elecciones nacionales hondureñas. Contreras llevaba en la mano una pequeña pieza de plástico que le daba acceso especial a una sala llena de computadoras en el tercer piso. En el interior, gráficos y diagramas circulares destellaban con actualizaciones de los conteos de votos. Lo que mostraban era impactante. A pesar de ser el gran favorito, Juan Orlando Hernández, el presidente de Honduras, iba perdiendo.

Aquella noche, Contreras, con la mirada fija en las pantallas, no entendía por qué el gobierno no hacía ningún anuncio. Su trabajo principal era tomar instantáneas de los resultados conforme iban llegando: muestreos de la votación conocidos como "conteos rápidos". El plan era presentar las conclusiones en una conferencia de prensa alrededor de las ocho y media de la noche. Según los primeros recuentos, independientemente de cómo los analizara Contreras, todas las proyecciones mostraban a Hernández a la zaga. Pero el Tribunal Electoral de la Nación, que certificaba los resultados finales, no decía nada. En lo que a Contreras concernía, ya tenían la información, y era incontrovertible.

Contreras era un hombre metódico, de voz grave y con un leve indicio de tartamudeo. Su especialidad eran los seguros. Frecuentemente trabajaba con un amigo de Perú llamado Theodore Dale, ingeniero en programación, dueño de una empresa dedicada a la administración de elecciones. Ese mismo

401

otoño, ambos habían estado preparándose para otro trabajo de auditoría en Honduras cuando sus planes cambiaron de manera abrupta. La compañía que el gobierno había contratado para administrar las elecciones fue acusada de tener vínculos con el partido gobernante. Cuando los políticos de oposición, amenazando con tomar acciones legales, dijeron que no reconocerían los resultados, el Tribunal Electoral se apresuró a contratar a otra compañía. De la noche a la mañana, Dale asumió una nueva responsabilidad. Más que auditar las elecciones, ahora le estaban pidiendo que ayudara a organizarlas.

Hernández ya se estaba preparando para una victoria segura. Todos los aspectos de la vida política de Honduras dependían de él y de su partido. Hernández no solo ya había designado a los cinco jueces de la Corte Suprema del país: él y el Partido Nacional controlaban la asamblea legislativa, el ejército y el Tribunal Electoral. Sus adversarios, reconociendo sus bajas probabilidades de ganar, formaron una amplia coalición llamada Alianza de Oposición contra la Dictadura. Su candidato era un expresentador de televisión entrado en años llamado Salvador Nasralla, que hablaba "con la cadencia del presentador de programas de concursos que alguna vez fue", como dijo un periodista. Era carismático, encantador incluso, pero le habían dado el papel de inevitable perdedor.

A la medianoche aún no se hacía un anuncio público. En el segundo piso del hotel, donde el Tribunal Electoral había instalado una tribuna para los medios de comunicación, observadores electorales extranjeros de la Unión Europea y de la Organización de los Estados Americanos se aglomeraban en espera de una conferencia de prensa que se seguía retrasando. Afuera, pequeños grupos de partidarios de Nasralla gritaban que olía a fraude. Contreras estaba en una sala de control del tercer piso, donde podía ver las últimas cifras. Confirmaron su conteo rápido. Con el 57 % de los votos ya contados, Nasralla iba ganando por cinco puntos.

A la mañana siguiente, en algún momento a uno de los magistrados del tribunal se le escapó frente a un reportero local afirmar que el resultado parecía "irreversible". Poco después empezaron a pasar cosas misteriosas. El Tribunal Electoral detuvo el conteo y dijo que el ejército tenía que llevar en camión decenas de miles de boletas pendientes del campo. Contreras y Dale supervisaban el programa de cómputo que se usaba para procesar las boletas una vez que habían sido registradas electrónicamente en el sistema, pero no podían controlar el resto del proceso. El lunes, el día después de las elecciones, los registros electrónicos entrantes se habían reducido al mínimo. Ya no se estaban introduciendo los datos en el sistema. El martes en la tarde las computadoras se pasmaron; nadie sabía por qué. Cuando volvieron a funcionar, unas horas después, el Tribunal Electoral anunció que los cinco puntos de ventaja de Nasralla se habían convertido en 1.2% de ventaja para Hernández.

Un aliado de Estados Unidos en el continente americano se estaba robando una elección a la vista de todos. Los observadores electorales extranjeros expresaron sus objeciones, y la Organización de los Estados Americanos (OEA) publicó enseguida un comunicado en el que detallaba "el cúmulo de irregularidades, errores y problemas sistémicos". Su secretario general le solicitó al Tribunal Supremo Electoral hondureño que no anunciara a un ganador hasta que se resolvieran las "serias dudas" sobre los resultados. Cuando el tribunal de todas maneras siguió adelante y declaró vencedor a Hernández, la OEA recomendó convocar de nuevo a elecciones.

El país con la mayor capacidad de detener el fraude era el que más lealtad le tenía al autor del fraude. Al principio, Estados Unidos se negó a intervenir, pero terminó por respaldar al Tribunal Electoral. El mismo día que se detuvo el conteo de votos —justo antes de que las computadoras se pasmaran misteriosamente—, el secretario de Estado firmó un documento para confirmar que el gobierno de Hernández tenía derecho a recibir más dinero de ayuda. Había 12 condiciones que tenían que cumplirse para esa firma; entre ellas, que Honduras "luchara contra la corrupción" y "protegiera el derecho de los partidos políticos de oposición y de los activistas de la sociedad civil".

El siguiente mes, mientras Hernández fingía estar sometiendo a investigación los resultados electorales, el gobierno desacató abiertamente las condiciones de una manera espectacular. Durante unas grandes protestas públicas por la elección, las fuerzas de seguridad mataron a 22 manifestantes. A mediados de diciembre de 2017 se certificaron oficialmente los resultados. Honduras tenía un nuevo presidente reelecto.

El periodo de los seis meses posteriores a la elección pusieron a la posición estadounidense en evidencia. El descarado fraude, seguido de grandes manifestaciones, no había sido causa de mayor preocupación en Washington. Miembros del gobierno de Trump necesitaban pintar a Honduras como una historia de éxito. Hacerlo así les daba a los incondicionales opositores a la inmigración libertad para acabar con el estatus de protección temporal de los 60 000 hondureños que habían vivido legalmente en Estados Unidos durante más de una década, a los que ahora querían enviar a su país de una vez y para siempre.

El ardid no se limitaba a Honduras. En el DHS había en marcha una campaña más general para disimular la situación de múltiples países, a pesar de las objeciones de funcionarios de carrera en el Departamento de Estado. La finalidad, de acuerdo con la entonces secretaria de Seguridad Nacional en funciones, era "mandar una clara señal de que el estatus de protección temporal, en general, está llegando a su fin". Al personal del DHS se le encargó buscar rasgos positivos de algunos países que pudieran usarse como excusa para terminar con la protección temporal de más de 300 000 ciudadanos suyos que en ese momento vivían en Estados Unidos. Honduras fue un caso crítico para el gobierno porque el DHS podía poner a Hernández como ejemplo de aliado que estaba avanzando en el combate al crimen. El país estaba "al borde de muchos cambios y acontecimientos positivos", según dijo un funcionario en declaraciones a puerta cerrada. "Me siento animado por las futuras posibilidades de esos países y sus condiciones actuales".

Del robo de las elecciones podía hacerse caso omiso, pero no de la perspectiva de más inmigrantes. A principios de abril de 2018, una caravana de 1 200 hondureños que viajaban por Guatemala causó alarma en la Casa Blanca. Las imágenes se vieron por primera vez en una emisión de Fox News un domingo por la mañana. Había familias con niños pequeños congregándose al sur de la frontera con México, camino a Estados Unidos a solicitar asilo. Estaban a más de 1 600 kilómetros de territorio estadounidense, desplazándose a pie, con sus pertenencias empacadas en morrales y bolsas que llevaban amarradas a la espalda. En la Casa Blanca, Trump, al ver la escena, empezó a tuitear. "A los agentes de la Patrulla Fronteriza no los dejan hacer bien su trabajo en la frontera por ridículas leyes liberales (demócratas) como *catch and release*. Los republicanos tienen que recurrir al proceso de opción nuclear para pasar leyes duras YA".

El personal de su gobierno trabajaba a toda prisa en la preparación de las últimas declaraciones del presidente. Trump quería más dinero para su muro "grande, gordo y bonito" en la frontera. El Congreso republicano ya lo estaba financiando, pero no en la medida que Trump exigía. Él había pedido que hubiera tropas federales haciendo guardia en el sur de Texas. No importaba que los cruces en la frontera estuvieran en su punto más bajo desde 1971 o que los funcionarios del DHS se econtraran en medio de delicadas negociaciones con México en materia de comercio y seguridad. Miembros de la administración ahora tenían que explicar a sus homólogos extranjeros que la fusilería del presidente en Twitter no tenía ninguna relevancia para sus largas y minuciosas pláticas de los últimos meses.

Las palabras de los migrantes se perdían en el barullo que salía de Washington. Una de ellas era Maria Elena Colindres, exdiputada del Congreso Nacional de Honduras. Había tenido un cargo público hasta enero de 2018, cuando terminó su periodo. En las polémicas elecciones de finales del año anterior, un rival del Partido Nacional de Honduras le hizo perder el escaño. Reporteros de Reuters la encontraron entre las familias que viajaban rumbo al norte. "Tuvimos que vivir un proceso electoral fraudulento —dijo—. Estamos sufriendo una militarización progresiva y una falta de instituciones. Están criminalizando a quienes protestaron". Colindres planeaba solicitar asilo político, dijo, por ser adversaria política de Juan Orlando Hernández y sufrir persecución.

Los otros migrantes no podían decir que eran rivales reconocibles de un presidente corrupto y vengativo, pero el robo de las elecciones a manos de Hernández no podía pasarse por alto. La primera vez que él ganó una elección presidencial, el Partido Nacional había financiado secretamente su campaña con más de tres millones de dólares robados del programa de salud del país (después, otros 290 millones de dólares fueron desviados por medio de sobornos, contratos fraudulentos y chanchullos asociados con la clase gobernante). Miles de personas con enfermedades tratables murieron por la escasez de medicamentos. Algunos hospitales sustituyeron fármacos con agua y azúcar. ¿Qué pasaría ahora? Es más, ¿quién querría quedarse a esperar lo suficiente para averiguarlo?

★ ★ ★

En Washington, el conciliábulo de Sessions trataba de revivir el programa piloto de El Paso y expandirlo por toda la frontera sur. Las maquinaciones eran obra de dos funcionarios de treinta y pocos años, uno conocido por el público y el otro un misterio. En la Casa Blanca, Stephen Miller ya era un meme de internet, una amenaza pública y un símbolo versátil del racismo y la maldad del gobierno de Trump. En un reparto de funcionarios extraordinariamente polarizantes, él había aceptado el papel de archivillano. El otro, Gene Hamilton, abogado del Departamento de Justicia, era la antítesis del agitador cascarrabias. Hasta sus detractores reconocían que parecía "un tipo muy agradable".

Cada una de las iniciativas antiinmigración distintivas de Trump tenía las huellas digitales de Hamilton, aunque fuera Miller quien se llevara la mala fama. Trabajaban juntos y estaban en constante comunicación. A veces, cuando otros funcionarios tenían preguntas para Hamilton o querían plantearle algún reparo, él llamaba inmediatamente a Miller por su teléfono celular para que pudieran responder juntos. En los primeros nueve meses de 2017, Hamilton tuvo un cargo de responsabilidad en el DHS, bajo las órdenes de John Kelly. Si Miler era impetuoso y controlador, Hamilton ejercía su influencia de manera mucho más mesurada y nunca cuestionaba abiertamente a Kelly. En cambio, se hacía indispensable. Kelly no era un experto. Hamilton estaba cerca de él para responder cualquier pregunta. Para cuando terminó su encargo en el departamento, Hamilton había amasado una asombrosa lista de logros. Trabajando con Miller, redactó la prohibición de entrada a los musulmanes, se mostró más hábil que los mandos superiores de los departamentos de Estado y de Defensa para reducir el tope de refugiados y escribió el memorándum para poner fin al DACA. Cuando se reencontró con Sessions en el Departamento de Justicia, a finales de 2017, casi nadie fuera de los estrechos círculos del gobierno conocía el aspecto del joven abogado.

Desde diciembre de 2017, Hamilton hizo correr la voz de que el experimento de El Paso había servido para reducir la cantidad de migrantes que llegaban a la frontera. Como las pruebas de ese dicho eran escasas, las creó. Sí existía información sólida sobre el despliegue del programa, de la que hizo caso omiso. En CBP, los agentes habían descrito una situación caótica en un informe que llegó a manos de los altos funcionarios de la dependencia. Sus programas de entrada de datos habían fallado en cuanto empezaron las separaciones. Los agentes de la Patrulla Fronteriza tenían que capturar a mano la información de las familias en hojas de cálculo. Las erratas dieron lugar a una cascada de problemas. De las 280 familias separadas en el programa piloto, siete fueron incorrectamente identificadas cuando los agentes introdujeron el número equivocado de registro de extranjero en las bases de datos del gobierno. En los expedientes de otros 33 padres no había nada que indicara que también sus hijos estaban en custodia. El ICE y el Departamento de Salud y Servicios Humanos no sabían dónde había separado a las familias la Patrulla Fronteriza, así que se volvió casi imposible hacer que se reencontraran.

Los planes de Miller se aclaraban poco a poco. John Kelly, que se había convertido en el jefe de gabinete del presidente el verano anterior, ya no estaba al servicio del DHS. Su cuidadosamente escogido reemplazo fue su propia jefa de gabinete en el departamento, una abogada inteligente pero poco conocida llamada Kirstjen Nielsen. Había trabajado en el gobierno de Bush, pero a ojos vistas no estaba calificada para el cargo de mayor responsabilidad; su tambaleante posición dentro del DHS la hacía vulnerable a ataques por todos los flancos. No tenía la suficiente experiencia para suscitar el respaldo de los funcionarios de carrera y ya se había ganado la enemistad de los nombramientos políticos más rabiosos del presidente. La virulencia de estos tenía un inconfundible tufo a misoginia. Reparos que les daba miedo expresar cuando Kelly era el secretario, mejor se los imputaban a ella. Tampoco ayudaba el hecho de que Nielsen nunca le hubiera caído bien a Trump. Ella no había trabajado para su campaña, y sus dos mayores benefactores, además de Kelly, eran prominentes integrantes del movimiento Alto a Trump.

Un departamento dirigido por Nielsen era uno que Miller podía controlar desde la Casa Blanca. Eso dejaba el Departamento de Justicia, que era dominio de Sessions. Después de que un grupo de fiscales le expresaron a Hamilton sus preocupaciones sobre la política de enjuiciamientos, Sessions convocó a una teleconferencia el 11 de mayo. "Necesitamos retirar a los niños", les dijo. De acuerdo con las notas que tomaron los fiscales en la teleconferencia, Sessions añadió: "Si te preocupan los niños, no los traigas; no se dará amnistía a gente con niños".

En abril de 2018, las imágenes de la caravana migrante proporcionaron la chispa que los ideólogos del gobierno necesitaban para inflamar al presidente. Una razón por la que la caravana disgustó a Trump fue el momento elegido. Antes, ese mismo año, las detenciones en la frontera sur se estaban incrementando, y esa primavera llegaron a ser 50 000 mensuales. Expertos dentro y fuera del gobierno consideraban que ese aumento era inevitable y nada sorprendente.

El presidente era el único impresionado, y le echó la culpa a Nielsen. "Si pierdo las elecciones —le gritó en una reunión— será por tu culpa".

La emisión de Fox News salió al aire un domingo. Al siguiente martes, Miller y Hamilton redactaron una contundente declaración para que Sessions la leyera al día siguiente, en la que relacionaba la caravana con llamados a la acción penal contra quienes cruzaran la frontera. Mientras Sessions pronunciaba el discurso ante las cámaras, Miller y Hamilton escribían el memorándum que se convertiría en la política de "tolerancia cero" del presidente. Era el fundamento para expandir el programa de El Paso, y Miller, para reforzarlo, escribió una nueva directiva para que el presidente la firmara al mismo tiempo. Llamaba a la finalización de *catch and release*.

El 23 de abril, Nielsen recibió un documento con las firmas de los jefes de los tres organismos que supervisaban temas de inmigración más importantes: Thomas Homan del ICE, Kevin McAleenan de CBP y Francis Cissna del Servicio de Ciudadanía e Inmigración. Su memorándum bosquejaba varias posibles estrategias para encargarse de los centroamericanos en la frontera sur. El gobierno podía tratar de acusar de entrar ilegalmente a todos los adultos solos o podía coordinarse con abogados del Departamento de Justicia para centrarse en cierto porcentaje de ellos. Pero lo que sugerían era algo completamente distinto. La manera "más efectiva" de contener los cruces recientes, escribieron, era ejercer acción penal contra los padres que trataban de entrar al país con sus hijos. Cada funcionario estaba suscribiendo una política de separación familiar en la frontera.

El documento estuvo dos semanas en el escritorio de Nielsen sin que ella lo firmara. Mientras no lo autorizara, el DHS no podía avanzar. Trump le llamaba cinco veces al día para amonestarla. Miller y Hamilton realizaban sus propias llamadas intimidatorias después de las 11 de la noche. El 4 de mayo, Nielsen capituló. Pero la directiva del DHS aún no encaraba ninguno de los problemas reportados durante el programa piloto de El Paso. A pesar de su evidente falta de preparación, los funcionarios de CBP estaban enviando a la Oficina de Administración y Presupuesto sus cálculos de la cantidad de personas a las que se preveía que la nueva política afectara. Entre mayo y septiembre de 2018, el gobierno planeaba separar de sus padres a 26 000 niños.

41

¿Tengo que venir herida o muerta?

En abril de 2018 habían pasado seis meses desde la investigación preliminar para decidir si se le concedía el asilo a Keldy, pero ella seguía detenida, esperando una audiencia ante un juez. Mino le había puesto saldo en su teléfono para que pudiera llamar a sus hijos cada semana, a una tarifa de 85 centavos por minuto. Por sus breves y torpes llamadas, llenas de silencios, monosílabos, sollozos reprimidos, se daba cuenta de que estar sin ella les estaba afectando emocionalmente.

Cada mañana se levantaba alrededor de las cuatro a rezar, y se volvía a meter en la cama a esperar que las guardias despertaran a todas para ir a desayunar. La cafetería era un gran espacio abierto con docenas de banderas que rodeaban el perímetro, cada una de un país diferente con representación entre las detenidas. Esos símbolos de naciones extranjeras parecían ser un motivo de orgullo institucional —una cárcel de inmigrantes diseñada como maqueta de las Naciones Unidas a la hora de la comida—, pero regañaban a las mujeres si trataban de compartir comida o aventurar una conversación entre ellas.

De todos los lugares de Estados Unidos donde Keldy podía haber solicitado asilo, El Paso era uno de los peores. Al 40% de los solicitantes de asilo, en promedio, se les daba amparo en tribunales de inmigración de todo el país, pero los jueces inmigratorios de El Paso habían concedido asilo tan solo el 3% de las veces entre 2013 y 2017. Un juez, hablando desde el estrado, llamó al sistema de juzgados de inmigración el "lugar de los adioses". Keldy todavía tenía que atravesar por una serie de restricciones antes de tener la oportunidad de exponer los argumentos a favor de su causa. De acuerdo con un fallo especial

409

del juez que se aplicaba solamente en El Paso, Keldy no podía pagar una fianza hasta que presentara todas las pruebas judiciales en apoyo de su solicitud de asilo; otra regla local le prohibía presentar más de 100 páginas de materiales para su defensa. Cuando un juez falló sobre su petición de fianza, se le negó con fundamento en las bajas probabilidades estadísticas de que a la larga pudiera obtener el asilo, y no en los criterios estándares de si había riesgo de que huyera. A diferencia de los acusados en un juicio penal, a los inmigrantes no se les asigna automáticamente un abogado. Mientras más tiempo permanecía en custodia, más difícil era encontrar a alguien que pudiera ayudarla a salir.

De vez en cuando, las otras detenidas veían a Keldy llorando un poco o mirando al vacío con los ojos inyectados en sangre, pero nunca parecía perder las esperanzas. "Dios es el único que nos puede ayudar", le dijo a una de ellas. Viniendo de alguien más, eso podía sonar fatalista o ferviente, pero como era Keldy quien pronunciaba las palabras, las otras mujeres las interpretaban como señal de una vigilancia espiritual. Las detenidas querían estar cerca de *la pastora*. Ella rezaba por ellas y todos los días dirigía sesiones de oración en el patio, que se fueron haciendo más populares. Docenas de mujeres se le unían. La abordaban para preguntar si no las veía en sus sueños. Algunas le decían *la profeta*.

Dos guardias miraban a Keldy con creciente irritación. Una era pelirroja y la otra güera. Las detenidas les decían a cada guardia "la *miss*", juntando el artículo en español con el título honorífico en inglés, pero a la güera la apodaron en secreto *la Chucky,* porque su flequillo se parecía al del muñeco diabólico de las películas de terror. Ambas guardias encontraban inagotables excusas para sancionar a Keldy. Le confiscaban su Biblia, le gritaban enfrente de las otras y acortaban sus servicios de oración. De noche, acostadas en las literas de los cuarteles donde dormían, Keldy y las demás especulaban en voz baja sobre por qué esas dos guardias estaban tan obsesionadas con ella. Mientras más severas se mostraban, más sobresalía la fuerza inatenuable de Keldy. Después de unos cuantos meses, incluso detenidas que no eran religiosas o que no hablaban bien el español permanecían cerca de ella.

A finales de abril de 2018, Keldy empezó a notar que había más mujeres que afirmaban haber sido separadas de sus hijos. Cada semana llegaban varias; a principios de mayo, contó aproximadamente a 20 madres en su unidad o en las de su alrededor. Todas estaban inconsolables, tan traumatizadas que no decían más que palabras sueltas, sin poder terminar un enunciado. Se quedaban apartadas del resto, gimiendo a solas.

Pasaban varios días antes de que tuvieran una mínima idea de dónde podían estar sus hijos. Bien sabía Keldy que no debía callar a las mujeres. Se sentaba a llorar con ellas. Algunas sí sabían qué era de sus hijos, pero muchas no. Ella ofrecía información solo si se lo pedían. Eso sí, a todas les decía lo mismo: "Alguien vendrá a ayudarnos. Me aseguraré de que así sea".

En el centro, a las mujeres no se les permitía tener cuadernos o cargar con sus documentos, así que Keldy conseguía hojas sueltas de papel. Al principio anotaba los nombres de las madres separadas de su unidad, la sección 8D. Las columnas estaban muy bien ordenadas, escritas con una letra cuidada. Su plan era enviar la lista por correo a abogados, funcionarios del ICE y figuras públicas que pudieran estar en condiciones de ayudar. Había habido algunos informes noticiosos aislados sobre la separación de familias, pero muy poca conciencia pública de las verdaderas dimensiones de lo que estaba pasando. En la hoja estaban el nombre de cada mujer, su número de registro de extranjero, su país de origen y los nombres y las edades de sus hijos. Cuando se corrió la voz acerca de la existencia de la lista de Keldy, mujeres de otras unidades empezaron a buscarla. Había intercambios furtivos de información en los pasillos y en la cafetería cuando mujeres de diferentes unidades se cruzaban para ir a sentarse. Keldy recibía papelitos con la información que necesitaba. Otras veces iba a la biblioteca, donde había una computadora de escritorio y una impresora, y dejaba ahí la lista para que otras personas pusieran sus datos cuando pudieran. "Finalmente me di cuenta de que nadie del gobierno iba a ayudarnos a encontrar a nuestros hijos —dijo—. Tenemos que hacerlo por nuestra cuenta".

Mary Kay Mahowald era una hermana franciscana de Minesota, de sesenta y tantos años, con pelo corto canoso, ojos brillantes y un sereno acento del medio oeste. Era una presencia habitual en el centro de detención del ICE en la avenida Montana. Como empleada de una pequeña organización de servicios legales para inmigrantes sin fines de lucro del otro lado de la ciudad llamada Las Americas Immigrant Advocacy Center, su tarea consistía en establecer contacto con la comunidad. Los guardias del centro eran muy estrictos con las citas de los visitantes. Llevaban registros detallados y seguían unos protocolos minuciosos. No se permitía la entrada de nadie que no llevara el nombre completo y el número de registro de extranjero de algún detenido, y si alguien llegaba sin aprobación previa se tenía que dar la media vuelta y retirarse.

En un escenario así, Mahowald sabía que su aspecto, muy convenientemente, desarmaba a cualquiera. Detrás de su benigna fachada de abuela estaba la aguda mente de una activista. Cada vez que los guardias la dejaban pasar a visitar a sus clientes, se entretenía en el laberinto de salas de reunión y celdas. Nunca rompió ninguna de las reglas, pero aprendió a manejarlas para maximizar su tiempo con los detenidos y obtener toda la información posible. Como Keldy había sido una de las primeras madres en ser separadas de sus hijos durante el gobierno de Trump, no solo era una víctima de las políticas, sino un testigo singular de sus horrores acumulados. Mahowald se convirtió en su intermediaria: el vínculo de Keldy con los abogados fuera de la cárcel, y el vínculo de los abogados con la realidad de lo que se estaba desarrollando en su interior.

Mahowald empezó a alentar a las clientas de Las Americas para que reunieran más detalles sobre las madres separadas. Cuando regresaba, se aseguraba de que esas mujeres recibieran y firmaran los formularios necesarios para conseguir abogados que las representaran. Luego hacía una solicitud formal, por medio de las autoridades carcelarias, para ella misma reunirse con aquellas. Era un proceso lento y arduo. Una reunión con una guatemalteca duró una hora, en la que prácticamente no hubo sino gemidos y tartamudeos ininteligibles. Mahowald trataba de mantener la concentración. Ya después habría tiempo para llorar, se decía a sí misma. Antes, necesitaba información que pudiera pasarles a los abogados. Otra mujer entró en pánico cuando Mahowald le presentó el formulario para que pudiera recibir asesoramiento jurídico. "¿Qué estoy firmando? ¿Está intentando quedarse con mi hijo?", preguntó la mujer.

El 20 de mayo, en una de las salas de visitas de hormigón blanco del centro, Keldy le dio su lista a Mahowald. Como precaución, también había enviado una por correo a la oficina de Las Americas, cuya dirección encontró en un tablero de anuncios con números a los que se podía llamar para pedir representación legal. En la esquina superior izquierda del sobre, como remitente, Keldy puso su nombre completo y su número de registro de extranjero. Había 10 nombres en la lista, contando el suyo.

El día después de entregar la lista, Keldy tuvo su primera y única audiencia de asilo en uno de los grandes salones del centro de detención que se usaban para comparecencias. La sala estaba casi vacía, con montones de sillas dispersas al fondo. Cerca de la parte delantera, dos mesas de plástico formaban un ángulo frente a un estrado ligeramente elevado, donde el juez, William Abbott, presidía con una toga negra. Rechazaba casi el 90% de las solicitudes que atendía; no era el mayor índice de rechazos del distrito, pero casi. El resultado de una causa solía depender del estado de ánimo de un juez de inmigración. El 21 de mayo de 2018, Abbot le dio a Keldy la impresión de estar distante e impaciente, y el proceso avanzó rápido.

Keldy no tenía un abogado que la representara, así que se sentó sola en la mesa, aguardando su turno de hablar. A un lado estaba el abogado del ICE argumentando a favor de su deportación; detrás de ambos, una guardia veía hacia la puerta. La única otra persona en la sala era un intérprete. Todo el proceso terminó en menos de una hora. Su petición de asilo fue rechazada.

Keldy no era de quienes se autocompadecían al recibir malas noticias, pero la siguiente semana estaba demasiado aturdida para planear sus siguientes pasos. Había acumulado documentos y papeles para presentar en su defensa, y sin embargo, tras esperar ocho meses para hablar con un juez, el momento vino y se fue sin que ella tuviera la oportunidad de explicar la información contenida en ninguno de ellos. Abbott insistía en volver a detalles a los que Keldy no les veía la pertinencia. Parecía obsesionado con el hecho de que sus hermanos hubieran sido asesinados por diferentes personas y por distintas razones, como si eso demostrara alguna contradicción en el relato de Keldy. Había un abismo que ella no entendía entre la realidad de su propia vida y la trama legible y ajustada que Abbott parecía esperar.

El 8 de junio fue a la biblioteca a escribirle una petición al funcionario del centro de la avenida Montana que manejaba la fecha y el papeleo para su futura deportación. "Buenos días y bendiciones para usted, señor deportador —empezaba—. La razón de mi mensaje es que el juez me ha negado mi petición de asilo porque dice que no tengo pruebas y que estoy mintiendo". En los siguientes dos párrafos le suplicaba al funcionario de deportaciones que la ayudara. No había en Honduras nadie con quien regresar. Los sicarios que una vez habían tratado de matarla la estarían esperando. Al mismo tiempo, continuaba, "he pasado aquí casi nueve meses y ya no soporto no poder ver a mis hijos". Estaba "enferma", escribió, y "empeorando". "No sé qué hacer, pero estoy segura de que no vale la pena apelar el fallo, porque el juez, sin siquiera ver mis pruebas, dice que estoy mintiendo". La carta era contundente pero formal, y dejó al calce una línea para su firma. Después de imprimirla, agarró su pluma, regresó a una línea y trazó un círculo para mayor énfasis: "¿Qué es lo que ustedes necesitan para que alguien obtenga el asilo? ¿Tengo que venir herida o muerta?"

42

Las Tierras Altas en la frontera

Una mañana de junio de 2018, Emily Kephart, coordinadora de programas de un grupo de derechos de los migrantes llamado Niños Necesitados de Defensa, se puso a buscar a una niña guatemalteca de seis años a la que habían separado de su padre un mes antes. Él estaba en un centro de detención de Arizona, a punto de ser deportado. Les suplicaba a los funcionarios de la cárcel que no lo subieran a un avión hasta que pudiera entrar en contacto con su hija, para que al menos pudieran deportarlos juntos. Pero los funcionarios del ICE no podían sino hacer conjeturas acerca de dónde podría estar la niña. Los registros del gobierno eran indescifrables. El gobierno estaba separando a miles de familias sin un plan para volver a unirlas.

A Kephart le había avisado del caso otra organización sin fines de lucro en Guatemala. Su personal se involucró solo porque el padre de la niña, desde el interior del centro de detención de Arizona, había llamado a unos parientes con iniciativa que vivían en Huehuetenango, en las Tierras Altas occidentales del país. Nadie tenía el dato que podía ayudar a Kephart a restringir su búsqueda: el número de registro de extranjero de la niña, que se le asignó cuando la detuvieron junto con su padre.

En su pequeña oficina de Baltimore, Kephart se puso a hacer llamadas. Tenía el nombre y la fecha de nacimiento de la niña en un papelito. El primer número que probó era una línea directa creada por la Oficina de Reasentamiento de Refugiados (ORR), a la que el gobierno les decía a los padres separados de sus hijos que llamaran. Pero los tiempos de llamada eran largos —hasta 30 minutos por persona—, y si los padres estaban dentro de un centro

415

de detención, con frecuencia la comunicación se cortaba. No había manera de dejar un número para que les llamaran de vuelta. La conexión casi nunca funcionaba cuando una familia llamaba del extranjero, y las tarifas internacionales eran sumamente costosas. Kephart se las arregló para que alguien le tomara la llamada, pero sin el número de registro de extranjero de la niña se metió en un callejón sin salida. La persona con la que habló decidió hacer una anotación en el expediente de otra niña, cuyo perfil era parecido pero inexacto: había una variación en la ortografía de su nombre de pila y su fecha de nacimiento tenía un mes de diferencia.

Cuando la fecha de deportación del padre se acercaba a toda velocidad, Kephart siguió una última pista. En Guatemala, la familia se las había arreglado para conseguir el teléfono de un albergue de la ORR con una vecina de Huehuetenango. A la vecina la habían separado de su hijo en la frontera con Estados Unidos, y por un golpe de suerte logró encontrar ahí a su hijo. El número tenía un prefijo de área de Chicago. Kephart llamó. La niña no estaba ahí, pero esa vez el empleado en el otro lado de la línea le habló de una niña pequeña en otro albergue cercano. Parecía que nadie sabía quiénes podían ser sus padres. Kephart llamó de inmediato a una trabajadora social de ese otro albergue.

—Mire, tengo este problema. Creo que ustedes tienen a una niña… —empezó.

La mujer al otro lado de la línea la interrumpió:

—¡Dios santo, sí!

★ ★ ★

En el centro de Climentoro, una aldea de Huehuetenango, una docena de grandes casas blancas se elevaba por encima de las tradicionales cabañas de madera del lugar cual monumentos gigantes. Las estructuras estaban hechas de concreto y tenían arcos, porches con columnatas y molduras intrincadas; algunas incluso alardeaban de sus fachadas con banderas estadounidenses pintadas. Sus dueños, que vivían en Estados Unidos, habían enviado dinero a su pueblo para construir casas de inspiración norteamericana para cuando volvieran, pero pocos regresaban. Una casa de tres pisos con una chimenea de ladrillo falso estaba vacía. La familia de 12 integrantes había emigrado hacía

Una casa sin terminar construida con dinero de remesas enviadas por migrantes viviendo en Estados Unidos. Todos Santos Cuchumatán, Guatemala, 6 de febrero de 2019.

unos años y dejó atrás la construcción. "Vecinos fantasma", les decía Feliciano Pérez, un agricultor de la zona.

Pérez tenía 35 años, era bajo y delgado, con piel oscura y curtida, y llevaba incrustaciones de metal en los dientes de adelante. Usaba una gorra de beisbol de camuflaje estampada con las palabras "Orgulloso papá marine", en inglés. Alrededor de 2013 notó que el clima había empezado a cambiar. Climentoro siempre había sido pobre. Los vecinos dependían de los pocos cultivos que podían sobrevivir a una altitud de más de 2 700 metros sobre el nivel del mar, cosechando maíz para alimentar a sus familias y vendiendo papas por una pequeña ganancia. Pero el clima cambiante estaba acabando con los cultivos de la región. "En la parte más alta del pueblo ha habido más heladas que antes, y matan una cosecha completa de un tirón —dijo—. En la parte más baja de Climentoro ha habido mucha menos lluvia y nuevas clases de plagas". Los agricultores estaban abandonando sus tierras.

Las Tierras Altas abarcan aproximadamente el 20% de Guatemala y contienen una buena parte de los 300 microclimas del país, desde paisajes fríos, húmedos y tropicales cerca de la costa del Pacífico, hasta los áridos tramos alpinos del departamento de Huehuetenango. Durante décadas, la gente se ganaba la vida casi exclusivamente con la agricultura. El índice de desnutrición, que rondaba el 75%, estaba entre los más altos del hemisferio occidental. En 2014, un grupo de agrónomos y científicos que trabajaban en una iniciativa llamada Clima, Naturaleza y Comunidades en Guatemala escribieron un informe que advertía a los legisladores sobre la susceptibilidad de la región a una nueva amenaza. Las Tierras Altas, escribieron, eran la zona más vulnerable al cambio climático en todo el país.

En los años previos a la publicación del informe, tres huracanes causaron daños cuyos costos fueron mayores que la inversión pública y privada en la economía nacional en las cuatro décadas anteriores. Los fenómenos meteorológicos extremos eran las calamidades relacionadas con el clima más evidentes, pero no las únicas. Cada vez había más grandes fluctuaciones de temperatura —inesperadas oleadas de calor seguidas de heladas matutinas— y lluvias impredecibles. Tan solo en una semana podía llover lo equivalente a las precipitaciones de todo un año, lo que inundaba el suelo y destruía los cultivos. Las cosechas de cereales y verduras que alguna vez produjeron lo suficiente para alimentar a una familia durante casi un año, ahora duraban menos de cinco meses. "Una falta de atención a estos problemas —escriben los autores del informe— puede empujar más migración a Estados Unidos" y "poner en grave riesgo la ya deteriorada viabilidad del país".

En 2018, unas 50 000 familias guatemaltecas fueron detenidas en la frontera, el doble que el año anterior. La cantidad de menores no acompañados también creció: las autoridades estadounidenses registraron a 22 000 niños de Guatemala, más que de El Salvador y de Honduras combinados. Gran parte de esa migración provenía de las Tierras Altas occidentales, que no solo recibían unas de las mayores remesas per cápita, sino también el mayor número de deportados. De los 94 000 inmigrantes deportados a Guatemala de Estados Unidos y México en 2018, más o menos la mitad venían de la región.

La política de tolerancia cero del gobierno de Trump era desastrosa para los inmigrantes a todo lo largo de la frontera de Estados Unidos, pero sus efectos eran excepcionalmente devastadores en las Tierras Altas guatemaltecas. La mitad de los padres que fueron deportados sin sus hijos bajo la política de tolerancia cero eran guatemaltecos; entre el 10 y el 20% provenían de departamentos donde la mayoría de la población era indígena: Huehuetenango, El

Quiché, San Marcos. Solo existían en el mundo 600 000 hablantes del idioma mam, pero era la novena lengua más común en los tribunales de inmigración de Estados Unidos, por encima del francés.

En las calles de tierra de Climentoro podía apreciarse el cambiante perfil demográfico de la zona. Niños pequeños daban vueltas alrededor de una choza de madera vendiendo dulces, y mujeres con vestidos bordados y cargando ollas de agua hacia sus casas pasaban entre gallinas y ovejas. Había escasas familias, muy pocos hombres y más casas que personas para ocuparlas. Algunas estaban a medio construir, otras terminadas pero abandonadas. Se les decía *casas de remesa,* financiadas por migrantes que vivían en Estados Unidos. Más de la mitad de los residentes se habían ido.

Pérez se quedó en Climentoro para trabajar en un proyecto llamado "Banco de Semillas". En una cabañita, en un rincón de la aldea, las paredes estaban cubiertas de repisas con grandes contenedores. Dentro de cada uno había un tipo específico de semilla de maíz —negro, amarillo, rojo, blanco— de periodos consecutivos que se remontaban a más de 10 años atrás. La idea era crear un depósito de semillas adicionales para que los agricultores no sufrieran hambre cuando una helada inesperada, un temporal de lluvias o una nueva cepa de hongos destruyeran sus cultivos. Pero en condiciones parecidas a una hambruna eran un imperfecto recurso provisional. Una tarde, un vecino se acercó a Pérez para pedirle trabajo. "No tienes que pagarme —le dijo el hombre—. Solo dame de desayunar y de almorzar". Unas semanas después, el vecino y su familia se habían ido.

El pueblo de Quilinco se hallaba como a 16 kilómetros de Climentoro; estaba comunicado por una carretera pedregosa y serpenteante que solo podían transitar vehículos con tracción en las cuatro ruedas. Había unas cuantas casitas enclavadas en la ladera de una montaña, con espesas porciones de follaje desperdigadas y ondulantes franjas de tierra. Esvin Rocael López, que tenía 34 años y supervisaba el banco de semillas de Quilinco, desgranaba maíz y lo depositaba en cubos de metal. Su corpulencia se acentuaba con una ajustada camiseta de los Vaqueros de Dallas. Normalmente el maíz se plantaba en abril, antes de un periodo de lluvias prolongadas; en 2018, sin embargo, tanto mayo como junio fueron secos. "Nadie sabe si plantar sus cultivos o no —dijo López—. ¿Cuándo lo haces? Si las lluvias no llegan en un tiempo previsible, ¿cómo sabes? Estos cultivos son para la supervivencia. Si no hay cultivos, la gente se va".

En lugares así, la pregunta no era si alguien emigraría, sino cuándo lo haría. Las canículas, prolongados periodos de calor y sequías, se habían cuadruplicado durante los últimos siete años. Sin embargo, incluso la medición de las precipitaciones anuales, de las que se pronosticaba que declinarían a lo largo de los siguientes 50 años, oscurecía los efectos de su creciente irregularidad sobre la agricultura. En la frontera, los funcionarios estadounidenses solían decir generalidades estacionales: llegaban más inmigrantes en la primavera, cuando el tiempo era benigno; menos intentaban el viaje durante el calor del verano. Pero en los meses de primavera y verano de 2018 los efectos disuasorios de la tolerancia cero eran irrelevantes cuando la gente se moría de hambre.

A lo lejos, como a 3 000 metros sobre el nivel del mar, se elevaba un cinturón de cumbres escarpadas. A esas alturas, el impacto de un clima cambiante era especialmente serio: la creciente aridez exacerbaba el de por sí limitado suministro de agua. Al costado de una carretera cerca del caserío de La Capellanía, grupos de mujeres llevaban ropa sucia en carretillas y canastas equilibradas en sus cabezas a cunetas de drenaje donde lavaban la ropa de su familia con barras de jabón y la tallaban sobre piedras aplanadas. Habían salido de sus casas con linternas, antes del amanecer, con sombreros y chaquetas para soportar las temperaturas bajo cero; mientras más temprano llegaban, menos probable era que el agua ya estuviera jabonosa por haberse usado antes.

En otro caserío, Agua Alegre, el agua potable para cocinar y beber solo podía sacarse de una llave comunal. Como 60 familias vivían en las casas cercanas, y se formaban largas filas mientras las mujeres llenaban jarras de plástico para acarrearla. Cinco años antes, cuando las autoridades locales empezaron a racionar el suministro durante el verano, se les dijo a los vecinos que podían sacar agua a la hora que quisieran, pero solo ciertos días de la semana. Tres años antes, el horario se limitaba a horas específicas en días consecutivos. Ahora había agua disponible solo los miércoles y los sábados, entre las tres de la tarde y las cinco de la mañana. Los meses de mayor escasez eran marzo, abril y mayo.

★ ★ ★

El gobierno de Trump pasó buena parte de la primavera y el verano de 2018 negando los informes de que estaba separando a hijos y padres en la frontera. Sin embargo, las noticias se estaban volviendo más específicas y condenatorias.

El *New York Times* publicó informes filtrados del DHS que mostraban cientos de casos documentados. En los tribunales de inmigración de Arizona y Texas, donde los procesos estaban abiertos al público y muchos reporteros acudían a ellos, los padres describían cómo sus hijos habían sido secuestrados por agentes de la Patrulla Fronteriza de Estados Unidos. Ninguno de ellos sabía decir dónde estaban.

Cada día salían a la luz nuevas tragedias. En una estaba involucrado un padre hondureño llamado Marco Antonio Muñoz, de 39 años, con pelo corto oscuro y un espeso bigote; una pequeña arracada en la oreja izquierda le daba a su rostro un poquito de juventud. Lo detuvieron junto con su esposa y su hijo de tres años en Granjeno, Texas, una pequeña ciudad como de 300 habitantes. Agentes de la Patrulla Fronteriza se los llevaron a los tres a un gran centro de procesamiento en McAllen y luego vinieron los mandatos de la recién sancionada política de tolerancia cero. "Tuvieron que usar la fuerza física para quitarle al niño de las manos —declaró más adelante un agente de la Patrulla Fronteriza al *Washington Post*—. El tipo se puso como loco". Los agentes arrojaron a Muñoz a una pequeña celda con vallas de tela metálica, pero él empezó a arrojarse contra el metal. Nunca amenazó a los agentes, pero, de acuerdo con un informe de incidente, lo consideraban un "preataque", lo que, según aclaró más adelante uno de ellos, significaba que "tenía el aspecto de un tipo en una cantina que quería pelear con alguien". Le pusieron grilletes —mientras él pateaba y gritaba— y en una camioneta lo llevaron a una cárcel local como a 65 kilómetros de ahí, la cual tenía una celda de aislamiento acolchada donde la Patrulla Fronteriza podría retenerlo. Cada media hora unos guardias veían cómo estaba. A la mañana siguiente, ya tarde, uno de ellos al entrar lo encontró desplomado en el suelo, ensangrentado; no respondía a estímulos. Tenía una prenda de ropa enrollada en el cuello. Se había ahorcado.

El 18 de junio, durante una rueda de prensa en la Casa Blanca, una reportera sacó su teléfono y, en vivo frente a la televisión, le puso a la secretaria de prensa una grabación obtenida por el medio noticioso ProPublica. Era audio de una celda de CBP en el sur de Texas, donde docenas de niños separados de sus padres gemían y gritaban. "Aquí tenemos una orquesta", se alcanzaba a oír que un agente de la Patrulla Fronteriza decía con sorna en la grabación. Dentro de la Casa Blanca, algunos asesores del presidente, entre ellos su propia esposa y su hija, se estaban inquietando y lo exhortaban a poner fin a la política de separación de familias. Impertérrito, Miller la defendía. Los votantes terminarían por apoyar a la Casa Blanca en ese aspecto. "90-10", insistía. A pesar de su bravuconería, Miller, cuando se trataba de saber cuándo perderse de vista o minimizar su responsabilidad en políticas que habían fracasado terriblemente, tenía mucho más sentido común de lo que percibían sus críticos. Esa vez, sin embargo, redobló sus argumentos, con el apoyo del fiscal general. Sessions ofrecía discursos en los que describía a los padres separados como los "traficantes" de sus propios hijos.

El asunto era más complicado para Nielsen en el DHS. Había sido renuente a autorizar la política, pero ahora tenía que defenderla. Sus organismos y su personal estaban haciendo el trabajo físico de separar a las familias en la frontera. Todas las preocupaciones que la habían hecho demorarse en firmar el memorándum de tolerancia cero se estaban confirmando. Intentó salvarse con rodeos legalistas. "No tenemos una política de separar a las familias en la frontera, punto", tuiteó en algún momento. En otras palabras, el gobierno tenía una política de enjuiciar a delincuentes, pero no de desintegrar familias deliberadamente en el proceso. Para sostener ese argumento tenía que pretender que las separaciones eran una consecuencia no buscada (e imprevista), y que eso estaba mal. Al mismo tiempo, reiteraba la importancia de imponer castigos más duros en la frontera para enviarles un mensaje claro a otros inmigrantes. "Algunos quieren que nos hagamos de la vista gorda al lidiar con las familias en la frontera —dijo—. Puede ser que gobiernos anteriores así lo hayan hecho, pero nosotros no".

El guion era confuso y los asesores de Nielsen lo sabían. Cuando Sarah Huckabee Sanders, la secretaria de prensa de la Casa Blanca, sugirió que Nielsen diera su propia conferencia de prensa sobre la situación, le suplicaron que declinara. Los funcionarios de la Casa Blanca tenían otro objetivo. Querían proteger al presidente y a su círculo más allegado y sabían que Nielsen era sensible a cierta clase de presiones. Una razón por la que había aceptado firmar el memorándum fue la posibilidad de que la tolerancia cero pudiera funcionar y ganarse el favor del presidente; Nielsen no quería que Sessions se llevara el crédito. Lo único que tenía que hacer la Casa Blanca era insinuar que su lealtad al presidente parecía flaquear. Un grupo de altos funcionarios del DHS oyeron a Sanders decirle a Nielsen: "Están matando al presidente por esto, y es tu departamento. ¿Cómo no vas a salir a dar la cara?"

Necesitamos información concreta

Desde el centro de la avenida Montana, Keldy encontró a una abogada llamada Linda Rivas, directora de Las Americas, la organización sin ánimo de lucro. Rivas, que también era una madre joven, heredó el expediente de la causa de Keldy, pero cuando se involucró, a finales de la primavera de 2018, la oportunidad de presentar una apelación ya se había cerrado. La única opción era hacer una petición para reabrir el caso, y así ganar tiempo. Keldy, mientras tanto, seguía haciendo su lista de madres separadas. Ya había reunido la información de más de 20 mujeres, y cada tantos días el cartero le llevaba a Mahowald un voluminoso sobre color crema con los reconocibles nueve dígitos del número de registro de extranjero en la esquina superior izquierda.

El miércoles 20 de junio fue una de las primeras veces que Trump se batió en retirada durante su presidencia. Aplastado por las críticas de republicanos y demócratas, firmó una orden ejecutiva para terminar con la abierta separación de familias en la frontera. Era una concesión significativa que, sin embargo, sonaba más trascendental de lo que era. Para los miles de familias separadas nada cambió en lo inmediato.

El siguiente viernes, temprano, Irma Whiteley, investigadora de la oficina de defensoría pública de El Paso, se subió a su coche y manejó 50 kilómetros al norte rumbo a Otero, una cárcel privada del desierto de Nuevo México. El ICE usaba una pequeña parte del espacio, mientras que el Servicio de Mariscales de Estados Unidos y la Agencia de Prisiones supervisaban el resto. Whiteley iba a ver a un grupo de madres que seguían bajo custodia de los mariscales, en espera de ser condenadas antes de que el gobierno las transfiriera de vuelta con el ICE para ser deportadas. Al jefe de Whiteley, el defensor público, unas horas antes John Bash, el fiscal del oeste de Texas, le había anunciado que el gobierno dejaría de enjuiciar a familias por entrada ilegal debido a que se estaba quedando sin espacio de detención.

Después de cruzar un detector de metales y firmar un registro de visitas, Whiteley entró en un pequeño cuarto con una mampara de vidrio y un teléfono. Casi todas las mujeres a las que había ido a ver eran de Honduras y El Salvador, pero la primera que salió era una madre brasileña llamada Wesliane Souza, que esperaba información sobre su hijo de 13 años. Estaba pálida y ojerosa; observó a Whiteley con la mirada extraviada.

—Escuche —le dijo Whiteley en español, que Souza entendía bastante bien—. Al parecer algunas de estas causas penales pueden suspenderse.

Sacó unos papelitos con números a los que Souza podía llamar cuando la transfirieran con el ICE y un guion, en inglés y en español, que las madres podían usar cuando llegaran al nuevo centro de detención. Decía: "Me separaron de mi hijo. Quiero saber dónde está y quiero hablar con él. Quiero estar de nuevo con mi hijo".

Whiteley sostuvo los papeles.

—No los pierda —le dijo antes de pedirle a un guardia que la dejara pasar por la puerta para entregárselos.

Cuando los fiscales retiraran sus acusaciones, terminarían las tareas de la oficina de defensoría pública. Los abogados con los que trabajaba Whiteley solamente podían representar a alguien acusado de un delito. Cuando las mujeres fueran transferidas con el ICE, tendrían que encontrar a abogados de inmigración que las representaran. Eso, sin embargo, tomaba tiempo, y la mayoría de las mujeres estaban usando hasta el último segundo para ubicar a sus hijos y comunicarse con ellos. La noticia de las acusaciones retiradas era buena, le explicó Whiteley, pero ahora las cosas tomarían un rumbo más complicado.

—Parece muy probable que estas causas se suspendan —le dijo a Souza—, pero todavía no lo sabemos, así que quiero que esté preparada.

Días después hubo un giro de los acontecimientos más definitivo en un tribunal de San Diego, donde un juez federal llamado Dana Sabraw presidía una demanda colectiva presentada por la Unión Estadounidense por las Libertades Civiles (ACLU). El juicio llevaba meses cobrando fuerza. En febrero, abogados de la ACLU comparecieron ante Sabraw en representación de una solicitante de asilo congoleña a quien la Oficina de Aduanas y Protección Fronteriza separó de su hija de siete años en el puerto de entrada entre San Diego y Tijuana. Cuando se dieron las primeras instrucciones habían pasado tres meses desde la última vez que la madre vio a su hija. "Una abrumadora cantidad de estudios médicos demuestran que separar a un niño de sus padres tendrá un impacto negativo en su bienestar —escribieron los abogados en su presentación inicial—. Este daño puede ser permanente". Para proteger la identidad de la madre, los abogados le decían "Señora L".; se convirtió en la base para un grupo de padres separados de sus hijos en la frontera.

El 26 de junio de 2018, Sabraw presentó un mandamiento judicial para ordenarle al gobierno que reuniera a las familias. Puso dos plazos: el 10 de julio para que el gobierno uniera a niños de menos de cinco años con sus padres, y el 29 de julio para todos los demás. La orden exigía la reunificación de aproximadamente 2 900 niños, pero no había ninguna lista integral en la que él o los defensores pudieran basarse. El gobierno tenía varias listas parciales, inservibles dadas las omisiones, las lagunas y la información equivocada. Al acercarse el plazo, cada tantos días Sabraw pedía informes acerca de la situación, con estimaciones actualizadas sobre los avances del gobierno en la identificación de familias con derecho a la reunificación. Esto aparecía en una serie de tablas con números en las que los abogados de la ACLU —y, por extensión, el público en general— podían empezar a buscar respuestas.

Unos días antes del primer plazo, llegaron abogados del Departamento de Justicia y de la ACLU al tribunal de Sabraw para participar en una audiencia. El juez quería saber cuántos niños planeaba el gobierno reunir con sus padres, pero la abogada del Departamento de Justicia no le pudo dar una respuesta. "Las cantidades —respondió— están un poco en continua fluctuación". Es más, añadió, algunos de los padres ya no estaban bajo custodia del gobierno, entre ellos muchos que ya habían sido deportados. Encontrarlos era difícil, y habría sido imposible reunirlos con sus hijos antes del plazo. En la siguiente hora, el tamaño de la desorganización del gobierno se hizo cada vez más clara.

El principal abogado de la ACLU, Lee Gelernt, era un litigante veterano de cincuenta y tantos años, corpulento, franco, de aspecto desaliñado y actitud implacable. Había pasado los primeros días del gobierno de Trump en incesante actividad, presentando demandas para bloquear la prohibición de entrada, apareciendo en los noticiarios de televisión, preparando causas. Cuando sus amigos le preguntaban qué podían hacer para ayudar desde Nueva York, decía en broma que le mandaran camisas de vestir a su hotel de California; entre una y otra audiencia maratónica en el tribunal no le daba tiempo de lavar.

Gelernt se fue de la audiencia ese día con una sensación de urgencia que lindaba con preocupación. Era el viernes 6 de julio y tenían que estar de regreso en el tribunal el lunes. "Necesitamos información concreta —decía—. El sistema de rastreo del gobierno no es aceptable, ni con mucho".

Esa tarde habló con un grupo de defensores para idear un plan. Lo más parecido que tenía el gobierno a un recuento exhaustivo de niños separados de sus familias provenía de los registros de la Oficina de Reasentamiento de Refugiados (ORR). Los defensores podían elaborar sus propias listas para asegurarse de que el Departamento de Justicia no estuviera dejando fuera a familias elegibles cuando presentaran sus cifras a Sabraw. Una defensora, Michelle Brané, directora ejecutiva de la Comisión de Mujeres Refugiadas, llevaba años haciendo un minucioso seguimiento de los abusos de la Patrulla Fronteriza. Le había advertido al gobierno de Obama que el DHS carecía de la capacidad de llevar la cuenta de las familias que eran separadas mientras estaban bajo custodia del gobierno. Brané les dijo a los demás que, de acuerdo con sus informantes a lo largo de la frontera, el gobierno no había empezado a hacer una lista hasta *después* de la orden de Sabraw, en junio. El gobierno tomaba los registros de la ORR de niños que en ese momento estaban a su cuidado y yendo hacia atrás en busca de sus padres, detenidos por el DHS. Pero, como el DHS no había hecho su propia lista de padres separados de sus hijos, Brané sabía que la lista del gobierno sería incompleta.

Los defensores formaron dos grupos. Uno, dirigido por Brané, se concentraba en el DHS; el otro, dirigido por Wendy Young, presidenta de Niños Necesitados de Defensa, se ocupó de la ORR. Una red de otras organizaciones —entre ellas el Instituto Vera de Justicia, Caridades Católicas, Raíces y el Proyecto Florencia— tenían acceso a padres e hijos en custodia del gobierno. Les pasaron información de sus clientes a Brané y a Young, y los grupos al final cotejaron sus conclusiones. Al concluir la semana, la meta era tener una hoja de cálculo que la ACLU pudiera llevar al juzgado. "Estábamos haciendo lo que el gobierno tendría que haber hecho desde el principio", dijo Young.

La noche del sábado 7 de julio, los defensores compararon sus listas con un anticipo de la del gobierno. Ellos tenían los nombres de 102 niños de menos de cinco años, 10 más de lo que el Departamento de Justicia iba a presentarle al juez. Seguía habiendo tal embrollo en las cuentas que esas discrepancias suscitaban más preguntas. Gelernt le preguntó a Brané: "¿Está completamente segura de que no hay en estos casos nada raro que explique por qué no están en la lista del gobierno?"

Nadie podía estar seguro de nada. Mientras los abogados acudían al tribunal, Brané y los demás intercambiaban mensajes por Signal y WhatsApp tratando de investigar si el gobierno estaba dejando algunos nombres fuera de su lista. Una de las mayores inquietudes de Brané era que faltaran categorías enteras de familias elegibles porque los niños ya se hubieran entregado a otras familias que les dieran patrocinio, como tíos o tías. Si así fuera, y los niños no estuvieran bajo custodia de la ORR, le tocaría al DHS dar información sobre sus padres.

Michelle Brané no conocía a Keldy, pero tenía la clase de perfil que a Brané más le preocupaba. Erick y Patrick habían sido entregados a Claudia, la hermana de Keldy, así que desde el otoño de 2017 no estaban bajo custodia del ORR. El gobierno había separado de su hija a la Señora L. en noviembre de ese año, más de un mes después de la separación de Keldy; esta había sido separada de sus hijos hacía tanto tiempo que no aparecía en los registros iniciales de la ACLU para la demanda colectiva de la Señora L. Keldy pasó su estancia en El Paso elaborando sus propias listas de nombres para dárselas a abogados fuera de la cárcel de la avenida Montana, pero ahora que se acercaba el plazo otorgado por el juez, corría el riesgo de que a ella misma no la contaran.

Los activistas no eran los únicos que se estaban apurando los días previos al primer plazo de Sabraw. El 3 de julio, el funcionario de deportación al que Keldy le había enviado su nota suplicante el mes anterior, la llamó a una sala de entrevistas, donde sacó un papel. Era un documento escrito principalmente en inglés, con un título que Keldy no entendía: "Formulario de expulsión de padres separados". En la esquina superior derecha estaba el emblema del DHS, un águila con las alas extendidas. Debajo había algunos párrafos en inglés sin traducir, excepto algunas palabras en español que indujeron a Keldy a llenar su información personal: nombre de padre, país de ciudadanía, el centro de detención, nombre de hijo. También había unas líneas en blanco en las que tentativamente debía estampar su firma. El funcionario le tradujo en voz alta algunas partes del documento. Su objetivo declarado era ponerse en contacto con padres que integraban la demanda de la Señora L., pero que también tenían órdenes definitivas de expulsión, como se les llamaba, presentadas contra ellos por el ICE. Era la primera vez que Keldy veía alguna señal de la demanda colectiva.

En el tribunal de Sabraw, los abogados del Departamento de Justicia actuaban abrumados por la tarea de encontrar en un plazo muy corto a todas las familias separadas. Entre bambalinas, sin embargo, los funcionarios del ICE trataban de detener a los padres antes de que el juez pudiera obligar al gobierno a reunirlos con sus hijos. A Keldy el funcionario de deportación, guiándola al final de la página, le dijo que tenía una opción. Como perdió su caso de asilo, había una orden de expulsión en su contra. Podían deportarla, bien con sus hijos… o bien sola.

Firmó junto a la opción que decía: "Solicito de forma afirmativa, consciente y voluntaria regresar al país del que soy ciudadana sin mis hijos menores de edad, quienes entiendo permanecerán en Estados Unidos para seguir buscando formas disponibles de ayuda".

44

La caravana

A las cuatro y media de la mañana del 25 de octubre de 2018, las calles de Mapastepec, una pequeña ciudad en Chiapas, México, ya estaban llenas de gente en marcha. Tres semanas antes, 600 migrantes se habían reunido en San Pedro Sula, Honduras; desde entonces, el grupo había crecido a más de 5 000. Cruzaron a Guatemala y luego a México, viajando aproximadamente 50 kilómetros al día. Antes del amanecer, unas madres empujaban carriolas por oscuros callejones llenos de baches. Hombres jóvenes con mochilas les gritaban "Vámonos" a sus amigos, mientras las familias que habían pernoctado en un parque del centro preparaban sus pertenencias —una bolsa de plástico arrugada con un cambio de ropa, un saco con un par de zapatos extra— para sumarse al grupo de personas que caminaban hacia la carretera.

El gran tamaño de la caravana les daba cierta protección respecto tanto de los agentes de inmigración mexicanos como de las organizaciones mafiosas a lo largo del camino, que con frecuencia vejaban, extorsionaban y secuestraban a viajeros vulnerables. Estas modestas ventajas, sin embargo, tenían sus complicaciones. El presidente de Honduras, Juan Orlando Hernández, decía que la caravana estaba acicateada por los políticos de oposición, una postura que luego adoptó el Departamento de Estado de Estados Unidos. Donald Trump les decía a los migrantes "pandilleros" y "medioorientales desconocidos"; acusó a los demócratas de alentarlos y amenazó con poner fin a la ayuda a los gobiernos centroamericanos. Esa mañana, mientras los migrantes aún estaban a más de 1 500 kilómetros del territorio estadounidense, se decía afirmaba James Mattis, el secretario de Defensa, planeaba enviar más tropas federales

429

para proteger la frontera con México. El presidente estaba considerando emitir una orden ejecutiva para cerrarla por completo.

En Mapastepec, los migrantes se movilizaban sin ninguna dirección formal. Habían decidido que sería muy riesgoso que hubiera personas concretas en posiciones de liderazgo: los delincuentes podían secuestrarlos para ejercer alguna influencia sobre el grupo. Los detalles del viaje se pasaban de boca en boca entre los miembros de la caravana y de vez en cuando alguien se ofrecía para caminar por las calles con un megáfono para hacer un recordatorio final sobre la hora de salida del día siguiente y su destino. La víspera, horas antes de que la gente se dispersara en busca de lugares para dormir, todo el mundo ya sabía que la siguiente parada era Pijijiapan, un pueblo a 50 kilómetros de ahí.

En una esquina, una joven pareja se encorvaba sobre la carriola, con la llanta trasera atrancada, en la que llevaban a sus dos hijos pequeños. La madre, Jandy Reyes, de 23 años y de Colón, Honduras, llevaba una camiseta a rayas y pantalones de mezclilla color rosa. El agotamiento se le reflejaba en el rostro. Dos semanas antes de que se uniera a la caravana había llegado un grupo de pandilleros al pequeño conjunto habitacional donde vivía con su esposo, Carlos Flores, y sus dos hijos, de cinco y casi dos años. La pandilla le aplicó un "impuesto de guerra", como le llamaban, a un pequeño puesto de comida que tenía la pareja. Cuando Flores se negó a pagarlo, los pandilleros lo golpearon salvajemente y amenazaron con matarlos a ambos. Reyes y Flores se escondieron con familiares y trataron de planear un escape. "Regresé rápido a sacar algunas cosas de mi casa, pero ya no había nada", cuenta ella. Los pandilleros la habían saqueado. "Lo único que quedaba eran las paredes, que también se habrían llevado si las hubieran podido mover".

Colón estaba a nueve horas en coche de San Pedro Sula. Reyes se enteró de la caravana por Facebook, en un grupo llamado Unidos sin Fronteras. Envió un mensaje por WhatsApp a un número de contacto y alguien —no sabía bien quién— respondió pidiéndole información personal, como su nombre, su tarjeta de identificación y la cantidad de familiares que viajarían con ella. Cuando supo que el grupo planeaba reunirse en San Pedro Sula, ni siquiera esperó los siguientes mensajes antes de ponerse en camino con su esposo, sus hijos, su hermana y su sobrina. "De todas formas iba a irme del país —dijo—. Luego vi esto de la caravana y pensé hacerlo ya".

Caminó hacia la orilla de Mapastepec, donde se iba agolpando la muchedumbre. Una calle grande, semipavimentada, se cruzaba con el sendero; pasaban por ahí camiones y grandes camionetas, deslumbrando con sus faros. Unos pequeños taxis verdes se metían entre el tráfico, llevando migrantes que podían pagarlos, y se formó un cuello de botella mientras algunos de los demás, a pie, viraban hacia la carretera y se colocaban entre los camiones y los taxis para pedir "aventón". En una acera polvosa, cerca de vendedores que pregonan la venta de cigarros y tamales, varias mujeres jóvenes cambiaban los pañales de sus bebés.

Ya se habían formado caravanas de migrantes. En la década de 1990, grupos de madres hondureñas emprendieron el camino en busca de sus hijos desaparecidos sobre la ruta migratoria de Guatemala o México. Viajar solas o en pequeños grupos era demasiado peligroso, tal como los destinos de sus hijos e hijas habían puesto de manifiesto. A veces se reunían grupos diferentes, no solo por seguridad, sino para dar visibilidad a una causa. En 2015 hizo el viaje un grupo de solicitantes de asilo con discapacidad, que se hacían llamar "Caravana de los Mutilados". Era el tercer intento de llegar a Estados Unidos que hacía uno de ellos: José Luis Hernández, de 29 años. En su segundo viaje se cayó del tren de carga conocido como *La Bestia* y perdió un brazo, media pierna y parte de la mano izquierda. Lo deportaron a Honduras, donde pasó dos años convaleciendo en un hospital. "Si no arriesgamos nada, no vivimos —dijo—. No hay más opción. Nadie quiere migrar; todo eso no es sino una lucha para no volverse invisible".

El tamaño y la fecha elegida distinguían a la caravana de la que se formó en el otoño de 2018. En algunos pueblos del sur de México donde se detuvo había más migrantes que residentes. Los viajeros no eran conscientes de eso, pero Estados Unidos también estaba preparándose para las elecciones de medio mandato: el primer referéndum sobre la presidencia de Trump. Su avance, entonces, se volvió pasto para los partidos en tiempos de campaña.

Muchos comentaristas estadounidenses suponían que los migrantes sabían exactamente adónde iban, pero en realidad no lo habían pensado con tanta antelación. Las primeras semanas del viaje había una sola ruta lógica para la caravana por los pequeños pueblos desperdigados en el extremo sur de México. Después de eso, los viajeros básicamente improvisaban. La opinión preponderante en Estados Unidos —que Trump no los dejaría entrar en el país— no parecía detener a nadie. "Por ahora haremos lo que podamos, y ya luego vemos qué pasa", decía Daniel Jiménez, de 30 años, que se había sumado a la caravana con seis amigos de su pueblo natal en Honduras. Eso podía significar tratar de llegar a territorio estadounidense para solicitar asilo o quedarse en México a buscar trabajo, pero lo más importante era irse de Honduras. "Ahí ya no se puede vivir".

Al salir el sol, alrededor de las siete, más o menos la mitad de los migrantes caminaban a lo largo del acotamiento de la carretera. Los demás estaban durmiendo a un lado del camino o habían conseguido "aventón" en las partes traseras de los camiones que pasaban. El aire estaba húmedo y lleno de moscas, y el pavimento se iba calentando. A lo largo del camino, un hombre hondureño llamado José Tulia Rodríguez llevaba una gran bandera blanca, hecha con dos palos largos y un pedazo de tela, con el letrero "La paz y Dios están con nosotros". Era un mensaje para México, decía él, "para disculparnos por lo que podamos estar causando aquí y para mostrar que estamos agradecidos". No tenía dinero, agua ni comida; la noche anterior había dormido en la calle de Mapastepec y la gente del lugar le había dado unas tortas para comer en el camino. Su plan era seguir avanzando hasta que viera alguna oportunidad de encontrar dinero para sostener a su familia. "En Honduras tengo a dos hijas y a mi esposa —dijo—. Trabajando allá no gano suficiente para comprarles a mis hijas zapatos para ir a la escuela". Supo de la caravana por un noticiario de la televisión. "¿La gente dice que esta caravana se trata de política? —observó—. Pues sí, si con *política* quieres decir *hambre*".

Amanda, la madre de Keldy, había visto escenas de la caravana aproximándose, procedente de Tapachula. Ella, y Dana, su hija adoptiva, habían estado esperando a que surgiera una clara posibilidad de cruzar México. A los 73 años era tenaz y estaba llena de vida, pero reconocía sus límites. En México había peligros para una mujer vieja que viajaba sola con una niña discapacitada. En la frontera con Estados Unidos, agentes del gobierno solían tratar con dureza a los parientes que viajaban con niños, pues suponían que los traficantes se hacían pasar por tíos, abuelos u otros tutores. A mediados de octubre, Amanda no tenía que depender solamente de los noticiarios para seguir los avances de la caravana: su nieto Osmán iba en ella. Le mandaba a la familia actualizaciones por Facebook, y cuando pasó por Tapachula, Amanda se le unió junto con Dana.

Miembros de la caravana migrante viajan de "aventón" en la parte trasera de un camión al salir del pueblo de Pijijiapan, en Chiapas, México, 25 de octubre de 2018.

El 26 de octubre, después de arribar a un pueblo llamado Arriaga, en el extremo norte de Chiapas, la caravana se encontró en una encrucijada. Los migrantes tenían que decidir si continuar al oeste, por Oaxaca, o ir al norte, rumbo a Veracruz. Ambas rutas eran considerablemente más peligrosas que Chiapas y aún no estaba claro si la caravana avanzaría intacta. Ya empezaba a reducirse, conforme la gente conseguía "aventones" para avanzar más rápido, y así la caravana ya no era un monolito, sino una serie de pequeños grupos, como retazos, moviéndose con una laxa coordinación.

Arriaga, ubicado entre los estados mexicanos de Chiapas y Oaxaca, era un centro de tránsito para migrantes centroamericanos camino al norte. La red de trenes de carga que cruzaban el país empezaba en Arriaga, y las vías de tren, llenas de basura y rodeadas de maleza alta, enmarcaban la orilla oeste de un centro abandonado. Las calles de la ciudad, transformada en un campo de refugiados *de facto,* estaba flanqueada por familias que dormían en cajas de cartón con cobijas hechas jirones y su parque principal estaba cubierto de lonas tendidas y cobertizos. Los migrantes se bañaban con cubetas y barras de jabón junto a un tanque de agua abierto. Avanzaba en medio de la multitud Daniel Jiménez, sin camisa, con pantalones de mezclilla y una gorra de beisbol; se acercaba a otros migrantes, les daba la mano y les preguntaba si tenían información sobre la siguiente etapa del viaje. Había toda clase de teorías y especulaciones sobre la mejor ruta, pero Jiménez trataba de abrirse camino entre el chismorreo. "Todas las conversaciones empiezan con gente diciendo: 'Escuché esto', 'Escuché aquello'. Todo es de segunda mano", comentó. Jiménez y sus amigos tendían a viajar un poco más adelante del grupo mayor para reconocer la escena en cada destino y luego esperar a que llegaran los demás con algún rumor sobre adónde planeaban viajar a continuación.

Esa tarde se revelaron algunos detalles sobre los planes del grupo. Oaxaca parecía el destino más probable, pero por el momento la caravana no podía abordar los trenes de carga: parte de las vías férreas habían sido destruidas por una serie de tormentas y permeaba la preocupación general de que el viaje fuera demasiado peligroso para familias con niños pequeños. Como a las cinco y media, un hombre joven y esbelto empezó a caminar con un megáfono y un grupo de migrantes detrás. Acababa de llegar de Tijuana, donde trabajaba en Pueblo sin Fronteras, la organización que había coordinado la última gran caravana, en abril. No era claro cómo, o cuándo, el grupo se conectó con la caravana, pero sus miembros de vez en cuando actuaban como mariscales de campo no oficiales dentro de México. "La siguiente parada es San Pedro Tapanatepec, Oaxaca —les dijo a todos—. Subiremos un poco por Oaxaca y luego nos encaminaremos a la Ciudad de México". La gente se separó del grupo para ir a informar a su familia. Continuó: "Vamos a ver cómo se sienten las mujeres y los niños, si debemos esperar un día y descansar o seguir adelante mañana". La decisión se tomaría, dijo, en una reunión en el parque a las siete.

Cientos de personas empezaron a juntarse en el parque una hora antes de la convocada. A las seis y media comenzaron los discursos, amplificados por un micrófono conectado a unas bocinas. Había llamados a la fuerza y a la solidaridad, salpicados de vituperios contra Donald Trump y Enrique Peña Nieto, el presidente de México. Esa tarde Peña Nieto había anunciado un plan, llamado Estás en tu Casa, para ofrecer permisos de trabajo a los migrantes, pero solo si estaban de acuerdo con no salir de los estados de Chiapas y Oaxaca. Irineo Mujica, activista mexicano-estadounidense de Pueblo sin Fronteras, dirigía a la multitud en un *crescendo* de preguntas retóricas. ¿La caravana iba a permitir que Peña Nieto dictara su destino? ¿Todo el mundo estaba decidido a seguir avanzando? ¿Estaban hartos de la corrupción y la violencia en su país?

El tema derivó al día siguiente. Estaba decidido, dijo Mujica, que la caravana emprendería camino a Oaxaca a las tres de la mañana. Hubo ovaciones y gritos de aprobación. Nadie sabía exactamente quién había tomado la decisión. Cuando se le preguntó a una mujer si lo sabía, respondió: "Todos", y continuó: "Esta caravana es nuestra, de Honduras, pero ahora Pueblo sin Fronteras está ayudando. Tenemos a Pueblo sin Fronteras porque no tenemos un país".

Amanda y Osmán tenían sus propios planes. Se quedarían con la caravana hasta que llegara a Estados Unidos y luego se desprenderían para acercarse a la frontera cerca de Sonoyta, la ciudad mexicana fronteriza cerca del monumento nacional Organ Pipe Cactus, en Arizona. Amanda publicó un mensaje en la página de Facebook de un grupo llamado Hondureños Indignados. Decía: "He dejado todo atrás. Todo. Vengo de La Ceiba, una ciudad encantadora, pero en esta época ha sido pisoteada por cuatro años más de política, sin que nada cambie mi destino".

Solidaridad 2000

Ninguno de los hijos de Keldy había ido nunca al tribunal y no estaban seguros de qué ponerse en la mañana del 6 de agosto de 2019, día que debían comparecer ante un juez en Filadelfia. Llegaron al juzgado poco antes de las nueve, con ropa de calle. Erick, ahora de 15 años, era el más pequeño de los tres, pero era 30 centímetros más alto que los otros y 20 kilos más pesado. Llevaba pantalones *cargo* cortos y una camiseta. A los 17, Patrick tenía un fino bigote pero el mismo cuerpo aniñado y enjuto de cuando era chico. Él eligió pantalones de mezclilla deslavados y una camiseta polo azul marino con una insignia roja que resaltaba sus tenis, un par de Air Jordans. Alex, el mayor y el más bajo de los tres, de constitución robusta y ojos rasgados y vigilantes, llevaba pantalones de mezclilla negros, una camiseta oscura y tenis negros hasta arriba del tobillo.

Los esperaba en la abarrotada cuadra enfrente del edificio del juzgado su abogada, Karenina Wolff, de pelo corto y traje sastre de falda azul marino. Estaba dando vueltas, pero se detuvo con una sonrisa cuando vio llegar a los tres hermanos. Había mucho en juego en la sesión de esa mañana, pero los muchachos no parecían nerviosos: solo callados y un poco retraídos. Erick y Patrick dejaron que Alex hablara. Después de mascullar un saludo, no dijo casi nada. Siguiendo a Wolff, cruzaron seguridad y subieron las escaleras a un área de espera, afuera de la sala. Oficialmente, la audiencia no tenía nada que ver con su estatus migratorio: era un tema familiar. Alex, de 21 años, quería convertirse en el tutor legal de sus dos hermanos menores. Para eso tenía que presentar una demanda de custodia contra sus propios padres.

Los últimos dos años habían sido extraordinariamente difíciles para los tres hermanos. Alex trabajaba largas horas como albañil en construcciones a las afueras de Filadelfia y se había mudado a una casa donde vivía apretujado con otras personas, en un barrio peligroso y decadente, en el extremo norte de la ciudad. Todas las noches se oían disparos y gente pasando constantemente por la compraventa de droga en las esquinas. Ampolletas de vidrio en las aceras quedaban aplastadas bajo las pisadas, y muchos de los peatones más conocidos del barrio eran hombres sumidos en la adicción.

Erick y Patrick vivían cerca de ahí con su tía y los hijos de ella y se habían inscrito en la escuela. Erick empezó en el segundo año de secundaria; sus compañeros de clase a veces eran hostiles, pero sobre todo indiferentes, a él y a su inglés titubeante. La preparatoria, adonde acudía Patrick, era un lugar mucho más traicionero. De los tres hermanos, él era el que más padecía la ausencia de Keldy. Rara vez hablaba de eso, pero solía ponerse a corretear en trance, mirando al suelo, muchas veces al borde del llanto. Estaba muy deprimido para ocultar su vulnerabilidad, lo que lo convertía en un blanco inmediato. En la escuela, a algunos miembros de una pandilla dominicana les dio por acosarlo. Llegaba a casa con raspones y moretones y con frecuencia resollando por haber tenido que correr huyendo de pleitos en los que siempre lo superaban en número.

La vida con su tía Claudia también se estaba poniendo algo tensa. Ella misma era solicitante de asilo y había llegado a Estados Unidos en 2016 después de que asesinaran a su esposo. Su hija mayor, que tenía 23 años y estaba embarazada cuando Claudia se fue de Honduras, viajó a ese país por separado y al final se reencontró con su madre y vivió con ella en una casa adosada en Filadelfia. En el verano de 2019 ambas esperaban sus audiencias de inmigración, que llevaban más de un año de retraso.

A diferencia de Keldy, habían cruzado la frontera en un momento oportuno. El gobierno de Trump aún no empezaba su revisión de la política de asilo de Estados Unidos. Una escasez de jueces de inmigración disponibles para atender una cantidad creciente de demandas de asilo dio lugar a un atraso de más de medio millón de casos. El resultado más común era que se les dieran a los solicitantes de asilo citas en el juzgado en un futuro lejano. Cuando Erick y Patrick se encontraban en un centro de detención, en el otoño de 2017, Claudia de inmediato se ofreció para recibirlos. Pero ahora sus propios hijos y sus nietos vivían con ella. Acababa de perder su trabajo en la cocina de un restaurante de la zona. No podía permitirse alojar, alimentar y vestir a sus sobrinos.

Alex planteó la idea de llevar a sus hermanos menores a vivir con él. Era legalmente mayor de edad, y los casos de inmigración de Erick y Patrick ya estaban en manos de otra abogada, que había solicitado a nombre de ellos una clasificación conocida como "jóvenes inmigrantes especiales", una vía para la legalización de menores indocumentados que hubieran sufrido abusos o abandono. Estarían cortos de dinero, pero el plan era sencillo: los muchachos permanecerían juntos y podrían cuidarse entre ellos. A sus padres les gustaba la idea. Alex los mantenía al tanto de todo por WhatsApp: a Mino en el este de Texas y a Keldy en el sur de México. Mino les mandó dinero para pagar a un abogado.

Wolff estaba sentada entre los muchachos en un área de espera debajo de una televisión sin sonido, en el sexto piso del edificio del tribunal. Estaba locuaz y alegre, pero irradiaba una energía nerviosa. Les dijo a los muchachos con voz compasiva que el juez los llamaría en cualquier momento y que debían estar preparados. Les explicó que el procedimiento sería sencillo: dar el visto bueno oficial a una transferencia que, en esencia, ya había sido aprobada. Wolff presentaría el caso y en diferentes momentos Alex tendría que ponerse de pie y afirmar que su abogada estaba planteando su solicitud con precisión. Habría un intérprete disponible.

La premisa legal de la audiencia era que Keldy y Mino, como madre y padre, no se habían ocupado de sus hijos; por eso Alex tenía que interceder. Wolff preparó los documentos que Keldy y Mino debían firmar para darse por enterados de la audiencia de esa mañana en el tribunal y admitir que, al no comparecer, cedían la tutela de Erick y Patrick a Alex. "La madre y el padre han abandonado y descuidado a sus hijos —había escrito Wolff en el reclamo original—. La reunificación con la madre y el padre no es viable". Cuando Wolff les leyó el documento a los muchachos una última vez, ellos se quedaron callados, sin manifestar turbación alguna. Su actitud distante había sido su coraza. En algún momento, Wolff amablemente repitió sus palabras, porque la falta de expresión de sus clientes le dificultaba saber si le habían entendido. Unos minutos después se abrieron de golpe las puertas del tribunal y un guardia de seguridad vestido de azul les dijo que entraran. Se pusieron de pie sin titubear.

★ ★ ★

Unas noches antes de que los muchachos comparecieran en el tribunal de Filadelfia, 10 migrantes hondureños se congregaron en México para reunirse con su pastora en el sótano del conjunto habitacional llamado Solidaridad 2000, en la ciudad de Tapachula, Chiapas. Las unidades eran un grupo de edificios de ladrillo erosionado separados de la calzada, como a 30 minutos en auto del centro de la ciudad. Un pequeño puesto de comida hecho de madera nudosa señalaba la entrada al conjunto. Al fondo había un campo de pasto crecido, al que se accedía por un sendero de tierra salpicado de basura, que desembocaba en una cancha de basquetbol donde un grupo de niños pequeños corrían en círculos. El cuarto donde se reunían los hondureños era pequeño y estaba iluminado por un foco pelón colgando del techo.

Varias veces por semana, para mantenerse de buen humor mientras aguardaban el momento oportuno de emprender camino al norte, los hondureños se reunían a la puesta del sol para asistir a un servicio religioso informal que era mitad misa y mitad terapia de grupo. Su pastora, de vestido rosa estampado con cinturón, era Keldy.

—Tienen que decir: "No voy a dejar que nada malo me sobrepase" —empezó, sentada en el centro de un medio círculo de sillas de plástico apilables.

Se oían murmullos de asentimiento. Rezaron. Keldy los alentaba al contarles cómo su creencia en Dios la hacía más fuerte. Al cabo de unos cuantos minutos el grupo se puso a platicar de manera franca y relajada. Esos residentes temporales de Solidaridad 2000 se llamaban a sí mismos la "congregación" de Keldy.

Estaba presente Osmán, el sobrino de Keldy, de 21 años, de pelo negro rizado y brazos musculosos que abultaban la camiseta. Él y su abuela habían intentado ingresar a Estados Unidos el año anterior. Su abuela y Dana lograron llegar a Filadelfia, mientras que a Osmán lo deportaron en el verano de 2019. Estaba a su lado Luis Bonilla, un hombre conversador de cuarenta y tantos años, que se veía cansado pero resuelto; junto a él, su esposa. Lo habían transferido de un centro de detención a otro: Arizona, Texas, Carolina del Sur y Georgia. Cuando se enfermó gravemente mientras estaba en custodia, firmó un formulario de salida voluntaria para renunciar a su demanda de asilo y dar comienzo a su inmediata deportación. Varias veces se levantó la camisa para mostrar la cicatriz irregular que le atravesaba el vientre, consecuencia de una cirugía.

—Ya no aguantaba más —dijo—. ¡Y ahora tengo que regresar! Me da escalofríos, me enfurece, pero no puedo quedarme en mi país.

Todos conocían esa franja de terreno internacional como si fuera un viejo barrio, pero nunca podían quedarse mucho tiempo en el mismo lugar. Tomaban los mismos camiones para cruzar Guatemala, los detenían en los mismos controles, tenían que pagar los mismos sobornos a los mismos conjuntos de policías corruptos. Estaba la misma espera en la oficina de inmigración mexicana en Tapachula, el mismo estrés para saber si tenían derecho a una visa temporal, las mismas presiones por el escaso trabajo en Chiapas y los bajos salarios que pagaban unos empleadores oportunistas. Era más probable que los deportaran de México que de Estados Unidos. Y eran mucho mayores las probabilidades de que los expulsaran, ya fuera de México o de Estados Unidos, que de que lograran su objetivo. Cuando finalmente los deportaran a Honduras, pasarían ahí una o dos semanas, el tiempo suficiente para conseguir el dinero con el que pudieran partir de nuevo.

Keldy de repente contaba una anécdota o hacía una exhortación, pero pasaba la mayor parte del tiempo escuchando. Cada hablante se acomodaba para quedar frente a ella. Cuando alguno mencionaba a Dios, ella se inclinaba hacia delante y decía "Amén". A continuación, venía un coro de amenes.

La veneraban y la colocaban en un pedestal. Su respeto surgía del hecho de que ella había padecido lo mismo que ellos. Cuando Keldy bajó del avión en San Pedro Sula, el día que la deportaron, no tenía adónde ir; toda su familia había huido. Pero había una hondureña llamada Karla, a quien conoció en la cárcel del ICE en la avenida Montana. Karla llegó meses después de la detención de Keldy, pero la deportaron antes. Se mantenían en estrecha comunicación por Facebook. Cuando Keldy llegó, Karla y su madre le cedieron un rincón libre de su casa. Se quedó una semana; tenía mucho miedo para caminar por la calle. Después de que Mino le enviara un giro por Western Union, Keldy abordó un autobús para Guatemala.

En Tapachula vivía en cuartos alquilados con una comunidad de gente que ya conocía. Además de Osmán, había otras 12 mujeres deportadas de El Paso. Esa tarde, justo antes de encaminarse a Solidaridad 2000, Keldy salió de su pequeño departamento en la esquina de la Cuarta Avenida Sur, una casita enrejada situada entre unas tiendas de ropa y una gasolinería, con su teléfono, un Samsung gigante del tamaño de una tableta, que sonaba incesantemente dentro de su bolsa. Su red había llegado a ser enorme. Docenas de mujeres que habían estado con ella en la cárcel del ICE le mandaban mensajes todos los días para pedirle consejo o bendiciones. Algunas llamaban de los sitios remotos adonde las habían deportado (Brasil, Senegal, El Salvador) y otras de localidades en Estados Unidos. Keldy no tenía asociación con ninguna Iglesia concreta: su parroquia era una sola mujer y su capilla principal era Facebook Live, donde todos los días organizaba sesiones de oración. Con la app de Messenger bendecía y aconsejaba en privado a cada feligrés, en un flujo constante de textos y mensajes de audio. Interceptaba y devolvía esas consultas durante unas horas expresamente dedicadas a eso cada mañana, y luego esporádicamente, a lo largo del día, entre visitas a domicilio e idas a albergues de inmigrantes en los que era voluntaria. Una mujer quería ponerla al día sobre el puesto de comida que trataba de abrir en San Salvador, otra le mandaba textos con noticias de su embarazo. "Eres la única persona a la que puedo acudir cuando me va mal", decía uno de los mensajes de esa tarde. "Eres un instrumento de Dios. Rezaré por ti", respondió Keldy.

La sesión en Solidaridad 2000 duró dos horas y al final todos se congregaron junto a las escaleras, donde había mejor luz, para que Keldy sacara una foto que publicaría en su página de Facebook. Cuando salió a la calzada, el cielo estaba oscuro; lloviznaba. Osmán la alcanzó mientras esperaba un "aventón". Él empezaba a tener problemas con algunos vecinos que lo acusaban de varias cosas absurdas, puros pretextos para extorsionarlo.

—Vamos a tener que mudarte —le dijo Keldy con gravedad—. ¿Recuerdas que te dije que esos tipos iban a ser un problema? ¿Que te conté que soñé con ellos?

—Es cierto —respondió Osmán. Agachó la cabeza como si hubiera hecho algo malo.

Unos días después, Osmán ya no estaba. Se había ido a Ascensión, Chihuahua, en el norte del país. Desde ahí intentaría cruzar una vez más a Estados Unidos. Al observarlo mientras él y los demás de Tapachula empezaban a caminar hacia el norte, Keldy se sintió algo inquieta. Sabía que estaba atrapada al sur de la frontera estadounidense. Como ya la habían condenado una vez por cruzar ilegalmente, un nuevo intento podía traducirse en una larga pena de prisión. De todas formas estaba tentada a intentarlo, pero el recuerdo de los casi dos años que pasó en una cárcel de inmigrantes la hacía reconsiderarlo. Mientras tanto, lo único que podía hacer era acortar la distancia con su familia. En Ciudad Juárez estaría más cerca de sus hijos y de la frontera que los separaba. Ahí podía existir una sensación de posibilidad.

Keldy tenía una nueva abogada: Linda Corchado, la directora jurídica de Las Americas. No había mucho que Corchado pudiera hacer para ayudar a Keldy legalmente, pero tenía una idea, una ocurrencia que quizá valía la pena probar. Dana necesitaba una operación para corregir su paladar hendido. Keldy no tenía ninguna posibilidad de obtener una entrada plena en Estados Unidos porque su demanda de asilo ya estaba decidida, pero podía solicitar una forma de libertad condicional temporal que le permitiría quedarse con Dana después de la cirugía.

Corchado, hija de padres mexicanos, creció en El Paso. Había visto a familiares suyos construir sus vidas entre los dos países. Era un futuro que trataba de imaginar para Keldy. Si pudiera obtener un estatus legal en México, podría haber una manera de que viajara a Estados Unidos a ver a su familia, aunque no fuera de modo permanente.

El consejo de Corchado era que no se apresurara a ir al norte. Tapachula era un lugar sombrío, pero menos violento que Ciudad Juárez. Keldy había conseguido una visa humanitaria para quedarse en México, lo que le porporcionaba un grado de seguridad considerable. En junio, el gobierno mexicano había detenido a más de 90 000 migrantes ese año y deportado a casi el 80%. Keldy no tenía que quedarse en Tapachula para siempre, pero si esperaba un poco más, Corchado ganaría tiempo para preparar su demanda de libertad condicional. Durante algunas semanas, Keldy hizo caso de las recomendaciones de su abogada, pero llegó agosto y ya no soportó seguir esperando.

Quédate en México

El albergue para migrantes Pan de Vida, en Ciudad Juárez, México, alojaba a 200 solicitantes de asilo en un conjunto de casitas amarillas a media hora en coche del puerto de entrada más cercano, en el centro de El Paso. Las calles circundantes no estaban pavimentadas; unas casas de bloques de hormigón salpicaban el borde del camino. Una tarde sofocante de agosto de 2019, ninguno de los residentes se sentía cómodo de salir, ni siquiera a plena luz del día. "Es demasiado peligroso", decía Denis, un hondureño de 38 años. Estaba con su hija y su hijo, de 13 y siete años. Unas noches antes, un camión lleno de hombres armados y enmascarados dio algunas vueltas alrededor del terreno del albergue y luego se fue. Nadie sabía quiénes eran, qué buscaban o cuándo volverían.

Denis estaba particularmente nervioso. Unos meses antes su esposa había partido de San Pedro Sula con dos de los hijos de la pareja, entre ellos el mayor, de 17 años, a quien tenían en la mira para que se afiliara a una pandilla local. Denis se quedó para ganar más dinero antes de alcanzarla con los otros dos hijos. Cuando su esposa llegó a El Paso, los agentes de inmigración la dejaron entrar con sus hijos y le dieron una fecha para una futura audiencia de asilo en el tribunal. Denis planeaba seguir el mismo proceso, pero poco después de que él y los dos niños llegaran a Ciudad Juárez, a mediados de agosto, un grupo criminal del lugar los secuestró y los retuvo cinco días en una iglesia abandonada a las afueras de la ciudad. Al final consiguieron escapar y viajaron directamente al más cercano puerto de entrada a Estados Unidos.

Cuando llegaron a El Paso, el proceso de asilo había cambiado. A Denis y a los niños los detuvieron brevemente, les dieron una cita en el juzgado para diciembre y los mandaron de regreso a México a esperar, siguiendo una nueva política llamada Protocolos de Protección a Migrantes (MPP). Ahora, los centroamericanos que trataran de obtener asilo en Estados Unidos debían quedarse en México mientras duraran sus procedimientos judiciales, lo que podía implicar varios meses. Cuando llegaba el momento de comparecer frente a un juez de inmigración estadounidense, los solicitantes de asilo tenían que viajar de regreso a un puerto de entrada, donde volvían a detenerlos; cuando terminaban los procedimientos del día, un camión los llevaba de regreso a México, donde esperaban su siguiente cita en el tribunal. Denis no entendía todos los detalles; solo sabía que a él y a su familia los enviaron al mismo lugar donde los habían secuestrado. Les suplicó a las autoridades de Estados Unidos que lo encarcelaran, pero que dejaran pasar a sus hijos. Les dijo que haría lo que fuera. "En México van a violar a mi hija".

Unas semanas después, los tres estaban inquietos en Pan de Vida y decidieron caminar a un supermercado como a 200 metros de ahí con el propósito de comprar ingredientes para la cena. En el estacionamiento vieron a uno de sus secuestradores parado junto a un camión. Denis se paralizó. Todo en ese hombre anunciaba que no era mexicano: su nerviosismo, su acento, su aspecto aturdido. La gente que pasaba por la calle se le quedaba viendo. Pero el secuestrador no los había visto a ellos. Denis metió a sus hijos de vuelta al albergue e hizo planes para irse de Ciudad Juárez. "Es mejor agradecerle a Dios que no pasó nada peor", dijo para sus adentros. Un pariente suyo conocía a alguien que tenía un cuarto en Monterrey, una ciudad menos peligrosa como 1 100 kilómetros al sur. Unos días después tomaron un camión para allá. Aún faltaban dos meses para que tuvieran que volver a El Paso a una audiencia preliminar que normalmente duraba una hora.

La semilla que después se convirtió en los MPP fue plantada en 2014. En ese entonces no era una política que pudiera implementarse, ni siquiera una propuesta hecha y derecha, sino la idea de un cambio de paradigma. Los funcionarios del DHS imaginaron un programa piloto que Estados Unidos solo podía llevar a cabo con el gobierno mexicano. Juntos establecerían un sistema de albergues en el norte de México con ayuda de organizaciones de socorro internacionales. La población sería pequeña, aproximadamente de 500 a 1 000 solicitantes de asilo. Tendrían alojamiento, comida y servicios jurídicos mientras estuvieran en México y luego cruzarían la frontera para asistir a sus audiencias ante un juez de inmigración. El plan nunca se consideró seriamente —era demasiado irrestricto—, pero no lo demolieron. Cuatro años después renació, con apenas una leve semejanza a la idea inicial.

En julio de 2018, un grupo de funcionarios del gobierno empezaron a reunirse cada semana en las oficinas centrales de Aduanas y Protección Fronteriza, en Washington, D. C., para discutir qué debían hacer con las repercusiones de la fallida política de tolerancia cero del presidente. Nadie de los asistentes manifestaba ningún arrepentimiento. La enseñanza general, dijo uno después, no fue que el gobierno se hubiera excedido al separar a las familias, sino, más bien, que necesitaban ser "más listos" si querían "poner en práctica algo de esta envergadura en el futuro". Había alrededor de la mesa representantes del Departamento de Justicia, de la Oficina de Administración y Presupuesto, del Departamento de Defensa y del Departamento de Seguridad Nacional, pero la fuerza detrás de las conversaciones era Stephen Miller. Quería que múltiples organismos gubernamentales "planificaran" una manera de retener a los solicitantes de asilo mientras aguardaban su audiencia ante un juez de inmigración.

El trabajo era modelar todos los pasos del proceso. Si el gobierno iba tras las familias, ¿dónde las detendría? ¿Qué recursos se necesitarían en cada paso? Según Miller, el *statu quo* de *catch and release* era intolerable, una "laguna" jurídica tan extensa que equivalía a unas "fronteras abiertas". Ahora dependía de esos funcionarios inventar nuevas maneras de encerrar a los solicitantes de asilo o impedirles la entrada. Obligarlos a languidecer al sur de la frontera se veía como la mejor opción.

México, que atravesaba su propia crisis de inmigración, tenía un nuevo dirigente que estaría a la altura de las circunstancias. Andrés Manuel López Obrador, que asumió la presidencia en diciembre de 2018, era, a primera vista, un socio poco prometedor para el gobierno de Trump. Populista de izquierda de alrededor de 75 años, López Obrador era un sedicente hombre de la calle, con talento para abogar por los pobres y arremeter contra el poder político establecido. Le gustaba renunciar a los accesorios lujosos de los cargos superiores. En sus viajes volaba en clase turista con un pequeño séquito. Uno de sus primeros actos en el Poder Ejecutivo fue subastar el avión presidencial. Cuando fue jefe de gobierno de la Ciudad de México, a principios de la década del año 2000, manejaba orgullosamente un viejo Nissan. Con los años se convirtió en una presencia permanente: un extranjero fogoso pero familiar que se había postulado a la presidencia dos veces y estuvo a punto de ganar. En 2006, después de perder por menos de un punto porcentual ante el conservador Felipe Calderón en unas elecciones ensombrecidas por acusaciones de fraude, él y sus simpatizantes tuvieron una simbólica ceremonia de toma de posesión en el Zócalo, la inmensa plaza pública en el centro de la Ciudad de México. Seis años después volvió a postularse y también perdió.

En su campaña de 2018, López Obrador recorrió Estados Unidos para hablar con votantes mexicanos que vivían en grandes ciudades estadounidenses, como Chicago y Los Ángeles, donde criticaba al presidente racista. "Trump y sus asesores se expresan de los mexicanos como Hitler y los nazis se referían a los judíos", declaró en una parada de campaña. Una compilación de sus discursos, que también era una especie de autobiografía política, se titulaba *Oye, Trump*. López Obrador prometió solemnemente no hacerle el "trabajo sucio" a Estados Unidos en lo que concernía a la inmigración. Hablaba con franqueza, incluso con elocuencia, sobre la hermandad que debían sentir los mexicanos con los migrantes centroamericanos y prometió convertir a México en un "país de refugio".

En el otoño de 2018, López Obrador aún no ocupaba la silla presidencial cuando miles de hondureños de la caravana migrante pasaron por México. Anunció que en su gobierno entrante les daría visas de trabajo y los incluiría en un programa de desarrollo para el sur del país. "El plan es que nadie se vea obligado a emigrar —dijo en aquel momento—, y si ya toman la decisión de salir de sus pueblos, que tengan opciones en México". Miles de centroamericanos expectantes empezaron a viajar a territorio mexicano en busca de posibilidades de trabajo legales. Funcionarios del gobierno de Trump, que esperaban que el gobierno de México detuviera y deportara a los migrantes, pensaron que esa permisividad solo los alentaría a continuar su camino al norte y se aseguraron de comunicar su descontento. Los dos países se jugaban varios acuerdos económicos considerables y Trump estaba dispuesto a usar toda su influencia para conseguir lo que quería en materia de política inmigratoria.

Lo que resultó aún más persuasivo fue la respuesta del público mexicano a las caravanas. La reacción empezó con quejas aisladas en pequeñas ciudades a lo largo de la ruta, primero en el sur y luego más hacia el norte; había acusaciones de que unos miembros de la caravana estaban delinquiendo y faltando al respeto a la hospitalidad de sus anfitriones. El alcalde de Tijuana terminó por expresar ese malestar unas semanas antes de que López Obrador tomara posesión. "Estas personas llegan en un plan agresivo, grosero, con cánticos, retando a la autoridad, haciendo lo que no estamos acostumbrados en Tijuana —declaró—. No me atrevo a decir que son todos los migrantes, pero hay algunos que son vagos, mariguanos; van agrediendo a las familias". Durante años, México fue un "país de tránsito" por el que los migrantes cruzaban para llegar a Estados Unidos. Pero con su aumento en número, y Estados Unidos más decidido que nunca a impedirles la entrada, ahora se estaba convirtiendo en el final del recorrido. La inmigración se convirtió en un problema político tóxico en México, un tema plagado de resentimiento y disputas. Los dirigentes tenían que recalibrar.

Con un ambicioso programa interno que proteger, López Obrador cambió sus prioridades. Funcionarios de la Secretaría de Gobernación de México, de la que dependían el Instituto Nacional de Migración y la Comisión Mexicana de Ayuda a Refugiados, se oponían a los Protocolos de Protección a Migrantes, conocidos en México como el programa Quédate en México. Señalaban la falta de recursos y las preocupaciones sobre el bienestar de los solicitantes de asilo que se quedarían varados entre los dos países. Pero el equipo de López Obrador en la Secretaría de Relaciones Exteriores hizo caso omiso de esas inquietudes . Como los estadounidenses estaban implicados, el tema no era tanto una cuestión de política nacional como una necesidad diplomática. El centro de gravedad en el gobierno mexicano se movió hacia el canciller, Marcelo Ebrard, un político veterano con sus propias aspiraciones presidenciales. En diciembre, cuando se anunció el programa Quédate en México, el gobierno mexicano lo calificó como una jugada estadounidense unilateral a la que no había más remedio que adaptarse. Lo cierto es que ya había habido una firme aceptación de ese programa entre las altas jerarquías del gobierno, incluido el propio López Obrador.

Quédate en México entró en vigor en enero de 2019, en Tijuana. El Departamento de Seguridad Nacional lo extendió, ciudad tras ciudad, a ubicaciones a lo largo de toda la frontera entre Estados Unidos y México. A mediados de marzo llegó a Mexicali y a Ciudad Juárez. En julio se instituyó en Tamaulipas, en el Golfo de México, un bastión de las organizaciones criminales. Cerca de 50 000 solicitantes de asilo fueron devueltos a México, donde muchos se enfrentaban a niveles extremos de violencia. El 3 de agosto, miembros de un cartel llegaron a un albergue en la ciudad fronteriza de Nuevo Laredo a exigir que el pastor a cargo les entregara a un grupo de cubanos para pedir rescate por ellos; cuando aquel se negó, lo secuestraron y nunca más se le volvió a ver. Ese mismo verano, a unos kilómetros de ahí, una docena de solicitantes de asilo a los que acababan de devolver a México fueron secuestrados. "La gente de migración —las autoridades migratorias mexicanas— nos entregó a los carteles —le dijo más adelante una de las víctimas a *Vice News*—. Saben lo que están haciendo. No les importa si te matan o no".

En Pan de Vida, a casi todos los habían incorporado a Quédate en México, incluidas unas pocas personas que ya no sabían bien a bien en qué parte del proceso estaban. Un hondureño llamado Gabriel, que dormía en la misma casita que Denis junto con otras 15 personas, guardaba en su cartera un papelito, un artefacto del periodo anterior al establecimiento de Quédate en México en la zona de El Paso. En ese entonces, los agentes de Aduanas y Protección Fronteriza "contaban" a los migrantes en los puertos de entrada por medio de un sistema informal: les daban un número de una lista de espera y les decían que volvieran cuando fuera su turno. Desde marzo, mientras solicitantes de asilo de otros países seguían en aquella lista de espera, los centroamericanos tenían que pasar por Quédate en México. Gabriel no lo sabía, pero el número de cinco dígitos de su papelito correspondía al viejo sistema. La siguiente ocasión que fue al puerto de entrada lo registraron en Quédate en México y la espera volvió a empezar.

Las casitas de Pan de Vida estaban en el perímetro de un gran terreno polvoriento, donde un muro hecho de llantas rodeaba una cancha de futbol y unos juegos. Había un comedor con una cocina abierta y mesas largas enfrente del complejo. Afuera, bolsas de basura se acumulaban en una camioneta *pickup* azul desgastada, para que luego el director del albergue las llevara a un vertedero cercano. Sentada en la mesa del comedor se hallaba una madre de treinta y tantos años, de rostro afilado, llamada Dilcea. Era de Honduras y viajaba con su hijo de 12 años, Anthony. Estaban en Ciudad Juárez desde junio y tuvieron su primera audiencia a mediados de agosto. "Había tanta gente en el tribunal que no me dieron oportunidad de decirle nada al juez", cuenta. Ella había querido explicarle que tenía diabetes y que se le estaba acabando la insulina.

★ ★ ★

Cuando Keldy llegó a Ascensión, Chihuahua, a finales de agosto, entró a un mundo aparte. El pueblo era una estación de paso en el camino a una estación de paso más grande: Ciudad Juárez, donde miles de migrantes centroamericanos se quedaban atorados por el Quédate en México. La política no le afectaba porque su demanda ya había sido rechazada, pero empezó a oír historias de familias enteras que ahora estaban varadas. Los albergues de la región se estaban llenando, y quienes no encontraban espacio ahí buscaban iglesias. Los demás se veían obligados a quedarse en campamentos hacinados a lo largo de la frontera.

En sus primeros días en Ascensión, Keldy se quedó en la casa de una líder religiosa a la que había conocido en Facebook, llamada Isela. Cuando fueron a una iglesia del rumbo para que Keldy pudiera presentarse a la congregación, un pastor exigió ver sus credenciales religiosas de Honduras. Keldy sacó de su bolsa un documento nacional de identidad y un certificado pastoral emitido por el Estado, pero no logró convencer a aquel hombre. "Esta mujer es una bruja y una charlatana", gritó. Keldy se fue de ahí y decidió mejor celebrar pequeñas reuniones de oración en la casa de Isela. Unas semanas después, siguió su camino a Ciudad Juárez y se quedó en un cuarto del departamento de un conocido.

En Ciudad Juárez, Keldy se consagró a su población de migrantes. Familias recientemente deportadas la llamaban para proporcionarle su ubicación aproximada —indicadores de kilómetros en las carreteras, descripciones de intersecciones— y ella tomaba un taxi para llevarlas a algún lugar donde pudieran dormir. Era una presencia habitual en el albergue de migrantes Pan de Vida, donde daba sermones y bendiciones. Atendiendo a esa población, Keldy encontró un universo de migrantes que vivían en la clandestinidad. Había un elaborado sistema de abusos en el que participaba nada menos que la gente que supuestamente debía mantener el orden. No eran nada más las organizaciones criminales las que atacaban a los centroamericanos atrapados en Ciudad Juárez: también era la policía.

En primavera, una hondureña de 20 años llamada Tania y su hermana de 14 fueron separadas en un puerto de entrada de El Paso. Enviaron a la más chica a un refugio de menores dirigido por el Departamento de Salud y

449

Servicios Humanos y después de un tiempo la ubicaron con su madre, que vivía en Boston. Tania pasó seis días detenida en Estados Unidos antes de que unos agentes de inmigración mexicanos la recogieran y la regresaran a México. La dejaron en un albergue de migrantes que ya estaba lleno. Deambuló por las calles en busca de otro lugar donde quedarse. Se notaba que era extranjera por su ropa hecha jirones y su acento, y su raza —era negra, perteneciente a la comunidad indígena de los garifunas— dio lugar a varios episodios de maltrato público. En la calle, la gente le escupía y le gritaba insultos.

De alguna manera logró llegar a su primera cita en el tribunal, en El Paso. Había docenas de solicitantes de asilo como ella, no había abogados presentes, y el juez les leyó a todos sus derechos antes de enviarlos de regreso a México con la fecha de una cita posterior. La gente le había advertido que los procedimientos judiciales eran puro teatro, pero ahora lo vivió en carne propia. De regreso a México decidió que no tenía sentido seguir esperando. Ella y otra mujer de Honduras contrataron a un traficante para que las ayudara a cruzar a Estados Unidos. El traficante estaba confabulado con un cuadro de policías federales mexicanos. Dos noches llevaron a Tania y a la otra mujer a diferentes casas de seguridad a lo largo de la frontera. En la víspera del día en que esperaban cruzar, las llevaron a otra casa, donde había cuatro mujeres más y un grupo de hombres armados, incluidos policías uniformados, vigilando. Uno de esos policías apuntó una pistola a la cabeza de Tania y le ordenó que le hiciera sexo oral. Ella oía cómo en los otros cuartos golpeaban a las demás mujeres. A la mañana siguiente, temprano, transportaron a Tania y a otra mujer a una ubicación separada, donde las violaron reiteradas veces. Pasó una semana antes de que las autoridades locales las encontraran y las llevaran a un hospital.

★ ★ ★

Desde que el gobierno anunció el fin de su política de separación de familias, casi un año antes, más y más solicitantes de asilo centroamericanos habían llegado a la frontera de Estados Unidos. En un ataque de furia avivado por Stephen Miller, el presidente despidió a Kirstjen Nielsen en abril de 2019, junto con al menos otros dos jefes de organizaciones a quienes, por lo demás, los republicanos del Congreso tenían en gran estima. Trump estaba "retirándole el apoyo a la mismísima gente que trata de ayudarlo a conseguir su objetivo", se lamentó con la prensa Chuck Grassley, el expresidente del Comité Judicial del Senado.

Fue una purga nacida de la desesperación. Aduanas y Protección Fronteriza estaba realizando más de 100 000 arrestos al mes, el máximo en una década. Eso fue un golpe doble a los partidarios de la línea dura del gobierno: las campañas para disuadir a los migrantes no solo habían fracasado, sino que fueron contraproducentes. Cuando las políticas en la frontera cambiaban de manera frecuente y notoria, se corría la voz por toda Centroamérica. Para el grupo de poder del DHS, el objetivo era evitar cambios drásticos y precipitados como la política de tolerancia cero, cuando el gobierno adoptó una posición de una severidad sin precedentes, solo para echarse para atrás públicamente un mes y medio después.

Funcionarios del departamento creían saber cómo manejar la crisis de la frontera. Solo necesitaban más recursos para albergar a familias y niños. Pero Miller desdeñaba las opiniones ortodoxas. Si los juzgados federales emitían órdenes judiciales para bloquearlos, sostenía él, el Departamento de Justicia podía apelar esas decisiones ante la Corte Suprema. ¿Para qué nombrar a dos jueces si la Casa Blanca no los aprovechaba? El presidente había designado a más de 100 jueces a la judicatura federal. Miller creía que en poco tiempo se verían los beneficios, razón de más para no diluir el programa de la Casa Blanca en aras de prevalecer en los tribunales. La idea de Miller era emplear acciones ejecutivas como ariete contra los tribunales inferiores. Con ese ánimo, en julio de 2019 el presidente dictó una nueva regulación, que prohibía el asilo a cualquiera que viajara por otro país para llegar a Estados Unidos. Cuando se paró con una orden judicial, el Departamento de Justicia apeló. Esa vez, la Corte de Apelaciones del Noveno Circuito restringió la orden judicial mientras las partes la discutían en el tribunal. Era una victoria parcial pero asombrosa para el presidente.

Si los tribunales impacientaban a Miller, la jerarquía burocrática le indignaba. Como en cualquier departamento federal, el personal del DHS seguía indicaciones de los altos cargos de cada uno de los organismos que lo componían. Esos funcionarios del organismo, a su vez, seguían el ejemplo de los mandamases del DHS. Para rehacer la cadena de mando, Miller hizo lo que otros empezaron a describir como llamadas "a lo hondo del edificio". Llamaba por teléfono a funcionarios de menor rango para darles órdenes directamente.

No solo se negaba a mantener informados a sus jefes; también les decía a esos funcionarios que le ocultaran sus actividades a la dirigencia del departamento. Cuando encontraba a gente en la que pudiera confiar, o a la que pudiera acosar, Miller los reclutaba como informantes. Todos los viernes convocaba a una reunión en el edificio de oficinas ejecutivas Eisenhower, junto a la Casa Blanca, para discutir las formas en que los burócratas federales no lograban poner en práctica el programa de Trump. A la larga, los funcionarios de carrera dejaron de asistir, y se quedaron como auditorio de Miller quienes habían sido designados para sus cargos por razones políticas y ya estaban alineados con él. Con frecuencia, de todas maneras los sermoneaba. Como Miller se había insertado en el proceso de formulación de políticas del DHS, los funcionarios se sentían obligados a ocultarle su trabajo. En algún momento, para impedir que Miller descubriera los pormenores de una discusión sobre políticas, Kevin McAleenan, el reemplazo de Nielsen, tenía reuniones en un búnker secreto, conocido como un SCIF, donde estaban prohibidos los teléfonos celulares y se aplicaban estrictas normas de confidencialidad. Convencido de que el conciliábulo de un Estado profundo trataba de frustrar el programa de Trump, Miller obligó a los funcionarios a pasar a la clandestinidad dentro de sus propios organismos.

En septiembre de 2019, el Departamento de Seguridad Nacional abrió dos juzgados en tiendas de campaña en la frontera, en Laredo y en Brownsville, donde podían procesarse los casos hasta de 400 solicitantes de asilo como parte del programa Quédate en México. A la gente que se presentaba en los puertos de entrada para sus audiencias la enviaban a estos tribunales improvisados. De acuerdo con un reportaje del *Washington Post,* la lógica era que las autoridades estadounidenses "les dieran a los solicitantes de asilo acceso al sistema de justicia de Estados Unidos sin darles acceso físico al país". Los desplazamientos consecutivos que implicaba Quédate en México —las sucesivas audiencias irregulares, las largas esperas, los juzgados improvisados— lograron el efecto deseado por el gobierno: solo el 1% de los casos completados terminaban en alguna ayuda a los solicitantes de asilo. En tales casos, el DHS presentaba apelaciones. "Estamos trayendo integridad al sistema", declaró Kevin McAleenan.

Otro albergue para migrantes que Keldy solía visitar en Ciudad Juárez se llamaba El Buen Pastor, un conjunto de construcciones blancas con una pequeña plaza de asfalto en medio y rodeado de puertas de hierro. El espacio estaba pensado para alojar a 60 personas, pero en el verano de 2019, Juan Fierro, un pastor que dirigía el albergue, alojaba de 100 a 130 migrantes simultáneamente. El día que el gobierno mexicano anunció que Quédate en México llegaría a Ciudad Juárez, recibió una llamada de unos agentes de inmigración mexicanos conocidos como Grupos Beta. Querían saber a cuánta gente podía recibir. El gobierno de México no le dio ningún apoyo adicional a Fierro para lidiar con aquella afluencia. Usó donativos de gente del lugar y de organizaciones no gubernamentales para invertir en la construcción de otro centro al otro lado de la calle.

Había más de una docena de albergues para migrantes en Ciudad Juárez, muchos de ellos dirigidos por diócesis de diferentes iglesias. El Buen Pastor era más chico que Pan de Vida, pero más grande que algunos otros, que iban de instalaciones propiamente dichas —con camas, regaderas y comedores— hasta sótanos de iglesias. El albergue más famoso de la ciudad, Casa del Migrante, ya estaba lleno. El gobierno municipal anunció un plan, llamado Iniciativa Juárez, para acondicionar una vieja maquiladora como estación temporal para solicitantes de asilo a los que regresaban por Quédate en México.

El Buen Pastor no solo estaba alojando a migrantes de Quédate en México. Había un gran contingente de personas de Uganda y algunos brasileños. A ninguno de ellos le afectaba Quédate en México, pero de todas formas les tocaba soportar largas esperas en Ciudad Juárez, pues cada día los agentes de inmigración de Estados Unidos entrevistaban a menos solicitantes de asilo en los puertos de entrada. Dedicaban casi toda su atención a mantener Quédate en México. Pasaban varios días sin que CBP aceptara a nadie más en un puerto de entrada. En el albergue, todas las mañanas los solicitantes de asilo empacaban sus mochilas y se despedían de Fierro, con la expectativa de que ese día dijeran sus números, solo para regresar de nuevo en la tarde-noche.

Quédate en México estaba pensado originalmente para migrantes de Honduras, Guatemala y El Salvador, los tres países de la región con los mayores niveles de inmigración a Estados Unidos. Pero en el verano de 2019 se amplió el alcance del programa. En junio, Trump encajonó a López Obrador con una amenaza. Si el presidente mexicano no lograba frenar la llegada de migrantes en la frontera, Estados Unidos impondría aranceles aduaneros. Empezarían con el 5%, pero escalarían hasta el 25% en el otoño.

López Obrador no sabía si Trump estaba fanfarroneando, y no estaba dispuesto a correr riesgos. Cualquier tipo de arancel haría caer en picada a la economía mexicana. Ya se estaba contrayendo en los primeros meses de 2019, y el valor del peso había descendido. El resultado de una escaramuza comercial con los estadounidenses podía estropear el legado de López Obrador. Marcelo Ebrard llegó a un acuerdo que permitía a ambas partes cantar victoria. Los mexicanos tendrían 45 días para seguir demostrando su compromiso de bloquear la migración regional. Si al final de ese periodo la situación no había cambiado, López Obrador aceptaría un acuerdo más radical. Mientras Trump promocionaba "un nuevo acuerdo con México", con el que "obtuvimos todo lo que queríamos", López Obrador tuvo un mitin en Tijuana para festejar un acuerdo que, según decía, había conjurado una catástrofe. Los mexicanos enviaron más tropas para vigilar la frontera y revisaron los términos de Quédate en México. La nueva versión del programa se aplicaría a migrantes de todos los países hispanohablantes.

Una mañana, en El Buen Pastor, una maestra cubana de 34 años llamada Dani Torres estaba sentada en el comedor viendo a un grupo de niños jugando con unos juguetitos. En Cuba, el servicio de inteligencia había tratado de obligar a Torres y a su hermana a revelar información sobre su madre, que pertenecía a un grupo de oposición política llamado Damas de Blanco. La hermana de Torres se fue a Panamá y Torres viajó por nueve países para llegar a Estados Unidos. Cuando llegó a Ciudad Juárez, en mayo, el puerto de entrada estaba bloqueado debido al contador. Le dieron un número de la lista de espera: 18 795. Al principio planeaba esperar su turno, pero cambió de opinión cuando supo que Quédate en México se iba a ampliar para incluir a los cubanos. Un día tuvo lo que consideró un "chancecito" para tratar de cruzar el río. De inmediato unos agentes de la Patrulla Fronteriza la detuvieron y la pusieron en el protocolo. En su primera audiencia judicial, estaba decidida a acelerar su causa. Sabía que muchos otros llegarían al tribunal sin la documentación necesaria. Ese no sería su destino: planeaba ganarle al sistema anticipándose a cada una de sus misteriosas y pesadas exigencias. En la sala, rodeada de docenas de solicitantes de asilo, que se veían perdidos y no parecían estar preparados, levantó la mano.

—Tengo mis formularios y mi petición de asilo —le dijo al juez.

Él, con ayuda de un intérprete, le dijo que podía llevarlos a la siguiente audiencia, programada para cinco meses después.

En una hoja de cálculo en su computadora, Fierro llevaba un registro de las citas de todos en el tribunal. Cada martes, una flota de autobuses salía de la Casa del Migrante rumbo a Honduras, Guatemala y El Salvador, con solicitantes de asilo que se habían rendido y optaron por la "salida voluntaria". Quienes habían decidido irse de El Buen Pastor aparecían en amarillo en la hoja de cálculo de Fierro; equivalían a más o menos la tercera parte de los nombres. De julio a agosto de 2019, tan solo en Ciudad Juárez, las autoridades mexicanas enviaron en autobús de vuelta a Centroamérica a más de 550 solicitantes de asilo. Otros miles, en ciudades fronterizas desde Tijuana hasta Matamoros, probablemente se habían ido por su cuenta, sin molestarse en poner sobre aviso a las autoridades del país.

Keldy tenía un ritual matutino diario. Se levantaba antes del amanecer y caminaba hacia la frontera, donde cuatro puentes llevaban a Estados Unidos, y se visualizaba del otro lado. Rezaba por que la frontera se abriera unos momentos, lo suficiente para que pudiera ver al fin a sus hijos. Y luego, tan resuelta como había caminado al puente, se daba la media vuelta y caminaba a la bulliciosa y peligrosa ciudad donde sabía que la necesitaban.

Reescribir el asilo

En la primavera de 2019, Kevin McAleenan, el secretario interino de Seguridad Nacional, pensaba en sí mismo como un tecnócrata que trabajaba teniendo todo en contra. Trump arremetió contra los gobiernos de El Salvador, Honduras y Guatemala, y recortó la ayuda internacional a la región por puro rencor. Por sus años en la Oficina de Aduanas y Protección Fronteriza, McAleenan sabía que las políticas en la frontera eran medidas provisionales que no atacaban la emigración en su origen. Él quería reanudar ayuda económica estadounidense a la región y, al mismo tiempo, renovar el sistema de asilo para acabar con lo que él consideraba un éxodo imparable.

Llamó a sus planes "acuerdo cooperativo de asilo", pero también eran conocidos como pactos de "tercer país seguro". El principio era que los migrantes tenían que solicitar asilo en el primer país al que llegaran después de huir del suyo, siempre y cuando el país tuviera un sistema de asilo en funcionamiento. Una versión de esta clase de acuerdo existía en partes de la Unión Europea, y Estados Unidos ya había puesto en práctica un acuerdo similar con Canadá desde 2004. Si un solicitante de asilo se presentaba en un puerto de entrada canadiense, las autoridades lo enviarían de vuelta a Estados Unidos para continuar ahí con su demanda.

McAleenan buscaba aplicar ese modelo a Centroamérica. Cualquier solicitante de asilo que llegara a la frontera de Estados Unidos después de cruzar por El Salvador sería devuelto. Lo mismo les pasaría a los migrantes que viajaran por Honduras y Guatemala. México siempre estaba dispuesto a seguir las órdenes de Estados Unidos cuando se trataba de hacer cumplir las leyes de inmigración. La única línea que se negaba a cruzar era la firma de un pacto de tercer país seguro, pues eso obligaría al país a ofrecer asilo a cualquiera que tratara de llegar a territorio estadounidense. Por consiguiente, para contener a la migración centroamericana en particular, Guatemala era la piedra angular del plan de McAleenan. Más al sur, en El Salvador y en Honduras, los gobiernos recibirían a los solicitantes de asilo provenientes de Sudamérica. El efecto general sería una red en expansión que atrapara a todos los que se movieran por la región. Ningún país se vería obligado a recibir de vuelta a sus propios migrantes: solo a los de otros países. Pero Estados Unidos tendría el poder de devolver a quien quisiera una vez que llegara a su frontera sur, por la razón de que esa gente había pasado por uno de los países que eran parte de los acuerdos.

El primero de muchos problemas con ese plan era que ninguno de los tres países del Triángulo Norte podía calificarse de "seguro". El Salvador no tenía un sistema de asilo. Guatemala sí, pero era minúsculo. Y además estaba el problema más grande de cuánta gente ya estaba huyendo de esos tres países, una descarnada señal de la realidad sobre el terreno. El 92% de todas las personas detenidas en la frontera sur de Estados Unidos eran del Triángulo Norte. Doscientos setenta mil guatemaltecos trataron de llegar a tierras estadounidenses en 2019. ¿Eso qué les decía sobre la estabilidad del país a los 261 000 hondureños o a los 92 000 salvadoreños que pasaron por él en su camino hacia el norte?

La mayoría de los migrantes perderían sus juicios de asilo cuando llegaran a Estados Unidos, lo que para McAleenan era prueba de que había un uso incorrecto del sistema. "Solamente del 10 al 15% de los centroamericanos que solicitan asilo en Estados Unidos lo obtienen", dijo en una reunión en Guatemala, en el verano de 2019. Si el gobierno no trataba de "contener el flujo", las autoridades de la frontera seguirían sobrecargadas, con muchos más migrantes de los que el sistema estaba diseñado para manejar. McAleenan encarnaba una versión de lo que se había convertido en una respetable postura estadounidense. "El objetivo a corto plazo" de los pactos de tercer país seguro, continuó, "es la disuasión", pero "el objetivo a largo plazo es preparar el terreno para la inversión y el desarrollo en la región. Tiene que haber una manera de que la gente viva en el hemisferio. No pueden ser únicamente Estados Unidos y Canadá".

★ ★ ★

Durante 15 años, desde 2004 aproximadamente, un laboratorio en la frontera de Colombia y Venezuela produjo cocaína a un ritmo que llegó a alcanzar entre 300 y 500 kilogramos al mes. El producto era 99% puro, y era costoso: 10 000 dólares por kilo. Regularmente los paquetes eran enviados por avión, por lanchas de motor de alta velocidad y, en una ocasión, por submarino. Algunas de las rutas conducían a un rancho en Copán, Honduras, cerca de las ruinas de una acrópolis maya del siglo IX con templos de piedra y los vestigios de dos pirámides. Desde ahí, los traficantes se desplegaban hacia Guatemala y México, donde el cartel de Sinaloa se hacía cargo de los envíos para más adelante meterlos de contrabando a Estados Unidos.

La cocaína se empacaba en rectángulos voluminosos que parecían abultados ladrillos blancos. En cada bloque del producto envuelto estaban las iniciales de su dueño entrelazadas: *T. H.* Correspondían al nombre y el apellido de Tony Hernández, diputado del Congreso Nacional de Honduras y hermano del presidente.

En el otoño de 2018, mientras cientos de familias hondureñas migrantes de la caravana llegaban a la frontera de Estados Unidos, Tony Hernández aterrizaba en Miami, donde lo detuvieron agentes de la Administración de Control de Drogas (DEA). Algunas de las acusaciones eran tráfico de más de 185 kilogramos de cocaína, pago de sobornos a políticos a lo largo de sus rutas de la droga y venta de armas. Juan Orlando Hernández negó tener conocimiento de las actividades de su hermano, pero en el verano de 2019 se hicieron públicas unas pruebas que lo vinculaban con dinero de la droga. A principios de agosto, un documento de 44 páginas presentado en una corte federal de Nueva York aludía a cierto "coconspirador número cuatro". No se decía el nombre de la persona, pero era claramente identificable: "CC-4 fue elegido presidente de Honduras a finales de 2013". De acuerdo con el documento, Juan Orlando Hernández también era objeto de otras investigaciones de la DEA. Aproximadamente un millón y medio de dólares en contribuciones a su campaña provenían de la venta de drogas, y el Chapo Guzmán, líder del cartel de Sinaloa y el capo de la droga más famoso del mundo, se había reunido personalmente con Tony Hernández en una ocasión para entregarle un millón de dólares destinados a Juan Orlando.

Los agentes de Estados Unidos no se ponían de acuerdo en lo tocante a Hernández, pero lo toleraban como presidente. Era un socio en materia de seguridad que cooperaba para realizar intercepciones de droga y extradiciones, y todo lo que decía sobre limitar la inmigración y frenar el crimen estaba pensado para complacer a sus defensores en Washington. John Kelly, que había dirigido el Comando Sur del ejército de Estados Unidos antes de integrarse al gobierno de Trump, le decía a Hernández "un gran tipo" y un "buen amigo". Tras reunirse con él en marzo de 2017, Hernández describió a Kelly como "alguien que abre muchas puertas".

En el DHS, McAleenan adoptó una postura utilitaria. Hernández firmaría el pacto migratorio porque su destino dependía de ello, sobre todo con posibles cargos contra él en su futuro. En privado, McAleenan no se engañaba con respecto a Hernández, que hacía "lo correcto" por las "razones equivocadas". En público, en cambio, tenía que transigir: se refería al presidente de Honduras como "un socio fuerte" que estaba tratando de "combatir la migración irregular y a las organizaciones criminales trasnacionales".

Más o menos por el tiempo en que McAleenan estaba elaborando sus acuerdos de asilo, un nuevo presidente tomó posesión en El Salvador. Con 37 años, Nayib Bukele era el gobernante más joven de Latinoamérica y se vendía como alguien distinto de "los mismos de siempre" y un reformista anticorrupción. Mantener una buena relación con Estados Unidos no era únicamente un imperativo político, sino también económico. El 22% de la economía salvadoreña consistía en remesas enviadas por inmigrantes que vivían en tierras estadounidenses. Poco después de ganar las elecciones presidenciales, en febrero de 2019, Bukele viajó a Washington a dar una serie de discursos y entrevistas. Uno de los primeros discursos lo pronunció en la Heritage Foundation.

Trump era el sello vociferante del interés propio estadounidense, lo que le facilitaba la maniobra a Bukele. Lo único que a Trump le interesaba era el control de la inmigración; Bukele planificó en consecuencia. Tan impaciente estaba por acceder al pacto que proponía McAleenan, que sus asesores enviaron por correo electrónico, directo al Departamento de Seguridad Nacional, una copia firmada del acuerdo. Los funcionarios de Estados Unidos tuvieron que llamarlos para explicarles que el protocolo era un poco más complicado y requería que el documento se firmara y se refrendara en público. Una vez que los salvadoreños le dieran a la Casa Blanca lo que quería, Bukele podría pedir su propio favor a cambio. Estaba tratando de construir una atracción turística en terrenos frente al Pacífico y quería que el Departamento de Estado de Estados Unidos, que emitía advertencias para los estadounidenses que viajaran al extranjero, bajara el nivel de riesgo del país.

En julio de 2019, McAleenan estaba sentado con Bukele en San Salvador, discutiendo los acuerdos de asilo, cuando un empleado de la Casa Blanca le entregó a Trump el último reporte de detenciones en la frontera. Mostraba que Honduras había superado a Guatemala como el país con más migrantes detenidos por la Patrulla Fronteriza el mes anterior. Enfurecido, Trump exigió hablar con McAleenan, a quien sacaron de su reunión con Bukele para que tomara la llamada. Trump quería imponer sanciones inmediatamente, pero McAleenan le pidió dos semanas, prometiendo solemnemente que haría que el gobierno de Honduras firmara uno de los acuerdos de asilo. No tendría ningún impacto sobre los hondureños que viajaran al norte, pero la furia del presidente podía servir para obtener resultados. Trump necesitaba la confianza de que el gobierno hondureño se tomaba en serio el problema de la migración. Al día siguiente, McAleenan y su equipo volaron a la base aérea Soto Cano, en Honduras, para reunirse con Juan Orlando Hernández, cuya primera pregunta fue: "¿Y qué vamos a recibir a cambio?".

A pesar de la diplomacia mediadora de McAleenan ese verano, Guatemala consumía la mayor parte de su tiempo y atención. Habría sido difícil encontrar a un socio más flexible que el presidente saliente del país, Jimmy Morales, a cuyo mandato le restaban pocos meses.

A finales de febrero de 2017, Morales y un grupo de asesores políticos y empresarios inflyentes se reunieron en un condominio de la Ciudad de Guatemala con el fin de urdir planes para atacar la reputación de la CICIG, el organismo anticorrupción, en Estados Unidos. En unos cuantos meses, ese grupo se había ampliado para incluir a miembros del Congreso de la República de Guatemala. De acuerdo con una investigación de Nómada, un portal de noticias guatemalteco, empezaron a pagar decenas de miles de dólares al mes a la firma de cabildeo Barnes & Thornburg, administrada por un importante recaudador de fondos para Mike Pence, el vicepresidente. Otro grupo de interés que se oponía a la CICIG contrató a la firma Greenberg Traurig, que tenía oficinas en Florida, el estado de procedencia del senador republicano Marco

Rubio. En abril de 2018, unos congresistas republicanos celebraban audiencias sobre posibles abusos cometidos por la CICIG en sus investigaciones. En el Senado, Rubio y el republicano de Utah, Mike Lee, dirigieron una campaña para suspender la ayuda estadounidense a la comisión.

Después de que Morales expulsara a la CICIG, el gobierno de Estados Unidos no dijo nada, a pesar de haberla apoyado en el pasado. Morales antes había recibido elogios del gobierno de Trump por otro tema: dos días después de que la Casa Blanca moviera la embajada de Estados Unidos en Israel de Tel Aviv a Jerusalén, Morales siguió su ejemplo. El embajador de Israel en Estados Unidos llevó aparte a los funcionarios guatemaltecos en Washington y les dijo: "Ahora tienen a dos embajadores en Washington".

En Guatemala, los acuerdos migratorios obtuvieron considerable atención mediática. Fueron muy impopulares y tuvieron el extraño efecto de galvanizar tanto a la izquierda política como a la derecha contra el gobierno. Pero Morales estaba preparándose para su vida después de la presidencia; unirse a los estadounidenses era su póliza de seguros. Envió a su ministro de Gobernación, Enrique Degenhart, a la capital estadounidense para resolver los términos del trato. Degenhart había hecho su primera visita esa primavera, justo después de que McAleenan se convirtiera en secretario interino. McAleenan no había terminado de instalarse en su nueva oficina cuando se encontraron. Se conocían de cuando McAleenan fue comisionado de Aduanas y Protección Fronteriza. "Estamos aquí por orden de nuestro presidente para ver cómo podemos ayudar —dijo Degenhart—. Les damos nuestras fronteras".

A lo largo de la primavera y el verano, Degenhart realizó varios viajes a Washington. A finales de julio todo estaba listo, y los guatemaltecos se preparaban para dar el visto bueno cuando intercedió la Corte de Constitucionalidad, el máximo órgano judicial del país. De acuerdo con los jueces, Morales no podía firmar un pacto internacional tan importante sin aprobación del Congreso. Su resolución llegó la noche anterior a que viajara a Washington y sus viajes se cancelaron. En lugar de la reunión triunfal que él y los estadounidenses habían planeado, una atribulada delegación acudió en su lugar: un equipo de limpieza. Se reunieron en la Casa Blanca con McAleenan y Stephen Miller.

"Necesito que Estados Unidos nos aplique la mano dura", les dijo Degenhart a los estadounidenses en la reunión. Era un hombre alto e imponente, de corto pelo canoso y rostro blancuzco. Morales necesitaba un pretexto para hacer caso omiso de la decisión de la corte. "Asustemos a nuestra gente para que estén de acuerdo con esto", dijo Degenhart.

Cobró forma un plan: harían que Trump escribiera un tuit que fuera una bola de demolición, algo que, como sugería Degenhart, pudiera "hacer que la gente se dé cuenta de que no hay más opción". Sería verosímil, pues todo el mundo sabía que Trump, si pudiera, impondría fuertes sanciones. La única manera de prevenir una catástrofe económica sería que el gobierno guatemalteco firmara el acuerdo de asilo. Al final de la reunión se tomó una foto en el salón de recepción diplomática del edificio de oficinas ejecutivas Eisenhower. Debajo de una araña dorada, contra un fondo de paredes color rosa claro con apliques dorados, Degenhart posó sonriente al lado de McAleenan y Miller.

Varios días después, Trump disparó su tuit y la campaña en Guatemala empezó de verdad. Morales culpó a la Corte de Constitucionalidad por haber puesto al país en la ruta de un enfrentamiento con Trump. El Comité Coordinador de Asociaciones Agrícolas, Comerciales, Industriales y Financieras (CACIF), influyente organismo comercial conformado por las familias más adineradas de Guatemala, inicialmente opuestas al pacto del tercer país seguro, salió en su apoyo. El tuit de Trump había puesto en peligro lo más primordial para ellos. Ya se estaban generando tensiones entre la Corte de Constitucionalidad y el sector privado. Se presentaron ante los jueces varios casos que involucraban intereses mineros y proyectos hidroeléctricos. La corte era considerada la comprobación final de algunas operaciones muy lucrativas.

Los miembros de la judicatura se enfrentaban a hostigamiento y amenazas frecuentes, y la corte estaba en una encrucijada institucional. Los jueces estudiaban los casos frente a ellos y trataban de priorizar y determinar por cuáles valía la pena arriesgar la futura legitimidad de la corte. Provocar más oposición pública ponía todos los casos en riesgo, pues no quedaba en el país ninguna institución que pudiera defender a los jueces o responder por su imparcialidad. Parte de su cálculo era lidiar con el incómodo hecho de que, de todos modos, Morales probablemente desacataría algunas de sus resoluciones. ¿Eso dónde los dejaría? Varias semanas después, discretamente retiraron la orden judicial contra el acuerdo migratorio. Para el otoño, los estadounidenses tenían acuerdos firmados por los gobiernos de Guatemala, El Salvador y Honduras.

CUARTA PARTE

48

El médico del corazón

Un día radiante de abril de 2015, un anciano de pantalones negros sin cinturón y con camisa de cuello americano caminaba aturdido por el ala de deportación del aeropuerto de San Salvador. Otro avión acababa de aterrizar, devolviendo a más gente a sus nuevas vidas de antes. Este deportado destacaba entre la multitud. Era mayor que los demás —calvo y con anteojos— y llevaba en las manos una bolsa de cierre con su pasaporte y medicamentos. Se llamaba Carlos Eugenio Vides Casanova y tenía 77 años.

La primera vez que oí el nombre de Juan Romagoza fue cuando deportaron a Vides Casanova. Al principio, la noticia de una deportación de alto perfil no me parecía digna de un artículo sobre inmigración. Estaba concentrado en el tema de la memoria histórica y la rendición de cuentas. Esos asuntos podían sonar abstractos, hasta que un exministro de Defensa anciano acababa en un avión del ICE, seguido nueve meses después por su antecesor de 82 años: el general José Guillermo García.

En el otoño de 2015, yo estaba investigando un extraño incidente que me hacía dudar de que realmente existiera una línea entre el pasado y el presente. Un centro de derechos humanos en la Universidad de Washington, en Seattle, acababa de informar sobre el robo de una computadora y un disco duro externo. En los dos aparatos robados había información confidencial sobre una demanda pendiente contra la CIA, relacionada con el acceso a registros públicos y sobre un excoronel salvadoreño con vínculos con Estados Unidos. La directora del centro trabajaba con defensores de El Salvador para obtener documentos del gobierno estadounidense sobre los años de la guerra. En el

465

lugar de la computadora había un gato de madera tallado a mano de ocho centímetros de largo con las patas delanteras extendidas y el lomo arqueado. Ese gato, un recuerdo de un viaje a México, solía estar arriba del monitor, pero quien lo hubiera movido había sido cuidadoso: estaba acomodado para quedar de frente a su silla, como sugiriendo unos ojos vigilantes.

El misterio del robo se quedó sin resolver, pero me motivó a ir a El Salvador, donde confronté al excoronel Sigifredo Ochoa Pérez cuando tomaba un café en McDonald's. Lo acusaban de estar al mando de unas tropas que masacraron a cientos de habitantes inocentes de un pueblo llamado Santa Cruz, en el otoño de 1981. Digo que "lo confronté", pero a lo largo de toda nuestra conversación estuve tembloroso y confundido. No se veía arrepentido en lo absoluto y mostraba una gran confianza en sí mismo —todo un modelo de impenetrabilidad—, al grado de que acabé preguntándome si no tendría yo la información incorrecta.

En otros momentos me sentía atrapado en una parábola desprovista de moral. Una de las figuras más aterradoras de la cúpula salvadoreña era un oficial llamado Nicolás Carranza, que era un punto de contacto entre el ejército y los escuadrones de la muerte. Obtuvo la ciudadanía estadounidense a finales de la década de 1980 —muy probablemente con ayuda de la CIA, en cuya nómina había estado— y fue guardia de seguridad en un museo de arte en Memphis. Lo visité una tarde; me presenté sin previo aviso en su casa de las afueras, de color tabaco, con persianas verdes y un angosto porche en la entrada. Junto a la puerta había una plaquita de madera que decía "Bienvenido", en español. Cuando toqué el timbre, su esposa abrió la puerta. Él estaba detrás de ella, con una chaqueta de forro polar, pantalones de mezclilla claros y mocasines, cargando a un chihuahueño que ladraba en sus brazos. Tenía alzhéimer y casi no podía hablar. El pasado era una esfinge muda.

Como muchos otros que siguieron la noticia de la deportación de Vides Casanova, me puse a investigar los antecedentes y supe que Juan había sido el demandante principal en lo que el *Washington Post* llamaba "el caso contra los generales". Dos veces había declarado contra Vides Casanova en los tribunales. La primera vez fue en West Palm Beach, en el verano de 2002; la segunda fue en Orlando, en la primavera de 2011. Entre esas dos comparecencias, el 14 de noviembre de 2007 Juan habló ante un subcomité del Senado estadounidense sobre el tema "rendición de cuentas de infractores de derechos humanos en

Estados Unidos". "Dos de los hombres responsables de mis torturas [...] son aquí residentes permanentes —dijo—. Viven cómoda, legal y abiertamente en Florida del Sur". Cinco años antes, aludiendo a su papel en la causa, dijo que haber tenido que enfrentarse a sus torturadores en un tribunal de justicia estaba entre "las cosas más difíciles e importantes" que hubiera hecho en toda su vida, uno de los momentos de los que más orgulloso se sentía. El juicio de West Palm Beach había generado la mayoría de los titulares, pero el de Orlando selló el destino de Vides Casanova. Tomando en cuenta las pruebas presentadas en su contra en la causa anterior, el Departamento de Seguridad Nacional inició el proceso de deportación. Juan, que en ese momento tenía 59 años, volvió a contar su historia. En West Palm Beach, el veredicto del jurado fue que debía pagar daños civiles. En Orlando, el proceso tuvo lugar frente a un juez de inmigración.

El día que deportaron a Vides Casanova, una multitud de manifestantes se reunieron en el aeropuerto de San Salvador. En este país, una ley de amnistía, que se había aprobado pocos meses después del fin de la guerra, lo protegía de nuevas acciones judiciales. Enfrente, un auto lo esperaba para llevárselo a toda prisa. Mientras caminaba hacia él, vio a Juan. Al menos eso es lo que Juan recuerda. Con Vides Casanova es imposible hablar, así que no hay manera de saberlo con certeza. Pero Juan por nada del mundo se habría perdido ese momento. Un primo lo llevó desde Usulután. Gritando a coro con los demás, portaba un letrero hecho a mano, que después describió como "el famoso letrero", porque, según recuerda, hizo que Vides Casanova se detuviera a mirar. De un lado estaba la palabra "Asesino"; del otro, la pregunta "¿Dónde están los desaparecidos?"

Pasó media década antes de que Juan y yo habláramos. Eran principios de mayo de 2020 y los dos estábamos confinados. En Nueva York, el número de muertes por la pandemia del covid-19 era implacable y yo prácticamente no salía de mi casa. En su casa de la infancia en Usulután, Juan todavía tenía menos libertad. Podía salir tan solo dos horas a la semana, a horas específicas. El presidente de El Salvador, Nayib Bukele, había impuesto requisitos draconianos para una cuarentena nacional. Quienes la desobedecieran eran detenidos y enviados a "centros de contención". Estos, en teoría, estaban reservados para salvadoreños que hubieran estado viajando en el extranjero durante los primeros días de la pandemia y fuera necesario hacerles pruebas.

Sin embargo, pronto se convirtieron en cárceles *de facto* en las que cualquier individuo acusado de no hacer caso de las reglas era retenido indefinidamente, en algunos casos meses enteros.

Para entonces ya había leído y releído las transcripciones del testimonio de Juan y decidí que tenía una pregunta lo bastante incisiva que hacerle. Esa oscura y lejana mañana de 1980, cuando lo encadenaron al suelo con los ojos vendados en el paraíso, ¿cómo se dio cuenta de que la voz de uno de sus interrogadores pertenecía a Vides Casanova? ¿Él hizo la conexión instantáneamente o la claridad llegó en retrospectiva? No era de la clase de preguntas que pudieras hacerle a alguien a quien nunca habías visto, pero teníamos tiempo.

Había pensado sobre estas preguntas desde que empecé a seguir el caso. Pero también el mundo había cambiado radicalmente desde 2015 y me hizo pensar en Juan de manera distinta. Yo lo había considerado un superviviente, testigo de la historia, activista y médico. Pero la primera vez que supe de él fue cuando él ya había vuelto a El Salvador. Lo que yo había dado por sentado era que por un tercio de su vida había sido inmigrante en Estados Unidos, una identidad de la que nunca se despojó. Desde el principio de la presidencia de Donald Trump hasta su anárquico final como periodista cubrí el tema de la inmigración de tiempo completo. Fueron cuatro años de un tornado de emergencias jurídicas y humanitarias que me arrastraron por territorio estadounidense, la frontera y Centroamérica. Yo estudiaba la historia del sistema inmigratorio en un momento en el que estaba siendo desmantelado. Juan había vivido los años de su construcción.

Los periodistas no pueden ponerse demasiado místicos en lo que se refiere a las dinámicas de las interacciones humanas. Normalmente, la gente habla contigo por cualquier cantidad de motivos racionales: la creencia de que algo saldrá de eso, la necesidad de desahogarse, el deseo de ser visto o escuchado. Juan me dio una impresión distinta. Hablar con él era entrar en un flujo reflexivo completamente desinteresado. Yo hacía las preguntas, pero él me invitaba a entrar. Su voz era cálida, con una cadencia usuluteca: tragando algunas sílabas, inclinando algunas vocales. Nuestra primera conversación duró una hora, más de lo que cualquiera de los dos hubiera previsto. Terminamos en lugares inesperados: en Cuernavaca, México, en la iglesia de un viejo izquierdoso conocido como el Obispo Rojo; en San Francisco y en Washington, y luego de vuelta en Santiago de María, adonde Óscar Arnulfo Romero había ido a comer un domingo. Al principio, la conversación no tenía caminos lineales ni cronológicos. Más tarde lo intenté, pero no pude imponerlos. Juan hablaba en círculos concéntricos: contaba y volvía a contar una anécdota hasta que otra se abría paso, y otra más. Llegué a considerar la voz elocuente y tranquila del otro lado de la línea como el sonido de la misma historia: siguiendo su propio curso, paciente con mis preguntas pero sin responderlas siempre.

Durante todo un año hablamos diario, excepto los fines de semana, durante poco más de una hora, empezando a mis cuatro de la tarde en mi huso horario, las dos de la tarde en el suyo. El siguiente año, cuando la vida se fue normalizando y ocupándose para los dos, hablamos dos o tres veces por semana, siempre a la misma hora, y siempre intercalando la misma despedida: "Nos vemos". Dada su regularidad, Juan les decía a nuestras conversaciones su "terapia" y hacía el chiste de que tenía un auténtico analista neoyorquino.

Un día, metidísimo en una historia, hizo una pausa para hacerme una pregunta, para variar. Su hermana en San Francisco se había preguntado por qué él apartaba todos los días la misma hora, me dijo, y él se dio cuenta de que no podía responderle fácilmente. ¿Podía yo recordarle para qué era todo eso? Varias veces le había hablado del libro, pero había sido al principio, cuando yo seguía presentándome. Para entonces ya llevábamos más de un año en nuestras pláticas. Por mi parte, había perdido el hilo de la pregunta que originalmente planeaba hacerle sobre Vides Casanova.

Hubo veces en que compartí su desorientado ensimismamiento en nuestro extraño ritual. Yo normalmente ponía el teléfono en altavoz, encendía una grabadora y hacía rápidas anotaciones para mantener la concentración en todos los detalles (más adelante mandé transcribir muchas de las grabaciones, y leí y anoté cada una). Pero a veces dejaba de tomar notas y hablaba con él acostado en el suelo o dando vueltas. En una ocasión estaba cubriendo unas noticias en una iglesia del vecindario de Bay Ridge, en Brooklyn, y no me daba tiempo de llegar a mi casa a tiempo. Entonces, a las cuatro en punto, entre a hurtadillas en la iglesia y lo llamé sentado en un banco. Sin tomar notas ni grabar. Solo dos personas cumpliendo con una cita.

Llevábamos tres o cuatro meses conversando cuando aprendí una lección importante: preguntárselo todo al menos dos veces, si no es que tres o cuatro, porque casi siempre surgían nuevos detalles. Cuando eso pasaba, daba un grito ahogado y decía: "¡Juan, eso no me lo habías dicho!" Él indefectiblemente respondía: "Pues nunca me lo preguntaste" Al final, Juan le dijo a su hermana que este proyecto era como un embarazo que iba creciendo lentamente con el tiempo. Pero en este caso, añadió, el embarazo, más que nueve meses, podía durar unos cuantos años.

El Wuhan de América

En el invierno de 2020, Trump podía decir con toda razón que había puesto freno a la inmigración en todas sus formas, su mayor promesa de campaña en 2016. Su gobierno lo había hecho por medio de ostentosas acciones ejecutivas, una política implacable y prestidigitación burocrática. Los tribunales federales, que sus aliados diligentemente habían llenado de jueces leales, iban rechazando cada vez más impugnaciones. Mientras tanto, el gobierno presionaba. Una de las demandas, presentada en contra del Departamento de Seguridad Nacional en abril de 2019, llamaba a detener la política de enviar a México a los solicitantes de asilo. El programa Quédate en México fue brevemente suspendido, para luego reinstaurarlo. En la Casa Blanca, Stephen Miller les decía a los funcionarios: "No pierdan el tiempo tratando de anticiparse al riesgo de un litigio. De todas maneras, todo se impugnará en los tribunales inferiores. Ganaremos en la Suprema Corte".

Mientras los tribunales inferiores iban y venían con los Protocolos de Protección a Migrantes (MPP), el Departamento de Seguridad Nacional (DHS) los expandió. El 9 de julio, el DHS empezó a ejecutarlos en Laredo, Texas; el 19 de julio, en Brownsville; el 28 de octubre, en Eagle Pass. El 2 de enero de 2020, cuando Quédate en México llegó a Nogales, Arizona, el gobierno alcanzó un hito: los protocolos ahora abarcaban la totalidad de la frontera entre Estados Unidos y México. En marzo, 64000 solicitantes de asilo habían sido inscritos en Quédate en México y a 517 se les había otorgado alguna forma de socorro jurídico. Miles de solicitantes de asilo abandonaron sus casos. Entre quienes esperaban en México como parte del protocolo había más de 1500 casos documentados de asesinatos, violaciones, agresiones y secuestro, de acuerdo con la organización de derechos humanos Human Rights First. En El Paso, el tiempo de espera para una primera audiencia en el tribunal era como de cinco meses, mientras que el gobierno mexicano daba visas de trabajo temporal con vigencia de seis meses. El DHS podía decir que les daba a los migrantes la oportunidad de buscar asilo, y que los jueces de inmigración estaban negándoselo a la mayoría de los solicitantes. Pero la situación real era mucho más preocupante. De las 32 000 órdenes de expulsión emitidas por los jueces, el 88% se dictaban *in absentia:* los migrantes cuyas demandas de asilo eran rechazadas ni siquiera estaban ahí.

Todo el tiempo que Stephen Miller había estado en la Casa Blanca albergó la fundamental ambición de cerrar la frontera por completo a los solicitantes de asilo. Quédate en México era efectivo, pero la gente seguía consiguiendo llegar. Miller quería una política sin excepciones ni salvedades legales. La clave consistía en pintar la inmigración como una amenaza directa a la salud pública estadounidense. Por mucho tiempo había sido un tema de conversación de la extrema derecha —los inmigrantes traían consigo enfermedades—, pero Miller trataba de convertir la afirmación en una auténtica prerrogativa política. En 2018, cuando un gran grupo de migrantes en detención federal se enfermaron gravemente, entre ellos dos niños pequeños que murieron, Miller sentía que el presidente debía aprovechar la oportunidad de sellar la frontera. Le gustaba decir que los inmigrantes eran "portadores de la enfermedad". Durante las caravanas de ese mismo año, Miller buscaba pruebas de que los participantes estaban enfermos y contagiaban. Presionó a comunidades locales para que le dijeran si veían que inmigrantes recién llegados hubieran introducido nuevas enfermedades. En 2019 le pidió a Trump que invocara la salud pública cuando un brote de paperas golpeó a aproximadamente 60 centros de detención. Miller se topó, cada vez, con resistencia de los abogados del gobierno y de los funcionarios del gabinete. Pero en marzo de 2020 el covid-19 cambió la lógica jurídica y política.

En el código estadounidense estaba sepultado un misterioso instrumento que formaba parte de la Ley de Salud Pública de 1944. Una disposición, conocida como Título 42, estipulaba que los centros para el control y prevención de enfermedades (CDC) podían autorizar al gobierno federal para impedir los cruces de la frontera en caso de que hubiera una emergencia relacionada con enfermedades transmisibles. No había pruebas de que un alto porcentaje de los solicitantes de asilo estuvieran transmitiendo covid-19, y la enfermedad ya estaba propagándose rápidamente dentro de Estados Unidos. El responsable de la División de Migración Global y Cuarentena se negó a firmar la política porque, según reportó Associated Press, pensaba que no había "razón válida de salud pública" para ello. Pero después de que Mike Pence, el vicepresidente, llamó a Robert Redfield, el director de los CDC, y le ordenó dar la autorización, la dependencia obedeció.

El covid-19 complicó la logística en la frontera. ¿Cuál era la mejor manera de retener a grandes cantidades de inmigrantes que llegaban en medio de una pandemia? ¿Cómo debían administrarse las pruebas de detección del virus? También otros países detuvieron sus tramitaciones de asilo durante la pandemia, pero al cabo de varios meses muchos las habían reiniciado, al menos en alguna medida. En Estados Unidos esa nunca fue la intención; amparado en el Título 42, el gobierno expulsaba a todos los solicitantes de asilo, incluidos los menores no acompañados, a México. El gobierno de Trump también congeló tramitaciones de visas en las embajadas de Estados Unidos en el extranjero, reforzando las restricciones anteriores con nuevas justificaciones. El Servicio de Ciudadanía e Inmigración, el organismo del DHS a cargo de administrar el sistema de inmigración legal, estaba a punto de cerrar. Su financiamiento dependía completamente de las tarifas por las solicitudes, pero el gobierno había estado privando de solicitantes al organismo. El retraso de solicitudes llegaba ya a las 665 000; fueron aprobadas las solicitudes de otras 110 000 personas, pero estaban atoradas porque la dependencia había puesto fin a las ceremonias de naturalización presenciales. Con un déficit presupuestario de más de mil millones de dólares, el 70% de los empleados del organismo se enfrentaban a la posibilidad de masivos despidos temporales. Uno de ellos le dijo a un reportero de *Los Angeles Times:* "Ni siquiera mi distópica mente previó esto".

El 28 de marzo, dos días después de ser deportado a Guatemala desde un centro de detención en Arizona, un hombre de 29 años de una aldea de las Tierras Altas occidentales llegó a ser conocido como *el paciente 36.* Hasta ese momento había habido 35 casos de covid-19 registrados en Guatemala, y el paciente 36 era el primer deportado en salir positivo a una prueba de la enfermedad. Lo habían subido a un avión —parte de una flota de aeronaves para deportaciones conocida como ICE Air— con otros 40 pasajeros, la mayoría de los cuales habían pasado, como él, varias semanas detenidos. Después de aterrizar, los retuvieron brevemente en la Ciudad de Guatemala y los evaluaron, pero antes de que las autoridades afirmaran que no mostraban síntomas, al paciente 36 le permitieron viajar a su casa familiar, en Momostenango, Totonicapán, donde vivían otros seis parientes, entre ellos un bebé de nueve meses. Cuando llegó, tenía tos y fiebre. Un funcionario de salud local le dijo a *elPeriódico* que la esposa del hombre sabía, desde antes de que saliera de la capital, que estaba enfermo. Alertó a una clínica médica de su pueblo, donde le hicieron una prueba. Casi una semana después, el gobierno guatemalteco anunció que otro deportado —un hombre de 31 años de Mazatenango, como a 80 kilómetros al sur de Momostenango—, también había resultado positivo, lo que lo convertía en el paciente 49.

Guatemala únicamente tenía dos grandes hospitales urbanos y un conjunto regional de centros de salud más pequeños; su capacidad de contener una pandemia virulenta era limitada. El gobierno del presidente Alejandro Giammattei, un médico titulado, suspendió los vuelos internacionales al país, y el tránsito de la frontera cesó casi por completo. Pero ¿podía el gobierno convencer a la administración de Trump de que ayudara a limitar la propagación del coronavirus? Estados Unidos estaba convirtiéndose rápidamente en el epicentro global de la pandemia. Desde finales de abril había como 5 000 guatemaltecos en centros de detención de inmigrantes en Estados Unidos, y cada semana el Departamento de Seguridad Nacional enviaba entre uno y cinco vuelos a la Ciudad de Guatemala, cada uno hasta con 135 deportados.

Otros países de la región se vieron obligados a lidiar con deportados infectados con el virus, entre ellos Colombia, Honduras, El Salvador, México y Haití, muchos de los cuales tenían frágiles sistemas de salud, poco espacio hospitalario y escasez de ventiladores. Estados Unidos deportó a 18 000 personas en marzo, y casi a 3 000 en los primeros 11 días de abril. En muchos casos, los funcionarios de Estados Unidos sabían que esas personas estaban transmitiendo el covid-19, pero no parecía importarles. A un haitiano de 26 años que se había contagiado en un centro de detención de Louisiana lo subieron a un avión a pesar de que dio positivo a dos pruebas; él decía conocer a otros cuatro de la cárcel que también estaban enfermos, pero los deportaron junto con él.

La ironía no pasó inadvertida a los centroamericanos. En la década de 1990 y principios de la de 2000, en tempranas oleadas de deportaciones masivas, personal de seguridad de Estados Unidos y Latinoamérica recurrió a la metáfora para describir lo que estaba pasando: las pandillas estaban reproduciéndose y expandiéndose por la región como un virus. En 2020, las deportaciones propagaban un virus de verdad.

A mediados de abril había más de 600 000 casos de covid-19 conocidos en Estados Unidos, en comparación con menos de 800 en El Salvador, Honduras y Guatemala combinados. Sin embargo, después de que el gobierno guatemalteco suspendiera la llegada de algunos vuelos de deportación, para ganar tiempo y hacerles pruebas a los otros deportados, Trump firmó una orden que amenazaba con imponer un montón de sanciones a países que "rechazaran" o "retrasaran" la recepción de deportados. "Estados Unidos estaba siendo torpe y los guatemaltecos no querían pagar un precio demasiado alto —dijo un asesor del gobierno guatemalteco—. No quieren la ira estadounidense en este momento".

Se reanudaron los vuelos y unos días después el titular del Ministerio de Salud de Guatemala, Hugo Monroy, anunció que se había descubierto que entre el 50 y el 75 % de los deportados que acababan de llegar al país estaban infectados. A mediados de abril, las autoridades decían que 74 casos se habían originado tan solo en dos vuelos de deportación. Funcionarios estadounidenses lo consideraban una exageración y enviaron a científicos de los CDC para realizar pruebas. Los resultados confirmaron el análisis del gobierno guatemalteco: cuando se eligió a 12 deportados al azar, todos resultaron positivos. A finales del mes, aproximadamente el 20 % de los casi 700 casos confirmados de covid-19 en Guatemala eran personas que habían sido deportadas de Estados Unidos. "No es que tengamos que estigmatizar, sino que tengo que hablar con la realidad y con la transparencia que el presidente me ha ordenado —declaró Monroy—. El venir deportados y que hayan dado positivo sí nos ha aumentado mucho los casos". Estados Unidos, añadió, se había convertido en "el Wuhan de América".

Los funcionarios del ICE nunca tuvieron una idea clara de la magnitud de la propagación entre los detenidos, pero su población era vasta y estaba notoriamente desprotegida. Como 30 000 personas estaban detenidas en condiciones que no cumplían los requisitos mínimos de sanidad y que aumentaban el riesgo de contagio. Prácticamente no hubo pruebas en la primavera y el verano de 2020. Muchos detenidos a lo largo del país hicieron huelgas de hambre y organizaron protestas; algunos subieron secretamente videos a YouTube para suplicar ayuda y transmitir mensajes urgentes, como "Queremos salir vivos de aquí". Un médico cubano solicitante de asilo que estaba encerrado en un centro de detención gestionado por una empresa privada en Louisiana le dijo a *Mississippi Free Press*: "Aquí no hay manera de 'guardar distancia'. Dormimos en literas uno encima del otro, en columnas con menos de medio metro entre nosotros, pies con cabeza. Usamos la misma cafetería que los que están en cuarentena, sin que se limpie cuando ellos salen y entramos los demás. Mi opinión médica es que mucha gente morirá".

A principios de abril la dependencia empezó a enviar por autobús y por avión a docenas de inmigrantes detenidos en el noroeste a un centro de detención al otro lado del país, al parecer, para tratar de limitar la densidad en los centros con casos conocidos; entre los transferidos, sin embargo, 21 ya estaban infectados. A fin de mes, el ICE informó que 449 personas detenidas tenían covid-19. El 31 de mayo, tras hacerles la prueba a 2 781 detenidos, registró 1 461 casos positivos. Casi la mitad de la gente a la que le hicieron pruebas mientras permanecía en custodia estaban infectadas, lo que significa que ya podía haber más de 15 000 detenidos expuestos al virus. A principios de junio el ICE transfirió a 74 detenidos de Arizona y Florida a un centro en Farmville, Virginia. La razón que aducían para hacerlo era que en los centros de Arizona y Florida la gente estaba hacinada, pero un funcionario del DHS admitió frente al *Washington Post* que se cambió de lugar a los detenidos para que los agentes del ICE pudieran contravenir reglas del departamento sobre los traslados y secretamente conseguir un "aventón" en los aviones para ayudar a vigilar a los manifestantes de Black Lives Matter en Washington, D. C. Vino después una superpropagación durante la cual aproximadamente 300 inmigrantes del centro de Virginia contrajeron el virus. Tras la muerte de uno de ellos, un funcionario del ICE reconoció: "Los derechos y los intereses de los detenidos no eran un factor. Tenías al departamento inventando una razón para trasladarlos".

Los altos índices de infección entre los deportados que volvían a Guatemala estuvieron por poco tiempo en los titulares internacionales, pero eso fue sobre todo porque el gobierno había tratado de hacerle frente a Washington. Viniendo de Giammattei, un conservador que había asumido la presidencia en enero, la jugada era inesperada. También El Salvador y Honduras tenían ciudadanos privados de la libertad en centros de detención de Estados Unidos. Esos gobiernos permitieron que continuaran los vuelos de deportación. A finales de abril, tanto Nayib Bukele como Juan Orlando Hernández recibieron un espaldarazo político del gobierno de Trump: grandes envíos de ventiladores, acompañados de entusiastas tuits presidenciales. A cada uno también le concedieron una llamada personal con Trump. A Giammattei no.

El gobierno guatemalteco empezó a poner a todos los deportados en cuarentena para evaluarlos, aunque no tuvieran síntomas. Grupos de enojados habitantes de las Tierras Altas, temerosos del coronavirus, amenazaron con incendiar los albergues y atacar a los inmigrantes recién devueltos y a sus familias. A un deportado, un joven de 19 años de una población cercana al lago de Atitlán, lo recriminó una muchedumbre después de que varios vecinos vieron en la televisión imágenes de una ambulancia llevándolo al pueblo a su llegada. "Amenazaron a mi familia con quemarlos —dijo más adelante—. Entonces, para no provocar más problemas, pero con gran miedo, lo único que pensé fue salir del pueblo".

Eddie y Juan

El día de la elección presidencial de 2020 en Estados Unidos, Juan Romagoza estaba en su casa con covid-19. Unos días tuvo síntomas parecidos a los de la gripa y después se sintió muy inquieto. Había estado yendo al hospital a ver a una de sus hermanas, que iba de visita de San Francisco, pero se enfermó en Usulután. Sus niveles de oxígeno bajaron peligrosamente y la situación fue grave antes de que, finalmente, mejorara, unas semanas después. Juan volvió a su casa para una lenta convalecencia. En ese tiempo suspendimos algunas de nuestras pláticas habituales. Un par de días después de la votación, cuando ya se conocían los resultados, recibí un texto de Juan. Sus mensajes solían ser cortos y un poco formales. Enviarlos no era fácil; se necesitaba una destreza física que él nunca recuperó plenamente. Su mensaje decía: "Felicidades, se va para fuera Trump, pero no quiere aceptar".

Juan era una de las personas más políticas a las que yo conocía. Cualquier aspecto de su vida irradiaba militancia. Así, nuestras discusiones sobre historia podían inclinarse a lo abstracto: él no se reconocía ningún mérito, subrayaba la lucha colectiva por encima de las acciones individuales y hablaba infatigable-mente sobre la organización. En cientos de nuestras conversaciones, él nunca dejaba de plantear, y replantear, la convicción medular de su vida adulta: que la atención médica era un derecho humano y debía ser gratuita.

Pero cuando se trataba de política de poder —los excesos fascistas y brutales de Trump, el autoritarismo de Bukele—, Juan se volvía más frugal. Decía lo que pensaba, desde luego, y dejaba claro que no les tenía ninguna paciencia a los demagogos y a los hombres fuertes. Sin embargo, casi nunca perdía el tiempo diciendo lo evidente. Hablar de su desagrado por esos hombres no era precisamente catártico.

A principios del verano anterior, cuando la policía había evacuado a manifestantes de Black Lives Matter de las calles de Washington para que Trump pudiera hacer su famosa aparición con una Biblia en la Iglesia de San Juan, junto a la Casa Blanca, Juan me contó sus propios recuerdos del lugar. Había estado ahí varias veces por huelgas de hambre. La aparición de Trump ahí era abominable, pero Juan pasó menos tiempo lamentándolo que recordando la dignidad de la iglesia. A él le había dado refugio y solidaridad. Más adelante me di cuenta de que eso fue en parte pensando en mí: Juan me estaba desviando de la profanación y llevándome hacia el sentido de la vida.

¿Podía Juan hacer lo mismo cuando contemplaba a El Salvador? Había sido el coordinador del Sistema Básico de Salud Integral en Usulután durante las dos presidencias del FMLN en el país. El segundo gobernante del FMLN, Salvador Sánchez Cerén, que relevó a Mauricio Funes, fue el primer exguerrillero en llegar a la presidencia. Los insurrectos del pasado eran los institucionalistas del presente. Al final del mandato de Cerén, Juan estaba cerca de los 70 años y finalmente decidió jubilarse. Sus ocho años en el gobierno habían sido cruciales y productivos. La cantidad de clínicas de salud había aumentado de 34 a 89; eran de mejor calidad y el gobierno había sumado cuatro clínicas móviles, equipadas con salas de maternidad, y con personal de trabajo social, psicología y medicina especializada. Juan viajó por todo el departamento supervisando los centros y atrayendo a pacientes que nunca habían tenido acceso a servicios públicos de salud. Encabezaba reuniones con veteranos de guerra de ambos lados del conflicto y los guiaba en conversaciones sobre el trauma y la pérdida. Muchos de esos hombres estaban mutilados o paralizados, se habían quedado ciegos o permanecían sumidos en la depresión por sus horrendas heridas o su agobiante soledad. Algunos empezaron a pasar días festivos en casa de Juan y llegaron a considerarlo no solo un médico sino un amigo.

El trabajo enorgullecía a Juan, y aunque había dedicado la mayor parte de su vida profesional a La Clínica, que era quizá el logro supremo de su carrera, su periodo en el gobierno de Usulután era muy significativo. Representaba la continuación de sus primeros días de militancia. Los años de guerra habían dado paso a los años de pandillas: el periodo de la Mano Dura y la Súper Mano Dura. Juan tenía inevitablemente roces y sustos; en un par de ocasiones, unos pandilleros lo siguieron en sus recorridos. Algunos hacían amenazas vanas. Pero terminaban acudiendo a sus clínicas y buscaban tratamiento médico como todos los demás. Cuando lo hacían, él lo daba sin titubear. En el habla pandillera, el líder de una camarilla se conocía como *palabrero*. Cuando los pandilleros reconocieron a Juan como un médico con el fervor de un sumo sacerdote, le dieron un sobrenombre honorífico: *el palabrero de salud*.

En 2019, sin embargo, el FMLN prácticamente había fracasado como partido y como principio. Desde finales de la década de 1980 había gobernado junto con Arena sin interrupción; fue un periodo de pobreza crónica, corrupción, violencia y emigración masiva. Mauricio Funes, cuya elección le trajo a Juan su trabajo en Usulután, había vivido exiliado en Nicaragua desde 2016; huyó después de ser detenido por acusaciones que incluían lavado de dinero, malversación de fondos, asociación ilícita y cohecho. Tres años después, fiscales del Estado hicieron nuevas acusaciones contra Funes por evasión de impuestos.

La candidatura de Bukele se basó enteramente en el rechazo al bipartidismo. Tres de sus antecesores más recientes fueron detenidos o acusados, y todos provenían de los dos principales partidos políticos de El Salvador. Cuando Bukele anunció su intento de llegar a la presidencia, había sido alcalde dos veces, primero de un distrito de menos de 10 000 personas llamado Nuevo Cuscatlán, y más adelante de la capital. Su eslogan de campaña —"El dinero alcanza cuando nadie roba"— era una línea que había usado casi desde que se inició en la vida pública. En parte era una promesa y en parte una reprimenda. "Yo no viví el conflicto armado —dijo en una entrevista televisiva—; yo pertenezco a una generación de posguerra, una generación que tiene nuevas ideas".

Durante los años de su ascenso, los salvadoreños oían hablar de él todo el tiempo: en Twitter, en Facebook y en una constante procesión de ceremonias y actos públicos. Hijo de un adinerado empresario musulmán, Bukele abandonó la universidad para dirigir la compañía de relaciones públicas de su padre, cuyo principal cliente era el FMLN. En ese entonces solo había dos partidos, así que en 2011, cuando se postuló para alcalde de Nuevo Cuscatlán, un viejo bastión de Arena, lo hizo de la mano del FMLN. Generó expectación como reformista con la sagacidad de un empresario. El FMLN necesitaba a un candidato carismático para la alcaldía de San Salvador, considerada ampliamente como un peldaño en el camino a la presidencia, y los veteranos del partido eligieron a Bukele porque pensaban que su creciente popularidad les daría una ventaja adicional en sus contiendas por la Asamblea Legislativa.

En ese escenario más grande que era la capital de la nación, creció el perfil de Bukele. Limpió partes del maltrecho centro de la ciudad, renovó tres plazas históricas y abrió un mercado de lujo, que tenía escaleras eléctricas y una azotea con restaurantes. En algún momento dio a conocer un proyecto de 24 millones de dólares en obras públicas llamado 100% Iluminado, para instalar luminarias en todas las esquinas de la capital. "Puedes llamarlo relaciones públicas si quieres ser un poco malpensado, pero yo estoy hablando de inspiración —dijo en 2016—, estoy hablando de algo sublime". Cuando los críticos no estaban de acuerdo, tendía a tomárselo como algo contra él. Para evitar la mala prensa, empezó a construir un entorno mediático alternativo para apoyar su causa: programas de televisión, una red de troles en Twitter, un ejército de yutuberos y varias publicaciones que bombeaban historias pro Bukele en Facebook. Al final rompió con el FMLN y fundó su propio partido, al que llamó Nuevas Ideas.

Juan se mostraba escéptico acerca de la personalidad de Bukele, que le parecía un estereotipo: carismático, apabullante, maquinador. Ya antes había oído sus promesas exorbitantes y no se fiaba de la afirmación de Bukele de poder lograr, sin ayuda de nadie, lo que otros habían intentado sin éxito. Miraba a Bukele y veía el pasado vestido de futuro: con una chaqueta de cuero, una gorra al revés, barba recortada y pelo engominado. Pero el recelo de Juan no era compartido por la mayoría. Cuando Bukele fue elegido presidente, en febrero de 2019, encarnó un nuevo comienzo nacional. En su toma de posesión, su esposa, embarazada de varios meses, estaba a su lado mientras él les pedía a multitudes de votantes extasiados que levantaran la mano junto con él después de haber prestado juramento como presidente.

En ese entonces, Eddie Anzora vivía en El Salvador y acababa de tener un segundo hijo. English Cool continuaba operando; a veces apenas, por lo visto. Eddie el Rápido se veía mayor. Su pelo cortado al rape ya tenía entradas en las sienes. Tenía nuevas arrugas bajo los ojos. Sus músculos juveniles iban inclinándose a la corpulencia de la mediana edad. Pero conservaba el empuje, y sus incesantes incursiones y proyectos paralelos le ayudaban a que su familia ascendiera un escaño y tuviera una existencia más estable, algo parecido a

*Eddie
Anzora (derecha)
con un estudiante
en su escuela de idiomas,
English Cool,
en San Salvador,
El Salvador, 2013.*

vivir en la clase media. Salían a cenar una o dos veces por semana, y los fines de semana tomaban el autobús a la playa.

El nuevo presidente le resultaba atractivo. Si Juan miraba a Bukele y veía el pasado, Eddie vislumbraba el futuro. Cuando le envié un mensaje, a principios de la década de 2020, para preguntarle por las pandillas, respondió: "Ya no hablamos de eso". Bukele promovía el turismo en la costa del Pacífico con playas recién renovadas a las que llamaba Surf City. Buscaba inversiones en tecnología y se estaba haciendo mundialmente famoso con astutas maniobras como tomarse una *selfie* al iniciar un discurso ante la Asamblea General de la Organización de las Naciones Unidad. Lo suyo era las relaciones públicas, como para Eddie, y Eddie podía apreciar a alguien que sabía generar prensa.

Una noche, comiendo pizza en un centro comercial de San Salvador, me habló de su último proyecto, llamado Salvy Life. En parte era un centro de relaciones públicas, en parte un portal de noticias y en parte una línea de ropa, con un eslogan pensado para vender las posibilidades de la vida en El Salvador: "Playa, ciudad, campo". Su modelo eran todas las revistas que había leído cuando vivía en California: *Vice, Mad, LA Weekly.* Quería publicar historias dinámicas y sugestivas sobre El Salvador que pudieran abrirles el país tanto a extranjeros como a residentes que soportaran ver su país natal con nuevos ojos. Haciéndome un gesto dijo: "A ustedes, los escritores de universidades, los leo para saber cómo lo hacen. Quiero darle ese tono. Y no quiero usar palabras que suenen demasiado latinas o chicanas".

En English Cool les dejaba a sus estudiantes una nueva tarea para practicar sus aptitudes lingüísticas: escribir textos cortos sobre algún aspecto de El Salvador que les gustara o que resultara interesante. Publicaría los mejores en el sitio web de Salvy Life, que había diseñado él mismo usando una plantilla de GoDaddy. "Me las arreglaré para sacarles algo *cool*", dijo.

Por primera vez en mucho tiempo, a Eddie le parecía que El Salvador tenía un lugar en el mundo, y eso correspondía a un nuevo capítulo de su propia vida. Ya no estaba en el limbo. Puede ser que no fuera lo que había previsto cuando era adolescente, pero en El Salvador estaba en casa. "Cuando llegué aquí, todo el mundo creía que era una mierda —me cuenta—. Pero yo lo sabía: hay alguien allá afuera que está viviendo una buena vida".

Una mañana de abril de 2021, Keldy Mabel Gonzales Brebe de Zúñiga recibió un mensaje de texto de su abogada de inmigración en El Paso. En febrero, apenas dos semanas después de tomar posesión, Joe Biden firmó una orden ejecutiva para crear un grupo de trabajo responsable de reunificar a familias que habían sido separadas por la política de tolerancia cero de Trump. Aún no estaban claros los detalles acerca de cómo podía la orden afectar el caso de Keldy. Sin embargo, informantes del gobierno le decían a su abogada, Linda Corchado, que el proceso de reunificación podía empezar antes del otoño. Una semana después, Corchado envió otro mensaje: "Keldy, ¿sabes dónde puedes tomarte fotos para pasaporte en Ciudad Juárez?" La siguiente serie de mensajes llegó más rápido; Corchado estaba recibiendo nueva información del Departamento de Seguridad Nacional. Sentada en su cuarto una mañana, Keldy acababa de volver de su ritual matutino de rezar en uno de los puentes internacionales cuando Corchado le escribió una fecha y una hora: estaba programada para cruzar a El Paso el martes 4 de mayo a las ocho de la mañana.

"Algo diferente me está pasando", me dijo Keldy. Yo llevaba tres años tratándola, desde que la conocí en el centro de detención de ICE en la avenida Montana; la había visitado en México. Pero escucharla ahora era como si estuviera oyendo a alguien más. Su voz era más brillante, más clara. Tenía apenas 37 años, y después de tener docenas de horas de conversación con ella, por primera vez se le notaban en la voz. "He vuelto a la vida".

De todas formas estaba nerviosa de que algo pudiera salir mal, y decidió no contarles la noticia a sus hijos. En lugar de eso, le envió a su sobrina un video de ella parada en el lado de Ciudad Juárez del puente Paso del Norte. "Te mando bendiciones", empezaba, conteniendo a duras penas una sonrisa. Llevaba unos anteojos oscuros y una blusa de franela a cuadros grises, negros y blancos. Su pelo, recién cortado, se agitaba con el viento. "Voy para allá —decía—, voy a subir hasta que pueda estar con mis hijos". Luego le hizo jurar que no le contaría a nadie. Si los puentes internacionales que conectan Ciudad Juárez y El Paso eran un símbolo de esperanza, también eran un recordatorio del mayor trauma de su vida. Había agentes de Aduanas y Protección Fronteriza esperando del lado estadounidense. En algún momento le escribió a Corchado: "No me están tendiendo una trampa, ¿verdad?"

★ ★ ★

Durante más de un año desde que instituyó su política de tolerancia cero, el gobierno de Trump mintió sobre la cantidad de familias que se habían visto afectadas. En el verano de 2018, el Departamento de Justicia se vio obligado a reconocer que había separado aproximadamente a 2700 niños, pero el número real se acercaba más a 5600. Se necesitaron meses de litigio para sacar la cuenta exacta, porque el conteo anterior había dejado fuera, a propósito, casi todo lo que había pasado en 2017. Las primeras separaciones empezaron con dos oleadas ese año y nunca pararon del todo. Estaba el programa piloto de El Paso que arrastró a Keldy, y otro que empezó un poco antes en Yuma, Arizona. Esa política, llamada Iniciativa de Consecuencia Criminal, era responsable de la separación de 234 familias entre el 1º de julio y el 31 de diciembre de 2017. En marzo de 2019, el juez Sabraw amplió la cantidad de miembros elegibles para la demanda colectiva y, al hacerlo, al gobierno no le quedó más remedio que volver a revisar sus datos y reconstruir las listas enteras de todas las personas a las que había separado. Por consiguiente, ahora había dos listas oficiales de nombres. Una era del verano de 2018, fecha del primer dictamen de Sabraw sobre el caso; la otra, mucho más reciente, incluía un nuevo cálculo de las familias separadas en 2017. El nombre de Keldy estaba en la segunda lista.

Una abogada se había obsesionado con llenar los vacíos en los registros del gobierno: Ann García, una diligente mujer de treinta y pocos años que vivía en Denver, donde trabajaba, sentada en cafeterías y bibliotecas públicas,

Keldy Mabel Gonzales
Brebe de Zúñiga en Filadelfia,
Pensilvania, 16 de mayo
de 2021.

para una organización llamada Catholic Legal Immigration Network ("Yo hacía trabajo remoto antes de que todo el mundo lo hiciera", afirmó). García quería consolidar los datos reunidos por organizaciones sin ánimo de lucro y prestadores de servicios jurídicos a lo largo de la frontera para crear informes detallados de las familias separadas, cuyo paradero, en cientos de casos, era completamente desconocido. Esto había consistido fundamentalmente en pasar la mayor parte de 2019 suplicándoles a otros abogados que le dieran información sobre sus viejos clientes, consultar en una línea directa del gobierno sus números de registro de extranjero para ver si había actualizaciones y luego llamarles sin previo aviso, con desiguales resultados.

García habló con Keldy por primera vez en el verano de 2019, después de encontrarla en Facebook, y se mantuvieron en estrecha comunicación desde entonces. Keldy solía tener ese efecto en la gente: cuando reconocía bondad en alguien, se le pegaba y, con su determinación, la conquistaba. García era tan perseverante como Keldy, pero no tenía mucho que ofrecer en cuanto a soluciones prácticas. Aunque Keldy creía que un juez debía reabrir su caso de asilo, el único mecanismo legal que quedaba era sostener que las condiciones habían empeorado en Honduras desde su solicitud inicial. Enviaba a García noticias sobre la violencia en La Ceiba y la instaba a hablar con profesores y periodistas locales cuya información de contacto hallaba en redes sociales. "Desde el punto de vista de Keldy, el juez había cometido un error —decía García—. Desde el punto de vista del juez, el razonamiento era: 'Cuando un lugar está en llamas,

¿cómo demuestras que el incendio está empeorando?'" García agotaba todas las pistas que Keldy le pasaba, pero empezó a adoptar una perspectiva más amplia: solo si Trump perdía podía haber una retribución completa.

En su campaña electoral, Biden arremetió contra Trump por su falta de humanidad y dirigió su indignación a la política de separación de familias del gobierno. Era "criminal", "abominable", e iba "en contra de la idea de quiénes somos como nación", decía. En octubre de 2020, en el último debate presidencial, el tema adquirió gran importancia, con la discusión entre ambos candidatos sobre la política de asilo. Trump atacó a Biden por la respuesta de Obama a la crisis de los menores no acompañados en 2014. "¿Quién construyó las jaulas, Joe?", preguntó. "¿Quién construyó las jaulas? —replicó Biden, y aludió al programa Quédate en México—: Este es el primer presidente de los Estados Unidos de América que dice que cualquiera que busque asilo debe hacerlo en otro país". Luego aprovechó una presentación en el tribunal de Sabraw unos días antes. El último informe indicaba que no podían ser localizados los padres de 545 menores. "Les arrancaron a sus hijos de los brazos y los separaron —dijo Biden—. Esos niños están solos, sin ningún lugar adonde ir. Ningún lugar adonde ir".

Cuando, siendo presidente, Biden creó el grupo de trabajo en el Departamento de Seguridad Nacional, su directora ejecutiva era Michelle Brané, de la Comisión de Mujeres Refugiadas. Los defensores estaban volviendo de su destierro. Preparada para hacer una lista maestra de familias a las que el gobierno pudiera unir de nuevo, Brané acudió a Lee Gelernt, de la ACLU, y Gelernt acudió a un grupo de abogados en el que estaba García. "¿Con quién estás en contacto?", le preguntó él. La idea era encontrar a padres que hubieran sido deportados y empezar a llevarlos desde el otro lado de la frontera. Era marzo de 2021. García llevaba dos años trabajando arduamente en la oscuridad y ahora le asignaban un papel central: conectar a las familias y a sus abogados de inmigración con un organismo gubernamental que finalmente podía ayudarlas. El nombre de Keldy fue uno de los primeros que García les pasó.

★ ★ ★

El martes 4 de mayo de 2021, media hora antes de su cita en el puente, Keldy jalaba dos maletas hacia la frontera. Corchado iba a encontrarla del lado

Keldy Mabel Gonzales Brebe de Zúñiga se reencuentra con sus hijos en la casa de una parienta en Filadelfia, Pensilvania, 4 de mayo de 2021.

mexicano para que pudieran cruzar juntas. El grupo de trabajo de Biden había planeado que el intercambio marchara sin contratiempos. Keldy iba a entrar en Estados Unidos con un estatus especial llamado "permiso humanitario", que le daba autorización para trabajar, y se le concedían tres años de gracia para no ser deportada. Un minuto antes de las ocho dio sus primeros pasos en El Paso, momento que Corchado captó en una fotografía. Keldy posó para la cámara girando con un vestido azul y zapatos negros, con los brazos estirados hacia el cielo.

Otros tres padres separados de sus hijos viajaban esa semana a Estados Unidos a encontrarse con ellos, la primera de cientos de reunificaciones que el gobierno de Biden tenía pensado organizar a lo largo de los siguientes meses. De acuerdo con Michelle Brané, la directora ejecutiva del grupo de trabajo, más de 1 000 familias seguían separadas. El gobierno "está en el proceso de revisar otros expedientes para determinar si hay más. Encontrar a todas las familias y darles la opción de volver a unirse y sanar de este proceso es nuestro mandato", dijo. El primer grupo de padres ya estaba en el norte de México y tenían a abogados que podían ayudarles a cruzar. Keldy fue la primera de ellos en llegar al otro lado de la frontera. El resto del día lo pasó viajando: tomó un avión a Dallas, luego un vuelo de conexión a Filadelfia. Cuando aterrizó, poco después de las siete de la noche, el esposo de una de sus sobrinas, un hombre grande y sociable llamado Fredy, fue a recogerla en una camioneta *pickup* negra. Keldy quería sorprender a sus hijos, pero necesitaba una excusa para juntar a toda la familia sin levantar sospechas. Un grupo de documentalistas australianos, a los que Keldy había conocido en Ciudad Juárez, estaría disponible. Fredy y su esposa, Viviana, que también estaba al corriente, les dijo a todos que los periodistas eran parte de un equipo noticioso que realizaría entrevistas sobre el proceso judicial de Keldy. La familia, integrada por más de 12 personas —los tres hijos, la madre y las dos hermanas de Keldy, y los hijos, nietos y cónyuges de estas— había hecho unos carteles con anticipación, algunos con palabras de aliento ("Te extrañamos y te queremos") y otros con un mensaje para el presidente Biden ("Le pedimos su ayuda").

Cuando Keldy recogió sus maletas en el aeropuerto, la familia estaba reunida en la casa de Fredy y Viviana, una casita de ladrillo adosada en el norte de Filadelfia. El equipo de filmación pasó por la puerta un poco después de las ocho. Escondida detrás de ellos iba Keldy. Había 15 personas apiñadas enfrente de la casa. Por todo un segundo después de que Keldy se dejó ver, hubo silencio. Luego, un sobresalto y un retumbo sordo al precipitarse los hijos de Keldy hacia ella. Sus hermanas y sus sobrinas se desplomaron sobre ellos. Keldy desapareció en medio del círculo de familiares que se apretaban a su alrededor. Alguien puso una canción de rock cristiano en unas bocinas. En la fracción de segundo en que los hijos de Keldy cambiaron ligeramente de posición sin dejar de abrazar a su madre, alcancé a verles fugazmente el rostro, empapado de lágrimas y arrebolado. Amanda, que era delgada y frágil, extendía los brazos hacia el techo como si estuviera en una reunión de reavivamiento. El volumen de la música era tan alto que la sala estaba al mismo tiempo ruidosa y extrañamente quieta. Luego se apagaron las bocinas y la casa se inundó con el sonido del llanto de Keldy y sus tres hijos.

De pie, al margen del grupo, cerca de la puerta, estaba Lee Gelernt, que había ido de Nueva York para felicitar a Keldy y a sus hijos. El gobierno y la ACLU estaban en negociaciones para darles a los padres separados alguna compensación merecida. "He estado haciendo esto desde 2017 y no veo que vaya a terminar muy pronto —dijo Gelernt—. Como todos los grandes casos de

Keldy Mabel Gonzales Brebe de Zúñiga con miembros de su familia en Filadelfia, Pensilvania, 4 de mayo de 2021.

derechos civiles, en última instancia todo es cuestión de estarle machacando al asunto largamente".

Algunas formas posibles de indemnización —más allá de garantizar la libertad condicional y hacer los arreglos del viaje— eran acceso a servicios médicos y psicológicos y, tal vez, una compensación financiera. Pero la pregunta más importante era si las familias separadas recibirían la residencia permanente legal. La libertad condicional que se le había concedido a Keldy podía renovarse después de tres años, pero como forma de protección era provisional. Lo que necesitaba era un camino a la tarjeta verde.

Había señales de que el gobierno de Biden se tomaba en serio las negociaciones sobre la compensación. El martes, Alejandro Mayorkas, el secretario de Seguridad Nacional, dijo que las reunificaciones de la semana eran "motivo de orgullo, porque es tan solo el principio". Se refirió a los padres separados y a sus hijos como "víctimas". Eso implicaba que el gobierno anterior los había maltratado deliberadamente, lo que planteaba la cuestión del resarcimiento. "Reconocemos que tenemos que hacer más, que el permiso humanitario no proporciona una base estable para permanecer en Estados Unidos por un tiempo prolongado —dijo—. Estamos estudiando los fundamentos jurídicos con los que contamos".

Esa noche de mayo, en la casa de Filadelfia, los problemas legales futuros aún eran una preocupación lejana. Los ánimos se relajaron poco a poco y de la cocina empezó a salir comida. La mesa del comedor se llenó de grandes fuentes de arroz y frijoles, carne asada, pico de gallo y tazas de horchata. Keldy y sus hijos se sentaron alrededor de la mesa. Reían y se mostraban fotos en los teléfonos. Un niño pequeño se quedó dormido en el sillón; los niños más grandes se fueron al porche. Alguien sacó algo que parecía un pastel de cumpleaños con las palabras "Bienvenida a casa" escritas con glaseado.

El hijo mayor de Keldy, Alex, calladamente iba asimilándolo todo. Era el más estoico de sus hijos, bajo y fornido, con ojos vigilantes. Al avanzar la noche, Alex tenía su habitual actitud reservada, pero había en su rostro una expresión de alivio. En algún momento, Keldy lo llevó aparte. "Gracias por todo lo que hiciste por tus hermanos —le dijo—. Estoy muy orgullosa de ti".

52

Lucrecia

Trump quiso esconder la crisis de asilo en el sur de la frontera. Biden de inmediato empezó a pagar un precio por volver a ponerla a la vista de todos. El éxodo centroamericano nunca había cesado. El programa Quédate en México y el uso del Título 42 ocultaban la realidad en el norte de México. La pandemia trajo consigo nuevos periodos de desesperación, tal como hicieron los dos huracanes que azotaron la región en el otoño de 2020 y desplazaron a decenas de miles de personas. En el nuevo gobierno tenían un estribillo: que "todas las opciones son malas". Los asesores de Biden habían criticado a Trump por usar el Título 42 por razones políticas, más que de salud pública. Sin embargo, el gobierno no quería renunciar a lo que parecía una herramienta útil en tiempos impredecibles: bajo el Título 42, el gobierno podía seguir expulsando a gente en masa. Mientras el DHS trataba de restablecer su capacidad de procesar nuevas llegadas de inmigrantes, el presidente estaba desesperado por controlar la cantidad creciente de los mismos. La política era arrasadora. La frontera dominó su primera conferencia de prensa como presidente, en marzo de 2021. "Lo que estamos haciendo ahora es tratar de reconstruir el sistema para adaptarlo a lo que está pasando hoy en día —dijo Biden—. Va a tomar tiempo".

Los republicanos ya tenían un eslogan: "La crisis fronteriza de Biden", que casi todas las cadenas noticiosas adoptaron. Como de costumbre, los demócratas estaban divididos, así que el presidente estaba muy solo. La Casa Blanca había llamado a una inmediata reducción paulatina de Quédate en México, y un equipo se puso a trabajar en la compleja operación logística de localizar a

492

gente inscrita en el programa y darle permisos de entrada al país. El Título 42 siguió funcionando, con una excepción. Mientras que Trump usaba esa política para no dejar pasar a los menores no acompañados, Biden les permitió la entrada. El cambio parcial de política, sin embargo, significaba que la cantidad de niños a los que se dejaba entrar por la frontera aumentó considerablemente. A finales de marzo había 18 000 niños migrantes no acompañados en custodia de Estados Unidos, entre ellos más de 5 000 que estaban detenidos en celdas desbordadas en la frontera. Se necesitó que unos funcionarios resucitaran los refugios temporales administrados por el Departamento de Salud y Servicios Humanos. Cuando miembros de la izquierda progresista vieron que Biden usaba algunas de las mismas instalaciones de la era Trump —si bien es cierto que para propósitos distintos—, lo atacaron por "meter a niños en jaulas".

De los tres presidentes estadounidenses consecutivos que enfrentaron emergencias humanitarias en la frontera sur, Biden estaba representando un papel recurrente. En 2015, el gobierno de Obama había reconocido la necesidad de invertir en Centroamérica y mandó allá a Biden a manejar la situación. Hizo viajes a la Ciudad de México, a la Ciudad de Guatemala, a San Salvador y a Tegucigalpa. Instó a los gobernantes de la región para que cumplieran objetivos sobre combate a la corrupción, estímulo a la economía y apoyo al sistema de justicia. Como presidente, seis años después, Biden comisionó a su vicepresidenta, Kamala Harris, para hacer eso mismo.

Harris consideraba que ese trabajo era una trampa. Se convirtió en un instantáneo blanco republicano, y como las propuestas de políticas más viables para la región tomarían años, o más, para traducirse en efectos demostrables en la frontera, no había ninguna manera inmediata de rechazar los ataques. En una reunión, en abril de 2021, Biden les mencionó a los líderes del *caucus* negro del Congreso que Harris trabajaba en temas de inmigración para el nuevo gobierno. Ella interrumpió para corregirlo: "El Triángulo Norte, no la inmigración", dijo.

En una inquietante repetición de la década de 1980, Centroamérica era de nuevo un sitio muy peligroso para los políticos estadounidenses. Si se esperaba que Harris volara a la región para sostener reuniones, ¿adónde debía ir? No quedaban interlocutores que pudieran hablar de buena fe. Años de intervencionismo estadounidense, seguidos por muchos años más de indiferencia, volvían suspicaces a los viejos aliados e inencontrables a los nuevos.

En el invierno de 2015, cuando Biden era vicepresidente, había hablado en la Ciudad de Guatemala en una cumbre de líderes regionales, donde bromeó sobre lo cercanos que eran Juan Orlando Hernández y John Kelly, entonces el jefe del Comando Sur del ejército de Estados Unidos. Dirigiéndose a Kelly frente a la multitud, dijo: "Yo sigo hablando con el presidente de Honduras para asegurarnos de que no te haga cambiar tu cuartel general para allá". Para Harris, sin embargo, Hernández ahora era alguien prohibido. Sus vínculos con los narcotraficantes no podían seguirse pasando por alto. En la primavera del siguiente año, en un insólito giro de los acontecimientos, lo extraditaron a Estados Unidos. Iba en visible estado de *shock* por el hecho de que sus viejos protectores la emprendieran contra él.

En El Salvador, Bukele tenía un conflicto directo con el gobierno de Biden. Su nuevo partido había obtenido la mayoría calificada en la Asamblea Legislativa un mes después de que Biden llegara a la Casa Blanca. Los nuevos diputados, el mismo día que prestaron juramento, despidieron a todos los jueces de la Corte Suprema de Justicia y luego destituyeron al fiscal general. Bukele les guardaba rencor a los jueces: al inicio de la pandemia él había decretado un estado de emergencia, que ellos invalidaron por considerarlo inconstitucional.

Sus reemplazos eran más amigables, lo que permitió a Bukele eludir una prohibición constitucional que a presidentes anteriores les había impedido postularse como candidatos para un segundo mandato. A Trump no le habría importado, pero al Departamento de Estado de Biden sí. Bukele se ofendió. En unos meses, miembros de su gobierno aparecieron en listas estadounidenses de funcionarios corruptos cuyas visas se iban a revocar.

Eso dejó a Guatemala como el único socio aceptable del gobierno de Biden, así que Harris planeó volar para allá. Pero antes tuvo una reunión en Washington sobre el imperio de la ley con cuatro juristas y abogadas guatemaltecas, todas mujeres, que se habían visto obligadas a exiliarse por su trabajo. Una de ellas, Thelma Aldana, había sido fiscal general durante el apogeo de la CICIG, el organismo anticorrupción, y más adelante, en 2019, fue proclamada candidata presidencial, antes de que una campaña de oposición la obligara a renunciar e irse del país. Otra era una jueza a la que el partido gobernante en el Congreso se había negado a darle un asiento en la Corte de Constitucionalidad en 2021, a pesar de su legítima elección. El Departamento de Estado, que trataba de reparar el daño dejado por Trump, dio galardones a figuras jurídicas guatemaltecas e hizo enérgicas declaraciones de apoyo.

"En esta mesa hay abogadas que han perseguido a narcotraficantes y al crimen organizado —dijo Harris—. En esta mesa hay juezas que han defendido una judicatura independiente y el imperio de la ley; líderes que se han enfrentado a la corrupción y a la violencia". Añadió que "la injusticia es una causa fundamental de la migración" y "la corrupción está impidiendo que la gente tenga servicios básicos". Después, Aldana tuiteó: "Hay esperanza para Guatemala".

Esas eran las cosas que el gobierno de Estados Unidos debía decir y hacer, e importaba que el mensaje viniera de la cúpula del gobierno. El problema era que la influencia estadounidense estaba menguando. Los altos funcionarios guatemaltecos ahora le tenían menos miedo a Estados Unidos que a la red de actores corruptos connacionales en expansión. Harris viajó a Guatemala y le dio su opinión al presidente Alejandro Giammattei, quien replicó que las investigaciones sobre corrupción eran las obsesiones partidistas de una izquierda demasiado fervorosa. De manera notoriamente mecánica, prometió cooperar con Washington, para a continuación presentar una dura crítica. Biden, dijo, necesitaba "enviar un mensaje más claro para evitar que más gente se vaya".

En la prensa estadounidense, el relato que rodeó la visita volvió al análisis de un cliché. En algún momento, Harris les dijo a los migrantes, siguiendo un guion trillado: "No vengan". Eso se convirtió en lo más comentado de su visita, la cita que resumía la conferencia. La derecha la llamó incapaz, y la izquierda, inhumana. Una semana después de su regreso, un abogado de 39 años llamado Juan Francisco Sandoval, que era el jefe de la Fiscalía Especial contra la Impunidad del Ministerio Público, fue destituido por insubordinación. Voló a El Salvador durante la noche para evadir el arresto. El gobierno de Biden no lo podía proteger en su casa. Lo único que podía hacer era recibirlo con una solicitud de asilo cuando llegara a Estados Unidos.

La primera semana de marzo de 2022 encontré a Lucrecia Hernández Mack en la Ciudad de Guatemala, en la pequeña oficina de un segundo piso, en una concurrida calle comercial a la vuelta del Congreso de la República. Ahora era diputada por un nuevo partido de izquierda llamado Movimiento Semilla. La habitación era sencilla y sin adornos: un escritorio de madera con dos sillas, varias macetas con plantas recargadas en una gran ventana y un letrero formado por varias hojas de papel para impresora que daba a la calle y decía: "Renuncia, Giammattei". Lucrecia estaba allí con frecuencia, pero nunca por mucho tiempo. Una mañana llegó tarde, como a las 11, porque una reunión con el Ministerio de Educación se había retrasado. La ministra nunca llegó y envió a un viceministro en su lugar. Dos años después de la pandemia, el gobierno finalmente estaba haciendo que los estudiantes regresaran a los salones. Lucrecia, junto con otros miembros de la delegación de Semilla, había visitado escuelas primarias para revisar las condiciones antes del retorno a clases. Regresó a su oficina desconcertada por la falta de avances, pero no tenía tiempo de detenerse mucho tiempo en eso. Tenía que ir al Congreso a una sesión plenaria.

La acompañé. Mientras caminábamos y serpenteábamos en el tráfico, describía las últimas maniobras de su partido. Dos hombres de aproximadamente 60 años la detuvieron para darle la mano y mandarle saludos a su tía. Otro transeúnte, que la reconoció por haberla visto en la televisión, la saludó respetuosamente con un movimiento de cabeza. En el vestíbulo del edificio del Congreso, unos camarógrafos la esperaban para que comentara la política nacional de vacunación, lo que hizo en apretados párrafos contundentes antes de pasar a la cámara. A unas cuadras de ahí estaba la intersección en la que habían asesinado a su madre. A media calle, en el sitio del apuñalamiento, había una losa conmemorativa, y en la esquina una placa mostraba el nuevo nombre de la vía: Calle Myrna Mack Chang.

Tres décadas después del asesinato, el espectro de su madre aún perseguía a Lucrecia. El país no hacía caso del mensaje que Myrna había tratado de comunicar. La peor experiencia de Lucrecia como recién llegada a la política, según me contó, fue un momento durante la campaña de 2019 en que había viajado con otros candidatos de Semilla a Huehuetenango. Al hablar en español, se descubrió dirigiéndose a un grupo de mujeres indígenas en una lengua que ellas no entendían. Había una intérprete a su lado, pero la multitud se escabulló. Y, de todas formas, ¿qué podía ofrecerles? Los candidatos a alcaldías les entregaban refrescos y dulces. Los candidatos presidenciales les prometían escuelas, hospitales y nuevas calzadas. "Un candidato a diputado puede ofrecer leyes, y eso si tiene suerte", me dijo. Los partidos políticos más establecidos distribuían dinero en efectivo y organizaban comidas al aire libre.

Semilla no podía permitirse eso, y, en todo caso, Lucrecia se negaba a sobornar a nadie. Su exmarido, que iba con ella a esos viajes, decía: "La campaña es muy diferente cuando no hay carretera, sino tan solo caminos de tierra".

Hasta las calles pavimentadas de la capital estaban llenas de obstáculos. Cuando estuve ahí en marzo era una semana típica para Lucrecia y su partido: otra serie de peleas que ellos podían alargar, pero nunca ganar. Unos días antes, el Congreso pasó una ley de vacunación en la que Lucrecia había trabajado desde que era ministra de Salud Pública. De 160 diputados, 106 votaron a favor, pero el presidente la vetó alegando que la ley tenía "contradicciones". Nadie sabía a ciencia cierta cuáles eran sus verdaderas razones. Guatemala no tenía una ley que obligara al gobierno a darle vacunas al público, y sin ella, al Estado le faltaba un incentivo convincente para garantizar que hubiera suficientes para satisfacer al menos las necesidades más básicas.

Lucrecia también criticaba con franqueza una campaña del Ministerio Público del país. Desde que se había expulsado a la CICIG, en 2018, la fiscal general, una acérrima conservadora llamada María Consuelo Porras, acusó y detuvo a abogados que participaron en la lucha contra la corrupción. Veintidós jueces y fiscales anticorrupción se habían visto obligados a exiliarse. Las acusaciones contra ellos no tenían fundamento; en muchos casos, abogados particulares con intereses creados formulaban cargos sumamente sospechosos que el ministerio usaba como pretexto para emprender investigaciones formales. El Departamento de Estado de Estados Unidos estableció sanciones contra Consuelo Porras, pero eso no la hizo desistir.

Los funcionarios que contrariaban intereses especiales en Guatemala siempre habían sido objeto de demandas falsas, despidos arbitrarios o amenazas físicas, pero la campaña contra estos exfiscales y exjueces se intensificaba y alejaba a docenas de las principales mentes jurídicas del gobierno. Un exfuncionario los llamó "la justicia guatemalteca en el exilio", lo que planteaba la pregunta de quién se quedaría a defender a quienes permanecían en el país.

Una lluviosa tarde de jueves en primavera me reuní con un grupo de los exiliados en una casa adosada en Washington. Otros vivían en México, El Salvador y España, pero la mayor parte se concentraban en Washington, D. C., y sus alrededores. Juan Francisco Sandoval, bajo y de anteojos, con un irónico sentido del humor, era el centro social del grupo. De 40 años y considerado una de las mentes más brillantes de su generación, siempre había soñado con ser el fiscal general del país. En lugar de eso, todas las tardes tomaba clases de inglés, escribía artículos de opinión desde lejos y abría un hilo en WhatsApp para colegas suyos que se estaban adaptando a su nueva vida como inmigrantes en Washington. La incorporación más reciente al grupo era la jueza Erika Aifán, una de las juristas más veneradas del país, que llegó a Estados Unidos con una sola maleta. "Me he preguntado por qué no sencillamente nos mataron —dijo—. Nos han perseguido. Han demostrado que somos vulnerables. Nos han grabado. Pero nos necesitan vivos precisamente para desacreditarnos. Nos están convirtiendo en criminales. Necesitan cambiar la opinión pública. El exilio es una forma de muerte, una especie de muerte civil. Es una manera de desaparecernos del contexto nacional".

Semilla tenía un total de siete curules en un congreso dominado por los conservadores. El partido era un fastidio para los otros en el mejor de los casos, pero Lucrecia estaba segura de que el Congreso era donde ella debía estar. "Como ministra, fui una piñata —me dijo una vez—. Yo estaba en el otro extremo de la cuerda". Cuando se fue del gobierno, en 2017, había supuesto, equivocadamente, que los ataques en su contra cesarían. No solo continuaron, sino que estuvieron a punto de frustrar su carrera legislativa antes de que empezara siquiera. El mismo grupo de adversarios conservadores que la acosaban cuando era ministra, en 2019, después de que ganó las elecciones, trataron de impedir que asumiera su cargo por un tecnicismo jurídico. Su tía le dio asesoramiento y presentó una petición judicial que conjuró la maniobra. Como integrante de Semilla, estaba rodeada de un grupo de reformistas y jóvenes promesas, algunos todavía de veintipocos años. Sintió, al fin, que su "orfandad política" había terminado.

Su partido tenía un poder limitado en lo referente a votos y coaliciones en el Congreso, pero al menos Lucrecia podía actuar sobre el terreno. Era el equivalente político de un combate cuerpo a cuerpo. Hacer cualquier cosa que no fuera pelear era no hacer nada, así que eso hizo, como si fuera lo más natural del mundo.

Con esta misma falta de sentimentalismo —con toda naturalidad, tan carente de drama que lindaba con la aridez, tal como siempre imaginé que había sido su madre—, Lucrecia me habló de su estado de salud. Estábamos en el auto una tarde, de camino a la Zona 2 para ir a comer. En el otoño de 2020 le diagnosticaron cáncer cervical y anunció que se sometería a tratamiento y se tomaría un breve permiso del Congreso. El proceso era lento y doloroso, pero al cabo de un año el cáncer parecía estar en remisión. Cuando volvió al órgano legislativo, introdujo una iniciativa que mejoraría el tratamiento para los pacientes guatemaltecos de cáncer. Pero ahora el cáncer había vuelto. Sus hijos y su exmarido estaban en Guatemala y Helen andaba cerca. Lucrecia estaría con ellos y a finales del verano haría un viaje con sus hijos. Sin usar la palabra *esperanza,* ni sinónimos aproximados, reconocía que tal vez la enfermedad se enlentecería; fuera como fuera, parecía estar en paz.

Cuando me dijo que no tenía miedo de morir, le creí. Nos acercábamos al barrio de su infancia. Su antigua casa familiar se había convertido en alguna clase de oficina, y la calzada de al lado se había vuelto una vía principal atestada de camiones de carga. Eso sí, la iglesia donde asesinaron al obispo Gerardi permanecía intacta, y después de la comida fuimos al campus de la Universidad de San Carlos. Me mostró el nombre de su madre en un monumento llamado el Muro de los Mártires Universitarios, que honraba a cientos de estudiantes y maestros asesinados en los años de la guerra.

De vuelta en el auto, de camino a su departamento en la Zona 11, se disculpó y respondió la llamada. Era un reportero que tenía preguntas sobre la ley de vacunación. Aún había algunos detalles que a ella le parecía importante que el público entendiera bien.

Simplemente no es lo que somos

En las últimas semanas de diciembre de 2021, tras 10 meses de negociaciones, el gobierno de Biden se retiró de las pláticas que mantenía con la ACLU para dar alguna una indemnización financiera a las familias separadas en la frontera. La jugada impresionó incluso a unos funcionarios de la administración. Antes el presidente no había dejado mucho lugar a dudas sobre lo que pensaba de la política de tolerancia cero del gobierno de Trump. En noviembre había dicho, refiriéndose a los padres: "Merecen alguna clase de indemnización, pase lo que pase". ¿Qué le había hecho cambiar de opinión?

En octubre, el *Wall Street Journal* informó que los defensores pedían al gobierno que considerase dar 450 000 dólares a cada miembro de la familia al que se hubiera separado. La cifra no era final; el Departamento de Justicia no la había aceptado, y la oferta inicial del gobierno en las negociaciones era considerablemente más baja. Pero el Partido Republicano, ni tardo ni perezoso, la usó para atacar a Biden. Los fiscales generales republicanos de varios estados presentaron demandas para bloquear todas las iniciativas sobre inmigración que el presidente había presentado desde su toma de posesión. En casi todos los casos lo estaban logrando. Una acción ejecutiva para restablecer las prioridades en el trabajo de seguridad y control del ICE fue bloqueada en un tribunal federal conservador. En febrero de 2021, el gobierno de Biden empezó a relajar el programa Quédate en México; usando la autoridad del presidente para conceder libertad condicional, permitió la entrada de 13 000 migrantes que estaban varados en México, pero otra demanda congeló toda la gestión en agosto. Hasta las reformas más tecnocráticas del gobierno, como una regulación del DHS para poner a funcionarios de asilo, en lugar de jueces sobrecargados, a atender casos de asilo, se detuvieron.

El 3 de noviembre, un reportero de Fox News le preguntó a Biden sobre el reportaje del *Wall Street Journal* en una conferencia de prensa. Biden respondió que eso eran "estupideces", desestimando la noticia por inexacta. Pero la cifra sí había salido a colación en las pláticas sobre el acuerdo. Unos días después, Biden se corrigió. Reafirmó su creencia de que las familias separadas por Trump debían recibir alguna forma de compensación; simplemente no estaba seguro de cuál sería la cantidad adecuada. En privado, en cambio, los funcionarios de la Casa Blanca sostenían que seguir hablando de una compensación era un lastre político más perjudicial que cualquier posible secuela de una promesa rota.

Un repliegue más amplio empezaba a empañar el programa del presidente para la frontera. Miembros de su equipo de transición habían decidido dejar el Título 42 como estaba y seguir negando la entrada a solicitantes de asilo, mientras trabajaban en un nuevo sistema para ampliar sus capacidades. Lo que esperaban era poner el asilo en pausa con el fin de salvarlo. El Título 42, decía un funcionario del gobierno, sería "una herramienta de disuasión mientras se ponía en funcionamiento el sistema de asilo". Había conversaciones habituales sobre cómo eso no iba a existir para siempre.

Para cualquier que estuviera decidido a mantener la inmigración fuera de las noticias, sin embargo, el Título 42 podía parecerle una útil herramienta para limpiar la frontera. Lo atrayente de la política era una trampa. En lugar de fijar metas para expandir el acceso al asilo, u ordenar un poco los puertos de entrada, el gobierno reaccionaba según iban surgiendo los problemas y expulsaba a todos los migrantes que podía. Andrea Flores, que trabajaba en política fronteriza en el Consejo de Seguridad Nacional de Biden antes de renunciar, resumió el concepto del Título 42 un día a finales del otoño de 2021: "No queremos tener que procesar a la gente. ¿No podríamos nada más echarlos? Ese es el proceso del Título 42".

Ese mes de septiembre, 30 000 haitianos llegaron a la frontera en busca de asilo, y aproximadamente la mitad de ellos improvisaron un campamento debajo del Puente Internacional Del Río-Ciudad Acuña. Agentes fronterizos de Estados Unidos, algunos a caballo, fueron fotografiados amenazando, látigo en mano, a migrantes en la ribera norte del río Bravo. Al sur de la frontera,

Migrantes acampan junto al Puente Internacional Del Río-Ciudad Acuña después de cruzar el río Bravo a Estados Unidos. Del Río, Texas, 19 de septiembre de 2021.

policías mexicanos peinaron toda Ciudad Acuña y detuvieron a los haitianos que pudieron. Al final, una flota de aviones trasladó a hatianos de Texas a Puerto Príncipe, hasta que el campamento quedó despejado. Los patrulleros a caballo eran "una vergüenza", dijo Biden. Eso "simplemente no es lo que somos". No dijo nada del Título 42, que seguía vigente; sin él, el gobierno no habría podido deportar a los haitianos tan fácilmente.

Los planes del gobierno para levantar el Título 42 se retrasaban de manera reiterada. Cuando finalmente anunciaron el fin de esas medidas, en la primavera de 2022, hubo una fuerte oposición, incluyendo la de los demócratas, cosa muy reveladora. Muchos temían que poner fin al Título 42 pudiera desatar una emergencia en la frontera. En tan solo dos años se había convertido en el *statu quo*. El debate perdió trascendencia semanas después, cuando un juez federal bloqueó a Biden una vez más.

Grandes cantidades de centroamericanos seguían llegando a la frontera. Pero ahora otra población abrumaba al gobierno de Estados Unidos: venezolanos, nicaragüenses y cubanos. El DHS no podía expulsarlos basándose en el Título 42 porque ninguno de esos países aceptaría vuelos de deportación desde Estados Unidos. México estaba cada vez menos dispuesto a recibir a los migrantes. Un acuerdo negociado por el DHS trajo una solución provisional. A cambio de permitir cada mes la entrada de 30 000 migrantes de esos países con visas de trabajo temporal, Estados Unidos deportaría al resto. Para entonces, muchos de los principales asesores del presidente en materia de inmigración en el DHS y en la Casa Blanca se fueron discretamente del gobierno. Ahora un nuevo equipo tenía la tarea de prepararse para la primavera de 2023, cuando el Título 42 debía levantarse de una vez por todas, pues el gobierno había declarado el fin de la emergencia de salud pública. Entre las primeras ideas planteadas por el gobierno estaba una política que les negaba el asilo a los migrantes si para llegar a Estados Unidos habían cruzado por otro país de la región.

En casa

Vi a Juan por primera vez una abrasadora mañana de domingo, en abril de 2022. La plaza principal de Usulután estaba abarrotada de gente. Había vendedores callejeros de comida y chucherías debajo de unas sombrillas y niños correteando entre la multitud. En medio de toda esa actividad estaba la iglesia. Completamente blanca y sin adornos, era sencilla pero espléndida, con dos conjuntos de columnas con ligeros relieves cincelados sobre la fachada; a cada lado se elevaba un campanario. En el frontón superior del edificio sobresalía una gran cruz de hierro. La gente ya estaba adentro para escuchar misa y algunos feligreses se volcaban en la escalinata. Afuera, una calma envolvía el lugar como un campo de fuerza, sosteniendo a todos —los vendedores, los niños, los transeúntes— en una amplia órbita comunal.

Juan me esperaba en un quiosco junto a la iglesia, frente a una pasarela flanqueada de bancas a la sombra de los árboles. Era ahí donde las señoras de la ciudad se habían sentado la noche de las elecciones de 1968, cuando llegaron las tropas y Juan tuvo que apremiar a la gente para ponerla a salvo. Ahora tenía 70 años. Con poco menos de un metro setenta de estatura y escaso pelo entrecano, era fornido, y el pecho le abultaba una camiseta rosada. Tenía la piel oscura, los dientes blancos y brillantes. Ninguno de los dos había estado jamás en una posición como aquella: celebrábamos una reunión que llevábamos dos años tratando de organizar y que también era un primer encuentro. Fue relajadamente anticlimático. Aliviamos todo residuo de incomodidad yendo por una horchata. Una mujer la vendía en grandes bolsas de plástico desde la ventana trasera de su casa, aunque se negó a permitir que Juan pagara. A lo largo del camino, él saludaba con la cabeza a la gente y llamaba a sus amigos por su nombre. Cuando las miradas se posaban sobre mí, amables pero entre extrañadas y divertidas, Juan decía: "Él es Jonathan. Robábamos gallinas juntos".

Dos semanas antes, el gobierno había declarado un régimen de excepción después de que pandilleros de la MS-13 mataron a 87 personas en el transcurso de 72 horas. Las autoridades podían detener a cualquiera que consideraran sospechoso. Los detenidos no tenían derecho a una defensa. Se suspendió el derecho a reunirse en grupos de más de dos personas y todos los menores eran tratados como adultos. Nueve mil personas ya habían sido detenidas; en unos cuantos meses, ese número creció a 50 000. En su cuenta de Twitter, Bukele publicaba el número de detenciones, que se actualizaba continuamente, junto con algún comentario escabroso y fotografías de hombres con tatuajes, esposados y en ropa interior ("angelitos", les decía), a algunos de los cuales parecían haberles dado una paliza ("Claramente estaba comiendo papitas con ketchup"). Críticos de la nueva política —ya fueran ciudadanos comunes, periodistas o gobiernos extranjeros— apoyaban a "los terroristas", según él. Cada mañana, madres y esposas se reunían afuera de las cárceles para suplicar que les dieran información de sus hijos y sus esposos e insistían en que eran inocentes. Bukele admitía que el 1% de las redadas podían dar lugar a detenciones injustas, pero no había modo de confirmar la cifra: el público tenía que fiarse de su palabra. "A medida que vayamos arrestando a más pandilleros, más personas van a protestar por esto —afirmó Bukele—. Porque siempre habrá una madre de un pandillero, un familiar, un amigo al que no le va a gustar que limpiemos ese cáncer".

Era un eco de los años de la guerra, pero los votantes salvadoreños, que adoraban al presidente y despreciaban a las pandillas, apoyaban la política por un margen abrumador. La aplicación de la ley consistía en ofensivas, sobre todo en barrios pobres, poblados de gente de la que se consideraba que tenía dudosa confiabilidad. Como me dijo un defensor de derechos humanos: "Oyes a la gente decir: 'Si se los llevaron, algo tienen que haber estado haciendo, ¿no?' " Antes del régimen de excepción, el gobierno de Bukele, como el de sus antecesores, también había tenido negociaciones secretas con líderes pandilleros en prisión. Sin embargo, cuando las pláticas fracasaron, la fuerza de su respuesta se anticipó a la crítica de que no había sabido manejar la situación. Todos los detenidos se enfrentaban a un mínimo de seis meses de cárcel, pero la mayoría más, y a menudo sin que se hubieran presentado cargos. Se levantó a grandes cantidades de gente inocente. Vecinos celosos hacían acusaciones; a panaderos que trabajaban en barrios controlados por las pandillas los encerraban porque los descubrían con pequeñas cantidades de efectivo. Docenas de personas murieron detenidas. Cuando las cárceles se llenaron, Bukele construyó otra, a la que llamó Centro de Confinamiento del Terrorismo, con capacidad para albergar a 40000 presos.

El régimen de excepción dejó de ser una excepción. Un año después seguía en vigor y la Asamblea Legislativa de El Salvador renovaba los plazos cada mes. "Durante la guerra, vivimos en un estado de excepción", me dijo el vicepresidente del país cuando lo entrevisté una mañana de abril de 2022. No había "nada de extraño" en volver a hacerlo. La periodista Julia Gavarrete empezó a llamar al régimen de excepción *la normalidad excepcional*. Salvo por un grupo pequeño, pero que se hacía oír, de defensores de derechos humanos, periodistas y figuras de la oposición, cada vez menos salvadoreños objetaban. Bukele se las había arreglado para hacer lo que ningún otro presidente pudo: al cabo de varios meses cortó los vínculos entre los líderes pandilleros en prisión y sus soldados de a pie fuera de ella. Según palabras de un medio informativo salvadoreño: "Las pandillas ya no existen de la manera en que El Salvador las ha padecido" por décadas.

Había caravanas militares en la carretera a las afueras de Usulután cuando llegué, pero en las principales calles de la ciudad no había soldados. La casa de Juan era más grande de lo que imaginé: dos pisos de estuco blanco, con ventanas en forma de arco, un tejado y, en el balcón, unas buganvilias. Adentro, un pasillo con columnatas desembocaba a un exuberante jardín interior, rodeado de recámaras y una cocina abierta. Una solitaria gallina merodeaba por ahí.

Rara vez veo las casas de la gente sobre la que escribo. A menudo están huyendo de ellas, como en el caso de Keldy; otras veces las expulsan de ellas, como le pasó a Eddie. Yo nunca podría experimentar la ciudad de Los Ángeles de la juventud de Eddie, o La Ceiba como Keldy la conoció; esos lugares ya no existen. Una sensación de pérdida permea gran parte de lo que queda. En el caso de Juan, el mundo fuera de la casa se había transformado radicalmente, pero entre sus cuatro paredes todo estaba intacto. El aire era húmedo pero frío y en los cuartos había fotografías enmarcadas de su familia, una distinción honorífica que recibió de la Asamblea Legislativa salvadoreña y pinturas de

Casa de Juan en Usulután, El Salvador, abril de 2022.

santos. Incluso había montado un pedazo de la vieja fachada de la casa, que se desplomó por el huracán *Mitch* en 1998. La fecha de su construcción —1824, cuando la familia de Juan se mudó ahí— estaba garabateada sobre la cornisa.

El único inconveniente manifiesto en la continuidad interna de la casa era que se estaba empacando. Juan finalmente iba a venderla. En menos de un mes se mudaría a una nueva casa en un cantón rural, en un distrito llamado Santa María, como a 20 minutos de ahí. Algunos de los cuartos estaban prácticamente vacíos y las cajas habían empezado a apilarse.

"No es fácil, pero es hora", me dijo. Estábamos reclinados cada uno en una hamaca, tomándonos nuestra horchata. Juan se columpiaba en la suya; yo me bamboleaba en la mía. Durante los primeros meses de la pandemia él tomaba nuestras llamadas en esas hamacas, alternando entre las de los pasillos del primer piso y las del segundo. Eran una bolsa de comodidad y seguridad. Cuando Juan era niño, cuando hacía demasiado calor en la recámara que compartía con sus tres hermanos, se salía a hurtadillas y dormía en una hamaca en el jardín. Cuando regresó a El Salvador y empezó a tratar a pacientes otra vez, abrió una pequeña clínica con el dinero de un premio que recibió de la

*Juan en su casa
de Usulután, El Salvador,
abril de 2022.*

Robert Wood Johnson Foundation. Estaba en una playa llamada El Espino. Los pacientes le decían la Clínica de las Hamacas, por su rasgo distintivo.

Hojee una vieja carpeta que la madre de Juan conservó hasta su muerte. Estaba llena de artículos de periódico sobre el trabajo de su hijo en Estados Unidos, de una variedad de medios locales, estatales y nacionales, algunos en inglés y otros en español. Los recortes se remontaban a sus primeros días en California. Había viejas fotografías suyas: guapo, de aspecto temerario, con un fino bigote y sombrero vaquero. Iba marchando, gritando, llevando pancartas, encabezando multitudes. En los pies de foto le decían a veces Juan y a veces Juan Pérez, el nombre que usó en sus tiempos de indocumentado. Los años de Washington empezaban después de un cuarto de carpeta y eran los predominantes. Se habían ido el bigote y el pelo largo, las camisetas pegadas y las botas de trabajo. Había una foto de Juan de traje gris posando con

Barack Obama; en otra, una nota de Hillary Clinton. Mientras pasaba las páginas, Juan hablaba con su tono habitual, derivando hacia sus temas predilectos. "Lo único que ha sido una constante en todos mis años de practicar la medicina —decía— es que la gente quiere hablar. Sus síntomas son solo la mitad del asunto".

Miraba hacia el jardín. Aún de pie, indemne al paso del tiempo, estaba el mango en el que Juan se escondió una noche antes de salir del país, en 1981, cuando se quedó despierto pensando adónde podía ir.

Agradecimientos

Permitir que alguien más cuente tu historia es darle un gran voto de confianza. Mi mayor y más profundo agradecimiento es para la gente que asumió ese riesgo. La lista es larga y abarca varios años. Me invitaron a entrar en sus vidas y creyeron en mí, muchas veces en momentos durísimos y sobre temas sumamente delicados. Agradezco sobre todo a Juan Romagoza, Eddie Anzora, Lucrecia Hernández Mack y Keldy Mabel Gonzales Brebe de Zúñiga. Mientras escribía, tenía en mi computadora un post-it rosa con una frase de Juan: "Una cucharita de justicia". Eso es lo que estas cuatro personas buscaron durante muchos años, cada uno de diferente manera. Para mí, esas palabras eran la encomienda de actuar con el mayor cuidado posible, de dar un poco de justicia a esas vidas de fortaleza, resiliencia y humildad. Es imposible agradecerles lo suficiente por todo lo que me han enseñado. Va mucho más allá del contenido de este libro.

Al cierre de la edición del libro recibí la noticia de que Lucrecia Hernández Mack acababa de morir. La causa era el cáncer contra el que había estado luchando desde 2020. Por tratarse de Lucrecia, yo medio esperaba que la enfermedad se rindiera antes que ella. Y por un tiempo esa eventualidad no parecía descabellada. En marzo de 2022 me dijo que el pronóstico era de algunos meses, a lo mucho. Y luego pasó un año. Sin embargo, a principios de julio de 2023 la condición de Lucrecia se había agravado. No esperaba llegar al 20 de agosto, fecha de la segunda y última vuelta de las elecciones presidenciales de Guatemala. Para asombro y alegría de todos, Semilla, el partido que Lucrecia había ayudado a crear, seguía en la carrera. Su candidato,

Bernardo Arévalo, hijo del primer presidente democráticamente elegido en la historia del país, adquiría impulso en las encuestas. Pero la salud de Lucrecia empeoraba. No había el menor rastro de autocompasión o miedo en su voz cuando me dijo que estaba ordenando sus asuntos; al contrario, la salud pública estuvo en su mente hasta el final. En un mensaje me dijo que contar su historia quizá ayudaría a desestigmatizar la enfermedad y a sensibilizar sobre el cáncer. Murió 17 días después del triunfo de Arévalo. Lucrecia consiguió verlo hasta el final. Pequeño, dada la enormidad de su pérdida, pero es un consuelo.

Doris Meissner y Cecilia Muñoz pasaron muchas horas explicándome asuntos granulares de política y políticas públicas y todo el tiempo se mostraron gentiles frente a mi terca obsesión sobre sus papeles en la historia más amplia. Scott Mechkowski fue excepcionalmente franco y mostró auténtica gentileza al hablar conmigo sabiendo que no compartíamos las mismas opiniones. Mis entrevistas maratónicas con John Fife me ayudaron a volver a entrar en la dimensión espiritual de principios de la década de 1980. Si el pasado es otro país, no podría haberme abierto camino por él sin Peggy Hutchison, Charles Kamasaki, Eileen Purcell, Alma Hamar, Carmelina Cadena, Allan Burns, Miguel Salat y Jim McGovern.

Patty Blum ayudó a hacer posible este libro. Con ayuda de Almudena Bernabeu, se aseguró de que yo pudiera entrar en comunicación con Juan y luego compartió su vasta experiencia y me dio invaluables documentos jurídicos e históricos. Matt Eisenbrandt, autor de un gran libro sobre Estados Unidos y El Salvador, fue increíblemente generoso. Un texto que Joshua Phillips escribió sobre Juan para el *Washington Post* en 2022 me dejó una huella indeleble. Cuando me puse en contacto con él, en 2016, me trató como a un viejo amigo; el resto es historia.

Muz Chishti, una de las mentes más perspicaces sobre inmigración que pueda haber, me ha explicado interminables temas a lo largo de los años. Cada plática se sentía como una revelación. Por su guía sobre diferentes facetas de las políticas y la política de inmigración debo un agradecimiento especial a David Martin, Lee Gelernt, Michelle Brané, Ann García, Andrea Flores, Amit Pandya, Andrew Selee, Alex Aleinikoff, Stephanie Leutert, Lucas Guttentag, Marshall Fitz, Adam Goodman, Frank Sharry, Jeh Johnson, Janet Murguía, Tatiana Brofft, Anya McMurray, Angela Kelley, Tonatiuh Guillén, Jennifer Nagda, Maria Woltjen, Marc Rosenblum, Sabrina Teichman, Mike Fisher y los equipos de Safe Passage Project y Se Hace Camino Nueva York. Hay varias personas que deben permanecer anónimas. Sin ellas, iría a ciegas al tratar de entender lo que pasaba en las altas esferas del gobierno, de Washington a El Salvador.

El Salvador es donde la idea de este libro empezó a cobrar forma. Tuve el honor de contar con la ayuda de Gabriel Labrador, de *El Faro,* reportero sumamente esmerado y talentoso, colega más generoso aún. Mi querida amiga Julia Gavarrete es mitad periodista, mitad maga. Generó ideas y encontró pistas que a mí nunca se me habrían ocurrido, como su sugerencia de que, al final de un largo día de cobertura en febrero de 2016, me tomara una copa con un tipo llamado Eddie Anzora. Gracias a Víctor Peña, Fred Ramos, Carlos Dada y Juan José Martínez d'Aubuisson. Tuve la suerte de que Héctor Lindo, Héctor Dada y Charlie Goff me dieran asesoramiento sobre enredadas cuestiones históricas. Carlos García es una de las mayores autoridades en todo lo relacionado con pandillas centroamericanas. Estos últimos años habría estado perdido sin él.

Una de las premisas rectoras de este libro es que todo lugar en Centroamérica es un portal: si atraviesas un umbral en San Salvador o en las Tierras Altas guatemaltecas puede ser que de pronto te encuentres en Houston, Mount Pleasant o el condado de Suffolk. Como más he aprendido de mi propio país ha sido entrando en él (y saliendo de él) por esta clase de puertas trampa. Mucha gente las ha abierto para mí: Feride Castillo, Joel Orozco, Walter Barrientos, Willy Barreno, Kate Doyle, Javier Zamora y Angelina Godoy.

En Guatemala, Sebastián Charchalac, de quien me enorgullezco de llamar amigo, fue un informante inmensamente conocedor y un guía de las Tierras Altas occidentales. Para profundidad, contexto y acceso en asuntos chicos y grandes conté con Helen Mack, Rachel Nolan, Enrique Recinos, Luis Arreaga, Richard Lee Johnson, Cindy Espina, Edwin Castellanos, Francisco Villagrán, Juan Francisco Sandoval, Álvaro Montenegro, Irma Alicia Velásquez Nimatuj, Silvia Monterroso, Yarsinio Palacios, Jean-Marie Simon, Anita Isaacs, Laura Fabiola Marroquín, Enrique Naveda, Lilian Cruz, y Danilo Enrique Villagrán. La comunidad de Paraje León —tan amable y abierta conmigo de tantas maneras— me presentó la obra de Humberto Ak'abal, un regalo perdurable.

Honduras siempre ha sido un país especialmente opaco para que un periodista extranjero intente penetrar. Cualquier avance que haya tenido en mi comprensión de él se lo atribuyo a Dana Frank, Darío Euraque, Amelia Frank-Vitale y Laura Blume.

Desde 2013, El Paso ha sido un centro focal de mi trabajo a lo largo de la frontera. Al irse aclarando ese trabajo a lo largo de los últimos años, una serie de personas fueron indispensables: Linda Corchado, Linda Rivas, Connie Gutiérrez, Molly Molloy, Patrick Timmons, Erik Hanshew e Irma Whiteley.

En la última década, la revista *The New Yorker* ha sido mi casa profesional, primero como verificador de información y después como autor. He aprendido de los mejores y considero que llamar colegas y amigos a algunos de mis favoritos entre sus escritores, periodistas, editores y empleados de planta es el mayor privilegio. Gracias a David Remnick y Michael Luo por hacer posible todo mi trabajo. Estoy especialmente agradecido con Willing Davidson y Rob Fischer, mis dos brillantes editores, a los que podría seguir agradeciendo a lo largo de otras 20 páginas si no los tuviera encima de mí diciéndome que no entre en tanto detalle. Virginia Cannon, Daniel Zalewski, Eric Lach y Peter Canby fueron decisivos en gran parte de mi trabajo. Y les debo un agradecimiento a Patrick Radden Keefe, William Finnegan, Jon Lee Anderson, Daniel Alarcón, Evan Osnos, Gerry Cadava, Carla Blumenkranz, Graciela Mochkofsky, Rozina Ali, Camila Osorio, Teresa Mathew, Micah Hauser, Anakwa Dwamena, Danielle Mackey, Stephania Taladrid y, por supuesto, a Bruce Diones.

Edward Orloff, mi agente, fue un experto conceptualizador y editor desde los primeros días de este proyecto, cuando me llevaba a la línea de salida con uno de los famosos correos electrónicos del "Querido Edward" y dando forma a la propuesta original con gran habilidad. En Penguin, mi editor, Will Heyward, fue una compañía constante e inquebrantable desde el principio. Gracias a su confianza en este proyecto, y en mí, seguí creyendo. Muchas gracias a Natalie Coleman, que expertamente condujo este libro hasta la meta, y a Ann Godoff y Scott Moyers, por hacerlo realidad. Jackson Vail e Inés Rénique verificaron la información y fueron auténticos socios fundamentales que escudriñaron el manuscrito desde todos los ángulos. Thea Traff elevó el libro enormemente con su ojo excepcional y su matizada comprensión de su contenido.

Una serie de instituciones me apoyaron para que yo pudiera hacer este trabajo. Tuve la beca Emerson en New America; allí estoy en deuda con Awista

Ayub y Sarah Baline en particular. Crearon para mí y para mi maravillosa cohorte un verdadero sentido de comunidad; en épocas en las que la fatiga de Zoom era algo real, esperaba con ilusión cada una de las sesiones que tuvimos de 2020 a 2021. En Emerson, agradezco a Patrick D'Arcy, Amy Low y Megan Dino. Tanto la Robert Silvers Foundation como el Pulitzer Center on Crisis Reporting apoyaron mi escritura y mi investigación.

Gracias también a Mark Krotov, Karla Cornejo Villavicencio, Eleanor Martin, Rachel Arons, Ruben Reyes Jr., Verónica Reyes-Escudero, Sebastián Escalón, Julie Gonzales, el verdadero David Brooks, Mauricio Lima, Adriana Zehbrauskas, Hannah Yoon, Susan Meiselas, Harry Mattison, Luz Gioia, Steven Dudley, Daniel Dale, Vicki Gass, Luis Cortes y Michelle Mittelstadt.

Un grupo medular ya fue nombrado arriba en relación con su aportación específica, pero su apoyo fue tan pleno que necesito reiterar lo agradecido que estoy con ellos: Rachel Nolan, Adam Goodman, Ann García, Rob Fischer, Andrea Flores y Patty Blum.

Este es un libro acerca del hogar y lo dedico a quienes han hecho uno para mí: mis padres, Bob y Edlyn Blitzer, que siempre me han apoyado más que nadie; mi esposa, Alexandra Schwartz, y nuestro hijo, Benjamin. Alex, eres todo para mí y también mi escritora favorita y la lectora en la que más confío. Quiero respirar el aire que respiras tú.

Nota sobre las fuentes

El material de este libro es resultado de cientos de entrevistas realizadas en inglés y en español entre 2016 y 2023. Con las cuatro figuras principales hubo tal cantidad de encuentros y pláticas que es imposible citarlas completamente en las notas. He estado en estrecha comunicación con Juan Romagoza desde mayo de 2020, con Eddie Anzora desde febrero de 2016, con Keldy Mabel Gonzales Brebe de Zúñiga desde junio de 2018 y con Lucrecia Hernández Mack desde mayo de 2019. A menos que se indique lo contrario, la información personal y biográfica sobre ellos y sus experiencias proviene de nuestras extensas conversaciones. El mismo principio se aplica a todas las otras figuras del libro. Siempre que informo sobre detalles, conversaciones y diálogos directamente de interacciones o experiencias de primera mano, no he incluido notas adicionales. En casos en los que fue posible proporcionar mayor información —sobre todo al hablar con informantes gubernamentales o expertos en el tema—, he procurado hacerlo. Mucha gente que aparece en el libro me concedió múltiples entrevistas a lo largo de varios meses, como John Fife, Doris Meissner, Scott Mechkowski y Cecilia Muñoz. Solo en contadísimas ocasiones realicé una sola entrevista con alguna persona; en casi todos los casos hubo múltiples conversaciones de seguimiento. Sin embargo, en las notas, por concisión, menciono la fecha de la primera entrevista, o de la más minuciosa.

A lo largo del libro he usado los nombres verdaderos de las personas de quienes hablo, a menos que ellas hayan solicitado expresamente un pseudónimo por protección. El capítulo 37 ("Campos de la muerte") es la única parte en la que se usan pseudónimos y en todos los casos así lo he indicado en las notas. Cuando cito documentos legales (declaraciones juradas, transcripciones, archivos gubernamentales) al hablar de figuras con pseudónimo, todo salvo sus nombres concuerda con las fuentes originales. Eso incluye fechas, títulos de memorándums del gobierno y cualquier pasaje específico citado. En el capítulo 46 ("Quédate en México") he usado los nombres de pila de la gente, pero no sus apellidos. Así lo pidieron expresamente. Otras docenas de informantes a lo largo del texto trabajaron para Estados Unidos y gobiernos extranjeros. En la mayoría de estos casos aceptaron hablar "al fondo" o "muy al fondo", es decir, podía usar el material con la condición de mantener su anonimato.

Notas

CAPÍTULO 1: EL MÉDICO DEL CORAZÓN

[25] **casa colonial, con sus padres:** Todo el material relacionado con Juan Romagoza es resultado de entrevistas extensas con el autor entre 2020 y 2023; *Juan Romagoza Arce v. José Guillermo García,* Tribunal Distrital de Estados Unidos, Distrito Sur de Florida, División Norte, transcripción del juicio, 24 de junio de 2002, 68.

[25] **a la vuelta de la iglesia:** *Arce v. García,* transcripción del juicio, 24 de junio de 2002, 69.

[25] **cuando Juan tenía 13 años:** *In the Matter of Carlos Eugenio Vides Casanova,* transcripción de las audiencias de deportación, 19 de abril de 2011, 331.

[26] **vio a su abuelo morir de un infarto:** *Arce v. García,* transcripción del juicio, 24 de junio de 2002, 70.

[26] **la madre de Juan era costurera:** *Arce v. García,* transcripción del juicio, 24 de junio de 2002, 68.

[26] **terminó durando 10:** *Arce v. García,* transcripción del juicio, 24 de junio de 2002, 71; transcripción de audiencias de deportación, 335.

[26] **cerrada meses enteros:** *Arce v. García,* transcripción del juicio, 24 de junio de 2002, 71.

[26] **como Usulután y Sonsonate:** *Arce v. García,* transcripción del juicio, 24 de junio de 2002, 71-73; transcripción de audiencias de deportación, 337.

[27] **viejo pero encantador:** El hospital quedó destruido por un terremoto tiempo después. Las descripciones provienen de fotografías de archivo, cortesía del Ministerio de Salud de El Salvador.

[27] **ayudó en la cirugía:** *Arce v. García,* transcripción del juicio, 24 de junio de 2002, 83; transcripción de audiencias de deportación, 341–346.

CAPÍTULO 2: LA VERDADERA IDENTIDAD DEL PUEBLO DE DIOS

[29] **armados con machetes y azadones:** Jeffery M. Paige, *Coffee and Power: Revolution and the Rise of Democracy in El Salvador* (Cambridge, Massachusetts: Harvard University Press, 1997), 103.

[29] **habían estado en manos públicas:** Paige, *Coffee and Power,* 106.

[29] **subastar las parcelas:** Héctor Lindo-Fuentes, *Weak Foundations: The Economy of El Salvador in the Nineteenth Century 1821-1898* (Berkeley: University of California Press, 1991), 147.

[29] **tiene por lo general mayor valor:** Paige, *Coffee and Power,* 105.

[29] **trato de esclavistas a esclavos:** Roque Dalton, Miguel Mármol. Los sucesos de 1932 en El Salvador (Editorial Universitaria Centroamericana, 1972), 245.

[30] **reunían a los prisioneros:** Michael McClintock, *The American Connection,* volumen I: *State Terror and Popular Resistance in El Salvador* (Londres: Zed Books, 1985), 112.

[30] **"miedo paranoico":** Thomas Anderson, *Matanza: El Salvador's Communist Revolt of 1932* (Lincoln: University of Nebraska Press, 1971), 158.

[30] **"nacimos medio muertos":** Roque Dalton, "Todos", en Roque Dalton, *Las historias prohibidas del Pulgarcito* (Siglo XXI, Ciudad de México, 1974).

[30] **75 personas:** Raymond Bonner, *Weakness and Deceit: America and El Salvador's Dirty War* (Nueva York: OR Books, 2016), 21.

[31] **taxonomía de uniformes:** Bonner, *Weakness and Deceit,* 45; Héctor Lindo, entrevista con el autor, 15 de junio de 2023.

[31] **"en apoyo del Estado":** McClintock, *American Connection,* volumen I, 22.

[31] **"oposición ilegal a un gobierno existente":** McClintock, *American Connection,* volumen I, 30.

[32] **Su candidato:** se trataba de José Napoleón Duarte.

[32] **una organización guerrillera:** Bonner, *Weakness and Deceit,* 137.

[33] **"asociaciones de maestros":** Bonner, *Weakness and Deceit,* 73.

[35] **amigo cercano de Romero:** Matt Eisenbrandt, *Assassination of a Saint: The Plot to Murder Óscar Romero and the Quest to Bring His Killers to Justice* (Berkeley: University of California Press, 2017), 45.

[37] **en radios de transistores:** Roberto Morozzo della Rocca, *Óscar Romero: Prophet of Hope* (Londres: Dartmon, Longman & Todd, 2015), 90.

[37] **"pueblo de Dios":** Óscar Romero, "La pobreza de las bienaventuranzas, fuerza de la verdadera liberación del pueblo", 17 de febrero de 1980. El audio completo del sermón está disponible en www.romerotrust.org.uk/homilies-and- writings/homilies/poverty-beatitudes-force-true-liberation-people.

[37] **159 en octubre:** William Stanley, *The Protection Racket State: Elite Politics, Military Extortion, and Civil War in El Salvador* (Filadelfia: Temple University Press, 1996), 166, 206.

[38] **en la nómina de la Central Intelligence Agency (CIA):** Bonner, *Weakness and Deceit,* 138.

[39] **ayuda directa a los militares:** Bonner, *Weakness and Deceit,* 137.

[40] **teólogo Reinhold Niebuhr:** Elizabeth Drew, "Human Rights", *New Yorker,* 8 de julio de 1977.

[40] **La llamaban "la Carter":** Bonner, *Weakness and Deceit,* 297.

CAPÍTULO 3: EL GENERAL Y SUS BOTAS

[42] **"solución moderada":** Raymond Bonner, *Weakness and Deceit: America and El Salvador's Dirty War* (Nueva York: OR Books, 2016), xxi.

[42] **"solución militar":** Peritaje, profesor Terry L. Karl, *In the Matter of: José Guillermo García-Merino,* en *Removal Proceedings,* Oficina Ejecutiva de Revisión de Casos de Inmigración,

2 de octubre de 2014, 33. De acuerdo con Karl, en el campo, el ejército tenía diferentes nombres para su estrategia: "guerra total", "tierra quemada" y "limpieza".

[42] **dieron por muerta:** *Juan Romagoza Arce vs. Jose Guillermo García,* Tribunal Distrital de Estados Unidos, Distrito Sur de Florida, División Norte, transcripción del juicio, 24 de junio de 2002, 78-79.

[42] **"tu futura esperanza de vida":** William Stanley, *The Protection Racket State: Elite Politics, Military Extortion, and Civil War in El Salvador* (Filadelfia: Temple University Press, 1996), 210.

[43] **900 civiles:** Bonner, *Weakness and Deceit,* 143.

[43] **"domesticar" al partido:** Stanley, *Protection Racket State,* 184.

[43] **que asumió el cargo:** Christopher Dickey, "The Nun Murders and the Presidential Transition Team", *Daily Beast,* 13 de abril de 2017.

[45] **"La mayor amenaza inmediata":** *Arce v. García,* transcripción del juicio, 24 de junio de 2002, 204.

[45] **calor sofocante:** John Quinn, "A Personal Story of Death in a Cathedral Square", *San Francisco Chronicle,* 6 de abril de 1980.

[45] **Decenas de miles:** Joseph B. Treaster, "26 Salvadorans Die at Bishop's Funeral", *New York Times,* 31 de marzo de 1980; Greg Grandin, "Remembering Those Murdered at Oscar Romero's Funeral", *The Nation,* 25 de marzo de 2015.

[45] **tanta gente adentro:** Quinn, "A Personal Story of Death in a Cathedral Square".

[45] **"Muerte a White":** Eileen Markey, *A Radical Faith: The Assassination of Sister Maura* (Nueva York: Nation Books, 2016), 243.

[46] **"Empezaremos":** Markey, *A Radical Faith,* 250.

[47] **Decidieron negociar:** William LeoGrande, *Our Own Backyard: The United States in Central America 1977-1992* (Chapel Hill: University of North Carolina Press, 1998), 59.

[47] **"rechazado explícitamente el diálogo":** Stanley, Protection Racket State, 211.

[47] **la lista a cinco sospechosos:** Tim Weiner, *Enemies: A History of the FBI* (Nueva York: Random House, 2012), 348-355.

[48] **un telegrama de la CIA:** "Involvement of Col. Oscar Edgardo (Casanova) Vejar in Murder of American Nuns", CIA.gov, 6 de agosto de 1984, www.cia.gov/readingroom/docs/DOC_0000049092.pdf.

[48] **"a hierro muere":** "Cauldron in Central America: What Keeps the Fire Burning?", *New York Times,* 7 de diciembre de 1980.

[48] **"no eran solo monjas":** "The Murder of U. S. Churchwomen That Exposed a Government Coverup", Retro Report, 10 de noviembre de 2014, transcripción, www.retroreport.org/transcript/a-search-for-justice/.

[49] **zapatos de Juan:** Transcripción del juicio, 24 de junio de 2002, 102.

[50] **amenazaron con arrojar:** *Arce v. García,* transcripción del juicio, 24 de junio de 2002, 104-105.

[50] **"mejor hotel de El Salvador":** *Arce v. García,* transcripción del juicio, 24 de junio de 2002, 111.

[50] **eran más barrocos:** *Arce v. García,* transcripción del juicio, 24 de junio de 2002, 115.

[51] **un hombre de alto rango:** *Arce v. García,* transcripción del juicio, 24 de junio de 2002, 140-145.

[51] **ojos verdes:** Ross Gelbspan, *Break-ins, Death Threats and the FBI: The Covert War against the Central America Movement* (Boston: South End Press, 1991), 48.

[51] **"gobernado a este país":** Testimonio de Terry Karl, 20 de abril de 2002, *Arce v. García,* 510-513.

52 **saber de su familia:** In the Matter of Carlos Eugenio Vides Casanova, transcripción de las audiencias de deportación, 19 de abril de 2011, 376.

53 **Unos gusanos salieron:** *Arce v. García,* transcripción del juicio, 24 de junio de 2002, 142.

53 **unos cuantos ataúdes:** *In the Matter of Carlos Eugenio Vides Casanova,* transcripción de las audiencias de deportación, 19 de abril de 2011, 383.

CAPÍTULO 4: VIETNAM EN ESPAÑOL

54 **conducta era "desleal":** "Cowan Is Fired as Chief of Manzo Council", *Arizona Daily Star,* 11 de abril de 1976.

54 **Le daban 30 días:** Julie Gonzales, "From the Barrios to the Border" (doble tesis de licenciatura para los departamentos de Historia y Raza, Etnicidad y Migración, Universidad Yale, 4 de abril de 2005), 21.

54 **en estado de pánico:** Lupe Castillo, entrevista con el autor, 6 de octubre de 2020.

54 **cajas de documentos:** Judy Donovan, "Telephone Calls from Worried Clients Flood Manzo Council", *Arizona Daily Star,* 13 de abril de 1976; John Rawlinson, "Manzo Council Could Be Shut in Alien Dispute", *Arizona Daily Star,* 13 de abril de 1976.

54 **800 expedientes de clientes:** Donovan, "Telephone Calls from Worried Clients Flood Manzo Council"; Gonzales, "From the Barrios to the Border", 22.

54 **barrían papeles sueltos:** Castillo, entrevista, 6 de octubre de 2020.

55 **presidencia de Gerald Ford:** Gonzales, "From the Barrios to the Border", 10-13.

55 **organizó una retirada:** Lupe Castillo, entrevista con el autor, 15 de junio de 2020, 6 de octubre de 2020; Margo Cowan, entrevista con el autor, 8 de octubre de 2020, 12 de octubre de 2020.

56 **"ni quiénes son ni dónde están":** John Crewdson, *The Tarnished Door: The New Immigrants and the Transformation of America* (Nueva York: Crown, 1983), 14.

56 **40 dólares al mes:** Crewdson, *Tarnished Door,* 7.

56 **"persona de ascendencia mexicana":** *Estados Unidos vs. Brignoni-Ponce,* 422 U. S. 873 (1975).

56 **"invasión silenciosa de inmigrantes ilegales":** Douglas S. Massey y Karen A. Pren, "Unintended Consequences of U. S. Immigration Policy: Explaining the Post-1965 Surge from Latin America", *Population and Development Review* 38, núm. 1 (2012), 1-29.

57 **"una mayor amenaza":** Crewdson, *Tarnished Door,* 17.

57 **25 solicitudes:** Gonzales, "From the Barrios to the Border", 26.

57 **tan solo una semana para concluir:** Judy Donovan, "Agents Using Manzo's Files against Aliens", *Arizona Daily Star,* 27 de agosto de 1976; Donovan, "Telephone Calls from Worried Clients Flood Manzo Council".

57 **deportado a 50 personas:** Donovan, "Agents Using Manzo's Files against Aliens".

58 **"De Cesar aprendí sobre no violencia":** Ben MacNitt, "Margo Cowan, the Advocate", *Tucson Citizen,* 11 de enero de 1978.

58 **Manzo trataba de convencer:** Cowan and Castillo, entrevistas.

58 **"Era inevitable":** MacNitt, "Margo Cowan, the Advocate".

59 **una certificación formal:** Ann Crittenden, *Sanctuary: A Story of American Conscience and the Law in Collision* (Nueva York: Grove, 1988), 27.

59 **1200 dólares por persona:** Miriam Davidson, *Convictions of the Heart: Jim Corbett and the Sanctuary Movement* (Tucson: University of Arizona Press, 1988), 7.

61 **"algo malo":** Crittenden, *Sanctuary,* 4.

61 **principal informante:** Castillo, entrevista, 6 de octubre de 2020.

[61] **encaramada en una pequeña montaña:** Castillo and Cowan, entrevistas.

[61] **Quiñones les ofrecía alimento:** Crittenden, *Sanctuary,* 133-137; Davidson, *Convictions of the Heart,* 38-39.

[61] **"Muy bien, ya se fueron":** Castillo, entrevista, 6 de octubre de 2020.

[61] **encontrar papeles mexicanos:** Castillo, entrevista, 6 de octubre de 2020.

[61] **Padecía una enfermedad cardiaca:** Castillo, entrevista, 15 de junio de 2020.

[62] **un puesto de la cerveza de raíz A&W:** Cowan, entrevista, 8 de octubre de 2020.

[62] **no había papeleo en la oficina:** Ron Colson, entrevista con el autor, 10 de septiembre de 2020; Mike Fischer, entrevista con el autor, 4 de septiembre de 2020.

[62] **improvisada cadena de montaje:** Colson and Fischer, entrevistas.

CAPÍTULO 5: ALGO INMIGRANTE Y HAMBRIENTO

[64] **un millón de refugiados:** Gary MacEoin y Nivita Riley, *No Promised Land: American Refugee Policies and the Rule of Law* (Boston: Oxfam America, 1982), 14.

[64] **38 000 húngaros:** "White House Statement on the Termination of the Emergency Program for Hungarian Refugees", 28 de diciembre de 1957, The American Presidency Project, www.presidency.ucsb.edu/documents/white-house-statement-the-termination-the-emergency-program-for-hungarian-refugees.

[64] **240 000 cubanos:** Jorge Duany, "Cuban Migration: A Postrevolution Exodus Ebbs and Flows", Migration Policy Institute, 6 de julio de 2017.

[64] **1500 ugandeses:** Deborah Anker y Michael Posner, "The Forty Year Crisis: A Legislative History of the Refugee Act of 1980", *San Diego Law Review* 19, núm. 1 (1981).

[64] **cerca de 80 000:** Mark Tolts, "A Half-Century of Jewish Emigration from the Former Soviet Union: Demographic Aspects" (ponencia presentada en el seminario sobre judaísmo ruso y eurasiático, Centro Davis Center de Estudios Rusos y Eurasiáticos, Universidad Harvard, 20 de noviembre de 2019).

[64] **130 000 refugiados vietnamitas y camboyanos:** *Evacuation and Temporary Care Afforded Indochinese Refugees: Operation New Life,* informe al Congreso del contralor general de Estados Unidos, Oficina de Responsabilidad del Gobierno, 1° de junio de 1976, www.gao.gov/assets/id-76-63.pdf.

[64] **aprobar una "ley de ajuste":** Dave Martin, entrevista con el autor, 14 de mayo de 2020.

[65] **Varias de esas leyes vinieron a continuación:** Doris Meissner, entrevista con el autor, 14 de mayo de 2020. Se mantuvieron tres entrevistas extensas con Doris Meissner: el 27 de noviembre de 2019, el 13 de enero de 2020 y el 14 de mayo de 2020.

[65] **90 000 refugiados:** El promedio se basa en las admisiones totales de 1975 a 1980. La información fue proporcionada por la Oficina de Población, Refugiados y Migración del Departamento de Estado de Estados Unidos, Refugee Case Management System, www.wrapsnet.org/archives/.

[65] **indudable avance:** Philip Schrag, *A Well-Founded Fear: The Congressional Battle to Save Political Asylum in America* (Oxford: Routledge, 2000), 26-29.

[65] **"no tanto en la ideología":** Anker y Posner, "The Forty Year Crisis".

[66] **dirigiendo una campaña política:** Martin Tolchin, "Woman in the News; Immigration Expert Who Takes Broad Approach – Doris Marie Meissner", *New York Times,* 20 de junio de 1993.

[67] **llenarse en un solo año:** Meissner, entrevistas.

[67] **"todos los barcos de Florida del Sur":** John Crewdson, *The Tarnished Door: The New Immigrants and the Transformation of America* (Nueva York: Crown, 1983), 51.

[67] **desde pequeños dinguis hasta yates:** Crewdson, *Tarnished Door*, 52.

[67] **llegó a Cayo Hueso:** Meissner, entrevistas.

[68] **estadio Orange Bowl:** Crewdson, *Tarnished Door*, 67.

[68] **miraron asombrados:** Meissner, entrevista, 14 de mayo de 2020.

[68] **paradoja normativa:** Meissner, entrevistas.

[68] **tenían antecedentes penales:** Crewdson, *Tarnished Door*, 70.

[69] **escaparon por la carretera:** "Last Cubans to Leave Fort Chaffee", *United Press International*, 3 de febrero de 1982; Jana K. Lipman, "A Refugee Camp in America: Fort Chaffee and Vietnamese and Cuban Refugees, 1975-1982", *Journal of American Ethnic History* 33, núm. 2 (2014), 57-87; William LeoGrande, "From Havana to Miami: U. S. Cuba Policy as a Two-Level Game", *Journal of Interamerican Studies and World Affairs* 40, núm. 1 (1998), 67-86.

[69] **"esos refugiados no son sino matones":** Steve Brewer, "First Transferees to Arrive at Fort Chaffee", Associated Press, 25 de septiembre de 1980.

[69] **no "plantarles cara":** "Last Cubans to Leave Fort Chaffee".

[69] **"inmigrantes indeseables":** Emma Kaufman, "Segregated by Citizenship", *Harvard Law Review* 132, núm. 5 (2019), https://harvardlawreview.org/print/vol-132/segregation-by-citizenship/; "Cuban Refugee Crime Troubles Police across U. S.", *New York Times*, 31 de marzo de 1985.

[69] **"algo muy salvaje":** Lawrence Grobel, "Reflections on Scarface", *Empire*, 9 de mayo de 2011, www.empireonline.com/movies/features/reflections-scarface/.

[69] **"Recuerda Fort Chaffee":** LeoGrande, "From Havana to Miami".

CAPÍTULO 6: COYOTES *PRO BONO*

[70] **el 85 %:** Kristina K. Shull, "Nobody Wants These People: Reagan's Immigration Crisis and America's First Private Prisons" (tesis de doctorado, Universidad de California en Irvine, 2014), 81.

[70] **200 literas:** Informe de El Centro al senador Dennis DeConcini, 29 de octubre de 1981, citado en Shull, "Nobody Wants These People", 81.

[70] **ritmo de 50 por hora:** Shull, "Nobody Wants These People", 79.

[71] **hablar con tanto barullo:** Margo Cowan, entrevista con el autor, 10 de octubre de 2020.

[71] **se tomaban dos horas:** Ann Crittenden, *Sanctuary: A Story of American Conscience and the Law in Collision* (Nueva York: Grove, 1988), 45.

[71] **"busca pleito contigo":** Margo Cowan, entrevista con el autor, 12 de octubre de 2020.

[71] **"para pararlo todo":** Cowan, entrevista, 12 de octubre de 2020.

[71] *Basta con la migra:* Cowan, entrevista, 12 de octubre de 2020.

[71] **Golden West:** Crittenden, *Sanctuary*, 44.

[71] **60 voluntarios se rotaban:** Crittenden, *Sanctuary*, 46.

[72] **evitar la deportación:** Lupe Castillo, entrevista con el autor, 15 de junio de 2020.

[72] **firmara un G–28:** Castillo, entrevista.

[72] **nombres de futuros clientes:** Crittenden, *Sanctuary*, 45.

[73] **más de 10 000:** Crittenden, *Sanctuary*, 55.

[73] **"autoridades de El Salvador":** Gary MacEoin y Nivita Riley, *No Promised Land: American Refugee Policies and the Rule of Law* (Boston: Oxfam America, 1982), 75-76.

[73] **"el asilo para ganar":** Cowan y Castillo, entrevistas.

[74] **no concordaba con las historias:** Cowan y Castillo, entrevistas.

[74] **"Tras examinar cuidadosamente":** MacEoin y Riley, *No Promised Land*, 86.

[74] **"Básicamente todo el mundo":** Susan Bibler Coutin, "Falling Outside: Excavating the History of Central American Asylum Seekers", *Law & Social Inquiry* 36, núm. 3 (2011), 569-596.

[74] **"imprimimos estos formularios":** Margo Cowan, entrevista con el autor, 8 de octubre de 2020.

[75] **"sacar a la gente":** Cowan, entrevista, 8 de octubre de 2020.

[75] **150 solicitantes de asilo:** Crittenden, *Sanctuary,* 46-47.

[75] **"vestido de clérigo":** Crittenden, *Sanctuary,* 5.

[75] **principios de la teología de la liberación:** John Fife, entrevista con el autor, 24 de marzo de 2020. Se mantuvieron tres entrevistas extensas con Fife: el 24 de marzo de 2020, el 10 de abril de 2020 y el 21 de enero de 2021.

[76] **la misma preparatoria que el hijo de Fife:** Crittenden, *Sanctuary,* 53.

[76] **"contamos con asilo político":** Fife, entrevistas.

[76] **Johnston los liberaría:** Fife, entrevistas.

[76] **departamento ubicado atrás de la iglesia:** Miriam Davidson, *Convictions of the Heart: Jim Corbett and the Sanctuary Movement* (Tucson: University of Arizona Press, 1988), 57-58.

[76] **Castillo le enseñó:** Castillo, entrevista, 6 de octubre de 2020.

[76] **el padre Jaime:** Davidson, *Convictions of the Heart,* 40.

[77] **todas las estaban rechazando:** Fife, entrevistas.

[77] **3 000 dólares:** Crittenden, *Sanctuary,* 53.

[77] **De acuerdo con Johnston:** Davidson, *Convictions of the Heart,* 46.

[77] **operación de coyotaje *pro bono:*** Fife, entrevistas; Crittenden, *Sanctuary,* 54.

[77] **en octubre aceptó la idea:** Fife, entrevistas.

[77] **Veintiún salvadoreños:** Crittenden, Sanctuary, 55.

[78] **"No creo":** Fife, entrevistas.

[78] **"que eso pase en nuestra frontera":** Fife, entrevistas.

CAPÍTULO 7: NO PODEMOS PARAR, PERO ¿QUÉ ALTERNATIVA TENEMOS?

[79] **"cuello de botella estratégico":** William LeoGrande, *Our Own Backyard: The United States in Central America, 1977-1992* (Chapel Hill: University of North Carolina Press, 1998), 74, 80.

[80] **se acogió a disposiciones de emergencia:** LeoGrande, *Our Own Backyard,* 70; Raymond Bonner, *Weakness and Deceit: America and El Salvador's Dirty War* (Nueva York: OR Books, 2016), 197; Michael McClintock, *The American Connection,* volumen I: *State Terror and Popular Resistance in El Salvador* (Londres: Zed Books, 1985), 288.

[80] **las filas del ejército no se escindieron:** LeoGrande, Our Own Backyard, 69.

[80] **Cortaron cables de alta tensión:** LeoGrande, *Our Own Backyard,* 134.

[80] **"sentado en los cuarteles":** LeoGrande, *Our Own Backyard,* 135.

[81] **"esa maldita isla":** William LeoGrande y Peter Kornbluh, *Back Channel to Cuba: The Hidden History of Negotiations between Washington and Havana* (Chapel Hill: University of North Carolina Press, 2015), 225-267.

[81] **"secar el océano":** McClintock, American Connection, volumen I, 307.

[81] **"más resistentes que los labios de un lagarto":** Bonner, *Weakness and Deceit,* 285; McClintock, *American Connection,* volumen I, 307.

[81] **aniquilaron a varios poblados,** Unfinished Sentences, *God Alone Was with Us: The Massacre of Santa Cruz,* video, 18:33 (Seattle: Universidad de Washington, Centro de Derechos Humanos, 2015). Diarios personales de Philippe Bourgois (en ese entonces era

un estudiante de posgrado que hacía trabajo de campo y llegó al poblado de Peña Blanca días antes de la masacre; huyó con los habitantes).

[82] **había asignado al menos a 10:** Mark Danner, The Massacre at El Mozote (Nueva York: Vintage, 1994), 119.

[82] **mañana del 8 de diciembre:** McClintock, *American Connection,* volumen I, 308.

[82] **"un as de la estrategia":** Danner, *Massacre at El Mozote,* 39.

[82] **978 muertos:** Nelson Rauda Zablah, "El Estado hace oficial el número de víctimas en El Mozote: 978 ejecutados, 553 niños", *El Faro,* 4 de diciembre de 2017.

[83] **no se habían tomado la molestia de enterrar:** Danner, *Massacre at El Mozote,* 101.

[83] **"esfuerzo concertado y significativo":** Danner, *Massacre at El Mozote,* 102.

[83] **"No es posible probar":** Danner, *Massacre at El Mozote,* 110.

[84] **"no existían pruebas" de una masacre:** Danner, *Massacre at El Mozote,* 127.

[84] **le ordenó a Bonner regresar:** Danner, *Massacre at El Mozote,* 137.

[84] **Patricia Derian:** Elizabeth Drew, "Human Rights", *New Yorker,* 18 de julio de 1977.

[85] **José Rosales:** Center for National Security Studies, *Salvadorans in the United States: The Case for Extended Voluntary Departure* (Nueva York: American Civil Liberties Union, 1984). Este informe incluye íntegra la declaración jurada de José Rosales.

[87] **la urgencia de la misión:** John Fife, entrevistas con el autor, 24 de marzo de 2020, 10 de abril de 2020 y 21 de enero de 2021.

[87] **"era fácil engañar a los agentes":** Margo Cowan, entrevista con el autor, 12 de octubre de 2020.

[87] **camioneta *pickup* Chevy LUV blanca:** Ann Crittenden, *Sanctuary: A Story of American Conscience and the Law in Collision* (Nueva York: Grove, 1988), 57.

[87] **"lo que estaban haciendo":** Miriam Davidson, *Convictions of the Heart: Jim Corbett and the Sanctuary Movement* (Tucson: University of Arizona Press, 1988), 65.

[87] **"No podemos parar":** Fife, entrevistas.

[88] **detenciones en iglesias, escuelas u hospitales:** Fife, entrevistas.

[88] **"la iglesia es un santuario":** Davidson, *Convictions of the Heart,* 67.

[88] **la iglesia como plataforma pública:** Fife, entrevistas.

[89] **"es una gran idea":** Fife, entrevistas.

[89] **la proposición fue aprobada:** Davidson, *Convictions of the Heart,* 67.

[89] **"contraviniendo la Ley de Refugiados de 1980":** Crittenden, *Sanctuary,* 74.

[90] **El *Tucson Citizen:*** Crittenden, *Sanctuary,* 72; Davidson, *Convictions of the Heart,* 69.

CAPÍTULO 9: LA SOLUCIÓN GUATEMALTECA

[96] **"un gobierno invisible":** Stephen Schlesinger y Stephen Kinzer, *Bitter Fruit: The Story of the American Coup in Guatemala* (Cambridge, Massachusetts: Harvard University Press, 2005), 80-81.

[96] **Árbenz era un simpatizante del comunismo:** Árbenz, que idolatraba a Franklin Delano Roosevelt, aprobó una reforma agraria para convertir tierras privadas ociosas en parcelas más pequeñas para campesinos. El objetivo era encarar las desigualdades galopantes del país y su sistema de trabajo feudal, pero los estadounidenses tomaron eso como un punto en su contra. Como escribe el historiador Nick Cullather, "al obtener su objetivo a corto plazo" de acabar con Árbenz, la CIA "frustró el objetivo a largo plazo de producir una Guatemala estable y no comunista". Nick Cullather, *Secret History: The CIA's Classified Account of Its Operations in Guatemala, 1952-1954* (Redwood City: Stanford University Press, 1999), 116-117.

[96] **4 000 miembros**: Schlesinger y Kinzer, *Bitter Fruit,* 59.

[97] **"una zona prototipo"**: Cullather, *Secret History,* 35.

[97] **"empaquetado en Bloomingdale's"**: Schlesinger y Kinzer, *Bitter Fruit,* 123.

[97] **"grave presunción de peligrosidad"**: Michael McClintock, *The American Connection,* volumen II: *State Terror and Popular Resistance in Guatemala* (Londres: Zed Books, 1985), 33.

[98] **informe de espionaje estadounidense:** Greg Grandin, Deborah T. Levenson, y Elizabeth Oglesby (coords.), *The Guatemala Reader: History, Culture, Politics* (Durham, Carolina del Norte: Duke University Press, 2011), 256-258.

[98] **"uso exitoso del terror"**: Virginia Garrard-Burnett, *Terror in the Land of the Holy Spirit: Guatemala under General Efraín Ríos Montt, 1982-1983* (Oxford y Nueva York: Oxford University Press, 2010), 31.

[98] **soberanía del país:** McClintock, *American Connection,* volumen II, 50.

[98] **bases estadounidenses en Panamá:** Susanne Jonas, *The Battle for Guatemala: Rebels, Death Squads, and U. S. Power* (Boulder, Colorado: Westview Press, 1991), 70.

[99] **juntaban las jeringas:** Adam Diamant, "Pavon Was a Riot Waiting to Happen", *Christian Science Monitor,* 3 de abril de 1989.

[99] **"solución guatemalteca":** *Juan Romagoza Arce vs. Jose Guillermo García,* Tribunal Distrital de Estados Unidos, Distrito Sur de Florida, División Norte, testimonio de Terry Karl, 20 de abril de 2002, 549.

[100] **funcionaban intermitentemente:** Garrard-Burnett, *Terror in the Land of the Holy Spirit,* 44.

[100] **solo cadáveres políticos:** Jean- Marie Simon, *Guatemala: Eternal Spring, Eternal Tyranny* (Nueva York: W. W. Norton & Company, 1987), 72.

[100] **tres guerrilleros entraron:** Francisco Goldman, "The Girls of Guatemala", *Esquire,* marzo de 1981.

[101] **60%:** Jonas, *Battle for Guatemala,* 105.

[101] **mataron a varias docenas de personas:** Garrard- Burnett, *Terror in the Land of the Holy Spirit,* 46.

[102] **Murieron casi todos los que estaban adentro:** Garrard- Burnett, *Terror in the Land of the Holy Spirit,* 47; Jonas, *Battle for Guatemala,* 128-129; McClintock, *American Connection,* volumen II, 140.

[102] **camionetas Jeep Cherokee:** Simon, *Guatemala,* 71.

CAPÍTULO 10: EL OBISPO ROJO

[107] **le arrojaron pintura:** Jennifer Scheper Hughes, *Biography of a Mexican Crucifix: Lived Religion and Local Faith from the Conquest to the Present* (Oxford y Nueva York: Oxford University Press, 2010), 152.

[108] **canciones de Latinoamérica:** Charlie Goff, "Second Vatican Council", *The News,* 13 de noviembre de 2012.

[108] **"verdadero peregrinaje":** Gabriela Videla, *Sergio Méndez Arceo: un señor obispo* (Sucre, Chuquisaca: Correo del Sur, 1981), 52; Hughes, *Biography of a Mexican Crucifix,* 131-170.

[108] **"infraestructura guerrillera":** Susanne Jonas, *The Battle for Guatemala: Rebels, Death Squads, and U. S. Power* (Boulder, Colorado: Westview Press, 1991), 164.

[109] **obispo de Chiapas:** Renny Golden y Michael McConnell, *Sanctuary: The New Underground Railroad* (Ossining, Nueva York: Orbis Books, 1986), 120.

[111] **"la situación":** Virginia Garrard-Burnett, *Terror in the Land of the Holy Spirit: Guatemala under General Efraín Ríos Montt, 1982-1983* (Oxford y Nueva York: Oxford University Press, 2010), xii.

[112] **los mayas q'anjob'ales:** Comisión para el Esclarecimiento Histórico, *Guatemala: memoria del silencio* (Ciudad de Guatemala, Oficina de Servicios para Proyectos de las Naciones Unidas, 1999).

[112] **ceguera y locura:** Garrard-Burnett, *Terror in the Land of the Holy Spirit,* 86.

[112] **"Las grandes masas indias":** Greg Grandin, Deborah T. Levenson y Elizabeth Oglesby (coords.), *The Guatemala Reader: History, Culture, Politics* (Durham, Carolina del Norte: Duke University Press, 2011), 389.

[112] **cambios en el régimen pluvial:** Jonas, *Battle for Guatemala,* 149.

[113] **"matanza total":** Garrard-Burnett, *Terror in the Land of the Holy Spirit,* 87.

[113] **"mudarse a aldeas":** Kate Doyle (coord.), "The Final Battle: Ríos Montt's Counterinsurgency Campaign", National Security Archive, 9 de mayo de 2013, 8, https://nsarchive2.gwu.edu/NSAEBB/NSAEBB425/.

[113] **"matar a un hermano":** Garrard-Burnett, *Terror in the Land of the Holy Spirit,* 8.

CAPÍTULO 12: TRAFICANTES CON ESCRÚPULOS

[119] **Peggy Hutchison jalaba:** Peggy Hutchison, entrevista con el autor, 13 de septiembre de 2020.

[120] **sensores de movimiento:** Timothy Dunn, *The Militarization of the U. S.-Mexico Border,* 1978-1992 (Austin: CMass Books, 1996), 216.

[121] **"proceso de discernimiento":** Catholic Social Service, San Francisco, "Sanctuary: The Discerning Process for a Faith Community"; entrevista con Eileen Purcell.

[122] **150 congregaciones:** Marshall Ingwerson, "More U. S. Churches Join Effort to Harbor Central Americans", *Christian Science Monitor,* 25 de julio de 1984; Peter Applebome, "Sanctuary Movement: New Hopes after Trial", *New York Times,* 6 de mayo de 1986.

[123] *60 Minutes:* Hilary Cunningham, *God and Caesar at the Rio Grande: Sanctuary and the Politics of Religion* (Mineápolis: University of Minnesota Press, 1995), 36.

[123] **"unidad antitráfico de Phoenix":** Ann Crittenden, *Sanctuary: A Story of American Conscience and the Law in Collision* (Nueva York: Grove, 1988), 104.

[123] **"sonaba día y noche":** Robert Tomsho, *The American Sanctuary Movement* (Austin: Texas Monthly Press, 1987), 86.

[124] **30 000 ejemplares:** Crittenden, *Sanctuary,* 90.

[124] **politizar el trabajo:** John Fife, entrevistas con el autor, 24 de marzo de 2020, 10 de abril de 2020 y 21 de enero de 2021.

[124] **"revelar y nombrar":** Simon Behrman, *Law and Asylum: Space, Subject, Resistance* (Oxford: Routledge, 2018), 142.

[124] **"análisis adecuado del conflicto":** Fife, entrevistas.

[125] **un grupo de hombres nicaragüenses:** Hutchison, entrevista.

[126] **migrantes de "bajo riesgo":** Miriam Davidson, *Convictions of the Heart: Jim Corbett and the Sanctuary Movement* (Tucson: University of Arizona Press, 1988), 82.

[126] **con un block y una pluma:** Hutchison, entrevista.

CAPÍTULO 13: HERMANASTRA DEL GOBIERNO

[127] **"un problema sin salida":** Thomas Maddux, "Ronald Reagan and the Task Force on Immigration, 1981", *Pacific Historical Review* 74, núm. 2 (2005), 195-236.

[127] **podía ser "más perjudicial":** Daniel J. Tichenor, *Dividing Lines: The Politics of Immigration Control in America* (Princeton, Nueva Jersey: Princeton University Press, 2001), 376-377.

[127] **departamento de policía de Filadelfia:** Maddux, "Ronald Reagan and the Task Force", 209.

[127] **"nada podría mantener fuera a los ilegales":** Maddux, "Ronald Reagan and the Task Force", 222.

[127] **un granjero de California, con buenos contactos:** Maddux, "Ronald Reagan and the Task Force", 218.

[128] **"un modelo de empleo":** Tichenor, Dividing Lines, 376.

[128] **"Santo Dios":** Maddux, "Ronald Reagan and the Task Force", 224.

[128] **no llegó a la Cámara:** Charles Kamasaki, *Immigration Reform: The Corpse That Will Not Die* (Simsbury, Connecticut: Mandel Vilar Press, 2019), 3.

[129] **"contribución permanente al debate":** Kamasaki, *Immigration Reform*, 61-62.

[129] **"cerrar la puerta trasera":** Kamasaki, *Immigration Reform*, 62.

[129] **por la isla Ellis:** Kamasaki, *Immigration Reform*, 118.

[131] **"mi propio futuro político":** Maddux, "Ronald Reagan and the Task Force", 214.

[131] **25 000 más:** Adam B. Cox y Cristina M. Rodríguez, *The President and Immigration Law* (Nueva York: Oxford University Press, 2020), 57.

[131] **"triplicado la población negra":** Maddux, "Ronald Reagan and the Task Force", 214-215.

[131] **"súbitas afluencias de extranjeros":** *Jean v. Nelson,* 711 F.2d 1455 (11th Cir., 1983).

[131] **"tienen que ser detenidos":** Jenna M. Loyd y Alison Mountz, *Boats, Borders, and Bases: Race, the Cold War, and the Rise of Migration Detention in the United States* (Berkeley: University of California Press, 2018), 61.

[131] **era todo lo contrario:** *Jean v. Nelson,* 11.

[131] **política de detención masiva:** César Cuauhtémoc García Hernández, *Migrating to Prison: America's Obsession with Locking Up Immigrants* (Nueva York: New Press, 2019), 46-47.

[132] **"trabajando ahora codo con codo":** *Jean v. Nelson.*

[132] **"buena y sensata política inmigratoria":** Robert Pear, "Smith Urges Miami Businessmen as Head of Immigration Service", *New York Times,* 13 de junio de 1981; Robert Pear, "Immigration Post Loses Its Nominee", *New York Times,* 13 de noviembre de 1981.

[132] **Alan Nelson:** "Reagan to Choose Californian to Run Immigration Services", *New York Times,* 18 de noviembre de 1981.

[133] **"Ha llegado la hora de la verdad":** Gary MacEoin y Nivita Riley, *No Promised Land: American Refugee Policies and the Rule of Law* (Boston: Oxfam America, 1982).

[133] **duraba 20 minutos:** MacEoin and Riley, *No Promised Land,* 16-17.

[133] **"no pude llegar":** MacEoin y Riley, No Promised Land.

[133] **"empeñado en deportarlos":** MacEoin y Riley, *No Promised Land,* 20.

[133] **33 distritos:** Oficina General de Contabilidad de Estados Unidos., Servicio de Inmigración y Naturalización: Overview of Management and Program Challenges; testimonio ante la Comisión Judicial de la Cámara de Representantes, Subcomisión sobre Inmigración y Derechos, Cámara de Representantes (Washington, D. C., 29 de julio de 1999) (declaración de Richard M. Stana, director adjunto, Administración de Asuntos de Justicia, División de Gobierno General).

[134] **Los directores de distrito:** Doris Meissner, entrevistas con el autor el 27 de noviembre de 2019, el 13 de enero de 2020 y el 14 de mayo de 2020.

[134] **llegaba en papel membretado del INS:** Oficina de Responsabilidad del Gobierno de Estados Unidos, *Asylum: Uniform Application of Standards Uncertain – Few Denied Applicants Deported* (Washington, D. C., 1987), 9-10.

[134] **cruzaba el país:** Doris Meissner, entrevistas.

[135] **que lo desapareciera para siempre:** Ann Crittenden, *Sanctuary: A Story of American Conscience and the Law in Collision* (Nueva York: Grove, 1988), 61.

CAPÍTULO 14: HABLA EL MÉDICO DEL CORAZÓN

[138] **"Recomiendo enérgicamente":** Miriam Davidson, *Convictions of the Heart: Jim Corbett and the Sanctuary Movement* (Tucson: University Arizona Press, 1988), 111.

[138] **archivar recortes de prensa:** Davidson, *Convictions of the Heart,* 111.

[138] **"a llevarlos a juicio":** Davidson, *Convictions of the Heart,* 158.

[139] **Wienerschnitzel International:** Ann Crittenden, *Sanctuary: A Story of American Conscience and the Law in Collision* (Nueva York: Grove, 1988), 114.

[139] **"se sigue expandiendo":** Robert Lindsey, "Aid to Aliens Said to Spur Illegal Immigration", *New York Times,* 23 de diciembre de 1985.

[139] **200 dólares:** Crittenden, *Sanctuary,* 110.

[139] **"Sencillamente no encaja":** Davidson, *Convictions of the Heart,* 88.

[140] **"transportar extranjeros ilegales":** Wayne King, "Two Go on Trial in Houston for Illegally Helping Aliens", *New York Times,* 19 de febrero de 1985; Teresa Godwin Phelps, "No Place to Go, No Story to Tell: The Missing Narratives of the Sanctuary Movement", *Washington and Lee Law Review* 123 (1991), 131.

[140] **Jack Elder:** King, "Two Go on Trial in Houston"; Phelps, "No Place to Go".

[140] **Phil Conger:** Crittenden, *Sanctuary,* 98.

[141] **se multiplicó por 10:** Mary Helen Johnson, "National Policies and the Rise of Transnational Gangs", Migration Policy Institute, 1° de abril de 2006.

[141] **"corazón mismo del hemisferio occidental":** William LeoGrande, Our Own Backyard: The United States in Central America, 1977-1992 (Chapel Hill: University of North Carolina Press, 1998), 201.

[141] **más de un millón de salvadoreños desplazados:** Susan Bibler Coutin, "Falling Outside: Excavating the History of Central American Asylum Seekers", Law & Social Inquiry 36, núm. 3 (2011), 569-596.

CAPÍTULO 15: UN PARQUE LLAMADO DOLORES

[145] **alojar a refugiados chilenos:** Eileen Purcell, entrevista con el autor, 18 de noviembre de 2020.

[146] **"culpar de todo a los izquierdistas":** Dennis J. Opatrny, "Archbishop Returns from San Salvador", *San Francisco Examiner,* 1° de abril de 1980.

[146] **"hombres, mujeres y niños":** Fahizah Alim, "Prelate Says U. S. Returning Refugees to Near-Certain Death in El Salvador", *Sacramento Bee,* 22 de de enero de 1982.

[147] **2 300 estadounidenses:** Tim Weiner, *Enemies: A History of the* FBI (Nueva York: Random House, 2012), 349-350.

[147] **200 casos reportados:** Ross Gelbspan, *Break-ins, Death Threats and the* FBI: *The Covert War Against the Central America Movement* (Boston: South End Press, 1991), 1.

[148] **grupos de "apoyo terrorista" internacionales:** Congreso de Estados Unidos, Senado, FBI y Cispes, *Report of the Select Committee on Intelligence, United States Senate, Together with Additional Views,* Congreso 101, primera sesión, julio de 1989 (Washington, D. C.: U. S. Government Printing Office, 1989), www.intelligence.senate.gov/sites/default/files/publications/10146.pdf; Weiner, Enemies, 352-353; Gelbspan, *Break-ins, Death Threats and the* FBI, 42.

[148] **quería oír:** José Artiga, entrevista con el autor, 2 de diciembre de 2020.

[149] **Había aparecido por primera vez:** Allan Young, The Harmony of Illusions: *Inventing Post-Traumatic Stress Disorder* (Princeton, Nueva Jersey: Princeton University Press, 1995), 111-113.

[150] **las abarrotadas calles se abrían:** José Allen, entrevista con el autor, 29 de mayo de 2020.

[150] **estrategia "de dos canales":** William LeoGrande, *Our Own Backyard: The United States in Central America, 1977-1992* (Chapel Hill: University of North Carolina Press, 1998), 221.

[150] **luchas intestinas del gobierno:** LeoGrande, Our Own Backyard, 220.

[152] **42 000:** Charles Briscoe, "Special Forces History, San Miguel: The Attack on El Bosque", *Veritas* 3, núm. 3 (2007).

[152] **"La única manera de salvar la situación":** LeoGrande, *Our Own Backyard,* 226.

[152] **más de 300:** Karen DeYoung, "Salvadoran Land Reform Imperiled, Report Says", *Washington Post,* 25 de enero de 1982.

[153] **"ningún poder, ninguna autoridad":** LeoGrande, *Our Own Backyard,* 228.

[153] **"expresar una sospecha":** LeoGrande, Our Own Backyard, 230.

[153] **Visitó la iglesia Southside Presbyterian:** Dennis DeConcini, entrevista con el autor, 9 de septiembre de 2020.

[154] **"necesita escuchar a esta gente":** Miguel Salat, entrevista con el autor, 10 de septiembre de 2020.

[154] **"Algo que el Congreso no puede resistir":** LeoGrande, *Our Own Backyard,* 224.

[155] **"huyeran de la opresión comunista":** Norman Sandler, "President Reagan Warned Wednesday That 100 Million People Face Communist Enslavement, Chaos, and Anarchy", United Press International, 9 de mayo de 1984.

CAPÍTULO 16: SANTUARIO VA A JUICIO

[156] **71 cargos:** Beth McCorkle, "A Federal Grand Jury Has Indicted 16 People", United Press International, 14 de enero de 1985.

[156] **medidas para deportarlos:** Miriam Davidson, *Convictions of the Heart: Jim Corbett and the Sanctuary Movement* (Tucson: University of Arizona Press, 1988), 94; W. Gardner Sel, "Activists 'Ride Herd' on Security", *Washington Post,* 4 de febrero de 1985.

[157] **En la conferencia:** Gary MacEoin (coord.), *Sanctuary: A Resource Guide for Understanding and Participating in the Central American Refugees' Struggle* (Harper & Row: Nueva York, 1985).

[157] **"Ay de nuestra sociedad":** Ann Crittenden, *Sanctuary: A Story of American Conscience and the Law in Collision* (Nueva York: Grove, 1988), 202; MacEoin, *Sanctuary: A Resource Guide,* 7-13.

[157] **contingente de San Francisco:** Eileen Purcell, entrevista con el autor, 18 de noviembre de 2020; MacEoin, *Sanctuary: A Resource Guide.*

[158] **"proteger a la gente que sigue allá":** Purcell, entrevista.

[159] **el poder de admitir:** Davidson, *Convictions of the Heart,* 108-109.

[159] **"única verdadera defensa":** Davidson, *Convictions of the Heart,* 108-109.

[160] **Alejandro Rodríguez:** El relato de este momento del juicio está basado en las crónicas de Miriam Davidson en *Convictions of the Heart.* Rodríguez era un pseudónimo.

[160] **después de cuatro meses:** Davidson, *Convictions of the Heart,* 123.

[161] **antes de que pudiera terminar:** Davidson, *Convictions of the Heart.*

[162] **"el caso del hombre joven":** Susan Bibler Coutin, "Falling Outside: Excavating the History of Central American Asylum Seekers", *Law & Social Inquiry* 36, núm. 3 (2011), 569-596.

[162] **tan solo la identidad de los jóvenes:** Marc Van Der Hout, entrevista con el autor, 4 de septiembre de 2020; Patty Blum, varias entrevistas con el autor.

[162] **impulso para desafíos similares:** Lucas Guttentag, entrevista con el autor, 9 de septiembre de 2020.

[162] **"No estaban capacitados":** Coutin, "Falling Outside"; Guttentag, entrevista.

[163] **dos argumentos:** Carolyn Patty Blum, "The Settlement of American Baptist Churches v. Thornburgh: Landmark Victory for Central American Asylum Seekers", *International Journal of Refugee Law* 3, núm. 2 (1991), 351.

[163] **"No es suficiente":** "No Hiding Place Here", *Newsweek,* 4 de marzo de 1985.

[163] **el índice de otorgamiento:** Crittenden, *Sanctuary,* 21.

[163] **3%:** Blum, "The Settlement of American Baptist Churches", 350; Oficina de Responsabilidad del Gobierno, *Asylum: Uniform Application of Standards Uncertain – Few Denied Applicants Deported* (Washington, D. C.: 1987).

[163] **"Funciona lentamente":** Davidson, *Convictions of the Heart,* 155.

[164] **septiembre de 1989:** Blum, "The Settlement of American Baptist Churches", 352. La clase constaba también de salvadoreños y guatemaltecos a los que se les habían negado otras formas de protección legal, como la salida voluntaria extendida y el aplazamiento de la deportación.

[164] **"un doble rasero":** Robert Pear, "U. S. Issues Asylum Rules Praised as Fairer to Aliens", *New York Times,* 19 de julio de 1990.

[164] **permitió aproximadamente a 30000:** Biblioteca del Congreso, Guías de Investigación, "1991 American Baptist Churches (ABC) v. Thornburgh", https://guides.loc.gov/latinx-civil-rights/abc-v-thornburgh.

CAPÍTULO 17: NADA MÁS PERMANENTE QUE UN INMIGRANTE TEMPORAL

[165] **ciudades de todo el país:** Documento de la junta de supervisores, memorándum a la Comisión de Servicios Humanos, 18 de diciembre de 1985, Gobierno de San Francisco.

[165] **meses de intenso cabildeo:** Alianza Santuario de San Francisco, "Campaign for City of Refuge", documentos de planeación (1985). Materiales proporcionados por Eileen Purcell.

[165] **"Juan (pseudónimo)":** Audiencia especial de la Comisión de Servicios Humanos, junta de asesores de San Francisco, "Resolution to Declare San Francisco a City of Refuge for Guatemalan and Salvadoran Refugees", 18 de diciembre de 1985.

[166] **"invasión de gente que llega a pie":** Charles Kamasaki, *Immigration Reform: The Corpse That Will Not Die* (Simsbury, Connecticut: Mandel Vilar Press, 2019), 272.

[166] **"40 guerras asolando al mundo":** Mark Robert Schneider, *Joe Moakley's Journey: From South Boston to El Salvador* (Boston: Northeastern University Press: 2013), 152.

[166] **"nada más permanente":** Kamasaki, *Immigration Reform,* 272.

[167] **dos nuevas disposiciones:** Kamasaki, *Immigration Reform,* 287.

[167] **"como Rasputín":** Kamasaki, *Immigration Reform,* 290.

[167] **"toda la iniciativa está muerta":** Schneider, *Joe Moakley's Journey,* 148; Kamasaki, *Immigration Reform,* 293.

[167] **"la reforma más integral":** "President Reagan's Remarks at Signing Ceremony for Immigration Reform and Control Act in Roosevelt Room", 6 de noviembre de 1986, grabaciones de la Oficina de Televisión de la Casa Blanca, video, www.youtube.com/watch?v=FvZ0QHpxmRs; transcripción completa, www.reaganlibrary.gov/archives/speech/remarks-signing- immigration-reform-and-control-act-1986.

[168] **"algún tipo de acuerdo con Irán":** "President Reagan's Remarks at Signing Ceremony".

CAPÍTULO 18: EL DOCTOR Y EL GENERAL

[169] **cómo convencerlo:** Mark Silverman, entrevista con el autor, 1° de mayo de 2020.

[169] **había expedido un decreto:** Marcia Bernbaum, "La Clínica del Pueblo: An Immigrant Community Health Center of the People, for the People, Case Study Reference Document", 8-9.

[170] **casa adosada de tres pisos:** Para más contexto sobre La Clínica conversé ampliamente con Peter Shields (1° de junio de 2020), Catalina Sol (8 de junio de 2020) y Alma Hamar (10 y 17 de julio de 2020).

[171] **Un amigo salvadoreño:** Sylvia Rosales-Fike, entrevista con el autor, 16 de de agosto de 2021.

[171] **basado en lazos familiares:** Lourdes Vides, solicitud de naturalización, 25 de marzo de 1988, Departamento de Justicia de Estados Unidos, Servicio de Inmigración y Naturalización.

[172] **"no se le puede clasificar":** William Stanley, *The Protection Racket State: Elite Politics, Military Extortion, and Civil War in El Salvador* (Filadelfia: Temple University Press: 1996), 152.

[172] **"esa mirada feroz":** Ross Gelbspan, *Break-ins, Death Threats and the FBI: The Covert War Against the Central America Movement* (Boston: South End Press, 1991), 48.

[172] **sus propias tandas:** Peritaje del profesor Terry L. Karl, *In the Matter of: José Guillermo García-Merino,* en *Removal Proceedings,* Oficina Ejecutiva para la Revisión de Casos de Inmigración, 2 de octubre de 2014, 30; Charles Mohr, "Salvador Army: Its Adaptability Is a Key to War", *New York Times,* 19 de agosto de 1983.

[173] **alianzas con miembros de la Tandona:** Stanley, *Protection Racket State,* 153.

[173] **El 21 de agosto de 1989:** Declaración videograbada del acusado, Carlos Eugenio Vides Casanova, 19 de noviembre de 1999, *Ford vs. García,* Tribunal Distrital de Estados Unidos, Distrito Sur de Florida, 8.

[173] **lo esperaban:** Declaración de Vides Casanova, 19 de noviembre de 1999, *Ford v. García,* 7; Lourdes Vides, solicitud de naturalización, 25 de marzo de 1988.

[173] **una tarde de octubre:** José Guillermo García, solicitud de asilo en Estados Unidos, 9 de febrero de 1990, Departamento de Justicia de Estados Unidos, Servicio de Inmigración y Naturalización.

[173] **entre los primeros viajeros:** Fabio Andrade, entrevista con el autor, verano de 2020.

CAPÍTULO 19: MEDIO ANTROPÓLOGO, MEDIO ASPIRANTE A MATÓN

[180] *The Naked Jungle:* Ioan Grillo, *Gangster Warlords: Drug Dollars, Killing Fields, and the New Politics of Latin America* (Nueva York: Bloomsbury, 2016), 201.

CAPÍTULO 20: GUERRAS DE PANDILLAS

[181] **más de un tercio:** Steven Dudley, *MS-13: The Making of America's Most Notorious Gang* (Nueva York: Hanover Square Press: 2020), 69, 79, 105.

[181] **"treparse" a una pandila:** Samuel Logan, *This Is for the Mara Salvatrucha: Inside the MS-13, America's Most Violent Gang* (Nueva York: Hyperion: 2009); Ricardo Pollack, *18 with a Bullet,* documental de PBS (2006).

[181] **Arapahoe y South Bonnie Brae:** Dudley, *MS-13,* 79.

[181] **pequena en sus comienzos:** Carlos Martínez y José Luis Sanz, "El origen del odio", *El Faro,* 6 de agosto de 2012.

[182] **rechazar a cualquiera que no fuera mexicano-estadounidense:** Martínez y Sanz, "El origen del odio".

[182] **La Grandota:** Martínez y Sanz, "El origen del odio".

[182] **cuernos de diablo:** Dudley, *MS-13,* 43.

[182] **nombres de calles o intersecciones:** Martínez y Sanz, "El origen del odio".

[183] **ganar algún terreno:** Carlos García, "MS-13 Sureña: La consolidación de una pandilla chola", en *Mara Salvatrucha 13: El retrato histórico e internacional de una pandilla* (en prensa).

[184] **"Gangville":** Joel Orozco, entrevista con el autor, 2 de octubre de 2021.

[187] **"sobredosis de oratoria":** "New Drug Law: The Senate's Duty; The House Offers Only Empty Promises", *New York Times,* 4 de octubre de 1988.

[187] **estratagema contra sospechosos negros:** Donna Murch, "Crack in Los Angeles: Crisis, Militarization, and Black Response to the Late Twentieth-Century War on Drugs", *Journal of American History* 102, núm. 1 (2015).

[187] **"deberían sacarlo y dispararle":** Ronald J. Ostrow, "Casual Drug Users Should Be Shot, Gates Says", *Los Angeles Times,* 6 de septiembre de 1990.

[187] **los turnos y los descansos:** Victoria Marin, entrevista con el autor, noviembre de 2019.

[187] **"podíamos mostrarles el dedo medio":** Orozco, entrevista.

[188] **de 30 o 40 tipos:** Orozco, entrevista.

[189] **19 presos habían sido apuñalados:** Chris Blatchford, *The Black Hand: The Bloody Rise and Redemption of "Boxer" Enriquez, a Mexican Mob Killer* (Nueva York: HarperCollins, 2008), 7.

[189] **El Barrio 18 se alineaba:** Véase también Rich Connell y Robert J. Lopez, "An Inside Look at 18th St.'s Menace", *Los Angeles Times,* 17 de noviembre de 1996; Robert J. Lopez y Rich Connell, "Gang Turns Hope to Fear, Lives to Ashes", *Los Angeles Times,* 18 de noviembre de 1996; Robert J. Lopez y Jesse Katz, "Mexican Mafia Tells Gangs to Halt Drive-Bys", *Los Angeles Times,* 26 de septiembre de 1993.

[190] **"una manada de animales salvajes":** John L. Mitchell, "The Raid That Still Haunts L. A."., *Los Angeles Times,* 14 de marzo de 2001.

[190] **se quedaron sin casa:** Lou Cannon, *Official Negligence: How Rodney King and the Riots Changed Los Angeles and the* LAPD (Nueva York: Times Books, 1997), 17.

[190] **"vinculado a una pandilla":** Elana Zilberg, Space of Detention: The Making of a Transnational Gang Crisis between Los Angeles and El Salvador (Durham, Carolina del Norte: Duke University Press, 2011), 91.

[190] **no había tal cosa como:** Tom Hayden, *Street Wars: Gangs and the Future of Violence* (Nueva York: New Press: 2004), 4.

[191] **"antiinsurgencia descontrolada":** John Buntin, "What Does It Take to Stop Crips and Bloods from Killing Each Other?" *New York Times Magazine,* 10 de julio de 2013.

[191] **"No estábamos seguros":** Ana Muñiz, *Police, Power, and the Production of Racial Boundaries* (New Brunswick, Nueva Jersey: Rutgers University Press, 2015), 39.

[191] **Mara Salvatrucha en Hollywood:** Dudley, *MS-13,* 75.

[191] **160 gramos de mariguana:** Cannon, *Official Negligence,* 17.

[192] **75 pandillas activas:** Martínez y Sanz, "El origen del odio".

[192] **Batallón Gringo:** Dudley, *MS-13,* 88; Carlos García, "Guerras civiles", en *Mara Salvatrucha 13: el retrato histórico e internacional de una pandilla* (en prensa).

[192] **"acabar con la violencia de las pandillas":** Jerry Belcher, "Police Target Aliens in Gangs for Deportation", *Los Angeles Times,* 5 de septiembre de 1986.

[193] **cualquiera con antecedentes penales:** Tom Diaz, *No Boundaries: Transnational Latino Gangs and American Law Enforcement* (Ann Arbor: University of Michigan Press, 2009), 113.

[193] **A principios de 1989:** Stephen Braun, "U. S.-LA Task Force Deports 175 with Ties to Drug, Gang Activity", *Los Angeles Times,* 12 de abril de 1989.

CAPÍTULO 21: LA CLÍNICA DEL PUEBLO

[197] **ayuda estadounidense directa:** William LeoGrande, *Our Own Backyard: The United States in Central America,* 1977-1992 (Chapel Hill: University of North Carolina Press, 1998), 577.

[197] **"boxeadores profesionales":** LeoGrande, *Our Own Backyard,* 555.

[198] **90 millones de dólares al año:** LeoGrande, *Our Own Backyard,* 567.

[198] **1 000 millones:** LeoGrande, *Our Own Backyard,* 565.

[198] **el timbre sobrio pero firme:** Jonathan Blitzer, "Field Notes: Meeting Alfredo Cristiani", Pulitzer Center, 14 de marzo de 2018, https://pulitzercenter.org/stories/field-notes-meeting-alfredo-cristiani.

[198] **13 000 sucumbieron:** Steven Dudley, MS-13: *The Making of America's Most Notorious Gang* (Nueva York: Hanover Square Press: 2020), 92.

[200] **reunión con sus electores en Jamaica Plain:** Miguel Salat, entrevista con el autor, 10 de septiembre de 2020.

[200] **mentiras para engañar a funcionarios salvadoreños:** Jim McGovern, entrevista con el autor, 30 de enero de 2020.

[200] **"aquí no ha caído el telón":** Mark Robert Schneider, *Joe Moakley's Journey: From South Boston to El Salvador* (Boston: Northeastern University Press: 2013), 173.

[201] **"en un punto muerto":** Charles Kamasaki, *Immigration Reform: The Corpse That Will Not Die* (Simsbury, Connecticut: Mandel Vilar Press, 2019), 347.

[201] **"atar los cabos sueltos de la IRCA":** Kamasaki, *Immigration Reform,* 340.

[202] **había 459 000:** Marcela Valdes, "Their Lawsuit Prevented 400 000 Deportations. Now It's Biden's Call", *New York Times Magazine,* 7 de abril de 2021.

[202] **"un maldito proyecto de ley":** Schneider, *Joe Moakley's Journey,* 182.

[203] **sentados a lo largo de la orilla:** Frank Sherry, entrevista con el autor, 7 de febrero de 2020; Cecilia Muñoz, entrevista con el autor, 6 de diciembre de 2019. Véase también Kamasaki, *Immigration Reform,* 347-350.

[203] **"que esto tenga efectividad":** Kamasaki, *Immigration Reform,* 349.

[203] **otros pasaron a la clandestinidad:** Cecilia Menjívar, "Liminal Legality: Salvadoran and Guatemalan Immigrants' Lives in the United States", *American Journal of Sociology* 111, núm. 4 (2006), 999-1037.

[203] **una cuarta parte:** D'vera Cohn, Jeffrey S. Passell, y Kristen Bialik, "Many Immigrants with Temporary Protected Status Face Uncertain Future in U.S.", Pew Research Center, 27 de noviembre de 2019.

CAPÍTULO 22: HISPANOS CONTRA NEGROS CONTRA BLANCOS

[204] **con el programa Quicken:** Peter Shields, entrevista con el autor, 1° de junio de 2020; Manny Fernandez, "New Home Attests to Community's Health", Washington Post, 5 de abril de 2003.

[205] **curso de capacitación:** Marcia Bernbaum, "La Clínica del Pueblo: An Immigrant Community Health Center of the People, for the People, Case Study Reference Document", 18.

[205] **población latina nacida en el extranjero:** Audrey Singer, "Latin American Immigrants in the Washington, D. C. Metropolitan Area. History and Demography" (artículo preparado para el acto Inmigrantes Latinoamericanos: Participación Cívica y Política en

el Área Metropolitana de Washington, D. C., Woodrow Wilson International Center for Scholars, 1° de noviembre de 2007). Comúnmente se entiende que las cifras del censo se quedan cortas en el cálculo de inmigrantes indocumentados.

[205] **la segunda más grande:** Terry A. Repak, *Waiting on Washington: Central American Workers in the Nation's Capital* (Filadelfia: Temple University Press: 1995), 1.

[205] **de los unos o de los otros:** Robert L. Jackson, "Washington Mayor Imposes Curfew", *Los Angeles Times,* 8 de mayo de 1991.

[205] **archiveros bajo llave:** Entrevista con Peter Shields, 1° de junio de 2020.

[205] **llegado después de esa fecha:** Patrick Scallen, "The Bombs That Drop in El Salvador Explode in Mt. Pleasant" (tesis de doctorado, Georgetown University, 2019).

[205] **"pero no saben adónde":** Carlos Sanchez, "Salvadorans Fearful of Deportation", *Washington Post,* 26 de mayo de 1987.

[207] **nombre digno y electrizante:** Bernbaum, "La Clínica del Pueblo", 19.

[207] **recibido financiamiento especial:** Bernbaum, "La Clínica del Pueblo", 23.

[207] **enfermera de medio tiempo:** Bernbaum, "La Clínica del Pueblo", 18.

[208] **botellas de cerveza:** Linda Feldmann, "Mt. Pleasant Residents Join Hands to Shake Riots' Stigma of Violence", *Christian Science Monitor,* 29 de mayo de 1991.

[208] **vaso de papel:** Proyecto de Historia Oral sobre los Disturbios de Mount Pleasant, entrevista con Alice Kelly, 10 de enero de 2018, https://digdc.dclibrary.org/islandora/object/dcplislandora%3A42734.

[208] **las calles Catorce y Columbia:** Proyecto de Historia Oral sobre los Disturbios de Mount Pleasant, entrevista con Pedro Avilés, 15 de noviembre de 2017, https://digdc.dclibrary.org/islandora/object/dcplislandora%3A42728.

[208] **"Son hispanos contra negros contra blancos":** Linda M. Harrington y Mitchell Locin, "DC Imposes Curfew a 2nd Night Community Leaders Blame City Government Unrest", *Chicago Tribune,* 8 de mayo de 1991. Para un desglose general de las características demográficas de Mount Pleasant, véase Repak, *Waiting on Washington,* 61-69.

[208] **"atraer a más estadounidenses":** Feldmann, "Mt. Pleasant Residents Join Hands".

[209] **100 hablaban español:** Harrington y Locin, "DC Imposes Curfew a 2nd Night".

[209] **7-Eleven en la calle Mount Pleasant:** Mapas comentados, *Washington Post,* 7 de mayo de 1991.

[209] **puso un amplio cerco:** Proyecto de Historia Oral sobre los Disturbios de Mount Pleasant, entrevista con Alice Kelly.

[209] **agitadores negros:** Scallen, "Bombs That Drop in El Salvador", 228-235; Rene Sanchez y Debbi Wilgoren, "DC Police Consulted INS During Disturbance", *Washington Post,* 11 de mayo de 1991.

[210] **En tres días:** Rene Sanchez, "Curfew Leaves Mount Pleasant Area Quieter", *Washington Post,* 8 de mayo de 1991.

[210] **más de 200:** Emily Friedman, "Mount Pleasant Riots: May 5 Woven Into Neighborhood's History", WAMU 88.5, 5 de mayo de 2011.

[211] **relaciones entre la policía y la comunidad latina:** Sharon Pratt, "Lessons from a D.C. Riot", *Washington Post,* 12 de agosto de 2011.

[211] **sabía muy poco:** Catalina Sol, entrevista con el autor, 8 de junio de 2020.

CAPÍTULO 23: ZONAS DE GUERRA

[215] **triplicó su parte de los votos:** William LeoGrande, *Our Own Backyard: The United States in Central America, 1977-1992* (Chapel Hill: University of North Carolina Press, 1998), 575.

[219] **56 golpes:** Los Angeles Times, *Understanding the Riots: Los Angeles before and after the Rodney King Case* (Los Ángeles: Los Angeles Times, 1992), 33.

[219] **"excesivo uso de la fuerza":** Informe de la comisión independiente sobre el Departamento de Policía de Los Ángeles, 1991, https://michellawyers.com/wp-content/uploads/2010/06/Report-of-the-Independent-Commission-on-the-LAPD-re-Rodney-King_Reduced.pdf.

[220] **ola de protestas callejeras:** Lou Cannon, *Official Negligence: How Rodney King and the Riots Changed Los Angeles and the LAPD* (Nueva York: Times Books, 1997), 265.

[220] **todo un año sin dirigirse la palabra:** Cannon, Official Negligence.

[220] **cerca de 250 millones de dólares:** Los Angeles Times, *Understanding the Riots,* 95.

[221] **recientemente había enviado a Panamá:** *Los Angeles Times, Understanding the Riots,* 98.

[222] **se sumaron a la turba:** Óscar Martínez y Juan José Martínez, *The Hollywood Kid: The Violent Life and Violent Death of an MS-13 Hitman* (Londres y Brooklyn, Nueva York: Verso, 2019), 73-75.

[222] **"la policía está ocupada allá":** Carlos García, *Los LA Riots y la Mara Salvatrucha* (monografía inédita), 4.

CAPÍTULO 24: OPERACIÓN BLOQUEO

[223] **los escusados estaban obstruidos:** Fabio Andrade, entrevista con el autor, verano de 2020.

[223] **Pasaba también en los grandes aeropuertos de Estados Unidos:** Doris Meissner, entrevista con el autor, 27 de noviembre de 2019; David A. Martin, "Making Asylum Policy: The 1994 Reforms", *Washington Law Review* 70 (1995), 725-755.

[223] **empezaron a decirles** *flushers:* Patrick Radden Keefe, *Snakehead: An Epic Tale of the Chinatown Underworld and the American Dream* (Nueva York: Doubleday, 2009), 105.

[224] **solicitudes de asilo estables:** Martin, "Making Asylum Policy", 730.

[224] **ampliaron sus protecciones para emigrantes chinos:** Keefe, *Snakehead,* 99.

[224] **100 000 casos:** Martin, "Making Asylum Policy", 731.

[199] **Carmelina Cadena:** Carmelina Cadena, entrevista con el autor, 25 de febrero de 2020.

[224] **20 000 indígenas mayas:** Allan F. Burns, *Maya in Exile: Guatemalans in Florida* (Filadelfia: Temple University Press: 1993), 28.

[224] **"un buen augurio":** Larry Rohter, "In a Florida Haven for Guatemalans, Seven Deaths Bring New Mourning", *New York Times,* 24 de octubre de1991.

[225] **"hablar en un idioma desconocido":** Allan F. Burns, "Indiantown, Florida", en *The Maya Diaspora,* coords. James Loucky y Marilyn M. Moors (Filadelfia: Temple University Press, 2000), 166.

[225] **montañas de Cuchumatán:** Leon Fink, *The Maya of Morganton: Work and Community in the Nuevo New South* (Chapel Hill: University of North Carolina, 2003), 39.

[225] **"Necesito un buen trabajo":** Burns, *Maya in Exile,* 28.

[225] **14 solicitudes de asilo:** Burns, *Maya in Exile,* 23.

[225] **103 000 solicitudes adicionales:** David A. Martin, "Making Asylum Policy: The 1994 Reforms", *Washington Law Review* 70 (1995), 725-755.

[225] **"la anterior corriente de 'refugiados de guerra' ":** Fink, *Maya of Morganton,* 39.

[226] **"Autorización de trabajo (asilo político)":** Martin, "Making Asylum Policy".

[226] **sumó cientos de miles:** En 1997, el Congreso aprobó la Ley de Ajuste Nicaragüense y Ayuda a Centroamérica. Uno de sus artículos permitía a salvadoreños y guatemaltecos que participaran en la demanda colectiva *ABC v. Thornburgh* volver a solicitar asilo, pro via cancelación de órdenes de deportación pasadas. Como 120 000 salvadoreños llegaron

a obtener estatus legal en Estados Unidos gracias a ella, junto con aproximadamente 24 000 guatemaltecos. Véase Sarah Grammage, "El Salvador: Despite End to Civil War, Emigration Continues", Migration Policy Institute, 26 de julio de 2007; Susanne Jonas, "Guatemalan Migration in Times of Civil War and Post-War Challenges", Migration Policy Institute, 27 de marzo de 2013.

[226] **el trabajo atrasado había ascendido:** Departamento de Justicia de Estados Unidos, Servicio de Inmigración y Naturalización, "Asylum Reform: Five Years Later", comunicado de prensa, 1° de febrero de 2000, www.uscis.gov/sites/default/files/document/news/Asylum.pdf.

[227] **1 500 personas:** "Haiti: Background to the 1991 Overthrow of President Aristide", Servicio de Investigación del Congreso, 22 de octubre de 1993.

[227] **"en los primeros días":** Timothy McNulty, "Clinton Reverses Course on Haitians", *Chicago Tribune,* 15 de enero de 1993.

[227] **1 200 embarcaciones nuevas:** Ben Barber, "Haitians, Hopeful, Building Boats in Anticipation of Clinton Welcome", *Baltimore Sun,* 17 de enero de 1993.

[227] **había revelado recientemente:** Ruth Marcus y Michael Isikoff, "Clinton Withdraws Baird's Justice Nomination", *Washington Post,* 22 de enero de 1993. Antes de eso, Baird había revelado información sobre la contratación a Clinton, el FBI y miembros republicanos y demócratas de la Comisión Judicial del Senado. David Johnston, "Clinton's Choice for Justice Dept. Hired Illegal Aliens for Household", *New York Times,* 14 de enero 14 de 1993.

[228] **30 000 dólares:** Keefe, *Snakehead,* 18.

[228] **"empacó su mochila":** Keefe, *Snakehead,* 100.

[228] **tres componentes principales:** Meissner, entrevistas.

[229] **"Hombre muerto":** Ron Fournier, "The Fish Rots from the Head in Chicago", *National Journal,* 2 de diciembre de 2015; Elizabeth Bumiller, "The Brothers Emanuel", *New York Times Magazine,* 15 de junio de 1997.

[229] **"algo sobre la frontera":** Meissner, entrevistas.

[229] **400 agentes:** Timothy Dunn, *Blockading the Border and Human Rights: The El Paso Operation That Remade Immigration Enforcement* (Austin: University of Texas Press, 2009); Adam Goodman, *The Deportation Machine: America's Long History of Expelling Immigrants* (Princeton, Nueva Jersey: Princeton University Press, 2020), 173-176.

[230] **430 kilómetros:** Oficina de Aduanas y Protección Fronteriza de Estados Unidos, sector El Paso, Texas, www.cbp.gov/border-security/along-us-borders/border-patrol-sectors/el-paso-sector-texas.

[230] **75 % hispano:** Dunn, *Blockading the Border,* 120.

[230] **Operación Bloqueo:** A la larga se consideró que "Bloqueo" no era un nombre apropiado, pues era literalmente imposible cerrar la frontera. Entonces a la política se le cambió el nombre a Operación Hold the Line ("No Cedas").

[230] **vieron los resultados:** Joel Brinkley, "A Rare Success at the Border Brought Scant Official Praise", *New York Times,* 14 de septiembre de 1994.

[231] **"prevención por disuasión":** Dunn, *Blockading the Border,* 96, 205-228; William Branigin, "Border Patrol Reinforcements to be Sent to Porous Sections", *Washington Post,* 8 de octubre de 1997.

CAPÍTULO 25: ENCIMA DE LOS DEMÁS

[233] **"Solo nos iban a comer"** Joel Orozco, entrevista con el autor, 2 de octubre de 2021.

[234] **zonas más golpeadas:** Elana Zilberg, *Space of Detention: The Making of a Transnational Gang Crisis between Los Angeles and El Salvador* (Durham, Carolina del Norte: Duke University Press, 2011), 60.

[234] **"Los blancos señalaban a los negros":** Zilberg, *Space of Detention,* 63.

[236] **"Esto es para la raza":** Robert J. Lopez y Jesse Katz, "Mexican Mafia Tells Gangs to Halt Drive-bys", *Los Angeles Times,* 26 de septiembre de 1993.

[236] **38000 dólares:** Josh Meyer, "Van Nuys: 5 Tagging Suspects Arrested in Raids", *Los Angeles Times,* 14 de abril de 1994.

[236] **Kill 'Em Quick:** "Exploring an Abandoned Juvenile Detainee Camp", video de YouTube, 6:36, publicado por by "POV LA", 21 de febrero de 2018, https://www.youtube.com/watch?v=tXteO0mXcPc.

[237] **lámina de metal desechado:** Orozco, entrevista.

[238] **un vuelo a Centroamérica:** Zilberg, *Space of Detention,* 131.

CAPÍTULO 26: EL TERCER RIEL DE LA POLÍTICA ESTADOUNIDENSE

[239] **"ultracentrista":** Janet Murguía, entrevista con el autor, 30 de enero de 2020.

[240] **contundentes eslóganes de campaña:** Jason DeParle, *American Dream: Three Women, Ten Kids, and a Nation's Drive to End Welfare* (Nueva York: Penguin, 2004), 101-103.

[240] **"acercarse un poco a la derecha":** Murguía, entrevista.

[240] **"poner fin a las prestaciones sociales":** Andrew Wroe, *The Republican Party and Immigration Politics: From Proposition 187 to George W. Bush* (Londres: Palgrave Macmillan, 2008), 140.

[241] **"envuelto en papel de mierda":** John F. Harris, *The Survivor: Bill Clinton in the White House* (Nueva York: Random House, 2005), 238.

[241] **reducía significativamente los padrones:** Charles Kamasaki, *Immigration Reform: The Corpse That Will Not Die* (Simsbury, Connecticut: Mandel Vilar Press, 2019), 366.

[241] **embarazada de su segundo hijo:** Cecilia Muñoz, entrevista con el autor, 6 de diciembre de 2019. Se mantuvieron entrevistas extensas con Muñoz el 6 de diciembre de 2019, el 10 de enero de 2020, el 24 de enero de 2020, el 13 de febrero de 2020 y el 10 de abril de 2023.

[241] **"Si en efecto terminamos en una guerra":** Kamasaki, *Immigration Reform,* 337.

[242] **política de "unidad familiar":** Kamasaki, *Immigration Reform,* 336-338.

[242] **"hablar en mexicano":** Muñoz, entrevistas.

[242] **el conducto de Muñoz a la administración:** Muñoz, entrevistas.

[242] **tan metida en las discusiones:** Murguía, entrevista.

[243] **"sumamente decepcionado":** Bill Clinton, "Remarks on Welfare Legislation", 1º de agosto de 1996, www.nytimes.com /1996/08/01/us/text-of-president-clinton-s-announcement-on-welfare-legislation.html.

[243] **"momentos alegres de Cecilia":** Muñoz, entrevistas.

[243] **"el tercer riel de la política estadounidense":** Jonathan Weisman, "GOP Finds Hot Button Issue in Illegal Immigration", *Washington Post,* 23 de octubre de 2007.

[244] **gritaban "gol":** Thomas Homan, entrevistas con el autor, 21 de agosto de 2018 y 16 de julio de 2020.

[244] **"obtener resultados antes de 60 días":** Bill Ong Hing, "The Dark Side of Operation Gatekeeper", *U.C. Davis Journal of International Law and Policy* 7, núm. 2 (2001), 3.

[244] **Sus recomendaciones incluían:** Kamasaki, *Immigration Reform,* 363-368.

[245] **"infiltrarse en los comités judiciales":** Deepa Fernandes, *Targeted: Homeland Security and the Business of Immigration* (Nueva York: Seven Stories, 2007), 216-218.

[245] **hasta cuatro días antes:** Jake Bernstein, "Lamar's Alien Agenda", *Texas Observer,* 25 de octubre de 2002.

[245] **"problema de la inmigración ilegal":** Dara Lind, "The Disastrous, Forgotten 1996 Law That Created Today's Immigration Problem", *Vox,* 28 de abril de 2016.

[246] **"un solo objetivo":** Lind, "The Disastrous, Forgotten 1996 Law".

[247] **"deportaciones récord"** Lind, "The Disastrous, Forgotten 1996 Law".

CAPÍTULO 27: EDDIE EL RÁPIDO

[249] **llegó al INS:** Scott Mechkowski, entrevista con el autor, 26 de julio de 2019. Se mantuvieron entrevistas extensas con Mechkowski el 26 de julio de 2019, el 15 de septiembre de 2019, el 22 de septiembre de 2019, el 6 de octubre de 2019, el 17 de noviembre de 2019 y el 8 de diciembre de 2019.

[251] **"aparente dureza extrema":** Janet Reno a Doris Meissner, "Re: Guidelines for Use of Prosecutorial Discretion in Removal Proceedings", 4 de noviembre de 1999, https://big.assets.huffingtonpost.com/Smith_to_Reno _1999.pdf.

[251] **91%:** Jake Bernstein, "Lamar's Alien Agenda", *Texas Observer,* 25 de octubre de 2002.

[254] **por el servicio postal estadounidense:** Eric Schmitt, "Congress Set to Break Up Beleaguered Agency", *New York Times,* 10 de abril de 2002.

[255] **138000 inmigrantes:** Congreso de Estados Unidos, Cámara de Representantes, Comisión Judicial, Subcomisión sobre Inmigración, Seguridad Fronteriza y Derechos, *War on Terrorism: Immigration Enforcement since September 11, 2001: Hearing before the Subcommittee on Immigration, Border Security, and Claims of the Committee on the Judiciary, House of Representatives,* Congreso 108, 1a. sesión, 8 de mayo de 2003 (Washington, D. C.: Imprenta del Gobierno de Estados Unidos, 2003), 3.

[255] **17 de abril de 2003:** Rachel L. Swarns, "Aftereffects: Immigrants; Illegal Aliens Can Be Held Indefinitely, Ashcroft Says", *New York Times,* 26 de abril de 2003.

[255] **un caso en el que estaba involucrado David Joseph:** Bob Herbert, "Ashcroft's Quiet Prisoner", *New York Times,* 13 de agosto de 2004.

[255] **"en Haití la percepción":** Bob Egelko, "Many Illegals Can Be Jailed Indefinitely: Ashcroft Rules That Granting Bail Could Threaten National Security", *San Francisco Chronicle,* 25 de abril de 2003.

[255] **"servicios a los inmigrantes legales":** Eric Schmitt, "Vote in House Strongly Backs an End to INS", *New York Times,* 26 de abril de 2002.

[257] **creció a más del doble:** Douglas Massey, "Chain Reaction: The Causes and Consequences of America's War on Immigrants", IZA, Julian Simon Lecture Series núm. 8 (2011); Charles Kamasaki, *Immigration Reform: The Corpse That Will Not Die* (Simsbury, Connecticut: Mandel Vilar Press, 2019), 366.

[257] **30% de las detenciones:** Margot Mendelson, Shayna Strom y Michael Wishnie, *Collateral Damage: An Examination of ICE's Fugitive Operations Program* (Washington, D. C.: Migration Policy Institute, febrero de 2009).

[258] **instituyó las cuotas de detenciones anuales:** Mendelson, Strom y Wishnie, *Collateral Damage.*

[258] **tan solo 17%:** Mendelson, Strom y Wishnie, *Collateral Damage.*

CAPÍTULO 28: LAS HERMANAS

[263] **diferentes caminos ideológicos:** Helen Mack, entrevista con el autor, 16 de marzo de 2022.

[263] **"ser estigmatizado":** David Gonzalez, "The Saturday Profile: Finding Despair, Then Faith, in a Sister's Murder", *New York Times,* 21 de septiembre de 2002.

[263] **anticomunista acérrimo:** Gonzalez, "Saturday Profile"; Lucrecia Hernández Mack, entrevista con el autor, 11 de agosto de 2021.

[264] **estudiosa de causas izquierdistas:** Lucrecia Hernández Mack, entrevista.

[264] **"donde más nos necesitan":** Lucrecia Hernández Mack, entrevista.

[264] **proteger su identidad:** Lucrecia Hernández Mack, entrevista.

[265] **"operaciones militares y policiales":** Susanne Jonas, *The Battle for Guatemala: Rebels, Death Squads, and U. S. Power* (Boulder, Colorado: Westview Press, 1991), 158.

[266] **otros 15 000:** Comunidades de Población en Resistencia de la Sierra, "We Are Civilians", en *The Guatemala Reader: History, Culture, Politics,* coords. Greg Grandin, Deborah Levenson y Elizabeth Oglesby (Durham, Carolina del Norte: Duke University Press 2011), 427.

[266] **"guerra de exterminio":** Elizabeth Oglesby, "An Arc Bent toward Justice: How Myrna Mack's Research Helped Prove Genocide in Guatemala Decades after Her Murder", *Latin American Studies Association Forum* 51, núm. 1 (2020), 25-29.

[266] **dos docenas de estos:** Jean-Marie Simon, *Guatemala: Eternal Spring, Eternal Tyranny* (Nueva York: W. W. Norton & Company, 1987), 235.

[266] **un poblado en la ladera:** Simon, *Guatemala,* 236.

[266] **"como pollos en un gallinero":** Myrna Mack, "Assistance and Control", en *The Guatemala Reader: History, Culture, Politics,* coords. Greg Grandin, Deborah Levenson y Elizabeth Oglesby (Durham, Carolina del Norte: Duke University Press 2011), 422.

[267] **empacaba una maleta:** Paula Worby, Diane Nelson y Liz Oglesby, "Huellas", en *Myrna. Décimo aniversario del asesinato de Myrna Mack,* coord. Fundación Myrna Mack (Ciudad de Guatemala: Fundación Myrna Mack, 2000), 14.

[267] **"ondear una bandera roja":** Worby, Nelson y Oglesby, "Huellas", 13.

[267] **tenían que presentarse:** Corte Interamericana de Derechos Humanos, *Caso Myrna Mack Chang vs. Guatemala,* sentencia del 25 de noviembre de 2003.

[267] **"Ayuda y control":** Mack, "Assistance and Control", 422-424.

[267] **riesgo inmediato de que los soldados los atacaran:** Peritaje de Elizabeth Oglesby en el juicio por genocidio en contra de Ríos Montt, 2013. Disponible en www.plazapublica.com.gt/content/peritajes-en-el-juicio-por-genocidio.

[268] **La Universidad de Georgetown financió una buena parte:** *Caso Myrna Mack Chang vs. Guatemala.*

[268] **cierta "china":** *Caso Myrna Mack Chang vs. Guatemala,* 30.

[268] **la estaban siguiendo:** *Caso Myrna Mack Chang vs. Guatemala,* 32.

[268] **vendiéndole periódicos a la familia:** *Caso Myrna Mack Chang vs. Guatemala,* 32.

[268] **los asesinatos políticos habían aumentado:** Jonas, *Battle for Guatemala,* 163.

[268] **Myrna llamó a Lucrecia:** *Caso Myrna Mack Chang vs. Guatemala,* 33.

[268] **Cuarenta y cinco minutos:** El ataque empezó a las 6:45 p.m. *Caso Myrna Mack Chang vs. Guatemala,* 35.

[269] **El vestido blanco:** Lucrecia Hernández Mack, entrevista con el autor, 4 de marzo de 2022.

[269] **informantes gubernamentales de Mérida Escobar:** *Caso Myrna Mack Chang vs. Guatemala,* 40.

[269] **después del asesinato:** Helen Mack, entrevista.

[270] **"tenía la desconfianza":** Helen Mack, entrevista.

[270] **"Reconocí el terror":** Gonzalez, "Saturday Profile".

[270] **En agosto de 1991:** Francisco Goldman, *The Art of Political Murder: Who Killed the Bishop?* (Nueva York: Grove, 2007), 43; *Caso Myrna Mack Chang vs. Guatemala,* 40-41.

[270] **al parecer por equivocación:** Helen Mack, entrevista.

270 **infracción migratoria:** "Fugitive in Guatemalan Slaying Is Captured", *Los Angeles Times,* 6 de diciembre de 1991.

270 **el gobierno procesó a Beteta:** Véase también Informe N. 10/96, Sobre admisibilidad, Caso 10.636, Guatemala, 5 de marzo de 1996.

270 **"En medio de las contradicciones":** Gonzalez, "Saturday Profile".

270 **Las amenazas llegaban:** Helen Mack, entrevista; *Caso Myrna Mack Chang vs. Guatemala.*

270 **novedoso instrumento jurídico:** Mack, entrevista.

271 **reporte inicial, suprimido:** Informe N. 10/96, Sobre admisibilidad.

271 **un lugar inesperado:** Kate Doyle, "Justice in Guatemala", *Nation,* 17 de octubre de 2002, www.thenation.com /article/archive/justice-guatemala/.

271 **Thomas Stroock:** "Selective Violence Paralyzes the Left", Departamento de Estado, telegrama secreto, 10 de mayo de 1991, https://nsarchive2.gwu.edu/NSAEBB/NSAEBB11/docs/doc26.pdf.

272 **"Te pagaré para que vayas":** Lucrecia Hernández Mack, entrevista.

273 **"lógica era la protección":** Helen Mack, entrevista.

273 **silencios y reclamos:** Helen Mack, entrevista.

273 **había hecho de oreja:** Helen Mack, entrevista.

273 **al cabo de un año:** Frank Smyth, "The Untouchable Narco-state", *Texas Observer,* 18 de noviembre de 2005.

273 **una conspiración para matar a Helen:** Lawyers Committee for Human Rights, *A Test of Justice in Guatemala: The Myrna Mack Murder Trial* (Nueva York, 2003), 23; Helen Mack, entrevista.

274 **abogados del gobierno guatemalteco:** Unos años después de que el gobierno aceptara su responsabilidad en el asesinato, se desdijo. En otra audiencia en San José, Helen Mack, bañada en lágrimas, corrió tras la delegación guatemalteca cuando se salieron de la sala del tribunal en protesta. "Fue una perdurable imagen del juicio", escribió un reportero en *The Science Christian Monitor.* Helen Mack tuvo que pelear para que los guatemaltecos fueran a San José, y luego tuvo que suplicarles que se quedaran en sus asientos. Véase Bryan Kay, "After Her Sister's Murder Helen Mack Chang Became a Reformer", *Christian Science Monitor,* 27 de enero de 2015.

275 **cuando un juez de instancia guatemalteco:** *Caso Myrna Mack Chang vs. Guatemala,* 41-42; Goldman, *Art of Political Murder,* 173.

275 **se conocían como la cofradía:** Fue una apropiación de la palabra que usaban los mayas para describir a los ancianos del pueblo.

275 **A finales de la década de 1990:** Smyth, "Untouchable Narco-State".

275 **"el punto de tránsito preferido":** Smyth, "The Untouchable Narco-State".

276 **300 empleados:** Grandin, Levenson y Oglesby, coords., *Guatemala Reader,* 386.

276 **datos más definitivos del conflicto:** Comisión para el Esclarecimiento Histórico, Guatemala: *Memoria del silencio* (Ciudad de Guatemala: Oficina de Servicios para Proyectos de las Naciones Unidas, 1999).

276 **no podía mencionar:** Goldman, *Art of Political Murder,* 5.

276 **A veces tenían lugar:** Lucrecia Hernández Mack, entrevista, 4 de marzo de 2022.

276 **Fue explosivo porque incluía:** Goldman, *Art of Political Murder,* 22.

277 **en un enfadado silencio:** Goldman, *Art of Political Murder,* 55.

277 **auditorio especial:** Lawyers Committee for Human Rights, *Test of Justice in Guatemala,* 24-27; Enrique Recinos, entrevista con el autor, 26 de agosto de 2022.

277 **"Deberías estar asustado":** Lawyers Committee for Human Rights, *Test of Justice in Guatemala,* 35.

[277] **"temporada de caza":** Lawyers Committee for Human Rights, *Test of Justice in Guatemala,* 24-25.

[277] **El veredicto llegó:** Recinos, entrevista; Lawyers Committee for Human Rights, *Test of Justice in Guatemala,* 25-33; Lucrecia Hernández Mack, entrevista; Helen Mack, entrevista.

[278] **se le escapó un sollozo:** Enrique Recinos, entrevista.

[278] **"parcialmente satisfecha":** "Guatemalan Ex-Officer Is Convicted in Murder", *Washington Post,* 4 de octubre de 2002.

[278] **nueve y media de la noche:** Recinos, entrevista; Lucrecia Hernández Mack, entrevista.

CAPÍTULO 29: EL JUICIO

[285] **se concentró en su abogado:** *Juan Romagoza Arce v. Jose Guillermo García,* Tribunal Distrital de Estados Unidos, Distrito Sur de Florida, División Norte, transcripción del juicio, 24 de junio de 2002, 67.

[279] **"Dónde más":** Joshua E. S. Phillips, "The Case against the Generals", *Washington Post,* 17 de agosto de 2003.

[280] **Había llamado:** Shawn Roberts, entrevista con el autor, 18 de julio de 2020.

[280] **"responsabilidad de mando":** Beth Van Schaack, "Command Responsibility: The Anatomy of Proof in Romagoza v. García", *U.C. Davis Law Review* (2003). Véase también Patty Blum, entrevistas con el autor el 22 de julio de 2020 y el 20 de agosto de 2020.

[280] **"Los litigios pueden ser horribles":** Roberts, entrevista.

[280] **aseguraba con firmeza:** Blum, entrevista, 22 de julio de 2020.

[280] **Ford convenció:** Scott Greathead y Michael Posner, "Bill Ford, Remembered", *Nation,* 18 de junio de 2008.

[280] **se topó con su torturador:** Jonathan Blitzer, "My Only Friend Is My Conscience", *New York Review of Books,* 7 de diciembre de 2017.

[281] **ausencia de víctimas vivas:** Blum, entrevistas; Roberts, entrevista.

[281] **Neris González y Carlos Mauricio:** *Arce v. García,* transcripción del juicio, 27 de junio de 2002 y 2 de julio de 2002.

[282] **una dictadura militar:** *Arce v. García,* transcripción del juicio, 17 de julio de 2002, 102.

[282] *Unificada y consolidada: Arce v. García,* transcripción del juicio, 25 de junio de 2002, 72-78.

[285] **"familiarizado con las botas militares":** *Arce v. García,* transcripción del juicio, 24 de junio de 2002, 82.

[286] **"permítanme regresar":** *Arce v. García,* transcripción del juicio, 17 de julio de 2002, 58.

[288] **54 millones de dólares por daños:** Manuel Roig-Franzia, "Torture Victims Win Lawsuit Against Salvadoran Generals", *Washington Post,* 24 de julio de 2002; David Gonzalez, "Torture Victims in El Salvador are Awarded $54 Million", *New York Times,* 24 de julio de 2002.

CAPÍTULO 30: HOMIELAND

[289] **22000 salvadoreños:** "Latest Data: Immigration and Customs Enforcement Removals", TRAC Immigration Database, Universidad de Siracusa, https://trac.syr.edu/phptools/immigration/remove/. En 2007, el ICE deportó a 21 892 salvadoreños; el año anterior, a 11 334.

[291] **un psicólogo del gobierno escribió:** Roberto Valencia, *Carta desde Zacatraz* (Madrid: Libros del K.O., 2018), 36.

[292] **a quiénes debía nombrar el gobierno:** Héctor Silva Ávalos, *Infiltrados: Crónica de la corrupción en la PNC (1992-2013)* (San Salvador: UCA Editores, 2014), xiii.

[292] **Entre 1993 y 1996:** Valencia, *Carta desde Zacatraz,* 35.

[292] **robo, secuestro y homicidio:** Larry Rohter, "In U. S. Deportation Policy, a Pandora's Box", *New York Times,* 10 de agosto de 1997.

[292] **viejas pistolas y porras:** Rohter, "In U. S. Deportation Policy".

[292] **"un problema muy serio":** Rohter, "In U. S. Deportation Policy".

[292] **"Pandillas de barrio dispersas":** Juan José Martínez d'Aubuisson, *A Year Inside MS-13: See, Hear, and Shut Up* (Nueva York: OR Books/Counterpoint, 2015), 7.

[293] **todo el día reuniéndose:** Valencia, *Carta desde Zacatraz,* 57.

[293] **las primeras derivaciones:** Martínez d'Aubuisson, *A Year Inside MS-13,* 8.

[293] **"pactos sureños":** Martínez d'Aubuisson, *A Year Inside MS-13,* 73.

[293] **"De dónde viene":** Juan José Martínez, "Los Sureños, los otros pandilleros de El Salvador", *InSight Crime,* 23 de diciembre de 2014.

[293] **ramas más oscuras:** Luis Enrique Amaya y Juan José Martínez, "Sureños en El Salvador: un acercamiento antropológico a las pandillas de deportados", *Realidad y Reflexión* 14, núm. 39 (2014), 7–49.

[294] **"deportación y abandono":** Amaya and Martínez, "Sureños en El Salvador".

[294] **en instalaciones separadas:** Valencia, *Carta desde Zacatraz,* 347-354.

[295] **bajos costos operativos:** Jonathan Blitzer, "Called Away", *New Yorker,* 22 de enero de 2017.

[295] **"muy leales":** Tim Johnson, "For Deportees to El Salvador, Call Centers Become a Refuge", McClatchy, 11 de julio de 2015.

[296] **Lo que típicamente las diferenciaba:** Juan José Martínez, entrevista con el autor, 27 de abril de 2016.

[296] **"homieland" en inglés:** Emerson Portillo, entrevista con el autor, 25 de abril de 2016.

CAPÍTULO 31: LOS REFORMISTAS

[301] **había llegado temprano:** Cecilia Muñoz, entrevista con el autor, 10 de enero de 2020.

[302] **ya no lo proponía:** Shari Robertson y Michael Camerini, "Last Best Chance", *How Democracy Works Now* (Nueva York: Epidavros Project, Inc., 2010), https://www.how-democracyworksnow.com/story/last-best-chance.

[302] **Las líneas telefónicas del Congreso:** Muñoz, entrevista; Frank Sharry, entrevistas con el autor.

[302] **la extrema derecha:** Mike Allen, "Talk Radio Helped Sink Immigration Reform", *Politico,* 20 de agosto de 2007; Nicole Hemmer, *Partisans: The Conservative Revolutionaries Who Remade American Politics in the 1990s* (Nueva York: Basic Books, 2022), 27-81; Robertson y Camerini, "Last Best Chance".

[302] **sus cupones para alimentos:** Charles Kamasaki, Immigration Reform: *The Corpse That Will Not Die* (Simsbury, Connecticut: Mandel Vilar Press, 2019), 369.

[303] **que autorizaba las artimañas:** John Torres, director interino del ICE, "Use of Ruses During Arrest Operations", memorándum, 15 de agosto de 2005; John Torres, "Use of Ruses in Enforcement Operations", memorándum, 6 de marzo de 2006; Marcy Forman y John Torres, "Use of Ruses in ICE Enforcement Operations", memorándum, 22 de agosto de 2006. Estos documentos se hicieron públicos a consecuencia de solicitudes por la Ley de Libertad de Información presentadas por Immigrant Defense Project, Center for Constitutional Rights e Hispanic Interest Coalition de Alabama en 2013. Documentos disponibles en www.immigrantdefenseproject.org/raids-foia/#memos.

[303] **una treta común:** Bess Chiu *et al., Constitution on ICE: A Report on Immigration Home Raid Operations,* Kathryn O. Greenberg Immigration Justice Clinic (2009); Joel Rubin,

"It's Legal for an Immigration Agent to Pretend to Be a Police Officer outside Someone's Door. But Should It Be?", *Los Angeles Times,* 20 de febrero de 2017.

[303] **1300 personas:** "Arrest Totals from December 12 Swift Raids", Associated Press, 11 de septiembre de 2007, www.denverpost.com/2007/09/11/arrest-totals-from-dec-12-swift-raids/.

[303] **"asuntos de orden público":** Shari Robertson and Michael Camerini, "Brothers and Rivals", *How Democracy Works Now* (Nueva York: Epidavros Project, Inc., 2010), www.howdemocracyworksnow.com/shop/dvd-brothers-and-rivals.

[303] **hasta que dejó de serlo:** Shari Robertson y Michael Camerini, "Sam in the Snow", *How Democracy Works Now* (Nueva York: Epidavros Project, Inc., 2010), www.howdemocracyworksnow.com/story/sam-in-the-snow.

[303] **que fuera tan explícito:** Cecilia Muñoz, entrevista.

[304] **"Tengo un trabajo que llevar a cabo":** Robertson y Camerini, "Last Best Chance".

[305] **algunas formulaciones características:** Muñoz, entrevista.

[305] **"este es mi campeón":** Muñoz, entrevista.

[306] **desde fuera:** Muñoz, entrevista.

[306] **"las comunidades están aterrorizadas":** "Obama Addresses the National Council of La Raza", *Washington Post,* 15 de julio de 2008.

[307] **"Habla Barack Obama":** Muñoz, entrevista.

[308] **oficinas permanentes:** Mary A. Clark, "The New Left and Health Care Reform in El Salvador", *Latin American Politics and Society* 57, núm. 4 (2015), 97-118.

[309] **"No queremos venganza":** Blake Schmidt y Elisabeth Malkin, "Leftist Party Wins Salvadoran Vote", *New York Times,* 16 de marzo de 2009.

[309] **Alianza Ciudadana contra la Privatización:** Clark, "The New Left and Health Care Reform"; Mary Clark, "El cambio sí llegó al sistema de salud", *El Faro,* 2 de febrero de 2017.

[309] **expertos en salud pública:** Clark, "The New Left and Health Care Reform".

[309] **promotores de salud:** Clark, "The New Left and Health Care Reform".

CAPÍTULO 32: LA VOZ DE DIOS

[313] **11000 personas:** Hurricanes: Science and Society, Escuela de Posgrado en Oceanografía, Universidad de Rhode Island, "1998-Hurricane Mitch", www.hurricanescience.org/history/storms/1990s/mitch/.

[314] **"el país de los setentas":** Walter LaFeber, *Inevitable Revolutions: The United States in Central America* (Nueva York: W. W. Norton & Company, 1984), 178.

[314] **750000 dólares diarios en ayuda:** LaFeber, *Inevitable Revolutions,* 330-332.

[315] **"cero tolerancia" con el crimen:** Adrienne Pine, *Working Hard, Drinking Hard: On Violence and Survival in Honduras* (Berkeley: University of California Press, 2008), 61.

[315] **"El mandato del pueblo":** Pine, *Working Hard, Drinking Hard,* 62.

[315] **"asociación ilícita":** Pine, *Working Hard, Drinking Hard,* 63.

[316] **"exterminar"** Alberto Arce, *Honduras a ras de suelo: Crónicas desde el país más violento del mundo* (Ciudad de México: Ariel, 2015), 136-137.

[317] **28 vagones:** Óscar Martínez, *The Beast: Riding the Rails and Dodging Narcos on the Migrant Trail* (Londres y Brooklyn, Nueva York: Verso, 2010), 51-52.

[319] *golpe profiláctico:* William Finnegan, "An Old-Fashioned Coup", *New Yorker,* 22 de noviembre de 2009.

[319] **tienda de comestibles:** Recepción de Denuncia, Ministerio Público, Atlántida, La Ceiba, 14 de marzo de 2013.

[320] **en un telegrama confidencial:** Hugo Llorens, "Open and Shut: The Case of the Honduran Coup", Embajada de Estados Unidos en Tegucigalpa, 24 de julio de 2009.

[321] **unas cajas negras:** Dana Frank, *The Long Honduran Night: Resistance, Terror, and the United States in the Aftermath of the Coup* (Chicago: Haymarket Books, 2018), 138-139.

[321] **motocicleta blanca:** Recepción de denuncia, Ministerio Público, Atlántida, La Ceiba, 1° de noviembre de 2011.

[321] **"pidiendo a las autoridades":** Recepción de denuncia, Ministerio Público, Atlántida, La Ceiba, 20 de junio de 2012.

CAPÍTULO 33: DEPORTADOR EN JEFE

[323] **más que el financiamiento:** Doris Meissner *et al.*, *Immigration Enforcement in the United States: The Rise of a Formidable Machinery* (Washington, D. C.: Migration Policy Institute, 2013).

[323] **prácticamente se había duplicado:** Muzaffar Chishti, Sarah Pierce y Jessica Bolter, "The Obama Record on Deportations: Deporter in Chief or Not?", Migration Policy Institute, 26 de enero de 2017.

[323] **"caso atípico con una ventaja":** Cecilia Muñoz, entrevista con el autor.

[324] **"No tiene ningún sentido":** Muñoz, entrevista.

[324] **se "pasaba de la raya":** Muñoz, entrevista.

[324] **600 000 empleos:** Oficina de Estadísticas Laborales, *Current Employment Statistics: Highlights, April 2009*, 8 de mayo de 2009.

[324] **que supuestamente sería aprobada:** Muñoz, entrevista.

[324] **"la Guardia Nacional":** Muñoz, entrevista.

[324] **en una reunión del gabinete:** Muñoz, entrevista.

[325] **el secretario subrayó:** Julia Preston, "Deportations from U. S. Hit a Record High", *New York Times,* 6 de octubre de 2010.

[326] **programa federal:** Conocida como los acuerdos 287(g), esta política fue codificada por la Ley de Reforma de la Inmigración Ilegal y Responsabilidad Migratoria de 1996. Otro programa afín, llamado Comunidades Seguras, fue instituido en los últimos meses del mandato de George W. Bush. Cuando la Comisión del 11-S publicó su informe final, en 2004, la sección sobre control de la inmigración recomendaba dar "un papel cada vez más mayor a los organismos locales de aplicación de la ley [...] para que puedan cooperar de manera más efectiva con las autoridades federales con el fin de identificar a sospechosos de terrorismo". Véase Muzaffar Chishti y Jessica Bolter, "Two Decades after 9/11, National Security Focus Still Dominates U. S. Immigration system", Migration Policy Institute, 22 de septiembre de 2021.

[326] **En Las Vegas:** Randy Capps *et al., Delegation and Divergence: A Study of 287(g) State and Local Immigration Enforcement* (Washington, D. C: Migration Policy Institute, 2011).

[327] **Los modos de agruparlas:** John Morton, subsecretario, ICE, "Civil Immigration Enforcement: Priorities for the Apprehension, Detention, and Removal of Aliens", memorándum, 30 de junio de 2010.

[327] **afiló más los términos:** John Morton, director, ICE, "Civil Immigration Enforcement: Priorities for the Apprehension, Detention, and Removal of Aliens", memorándum, 2 de marzo de 2011.

[327] **se dio prioridad de detención para tres millones:** Marc R. Rosenblum, *Understanding the Potential Impact of Executive Action on Immigration Enforcement* (Washington, D. C.: Migration Policy Institute, 2015).

[327] **ensayo y error:** John Sandweg, entrevista con el autor, 10 de marzo de 2017.

[327] **contratación era resultado de alguna especie de discriminación positiva:** Cecilia Muñoz, *More Than Ready: Be Strong and Be You… and Other Lessons for Women of Color on the Rise* (Nueva York: Seal Press, 2020), 55.

[327] **"Si llaman a Rahm":** Muñoz, entrevista.

[328] **"Hemos ido más allá":** "Remarks by the President on Comprehensive Immigration Reform in El Paso, Texas", 10 de mayo de 2011, transcripción, https://obamawhitehouse. archives.gov/the-press-office/2011/05/10/remarks-president- comprehensive-immigra-tion-reform-el-paso- texas.

[328] **A Muñoz le correspondía:** David Nakamura, "White House Immigration Adviser Cecilia Muñoz Is Taking the Heat for Obama", *Washington Post,* 8 de septiembre de 2014.

[328] **"el costo humano":** Ginger Thompson y Sarah Cohen, "More Deportations Follow Minor Crimes, Records Show", *New York Times,* 6 de abril de 2014.

[328] **al final todo se reducía:** Janet Murguía, entrevista con el autor, 30 de enero de 2020.

[328] **"que se estaban poniendo en la balanza":** Murguía, entrevista, 5 de julio de 2023.

[328] **"volviera a sus raíces":** Peter Wallsten, "Activists Say Obama Aide Cecilia Muñoz Has 'Turned Her Back' on Fellow Hispanics", *Washington Post,* 9 de noviembre de 2011.

[329] **"Debería oponer resistencia":** Wallsten, "Activists Say Obama Aide".

[329] **igual en privado:** Evan McMorris-Santoro y Kate Nocera, "The Rough Road for Cecilia Muñoz, Defender of Obama's Immigration Policy", *BuzzFeed News,* 3 de agosto de 2014.

[329] **"necesitas gente":** Muñoz, entrevista.

[330] **dos equipos:** Muñoz, entrevista; Janet Napolitano, entrevistas con el autor, 2017-2020; Felicia Escobar, entrevista con el autor, 2017.

[330] **A partir de 1981:** Departamento de Justicia de Estados Unidos, memorándum de sentencia para el secretario de Seguridad Nacional y el consejero del presidente, 19 de noviembre de 2014, www.justice.gov/file/179206/download.

[331] **pero también se mostraba cauteloso:** Napolitano, entrevista; Muñoz, entrevista; Escobar, entrevista.

[331] **"hasta un ciego":** Entrevista del autor con un exfuncionario de la Casa Blanca, 21 de febrero de 2020.

[331] **"el sector demográfico de más rápido crecimiento":** Entrevista de Obama con el consejo editorial de *Des Moines Register,* 23 de octubre de 2012.

[332] **a Obama que guardara distancia:** Ryan Lizza, "Getting to Maybe", *New Yorker,* 17 de junio de 2013. A mediados de febrero, un informante del gobierno filtró a la prensa los pormenores del plan de la Casa Blanca, lo que dio lugar a que Marco Rubio, republicano de la Banda de los Ocho, declarara muerto el proyecto de Obama (Alan Gomez, "White House Immigration Plan Offers Path to Residency", *USA Today,* 16 de febrero de 2013).

[332] **"tiro al blanco":** Muñoz, entrevista.

[332] **"el esfuerzo más ambicioso":** Julia Preston, "Besides a Path to Citizenship, a New Path on Immigration", *New York Times,* 16 de abril de 2013.

[332] **Una semana antes:** Alec MacGillis, "How Republicans Lost Their Best Shot at the Hispanic Vote", *New York Times Magazine,* 15 de septiembre de 2016.

CAPÍTULO 34: EMERGENCIA EN LA FRONTERA

[334] **regresaba de California:** Jeh Johnson, entrevista con el autor, 16 de noviembre de 2020.

[334] **un programa de 175 millones de dólares:** Lauren Markham, *The Far Away Brothers* (Nueva York: Crown, 2017), 85. Este era el presupuesto del programa en el Departamento

de Salud y Servicios Humanos en 2013. Al año siguiente prácticamente se duplicó (en 2017 superaba los 1 000 millones de dólares).

[334] **"demasiado grande para restarle importancia":** Jeh Johnson, entrevista con el autor, 16 de noviembre de 2020; Cecilia Muñoz, entrevista con el autor.

[335] **69 000 menores no acompañados:** Oficina de Aduanas y Protección Fronteriza de Estados Unidos, "Southwest Border Unaccompanied Alien Children FY 2014", www.cbp.gov/newsroom/stats/southwest-border-unaccompanied-children/fy-2014.

[335] **33 000 niños:** Julia Preston, "New U. S. Effort to Aid Unaccompanied Child Migrants", *New York Times,* 2 de junio de 2014.

[335] **6 000 y 8 000 niños:** Dara Lind, "The 2014 Central American Migrant Crisis", *Vox,* 10 de octubre de 2014.

[335] **Una base naval:** Matt Hansen, "Lawmakers, Community Leaders Tour Base, Rally for Detained Minors", *Los Angeles Times,* 8 de julio de 2014.

[335] **de la fuerza aérea en San Antonio:** Alex Ura, "State, Waiting for Feds, Providing Vaccines for Child Detainees", *Texas Tribune,* 26 de junio de 2014.

[336] **"insistir en la amnistía":** Erica Werner, "Cantor Mailer Takes Aim at Amnesty for Undocumented Immigrants", Associated Press, 27 de mayo de 2014.

[336] **bloqueados por una multitud:** Matt Hansen y Mark Boster, "Protesters in Murrieta Block Detainees' Buses in Tense Standoff", *Los Angeles Times,* 1° de julio de 2014.

[336] **En las oficinas generales del DHS:** Jeh Johnson, entrevista con el autor, 16 de noviembre de 2020.

[336] **se le enviara al secretario una lista:** Entrevistas del autor con dos exfuncionarios del DHS el 13 de marzo de 2020 y el 19 de julio de 2020.

[336] **pero no fatal:** Entrevistas con dos exfuncionarios del DHS.

[336] **inmediatamente rebatida:** Entrevistas con dos exfuncionarios del DHS.

[337] **Algunos asesores:** Entrevistas con dos exfuncionarios del DHS.

[337] **"Sencillamente no podemos":** "Hope and Despair as Families Languish in Texas Immigration Centers", *New York Times,* 14 de junio de 2015.

[338] **barracones, más que cárceles:** Preston, "Hope and Despair".

[338] **"Traté de mantener la compostura":** Muñoz, entrevista.

[338] **Ese mismo día:** Alec MacGillis, "How Republicans Lost Their Best Shot at the Hispanic Vote", *New York Times Magazine,* 15 de septiembre de 2016.

[338] **30 de junio de 2014:** Se reconstruyó esta escena con ayuda de múltiples entrevistas con Cecilia Muñoz, Frank Sharry, Marielena Hincapié, Angélica Salas y Gustavo Torres. Para un relato parcial de esta reunión, véase también Major Garrett, "Behind the Scenes of Obama's Sudden Immigration Reversal", *Atlantic,* 7 de julio de 2014.

[339] **"deportador en jefe":** Eyder Peralta, "National Council of La Raza Dubs Obama 'Deporter in Chief' ", *National Public Radio,* 4 de marzo de 2014.

[339] **"Pues lo siento mucho":** Garrett, "Behind the Scenes".

[338] **la conversación desembocó en el tema de la frontera:** Garrett, "Behind the Scenes".

[340] **"cuando mi familia y yo":** Muñoz, entrevista.

[340] **"¿Sabe qué?":** No hubo transcripción de esta reunión. La cita se reconstruyó a partir de entrevistas con cinco personas presentes, algunas de las cuales tomaron notas en el momento o inmediatamente después.

CAPÍTULO 35: TARJETA DE MEMORIA

[341] **Juliana Ramírez creció:** Los nombres de los inmigrantes que aparecen en esta sección se han cambiado a petición de ellos mismos y para su protección.

[341] **con una máscara negra:** Juliana Ramírez, entrevista con el autor, 29 de agosto de 2017.

[341] **tenía tres años:** Ramírez, entrevista; declaración jurada en apoyo del asilo, 25 de abril de 2017.

[341] **se negó a pagar:** Entrevista con la madre de Juliana Ramírez, Ramona, 29 de agosto de 2017; declaración jurada en apoyo del asilo, 28 de abril de 2017.

[341] **"Lo que necesito":** Transcripción de una llamada telefónica grabada, solicitud de asilo, 28 de abril de 2017.

[342] **consultó a Michael Chertoff:** Jeh Johnson, entrevista con el autor, 16 de noviembre de 2020.

[342] **"Colgados de los vagones":** Sarah Stillman, "Where Are the Children?", *New Yorker,* 27 de abril de 2015.

[343] **40 000 menores no acompañados:** Oficina de Aduanas y Protección Fronteriza de Estados Unidos, *United States Border Patrol Southwest Family Unit Subject and Unaccompanied Alien Children Apprehensions Fiscal Year 2016,* www.cbp.gov/newsroom/stats/southwest-border- unaccompanied-children/fy-2016.

[344] **42 000 salvadoreños:** "Latest Data: Immigration and Customs Enforcement Removals", TRAC Immigration Database, Universidad de Siracusa, https://trac.syr.edu/phptools/immigration/remove/.

[346] **dos grandes salones:** Marvin Carias, entrevista con el autor, 27 de abril de 2016.

[346] **como a 400:** Laura Andrade y Adilio Carrillo, *El sistema penitenciario salvadoreño y sus prisiones* (San Salvador: Instituto Universitario de Opinión Pública, Universidad Centroamericana José Simeón Cañas, 2015), xii-10. En diciembre de 2021 ya había 636 internos en el centro: "Resumen de Información de Penales (RIP) Periodo desde las 140010DIC021 hasta las 140011DIC021", Fuerza Armada de El Salvador, 11 de diciembre de 2021.

[347] **frente a guardias de la prisión:** Óscar Martínez *et al.,* "Gobierno negoció con pandillas reducción de homicidios", *El Faro,* 14 de marzo de 2012.

[347] **Sector 6:** Daniel Castro, "The Truce", *Harper's,* mayo de 2019.

[347] **"la capital de Estados Unidos":** Hannah Stone, "El Salvador Gets 'Tough' Amid Worsening Crime", *Christian Science Monitor,* 6 de febrero de 2012.

[347] **prometido solemnemente poner:** José Luis Sanz and Carlos Martínez, "Entrevista: 'Aplicaremos el método de pacificación que se usa en las favelas de Río' ", *El Faro,* 26 de enero de 2012.

[347] **a cambio de beneficios:** Carlos Martínez, Óscar Martínez y Efrén Lemus, "Munguía Payés justifica haber sacado de máxima seguridad a líderes pandilleros", *El Faro,* 16 de marzo de 2012.

[347] **en la primera reunión:** Castro, "The Truce"; Carlos Martínez y José Luis Sanz, "La nueva verdad sobre la tregua entre pandillas", *El Faro,* 15 de septiembre de 2012; Martínez, Martínez y Lemus, "Munguía Payés justifica".

[347] **les recordó el negociador:** Castro, "The Truce".

[348] **"ejército de 70 000":** Carlos Martínez y José Luis Sanz, "La nueva verdad sobre la tregua entre pandillas".

[348] **M-16 y una mina antipersona:** Castro, "The Truce".

[348] **"organización criminal transnacional":** Departamento del Tesoro de Estados Unidos: "Treasury Sanctions Latin American Criminal Organization", comunicado de prensa, 11 de octubre de 2012.

[348] **"En ningún momento":** Elisabeth Malkin, "El Salvador Cracks Down on Crime, but Gangs Remain Unbowed", *New York Times,* 11 de agosto de 2015.

348 **detener a funcionarios del gobierno:** Alberto Arce, "El Salvador Throws Out Gang Truce and Officials Who Put It in Place", *New York Times,* 20 de mayo de 2016.

349 **60 000 pandilleros:** Óscar Martínez *et al., "*Killers on a Shoestring: Inside the Gangs of El Salvador", *New York Times,* 20 de noviembre de 2016.

350 **la mitad del salario mínimo:** Martínez *et al.,* "Killers on a Shoestring".

351 **redadas navideñas:** Josh Gerstein y Seung Min Kim, "Obama Administration Kicks Off Family Deportation Raids", *Politico,* 4 de enero de 2016; Jerry Markon y David Nakamura, "U. S. Plans Raids to Deport Families Who Surged across Border", *Washington Post,* 23 de diciembre de 2015.

CAPÍTULO 36: TRUMP

354 **"Está siendo provocador":** Jonathan Blitzer, "Donald Trump in Patchogue", *New Yorker,* 16 de abril de 2016.

354 **"un problema de inmigración":** John Jay LaValle, entrevista con el autor, abril de 2016.

354 **una noche en busca de inmigrantes:** "Climate of Fear: Latino Immigrants in Suffolk County, N.Y"., *Southern Poverty Law Center,* 1º de septiembre de 2009.

354 **el gobierno federal intervino:** Kirk Semple, "Latino Drivers Report Thefts by Officers", *New York Times,* 2 de marzo de 2014. Tras una investigación del Departamento de Justicia, cientos de latinos del condado de Suffolk presentaron una demanda colectiva contra su departamento de policía. Se acusó a los agentes de detener sistemáticamente a los conductores latinos por supuestas infracciones de tránsito para luego registrarlos y robarles su dinero en efectivo, ardid conocido como "para y roba". Véase Liz Robbins, "Latinos, in Class-Action Case, Accuse Suffolk County Police of Bias and Harassment", *New York Times,* 29 de abril de 2015.

355 **"y nosotros somos nacionalistas":** Steve Kornacki, *The Red and the Blue: The 1990s and the Birth of Political Tribalism* (Nueva York: Ecco, 2018), 155-157.

356 **tratado de reclutar:** Joshua Green, *Devil's Bargain: Steve Bannon, Donald Trump, and the Storming of the Presidency* (Nueva York: Penguin Press, 2017), 184.

356 **bajando por la escalera mecánica:** Bannon pensó, con respeto reverencial, "Es Hitler", según una versión incluida en Jeremy W. Peters, *Insurgency* (Nueva York: Crown, 2022), 187.

357 **"de nuestras ideas":** Green, *Devil's Bargain,* 185.

357 **"el sello de aprobación":** Mark Krikorian, entrevista con el autor, 29 de octubre de 2019.

357 **primer nominado:** Elaina Plott, "The Fall of Jeff Sessions, and What Came After", *New York Times Magazine,* 30 de junio de 2020.

357 **En un memorándum titulado:** Jeff Sessions, "Immigration Handbook for the New Republican Majority", memorándum, enero de 2015.

358 **la familia se mudó:** Jean Guerrero, *Hatemonger: Stephen Miller, Donald Trump, and the White Nationalist Agenda* (Nueva York: William Morrow, 2020), 18-22.

358 **"todo el tiempo estaba enojado":** Guerrero, *Hatemonger,* 59.

358 **En la adolescencia:** Julia Ioffe, "The Believer", *Politico Magazine,* 27 de junio de 2016.

358 **"como sarpullido":** Jonathan Blitzer, "Get Out", *New Yorker,* 2 de marzo de 2020.

358 **concienciación sobre el islamismo fascista:** McKay Coppins, "Trump's Right-Hand Troll", *Atlantic,* 28 de mayo de 2018.

358 **"sin alma":** Stephen Miller, "America: The Forgotten Campus Culture", *The Chronicle,* 20 de noviembre de 2006.

358 **se cuadruplicó en Alabama:** Jason DeParle, "How Stephen Miller Seized the Moment to Battle Immigration", *New York Times,* 17 de agosto de 2019.

[359] **"imperio de la ley":** Sasha Aslanian, "Immigration Lurks, But Not Discussed, in 6th District Race", *Minnesota Public Radio,* 11 de octubre de 2010; Stephanie Akin, "The Other 'Steve' in the White House", *Roll Call,* 13 de febrero de 2017.

[359] **la Heritage Foundation:** Blitzer, "Get Out".

[359] **correos electrónicos masivos sobre la inmigración:** Blitzer, "Get Out".

[359] **"cursar una maestría":** Entrevista del autor con un alto funcionario republicano de la Cámara de Representantes, 2 de diciembre de 2019.

[360] **"Las leyes tienen que cambiar":** Entrevista del autor con funcionarios del DHS, 15 de noviembre de 2019.

[361] **"lo que sentía en lo más profundo":** Nick Miroff y Josh Dawsey, "The Adviser Who Scripts Trump's Immigration Policy", *Washington Post,* 17 de agosto de 2019.

[361] **"milagrosa intervención":** Jeff Sessions, "Speech at Executive Office for Immigration Review", Departamento de Justicia, 12 de octubre de 2007, video, www.c-span.org/video/?435666-1/attorney-general-jeff-sessions-asylum-policies.

[361] **"¿Cómo se maniobra?":** Julie Hirschfeld Davis y Michael D. Shear, *Border Wars: Inside Trump's Assault on Immigration* (Nueva York: Simon & Schuster, 2019), 51.

[362] **"tiene dos impulsos":** Blitzer, "Get Out".

[362] **"nuevo orden mundial":** Davis y Shear, Border Wars, 76.

[363] **"enciclopedia ambulante":** Maggie Haberman y Katie Rogers, "Still Standing, Jared Kushner and Ivanka Trump Step Back in the Spotlight", *New York Times,* 18 de julio de 2018.

[364] **Estaban presentes:** Jonathan Blitzer, "How Stephen Miller Single-Handedly Got the U. S. to Accept Fewer Refugees", *New Yorker,* 13 de octubre de 2017.

[364] **interceptaba documentos:** Blitzer, "How Stephen Miller Single-Handedly".

[364] **cálculo de costo-beneficio:** Julie Hirschfeld Davis y Somini Sengupta, "Trump Administration Rejects Study Showing Positive Impact of Refugees", *New York Times,* 18 de septiembre de 2017.

[365] **"DACA con el corazón":** Jonathan Blitzer, "Donald Trump Holds Dreamers' Future in His Hands", *New Yorker,* 3 de septiembre de 2017.

[366] **"sustituir el perfil demográfico":** Michael Edison Hayden, "Miller Dismisses DACA in Emails, Mirroring Anti-Immigrant Extremists' Views", Southern Poverty Law Center, 14 de enero de 2020.

CAPÍTULO 37: CAMPOS DE LA MUERTE

[367] **se enteró del crimen:** Michael Scherer, "2016 Person of the Year: Donald Trump", *Time,* 7 de diciembre de 2016.

[367] **17 asesinatos:** Timothy Sini, "Testimony Regarding MS-13", Comisión del Senado de Estados Unidos sobre Seguridad Nacional y Asuntos Gubernamentales, 22 de mayo de 2017, 1, www.hsgac.senate.gov/wp-content/uploads/imo/media/doc/Testimony-Sini-2017-05-241.pdf.

[367] **89 miembros de la pandilla:** Sini, "Testimony Regarding MS-13", 4.

[367] **400 miembros:** Sini, "Testimony Regarding MS-13", 3.

[368] **"Uno no siente"** Steve Bellone, entrevista con el autor, junio de 2017.

[368] **Steve Levy:** "Climate of Fear: Latino Immigrants in Suffolk County, N.Y.", Southern Poverty Law Center, 1° de septiembre de 2009; David Freedlander, "Long Island's O.G. Anti-Immigrant Politician", *Daily Beast,* 9 de agosto de 2017.

[368] **Un encuestador de Nueva Jersey:** Adam Geller, entrevista con el autor, 3 de noviembre de 2017, Jonathan Blitzer, "How the Gang MS-13 Became a Trumpian Campaign Issue in Virginia", *New Yorker,* 6 de noviembre de 2017.

[369] **Sini había ido ahí:** Jonathan Blitzer, "The Gang MS-13 Is a Real Problem, but Does Trump Have Any Answers?", *New Yorker,* 9 de mayo de 2017.

[369] **"competir con ese ruido":** Timothy Sini, entrevista con el autor, abril de 2017.

[370] **empezó su carrera:** Thomas Homan, entrevistas con el autor el 21 de agosto de 2018 y el 16 de julio de 2020.

[370] **1 400 000 personas:** Marc R. Rosenblum, *Understanding the Potential Impact of Executive Action on Immigration Enforcement,* Migration Policy Institute (2015).

[370] **disminuyeron considerablemente:** Kristen Bialik, "Most Immigrants Arrested by ICE Have Prior Criminal Convictions, a Big Change from 2009", Pew Research Center. 15 de febrero de 2018; Bryan Baker, *Immigration Enforcement Actions: 2016* (Washington D. C.: Departamento de Seguridad Nacional, Oficina de Estadísticas de Inmigración, 2017), 4; www.dhs.gov/sites/default/files/publications/Enforcement_Actions_2016.pdf.

[370] **a finales de enero:** Homan, entrevista, 21 de agosto de 2018.

[370] **redada del ICE en Las Cruces:** Greg Ewing, entrevista con el autor, 11 de marzo de 2017; véase Jonathan Blitzer, "After an Immigration Raid, a City's Students Vanish", *New Yorker,* 23 de marzo de 2017.

[371] **habían sido completamente abandonadas:** Julie Kirkes, entrevista con el autor, 14 de marzo de 2017.

[371] **"las leyes vigentes":** Tal Kopan, "ICE Director: Undocumented Immigrants 'Should Be Afraid'", CNN, 16 de junio de 2017.

[371] **"Ninguna población queda descartada":** Jonathan Blitzer, "In Calling for Politicians' Arrest, an ICE Official Embraces His New Extremist Image", *New Yorker,* 4 de enero de 2018.

[372] **tribunal encargado de las infracciones vehiculares:** "Climate of Fear".

[372] **policía en El Salvador:** Jonathan Blitzer, "Trapped", *New Yorker,* 1° de enero de 2018.

[377] **"Automáticamente le notificamos":** Sini, "Testimony Regarding MS-13".

[377] **metidos en la pandilla:** Sarah Gonzalez, "MS-13 Gang Crackdown Relies on 'Questionable' Evidence from Schools", National Public Radio, 7 de agosto de 2017; Sarah Gonzalez, "Undocumented Teens Say They're Falsely Accused of Being in a Gang", National Public Radio, 17 de agosto de 2017.

[377] **Bellport High School:** Victor Manuel Ramos, "Lawyer: Students at Bellport High Wrongly Accused of MS-13 Ties", *Newsday,* 23 de junio de 2017.

[378] **"Tengo miedo":** Sarah Gonzalez, "Undocumented Teens Say They're Falsely Accused of Being in a Gang", National Public Radio, 17 de agosto de 2017.

[378] **El ICE identificaba a alguien:** Julia Edwards Ainsley, "U. S. Immigration Raids to Target Teenaged Suspected Gang Members", Reuters, 21 de julio de 2017.

[379] **Angel Melendez:** Angel Melendez, entrevista con el autor, 23 de agosto de 2017.

[379] **el caso de Jorge:** Jonathan Blitzer, "How Gang Victims Are Labelled as Gang Suspects", *New Yorker,* 23 de enero de 2018.

[379] **20 años:** Robert Warren y Donald Kerwin, "A Statistical and Demographic Profile of the U. S. Temporary Protected Status Populations from El Salvador, Honduras, and Haiti", *Journal on Migration and Human Society* 5, núm. 3 (2017), 578. La mayoría de los hondureños a los que se concedió estatus de protección temporal a finales de la década de 1990, en virtud del huracán *Mitch,* también habían vivido 20 años en Estados Unidos.

[380] **documento más amplio:** "Memorandum for: Alien File Regarding Gang Affiliation", de Daniel Loechner a través de Celestino J. Martinez, agente especial supervisor, Intel, 3 de julio de 2017.

CAPÍTULO 38: LOS NERDS

[381] **"sinónimo de muerte":** Comisión Internacional contra la Impunidad en Guatemala (CICIG), comunicado de prensa 002, "Unidad especial investigará actos de corrupción en el ministerio de salud", 12 de enero de 2017, https://www.cicig.org/comunicados-2017-c/unidad-especial-investigara-actos-de-corrupcion-en-el-mspas/.

[381] **"No soy de la derecha":** Lucrecia Hernández Mack, entrevista con el autor, 3 de marzo de 2022.

[383] **media Guatemala:** "Country Profiles: Guatemala", *Epidemiological Bulletin* 25, núm. 2, junio de 2004, www3.paho.org/english/dd/ais/be_v25n2- perfil- guatemala.htm.

[384] **al papel de las organizaciones no gubernamentales:** Agencia de los Estados Unidos para el Desarrollo Internacional, "Guatemala: Health System Assessment 2015, Executive Summary", agosto de 2015, https://2012-2017.usaid.gov/documents/1862/guatema-la-health-system-assessment-2015-executive-summary.

[384] **enfermedades prevenibles:** Mack, entrevista.

[384] **descendido a niveles:** Mack, entrevista; World Bank Immunization Data, https://data.worldbank.org/indicator /SH.IMM.IDPT?locations=GT.

[384] **tres millones de dólares:** T. Christian Miller, "Colonel Guilty in Murder of Anthropologist", *Los Angeles Times,* 4 de octubre de 2002.

[384] **"que me ayudes":** Sebastián Escalón, "Guatemala pide auxilio", 22 de febrero de 2021, pódcast *El Experimento,* 32, 58, www.no-ficcion.com/project/transcripcion-guatema-la-pide-ayuda.

[385] **El mandato de la** CICIG: Escalón, "Guatemala pide auxilio"; Jonathan Blitzer, "The Exile of Guatemala's Anti-Corruption Efforts", *New Yorker,* 29 de abril de 2022.

[385] **del Cuerpo de Marines de Estados Unidos:** David Grann, "A Murder Foretold", *New Yorker,* 4 de abril de 2011.

[385] **45 millones de dólares:** "Guatemala: An Overview", Servicio de Investigación del Congreso, actualizado el 4 de abril de 2023, http://crsreports.congress.gov/product/pdf/IF/IF12340.

[386] **cumplió los términos:** Mack, entrevista.

[387] **4.8 millones de dólares:** CICIG, "Presentación del caso asalto al Ministerio de Salud Pública", 16 de julio de 2019, www.cicig.org/casos/caso-asalto-al-ministerio-de-sa-lud-publica/.

[387] **54 sindicatos:** CICIG, "Presentación del caso asalto".

[387] **otros 35 000 trabajaban:** CICIG, "Presentación del caso asalto".

[387] **10 citaciones:** Entrevista del autor con el secretario de recursos humanos, Oficina del Ministerio de Salud Pública, 2 de marzo de 2022.

[388] **acusarla de embolsarse:** Mack, entrevista.

[388] **"pidiendo tu cabeza":** Mack, entrevista; Gabriel Labrador, "Me decían: 'Aguantemos con Jimmy'", *El Faro,* 24 de septiembre de 2018.

[388] **70 %:** Asier Vera, "Los centros de salud de Guatemala atenderán el mal de ojo, la pérdida del alma, los sustos y los antojos", *El Mundo,* 25 de agosto de 2016.

[388] **"la fuerza vital esencial":** Linda Green, *Fear as a Way of Life: Mayan Widows in Rural Guatemala* (Nueva York: Columbia University Press, 1999), 120-124.

[388] **"es necesaria esta vigilancia":** Vera, "Los centros de salud de Guatemala".

[389] **abrió una investigación:** CICIG, "Capturas relacionadas con fraude al registro de la propiedad", 18 de enero de 2017, www.cicig.org/casos/capturas-relacionadas-con-frau-de-al-registro-de-la-propiedad/; Héctor Silva Ávalos y Steven Dudley, "El 'pecado original' del presidente Jimmy Morales y de Guatemala", *InSight Crime,* 23 de agosto de 2018.

[389] **fueron imputados:** "Detenidos hermano e hijo del presidente de Guatemala en investigación por corrupción", CNN Español, 18 de enero de 2017; "El hermano y el hijo del presidente de Guatemala quedan bajo arresto domiciliario", CNN Español, 23 de febrero de 2017. En agosto de 2019 un tribunal absolvió al hermano y al hijo de Morales con el argumento de que "no se pudo probar la participación ni la intencionalidad" en la comisión del delito. José Elías, "Guatemala absuelve al hijo y al hermano del presidente acusados de emitir facturas falsas", *El País,* 29 de agosto de 2019.

[389] **probidad inquebrantable:** Cuando era un joven abogado en Medellín, Colombia, Velásquez rechazó en una ocasión un soborno de Pablo Escobar. Para darle la noticia personalmente, viajó a La Catedral, la cárcel que construyó el gobierno para albergar a Escobar siguiendo sus propias especificaciones. Le decían el Hotel Escobar; tenía cancha de futbol, discoteca y jacuzzi, y Escobar organizaba fiestas todas las semanas. Instaló un telescopio especial con el que podía ver Medellín desde su habitación. "No acepto más dinero que mi salario", le dijo Velásquez. En julio de 1992, cuando el gobierno colombiano trató de transferir a Escobar a otro centro, responsabilizó a Velásquez, quien un día recibió una llamada del hermano de Escobar para advertirle que Pablo estaba furioso y planeaba matarlo (Sebastian Escalón, "Iván el Terrible", 8 de agosto de 2022, pódcast *El Experimento,* 40, 59).

CAPÍTULO 39: LA PASTORA

[391] **Carretera Estatal 9:** Departamento de Seguridad Nacional de Estados Unidos, informe de detención, 20 de septiembre de 2017.

[392] **"Está loca, ¿verdad?":** Keldy Mabel Gonzáles Brebe de Zúniga, entrevista con el autor, 10 de marzo de 2021.

[394] **fotos oficiales de Donald Trump:** Jacob Soboroff, *Separated: Inside an American Tragedy* (Nueva York: Custom House, 2020), 30.

[394] **"La historia no juzgará":** Departamento de Justicia, Oficina del Inspector General, *Review of the Department of Justice's Planning and Implementation of Its Zero Tolerance Policy and Its Coordination with the Departments of Homeland Security and Health and Human Services* (enero de 2021), 14.

[394] **"estudiar a cada persona de manera individual":** Departamento de Justicia, *Review of the Department of Justice's Planning,* 15.

[394] **Día de San Valentín:** Soboroff, *Separated,* 28–30; Jonathan White, declaración de testigo, Congreso de Estados Unidos, Cámara de Representantes, *Examining the Failures of the Trump Administration's Inhumane Family Separation Policy: Hearing Before the Subcommittee on Oversight and Investigations of the Committee on Energy and Commerce, House of Representatives,* Congreso 116, primera sesión, 7 de febrero de 2019, transcripción, www.congress.gov/event/116th-congress/house-event /LC64497/text.

[394] **mencionaron la posibilidad:** Jonathan White, declaración de testigo; Soboroff, *Separated,* 31.

[395] **haría "casi cualquier cosa":** *The Situation Room with Wolf Blitzer,* 6 de marzo de 2017; Mahita Gajanan, "Homeland Security Chief Says He's Considering Separating Immigrant Children from Parents", *Time,* 6 de marzo de 2018.

[395] **ya había empezado a remitir:** Departamento de Justicia, *Review of the Department of Justice's Planning,* 13.

[395] **"Trump va a arreglar eso":** Lomi Kriel, "Trump Moves to End Catch and Release, Prosecuting Parents and Removing Children Who Cross the Border", *Houston Chronicle,* 25 de noviembre de 2017.

[395] **alrededores de Yuma:** Departamento de Seguridad Nacional, Destacamento Especial Interagencial para la Reunificación de Familias, *Initial Progress Report* (2 de junio de 2021), 22.

[395] **"nadie hubiera puesto atención":** Departamento de Justicia, *Review of the Department of Justice's Planning,* 11.

[396] **dando resultados:** Desde antes la oficina del fiscal en Nuevo México había limitado la cantidad de procesos por cruces ilegales que recibiría del sector El Paso de la Patrulla Fronteriza. El 16 de julio de 2017, el fiscal interino del distrito "quitó todas las restricciones", de acuerdo con un informe de la Oficina de Responsabilidad del Gobierno. Oficina de Responsabilidad del Gobierno de Estados Unidos, "Unaccompanied Children: Agency Efforts to Reunify Children Separated from Parents at the Border", octubre de 2018, 14, www.gao.gov/assets/gao-19-163.pdf.

[396] **"Tenemos la esperanza":** Departamento de Justicia, *Review of the Department of Justice's Planning,* 15.

[396] **"Ya nos enteramos":** Departamento de Justicia, *Review of the Department of Justice's Planning,* 16.

[396] **"por lo menos 10 años":** Departamento de Justicia, *Review of the Department of Justice's Planning,* 15.

[397] **otra voz que llegaba de algún otro lado:** Departamento de Seguridad Nacional de Estados Unidos, Servicio de Ciudadanía e Inmigración, *Credible Fear Interview Notes,* Oficina de Asilo de Arlington, lugar de la entrevista: Centro de Procesamiento de Servicios de El Paso (telefónica), 4 de octubre de 2017, Interviewing APSO: E. Su. (todas las citas de la entrevista de *Credible Fear* fueron tomadas de este documento, que contiene una transcripción del juicio).

[398] **edificio de oficinas en Arlington:** Entrevista del autor con funcionario del Servicio de Ciudadanía e Inmigración, 15 de marzo de 2021; *Credible Fear Interview Notes,* 4 de octubre de 2017.

[398] **"voy a tomarle juramento":** *Credible Fear Interview Notes,* 4 de octubre de 2017.

[399] **un maestro haitiano:** Se llamaba Ansley Damus. Pasó dos años y 27 días detenido, a pesar de haber ganado dos veces su juicio de asilo. Cada vez, el gobierno apeló.

[399] **"Por determinar":** Departamento de Seguridad Nacional, *Notice to Appear, In the Matter of: Gonzales-Brebe de Zuniga, Keldy Mabel, currently residing at c/o ICE Custody El Paso Processing Center, 8915 Montana Avenue, El Paso, TX,* 11 de octubre de 2017.

[399] **observó ciertas regularidades:** Departamento de Justicia, *Review of the Department of Justice's Planning,* 17.

[399] **"posiblemente de miles de estos casos":** Melissa del Bosque, "The El Paso Experiment", *Intercept,* 1° de noviembre de 2020.

[400] **llamado Sergio García:** Del Bosque, "The El Paso Experiment".

[400] **"secuestrando a sus hijos":** Lomi Kriel, "Migrant Families Left Broken at the Border: Questionable Federal Policy Separates Parents and Children", *Houston Chronicle,* 26 de noviembre de 2017.

[400] **"Yo también estaría muy preocupado":** Kriel, "Migrant Families Left Broken at the Border".

[400] **280 más:** Departamento de Justicia, *Review of the Department of Justice's Planning,* 15.

CAPÍTULO 40: QUÉDATE BAJO TU PROPIO RIESGO

[401] **no entendía por qué:** José Luis Contreras, entrevistas con el autor, 16-18 de diciembre de 2017, 18 de octubre de 2018 y 21 de abril de 2021.

[402] **fue acusada:** "Luis Zelaya: 'Mapas Soluciones tiene vínculos con el Partido Nacional'", *Tiempo,* 6 de junio de 2017; "TSA pagará millonaria cifra si cancela contrato a Mapa Soluciones", *Tiempo,* 19 de octubre de 2017.

[402] **contratar a otra compañía:** Marilyn Méndez, "La manejará Asica", *Diario La Prensa,* 26 de octubre de 2017; "Descodificando el fraude electoral", *ContraCorriente,* 14 de diciembre de 2017.

[402] **"presentador de programas de concursos":** Jonathan Blitzer, "A U. S. Ally Says He Won Honduras's Presidential Election. Hondurans Aren't So Sure", *New Yorker,* 29 de noviembre de 2017.

[402] **parecía "irreversible":** Jonathan Blitzer, "In Honduras, Calls Rise for New Presidential Elections", *New Yorker,* 19 de diciembre de 2017; "Magistrado dice que tendencia es irreversible mientras el pueblo se parte", *ContraCorriente,* 28 de noviembre de 2017.

[403] **12 condiciones:** Patricia Zengerle, "U. S. Document Certifies Honduras as Supporting Rights amid Vote Crisis", *Reuters,* 4 de diciembre de 2017.

[404] **"una clara señal":** correo electrónico de Elaine Duke a John Kelly, 6 de noviembre de 2017.

[404] **rasgos positivos:** correo electrónico de Brandon Prelogar a Kathy Neubel Kovarik, Kathryn Anderson y Laurence Levine, 13 de octubre de 2017.

[404] **"al borde de muchos cambios":** Declaración de Gene Hamilton, 20 de octubre de 2017, Martin Jonathan Batallia Vidal *et al.* vs. Elaine Duke, secretaria interina, Departamento de Seguridad Nacional *et al.,* 16-CV-4756 (NGG) (JO) (EDNY, 19 de octubre de 2017).

[404] **alarma en la Casa Blanca:** Jonathan Blitzer, "The Administration Is Rushing to Turn Trump's Latest Immigration Tweets into a Real Policy", *New Yorker,* 5 de abril de 2018.

[405] **"proceso electoral fraudulento":** Delphine Schrank y Mica Rosenberg, "Migrant Caravan Heading to U. S. Border Puts Mexico in Tough Spot with Trump", Reuters, 2 de abril de 2018.

[405] **tres millones de dólares:** Sarah Chayes, *When Corruption Is the Operating System: The Case of Honduras,* Carnegie Endowment for International Peace, 30 de mayo de 2017; Lauren Carasik, "Washington Complicit in Honduras Corruption Scandal", Telesur, 5 de junio de 2015.

[406] **"un tipo muy agradable"** Entrevista del autor con funcionario del gobierno, 1° de octubre de 2017.

[406] **responder juntos:** Jonathan Blitzer, "How Stephen Miller Single-Handedly Got the U. S. to Accept Fewer Refugees", *New Yorker,* 13 de octubre de 2017.

[406] **memorándum para poner fin al DACA:** Jonathan Blitzer, "A Trump Official Behind the End of DACA Explains Himself", *New Yorker,* 10 de noviembre de 2017.

[406] **las creó:** Dara Lind, "Trump's DHS Is Using an Extremely Dubious Statistic to Justify Splitting Up Families at the Border", *Vox,* 8 de mayo de 2018.

[406] **en un informe que llegó a manos:** Departamento de Seguridad Nacional, Oficina del Inspector General, DHS *Lacked Technology Needed to Successfully Account for Separated Migrant Families* (25 de noviembre de 2019), 15.

[407] **vulnerable a ataques:** Jonathan Blitzer, "How the DHS Secretary, Kirstjen Nielsen, Became One of President Trump's Fiercest Loyalists", *New Yorker,* 1° de marzo de 2018; Jonathan Blitzer, "Why Trump Is So Angry at His Homeland Security Secretary", *New Yorker,* 17 de mayo de 2018.

[407] **"retirar a los niños":** Departamento de Justicia, Oficina del Inspector General, *Review of the Department of Justice's Planning and Implementation of its Zero Tolerance Policy and Its*

Coordination with the Departments of Homeland Security and Health and Human Services (enero de 2021), 39.

[408] **"Si pierdo las elecciones":** Julie Hirschfeld Davis y Michael D. Shear, *Border Wars: Inside Trump's Assault on Immigration* (Nueva York: Simon & Schuster, 2019), 267.

[408] **ejercer acción penal contra los padres:** "Memorandum for the Secretary", de Kevin K. McAleenan, L. Francis Cissna y Thomas D. Homan, tema: Aumento en los juicios por infracciones de inmigrantes, 23 de abril de 2018.

[408] **cinco veces al día:** Entrevista del autor con alto funcionario del DHS, 5 de febrero de 2020; Jonathan Blitzer, "Get Out", *New Yorker,* 2 de marzo de 2020.

[408] **llamadas intimidatorias:** Entrevista del autor con alto funcionario del gobierno, 8 de octubre de 2020.

[408] **26000 niños:** Departamento de Seguridad Nacional, *DHS Lacked Technology,* 17.

CAPÍTULO 41: ¿TENGO QUE VENIR HERIDA O MUERTA?

[409] **el "lugar de los adioses",** American Immigration Council, *Administrative Complaint Regarding El Paso Service Processing Center Immigration Court Judges* (3 de abril de 2019), 2.

[410] **ayudarla a salir:** Belky R., entrevistas con el autor, 3 de agosto de 2019 y 21 de marzo de 2021.

[410] **"la *miss*":** Carla R., entrevista con el autor, 11 de marzo de 2021.

[410] **permanecían cerca:** Gloria H., entrevista con el autor, 27 de febrero de 2020.

[413] **Rechazaba casi el 90%:** "Judge-by-Judge Asylum Decisions in Immigration Courts FY 2015–2020", TRAC Immigration Database, Universidad de Siracusa, https://trac.syr.edu/immigration/reports/judge2020/denialrates.html.

CAPÍTULO 42: LAS TIERRAS ALTAS EN LA FRONTERA

[415] **niña guatemalteca de seis años:** Jonathan Blitzer, "The Government Has No Plan for Reuniting the Immigrant Families It Is Tearing Apart", *New Yorker,* 18 de junio de 2018.

[418] **"la zona más vulnerable":** Biota S. A. y Nature Conservancy, *Análisis de la vulnerabilidad ante el cambio climático en el altiplano occidental de Guatemala* (2014).

[418] **tres huracanes:** Clima, Naturaleza y Comunidades en Guatemala, *Acciones exitosas de adaptación al cambio climático y reducción de la pobreza en el altiplano occidental de Guatemala* (2017), 11.

[418] **inundaba el suelo y destruía los cultivos:** Edwin Castellanos, entrevistas con el autor, enero de 2019; Sebastian Charchalac, entrevistas con el autor, enero-febrero de 2019.

[418] **"Una falta de atención a estos problemas":** Clima, Naturaleza y Comunidades en Guatemala, *Acciones exitosas de adaptación,* 12.

[418] **La mitad de los padres:** Rachel Nolan, "Language Barriers", *New Yorker,* 6 de enero de 2020. Nolan expone con detalle cómo la falta de traductores que hablen lenguas indígenas socava sistemáticamente los derechos de los solicitantes de asilo, que así no tienen modo de defenderse en juicios de inmigración. Lee Gelernt, el abogado de la ACLU que combatía la política de separación de familias del gobierno de Trump, le dijo a Nolan: "La población indígena era probablemente la que menos podía entender sus derechos, y por lo tanto puede haber sido más vulnerable a perder a sus hijos y renunciar a sus propios derechos de asilo".

[419] **la novena lengua más común:** Había otras dos lenguas mayenses guatemaltecas entre los 25 idiomas más comunes en los tribunales de inmigración de Estados Unidos: q'iche' y q'anjob'al.

[421] **informes filtrados del** DHS: Caitlin Dickerson, "Hundreds of Immigrant Children Have Been Taken from Parents at U. S. Border", *New York Times,* 20 de abril de 2018.

[421] **Marco Antonio Muñoz:** Nick Miroff, "A Family Was Separated at the Border, and This Distraught Father Took His Own Life", *Washington Post,* 9 de junio de 2018; Nick Miroff, "Honduran Father Who Died in Texas Jail Was Fleeing Violence, Consul Says", *Washington Post,* 11 de junio de 2018.

[422] **apoyar a la Casa Blanca:** Julie Hirschfeld Davis y Michael D. Shear, *Border Wars: Inside Trump's Assault on Immigration* (Nueva York: Simon & Schuster, 2019), 271.

[422] **"nos hagamos de la vista gorda":** Davis y Shear, *Border Wars,* 275.

[422] **se llevara el crédito:** Davis y Shear, *Border Wars,* 263.

[422] **Sanders decirle a Nielsen:** Jonathan Blitzer, "Get Out", *New Yorker,* 2 de marzo de 2020.

CAPÍTULO 43: NECESITAMOS INFORMACIÓN CONCRETA

[423] **Irma Whiteley:** Jonathan Blitzer, "How the Humanitarian Crisis on the Mexico Border Could Worsen", *New Yorker,* 23 de junio de 2018.

[425] **"abrumadora cantidad de estudios médicos":** *Ms. L. and Ms. C. v. U. S. Immigration and Customs Enforcement,* 2018, www.aclu.org/sites/default/files/field_document/2018.03.09_32_amended_complaint.pdf.

[425] **lista integral:** Jonathan Blitzer, "The Activist Effort to Find the Children the Government Took from Their Parents", *New Yorker,* 13 de julio de 2018.

[425] **"un poco en continua fluctuación":** Transcripción del 6 de julio de 2018, conferencia sobre la situación, *Ms. L. v. ICE,* https://storage.courtlistener.com/recap/gov.uscourts.casd.564097/gov.uscourts.casd.564097.93.0.pdf.

[428] **Firmó junto a la opción que decía:** Servicio de Control de Inmigración y Aduanas. Oficina de Detención y Deportación. Formulario de deportación de padre separado. Certificado de servicio, 3 de julio de 2018.

CAPÍTULO 44: LA CARAVANA

[429] **calles de Mapastepec:** Buena parte de este capítulo fue tomada de Jonathan Blitzer,"On the Desperate and Uncertain Trail of the Migrant Caravan", *New Yorker,* 26 de octubre de 2018.

[431] **"Si no arriesgamos":** Jonathan Blitzer, "Why the Trump White House Is Having a Meltdown over the Migrant Caravan", *New Yorker,* 19 de octubre de 2018.

[431] **más migrantes que residentes:** Jonathan Blitzer, "A Small Town in Mexico Prepares to Double in Size with the Arrival of the Migrant Caravan", *New Yorker,* 30 de octubre de 2018.

[433] **se encontró en una encrucijada:** Jonathan Blitzer, "The Migrant Caravan Reaches a Crossroads in Southern Mexico", *New Yorker,* 27 de octubre de 2018.

CAPÍTULO 45: SOLIDARIDAD 2000

[442] **el 80%:** Antonio Flores, Luis Noe-Bustamante y Mark Hugo Lopez, "Migrant Apprehensions and Deportations Increase in Mexico, but Remain below Recent Highs", Pew Research Center, 12 de junio de 2019.

CAPÍTULO 46: QUÉDATE EN MÉXICO

[444] **imaginaron un programa piloto:** Entrevista del autor con funcionario del DHS, 19 de julio de 2020.

[445] **necesitaban ser "más listos":** Jonathan Blitzer, "Will Anyone in the Trump Administration Ever Be Held Accountable for the Zero-Tolerance Policy?", *New Yorker,* 22 de agosto de 2018.

[446] **"que nadie se vea obligado a emigrar":** Alberto Nájar, "Caravana de migrantes: AMLO anuncia un inédito programa de visas de trabajo en México para tratar de contener la migración centroamericana a Estados Unidos", BBC *News,* 18 de octubre de 2018.

[447] **"plan agresivo, grosero":** Sandra Dibble y Gustavo Solis, "A Fourth Wave of Central Americans Arrives in Tijuana", *San Diego Union-Tribune,* 15 de noviembre de 2018.

[447] **una firme aceptación:** Entrevistas del autor con tres exfuncionarios del gobierno mexicano, otoño de 2021.

[448] **"nos entregó a los carteles":** Emily Green, "Trump's Asylum Policies Sent Him Back to Mexico. He Was Kidnapped 5 Hours Later by a Cartel", *Vice News,* 16 de septiembre de 2019.

[451] **Para qué nombrar a dos jueces:** Jonathan Blitzer, "Are the Courts Beginning to Move in Favor of Trump's Immigration Policies?", *New Yorker,* 6 de febrero de 2020.

[451] **"a lo hondo del edificio":** Nick Miroff y Josh Dawsey, "The Adviser Who Scripts Trump's Immigration Policy", *Washington Post,* 17 de agosto de 2019; Jonathan Blitzer, "Get Out", *New Yorker,* 2 de marzo de 2020.

[452] **Todos los viernes:** Blitzer, "Get Out".

[452] **búnker secreto:** Blitzer, "Get Out".

[452] **"acceso físico":** Nick Miroff, "Along Texas Border, Trump Administration Sets Up Tent Courts for Virtual Asylum Hearings", *Washington Post,* 18 de septiembre de 2019.

[452] **solo el 1%,** American Immigration Council, "Fact Sheet: 'The Migrant Protection Protocols'", 7 de enero de 2022.

[453] **de 100 a 130 migrantes:** Jonathan Blitzer, "How the U. S. Asylum System Is Keeping Migrants at Risk in Mexico", *New Yorker,* 1 de octubre de 2019.

[453] **casi toda su atención:** Entrevista del autor con alto funcionario de la Patrulla Fronteriza, 30 de agosto de 2019.

[453] **impondría aranceles:** Jonathan Blitzer, "How Trump's Tariff Threat Could Outsource the Asylum Crisis to Mexico", *New Yorker,* 19 de junio de 2019.

CAPÍTULO 47: REESCRIBIR EL ASILO

[457] **era minúsculo:** En 2018, el gobierno guatemalteco aprobó solamente 20 demandas de asilo; para procesar solicitudes su personal ascendía a 12 funcionarios en todo el país, solamente tres de los cuales realizaban entrevistas reales. Véase Eleanor Acer y Kenji Kuzuka, "Is Guatemala Safe for Refugees and Asylum Seekers?", Human Rights First, 1° de julio de 2019, https://humanrightsfirst.org/library/is-guatemala- safe-for-refugees-and-asylum-seekers/.

[457] **El 92%:** Jonathan Blitzer, "Does Asylum Have a Future at the Southern Border?", *New Yorker,* 3 de octubre de 2019.

[457] **Doscientos setenta mil:** Departamento de Seguridad Nacional, Oficina de Estadísticas de Inmigración del DHS, *Fiscal Year 2020 Enforcement Lifecycle Report* (Washington, D. C., diciembre de 2020), 6, www.dhs.gov/sites/default/files/publications/immigration-statistics/Special_Reports/Enforcement_Lifecycle/2020_enforcement_lifecycle_report.pdf.

[457] **"del 10 al 15%":** Blitzer, "Does Asylum Have a Future?".

[457] **"El objetivo a corto plazo":** Blitzer, "Does Asylum Have a Future?"

458 **99% puro:** Alegato del gobierno sobre la sentencia *Estados Unidos de América vs. Juan Antonio Hernández Alvarado,* 16 de marzo de 2021, S2 Cr. 379 (PKC) (SDNY, 19 de enero de 2023), 6.

458 **Regularmente los paquetes eran enviados:** "DEA Announces Arrest of Former Honduran Congressman and Brother of Current President of Honduras for Drug Trafficking and Weapons Charges", Administración de Control de Drogas de Estados Unidos, 26 de noviembre de 2018, www.dea.gov/press-releases/2018/11/26/dea-announces-arrest-former-honduran-congressman-and-brother- current.

458 **el cartel de Sinaloa se hacía cargo:** Alegato del gobierno sobre la sentencia *Estados Unidos vs. Hernández Alvarado.*

458 **documento de 44 páginas:** Jeff Ernst y David C. Adams, "President of Honduras Implicated in \$1.5 Million Drug Money Conspiracy by New York Prosecutor", Univisión, 3 de agosto de 2019.

458 **el Chapo Guzmán:** Alegato del gobierno sobre la sentencia *Estados Unidos vs. Hernández Alvarado.*

459 **"un gran tipo":** Jake Johnston, "How Pentagon Officials May Have Encouraged a 2009 Coup in Honduras", *Intercept,* 29 de agosto de 2017.

459 **Hernández describió a Kelly:** Jonathan Blitzer, "A U. S. Ally Says He Won Honduras's Presidential Election. Hondurans Aren't So Sure", *New Yorker,* 29 de noviembre de 2017; Garance Burke, Martha Mendoza y Christopher Sherman, "Amid Corruption Concerns, Gen. Kelly Made Allies in Honduras", Associated Press, 12 de abril de 2018; Allan Nairn, "U. S. Spent Weeks Pressuring Honduras Opposition to End Protests Against Election Fraud", *Intercept,* 22 de diciembre de 2017.

459 **"un socio fuerte":** Emily Palmer y Benjamin Weiser, "El Chapo Said to Have Given \$1 Million to Honduran President's Brother", *New York Times,* 2 de octubre de 2019.

459 **El 22%:** World Bank, "Personal Remittances, received (% of GDP), El Salvador", https://data.worldbank.org/indicator/BX.TRF.PWKR.DT.GD.ZS?locations=SV.

459 **Los funcionarios de Estados Unidos tuvieron que llamarlos:** Jonathan Blitzer, "Strongman of the People", *New Yorker,* 12 de septiembre de 2022.

460 **sentado con Bukele:** Entrevista del autor con funcionario del gobierno de Trump, 29 de diciembre de 2020.

460 **investigación de Nómada:** "Jimmy, Baldizon, and These Business Executives Organized the Lobby against Todd and the CICIG", *Nómada,* 20 de octubre de 2018.

460 **Otro grupo de interés:** Colum Lynch, "Corrupt Guatemalans' GOP Lifeline", *Foreign Policy,* 5 de febrero de 2019.

461 **"a dos embajadores en Washington":** Entrevista del autor con funcionario del gobierno de Trump, 20 de febrero de 2023; entrevista del autor con funcionario guatemalteco, 3 de marzo de 2023.

461 **"Les damos nuestras fronteras":** Entrevista del autor con funcionario del gobierno de Trump, 29 de diciembre de 2020.

462 **Ya se estaban generando tensiones:** Entrevista del autor con funcionario guatemalteco, 6 de junio de 2021.

CAPÍTULO 48: EL MÉDICO DEL CORAZÓN

465 **me hacía dudar:** Jonathan Blitzer, "'My Only Friend Is My Conscience': Face to Face with El Salvador's Cold Killer", *New York Review of Books,* 7 de diciembre de 2017.

466 **Lo visité una tarde:** Jonathan Blitzer, "Field Notes: Nicolas Carranza", Pulitzer Center, 19 de marzo de 2018, https://pulitzercenter.org/stories/field-notes-nicolas-carranza.

467 **"Dos de los hombres responsables":** Congreso de Estados Unidos, Senado, *No Safe Haven: Accountability for Human Rights Violators in the United States, Hearing before the Subcommittee on Human Rights and the Law of the Committee on the Judiciary, United States Senate,* 14 de noviembre de 2007, Congreso 110, primera sesión (Washington, D. C.: Imprenta del Gobierno de Estados Unidos, 2008).

CAPÍTULO 49: EL WUHAN DE AMÉRICA

471 **"No pierdan el tiempo":** Jonathan Blitzer, "Are the Courts Beginning to Move in Favor of Trump's Immigration Policies?", *New Yorker,* 6 de febrero de 2020.

471 **alguna forma de socorro jurídico:** Pasaron varios meses antes de que alguien inscrito en el programa Quédate en México —un hondureño de 30 años— obtuviera el asilo. Pero cuando el juez de inmigración se lo concedió, el DHS decidió tenerlo detenido mientras los abogados del gobierno consideraban presentar una apelación. Tres meses después, otra persona, un venezolano, obtuvo el asilo, pero de todas formas lo mandaron de vuelta a Nuevo Laredo. Solo cuando una oficina del Congreso intervino, el DHS le permitió entrar en Estados Unidos (Lyndon B. Johnson School of Public Affairs, *Migrant Protection Protocols: Implementation and Consequences for Asylum Seekers in Mexico* [University of Texas at Austin, 2020], 21).

471 **más de 1500:** Muzaffar Chishti y Jessica Bolter, "Court-Ordered Relaunch of Remain in Mexico Policy Tweaks Predecessor Program, but Faces Similar Challenges", Migration Policy Institute, 2 de diciembre de 2021.

472 **el tiempo de espera:** LBJ School of Public Affairs, *Migrant Protection Protocols,* 20. Hubo cierto retraso antes de que el gobierno mexicano empezara a expedir con regularidad esas visas temporales. De acuerdo con el órgano de gobierno responsable, las visas eran válidas por un tiempo que oscilaba de seis meses a un año. Véase "Preguntas frecuentes sobre la Clave Única de Registro de Población Temporal para Extranjeros", 3 de abril de 2019, www.gob.mx/segob/renapo/acciones-y-programas/preguntas- frecuentes- sobre- la-clave- unica-de-registro-de-poblacion- temporal- para-extranjeros.

472 **32000 órdenes de expulsión:** Chishti y Bolter, "Court-Ordered Relaunch of Remain in Mexico".

472 **auténtica prerrogativa política:** Caitlin Dickerson y Michael D. Shear, "Before Covid-19, Trump Aide Sought to Use Disease to Close Borders", *New York Times,* 3 de mayo de 2020.

473 **se negó a firmar:** Jason Dearen y Garance Burke, "Pence Ordered Borders Closed after CDC Experts Refused", Associated Press, 3 de octubre de 2020.

473 **otros países:** Susan Fratzke, Migration Policy Institute, entrevista con el autor, 4 de octubre de 2021.

473 **"mi distópica mente":** Molly O'Toole, "Trump Policy and Coronavirus Leave Agency Bankrupt, Tens of Thousands of Potential Voters in Limbo", *Los Angeles Times,* 28 de junio de 2020.

473 **paciente 36:** Cindy Espina, "Paciente 36: El viaje y retorno de un migrante en medio de una pandemia", *elPeriódico,* 26 de mayo de 2020; Jonathan Blitzer, "The Trump Administration's Deportation Policy Is Spreading the Coronavirus", *New Yorker,* 13 de mayo de 2020.

474 **a pesar de que dio positivo a dos pruebas:** Monique O. Madan y Jacqueline Charles, "He Says He Has Covid and Has Never Been to Haiti. But ICE Still Wants to Deport Him There", *Miami Herald,* 8 de mayo de 2020.

475 **"No es que tengamos que estigmatizar":** Hedy Quino Tzoc, "Monroy: 75% en un vuelo de deportados dieron positivo por Covid-19", *La Hora,* 14 de abril de 2020.

[476] **"salir vivos de aquí":** Jonathan Blitzer, "The Private Georgia Immigration-Detention Facility at the Center of a Whistle-Blower's Complaint", *New Yorker,* 19 de septiembre de 2020.

[476] **"Aquí no hay manera de 'guardar distancia' ":** Ashton Pittman, ' "They See Us as Disposable': ICE Detainees Plead for Release from Covid-19 'Breeding Ground' ", *Mississippi Free Press,* 6 de abril de 2020.

[476] **21 ya estaban infectados:** Hamed Aleaziz, "ICE Moved Dozens of Detainees across the Country during the Coronavirus Pandemic. Now Many Have Covid-19", *BuzzFeed News,* 29 de abril de 2020.

[476] **449 personas:** American Immigration Lawyers Association, "ICE Issues Guidance on Covid-19", 25 de septiembre de 2020, www.aila.org/infonet/ice-issues-guidance-on-covid-19.

[476] **una superpropagación:** Antonio Olivo y Nick Miroff, "ICE Flew Detainees to Virginia so the Planes Could Transport Agents to D.C. Protests. A Huge Coronavirus Outbreak Followed", *Washington Post,* 11 de septiembre de 2020.

[476] **"no eran un factor":** Blitzer, "The Private Georgia Immigration-Detention Facility".

[477] **"Amenazaron a mi familia con quemarlos":** Sofía Menchú, "Maya Villages in Guatemala Spurn U. S. Deportees as Infections Spike", Reuters, 1° de mayo de 2020.

CAPÍTULO 50: EDDIE Y JUAN

[480] **"Yo no viví el conflicto armado":** Geovani Galeas, ¿Quién es Nayib Bukele? (San Salvador: Editorial La Red, 2018), 16.

[480] **abandonó la universidad:** Gabriel Labrador, "Bukele, el autoritario cool", *El Faro,* 29 de septiembre de 2021.

[481] **"llamarlo relaciones públicas":** Lauren Markham, "Prince of Peace", *Virginia Quarterly Review* 92, núm. 4 (2016).

CAPÍTULO 51: KELDY

[485] **Iniciativa de Consecuencia Criminal:** Kevin Sieff, "The Trump Administration Used an Early, Unreported Program to Separate Migrant Families Along a Remote Stretch of the Border", *Washington Post,* 9 de julio de 2021.

[486] **con desiguales resultados:** El primer descubrimiento importante de García fue que casi una cuarta parte de los padres "reunidos" con sus hijos en Estados Unidos tenían órdenes de expulsión que los exponían a una nueva detención inmediata y a la deportación. Cuando el ICE los liberó de los centros de detención fronterizos, ninguno de los funcionarios se tomó jamás la molestia de actualizar la información en sus citaciones de tribunal. Eso significaba que alguien que salía de una cárcel en el sur de Texas para irse a vivir con familiares en Florida, por ejemplo, todavía tenía que ir a un tribunal de inmigración en la frontera. No presentarse daba lugar a una orden de deportación automática. Esta crisis ni siquiera era la más urgente entre las que enfrentaron los defensores a principios de 2020: se había deportado a cientos de padres sin sus hijos y aún no podían ser localizados. Organizaciones como la estadounidense Justice in Motion, que tenía profundos vínculos con grupos centroamericanos, estaban enviando a grupos de búsqueda a poblaciones remotas de la región.

[486] **"había cometido un error":** Entrevistas con el autor el 24 de mayo de 2021 y el 8 de junio de 2021.

[487] **jalaba dos maletas:** Esto está tomado de Jonathan Blitzer, "A Mother, Separated from Her Children at the Border, Comes Home", *New Yorker,* de mayo de 2021.

CAPÍTULO 52: LUCRECIA

[492] **"Lo que estamos haciendo":** Joe Biden, "Remarks by President Biden in Press Conference", 25 de marzo de 2021, www.whitehouse.gov/briefing- room/speeches-remarks/2021/03/25/remarks-by-president-biden-in-press-conference/.

[493] **no dejar pasar a los menores no acompañados:** En el otoño de 2020, un juez federal le había dado a Trump la orden de eximir a los niños migrantes del Título 42, pero su gobierno fue lento en acatarla. Biden sostenía que proteger a los menores era lo mínimo que podía hacerse. Véase Jonathan Blitzer, "Biden Has Few Good Options for the Unaccompanied Children at the Border", *New Yorker,* 9 de marzo de 2021.

[493] **"El Triángulo Norte":** Jonathan Martin y Alexander Burns, *This Will Not Pass: Trump, Biden, and the Battle for America's Future* (Nueva York: Simon & Schuster, 2022), 321.

[494] **"Yo sigo hablando":** Joe Biden, "Remarks by Vice President Biden at a Plenary with Central American Leaders", 2 de marzo de 2015, https://hn.usembassy.gov/remarks-vice-president-biden-plenary-central-american-leaders/.

[494] **se había negado a darle un asiento:** La jueza era Gloria Porras. Véase Lorena Arroyo, "Gloria Porras: 'Me preocupa cómo en Guatemala están utilizando las leyes para alcanzar objetivos aviesos'", *El País,* 13 de abril de 2021.

[495] **"En esta mesa":** Kamala Harris, "Remarks by Vice President Harris Before Meeting with Guatemalan Justice Sector Leaders", 19 de mayo de 2021, www.whitehouse.gov/briefing- room/speeches-remarks/2021/05/19/remarks-by-vice-president-harris-before-meeting-with-guatemalan-justice-sector-leaders/.

[495] **una dura crítica:** Ed O'Keefe, "Guatemala's President Says Kamala Harris 'Doesn't Hold Back' Ahead of Immigration Talks", CBS News, 6 de junio de 2021.

[497] **fiscales anticorrupción se habían visto obligados:** Jonathan Blitzer, "The Exile of Guatemala's Anti-Corruption Efforts", *New Yorker,* 29 de abril de 2022.

[497] **"la justicia guatemalteca en el exilio":** Entrevista del autor con alto funcionario de Estados Unidos, 29 de abril de 2022.

[498] **"no sencillamente nos mataron":** Blitzer, "The Exile of Guatemala's Anti-Corruption Efforts".

CAPÍTULO 53: SIMPLEMENTE NO ES LO QUE SOMOS

[501] **en el fin de salvarlo:** Por ejemplo, un documento de planeación de diciembre de 2020, obtenido por el autor, declaraba que, transcurridos 30 días de la presidencia de Biden, Estados Unidos admitiría a 3 000 solicitantes de asilo al mes; después de 180 días, admitiría a 12 000 al mes.

[501] **"una herramienta de disuasión":** Jonathan Blitzer, "How Biden Came to Own Trump's Policy at the Border", *New Yorker,* 6 de octubre de 2021.

[501] **"No queremos":** Jonathan Blitzer, "The Disillusionment of a Young Biden Official", *New Yorker,* 28 de enero de 2022.

CAPÍTULO 54: EN CASA

[505] **"limpiemos ese cáncer":** Casa Presidencial (@presidenciasv), Twitter, 4 de abril de 2022, https://twitter.com/presidenciasv/status/1511140413884751880?s=12&t=Wm6s 3t0j-GION3XDs-0flw.

[505] **"Oyes a la gente decir":** Jonathan Blitzer, "Strongman of the People", *New Yorker,* 12 de septiembre de 2022.

[506] **"Las pandillas ya no existen":** Carlos Martínez, Efren Lemus y Óscar Martínez, "Régimen de Bukele desarticula a las pandillas en El Salvador", *El Faro,* 3 de febrero de 2023.

Bibliografía

Anderson, Thomas. *Matanza: El Salvador's Communist Revolt of 1932*. Lincoln: University of Nebraska Press, 1971.

Andrade, Laura, y Adilio Carrillo. *El sistema penitenciario salvadoreño y sus prisiones*. San Salvador: Instituto Universitario de Opinión Pública, Universidad Centroamericana José Simeón Cañas, 2015.

Arce, Alberto. *Honduras a ras de suelo. Crónicas desde el país más violento del mundo*. Ciudad de México: Ariel, 2015.

Arzobispo de Guatemala, Oficina de Derechos Humanos, *Nunca más: Impacto de la violencia*. Informe Proyecto Interdiocesano de Recuperación de la Memoria Histórica, 1998.

Ávalos, Héctor Silva. *Infiltrados. Crónica de la corrupción en la PNC 1992-2013*. San Salvador: UCA Editores, 2014.

Behrman, Simon. *Law and Asylum: Space, Subject, Resistance*. Oxford: Routledge, 2018.

Blatchford, Chris. *The Black Hand: The Bloody Rise and Redemption of "Boxer" Enriquez, a Mexican Mob Killer*. Nueva York: HarperCollins, 2008.

Bonner, Raymond. *Weakness and Deceit: America and El Salvador's Dirty War*. Nueva York: OR Books, 2016.

Brockman, James R. Romero: *A Life*. Ossining, Nueva York: Orbis Books, 1989.

Burns, Allan F. *Maya in Exile: Guatemalans in Florida*. Filadelfia: Temple University Press, 1993.

Cannon, Lou. *Official Negligence: How Rodney King and the Riots Changed Los Angeles and the LAPD*. Nueva York: Times Books, 1997.

Comisión de la Verdad para El Salvador. *De la locura a la esperanza. La guerra de 12 años en El Salvador*. 15 de marzo de 1993.

Comisión para el Esclarecimiento Histórico. *Guatemala: memoria del silencio*. Ciudad de Guatemala: Oficina de Servicios para Proyectos de las Naciones Unidas, 1999.

Cox, Adam B., y Cristina M. Rodríguez. *The President and Immigration Law*. Nueva York: Oxford University Press, 2020.

Crewdson, John. *The Tarnished Door: The New Immigrants and the Transformation of America*. Nueva York: Crown, 1983.

Crittenden, Ann. *Sanctuary: A Story of American Conscience and the Law in Collision*. Nueva York: Grove, 1988.

Cullather, Nick. *Secret History: The CIA's Classified Account of Its Operations in Guatemala, 1952–1954*. Redwood City, California: Stanford University Press, 1999.

Cunningham, Hilary. *God and Caesar at the Rio Grande: Sanctuary and the Politics of Religion*. Mineápolis: University of Minnesota Press, 1995.

Dalton, Roque. *Las historias prohibidas del Pulgarcito*. Ciudad de México: Siglo XXI, 1974.

———. *Miguel Mármol*. Traducción de Kathleen Ross y Richard Schaaf. Evanston, Illinois: Curbstone Press, 1987 [original en español: *Miguel Mármol. Los sucesos de 1932 en El Salvador*. La Habana: Ocean Sur, 2007 (1972)].

Danner, Mark. *The Massacre at El Mozote*. Nueva York: Vintage, 1994.

D'Aubuisson, Juan José Martínez. *A Year Inside MS-13: See, Hear, and Shut Up*. Nueva York: OR Books, 2015.

Davidson, Miriam. *Convictions of the Heart: Jim Corbett and the Sanctuary Movement*. Tucson: University of Arizona Press, 1988.

Davis, Julie Hirschfeld, y Michael D. Shear. *Border Wars: Inside Trump's Assault on Immigration*. Nueva York: Simon & Schuster, 2019.

Della Rocca, Roberto Morozzo. *Óscar Romero: Prophet of Hope*. Londres: Darton, Longman & Todd, 2015.

DeParle, Jason. *American Dream: Three Women, Ten Kids, and a Nation's Drive to End Welfare*. Nueva York: Penguin, 2004.

Diaz, Tom. *No Boundaries: Transnational Latino Gangs and American Law Enforcement*. Ann Arbor: University of Michigan Press, 2009.

Dudley, Steven. *MS-13: The Making of America's Most Notorious Gang*. Nueva York: Hanover Square Press, 2020.

Dunn, Timothy. *Blockading the Border and Human Rights: The El Paso Operation That Remade Immigration Enforcement*. Austin: University of Texas Press, 2009.

———. *The Militarization of the U. S.-Mexico Border, 1978-1992*. Austin: CMass Books, 1996.

Eisenbrandt, Matt. *Assassination of a Saint: The Plot to Murder Óscar Romero and the Quest to Bring His Killers to Justice*. Berkeley: University of California Press, 2017.

Fernandes, Deepa. *Targeted: Homeland Security and the Business of Immigration*. Nueva York: Seven Stories, 2007.

Fink, Leon. *The Maya of Morganton: Work and Community in the Nuevo New South*. Chapel Hill: University of North Carolina Press, 2003.

Frank, Dana. *The Long Honduran Night: Resistance, Terror, and the United States in the Aftermath of the Coup*. Chicago: Haymarket Books, 2018.

Galeas, Geovani. *¿Quién es Nayib Bukele?* San Salvador: Editorial La Red, 2018.

García, Carlos. *Mara Salvatrucha-13: Retrato histórico e internacional de una pandilla* (en prensa).

García Hernández, César Cuauhtémoc. *Migrating to Prison: America's Obsession with Locking Up Migrants*. Nueva York: New Press, 2019.

Garland, Sarah. *Gangs in Garden City: How Immigration, Segregation, and Youth Violence Are Changing America's Suburbs*. Nueva York: Nation Books, 2009.

Garrard-Burnett, Virginia. *Terror in the Land of the Holy Spirit: Guatemala under General Efraín Ríos Montt, 1982-1983*. Oxford y Nueva York: Oxford University Press, 2010.

Gelbspan, Ross. *Break-ins, Death Threats and the FBI: The Covert War against the Central America Movement*. Boston: South End Press, 1991.

Golden, Renny, y Michael McConnell. *Sanctuary: The New Underground Railroad*. Ossining, Nueva York: Orbis Books, 1986.

Goldman, Francisco. *The Art of Political Murder: Who Killed the Bishop?* Nueva York: Grove, 2007.

Goodman, Adam. *The Deportation Machine: America's Long History of Expelling Immigrants.* Princeton, Nueva Jersey: Princeton University Press, 2020.

Grandin, Greg. *The Blood of Guatemala: A History of Race and Nation.* Durham: Duke University Press, 2000.

————. *The Last Colonial Massacre: Latin America in the Cold War.* Chicago: University of Chicago Press, 2004.

Grandin, Greg, Deborah T. Levenson y Elizabeth Oglesby, coords. *The Guatemala Reader: History, Culture, Politics.* Durham, Carolina del Norte: Duke University Press, 2011.

Green, Joshua. *Devil's Bargain: Steve Bannon, Donald Trump, and the Storming of the Presidency.* Nueva York: Penguin, 2017.

Green, Linda. *Fear as a Way of Life: Mayan Widows in Rural Guatemala.* Nueva York: Columbia University Press, 1999.

Grillo, Ioan. *Gangster Warlords: Drug Dollars, Killing Fields, and the New Politics of Latin America.* Londres: Bloomsbury, 2015.

Guerrero, Jean. *Hatemonger: Stephen Miller, Donald Trump, and the White Nationalist Agenda.* Nueva York: William Morrow, 2020.

Harris, John F. *The Survivor: Bill Clinton in the White House.* Nueva York: Random House, 2005.

Hayden, Tom. *Street Wars: Gangs and the Future of Violence.* Nueva York: New Press, 2004.

Hemmer, Nicole. *Partisans: The Conservative Revolutionaries Who Remade American Politics in the 1990s.* Nueva York: Basic Books, 2022.

Hughes, Jennifer Scheper. *Biography of a Mexican Crucifix: Lived Religion and Local Faith from the Conquest to the Present.* Oxford: Oxford University Press, 2010.

Jonas, Susanne. *The Battle for Guatemala: Rebels, Death Squads, and U. S. Power.* Boulder, Colorado: Westview Press, 1991.

Jonas, Susanne, y Nestor Rodríguez. *Guatemala-U. S. Migration: Transforming Regions.* Austin: University of Texas Press, 2014.

Kamasaki, Charles. *Immigration Reform: The Corpse That Will Not Die.* Simsbury, Connecticut: Mandel Vilar Press, 2019.

Keefe, Patrick Radden. *The Snakehead: An Epic Tale of the Chinatown Underworld and the American Dream.* Nueva York: Doubleday, 2009.

Kornacki, Steve. *The Red and the Blue: The 1990s and the Birth of Political Tribalism.* Nueva York: Ecco, 2018.

LaFeber, Walter. *Inevitable Revolutions: The United States in Central America.* Nueva York: W. W. Norton & Company, 1984.

Lakhani, Nina. *Who Killed Berta Cáceres? Dams, Death Squads, and an Indigenous Defender's Battle for the Planet.* Londres y Brooklyn, Nueva York: Verso, 2020.

LeoGrande, William. *Our Own Backyard: The United States in Central America 1977–1992.* Chapel Hill: University of North Carolina Press, 1998.

LeoGrande, William, y Peter Kornbluh. *Back Channel to Cuba: The Hidden History of Negotiations Between Washington and Havana.* Chapel Hill: University of North Carolina Press, 2015.

Lindo-Fuentes, Héctor. *Weak Foundations: The Economy of El Salvador in the Nineteenth Century 1821-1898.* Berkeley: University of California Press, 1991.

Logan, Samuel. *This Is for the Mara Salvatrucha: Inside the MS-13, America's Most Violent Gang.* Nueva York: Hyperion, 2009.

Los Angeles Times, *Understanding the Riots: Los Angeles before and after the Rodney King Case.* Los Ángeles: Los Angeles Times, 1992.

Loucky, James, y Marilyn M. Moors (cords). *The Maya Diaspora: Guatemalan Roots, New American Lives*. Filadelfia: Temple University Press, 2000.

Loyd, Jenna M., y Alison Mountz. *Boats, Borders, and Bases: Race, the Cold War, and the Rise of Migrant Detention in the United States*. Berkeley: University of California Press, 2018.

Luiselli, Valeria. *Tell Me How It Ends: An Essay in Forty Questions*. Mineápolis: Coffee House Press, 2017 [original en español: *Los niños perdidos. Un ensayo en cuarenta preguntas*. Ciudad de México: Sexto Piso, 2016].

MacEoin, Gary (coord.). *Sanctuary: A Resource Guide for Understanding and Participating in the Central American Refugees' Struggle*. Nueva York: Harper & Row, 1985.

MacEoin, Gary, y Nivita Riley. *No Promised Land: American Refugee Policies and the Rule of Law*. Boston: Oxfam America, 1982.

Mahler, Sarah J. *Salvadorans in Suburbia: Symbiosis and Conflict*. Boston: Allyn and Bacon, 1995.

Manz, Beatriz. *Refugees of a Hidden War: The Aftermath of Counterinsurgency in Guatemala*. Albany: State University of Nueva York Press, 1988.

Markey, Eileen. *A Radical Faith: The Assassination of Sister Maura*. Nueva York: Nation Books, 2016.

Markham, Lauren. *The Far Away Brothers: Two Young Migrants and the Making of an American Life*. Nueva York: Crown, 2017.

Martin, David A. (coord.). *The New American Asylum Seekers: Refugee Law in the 1980s*. University of Virginia: Springer-Science and Business Media, 1988.

Martínez, Carlos. *Juntos, todos juntos: Crónica del primer intento colectivo de saltar la frontera estadounidense*. La Rioja: Pepitas de Calabaza, 2019.

Martínez, Óscar. *The Beast: Riding the Rails and Dodging Narcos on the Migrant Trail*. Traducción de Daniela Maria Ugaz y John Washington. Londres y Nueva York: Verso, 2013 [original en español: *Los migrantes que no importan*. Ciudad de México: Penguin Random House, 2021 (2010)].

————. *A History of Violence: Living and Dying in Central America*. Traducción de John B. Washington y Daniela Ugaz. Londres y Nueva York: Verso, 2016 [original en español: *Una historia de violencia. Vivir y morir en Centroamérica*. Ciudad de México: Penguin Random House, 2016].

Martínez, Óscar, y Juan José Martínez. *The Hollywood Kid: The Violent Life and Violent Death of an MS-13 Hitman*. Traducción de John B. Washington y Daniela Ugaz. Londres and Nueva York: Verso, 2019 [original en español: *El niño de Hollywood. Cómo Estados Unidos y El Salvador moldearon a un sicario de la Mara Salvatrucha*, Ciudad de México: Penguin Random House, 2018].

McClintock, Michael. *The American Connection*, volumen I: *State Terror and Popular Resistance in El Salvador*. 2 vols. Londres: Zed Books, 1985.

————. *The American Connection*, volumen II: *State Terror and Popular Resistance in Guatemala*. 2 vols. Londres: Zed Books, 1985.

Menjívar, Cecilia. *Fragmented Ties: Salvadoran Immigrant Networks in America*. Berkeley: University of California Press, 2000.

Motomura, Hiroshi. *Immigration outside the Law*. Oxford: Oxford University Press, 2014.

Muñiz, Ana. *Police, Power, and the Production of Racial Boundaries*. New Brunswick, Nueva Jersey: Rutgers University Press, 2015.

Muñoz, Cecilia. *More Than Ready: Be Strong and Be You … and Other Lessons for Women of Color on the Rise*. Nueva York: Seal Press, 2020.

Ngai, Mae M. *Impossible Subjects: Illegal Aliens and the Making of Modern America*. Princeton, Nueva Jersey: Princeton University Press, 2004.

Paige, Jeffery M. *Coffee and Power: Revolution and the Rise of Democracy in Central America.* Cambridge, Massachusetts: Harvard University Press, 1997.

Peters, Jeremy W. *Insurgency: How Republicans Lost Their Party and Got Everything They Ever Wanted.* Nueva York: Crown, 2022.

Pine, Adrienne. *Working Hard, Drinking Hard: On Violence and Survival in Honduras.* Berkeley: University of California Press, 2008.

Ponce, Matías. CICIG: *Misión posible.* Telaraña Group: Guatemala, 2021.

Pradilla, Alberto. *Caravana: Cómo el éxodo centroamericano salió de la clandestinidad.* Ciudad de México: Debate, 2019.

Ramji-Nogales, Jaya, Andrew I. Schoenholtz, y Philip G. Schrag. *Refugee Roulette: Disparities in Asylum Adjudication and Proposals for Reform.* Nueva York: Nueva York University Press, 2009.

Reichman, Daniel R. *The Broken Village: Coffee, Migration, and Globalization in Honduras.* Ithaca, Nueva York: Cornell University Press, 2011.

Repak, Terry A. *Waiting on Washington: Central American Workers in the Nation's Capital.* Filadelfia: Temple University Press, 1995.

Schlesinger, Stephen, y Stephen Kinzer. *Bitter Fruit: The Story of the American Coup in Guatemala,* edición revisada y aumentada. Cambridge, Massachusetts: Harvard University Press, 2005.

Schneider, Mark Robert. *Joe Moakley's Journey: From South Boston to El Salvador.* Boston: Northeastern University Press, 2013.

Schrag, Philip G. *Baby Jails: The Fight to End Incarceration of Refugee Children in America.* Berkeley: University of California Press, 2020.

————. *A Well-Founded Fear: The Congressional Battle to Save Political Asylum in America.* Oxford: Routledge, 2000.

Simon, Jean- Marie. *Guatemala: Eternal Spring, Eternal Tyranny.* Nueva York: W. W. Norton & Company, 1987 [versión en español: *Guatemala. Eterna primavera, eterna tiranía.* Antigua: Cirma, 2010].

Soboroff, Jacob. *Separated: Inside an American Tragedy.* Nueva York: Custom House, 2020.

Stanley, William. *The Protection Racket State: Elite Politics, Military Extortion, and Civil War in El Salvador.* Filadelfia: Temple University Press, 1996.

Tichenor, Daniel J. *Dividing Lines: The Politics of Immigration Control in America.* Princeton, Nueva Jersey: Princeton University Press, 2001.

Tomsho, Robert. *The American Sanctuary Movement.* Austin: Texas Monthly Press, 1987.

Valencia, Roberto. *Carta desde Zacatraz.* Madrid: Libros del K.O., 2018.

Videla, Gabriela. *Sergio Méndez Arceo: Un señor obispo.* Sucre, Chuquisaca: Correo del Sur, 1981.

Weiner, Tim. *Enemies: A History of the FBI.* Nueva York: Random House, 2012.

Wilkinson, Daniel. *Silence on the Mountain: Stories of Terror, Betrayal, and Forgetting in Guatemala.* Durham, Carolina del Norte: Duke University Press, 2004.

Wroe, Andrew. *The Republican Party and Immigration Politics: From Proposition 187 to George W. Bush.* Londres: Palgrave Macmillan, 2008.

Young, Allan. *The Harmony of Illusions: Inventing Post-Traumatic Stress Disorder.* Princeton, Nueva Jersey: Princeton University Press, 1995.

Zilberg, Elana. *Space of Detention: The Making of a Transnational Gang Crisis between Los Angeles and El Salvador.* Durham, Carolina del Norte: Duke University Press, 2011.

Créditos de imágenes

Página 36: Susan Meiselas/Magnum Photos
Página 44 (arriba): Harry Mattison/Cortesía del International Center of Photography
Página 44 (abajo): Etienne Montes/Gamma-Rapho vía Getty Images
Página 52: Luis Romero/AP
Página 84: Susan Meiselas/Magnum Photos
Página 88: Peter Weinberger/USA Today Network
Página 112: Cortesía de Jean-Marie Simon
Página 151 (arriba): Cortesía de Cheryl Nuss
Página 151 (abajo): Juan Romagoza
Página 186 (arriba y abajo): Cortesía de Eddie Anzora
Página 206: La Clínica del Pueblo
Página 210: Cortesía de Nancy Shia
Página 221: Zuma Press, Inc./Alamy Stock Photo
Página 260: Cortesía de Eddie Anzora
Página 265: Colección de la familia Mack/Fundación Myrna Mack
Página 287: Cortesía del Center for Justice and Accountability
Página 320: Eduardo Verdugo/AP
Página 349: Cortesía de Fred Ramos
Página 350: Cortesía de Fred Ramos
Página 382: Víctor Peña/El Faro
Página 417: Cortesía de Mauricio Lima
Página 433: Cortesía de Adriana Zehbrauskas
Página 482: Cortesía de Eddie Anzora
Página 486: Matt Rourke/AP
Página 488: Cortesía de Hannah Yoon
Página 490: Cortesía de Hannah Yoon
Página 502: Adrees Latif/Reuters/Redux
Página 507: Cortesía del autor
Página 508: Cortesía del autor

Índice de nombres

Torres, John: 257

Torres, Miguel: 399-400

Tower, John: 131

Trejo, Danny: 259

Triángulo Ixil: 267-268

Triángulo Norte: 19, 342, 457, 493

Trump, Donald: 20-21, 353-357, 360-363, 365-371, 379, 394-395, 403-404, 406-408, 412, 418, 420, 423, 425, 429, 431, 434, 437, 445-446, 450, 452-454, 456, 459-462, 468, 471-475, 477-479, 484-485, 487, 492-495, 500-501

Tucson Citizen: 58, 90

Unidad Revolucionaria Nacional Guatemalteca (URNG): 273-274, 382

Unidos sin Fronteras: 430

Unión Estadounidense por las Libertades Civiles (ACLU): 161, 245, 378, 424-427, 487, 489, 500

Unión Europea: 402, 456

Unión Nacional Opositora: 32

Unión Soviética: 40, 57, 79

United Fruit Company: 96-97

United Methodist Reporter: 122

Universidad Centroamericana José Simeón Cañas (UCA): 199, 217

Universidad de California en Berkeley: 159, 161, 283

Universidad de California en San Diego: 234

Universidad de Chicago: 394

Universidad de El Salvador: 26

Universidad de Georgetown: 48, 198, 268

Universidad de Maryland: 185

Universidad de Notre Dame: 128

Universidad de San Carlos: 101, 272, 499

Universidad de Texas: 76

Universidad de Washington: 465

Universidad de Wisconsin: 66

Universidad Duke: 358

Universidad Francisco Marroquín: 272

Universidad Howard: 307

Universidad Nacional Autónoma de México: 98

Uruguay: 40

Usulután, El Salvador: 25-26, 30-32, 34, 53, 92-93, 103-104, 106-107, 111, 114-115, 118, 141-143, 145, 170, 195, 207, 214, 217-218, 279, 284, 307, 309, 467-480, 504, 506-508

Van Der Hout, Marc: 161-163

Varelli, Frank: 147

VDARE: 359

Velásquez, Iván: 386, 389-390

Venezuela: 319, 458

Vides Casanova, Carlos Eugenio: 39, 47-48, 51-53, 91, 147, 171-173, 198, 279-283, 285-286, 465-469

Virgen de Guadalupe: 49

Vogel, William: 58

Wall Street Journal: 500-501

Washington, D. C.: 21, 66, 89, 153, 169, 197, 199, 205, 210, 307, 329, 334, 343, 445, 476, 497

Washington Post: 83, 122, 150, 205, 279, 360, 421, 452, 466, 476

Weinberger, Caspar: 52, 150

White, Frank: 69, 130-131

White, Robert: 43; 46-47, 282-283

Whiteley, Irma: 423-424

Wiesel, Elie: 157

Wilson, Pete: 243-244

Wolff, Karenina: 436, 438

Wood, Kimba: 227

Yaroshefsky, Ellen: 161, 163

Young, Neil: 357

Young, Wendy: 426

Zamora, Mario: 43

Zelaya, Manuel: 318-320

Zetas, cartel de los: 275, 318

Zilberg, Elana: 234

Zúñiga, Alex: 316-317, 322, 392, 436-438, 491

Zúñiga, Erick: 317, 391-393, 397, 427, 436-438

Zúñiga, Keldy Mabel Gonzales Brebe de: 313-319, 321-322, 391-393, 397-400, 409-413, 423, 427-428, 432, 436-442, 449, 452, 455, 484-491, 506

Zúñiga, Mino: 316-319, 321, 392, 397, 409, 438, 440

Zúñiga, Patrick: 317, 391-393, 397, 427, 436-438

Esta obra se terminó de imprimir
en el mes de septiembre de 2025,
en los talleres de Diversidad Gráfica S.A. de C.V.
Ciudad de México